L'Europe en camping-car

Ont contribué à la réalisation de ce guide :
sous la direction de Philippe Orain

- **Édition** : Hélène Payelle, L'Adé
- **Rédaction** : Catherine Brett, Béatrice Brillion, Michel Chaput, Adriana Malgahaes, Matilde Miñon, Florence Piquot, Nicolas Thibaut
- **Cartographie** : Philippe Cannot, Thierry Lemasson
- **Couverture et maquette intérieure** : Jean-Luc Cannet et Hélène Payelle
- **Régie publicitaire et partenariats** :
  business-solutions@tp.michelin.com
  Le contenu pages de publicité insérées dans ce guide n'engage que la responsabilité des annonceurs
- **Contacts** :
  Michelin - Guides Touristiques
  27 cours de l'île Seguin,
  92105 Boulogne-Billancourt cedex
  Boutique en ligne : www.michelin-boutique.com
  www.Voyage.ViaMichelin.com
- **Remerciements** : Catherine Thibaut, Maria Gaspar (iconographie)

Parution 2015

Votre avis nous intéresse

Vous souhaitez donner votre avis sur nos publications
ou nous faire part de vos expériences ?
Scannez le QR Code ci-contre pour rédiger votre message.
Sinon, passez directement par votre messagerie et
adressez-nous votre courriel à l'adresse suivante :

tourisme@tp.michelin.com

Nous vous en remercions par avance.

QR Codes

QR Code est une marque déposée de Denso Wave Incorporated.

SOMMAIRE

LES ROUTES DU SUD

SOMMAIRE

LES ROUTES DU NORD ET DE LA BALTIQUE

Fiat Professional avec
EXPO
MILANO 2015
NOUVEAU DUCATO
SAVOUREZ
LA RÉCRÉATION
EV 753 DE
Suivez-nous sur

SOMMAIRE

ROUTES D'OUEST EN EST

Les adresses pour chaque itinéraire

Une sélection de restaurants, de loisirs, de produits du terroir et d'artisanat

Carte avec tracé de l'itinéraire et positionnement des aires et campings

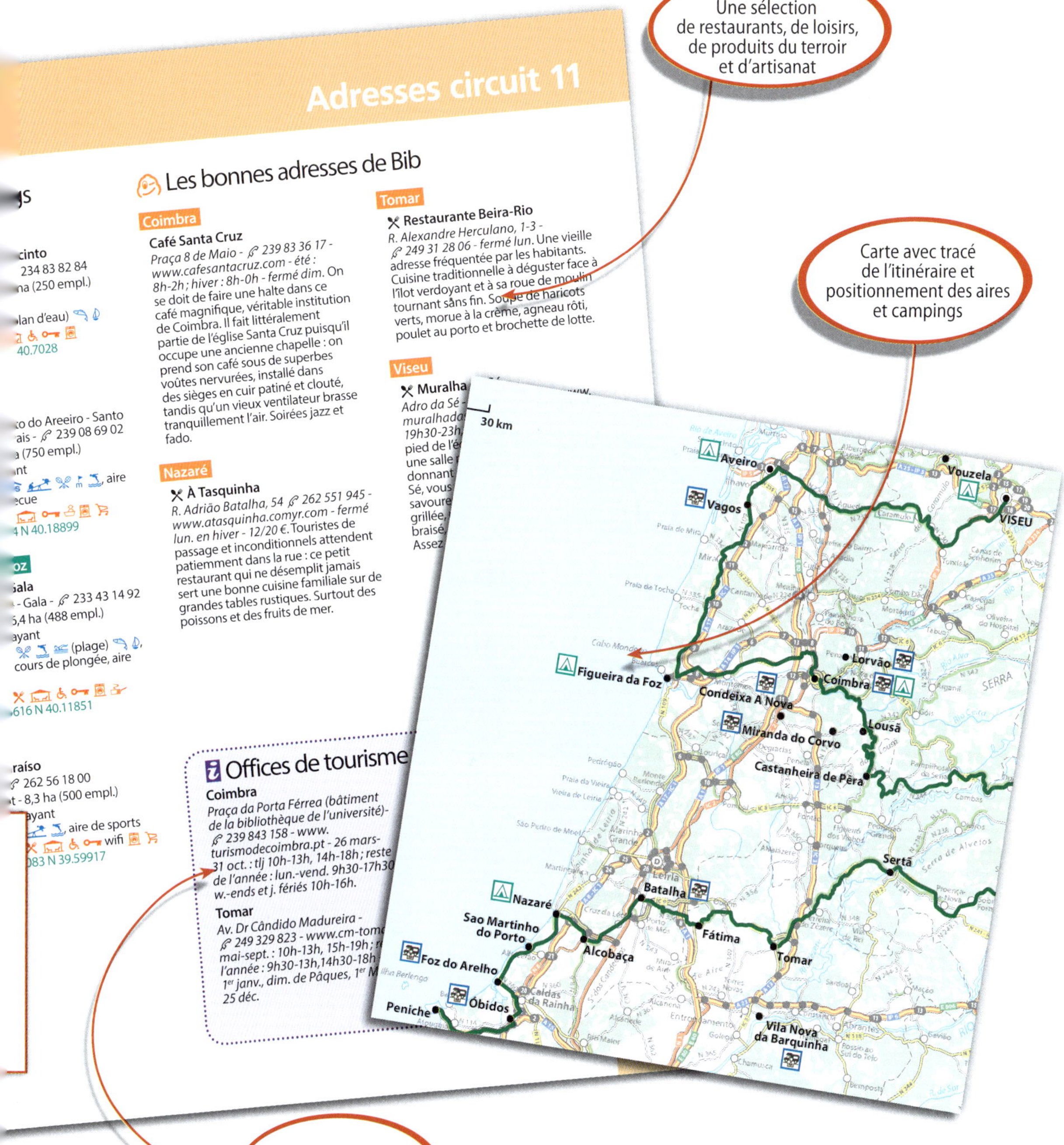

Adresses circuit 11

Les bonnes adresses de Bib

Coimbra

Café Santa Cruz
Praça 8 de Maio - 239 83 36 17 - www.cafesantacruz.com - été : 8h-2h ; hiver : 8h-0h - fermé dim. On se doit de faire une halte dans ce café magnifique, véritable institution de Coimbra. Il fait littéralement partie de l'église Santa Cruz puisqu'il occupe une ancienne chapelle : on prend son café sous de superbes voûtes nervurées, installé dans des sièges en cuir patiné et clouté, tandis qu'un vieux ventilateur brasse tranquillement l'air. Soirées jazz et fado.

Nazaré

À Tasquinha
R. Adrião Batalha, 54 262 551 945 - www.atasquinha.comyr.com - fermé lun. en hiver - 12/20 €. Touristes de passage et inconditionnels attendent patiemment dans la rue : ce petit restaurant qui ne désemplit jamais sert une bonne cuisine familiale sur de grandes tables rustiques. Surtout des poissons et des fruits de mer.

Tomar

Restaurante Beira-Rio
R. Alexandre Herculano, 1-3 - 249 31 28 06 - fermé lun. Une vieille adresse fréquentée par les habitants. Cuisine traditionnelle à déguster face à l'îlot verdoyant et à sa roue de moulin tournant sans fin. Soupe de haricots verts, morue à la crème, agneau rôti, poulet au porto et brochette de lotte.

Viseu

Muralha…

Offices de tourisme

Coimbra
Praça da Porta Férrea (bâtiment de la bibliothèque de l'université) - 239 843 158 - www.turismodecoimbra.pt - 26 mars-31 oct. : tlj 10h-13h, 14h-18h ; reste de l'année : lun.-vend. 9h30-17h30 ; w.-ends et j. fériés 10h-16h.

Tomar
Av. Dr Cândido Madureira - 249 329 823 - www.cm-tom… mai-sept. : 10h-13h, 15h-19h ; r… l'année : 9h30-13h,14h30-18h… 1er janv., dim. de Pâques, 1er M… 25 déc.

Adresses des offices de tourisme de la région décrite

Campings

Catégories *Categories* *Kategorien*

▲▲▲▲...▲ Camping, de très confortable jusqu'à simple mais convenable
Camping from very comfortable to simple but suitable
Komfortabel bis einfach, aber ordentlich

Agrément *Peaceful setting* *Besonders schöne Lage*

▲▲▲▲...▲ Camping très agréable pour le cadre, la qualité et la variété des services proposés
Particularly pleasant setting, quality and range of services available
Landschaftlich schöne Lage, gutes und vielfältiges Serviceangebot

Services pour camping-car *Facilities for campervans* *Dienstleistungen für Wohnmobil*

Borne pour camping-car
Point for campervans
Versorgungsanschluss für Wohnmobil

Formule Stop accueil camping-car FFCC
Special price for camper on the site
Sonderpreis für Wohnmobil auf dem Campingplatz

Emplacement aménagé pour camping-cars
Sites equipped for campervans
Stellplätze für Wohnmobil

Tarif en € *Charges in €* *Preise in €*

Redevance journalière *Daily charge* *Tagespreise*

5 € Par personne
Per person
Pro Person

2 € Pour le véhicule
Per vehicle
Pro Fahrzeug

6 € Pour l'emplacement
Per pitch
Platzgebühr

6,50 € (4A) Pour l'électricité (nombre d'ampères)
For electricity (by number of amperes)
Stromverbrauch (Anzahl der Ampere)

Redevance forfaitaire *Rates included* *Pauschalgebühren*

25 € (10A) Emplacement pour 2 personnes véhicule et électricité compris
Pitch for 2 persons including vehicle and electricity
Stellplatz für 2 Personen, Fahrzeug und Strom inklusiv

Loisirs *Recreational facilities* *Freizeitmäglichkeiten*

Jeux pour enfants
Playground
Kinderspielplatz

Animations diverses
Miscellaneous activities
Diverse Freizeitangebote

Sauna
Sauna
Sauna

Baignade
Bathing allowed
Baden erlaubt

Toboggan aquatique
Water slide
Wasserrutschbahn

Club pour enfants
Children's club
Kinderfreizeitklub

Salle de remise en forme
Fitness room
Fitnessraum

Tennis découvert – couvert
Tennis courts open air – covered
Tennisplatz – Hallentenisplatz

Piscine couverte – découverte
Open air – covered swimming pool
Freibad – Hallenbad

Sports nautiques – Canoë/Kayak
Water sports – Canoe/Cajak
Wassersport – Kanu/Kajak

Pêche
Fishing
Angeln

Location de vélos
Cycle hire
Fahrradverleih

Mini-golf
Mini golf
Minigolfplatz

Centre équestre
Riding
Reitzentrum

Services *Facilities* *Dienstleistungen*

Présence d'un gardien pouvant être contacté 24h/24 – De jour seulement
A warden can be contacted 24h/24 – Day security only
Eine Aufsichtsperson kann Tag und Nacht bei Bedarf erreicht werden – Nur tagsüber bewacht

Salle de réunion, de séjour
Common room
Gemeinschaftsraum, Aufenthaltsraum

Supermarché – Magasin d'alimentation
Supermarket – Food shop
Supermarkt – Lebensmitteldeschäft

Bar (licence III ou IV)
Bar (serving alcohol)
Bar mit Alkoholausschank

Installations chauffées
Heated facilities
Beheizte sanitäre Anlagen

Branchements individuels : Eau – Évacuation
Each bay is equipped with water – drainage
Individuelle Anschlüsse : Wasser – Abwasser

Lave-linge, sèche-linge
Washing machines, laundry
Miet-Waschmaschinen

Plats cuisinés à emporter
Take away meals
Fertiggerichte zum Mitnehmen

Restaurant, snack
Restaurant, snack-bar
Restaurant, Snack-Bar

Salle de bains pour bébés
Baby changing facilities
Wickelraum

Installations sanitaires accessibles aux handicapés
Sanitary installations for the physically handicapped
Sanitäre Einrichtungen für Körperbehinderte

Aires de service pour camping-cars

Services pour camping-cars *Facilities for camper vans* *Dienstleistungen für Wohnmobile*

Eau potable
Drinking water
Trinkwasser

Vidange eaux grises
Waste water change
Grauwasserentleerung

30 P : 18 €/j. - 24h
Nombre de stationnement et prix - durée maximale
Number of parks and rates - maximal time
Anzahl von den Parkplätzen und Preis - maximale Zeit

Électricité
Electricity
Stromanschluss

Vidange eaux noires (cassettes)
Mobil toilet disposal
Entsorgung Mobiltoilette

Services de proximité *Facilities in close proximity* *Dienstleistungen in der Nähe*

WC Public
Public toilets
Öffentliche Toiletten

Restaurant
Restaurant
Restaurant

Laverie
Laundry – washing machines
Waschmaschinen

Commerce
Food shop
Lebensmittelgeschäft

Les vérifications

Avant de partir, vous devez bien vérifier l'état de votre camping-car.
C'est une question de sécurité et de confort. Quelques conseils en forme de check-list !

Le porteur

☑ Les pneus

Ils sont un des organes de sécurité essentiels de votre véhicule. Vous devez régulièrement leur porter toute votre attention et en particulier lorsque vous préparez votre véhicule avant de partir.
Le pneumatique doit tout d'abord être adapté à votre véhicule. Il existe des gammes spécifiques destinées aux campings cars avec un marquage CP sur le flanc du pneumatique.
Avant de partir, contrôlez le bon état des pneumatiques, leur usure, et vérifiez la pression. Il est par ailleurs recommandé de faire vérifier leur état tous les ans pour les pneumatiques de plus de 5 ans après la date de fabrication qui pourra vous être indiquée par un spécialiste, et de changer les pneumatiques d'un âge supérieur à 10 ans. En cas de changement de deux pneumatiques, il est recommandé de faire monter les pneumatiques neufs à l'arrière du véhicule. Dans tous les cas, la pression recommandée est de 5,5 bars sur l'essieu moteur, pression mesurée à froid, quelle que soit la charge du véhicule en respectant le PTAC.
Sur l'essieu avant, conformez-vous aux préconisations de gonflage du constructeur indiquées sur le véhicule le plus souvent dans la porte conducteur.

☞ *Pour ces pressions, des valves métalliques sont impératives.*

☑ Sont également à contrôler

- le niveau d'huile
- le liquide des freins
- le frein à main
- le liquide du lave-glaces
- les balais d'essuie-glace
- les serrures
- la batterie
- les phares
- les clignotants

☞ *Pour plus de sécurité, une partie de ces contrôles (comme celui des plaquettes de freins) peut être faite par votre garagiste.*

☞ *Penser à se munir d'un kit d'ampoules de rechange.*

☞ *En cas de panne, vous devez disposer d'un gilet et d'un triangle de signalisation. Pensez-y !*

Les vérifications

La cellule

☑ Circuit d'eau

Eau propre : rincer et faire le plein.
Eaux usées : verser un produit de nettoyage et de désinfection. Pour éviter les mauvaises odeurs, préférer les produits du commerce ou le vinaigre plutôt que l'eau javellisée.

☑ Électricité

Faire fonctionner tous les postes électriques du véhicule. Si vous avez des panneaux solaires, vérifiez qu'ils sont propres. Leur efficacité en dépend.

☑ Extincteur

S'assurer que la date de validité de l'extincteur n'est pas dépassée.

☑ Fermeture

Contrôler la fermeture des ouvrants (lanterneaux, baies, portillons, portes et placards). Vérifier qu'il n'y a pas de fuite aux portes, lanterneaux et baies vitrées.

☑ Gaz

Vérifier le contenu des bouteilles de gaz (surtout en période hivernale) et le fonctionnement de tous les appareils à gaz. Avant le départ, fermer l'arrivée générale du gaz.

☞ *Les tuyaux à gaz doivent être changés régulièrement. Vérifier la date de péremption.*

☑ Hiver

Si vous partez en hiver, assurez-vous de la qualité du liquide dans le circuit de refroidissement ainsi que celle de l'huile moteur qui doit être adaptée aux températures hivernales.
Vérifiez l'état de la batterie.
Contrôlez le bon fonctionnement du chauffage et de tous les accessoires participant à la bonne visibilité. Ne pas oublier de prendre les chaînes et apprendre à les mettre en place avant le départ ! Penser également à emporter des plaques de « désenlisement » et une pelle.

☑ Surcharge

Les camping-cars sont limités en charge utile. Le **poids total** du camping-car chargé (PTAC) ne doit pas dépasser **3,5 t** (sauf pour les véhicules classés poids lourds). Il est notifié dans les documents de bord et à l'extérieur sur la porte du conducteur. Une surcharge du véhicule ou une mauvaise répartition des charges sont susceptibles de mettre en jeu la sécurité des usagers. Pour information, une pression de 5,5 bars sur l'essieu arrière moteur correspond à une charge maximale par pneu de 1 120 kg pour un pneumatique Michelin Agilis Camping 225/70R15 CP. Une situation de sous-gonflage peut être dangereuse : par exemple, une sous-pression de 0,5 bar pour un Michelin Agilis Camping 225/70R15 CP équivaut à une surcharge de 100 kg environ.

☞ *Le PTAC correspond au poids à vide plus la charge utile.*

☑ Dans vos bagages

Pensez à emporter un nécessaire à pharmacie et une trousse de secours aux premiers soins d'urgence ! Si vous voyagez avec un **animal domestique**, n'oubliez pas son **carnet de santé**. Il vous sera demandé dans les campings.

☑ Juste avant le départ

Ne pas oublier de rentrer le **marche-pied** (si vous n'avez pas de système d'alerte sonore). Rabattre les **antennes** (TV, parabole).

Louer un camping-car à l'étranger

Louer un camping-car dans un pays étranger peut être une bonne solution, économique, pratique et… écologique. Pas besoin de parcourir des milliers de kilomètres sur la route pour vous rendre sur le lieu de vos vacances. Vous pouvez arriver en avion ou en train sur votre destination et embarquer dans votre camping-car que vous aurez auparavant réservé.

Formalités

Pour louer un camping-car à l'étranger, les formalités sont généralement les mêmes qu'en France :
Vous devez fournir :

- ☑ Un permis de conduire à votre nom en cours de validité depuis plus d'un an
- ☑ Une carte d'identité ou un passeport valide
- ☑ Une carte bancaire internationale

L'âge minimum requis pour effectuer une location varie selon les pays entre 21 ans et 25 ans (avec 1 an de permis). Certains loueurs demandent des frais supplémentaires pour les jeunes conducteurs de moins de 25 ans.

Conseils

Tarifs

La location varie en fonction du pays et du type de véhicule choisi. Comptez par exemple entre 1 000 et 1 500 €, en fonction de la saison, pour une location de 10 jours en Espagne pour 4 personnes. Le kilométrage est souvent illimité et les assurances sont comprises.

Attention aux options

Comparez bien les tarifs, les options proposées et les assurances.
Certaines prestations sont des options : chaise enfant, GPS, tables et chaises de camping, climatisation, vélo, kit équipement (vaisselle, draps…).

Assurances

Les assurances obligatoires, les assurances dommages et vols sont généralement incluses dans les tarifs proposés par les loueurs.
Vérifiez au dos de votre carte verte les pays pour lesquels vous êtes assurés.

Sites Internet

www.campingcar-online.com
☏ 01 40 71 10 20. Partenaire d'Avis car-Away Camping-Car pour la location de camping-car à l'étranger. Possibilité de louer un camping-car en Italie, Sardaigne, Espagne, Portugal, Écosse, Irlande, Angleterre, Suède, Norvège, Finlande, Grèce. Un site très documenté contenant de multiples informations sur votre location.
http://location-camping-car.cooldrive.fr
☏ 09 52 05 04 48. Site de location de camping-cars dans la plupart des pays d'Europe.

Autres sites :
www.motorhomerent.fr
www.mcrent.fr

Traverser les mers en ferry

Réservation

Description du camping-car

Soyez bien vigilant lors de la réservation de votre traversée. La notion de camping-car varie selon les compagnies (taille et longueur). Décrivez bien votre véhicule car les compagnies peuvent refuser votre embarcation, faute de place, si vous vous êtes trompé dans votre déclaration.
Signalez tous les objets susceptibles de prendre de la place (vélos accrochés au camping-car, galerie de toit, etc.).

Soute ou open-deck ?

Certaines compagnies proposent deux solutions pour votre traversée.
Camping-car en soute : vous passerez la nuit dans une cabine.
Camping-car en open-deck : le camping-car se trouve sur le pont. Vous pouvez dormir dans votre véhicule et économiser ainsi le prix d'une cabine.

Précaution

Attention au fonctionnement du réfrigérateur de votre véhicule : les bouteilles de gaz doivent être fermées pendant la traversée. Les compagnies maritimes fournissent une alimentation électrique (prévoir une rallonge assez longue pour le raccordement aux bornes à 230 V) ou donnent la possibilité de louer des réfrigérateurs à bord.

Agences et compagnies

Agences maritimes

Certaines agences maritimes spécialisées dans les camping-cars peuvent effectuer vos réservations :
Euro-mer : www.euromer.com ; Méditerranée.
Viamare : www.viamare.fr ; Méditerranée et Europe du Nord.

Compagnies

Vous pouvez également réserver directement auprès des compagnies :
www.anek.gr
www.brittany-ferries.fr
www.carontetourist.it
www.mobylines.fr
www.jadrolinija.hr
www.POferries.fr
www.tallinksilja.com/fr
www.vikingline.fi

Traversées

Les circuits décrits dans ce guide prévoient parfois des traversées en ferry.
Italie-Sardaigne : de Livourne à Olbia, avec Moby Lines *(voir circuit 19, p. 132)*.
Italie-Sicile : de Calabre à Messine, avec Caronte *(voir circuit 21 p. 140)*.
Îles croates : de Drvenik à l'île de Hvar, avec Jadrolinija *(voir circuit 25, p. 156)*.
Îles grecques : de Igoumenista à Corfou, plusieurs compagnies à réserver *via* l'agence Euromer *(voir circuit 27, p. 164)*.
Grèce continentale-Crète : du Pirée à Héraklion, avec Anek Line *via* l'agence Euromer *(voir circuit 29, p. 172)*.
France-Grande-Bretagne : de Calais à Douvres, avec P & O/Sea France, ou de Roscoff à Plymouth, avec Brittany Ferries *(voir circuit 30, p. 178)*.
Grande-Bretagne-Irlande : de Liverpool à Dublin, avec P & O/Sea France *(voir circuit 37, p. 206)*.
Finlande-Estonie : de Helsinki à Tallinn, avec Tallink Silja et Viking Line *(voir circuit 50, p. 258)*.

Bien conduire

Conduire un camping-car n'est pas difficile. Tout titulaire du permis auto a la possibilité de le faire. Toutefois intégraux, capucines et autres profilés présentent des particularités dont vous devez tenir compte.

On s'attache !

Les passagers doivent impérativement boucler leur ceinture de sécurité, qu'ils voyagent dans la cabine ou en cellule (si celle-ci en est équipée). De même, les effets personnels et les vivres doivent être rangés, pendant le voyage, dans des placards fermés.

Une bonne marge de distance

L'inertie au freinage demeure plus importante avec un camping-car que sur une voiture, en raison du poids en mouvement, et ce malgré les systèmes de freinage sophistiqués actuels.
Préservez ainsi toujours une marge de distance confortable par rapport aux véhicules qui vous précèdent.

☞ *Lors de la descente des cols, utilisez au maximum votre frein moteur.*

Surveiller le gabarit

Pensez aux autres véhicules : afin que la largeur de votre camping-car ne les gêne pas, tenez bien votre droite.
Sur les routes de campagne, soyez vigilant au moment où vous croisez tracteurs, cars et autres camions. Vous devez ralentir et vous déporter encore plus sur la droite. Vigilance accrue lorsque vous doublez un cycliste !
Gardez en tête la **hauteur** du véhicule. Le mieux est encore de noter les dimensions de votre véhicule et son PTAC sur un papier fixé sur le tableau de bord.
En **montagne**, pensez aux routes à encorbellement, surtout si vous roulez en capucine. Les véhicules les plus imposants risquent en effet d'accrocher les parois. Mais rassurez-vous ! Nos circuits ont pris en compte ce risque.
En ville, des mésaventures du même type peuvent se produire avec certains **balcons en encorbellement.** Sur l'autoroute, méfiez-vous des **barrières de péage**. Certains couloirs réservés aux voitures sont parfois équipés de barres de hauteur.
Attention également aux **branches basses des arbres.**

Au moment de doubler et de se rabattre, vous devez bien avoir en tête la **longueur** de votre camping-car. Certains véhicules ayant un porte-à-faux important peuvent rencontrer des difficultés lors des manœuvres de stationnement et d'accès sur les ferries ou les bacs.

Contrer les appels d'air

Si vous conduisez une grande capucine ou un intégral, pour éviter les appels d'air générés en dépassement, vous devez compenser par un léger mouvement du volant en sens inverse.

Circuler en ville

La circulation en ville (et village) nécessite une grande prudence. Soyez attentif aux barres de hauteur qui limitent parfois les accès. Et avant de pénétrer dans le vieux quartier de telle cité médiévale aux ruelles étroites, prenez vos précautions.

Évaluer le terrain

Lorsque vous sortez des routes aménagées, vous devez ne pas sous-estimer le poids de votre camping-car et évaluer la praticabilité du terrain.
Sur un camping-car, l'essentiel du poids se trouvant concentré vers la partie arrière, mieux vaut, pour éviter le patinage des roues, faire une reconnaissance à pied.

N. Thibaut / Photononstop

Aire de stationnement à Cognac, France.

Le stationnement

Le stationnement des camping-cars est régi par le code de la circulation routière, le code de l'urbanisme et le code des collectivités territoriales.

Vous devez connaître et respecter leurs règles.

Stationnement sur la voie publique

En ville, garez-vous sur les parkings extérieurs au centre-ville ou sur les parkings réservés aux camping-cars, en faisant attention de ne pas empiéter sur d'autres places, ni sur la voie publique.

☞ *Si la sécurité ou l'ordre public l'exigent, les maires sont en droit de prescrire des mesures plus rigoureuses en matière de stationnement*

Stationnement sur le domaine privé

Si vous voulez stationner sur une propriété privée, vous devez en demander l'autorisation aux propriétaires.

Il est interdit de stationner sur les rivages de la mer, dans des sites classés ou inscrits et leur proximité, dans un rayon de moins de 200 m d'un point d'eau capté pour la consommation, dans les bois, forêts, parcs classés comme espaces boisés à conserver.

T. Mueller / imagebroker / age fotostock

Aire de service dans le camping de Ceska Brana, en République Tchèque.

Les structures d'accueil adaptées

Aires de service

Leur première vocation est de proposer ces services :
- La vidange des eaux grises (eaux ménagères)
- La vidange des eaux noires (WC chimiques)
- L'alimentation en eau potable
- Le dépôt des ordures

Et accessoirement : l'approvisionnement en électricité.

En plus de ces services, l'aire peut proposer un stationnement.

L'eau et les vidanges peuvent être fournies par l'intermédiaire d'une borne artisanale ou d'une borne de type industriel : Flot bleu, Raclet, Eurorelais, etc.

La gratuité de l'aire de service dépend en grande partie de l'activité touristique de la région. Il faut donc s'attendre à payer pour le stationnement et/ou les services.

Ces prix, indiqués dans nos adresses, varient entre 3 et 15 € pour les services, et entre 5 et 25 € pour le stationnement.

☞ *Il est interdit de vidanger des WC chimiques dans un réseau de tout-à-l'égout.*

Aires de stationnement

Il s'agit de lieux publics autorisés pour le stationnement, situés ou non, à proximité d'une aire de service. Le stationnement peut être limité dans le temps à certains endroits (24h/48h). Il peut être gratuit ou payant.

L'aménagement de ces aires peut aller du plus sommaire à très confortable (aménagement de loisirs, grands espaces).

☞ *Occuper l'espace de stationnement sur la voie publique avec des chaises, des tables ou tout autre équipement personnel est interdit.*

Campings

Tous les camping-cars peuvent stationner dans un camping, mais tous les campings ne sont pas encore équipés de structures spécifiques, même si leur nombre est en forte augmentation.

À l'étranger, certains campings proposent des formules adaptées aux camping-caristes à l'image de la formule française Stop Accueil Camping-Car FFCC : comme le « Quick Stop » au Danemark.

Les initiatives personnelles

Certains agriculteurs, éleveurs, vignerons, fermes-auberges ou châtelains par exemple, vous invitent à stationner gratuitement sur leur propriété pendant une nuit, et à découvrir leurs produits et leur savoir-faire.

Cette formule d'accueil existe en France, en Italie et en Allemagne.

Dans les montagnes de Norvège.
A. Lindhjem/age fotostock

VOS DESTINATIONS EN EUROPE

T. Winz/Index Stock/age fotostock

Village en Forêt-Noire.

À savoir sur la route…

Nom local : Bundesrepublik Deutschland
Capitale : Berlin
Superficie : 357 121 km^2
Population : 80,76 millions d'habitants
Monnaie : Euro

Documents obligatoires

- Permis de conduire rose de l'UE ou permis de conduire international (recommandé seulement)
- Certificat d'immatriculation du véhicule (carte grise) ou certificat de location
- Plaque d'identification nationale
- Justificatif d'assurance (carte verte)
- Passeport français (recommandé seulement) ou carte d'identité en cours de validité
- Procuration en cas d'utilisation du véhicule appartenant à un tiers
- Il est conseillé aux voyageurs d'être munis d'une Carte européenne ou du certificat provisoire de remplacement que l'on obtient auprès de sa Caisse d'assurance maladie
- L'accès au centre-ville de certaines villes comme Berlin n'est possible qu'avec l'écopastille verte

Réglementations

- Siège enfant, rehausseur ou système de retenue adapté et homologué obligatoire jusqu'à 12 ans et 1,50 m
- Âge minimum du conducteur : 16 ans (permis spécial avec accompagnateur autorisé)
- Taux maximum d'alcool toléré dans le sang : 0, 5 g
- Phares allumés de jour par pluie, neige ou brouillard
- Port de la ceinture de sécurité obligatoire à l'avant et à l'arrière
- Pneus cloutés interdits
- Triangle de présignalisation obligatoire
- Trousse de premiers secours obligatoire
- Gilet réfléchissant : obligatoire pour les camping-cars dont le poids excède 3,5 t

Limitations de vitesses

- En agglomérations urbaines : 50 km/h
- Sur routes : 100 km/h. Sur les autoroutes, il n'y a pas de limitation mais il est conseillé de ne pas rouler à plus de 130 km/h. Attention à la « conduite en accordéon » ; des accrochages surviennent car des portions limitées à 80 ou 100 km/h succèdent parfois et brutalement à des portions non limitées

Pour téléphoner

En Allemagne :
composez le : 00 + 49 + indicatif urbain sans le 0 initial + numéro du correspondant.
Sur place :
Téléphone incendie et ambulance : 112
Téléphone police : 110

Lexique

Se reporter au lexique de l'Autriche page ci-contre.

Autriche

À savoir sur la route…

Nom local : Republik Österreich
Capitale : Vienne
Superficie : 83 879 km^2
Population : 8,50 millions d'habitants
Monnaie : Euro

Documents obligatoires

- Permis de conduire rose de l'UE
- Permis de conduire international (recommandé seulement)
- Certificat d'immatriculation du véhicule ou certificat de location
- Plaque d'identification nationale
- Justificatif d'assurance (carte verte)
- Passeport (recommandé seulement)
- Procuration en cas d'utilisation du véhicule appartenant à un tiers

Réglementations

- Triangle de présignalisation obligatoire
- Trousse de premiers secours obligatoire
- Extincteur recommandé
- Gilet de sécurité fluorescent obligatoire
- Taux maximum d'alcool toléré dans le sang : 0, 5 g
- Siège enfant, rehausseur ou système de retenue adapté et homologué obligatoire jusqu'à 14 ans ou 1,50 m
- Âge minimum du conducteur : 18 ans
- Port de la ceinture de sécurité obligatoire à l'avant et à l'arrière
- Pneus cloutés admis avec réglementation d'octobre à mai ;
- Vitesse limite pour un véhicule équipé de pneus cloutés (80 km/h)
- Signe « pneus cloutés » obligatoire sur la vitre arrière

Limitations de vitesses

- En agglomérations urbaines : 50 km/h
- Sur routes : 100 km/h
- Sur autoroutes : 130 km/h

Ces vitesses limites sont réduites par temps de pluie

Vignette

Pour circuler sur les autoroutes, il est obligatoire d'apposer une vignette « autoroute » sur le pare-brise. Elle est disponible dans les bureaux de poste et certains bureaux de tabac ainsi qu'aux postes frontières.

Pour téléphoner

En Autriche :
composez le 00 43 + indicatif de la ville sans le 0 initial + numéro du correspondant.
Sur place :
Téléphone incendie et ambulance : 112
Téléphone police : 110

Lexique

Mots usuels

Oui **Ja** / Non **Nein** / Bonjour (le matin) **Guten Morgen** / Bonjour **Guten Tag** / Au revoir **Auf Wiedersehen** / Bonsoir **Guten Abend** / Combien ? **Wieviel ?** / Comment ? **Wie ?** / S'il vous plaît **Bitte** / Merci **Danke** / Excusez-moi **Entschuldigung** / Restaurant **Gasthaus** / Santé ! **Prost !**

Directions & transports

Où se trouve ? **Wo ist ?** / droite **Rechts** / gauche **Links** / Tout droit **Geradeaus** / Près de **Nahe** / Entrée **Eingang** / Sortie **Ausgang** / Route, rue **Straße** / Autoroute **Autobahn** / Station-service **Tankstelle** / Essence **Benzin**

Premiers contacts

Je ne comprends pas **Ich verstehe nicht** / Je voudrais… **Ich möchte…** / L'addition SVP **Die Rechnung bitte** / Pouvez-vous m'aider ? **Können Sie mir bitte helfen ?** / Parlez-vous français ? **Sprechen Sie Französisch ?**

Urgences

Pharmacie **Apotheke** / Médecin **Arz** / Hôpital **Krankenhaus** / C'est une urgence **Das ist ein Notfall**

Belgique

Carlos S. Pereyra/age fotostock

Festival international de Cerfs-Volants à Ostende.

À savoir sur la route…

Nom local : België / Belgique
Capitale : Bruxelles
Superficie : 30 527 km²
Population : 11,15 millions d'habitants
Monnaie : Euro

Documents obligatoires

- Permis de conduire rose de l'UE
- Permis de conduire international (recommandé seulement)
- Certificat d'immatriculation du véhicule ou certificat de location
- Plaque d'identification nationale
- Justificatif d'assurance (carte verte)
- Passeport (recommandé seulement)
- Procuration en cas d'utilisation du véhicule appartenant à un tiers

Réglementations

- Taux maximum d'alcool toléré dans le sang : 0,5 g
- Siège enfant, rehausseur ou système de retenue adapté et homologué obligatoire jusqu'à moins d'1,35 m
- Âge minimum du conducteur : 18 ans
- Port de la ceinture de sécurité obligatoire à l'avant et à l'arrière
- Allumage des feux de croisement obligatoire (jour et nuit) pour les deux-roues toute l'année
- Pneus cloutés admis avec réglementation du 1er novembre au 31 mars
- Triangle de présignalisation obligatoire
- Trousse de premiers secours obligatoire
- Extincteur obligatoire
- Gilet de sécurité fluorescent obligatoire

Limitations de vitesses

- En agglomérations urbaines : 50 km/h
- Sur routes : 90 km/h
- Sur routes à chaussées séparées : 120 km/h
- Sur autoroutes : 120 km/h

Ces vitesses limites sont réduites par temps de pluie

Infos

- Interdiction de rester en stationnement plus de 24h consécutives sur la voie publique.
- Les autoroutes sont gratuites. Elles ne disposent que de très peu d'aires de repos.

Pour téléphoner

En Belgique :
composez le 00 + 32 + numéro du correspondant.
Sur place :
Téléphone incendie et ambulance : 112
Téléphone police : 110

Lexique

Voir le lexique (flamand) p. 48.

À savoir sur la route…

Nom local : Hrvatska
Capitale : Zagreb
Superficie : 56 542 km^2
Population : 4,25 millions d'habitants
Monnaie : Kuna (1 € = 7,67 HRK)

Documents obligatoires

- Permis de conduire rose de l'UE (recommandé seulement)
- Permis de conduire international
- Certificat d'immatriculation du véhicule ou certificat de location
- Plaque d'identification nationale
- Justificatif d'assurance (carte verte)
- Carte d'identité ou passeport
- Procuration en cas d'utilisation du véhicule appartenant à un tiers
- Il est conseillé de se renseigner auprès des Automobile Clubs pour les détails sur les réglementations locales

Réglementations

- Taux maximum d'alcool toléré dans le sang : 0 g (loi remise en cause en juin 2008)
- Âge minimum des enfants admisà l'avant : 12 ans
- Siège enfant, rehausseur ou système de retenue adapté et homologué obligatoire jusqu'à 5 ans
- Port de la ceinture de sécurité obligatoire à l'avant et à l'arrière
- Allumage des feux de croisement obligatoire (jour et nuit) toute l'année
- Pneus cloutés interdits
- Triangle de présignalisation obligatoire
- Trousse de premiers secours obligatoire
- Extincteur recommandé
- Jeu d'ampoules de rechange obligatoire
- Gilet de sécurité fluorescent obligatoire

Limitations de vitesses

- En agglomérations urbaines : 50 km/h
- Sur routes : 90 km/h
- Sur routes à chaussées séparées : 110 km/h
- Sur autoroutes : 130 km/h

Ces vitesses limites sont réduites par temps de pluie

Interdictions

Le camping « sauvage » est interdit. Les camping-cars doivent obligatoirement séjourner chaque nuit sur un terrain de camping. La police croate fait formellement respecter cette règle (les amendes peuvent varier de 1 000 à 7 500 kunas).

Pour téléphoner

En Croatie :
composez le 00 + 385 + indicatif régional sans le 0 initial + numéro du correspondant.
Sur place :
SAMU : 94
Téléphone police : 92 ; pompiers : 93
Pour un dépannage : 987

Lexique

Mots usuels

Oui **Da** / Non **Ne** / Bonjour **Dobar dan** ou **Dobro jutro** / Bonsoir **Dobra večer** / Salut **Bog** / Au revoir **Do viđenja** / S'il vous plaît **Molim** / Merci (beaucoup) **Hvala (lijepo)** / Excusez-moi **Oprostite** ou **Ispričavam se** / Santé ! **Živjeli !** ou **Na zdravlje ! /** Manger **Jesti** / Boire **Piti** / Toilettes **Nužnik** ou **Zahod**

Directions & transports

À droite **Desno** / À gauche **Lijevo** / Entrée **Ulaz** / Sortie **Izlaz** / Autoroute **Autocesta** / Route **Cesta** / Ville **Grad** / Station-service **Benzinska stanica** / Essence **Benzin**

Premiers contacts

Je voudrais… **Htio** / **Htjela** (h/f) **bih…** / Où se trouve… ? **Gdje se nalazi ?** / Parlez-vous français ? **Govorite li francuski ?** / Je ne comprends pas **Ne razumijem** / Pouvez-vous m'aider ? **Možete li pomoć mene ?** / Combien ça coûte ? **Koliko košta ?**

Urgences

Au secours ! **U pomoć !** / Hôpital **Bolnica** / Police **Policija**

NYHAVN
S.A.98

À savoir sur la route…

Documents obligatoires

- Permis de conduire rose de l'UE
- Permis de conduire international (recommandé seulement)
- Certificat d'immatriculation du véhicule ou certificat de location
- Plaque d'identification nationale
- Justificatif d'assurance (carte verte)
- Passeport (recommandé seulement)
- Procuration en cas d'utilisation du véhicule appartenant à un tiers

Réglementations

- Taux maximum d'alcool toléré dans le sang : 0,5 g
- Siège enfant, rehausseur ou système de retenue adapté et homologué obligatoire jusqu'à 3 ans et 1,35 m
- Âge minimum du conducteur : 18 ans
- Port de la ceinture de sécurité obligatoire à l'avant et à l'arrière
- Deux-roues : port du casque obligatoire pour le conducteur et le passager
- Allumage des feux de croisement obligatoire (jour et nuit) toute l'année
- Pneus cloutés admis avec réglementation du 1er novembre au 15 avril
- Triangle de présignalisation obligatoire
- Trousse de premiers secours recommandée
- Extincteur recommandé
- Gilet de sécurité fluorescent recommandé

Nom local : Danmark
Capitale : Copenhague
Superficie : 43 098 km^2
Population : 5,63 millions d'habitants
Monnaie : Couronne danoise (1 € = 7,44 DKK)

Limitations de vitesses

- En agglomérations urbaines : 50 km/h
- Sur routes : 80 km/h
- Sur autoroutes : 130 km/h

Ces vitesses limites sont réduites par temps de pluie

Attention, vélo !

Une attention toute particulière doit être portée aux nombreux cyclistes en agglomération. Ils sont prioritaires aux intersections.

Pour téléphoner

Au Danemark :
composez le 00 + 45 + numéro du correspondant.
Sur place :
Téléphone incendie et ambulance : 112
Téléphone police : 110

Lexique

Mots usuels

Oui **Ja** / Non **Nej** / Bonjour **Goddag** / Bonsoir **Godaften** / Salut **Hej** / Au revoir **Farvel** / S'il vous plaît **Vær så god** / Merci (beaucoup) **(mange) Tak** / Excusez-moi **Undskyld** / Santé ! **Skål !**/ Manger **Spise** / Boire **Drikke** / Toilettes **Toalett**

Directions & transports

À droite **Til højre** / À gauche **Til venstre** / Entrée **Indgang** / Sortie **Udgang** / Autoroute **Motorvej** / Route **Vej** / Ville **By** / Station-service **Tankstation** / Essence **Benzin**

Premiers contacts

Je voudrais… **Jeg ville ønske…** /
Je ne comprends pas **Jeg forstår ikke** /
Combien ça coûte ? **Hvor meget koster det ?**

Urgences

Au secours ! **Hjælp !** / Hôpital **Sygehus** / Police **Politi**

Au bord du canal à Copenhague.
G. Lenz / imagebroker / age fotostock

TAXI
Victoria
38
P194 JMC

Grande-Bretagne

À savoir sur la route...

Nom local : Great Britain
Capitale : Londres
Superficie : 244 820 km^2
Population : 63,18 millions d'habitants
Monnaie : livre sterling (1 € = 0,79 £)

Documents obligatoires

- Permis de conduire rose de l'UE
- Permis de conduire international (recommandé seulement)
- Certificat d'immatriculation du véhicule ou certificat de location
- Plaque d'identification nationale
- Justificatif d'assurance (carte verte)
- Passeport (recommandé seulement)
- Procuration en cas d'utilisation du véhicule appartenant à un tiers

Réglementations

- Conduite à gauche
- Taux maximum d'alcool toléré dans le sang : 0,8 g
- Siège enfant, rehausseur ou système de retenue adapté et homologué obligatoire jusqu'à 12 ans ou 1,35 m
- Âge minimum du conducteur : 17 ans
- Port de la ceinture de sécurité obligatoire à l'avant et à l'arrière
- Pneus cloutés admis avec réglementation toute l'année sur routes enneigées
- Triangle de présignalisation recommandé
- Trousse de premiers secours recommandée
- Extincteur recommandé
- Gilet de sécurité fluorescent recommandé

Limitations de vitesses

- En agglomérations urbaines : 30 miles (48 km/h)
- Sur routes : 60 miles (97 km/h)
- Sur routes à chaussées séparées : 70 miles (112 km/h)
- Sur autoroutes : 70 miles (112 km/h)

Ces vitesses limites sont réduites par temps de pluie

Rouler à gauche

Les réflexes ont tendance à reprendre le dessus. Aussi faites attention lorsque vous abordez et sortez d'un rond-point. Vous le prendrez dans le sens des aiguilles d'une montre, par la gauche et vous resterez plutôt sur la voie extérieure.

Pour téléphoner

En Grande-Bretagne :
composez le 00 + 44 + indicatif de la localité sans le 0 initial + numéro du correspondant.
Sur place :
Téléphone incendie et ambulance : 112
Téléphone police : 110

Lexique

Mots usuels

Oui **Yes** / Non **No** / Bonjour **Good morning** / Bonsoir **Good evening** / Salut **Hi** / Au revoir **Goodbye** / S'il vous plaît **Please** / Merci (beaucoup) **Thank you (very much)** / Excusez-moi **Excuse me** / D'accord **OK** ou **Fine** / Santé ! **Cheers!**/ Manger **To eat** / Boire **To drink** / Toilettes **Toilets** / Restaurant **Restaurant** / Office de tourisme **Tourist office** / Argent **Money**

Directions & transports

Où se trouve... ? **Where is...?** / À droite **To the right** / À gauche **To the left** / Tout droit **Straight ahead** / Près de **Close to** ou **Near** / Entrée **Entrance** / Sortie **Exit** / Route **Road** / Rue **Street** / Autoroute **Motorway** / Ville **City** ou **Town** / Village **Village** / Station-service **Petrol station** / Essence **Petrol** / GPL **LPG** /

Premiers contacts

Je voudrais... **I would like...** / Parlez-vous français ? **Do you speak french?** / Je ne comprends pas **I don't understand** / Pouvez-vous m'aider ? **Could you help me?** / Combien ça coûte ? **How much does it cost?** / L'addition, SVP ? **Can I have the bill, please?** / Je cherche... **I'm looking for...** / C'est trop cher **That's too expensive**

Urgences

Au secours ! **Help!** / C'est une urgence **It's an emergency** / Hôpital **Hospital** / Médecin **Doctor** /Pharmacie **Chemist** / Police **Police**

Taxi sur Picadilly Street, à Londres.
G. Azumendi / age fotostock

À savoir sur la route...

Nom local : Ellinikí Dimokratía
Capitale : Athènes
Superficie : 131 957 km²
Population : 10,82 millions d'habitants
Monnaie : Euro

Documents obligatoires

- Permis de conduire rose de l'UE
- Permis de conduire international (recommandé seulement)
- Certificat d'immatriculation du véhicule ou certificat de location
- Plaque d'identification nationale
- Justificatif d'assurance (carte verte)
- Passeport (recommandé seulement)
- Procuration en cas d'utilisation du véhicule appartenant à un tiers
- Il est conseillé de se renseigner auprès des Automobile Clubs pour les détails sur les réglementations locales

Réglementations

- Taux maximum d'alcool toléré dans le sang : 0,5 g/l
- Âge minimum des enfants admis à l'avant : 12 ans
- Âge minimum du conducteur : 18 ans
- Port de la ceinture de sécurité obligatoire à l'avant et à l'arrière
- Pneus cloutés admis sans réglementation
- Triangle de présignalisation obligatoire
- Trousse de premiers secours obligatoire
- Extincteur obligatoire
- Gilet de sécurité fluorescent recommandé

Limitations de vitesses

- En agglomérations urbaines : 50 km/h
- Sur routes : 90 km/h
- Sur autoroutes : 120 km/h

Ces vitesses limites sont réduites par temps de pluie

À droite

Méfiez-vous, il est commun en Grèce d'être doublé par la droite !

Pour téléphoner

En Grèce :
composez le 00 + 30 + numéro du correspondant.`
Sur place :
Téléphones incendie : 199 et ambulance : 166
Téléphone police : 100

Lexique

Mots usuels

Oui **Nai** / Non **Ohi** / Bonjour **Kalimera** / Bonsoir **Kalispera** / Salut **Yamass** / Au revoir **Antio** ou **Geia sas** / S'il vous plaît **Parakalo** / Merci **Efkaristo** / Excusez-moi **Signomi** / D'accord **Entáxei** / Où **Poú**

Directions & transports

À droite **Dexiá**/ À gauche **Aristerá** / Entrée **Issodos** / Sortie **Exodos** / Route **Dromo** / Ville **Horio** / Station-service **Venzinadiko** / Essence **Venziní**

Premiers contacts

Où se trouve... ? **Pou inai... ?** / Parlez-vous français ? **Milate gallika ?** / Je ne comprends pas **Den katalavéno** / Combien ça coûte ? **Posso kani ?** / Combien de temps **Pósi óra**

Urgences

Police **Astinomia**/ Pharmacie **To farmakeío** / Hôpital **To nosokomeío** / Médecin **O giatrós**

À savoir sur la route…

Nom local : Magyar Köztársaság
Capitale : Budapest
Superficie : 93 030 km²
Population : 9,94 millions d'habitants
Monnaie : Forint hongrois (1 € = 306,82 HUF)

Documents obligatoires

- Permis de conduire rose de l'UE
- Permis de conduire international (recommandé seulement)
- Certificat d'immatriculation du véhicule ou certificat de location
- Plaque d'identification nationale
- Justificatif d'assurance (carte verte)
- Passeport (recommandé seulement)
- Procuration en cas d'utilisation du véhicule appartenant à un tiers

Réglementations

- Vignette autoroutière, en vente auprès des bureaux de poste, des bureaux de douane, ainsi que des garages et stations-service. Montant annuel : 37200 HUF
- Taux maximum d'alcool toléré dans le sang : 0 g
- Âge minimum des enfants admis à l'avant : 12 ans
- Siège enfant, rehausseur ou système de retenue adapté et homologué obligatoire jusqu'à 12 ans ou 1,50 m
- Âge minimum du conducteur : 17 ans
- Port de la ceinture de sécurité obligatoire à l'avant et à l'arrière
- Allumage des feux de croisement obligatoire (jour et nuit) hors agglomération toute l'année
- Pneus cloutés interdits
- Triangle de présignalisation obligatoire
- Trousse de premiers secours obligatoire
- Extincteur recommandé
- Jeu d'ampoules de rechange obligatoire
- Gilet de sécurité fluorescent recommandé

Limitations de vitesses

- En agglomérations urbaines : 50 km/h
- Sur routes : 90 km/h
- Sur routes à chaussées séparées : 110 km/h
- Sur autoroutes : 130 km/h

Ces vitesses limites sont réduites par temps de pluie

Contrôles

Les limitations de vitesse sont fréquemment contrôlées. Tout comme le taux d'alcool qui doit impérativement être de 0. Les sanctions vont de l'amende (à payer sur-le-champ) à la confiscation du permis de conduire.

Pour téléphoner

En Hongrie :
composez le 00 + 36 + indicatif de la ville + n° du correspondant (sans le 06 initial).

Sur place :
Téléphone incendie et ambulance : 112
Téléphone police : 110

Lexique

Mots usuels

Oui **Igen** / Non **Nem** / Bonjour **Jó napot** / Bonsoir **Jó estét** / Salut **Szia** / Au revoir **Viszlát** / S'il vous plaît **Kérem** / Merci (beaucoup) **Köszönöm (szépen)** / Excusez-moi **Bocsánat** / Santé ! **Egészségére !** / Manger **Enni** / Boire **Iszik** / Toilettes **Klozett**

Directions & transports

À droite **Jobbra** / À gauche **Balra** / Entrée **Bejárat** / Sortie **Kijárat** / Autoroute **Autópálya** / Route **Út** / Ville **Város** / Station-service **Benzinkút** / Essence **Benzin**

Premiers contacts

Je voudrais… **Kérek egy…** / Où se trouve… ? **Tudja merre van a… ?** / Parlez-vous français ? **Beszél franciául ?** / Je ne comprends pas **Nem értem** / Pouvez-vous m'aider ? **Tudna segíteni, kérem ?** / Combien ça coûte ? **Mennyibe kerül ?**

Urgences

Au secours ! **Segítség !** / Hôpital **Kórház** / Police **Rendőrség**

Irlande

M. Siepmann / imagebroker/age fotostock

Paysage de Mizen Head Peninsula.

À savoir sur la route…

Documents obligatoires

- Permis de conduire rose de l'UE
- Permis de conduire international (recommandé)
- Certificat d'immatriculation du véhicule ou certificat de location
- Plaque d'identification nationale
- Justificatif d'assurance (carte verte)
- Passeport (recommandé seulement)
- Procuration en cas d'utilisation du véhicule appartenant à un tiers

Réglementations

- Conduite à gauche
- Taux maximum d'alcool toléré dans le sang : 0,8 g
- Siège enfant, rehausseur ou système de retenue adapté et homologué obligatoire jusqu'à 1,50 m et 36 kg
- Âge minimum du conducteur : 17 ans
- Port de la ceinture de sécurité obligatoire à l'avant et à l'arrière
- Pneus cloutés admis sans réglementation
- Triangle de présignalisation recommandé
- Trousse de premier secours recommandée
- Extincteur recommandé
- Gilet de sécurité fluorescent recommandé

Limitations de vitesses

- En agglomérations urbaines : 50 km/h
- Sur routes : 80 km/h
- Sur autoroutes : 120 km/h

Ces vitesses limites sont réduites par temps de pluie

Nom local : Ireland
Capitale : Dublin (Eire), London (Irlande du Nord)
Superficie : 70 280 km^2
Population : 4,61 millions d'habitants
Monnaie : Euro (Eire), Livre (Irlande du Nord)

« No camping » = oui !

Le camping « sauvage » est encore possible. Ne tenez pas compte des panneaux « *No Camping* » car ils indiquent une interdiction de stationner deux nuits d'affilée. « *No Overnight Parking* » eux interdisent effectivement de faire étape, même pour une nuit.

Rouler à gauche

Les réflexes ont tendance à reprendre le dessus. Aussi faites attention lorsque vous abordez et sortez d'un rond-point. Vous le prendrez dans le sens des aiguilles d'une montre, par la gauche et vous resterez plutôt sur la voie extérieure.

Pour téléphoner

En Irlande :
composez le 00 + 353 + numéro du correspondant sans le 0 initial.
Sur place :
Téléphone incendie et ambulance : 112 ; police : 110

Lexique

Se reporter au lexique de la Grande-Bretagne p. 39.

À savoir sur la route…

Nom local : Italia
Capitale : Rome
Superficie : 301 336 km²
Population : 60,78 millions d'habitants
Monnaie : Euro

Documents obligatoires

- Permis de conduire rose de l'UE
- Permis de conduire international (recommandé seulement)
- Certificat d'immatriculation du véhicule ou certificat de location
- Plaque d'identification nationale
- Justificatif d'assurance (carte verte)
- Passeport (recommandé seulement)
- Procuration en cas d'utilisation du véhicule appartenant à un tiers

Réglementations

- Taux maximum d'alcool toléré dans le sang : 0,5 g
- Âge minimum des enfants admis à l'avant : 12 ans
- Siège enfant, rehausseur ou système de retenue adapté et homologué obligatoire jusqu'à 12 ans et 1,50 m
- Âge minimum du conducteur : 18 ans
- Port de la ceinture de sécurité obligatoire à l'avant et à l'arrière
- Allumage des feux de croisement obligatoire (jour et nuit) hors agglomération toute l'année
- Pneus cloutés admis avec réglementation du 15 novembre au 15 mars
- Vitesse limite pour un véhicule équipé de pneus cloutés : 90 km/h
- Triangle de présignalisation obligatoire
- Trousse de premiers secours recommandée
- Extincteur recommandé
- Gilet de sécurité fluorescent obligatoire

Limitations de vitesses

- En agglomérations urbaines : 50 km/h
- Sur routes : 90 km/h
- Sur autoroutes : 130 km/h

Ces vitesses limites sont réduites par temps de pluie

Circulation

Des zones à circulation limitée (ZTL) existent. Prêtez attention aux heures autorisées, sous peine d'amendes.

Pour téléphoner

En Italie :
composez le 00 + 39 + numéro du correspondant (avec le 0 pour les téléphones fixes, sans le 0 pour les portables).
Sur place :
Téléphone incendie et ambulance : 112
Téléphone police : 110

Lexique

Mots usuels

Oui **Sì** / Non **No** / Bonjour **Buongiorno** / Bonsoir **Buonasera** / Salut **Ciao** / Au revoir **Arrivederci** / S'il vous plaît **Per favore** / Merci (beaucoup) **(molte) Grazie** / Excusez-moi **Scusi** / D'accord **Va bene** / Santé ! **Cin-cin !**// Manger **Mangiare** / Boire **Bere** / Toilettes **Il bagno** / Restaurant **Ristorante** / Office de tourisme **Ufficio di turismo** / Argent **Denaro**

Directions & transports

Où se trouve… ? **Dove si trova… ?** / À droite **A destra** / À gauche **A sinistra** / Tout droit **Dritto** / Près de **Vicino a** / Entrée **Entrata** / Sortie **Uscita** / Route **Strada** / Rue **Via** / Autoroute **Autostrada** / Ville **Città** / Village **Paese** / Station-service **Stazione di servizio** / Essence **Benzina**

Premiers contacts

Je voudrais… **Io vorrei…** / Parlez-vous français ? **Parla francese ?** / Je ne comprends pas **Non capisco** / Pouvez-vous m'aider ? **Potrebbe aiutarmi ?** / Combien ça coûte ? **Quanto costa ?** / L'addition, SVP ? **Il conto per favore** / Je cherche… **Io cerco…** / C'est trop cher **È troppo caro**

Urgences

Au secours ! **Aiuto !** / C'est une urgence **È un'emergenza** / Hôpital **Ospedale** / Médecin **Medico** / Pharmacie **Farmacia** / Police **Polizia**

À savoir sur la route...

Nom local : Latvijas Republika
Capitale : Riga
Superficie : 64 559 km^2
Population : 2 millions d'habitants
Monnaie : Euro

Documents obligatoires

- Permis de conduire rose de l'UE
- Permis de conduire international (recommandé seulement)
- Certificat d'immatriculation du véhicule ou certificat de location
- Plaque d'identification nationale
- Justificatif d'assurance (carte verte)
- Passeport (recommandé seulement)
- Procuration en cas d'utilisation du véhicule appartenant à un tiers

Réglementations

- Taux maximum d'alcool toléré dans le sang : 0,5 g
- Siège enfant, rehausseur ou système de retenue adapté et homologué obligatoire jusqu'à 12 ans ou 1,5 m
- Âge minimum du conducteur : 18 ans
- Port de la ceinture de sécurité obligatoire à l'avant et à l'arrière
- Allumage des feux de croisement obligatoire (jour et nuit) toute l'année
- Pneus cloutés admis avec réglementation du 1er octobre au 30 avril
- Triangle de présignalisation obligatoire
- Trousse de premiers secours obligatoire
- Extincteur obligatoire
- Gilet de sécurité fluorescent recommandé

Limitations de vitesses

- En agglomérations urbaines : 50 km/h
- Sur routes : 90 km/h
- Sur autoroutes : 110 km/h

Ces vitesses limites sont réduites par temps de pluie

Code de la route

La « loi du plus fort » est souvent celle qui prévaut. Les gros 4x4 aux plaques customisées et les transports en commun s'imposent souvent franchement. Attention aux tramways et trolleys auxquels nous sommes peu habitués. Ainsi lorsqu'un tramway circule au milieu d'une avenue, vous devez marquer l'arrêt en même temps que lui, pour permettre aux passagers qui descendent de rejoindre le trottoir.

Pour téléphoner

En Lettonie :
composez le 00 + 371 + numéro du correspondant.
Sur place :
Téléphone incendie et ambulance : 112
Téléphone police : 110

Lexique

Mots usuels

Oui **Jā** / Non **Nē** / Bonjour **Labdien** / Bonsoir **Labvakar** / Salut **Sveiki** / Au revoir **Uz redzēšanos** / S'il vous plaît **Lūdzu** / Merci (beaucoup) **(liels) Paldies** / Excusez-moi **Atvainojiet** / Santé ! **Prieka !** / Manger **Ēst** / Boire **Dzert** / Toilettes **Tualete**

Directions & transports

À droite **Pa labi** / À gauche **Pa kreisi** / Entrée **Ienākšana** / Sortie **Iznākšana** / Autoroute **Autoceļš** / Route **Ceļš** / Ville **Pilsēta** / Station-service **Benzīnstacija** / Essence **Benzīns**

Premiers contacts

Je voudrais... **Es gribētu ...** / Où se trouve... ? **Kur ir... ?** / Parlez-vous français ? **Vai jūs runājat franciski ?** / Je ne comprends pas **Es nesaprotu** / Combien ça coûte ? **Cik tās maksā ?**

Urgences

Au secours ! **Palīgā !** / Hôpital **Slimnīca** / Police **Policijas**

Lituanie

À savoir sur la route…

Nom local : Lietuva
Capitale : Vilnius
Superficie : 65 200 km²
Population : 2,93 millions d'habitants
Monnaie : Litas (1 € = 3,45 LTL)

Documents obligatoires

- Permis de conduire rose de l'UE
- Permis de conduire international(recommandé seulement)
- Certificat d'immatriculation du véhicule ou certificat de location
- Plaque d'identification nationale
- Justificatif d'assurance (carte verte)
- Passeport (recommandé seulement)
- Procuration en cas d'utilisation du véhicule appartenant à un tiers (recommandée seulement)

Réglementations

- Taux maximum d'alcool toléré dans le sang : 0,4 g
- Âge minimum des enfants admis à l'avant : 12 ans
- Taille minimum des enfants admis à l'avant : 1,50 m
- Siège enfant, rehausseur ou système de retenue adapté et homologué obligatoire jusqu'à 3 ans
- Âge minimum du conducteur : 16 ans
- Port de la ceinture de sécurité obligatoire à l'avant et à l'arrière
- Allumage des feux de croisement obligatoire (jour et nuit) toute l'année
- Pneus cloutés admis avec réglementation du 1er novembre au 1er avril
- Signe « pneus cloutés » obligatoire sur la vitre arrière
- Triangle de présignalisation obligatoire
- Trousse de premiers secours obligatoire
- Extincteur obligatoire
- Gilet de sécurité fluorescent obligatoire

Limitations de vitesses

- En agglomérations urbaines : 50 km/h
- Sur routes : 90 km/h
- Sur routes à chaussées séparées : 100 / 110 km/h
- Sur autoroutes : 110 / 130 km/h

Ces vitesses limites sont réduites par temps de pluie

Bestioles !

Les moustiques sont omniprésents en été, surtout autour des lacs. Utilisez des répulsifs efficaces.
Les zones rurales et les forêts sont infestées de tiques d'avril à octobre. Promenez-vous jambes et bras couverts. Attention car les tiques peuvent provoquer des encéphalites.

Pour téléphoner

En Lituanie :
composez le 00 370 + numéro du correspondant.
Sur place :
Téléphone incendie et ambulance : 112
Téléphone police : 110

Lexique

Mots usuels

Oui **Taip** / Non **Ne** / Bonjour **Laba diena** / Bonsoir **Labas vakaras** / Salut **Sveika (h), Sveikas (f)** / Au revoir **Viso gero** / S'il vous plaît **Prašau** / Merci **Ačiū** / Excusez-moi **Atsiprašau** / Santé **! Į sveikatą !** / Manger **Valgyti** / Boire **Gerti** / Toilettes **Tualetas**

Directions & transports

À droite **Į dešinę** / À gauche **Į kairę** / Entrée **Įėjimas** / Sortie **Išeiga** / Autoroute **Greitkelis** / Route **Trasa** / Ville **Miestas** / Station-service **Degalinė** / Essence **Benzinas**

Premiers contacts

Je voudrais… **Aš norėčiau…** / Où se trouve… ? **Kur yra… ?** / Parlez-vous français ? **Ar jūs kalbat prancūziškai ?** / Je ne comprends pas **Aš nesuprantu** / Pouvez-vous m'aider ? **Prašau man padeti ?** / Combien ça coûte ? **Kiek kainuoja ?**

Urgences

Au secours ! **Pagalbą** ! / Hôpital **Ligoninė** / Police **Policija**

À savoir sur la route…

Documents obligatoires

- Permis de conduire rose de l'UE
- Permis de conduire international(recommandé seulement)
- Certificat d'immatriculation du véhicule ou certificat de location
- Plaque d'identification nationale
- Justificatif d'assurance (carte verte)
- Passeport (recommandé seulement)
- Procuration en cas d'utilisation du véhicule appartenant à un tiers

Réglementations

- Taux maximum d'alcool toléré dans le sang : 0,2 g
- Siège enfant, rehausseur ou système de retenue adapté et homologué obligatoire jusqu'à 1,35 m ou 36 kg
- Âge minimum du conducteur : 18 ans
- Port de la ceinture de sécurité obligatoire à l'avant et à l'arrière
- Allumage des feux de croisement obligatoire (jour et nuit) toute l'année
- Pneus cloutés admis avec réglementation du 1er novembre au lundi après le lundi de Pâques
- Triangle de présignalisation obligatoire
- Trousse de premiers secours recommandée
- Extincteur recommandé
- Gilet de sécurité fluorescent obligatoire

Nom local : Norge
Capitale : Oslo
Superficie : 323 787 km^2
Population : 5,16 millions d'habitants
Monnaie : Couronne norvégienne (1 € = 8,72 NOK)

Limitations de vitesses

- En agglomérations urbaines : 50 km/h
- Sur routes : 80 km/h
- Sur autoroutes : 90 km/h

Ces vitesses limites sont réduites par temps de pluie

4 pattes

Vous avez l'obligation de faire établir un passeport européen pour vos animaux de compagnie. Les vaccins (notamment le vaccin antirabique), doivent être à jour ; deux jours avant le départ, un certificat sanitaire devra être établi.

Pour téléphoner

En Norvège :
composez le 00 47 + numéro du correspondant.
Sur place :
Téléphone incendie et ambulance : 112
Téléphone police : 110

Lexique

Mots usuels

Oui **Ja** / Non **Nei** / Bonjour **God dag** / Bonsoir **God kveld** / Salut **Hei** / Au revoir **Ha det bra** / S'il vous plaît **Vær så god** / Merci (beaucoup) **(mange) Takk** / Excusez-moi **Unnskyld** / Santé ! **Skål !** / Manger **Spise** / Boire **Drink** / Toilettes **Toalett**

Directions & transports

À droite **Til høyre** / À gauche **Til venstre** / Entrée **Inngang** / Sortie **Utgang** / Autoroute **Motorvei** / Route **Vei** / Ville **By** / Station-service **Bensin-stasjon** / Essence **Bensin**

Premiers contacts

Je voudrais… **Jeg ønsker…** / Où se trouve… ? **Hvor er… ?** / Parlez-vous français ? **Snakke du fransk ?** / Je ne comprends pas **Jeg forstår ikke** / Pouvez-vous m'aider ? **Kan du hjelpe meg ?** / Combien ça coûte ? **Hvor mye koster det ?**

Urgences

Au secours ! **Hjelp !** / Hôpital **Sykehus** / Police **Politi**

Chutes de Tvindefossen.
G. Azumendi / age fotostock

Pays-Bas

À savoir sur la route...

Nom local : Nederland
Capitale : Amsterdam
Superficie : 41 526 km²
Population : 16,83 millions d'habitants
Monnaie : Euro

Documents obligatoires

- Permis de conduire rose de l'UE
- Permis de conduire international (recommandé seulement)
- Certificat d'immatriculation du véhicule ou certificat de location
- Plaque d'identification nationale
- Justificatif d'assurance (carte verte)
- Passeport (recommandé seulement)
- Procuration en cas d'utilisation du véhicule appartenant à un tiers

Réglementations

- Taux maximum d'alcool toléré dans le sang : 0,5 g
- Âge minimum des enfants admis à l'avant : 12 ans
- Siège enfant, rehausseur ou système de retenue adapté et homologué obligatoire jusqu'à 1,35 m
- Âge minimum du conducteur : 18 ans
- Port de la ceinture de sécurité obligatoire à l'avant et à l'arrière
- Pneus cloutés interdits
- Triangle de présignalisation obligatoire
- Trousse de premiers secours recommandée
- Extincteur recommandé
- Gilet de sécurité fluorescent recommandé

Limitations de vitesses

- En agglomérations urbaines : 50 km/h
- Sur routes : 80 km/h
- Sur routes à chaussées séparées : 100 km/h
- Sur autoroutes : 120 km/h

Ces vitesses limites sont réduites par temps de pluie

Signalisation

À l'abord d'un carrefour, une ligne constituée de triangles blancs peints sur la chaussée indique au conducteur qu'il doit céder le passage à tout véhicule (y compris un vélo) circulant sur la voie abordée.

Pour téléphoner

Aux Pays-Bas :
composez le 00 31 + numéro du correspondant sans le 0 initial. Les indicatifs locaux ne sont à composer que si vous appelez d'une zone à l'autre.
Sur place :
Téléphone incendie et ambulance : 112
Téléphone police : 110

Lexique

Mots usuels

Oui **Ja** / Non **Nee** / Bonjour **Goedendag** / Bonsoir **Goedenavond** / Salut **Hallo** / Au revoir **Tot ziens** / S'il vous plaît **Alstublieft** / Merci **Dank u** / Excusez-moi **Sorry** / Santé ! **Proost !** / Manger **Eten** / Boire **Drinken** / Toilettes **Toilet**

Directions & transports

À droite **Naar rechts** / À gauche **Naar links** / Entrée **Ingang** / Sortie **Uitgang** / Autoroute **Autosnelweg** / Route **Weg** / Ville **Stad** / Station-service **Tankstation** / Essence **Benzine**

Premiers contacts

Je voudrais... **Ik zou graag...** / Où se trouve... ? **Waar is... ?** / Parlez-vous français ? **Spreekt u Frans ?** / Je ne comprends pas **Ik begrijp het niet** / Pouvez-vous m'aider ? **Kunt u mij helpen ?** / Combien ça coûte ? **Hoeveel kost ?**

Urgences

Au secours ! **Help !** / Hôpital **Ziekenhuis** / Police **Politie**

Pologne

À savoir sur la route…

Nom local : Polska
Capitale : Varsovie
Superficie : 312 679 km²
Population : 38,50 millions d'habitants
Monnaie : Złoty (1 € = 4,16 PLN)

Documents obligatoires

- Permis de conduire rose de l'UE
- Permis de conduire international (recommandé seulement)
- Certificat d'immatriculation du véhicule ou certificat de location
- Plaque d'identification nationale
- Justificatif d'assurance (carte verte)
- Passeport (recommandé seulement)
- Procuration en cas d'utilisation du véhicule appartenant à un tiers (recommandée seulement)

Réglementations

- Taux maximum d'alcool toléré dans le sang : 0,2 g
- Siège enfant, réhausseur ou système de retenue adapté et homologué obligatoire jusqu'à 12 ans ou 1,5 m
- Âge minimum du conducteur : 18 ans
- Port de la ceinture de sécurité obligatoire à l'avant et à l'arrière
- Allumage des feux de croisement obligatoire (jour et nuit) toute l'année
- Pneus cloutés interdits
- Triangle de présignalisation obligatoire
- Trousse de premiers secours recommandée
- Extincteur obligatoire
- Gilet de sécurité fluorescent recommandé

Limitations de vitesses

- En agglomérations urbaines : 50 km/h
- Sur routes : 90 km/h
- Sur routes à chaussées séparées : 110 km/h
- Sur autoroutes : 130 km/h

Ces vitesses limites sont réduites par temps de pluie

Nos amis les bêtes

L'animal tatoué ou porteur d'un système d'identification sous forme de puce doit être muni d'un passeport avec un certificat de vaccination antirabique établi par un vétérinaire.

Pour téléphoner

En Pologne :
composez le 00 48 + indicatif urbain + numéro du correspondant.
Sur place :
Téléphone incendie et ambulance : 112
Téléphone police : 110

Lexique

Mots usuels

Oui **Tak** / Non **Nie** / Bonjour **Dzień dobry** / Bonsoir **Dobry wieczór** / Salut **Cześć** / Au revoir **Do widzenia** / S'il vous plaît **Proszę** / Merci (beaucoup) **Dziękuję (bardz)** / Excusez-moi **Przepraszam** / Santé ! **Na zdrowie !** /Manger **Jeść** / Boire **Pić** / Toilettes **Toalety**

Directions & transports

À droite **W Prawo** / À gauche **W Lewo** / Entrée **Wejście** / Sortie **Wyjście** / Autoroute **Autostrada** / Route **Droga** / Ville **Dzielnica** / Station-service **Stacja benzynowa** / Essence **Benzyna**

Premiers contacts

Je voudrais… **Poproszę…** / Où se trouve… ? **Gdzie jest… ?** / Parlez-vous français ? **Czy pan mówi po francusku ?** / Je ne comprends pas **Nie rozumiem** / Pouvez-vous m'aider ? **Potrzebuję pomocy ?** / Combien ça coûte ? **Wiele kosztuje ?**

Urgences

Au secours ! **Pomocy !** / Hôpital **Szpital** / Police **Policja**

À savoir sur la route…

Nom local : Portugal
Capitale : Lisbonne
Superficie : 92 072 km^2
Population : 10,43 millions d'habitants
Monnaie : Euro

Documents obligatoires

- Permis de conduire rose de l'UE
- Permis de conduire international (recommandé seulement)
- Certificat d'immatriculation ou certificat de location
- Plaque d'identification nationale
- Justificatif d'assurance (carte verte)
- Passeport (recommandé seulement)
- Procuration en cas d'utilisation du véhicule appartenant à un tiers (recommandée seulement)

Réglementations

- Taux maximum d'alcool toléré dans le sang : 0,49 g
- Siège enfant, rehausseur ou système de retenue adapté et homologué obligatoire jusqu'à 12 ans ou 1,50 m
- Âge minimum du conducteur : 18 ans
- Port de la ceinture de sécurité obligatoire à l'avant et à l'arrière
- Allumage des feux de croisement obligatoire (jour et nuit) pour les deux-roues toute l'année
- Pneus cloutés interdits
- Triangle de présignalisation obligatoire
- Trousse de premiers secours recommandée
- Extincteur recommandé
- Gilet de sécurité fluorescent obligatoire

Limitations de vitesses

- En agglomérations urbaines : 50 km/h
- Sur routes : 90 km/h
- Sur autoroutes : 120 km/h

Ces vitesses limites sont réduites par temps de pluie

Fangio !

Une grande prudence est recommandée car les Portugais roulent à vive allure. Attention aux enfants qui gambadent dans les rues et aux habitants dans les rues le soir qui rendent la circulation difficile.

Pour téléphoner

Au Portugal :
composez le 00 351 + numéro du correspondant.
Il faut composer l'intégralité du numéro, avec l'indicatif régional, soit 9 chiffres où que vous soyez.
Sur place :
Téléphone incendie et ambulance : 112
Téléphone police : 110

Lexique

Mots usuels

Oui **Sim** / Non **Não** / Bonjour **Bom dia** / Bonsoir **Boa noite** / Salut **Olá** / Au revoir **Adeus** / S'il vous plaît **Por favor** / Merci (beaucoup) **(muito) Obrigado/a (h/f)** / Excusez-moi **Desculpe** / D'accord **Tudo bem** / Santé ! **Saúde !**/ Manger **Comer** / Boire **Beber** / Toilettes **Casa de banho** / Restaurant **Restaurante** / Office de tourisme **Posto de turismo** / Argent **Dinheiro**

Directions & transports

Où se trouve… ? **Onde fica… ?** / À droite **À direita** / À gauche **À esquerda** / Tout droit **Em frente** / Près de **Perto de** / Entrée **Entrada** / Sortie **Saída** / Route **Estrada** / Rue **Rua** / Autoroute **Auto-estrada** / Ville **Cidade** / Village **Aldeia** / Station-service **Posto de gasolina** / Essence **Gasolina** / GPL **Gás** / Diesel **Gasóleo**

Premiers contacts

Je voudrais… **Eu queria…** / Parlez-vous français ? **Você fala francês ?** / Je ne comprends pas **Eu não entendo** / Pouvez-vous m'aider ? **Você poderia me ajudar ?** / Combien ça coûte ? **Quanto custa ?** / L'addition, SVP ? **A conta, por favor** / Je cherche… **Eu procuro…** / C'est trop cher **É muito caro**

Urgences

u secours ! **Socorro !** / C'est une urgence **É uma emergência** / Hôpital **Hospital** / Médecin **Médico** / Pharmacie **Farmácia** / Police **Polícia**

La tour de Belém se dresse au bord du Tage, à Lisbonne.

B. Perousse / hemis.fr

À savoir sur la route…

Nom local : Česká Republika
Capitale : Prague
Superficie : 78 865 km²
Population : 10,52 millions d'habitants
Monnaie : Koruna Česká (1 € = 27,61 CZK)

Documents obligatoires

- Permis de conduire rose de l'UE
- Permis de conduire international (recommandé seulement)
- Certificat d'immatriculation du véhicule ou certificat de location
- Plaque d'identification nationale
- Justificatif d'assurance (carte verte)
- Passeport (recommandé seulement)
- Procuration en cas d'utilisation du véhicule appartenant à un tiers

Réglementations

- Vignette autoroutière en vente auprès des bureaux de poste, des services des automobiles, des bureaux de douane, ainsi que des garages et stations d'essence. Montant annuel : 1 000 CZK
- Taux maximum d'alcool toléré dans le sang : 0 g
- Siège enfant, rehausseur ou système de retenue adapté et homologué obligatoire jusqu'à 1,5 m
- Âge minimum du conducteur : 18 ans
- Port de la ceinture de sécurité obligatoire à l'avant et à l'arrière
- Allumage des feux de croisement obligatoire (jour et nuit) toute l'année
- Pneus cloutés interdits
- Triangle de présignalisation obligatoire
- Trousse de premiers secours obligatoire
- Extincteur recommandé
- Jeu d'ampoules de rechange obligatoire
- Gilet de sécurité fluorescent obligatoire

Limitations de vitesses

- En agglomérations urbaines : 50 km/h
- Sur routes : 90 km/h
- Sur autoroutes : 130 km/h

Ces vitesses limites sont réduites par temps de pluie

Pour téléphoner

En République tchèque :
composez le 00 + 420 + numéro à 9 chiffres du correspondant.
Sur place :
Téléphone incendie et ambulance : 158
Téléphone police : 155

Lexique

Mots usuels

Oui **Ano** / Non **Ne** / Bonjour **Dobrý den** / Bonsoir **Dobrý večer** / Salut **Ahoj** / Au revoir **Na shledanou** / S'il vous plaît **Prosím** / Merci **Děkuji (Díky)** / Excusez-moi **Pardon** / Santé ! **Na zdraví !** / Manger **Jíst** / Boire **Napít se** / Toilettes **Toalety**

Directions & transports

À droite **Vpravo** / À gauche **Vlevo** / Entrée **Vchod** / Sortie **Východ** / Autoroute **Dalnice** / Route **Silnice** / Ville **Město** / Station-service **Benzínová pumpa** / Essence **Benzin**

Premiers contacts

Je voudrais… **Chtěl bych…** / Où est **Kde je ?** / Parlez-vous français ? **Mluvíte francouzsky ?** / Je ne comprends pas **Nerozumím** / Combien ça coûte ? **Kolik to stojí ?**

Urgences

Au secours ! **Pomoc !** / Hôpital **Nemocnice** / Police **Policie**ice **Politi**

La cathédrale Saint-Nicolas, à Prague.
ARCO / G. Lenz / Arco Images / age fotostock

À savoir sur la route…

Documents obligatoires

- Permis de conduire rose de l'UE
- Permis de conduire international (recommandé seulement)
- Certificat d'immatriculation du véhicule ou certificat de location
- Plaque d'identification nationale
- Justificatif d'assurance (carte verte)
- Passeport
- Procuration en cas d'utilisation du véhicule appartenant à un tiers

Réglementations

- Vignette autoroutière. En vente auprès des bureaux de poste, des services des automobiles, des bureaux de douane, ainsi que des garages et stations d'essence. Montant annuel : 28 €
- Taux maximum d'alcool toléré dans le sang : 0 g
- Âge minimum des enfants admis à l'avant : 12 ans
- Âge minimum du conducteur : 18 ans
- Port de la ceinture de sécurité obligatoire à l'avant et à l'arrière
- Pneus cloutés interdits
- Triangle de présignalisation obligatoire
- Trousse de premiers secours obligatoire
- Extincteur recommandé
- Gilet de sécurité fluorescent recommandé

Nom local : România
Capitale : Bucarest
Superficie : 238 391 km²
Population : 21,41 millions d'habitants
Monnaie : Leu, pl. Lei (1 € = 4,43 RON)

Limitations de vitesses

- En agglomérations urbaines : 50 km/h
- Sur routes : 90 km/h
- Sur autoroutes : 130 km/h

Ces vitesses limites sont réduites par temps de pluie

Pour téléphoner

En Roumanie :
composez le 00 40 + indicatif du département sans le 0 initial + numéro du correspondant.
Sur place :
Téléphone police : 955
Téléphone pompiers : 981
Téléphone médecin d'urgence : 975
Le numéro d'urgence européen 112 est valable en Roumanie

Lexique

Mots usuels

Oui **Da** / Non **Nu** / Bonjour (dans la journée) **Bună ziua** / Bonjour (le matin) **Bună dimineaţa** / Bonsoir **Bună seara** / Au revoir **La revedere** / S'il vous plaît **Vă rog** / Merci **Mulţumesc** / Excusez-moi **Scuzaţi-mă** / Santé ! **Noroc !** / Manger **Mânca** / Boire **Bea** / Toilettes **Toalete**

Directions & transports

Tout droit **Drept înainte** / Entrée **Intrare** / Sortie **Ieşire** / Autoroute **Autostradă** / Route **Drum** / Ville **Oraş** / Station-service **Benzinărie** / Essence **Benzina**

Premiers contacts

Je voudrais… **Aş vrea să…** / Où se trouve… ? **Unde este… ?** / Parlez-vous français ? **Vorbiţi francez ?** / Je ne comprends pas **Nu inţeleg** / Pouvez-vous m'aider ? **M-aţi putea ajuta ?** / Combien ça coûte ? **Cât costă ?**

Urgences

Hôpital **Spital** / Police **Poliţie**

Slovénie

À savoir sur la route…

Nom local : Slovenija
Capitale : Ljubljana
Superficie : 20 253 km^2
Population : 2,06 millions d'habitants
Monnaie : Euro

Documents obligatoires

- Permis de conduire rose de l'UE
- Permis de conduire international (recommandé seulement)
- Certificat d'immatriculation du véhicule ou certificat de location
- Plaque d'identification nationale
- Justificatif d'assurance (carte verte)
- Passeport (recommandé seulement)
- Procuration en cas d'utilisation du véhicule appartenant à un tiers
- Triangle de présignalisation obligatoire
- Trousse de premiers secours obligatoire
- Extincteur recommandé
- Gilet de sécurité fluorescent recommandé

Réglementations

- Vignette autoroutière en vente auprès des bureaux de poste, des services des automobiles, des bureaux de douane, ainsi que des garages et stations d'essence. Montant annuel : 55 €
- Taux maximum d'alcool toléré dans le sang : 0,5 g
- Âge minimum des enfants admis à l'avant : 12 ans
- Siège enfant, rehausseur ou système de retenue adapté et homologué obligatoire jusqu'à 12 ans
- Âge minimum du conducteur : 18 ans
- Port de la ceinture de sécurité obligatoire à l'avant et à l'arrière
- Allumage des feux de croisement obligatoire (jour et nuit) toute l'année
- Pneus cloutés interdits

Limitations de vitesses

- En agglomérations urbaines : 50 km/h
- Sur routes : 90 km/h
- Sur routes à chaussées séparées : 100 km/h
- Sur autoroutes : 130 km/h

Ces vitesses limites sont réduites par temps de pluie

Pour téléphoner

En Slovénie :
composez le 00386 + numéro du correspondant sans le 0 initial.
Sur place :
Téléphone police : 113
Téléphone pompiers et services de secours : 112

Lexique

Mots usuels

Oui **Da** / Non **Ne** / Bonjour (dans la journée) **Dobro jutro** / Bonsoir **Dober večer** / Salut ! **Živijo !** / Au revoir **Nasvidenje** / S'il vous plaît **Prosim** / Merci **Hvala** / Excusez-moi **Oprostite** / Santé ! **Na zdravje !** / Manger **Jesti** / Boire **Piti**

Directions & transports

À droite **Na desni** / À gauche **Na levi** / Tout droit **Naravnost** / Entrée **Vhod** / Sortie **Izhod** / Autoroute **Avtocesta** / Route **Cesta** / Ville **Mesto** / Essence **Bencin**

Premiers contacts

Je voudrais… **Rad bi…** / Où se trouve… ? **Kje je… ?** / Parlez-vous français ? **Ali govorite francosko ?** / Je ne comprends pas **Ne razumem** / Pouvez-vous m'aider ? **Mi lahko pomagate ?** / Combien ça coûte ? **Koliko je to ?**

Urgences

Police **Policija** / Hôpital **Bolnica** / Au secours ! **Na pomoč** !

Suède

À savoir sur la route…

Documents obligatoires

- Permis de conduire rose de l'UE
- Permis de conduire international (recommandé)
- Certificat d'immatriculation du véhicule ou certificat de location
- Plaque d'identification nationale
- Justificatif d'assurance (carte verte)
- Passeport (recommandé seulement)
- Procuration en cas d'utilisation du véhicule appartenant à un tiers

Réglementations

- Taux maximum d'alcool toléré dans le sang : 0,2 g
- Siège enfant, rehausseur ou système de retenue adapté et homologué obligatoire jusqu'à 1,35 m
- Âge minimum du conducteur : 18 ans
- Port de la ceinture de sécurité obligatoire à l'avant et à l'arrière
- Allumage des feux de croisement obligatoire (jour et nuit) toute l'année
- Pneus cloutés admis avec réglementation du 1er octobre au 30 avril
- Triangle de présignalisation obligatoire
- Trousse de premiers secours recommandée
- Extincteur recommandé
- Gilet de sécurité fluorescent recommandé

Limitations de vitesses

- En agglomérations urbaines : 50 km/h
- Sur routes : 70 km/h

Nom local : Sverige
Capitale : Stockholm
Superficie : 447 420 km^2
Population : 9,63 millions d'habitants
Monnaie : Couronne suédoise (1 € = 9,28 SEK)

- Sur autoroutes : 110 km/h

Ces vitesses limites sont réduites par temps de pluie

Ferries

Directement via l'Allemagne, ou en deux temps en passant par le Danemark, la Suède profite de très nombreuses lignes. Le pont est payant entre Copenhague et Malmö.
Kiel (All.) à Göteborg (13h30) : 544/711 € Stana Line (avec cabine 2 pers. incluse A/R)
Travemünde (All.) à Trelleborg (7h) : 200/310 € TTLine.
Se renseigner et réserver longtemps à l'avance :
www.scanditours.fr / www.ttline.de

Pour téléphoner

En Suède :
composez le 00 46 + indicatif urbain (sans le 0 initial) + numéro du correspondant. En Suède, les indicatifs régionaux comportent toujours de deux à quatre chiffres, et débutent systématiquement par 0 : cet indicatif doit être utilisé intégralement pour passer une communication d'une région à une autre.
Sur place :
Téléphone incendie et ambulance : 112
Téléphone police : 110

Lexique

Mots usuels

Oui **Ja** / Non **Nej** / Bonjour **Goddag** / Bonsoir **God afton** / Salut **Hej** / Au revoir **Adjö** ou **Hej då** / S'il vous plaît **Var så god** / Merci (beaucoup) **Tack (så mycket)** / Excusez-moi **Ursäkta mig** / Santé ! **Skål !** / Manger **Äta** / Boire **Dricka** / Toilettes **Toalett**

Directions & transports

À droite **Till höger** / À gauche **Till vänster** / Entrée **Ingång** / Sortie **Utgång** / Autoroute **Motorväg** / Route **Väg** / Ville **Stad** / Station-service **Bensinstation** / Essence **Bensin**

Premiers contacts

Je voudrais… **Jag vill…** / Je ne comprends pas **Jag förstår inte** / Pouvez-vous m'aider ? **Skulle ni kunna hjälpa mig ?** / Combien ça coûte ? **Hur mycket kostar det ?**

Urgences

Au secours ! **Hjälp !** / Hôpital **Sjukhus** / Police **Polis**

Suisse

Hommes en costume traditionnel jouant du cor.

À savoir sur la route…

Documents obligatoires

- Permis de conduire rose de l'UE
- Permis de conduire international (recommandé seulement)
- Certificat d'immatriculation du véhicule ou certificat de location
- Plaque d'identification nationale
- Justificatif d'assurance (carte verte), recommandé seulement
- Passeport (recommandé seulement)
- Procuration en cas d'utilisation du véhicule appartenant à un tiers (recommandée seulement)

Réglementations

- Vignette autoroutière. En vente auprès des bureaux de poste, des bureaux de douane, ainsi que des garages et stations d'essence. Montant annuel : 40 CHF
- Taux maximum d'alcool toléré dans le sang : 0,5 g
- Siège enfant, rehausseur ou système de retenue adapté et homologué obligatoire jusqu'à 7 ans
- Âge minimum du conducteur : 18 ans
- Port de la ceinture de sécurité obligatoire à l'avant et à l'arrière
- Pneus cloutés admis avec réglementation du 24 octobre au 30 avril. Vitesse limite pour un véhicule équipé : 80 km/h
- Disque de limitation de vitesse obligatoire à l'arrière
- Triangle de présignalisation obligatoire
- Trousse de premiers secours recommandée
- Extincteur recommandé
- Gilet de sécurité fluorescent recommandé

Nom local : Die Schweiz / Svizzera / Suisse
Capitale : Berne
Superficie : 41 290 km^2
Population : 8,04 millions d'habitants
Monnaie : Franc suisse (1 € = 0,98 CHF)

Limitations de vitesses

- En agglomérations urbaines : 50 km/h
- Sur routes : 80 km/h
- Sur routes à chaussées séparées : 100 km/h
- Sur autoroutes : 120km/h

Ces vitesses limites sont réduites par temps de pluie

Camping

Le camping sauvage n'est pas autorisé en Suisse

Pour téléphoner

En Suisse :
composez le 00 41 + indicatif régional sans le 0 initial + numéro du correspondant.
Sur place :
Téléphone incendie et ambulance : 112
Téléphone police : 110

Lexique

Se reporter aux lexiques de l'Autriche (allemand) p. 29 et de l'Italie p. 43.

Camping-car sur la montagne d'Ahusquy en Haute Soule (Pays basque français).
N. Thibaut / Photononstop

LES ROUTES DU SUD

son gouffre et ses lapiaz (roches calcaires sillonnées de crevasses). Ne manquez pas le village de **Lescun**, niché au milieu d'un cirque d'aiguilles acérées : il offre l'un des plus beaux panoramas sur les Pyrénées et nombre de randonnées époustouflantes.

Jour 8

En direction du **col du Somport**, faites une pause au niveau du pont de Sebers : les amateurs de randonnée seront tentés de parcourir le chemin de la Mâture qui emprunte le GR 10 (comptez 3h AR, personnes sujettes au vertige s'abstenir). Passé le fort de Portalet qui semble verrouiller la vallée, montez enfin jusqu'au col du Somport pour les amples vues qu'il dégage sur la montagne aragonaise.

Jour 9

Votre première étape en Espagne, après avoir passé la frontière, est **Jaca**, que vous rejoignez par la N 330. Établie sur une terrasse de la vallée du río Aragón, Jaca est dominée par la Peña de Oroel. Sa citadelle du 16e s., bien conservée, rappelle sa position stratégique. Aujourd'hui, sa situation au débouché du col du Somport en fait un lieu de passage animé, une ville d'étape pour les touristes en été et pour les skieurs en hiver.

Jour 10

Ancienne capitale du royaume de Navarre, **Pampelune** (Pamplona) a conservé son aspect de vieille cité fortifiée. Ses ruelles étroites tournent autour de petites places à arcades comme la plaza Consistorial et la plaza de los Burgos. Flânez dans le quartier médiéval qui entoure la cathédrale et voyez le musée de Navarre. S'il est une occasion à ne pas manquer pour visiter Pampelune, ce sont bien les fêtes de la Saint-Firmin organisées chaque année du 6 au 14 juillet !

Jour 11

Reprenez la route en direction de la frontière française par la N 121A. Celle-ci passe à proximité du parc de Bertiz et par la vallée de la Bidassoa, qui mène à **Fontarrabie** (Hondarribia) ; cette agréable station balnéaire et port de pêche guipúzcoan conserve un joli quartier ancien. Enfin, la magnifique route du Jaizkibel vous accompagnera jusqu'au point d'arrivée de ce circuit : **Saint-Sébastien** (Donostia San Sebastián).

Campings

Bordeaux (France)

International de Bordeaux Lac
Bd Jacques-Chaban-Delmas (à Bruges) - Accès : rocade sortie n° 5, Parc des expositions - 05 57 87 70 60- Permanent - 13 ha/ 6 campables (193 empl.)
Tarif : 31 € (10A) - pers. suppl. 8 €
borne artisanale : 5 € - 40 - 18 €/j.
Loisirs :
Services : wifi
GPS : W 0.5827 N 44.89759

Castets (France)

Municipal Le Galan
73 r. du Stade - 1 km à l'E par D 42, rte de Taller et rte à dr. - 05 58 89 43 52
De déb. fév. à fin nov. - 4 ha (181 empl.)
Tarif : (Prix 2014) 3,40 € 1,10 € 6,55 € - (10A) 2 €
borne artisanale
Loisirs :
Services : wifi
GPS : W 1.13754 N 43.88059

Jaca (Espagne)

Victoria
Av. de la Victoria, 44 - 974 35 70 08
Permanent - 1,7 ha (101 empl.)
Tarif : 5,50 € 5 € 5,50 € - 5,50 €
borne artisanale
Loisirs : -
Services : wifi
GPS : W 0.56995 N 42.56392

Lescun (France)

Le Lauzart
De déb. avr. à fin sept. - 1 ha (55 empl.)
Services : wifi
GPS : W 0.64217 N 42.92761

Mauléon-Licharre (France)

Aire Naturelle La Ferme Landran
Quartier Larréguy à Ordiarp 4,5 km au SO par D 918 puis 1,5 km par chemin de Lambarre à dr. - 05 59 28 19 55
De déb. avr. à fin sept. - 1 ha (25 empl.)
Tarif : 14,32 € (6A) - pers. suppl. 3,41 €
borne eurorelais : 3,50 €
Loisirs : -
Services : wifi
GPS : W 0.93933 N 43.20185

Oricáin (Espagne)

Camping Ezcaba
Voir l'itinéraire suivant.

Salles (France)

Le Park du Val de l'Eyre
8 rte du Minoy - Accès : sortie SO par D 108e ; par A 63 : sortie 21 - 05 56 88 47 03
Permanent - 13 ha/ 4 campables (150 empl.)
Tarif : 9 € 20 € (6A)
borne artisanale
Loisirs :
Services : wifi
GPS : W 0.87399 N 44.54606

Urt (France)

Etche Zahar
175 allée de Mesplès
Accès : 1 km à l'O par D 257, dir. Urcuit et à gche - 05 59 56 27 36
De déb. mars à mi-nov. - 1,5 ha (47 empl.)
Tarif : 4,60 € 3,20 € 12,40 € - (10A) 3,85 €
2 - 17 €/j.
Loisirs :
Services : wifi
GPS : W 1.2973 N 43.4919

Aires de service et de stationnement

Arette-Pierre-Saint-Martin (France)

Aire de la Pierre-Saint-Martin
À l'entrée de la station de La Pierre-St-Martin, à droite ; à 150 m des pistes - 05 59 66 20 09
Permanent
Borne : Gratuit
40 P - 10 €/j.
Services : WC
GPS : W 0.74876 N 42.97929

Bazas (France)

Aire de Bazas
Cours Gambetta, pl. des Tilleuls - 05 56 25 25 84
Borne : Gratuit
P
Services : WC
Parking ombragé.
GPS : W 0.21554 N 44.43346

Capbreton (France)

Aire de Capbreton
Allée des Ortolans, après le VVF, au bord de l'océan - 06 23 10 12 78
De déb. avr. à déb. nov.
Borne
120 P
Plage à 100 m.
GPS : W 1.44659 N 43.63569

Donostia-San Sebastián Saint-Sébastien (Espagne)

Área de San Sebastian
Paseo de Berio, 2, proche de l'université - 943 27 18 66
Permanent
Borne artisanale : Gratuit
44 P - 48h - 6 €/j.
Services :
Transports en commun pour le centre ville.
GPS : W 2.01389 N 43.30077

Ondres (France)

Aire de Ondres
Av. de la Plage, parking P3 de la plage - 05 59 45 30 06
Borne : Gratuit
41 P
Services : WC
Stationnement : 9 €/j., inclus accès borne ; 7 € hors saison
GPS : W 1.48709 N 43.57655

Saint-Palais (France)

Aire de Saint-Palais
R. Gaztelu - 05 59 65 71 78
Borne : Gratuit
Services : WC
Autre parking gratuit à 20 m le long de la Bidouze (rivière).
GPS : W 1.03249 N 43.32916

Les bonnes adresses de Bib

Donostia San Sebastián Saint-Sébastien (Espagne)

Ganbara
San Jerónimo, 21 - 943 422 575 - www.ganbarajatetxea.com - fermé dim. soir et lun. Situé derrière la plaza de la Constitución, ce bar à tapas est très recherché pour ses délicieux *pintxos*. Si vous aimez la charcuterie, essayez le *holjadre de txistorra*, une sorte de saucisse en croûte.

Jaca (Espagne)

Vinoteca Bodegas Langa
5 pl. San Pedro - 974 360 494 - www.bodegaslanga.es. Tapas, *raciones* et *tostadas* (tartines) en salle ou sur la terrasse, où des tonneaux font office de tables. Le lieu, une institution, fonctionne depuis 1930… On peut aussi s'y procurer des vins de l'Espagne entière, des charcuteries ou du fromage local.

Pamplona/Pampelune (Espagne)

La Mandarra de la Ramos
San Nicolás, 9 - 948 212 654 - www.lamandarradelaramos.com - tapas 2/8 € - formule déj. 13,80 € (lun.-vend.)/18 € (w.-end). En plein cœur du quartier historique, ce bar à tapas est incontournable : jambons suspendus au plafond et photos de l'Encierro projetées sur le sol accompagnent une grande variété de tapas dans une ambiance chaleureuse.

Office de tourisme

Bayonne
Pl. des Basques - 64108 Bayonne Cedex - 0 820 426 464 - www.bayonne-tourisme.com - juil.-août : lun.-sam. 9h-19h, dim. 10h-13h ; déb. mars-juin et sept.-oct. : lun.-vend. 9h-18h30, sam. 10h-13h, 14h-18h ; nov-déb. mars : lun.-vend. 9h-13h, 14h-18h, sam. 10h-13h, 14h-18h.

Pour téléphoner en Espagne :
00 34 puis le numéro du correspondant à 9 chiffres.

Pour plus d'informations :
Carte Michelin Regional N° 573
Le Guide Vert Aquitaine
Le Guide Vert Pays basque et Navarre

De la côte basque aux cités de Navarre

Ce circuit aux fantastiques paysages maritimes longe d'abord la côte du Guipúzcoa et celle de Biscaye avant de vous entraîner vers les pittoresques villages de l'intérieur, les étapes du chemin de Saint-Jacques-de-Compostelle, de belles capitales provinciales – Bilbao, Vitoria-Gasteiz et Pampelune – et les terres de Navarre qui cachent bien quelques merveilles.

➲ *Départ : St-Sébastien*
➲ *7 jours - 450 km*

Jour 1

La magnifique baie de **Saint-Sébastien** (Donostia San Sebastián) est considérée comme l'un des plus beaux sites maritimes d'Espagne (faire la promenade de la Conche), et ses tapas comme les meilleures du pays. Après avoir bien profité de l'une et des autres, suivez la côte basque vers l'ouest par une longue suite de routes panoramiques ponctuée d'innombrables petits ports et stations balnéaires. À partir de **Zarautz**, la corniche conduit à **Getaria** (port de pêche réputé pour ses poissons et calamars), **Zumaia** (belles plages) puis **Mutriku**, aussi célèbre pour sa plage que pour ses vieux palais. Les paysages côtiers deviennent ensuite plus sauvages par **Ondarroa**, **Lekeitio** et **Elantxobe** où vous pouvez programmer votre halte.

Jour 2

Guernica, vous connaissez au moins de nom. Dans cette petite ville qui a subi de terribles bombardements en 1937 (immortalisés par le célèbre tableau de Pablo Picasso), vous devez visiter le musée de la Paix, avant de retrouver le littoral et ses falaises à **Bermeo**, important port de pêche. Suivez la route en corniche par **Armintza** pour rejoindre **Bilbao**. Jeune et dynamique, la ville n'en finit pas de savourer les fruits de son renouveau. Ici, cœur historique et quartiers contemporains vivent au diapason. Plongez dans l'animation de la vieille ville, qui abrite le marché couvert de Ribera, puis montez à la basilique de Begoña. En redescendant par les jardins de l'Etxebarria, vous aboutirez non loin de la plaza Nueva.

Jour 3

Pour ce deuxième jour à **Bilbao**, visitez le stupéfiant musée Guggenheim (autant pour son architecture que son fonds permanent), puis flânez le long de la berge aménagée de façon très moderne. De là, le tramway vous permettra de découvrir toute la transformation de l'ancien port de Bilbao, sans vous fatiguer. Filez ensuite vers l'est par **Durango** dont le vieux centre mérite une petite halte (voir l'hôtel de ville et la basilique de Santa Maria), puis plein sud par la pittoresque BI 623 (faire une pause au beau village d'**Otxandio**) pour rejoindre les abords de Vitoria-Gasteiz et organiser votre étape.

Jour 4

Prévoyez pratiquement une journée pour découvrir **Vitoria-Gasteiz**, entre son centre historique (réservé aux piétons), l'ancienne et la nouvelle cathédrale, le musée moderne de l'Artium et le jardin de Santa Catalina offrant un cadre romantique.

Jour 5

Prenez la petite A 132 qui vous conduit vers Estella. En chemin, le **col de Azáceta** offre de larges points de vue et les villages de **Antoñana** et de **Sorlada** méritent aussi un crochet avant d'atteindre **Estella** (Lizarra), étape majeure sur le chemin de Saint-Jacques-de-Compostelle. Prenez le temps d'y découvrir le palais des rois de Navarre et les trois églises de la ville. Sur la route de Pamplona, prévoyez encore trois haltes. La première à **Puente la Reina**, sorte de village-rue doté d'un très beau pont ; la seconde pour voir la merveilleuse chapelle romane solitaire de **Santa-Maria-de-Eunate** et la dernière en montant au belvédère de **Perdón.**

Jour 6

La A 12 vous conduit directement à **Pampelune** *(voir circuit précédent)*. Vous y découvrirez l'importance des traditions et le sens inné de la fête qui animent la capitale navarraise, laquelle avait inspiré en son temps Ernest Hemingway pour son roman *Le soleil se lève aussi.*

Jour 7

Cette dernière journée vous entraîne dans les terres arides de Navarre à la découverte de superbes villages et monuments solitaires. De Pampelune, dirigez-vous plein sud (N 121) vers **Olite** « la Ville gothique » autrefois fortifiée, dont les vieilles ruelles

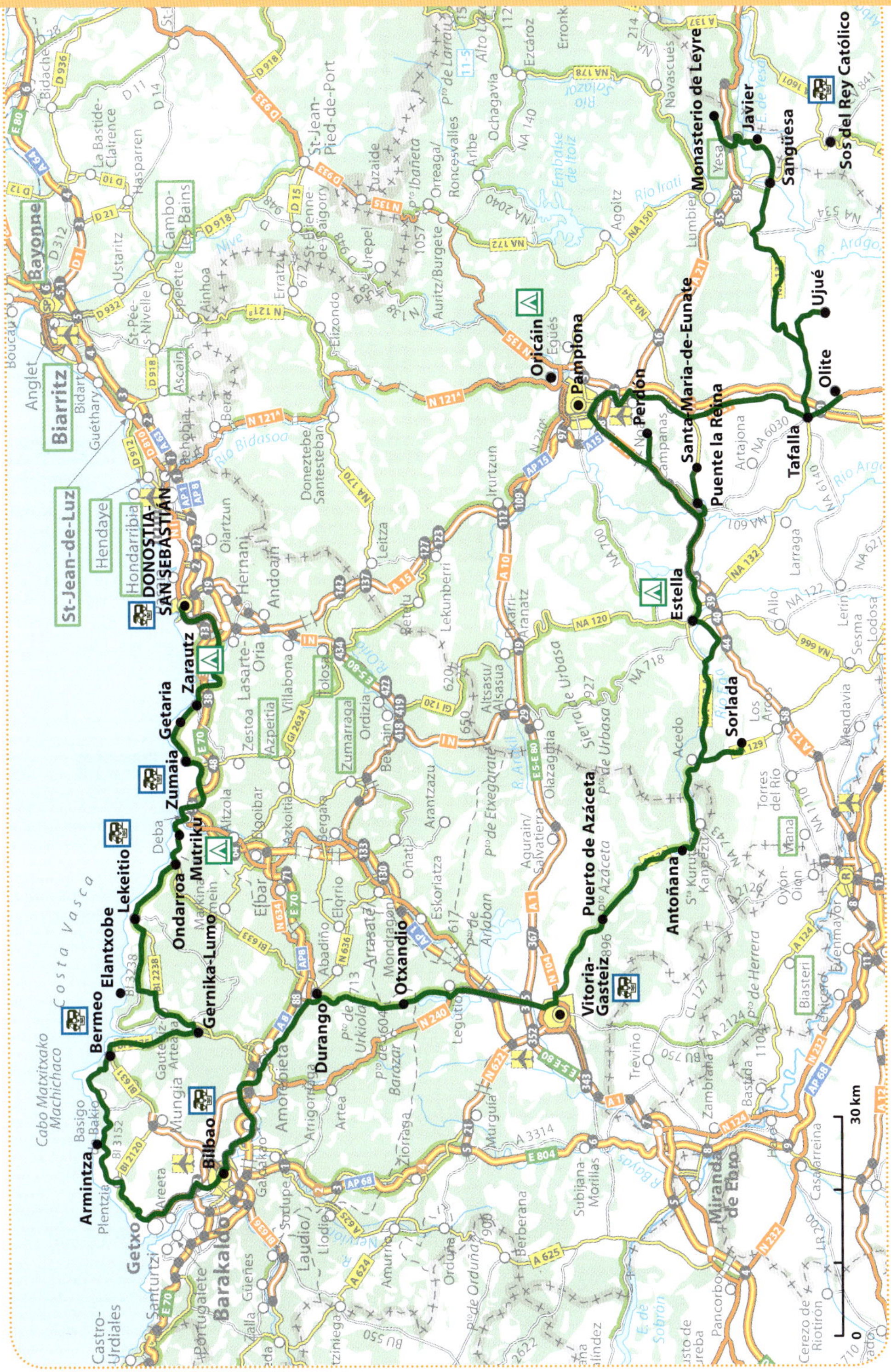

Bilbao
Armintza
Bermeo
Elantxobe
Gernika-Lumo
Lekeitio
Ondarroa
Mutriku
Zumaia
Getaria
Zarautz
DONOSTIA-SAN SEBASTIÁN
Durango
Otxandio
Vitoria-Gasteiz
Puerto de Azáceta
Antoñana
Sorlada
Estella
Puente la Reina
Santa-María-de-Eunate
Perdón
Pamplona
Oricáin
Tafalla
Olite
Ujué
Sangüesa
Javier
Monasterio de Leyre
Sos del Rey Católico
Costa Vasca
Cabo Matxitxako Machichaco
0
30 km

R. Cintract / hemis.fr

L'île de Santa Clara dans la baie de la Conche de Saint-Sébastien.

ponctuées de bodegas vivent dans l'ombre d'un château démesuré (il se visite en partie). De **Tafalla**, il suffit ensuite de suivre la NA 132 en direction de Sangüesa en prévoyant un crochet par l'admirable village médiéval de **Ujué** et son église romane. **Sangüesa**, établi sur la rive gauche du rio Aragon, mérite aussi une halte pour le portail de son église Santa Maria La Real, avant de gagner l'impressionnant château de **Javier** qui se dresse, solitaire, au-dessus des plaines de Navarre et d'Aragon. Le circuit s'achève au **monastère de Leyre**, l'un des plus majestueux ensembles monastiques romans du territoire espagnol.

Aires de service et de stationnement

Bermeo

Área de la Pergola
Itsasoan Galdurakoen Lamera, vers le stade de football - 946 17 91 00
Permanent
Borne artisanale : Gratuit
10 P
Services : WC
GPS : W 2.72556 N 43.42306

Bilbao

Área de Bilbao
Monte Kobeta, 31 - 944 20 42 00
De déb. juin à mi-oct.
Borne artisanale
72 P - 15 €/j.
Bus pour la ville
GPS : W 2.96389 N 43.25956

Donostia-San Sebastián

Área de San Sebastian
Voir l'itinéraire précédent.

Lekeitio

Área de Lekeitio
Av. Íñigo Artieta - 946 03 41 00
Permanent
Borne eurorelais : Payant
12 P
Services :
À 5mn du port, de la plage et du centre village de pêcheurs
GPS : W 2.50722 N 43.35833

Sos del Rey Católico

Área de Sos del Rey Católico
Av. Zaragoza - 948 88 85 24
Permanent
Borne artisanale : Payant
11 P - Payant
Services :
GPS : W 1.2136 N 42.4911

Vitoria-Gasteiz

Área de Vitoria-Gasteiz
Portal de Foronda - 945 16 16 16
Permanent
Borne artisanale : Gratuit
10 P
Services :
Transports en commun pour le centre ville.
GPS : W 2.68528 N 42.86583

Zumaia

Área de Zumaia
Calle de la Estación, s/n - 943 86 50 25
Permanent
Borne artisanale : Gratuit
10 P - Gratuit
GPS : W 2.2502 N 43.2935

Campings

Estella/Lizarra

Camping Lizarra
Paraje de Ordoiz s/n - 948 55 17 33
Permanent - 5 ha (250 empl.)
Tarif : 16,50 €
1 borne : Gratuit
Loisirs : diurne
Services :
GPS : W 2.01046 N 42.39424

Mutriku

Camping Santa Elena
Ctra Deba-Gernika, km 5 - 943 60 39 82
Permanent - 3 ha (120 empl.)
Tarif : 4,75 € 4,75 € 9,50 € - 3,75 €
Loisirs :
Services :
GPS : W 2.2337 N 43.1847

Oricáin

Camping Ezcaba
Ctra, N 121 Irún-Francia - 948 33 03 15
Permanent - 5 ha (170 empl.)
Tarif : 6,15 € 5,25 € 9,50 € - 5,50 €
Loisirs : , pistes de randonnées pédestres et VTT, balisées au départ du camping
Services : wifi
GPS : W 1.3724 N 42.5125

Zarautz

Gran Camping Zarautz
Monte Talai-Mendi - 943 83 12 38
Permanent - 4 ha (400 empl.)
Tarif : 24,70 € - 4,45 €
borne : Gratuit
Loisirs :
Services : wifi
GPS : W 2.14602 N 43.1723

Les bonnes adresses de Bib

Bermeo

Jokin Jatetxea
C/ Eupeme Deuna, 13 - 946 884 089 - www.restaurantejokin.com - fermé dim. soir - 20/40 €. Un restaurant traditionnel avec de grandes fenêtres et une agréable terrasse donnant sur le port de Bermeo. La carte évolue au fil des saisons et de la pêche. On s'y régale de poissons frais dans un décor rustique et chaleureux.

Bilbao

Berton
Jardines, 11 - 946 167 035 - www.pintxozpintxo.com. Dans la vieille ville, une institution, fréquentée en leur temps par Hemingway et Orson Welles, et réputée pour ses spécialités à base d'anchois.

Estella/Lizarra

Casa Faustina
Magdalena, 58 - Barindano - 948 539 493 ou 948 539 150 - www.casafaustina.es - août : tlj ; reste de l'année : w.-end et j. fériés - 17 €. Adresse sympathique au décor original. Dans l'assiette, une bonne cuisine familiale et, pour les grands soirs, le menu dégustation.

Donostia San Sebastián/ Saint-Sébastien

www.todopintxos.com. St-Sébastien offre le meilleur de la cuisine basque. Ici, les *tapas* et les *pintxos* composent des festins gourmands. Dans les restaurants, la qualité des produits est également à la hauteur : pêche du jour, légumes guipúzcoans, fromage de brebis ou kaiku (fromage caillé). La plupart des adresses sont concentrées dans le quartier historique. La cité s'anime tous les soirs, à l'heure de l'apéritif en particulier dans les rues Portu, Muñoz, 31 de Agosto et Fermín Calbetón, autour de la plaza de la Constitución et le long du port.

Vitoria-Gasteiz

Museo de Alfarería Vasca
Ollerías, 9 - Elosu - 945 455 145 - www.euskalzeramika.com - lun.-vend. 10h-13h, 16h-19h, sam. 10h-14h. Cet ancien atelier de poterie (1711) abrite le musée de la Poterie basque. La visite présente l'histoire du lieu (four tricentenaire), explique les caractéristiques de la céramique basque et montre la fabrication des pièces. Magasin sur place.

Offices de tourisme

Bilbao
Pl. Circular, 1 - 944 795 760 - www.bilbao.net/bilbaoturismo - 9h-21h ; autre adresse : oficina Guggenheim - Alameda Mazarredo, 66 - juil.-août : 10h-19h ; reste de l'année : tlj sf dim. 10h-19h.

Pamplona/Pampelune
San Saturnino 2 - 848 420 420 - www.turismo.navarra.es - Pâques-San Fermin : tlj 10h30-14h, 16h30-20h ; San Fermín : 9h-20h ; 15 juil.-31 août : tlj 10h-20h ; sept. : tlj 10h-14h ; oct.-Pâques : jeu.-dim. 10h-14h - fermé 1er et 6 janv. et 25 déc.

Pour téléphoner en Espagne : 00 34 puis le numéro du correspondant à 9 chiffres.

Pour plus d'informations :
Carte Michelin Regional N° 573
Le Guide Vert Pays basque et Navarre
Le Guide Vert Espagne du Nord-Ouest

Pyrénées aragonaises et catalanes

Amateur de nature, de grands paysages, de randonnée et de montagnes sauvages, ce circuit est fait pour vous. Vous êtes également passionné d'architecture médiévale ? Tant mieux, car vous alternerez avec bonheur vos deux passions en visitant Saragosse, les églises d'Andorre, le parc national d'Ordesa et la Sierra de Guara le long d'une route qui s'achève en apothéose au bord de la Méditerranée.

➲ *Départ : Jaca*
➲ *9 jours - 1 100 km*

Jour 1

Établie au pied des Pyrénées, **Jaca** marquera le début de ce circuit par la visite de sa cathédrale et de sa citadelle. Gagnez ensuite au sud (A 1205 puis A 1603) le monastère de **San Juan de la Peña** (magnifique cloître) fondé dans un site spectaculaire. Plus au sud encore, rejoignez le village de **Riglos** dominé par les mallos, imposantes falaises en pain de sucre, haut lieu des amateurs d'escalade. En direction de Huesca, au niveau d'**Ayerbe**, montez vers l'extraordinaire **château de Loarre** ceinturé de tours et remparts dans un site sauvage. **Huesca**, capitale du haut Aragon dominée par son imposante cathédrale, sera votre dernière étape de la journée.

Jour 2

Prenez la A 23 plein sud pour rejoindre **Saragosse** (Zaragoza) dont la visite comprend plusieurs monuments inscrits au Patrimoine mondial de l'Unesco. La vieille ville ne se visite bien qu'à pied, entre le marché central *(tlj sauf lundi)*, la basilique Del Pilar et la Seo (cathédrale San Salvador). L'après-midi sera consacré au palais de l'Aljafería (à l'ouest de la vieille ville) aux allures de palais maure, et au parc de l'eau Luis Buñuel (rive gauche, reprenez votre véhicule), héritage de l'exposition internationale de 2008, avec plage fluviale, canoë, jardin botanique et jardin aquatique… parfait pour se détendre. Retour sur Huesca.

Jour 3

Cette journée vous entraîne dans la fameuse **Sierra de Guara**, sillonnée en tous sens de canyons. Les sportifs désireux de pratiquer le canyoning (il vaut mieux être accompagné) se rendront à **Rodellar** (camping el Puente). Les visiteurs plus classiques et randonneurs gagneront **Alquézar**, superbe village qui mérite le détour et à partir duquel on peut entreprendre de belles balades le long du rio Vero où l'on peut se baigner (circuit de la Pasarelas, 1h30 AR, ou circuit d'Asque 4h AR). En fin de journée, la petite A 2205 vous ramène à **Ainsa** où vous flânerez dans le vieux village perché.

Jour 4

Cap au nord vers l'un des sites les plus remarquables des Pyrénées espagnoles, le **parc national d'Ordesa**. On le découvre en arrivant sur le village de **Torla** se détachant sur fond d'immenses falaises rougeoyantes. Là encore, la randonnée s'impose : au cirque de Soaso (7h AR), au cirque de Cotatuero (4h AR) ou à la cascade del Estrecho (2h AR). Les amateurs de montagne seront peut-être frustrés de repartir si vite. Il ne tient qu'à vous de prolonger votre séjour. Retour à Ainsa.

Jours 5 et 6

Une longue et sinueuse route vous attend aujourd'hui, la N 260 que vous suivez fidèlement (via **la Pobla de Segur** et **Sort)** jusqu'à La Seu d'Urgell. En chemin un crochet par le **Vall de Boï** vous permet d'admirer de remarquables églises romanes, notamment l'église Sant Climent de **Taüll** ornée de grandes fresques. **La Seu d'Urgell**, petite ville médiévale dotée d'une superbe cathédrale romane avec cloître et musée diocésain vous attend pour la fin de journée. Le lendemain est consacré à l'**Andorre** riche en témoignages de l'art roman lombard, notamment l'église d'Engolasters, celle de Santa Colonna au clocher circulaire, et encore celles de Pal et Ordino. Vous serez bien sûr tenté par les magasins « hors taxes » ; mais sachez que le centre thermal Caldea vous promet un beau moment de relaxation, alimenté par des eaux chaudes naturelles à 68 °C. Retour le soir à La Seu d'Urgell.

Jour 7

Les paysages de **La Serra de Cadí** vous escortent tout au long de la N 260 en direction de Puigcerda ; puis, *via* le **tunnel de Cadí** et à gauche la petite B 402 par **La Pobla de Lillet,** vous rejoignez **Ripoll** pour une pause bien méritée. Une merveille vous attend un peu plus loin : le monastère bénédictin de **Sant Joan de les**

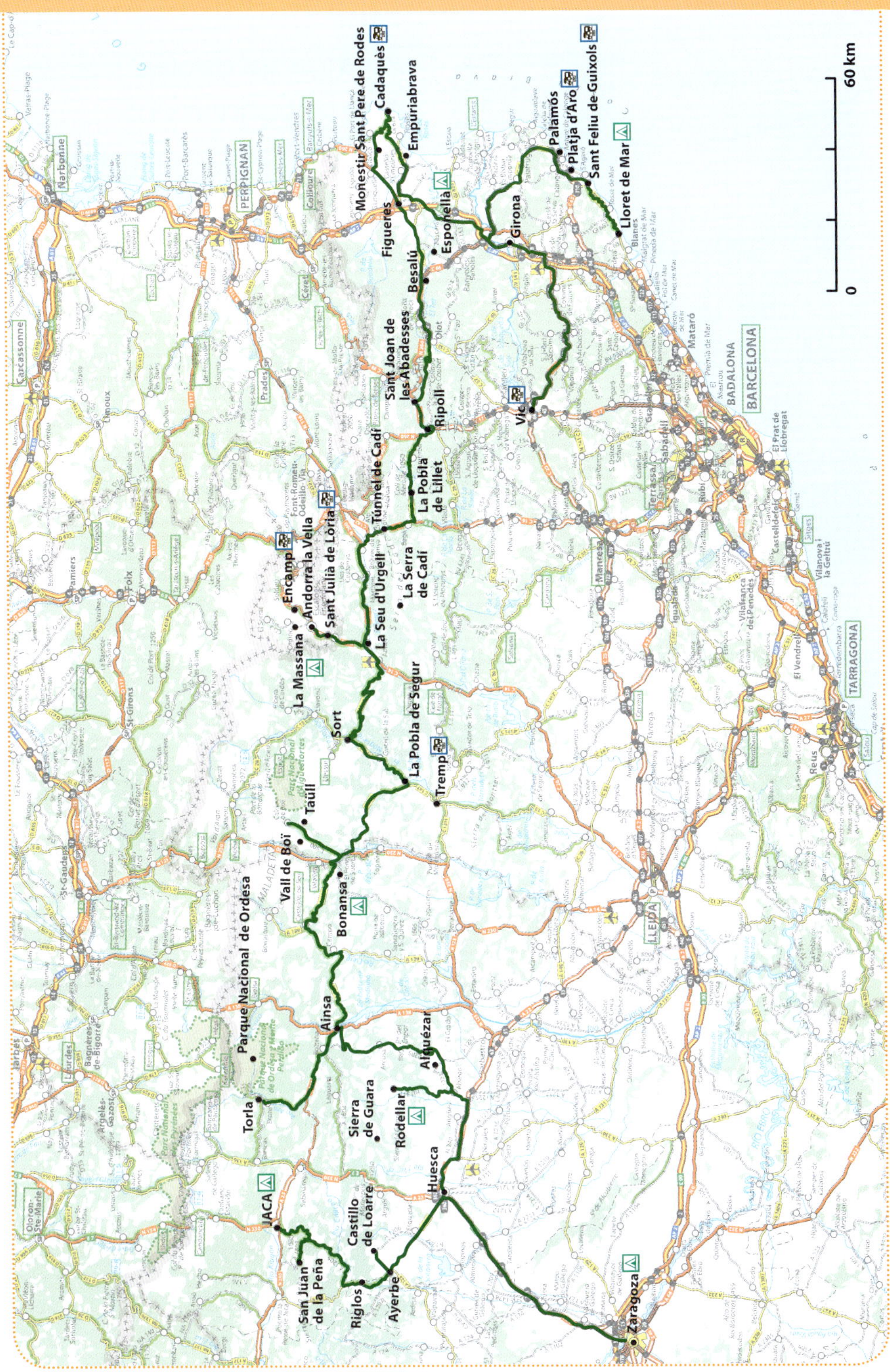
Monestir Sant Pere de Rodes
Cadaquès
Empuriabrava
Figueres
Esponellà
Besalú
Sant Joan de les Abadesses
Ripoll
Girona
Palamós
Platja d'Aro
Sant Feliu de Guíxols
Lloret de Mar
Vic
La Pobla de Lillet
Túnel de Cadí
La Serra de Cadí
La Seu d'Urgell
Encamp
Andorra la Vella
Sant Julià de Lòria
La Massana
Sort
La Pobla de Segur
Tremp
Taüll
Vall de Boï
Bonansa
Parque Nacional de Ordesa
Aínsa
Alquézar
Torla
Sierra de Guara
Rodellar
Huesca
JACA
Castillo de Loarre
San Juan de la Peña
Riglos
Ayerbe
Zaragoza
0
60 km

Adresses circuit 3

O. Fantuz / Sime / Photononstop

Formations rocheuses des Mallos de Riglos près de Huesca.

Abadesses. Arrangez-vous pour arriver assez tôt à **Besalú**, le temps de parcourir ce remarquable village médiéval et son pont fortifié.

Jour 8

Rendez-vous dès l'ouverture au théâtre-musée Salvador Dalí de **Figueres**, une visite absolument incontournable même si vous n'êtes pas féru de cet artiste (c'est l'un des musées les plus visités d'Espagne). Ensuite vous monterez au **monastère Sant Pere de Rodes** qui domine la grande bleue pour enfin descendre en bord de mer et rejoindre le magnifique village de **Cadaquès** où vous pouvez longuement flâner. À voir impérativement, la maison de Salvador Dalí et de Gala qui se situe dans l'adorable hameau de **Port-lligat**.

Jour 9

Réservez la matinée de cette dernière journée (en arrivant tôt) à la découverte de **Gérone** (Girona) : sa cathédrale et son cloître, les vieilles maisons au long de l'Onyar, son quartier juif… L'après-midi vous pourrez soit parcourir le littoral sauvage de la Costa Brava entre **Palamós** et **Lloret de Mar** ; soit rallier **Vic**, riche d'un beau patrimoine et d'un musée Épiscopal exceptionnel.

Aires de service et de stationnement

Cadaquès

Parking autocaravanas de Cadaqués
Riera de Sant Vincenç - Permanent
300 P - 24h - 22 €/j.
Services :
Pas de borne vidange
GPS : E 3.2727 N 42.2893

Encamp (Andorre)

Àrea de Encamp
Carretera General, CG2, sous le Funicamp (téléphérique) - 83 40 11
Permanent
Borne artisanale : Gratuit
20 P - Gratuit
Montée assez rude.
GPS : E 1.58852 N 42.53532

Platja d'Aro

Area Platja d'Aro
Carrer Roma - 972 81 71 79
Borne artisanale : Gratuit
30 P - 48h
Ouvert mi-oct.-Sem. sainte (à confirmer)
GPS : E 3.05839 N 41.80954

Sant Feliu de Guíxols

Área de Sant Feliu de Guíxols
Ronda de Marcis Massanas, s/n - 927 32 70 00
Permanent
Borne artisanale : Gratuit
15 P - Gratuit
Services :
GPS : E 3.0247 N 41.7811

Sant Julià de Lòria (Andorre)

Àrea AC River
Carretera de España, centre commercial River Accès par une petite route après la station services - 76 50 00
Permanent
Borne artisanale : Gratuit
P - 48h - Gratuit
Services :
GPS : E 1.48662 N 42.45379

Tremp

Área de Tremp
Calle Academia General Básica, s/n - 973 65 00 05
Permanent
Borne artisanale : Gratuit
12 P - 48h - Gratuit
Services :
À 5mn du centre-ville, calme. Gratuit sf électricité
GPS : E 0.8907 N 42.1639

Vic

Área Municipal de Vic
Carrer de la Fura, s/n - 938 86 20 91
Borne artisanale
10 P - 48h - 6 €/j.
Services :
Électricité : 3h/6 € ; eau : 100 l/2 €
GPS : E 2.2393 N 41.93444

Campings

Bonansa

Camping Baliera
N 260, km 355,5 - 974 55 40 16
De déb. déc. à déb. oct. - 5 ha (185 empl.) - Tarif : 7 € 7 € 17 € - 6 € - borne : Gratuit
Loisirs : diurne (en été), pistes pédestres et cyclables
Services : wifi
GPS : E 0.4156 N 42.2621

Esponellà

Camping Esponellà
Ctra Banyoles-Figueres, km 8 - 972 59 70 74
Permanent - 4,5 ha (241 empl.)
Tarif : 7,30 € 15,75 € - 6,90 €
Loisirs :
Services : wifi
GPS : E 2.4742 N 42.1054

Jaca

Victoria
Voir le circuit 1 p. 62

Lloret de Mar

Camping Tucan
Ctra Blanes-Lloret - 972 36 99 65
De déb. avr. à fin sept. - 3,5 ha (196 empl.) - Tarif : 57,25 € - 5 € - pers. suppl. 10 €
Loisirs :
Services : wifi
GPS : E 2.4931 N 41.41832

La Massana (Andorre)

Xixerella
Ctra de Pal, Erts, à Xixerella
Accès : 3,5 km au NE par CG 4 puis à Erts rte à gche - 73 86 13
De déb. déc. à fin oct. - 13 ha (95 empl.)
Tarif : 6,60 € 13,20 € - 6,20 € borne : Payant -
Loisirs : hammam jacuzzi
Services : wifi
GPS : E 1.48673 N 42.57257

Rodellar

El Puente
De mi-avr. à mi-oct.
Tarif : 6 € 5 € 8,50 € - 4,60 €
borne artisanale
Loisirs : canyoning, vias ferratas
Services : wifi
GPS : W 0.07993 N 42.27105

Zaragoza/Saragosse

Camping Ciudad de Zaragoza
San Juan Bautisata de la Salle s/n - 876 24 14 95
Permanent - 7 ha (155 empl.)
Tarif : 5,46 € 6,07 € 10,91 € - 4,85 € -
Loisirs :
Services : wifi
GPS : W 0.93864 N 41.63587

Offices de tourisme

Girona/Gérone
Rambla de la Llibertat, 1 - 972 226 575 - www.girona.cat/turisme - lun.-vend. 9h-20h, sam. 9h-14h, 16h-20h, dim. et j. fériés 9h-14h.

Huesca
Pl. Luis López Allué - 974 292 170 - www.huescaturismo.com - 9h-14h, 16h-20h. Chaque jour à 11h (ainsi qu'à 17h en été), une visite guidée de la ville (2 €).

Pour téléphoner en Espagne :
00 34 puis le numéro du correspondant à 9 chiffres.

Pour téléphoner en Andorre :
00 376 puis le numéro du correspondant à 6 chiffres.

Pour plus d'informations :
Carte Michelin Regional N° 574
Le Guide Vert Barcelone et la Catalogne

Les bonnes adresses de Bib

Cadaquès

Casa Anita
Miquel Rosset, 16 - 972 258 471 - www.cbrava.com/anita - tlj sf lun. 13h30-15h, 20h30-22h30 - fermé nov. - 20/40 €. Petite taverne à l'accueil chaleureux, une institution dans la région. Menu établi selon les arrivages du marché.

Girona/Gérone

Lloret
Pl. de la Independència, 14 - 972 213 671 - www.restaurantlloret.com - 13h-16h, 20h-0h - fermé sam. soir et dim. - menu déj. 10 €, carte 15/30 €. Repas à l'extérieur sous les arcades de la place ou dans la salle avec vue sur l'Onyar et ses maisons colorées. Cuisine traditionnelle.

Huesca

Pasteleria Ortiz
Porches de Galicia, 3. Pâtisseries comme le *pastel ruso* (amandes, noisettes et praliné), la *trenza de Almudévar* (tresse de pâte feuilletée avec noix, noisettes et amandes), ou les *castañas de mazapán*, châtaignes en massepain.

Zaragoza/Saragosse

La Republicana
Méndez Núñez, 38 - http://larepublicana.es - tapas 1,20/2,40 €, raciones et plats 4,90/12,10 €. Plats « populaires » et tapas servis dans un décor hétéroclite à souhait. On s'y posera pour le cadre « vintage » et l'ambiance chaleureuse.

La côte méditerranéenne de Barcelone à Valence

Barcelone et Tarragone : côté ville, la côte méditerranéenne ne manque pas d'étapes séduisantes et instructives, riche d'un patrimoine exceptionnel. Côté mer, vous n'aurez que l'embarras du choix parmi la kyrielle de petites stations balnéaires aux plages de sable fin. Côté terre, vous découvrirez les plus fantastiques ensembles monastiques d'Espagne… rien de moins.

➲ *Départ : Barcelone*
➲ *8 jours - 650 km*

Jours 1, 2 et 3

Comptez au minimum 3 jours pour visiter **Barcelone** (Barcelona), la deuxième ville d'Espagne. Il faut prendre le temps de flâner sur les grandes artères commerçantes de part et d'autre du passeig de Gràcia, sur la Rambla et dans le Barri Gòtic autour de la cathédrale Santa Eulalia et de la plaça Reial. Au cours d'un après-midi, on mélangera détente et étonnement au parc Güell au milieu des palmiers, grottes et créations originales de Gaudí. Certains ne voudront pas quitter Barcelone sans visiter le musée de la musique catalane, le musée d'art contemporain, le musée Picasso, ainsi que la Casa Milà (la Pedrera) et le palau Guell, deux des plus célèbres réalisations d'Antoni Gaudí. Privilégiez les heures les plus chaudes à ces visites intérieures. Un autre jour, vous monterez sur la colline de Montjuïc pour visiter la fondation Joan Miró et le musée d'Art de la Catalogne doté de sections d'art roman et gothique d'une richesse exceptionnelle. Tout à côté, le Poble Espanyol, « village » reconstitué, présente par quartiers un panorama complet de l'architecture des régions espagnoles, avec boutiques, restaurants et ateliers d'artisans. Vous irez bien sûr découvrir l'impressionnante et incontournable Sagrada Familia, à laquelle Gaudí consacra près de quarante ans mais sans pouvoir l'achever. Reste à flâner sur le vieux port, devenu un secteur de loisirs très fréquenté et à profiter de sa plage, la Barceloneta. En fin de journée, la ville ne s'endort pas, à l'image de ce qui se vit sur la célèbre Rambla et dans les bars à tapas aux alentours.

Jour 4

Quittant Barcelone vers le sud, faites halte à **Sitges**, dont le musée Del Cau Ferrat, résidence du peintre Santiago Rusinyol, mérite une visite. Remontez dans les terres et suivez la route de l'art cistercien qui s'illustre par trois monastères (un billet groupé permet de visiter les trois). D'abord celui de **Santes Creus**, édifié au cœur d'une luxuriante vallée plantée de vignes et d'oliviers : son grand cloître, son église et sa salle capitulaire en font l'un des plus beaux ensembles cisterciens de Catalogne. Poursuivez par la cité médiévale de **Montblanc**, encerclée par ses intemporelles murailles, puis faites un crochet par le monastère de **Vallbona de les Monges**, réservé aux femmes, et qui étonne par sa beauté. De retour à Montblanc, gagnez le monastère de **Poblet**, fondé au 12e s. et véritable condensé d'histoire architecturale.

Jour 5

Après l'art cistercien, vous reviendrez à l'art antique en faisant étape à **Tarragone** (Tarragona). Ville ouverte sur la mer, elle conserve un des ensembles romains les plus importants d'Espagne avec murailles, vestiges du Forum et amphithéâtre. Vous ne quitterez pas la ville sans voir ses rues médiévales et sa magnifique cathédrale élevée sur l'ancien temple de Jupiter dont les restes sont visibles dans le cloître. Reprenez votre camping-car et finissez la journée (5 km au nord par N 240) en visitant l'aqueduc de les Ferreres et le mausolée de Centcelles.

Jour 6

Avec ou sans enfants, difficile de résister à une découverte du parc d'attractions de **Port Aventura** (à **Salou**) qui vous retiendra l'essentiel de la journée. Il enchantera petits et grands en explorant de façon ludique cinq régions (Méditerranée, Chine, Polynésie, Mexico, et Far West) auxquelles s'ajoute un parc aquatique. Montagnes russes, rapides des grands canyons, train du diable… quelques frissons à la clef. En sortant, reprenez la N 340 en direction du delta de l'Èbre.

Jour 7

Vaste zone humide où une flore et une faune uniques se sont développées, le **delta de l'Èbre** vous offrira une page nature dans des paysages comparables à la Camargue. Prenez du temps pour parcourir les itinéraires du parc naturel, en camping-car ou à vélo, et ne manquez pas la **lagune de l'Encanyissada**, paradis des oiseaux

Vallbona de les Monges
Monestir de Poblet
Montblanc
Santes Creus
BARCELONA
Gavà
Sitges
Tarragona
Port Aventura
Tortosa
L'Ampolla
Delta de l'Èbre
Amposta
El Pobelnou del Delta
Peníscola
Vilafamés
Benicàssim
Castelló de la Plana
Sagunt
Platja de Puçol
València
LLEIDA
Reus
Cambrils
El Vendrell
Castelldefels
Vilanova i la Geltrú
Manresa
Terrassa
Sabadell
GOLF DE VALENCIA
0
60 km

P. Escudero / hemis.fr

Le monastère Santa Maria de Poblet.

migrateurs. Remontez ensuite sur **Tortosa**, petite ville recelant un beau patrimoine (palais épiscopal, collèges royaux et cathédrale) dans un cadre magnifique d'oliveraies, d'orangers et de pêchers qui se montrent depuis les belvédères.

Jour 8

Le circuit reprend à Peñíscola, la plus jolie ville de la Costa del Azahar. Son centre historique, entouré de murailles, occupe une presqu'île rocheuse, dominée par l'austère forteresse édifiée par les Templiers. Poursuivez la N 340 puis, au niveau de **Castelló de la Plana,** bifurquez vers **Vilafamés**, un village perché sur la montagne qui offre un spectacle chromatique saisissant dominé par un château d'origine arabe. La CV 10 puis la N 340 vous mèneront maintenant à **Sagunt**, blottie au pied d'une colline allongée que couronnent les impressionnantes ruines d'un château. Vous voilà aux portes de **Valence** (València).

Aires de service et de stationnement

Amposta

Área de La Casa de Fusta
Partida l'Encanyissada, s/n - ✆ 977 26 10 26
Borne artisanale : 3 €
40 P - Gratuit
Services :
GPS : E 40.6585 N 0.6747

Benicàssim

Àrea de Benicàssim
Ausias March, près de la N 340 - ✆ 964 30 09 62
Permanent
Borne artisanale : Gratuit
GPS : E 0.0593 N 40.0551

Peñíscola

Àrea la Mercera
Camino de la Volta - ✆ 964 47 01 01
Permanent
Borne artisanale : 4 €
35 P - 12 €/j.
Services :
Douches sur place.
GPS : E 0.40306 N 40.39806

Sitges

Àrea de Sitges
Av. del Cami Pla -
Permanent
Borne AireService : Gratuit
15 P - Gratuit
Services :
Éloignée du centre-ville (zone industrielle).
GPS : E 1.81389 N 41.25056

Tarragona/Tarragone

Àrea de Tarragona
Cami Platja Llarga, à l'entrée du camping Las Palmeras - ✆ 977 20 80 81
Borne AireService : Gratuit
Services :
GPS : E 1.31199 N 41.13151

Tortosa

Àrea de Tortosa
Passeig de la Ribera, s/n - ✆ 977 58 50 00
Permanent
Borne artisanale
32 P - 6 €/j.
Services :
Eau : 1 €. Calme
GPS : E 0.51417 N 40.80278

València/Valence

Parking Valencia
Voir l'itinéraire suivant.

Campings

L'Ampolla

Camping Ampolla Playa
Passeig Platja de l'Arenal, s/n -
977 46 05 35
De déb. mars à fin oct. - 5 ha (60 empl.)
Tarif : 6,50 € 5 € 14 € - 6 €
Loisirs : (plage)
Services : wifi
GPS : E 0.41578 N 40.47574

Gavà

Camping Tres Estrellas
C-31, km 186,2 - 936 33 06 37
De mi-mars à mi-oct. - 8 ha (407 empl.)
Tarif : 50,50 € - 6,56 € - pers. suppl. 8,73 €
borne
Loisirs : diurne (plage) , terrain de sport polyvalent
Services : wifi
GPS : E 2.235 N 41.1221

Platja de Puçol

Camping Puzol
Platja de Puçol, c/ Riu Turia, 3 -
961 42 15 27 - De mi-fév. à mi-déc.
Tarif : 6,60 € 6,60 € 12,10 € - 5,50 €
borne : Gratuit
Loisirs : diurne (plage)
Services : wifi
GPS : E 0,2693 N 39.60554

Tarragona/Tarragone

Camping Torre de la Mora
Ctra N 340, km 1171 - 977 65 02 77
De déb. avr. à fin oct. - 16 ha (450 empl.)
Tarif : 17,75 € - 5,50 € - pers. suppl. 5,20 €
borne artisanale : ,50 €
Loisirs : (plage) - Services : wifi
Transports en commun pour le centre ville.
GPS : E 1.34415 N 41.12887

València/Valence

Camping Coll Vert
Voir l'itinéraire suivant.

Les bonnes adresses de Bib

Barcelona/Barcelone

Cafè de l'Òpera
Rambla, 74 - Liceu - 933 177 585 - 8h30-2h30. Ce café historique, installé en face du théâtre du Liceu, est une véritable institution avec sa façade moderniste et son atmosphère 19e s.

Pastelería Escribà
Rambla de les Flors, 83 - Liceu - 933 016 027 - 8h-21h. Célèbre établissement familial installé dans un entrepôt de style moderniste (1820). On y sert de délicieux gâteaux et des plats salés.

La Boqueria
Rambla, 91 - Liceu - lun.-sam. 8h-20h30. Marché central installé dans un bâtiment du 19e s. On y trouve des denrées d'excellente qualité, les plus variées de Barcelone. Idéal pour acheter des produits typiques à bons prix : jambons, fromages, vins.

Agut
En Gignàs, 16 - Jaume I - 933 151 709 - www.restaurantagut.com - fermé dim. soir, lun. et août - 30/45 €, formule déj. 13 € - 36 €. Situé en arrière du passeig de Colom, dans une des ruelles du quartier de la Mercè, ce restaurant propose depuis 1924 des spécialités catalanes servies dans une vaste salle voûtée au charme délicieusement désuet.

El Poblenou del Delta

Can Paquita
Ronda dels Pins, 5 - 977 741 452 - fermé mar. sf juil.-août - à partir de 20 €. Petit restaurant convivial fréquenté aussi bien par les touristes que les habitants du delta. Cuisine familiale et spécialités locales (paellas, riz noir, anguille…).

Sitges

Casa Hidalgo
Sant Pau 12 - 938 943 895 - www.casahidalgo.es - fermé dim. soir, lun. et de mi-déc. à mi-janv. - 15/40 €. Une salle joliment tenue et une carte variée (fruits de mer, spécialités de Galice) font le succès de cette adresse. Menu déjeuner très apprécié par les habitués.

Tarragona/Tarragone

Plaça de la Font
Sans aucun doute, le principal point de rencontre au cœur de la ville. Cette place piétonne, où abondent terrasses, bars à tapas, cafétérias, glaciers et petits restaurants, vibre surtout en fin d'après-midi et en début de soirée.

Offices de tourisme

Barcelona/Barcelone
932 853 834 - www.barcelonaturisme.com. Principales adresses : Pl. de Catalunya, 17 (en sous-sol, côté Corte Inglés) - 8h30-20h30 ; De la Ciutat, 2 - lun.-vend. 8h30-20h30, sam. 9h-19h, dim. et j. fériés 9h-14h ; Pl. dels Països Catalans (hall de la gare) - tlj 8h-20h ; Rambla dels Estudis, 115 - tlj 8h30-20h30.

Tarragona/Tarragone
Major, 37 - 977 250 795 - www.tarragonaturisme.cat - de fin juin à fin sept. : lun.-sam. 10h-20h, dim. 10h-14h ; reste de l'année : lun.-vend. 10h-14h, 15h-17h, sam. 10h-14h, 15h-19h, dim. et j. fériés 10h-14h ; autre bureau d'information Fortuny, 4.

Pour téléphoner en Espagne :
00 34 puis le numéro du correspondant à 9 chiffres.

Pour plus d'informations :
Carte Michelin Regional N° 574
Le Guide Vert Barcelone et la Catalogne.

Valence et la Costa Blanca

Entre Catalogne et Andalousie, un parfum d'olivier et d'oranger flotte sur la côte valencienne et la Costa Blanca qui bénéficient de 300 km de littoral, entre plages de sable et falaises abruptes. Une promesse d'agréables moments de détente mais aussi d'un passionnant patrimoine culturel qui s'affiche à Valence, Alicante et Murcia.

➲ *Départ : Valence*
➲ *7 jours - 550 km*

Jours 1 et 2

Troisième ville d'Espagne, très appréciée toute l'année pour la douceur de son climat, **Valence** (València) sait préserver son passé tout en s'ouvrant avec frénésie à la modernité, au point de devenir l'une des vitrines mondiales de l'architecture contemporaine. Les centres d'intérêt y sont très nombreux et parfois éloignés les uns des autres, faciles cependant à rejoindre grâce à un bon réseau de métro. Le premier jour, visitez les quartiers historiques concentrés autour de la cathédrale et du palais du marquis de Dos Aguas qui abrite le musée national de la céramique. Découvrez ainsi la Lonja, ancienne Bourse de la soie, le collège royal du séminaire du Corpus Christi, les tours de Serranos (anciens remparts) et la rue Caballeros toujours très animée. L'après-midi, faites connaissance avec la ville avant-gardiste et ses bâtiments emblématiques (palais de la musique et palais des congrès) ainsi que l'incontournable cité des Arts et des Sciences où se tient le surprenant Oceanografic, le plus grand centre maritime d'Europe.

Le deuxième jour, découvrez les monuments du début du 20e s. : la gare du Nord, le marché central, le marché Colón, la Plaza del Ayuntamiento, la calle de La Paz, etc. sans oublier le quartier maritime, le port et son museu de les Drassanes (musée de l'arsenal royal) et la belle plage qui borde la promenade du Paseo maritimo, très fréquentée par les habitants de Valence en fin de journée.

Jour 3

Le circuit reprend à **El Saler** qui côtoie le parc naturel de l'Albufera (lagune d'eau douce où l'on cultive le riz). Poursuivez en longeant la côte et traversant les stations balnéaires : **Cullera** qui cumule 10 km de belles plages, **Gandía**, où se trouve le palais ducal des Borgia. De là, faites un crochet dans les terres par **Xàtiva**, la ville aux mille fontaines entourée de murailles crénelées et dominée par la silhouette d'une collégiale. Ne manquez pas le château et son belvédère, et la place de la collégiale. De retour sur la côte, poursuivez par **Dénia**, dominée par un château et où vous ferez étape.

Jour 4

De **Xàbia** (voir le quartier ancien avec ses palais gothiques), faites une halte au **cap de la Nau** pour admirer de beaux panoramas. Plus loin, **Calp** et son rocher dominant la plage mérite une pause. La prochaine étape, **Altea**, doté de ruelles étroites, est un des plus jolis villages de la région, échelonné sur une colline dominant la mer. De là faites une excursion dans les terres pour aller visiter **El castell de Guadalest,** situé dans un site rocheux impressionnant et auquel on accède par une arche creusée dans la roche. Contraste saisissant avec l'étape suivante, **Benidorm**, dont les gratte-ciel dressés à quelques mètres des plages offrent une vision surprenante ; tout près de ce Manhattan de villégiature se trouve le parc de loisirs Terra Mítica, dédié aux grandes civilisations méditerranéennes.

Jour 5

Le voyage se poursuit par **Alicante** (Alacant), capitale de la Costa Blanca dominée par le château de Santa Bárbara. Dans cette ville accueillante, typiquement méditerranéenne, se mêlent avec bonheur une tranquillité toute provinciale et l'animation d'un grand centre touristique. Étroitement liés, le quartier historique, le port et la plage en font une ville à la géographie urbaine homogène, résolument tournée vers la mer. Une journée suffit pour visiter la ville, un peu plus si vous voulez profiter de la plage ou découvrir (11 km au nord sur la côte) le monastère de la Santa Faz à **Sant Joan d'Alacant**, un grand lieu de pèlerinage.

Jour 6

Un petit tour dans les terres vous permettra de visiter **Elche** (Elx), curieuse petite ville entourée d'une des plus grandes palmeraies d'Europe, inscrite au Patrimoine mondial de l'Unesco.

VALÈNCIA
Burjassot/Burjasot
Manises
Cheste
Requena
Chiva
Buñol
Turís
Torrent
El Grau de València
El Saler
Picassent/Picasent
Montserrat
Silla
L'Albufera
Benifaió
Sollana
El Perelló
Alginet
Carlet
L'Alcúdia
Algemesí
Sueca
Cullera
Guadassuar
Alzira/Alcira
Favara
Carcaixent
Alberic
La Pobla Llarga
Tavernes de la Valldigna
Navarrés
Xàtiva
Enguera
Xeresa
Platja i Grau de Gandia
Gandia
Piles
Oliva
L'Alcúdia de Crespins
Quatretonda
Canals
L'Olleria
Mogente
Ontinyent/Onteniente
Albaida
Castelló de Rugat
Villalonga
Pego
Ondara
Dénia
Xàbia
Cap de S. Antoni
Cap de la Nau
Orba
Bocairent
Puerto d'Albaida
Muro de Alcoy
Cocentaina
Banyeres de Mariola
Alcoi/Alcoy
El Castell de Guadalest
Benissa
Moraira
Punta de Moraira
Calp
Penyal d'Ilfac
Callosa d'En Sarrià
Altea
L'Alfàs del Pi
Port de la Carrasqueta
Ibi
Biar
Castalla
Xixona
Benidorm
La Vila Joiosa
El Campello
Sant Joan d'Alacant
Alacant
S. Vicente del Raspeig
Petrer/Petrel
Agost
Elda
Monóvar
Sax
Villena
Caudete
Almansa
Yecla
La Font de la Figuera
El Pinós
Novelda
Aspe/Asp
El Fondó de les Neus
Crevillent
Elx
Torrellano
Sta Pola
Illa de Tabarca
Abanilla
Albatera
Fortuna
Catral
Dolores
Callosa de Segura
Almoradí
Guardamar del Segura
Rojales/Rojals
Orihuela/Oriola
Alquerías
S. Miguel de Salinas
Torrevieja
Murcia
Sucina
Balsicas
S. Pedro del Pinatar
S. Javier
Santiago de la Ribera
Los Alcázares
Mar Menor
La Manga del Mar Menor
Torre-Pacheco
Albujón
El Algar
La Manga del Mar Menor
Cabo de Palos
La Unión
Portman
Escombreras
Cartagena
Los Dolores
Collado de Tallante
La Azohía
Cofrentes
Jarafuel
Ayora
Millares
Serra Martes
Riu Magre
E. de Forata
Riu Xúquer
E. de Tous
E. de Escalona
Río Vinalopó
Costa Blanca
DE VALENCIA
0
30 km

R. Sime / Schmid/Sime/Photononstop

Le port d'Alicante.

On y visite le parc municipal, le musée de la Palmeraie et le jardin du Curé d'une grande beauté, qu'il faut bien sûr parcourir entre palmiers, cicas et cactées. Retour sur la côte en fin de journée.

Jour 7

L'itinéraire traverse à présent des lieux de villégiature **(Guardamar del Segura, Torrevieja)** jusqu'à la baie de **Mar Menor**, aux eaux peu profondes et fermée par un cordon littoral. Poursuivez jusqu'à **Carthagène**. Dans la rade se côtoient le port de plaisance et l'arsenal militaire. La ville, entourée d'une haute enceinte, présente un relief marqué, dominée par un château (superbe panorama sur la rade) et au flanc duquel s'accroche un théâtre antique. Pour finir, quittez la côte pour vous rendre à **Murcia**. Les rues piétonnes et les nombreuses petites places lui confèrent une atmosphère de sérénité, à laquelle répond un patrimoine étonnant dont un palais épiscopal, une remarquable cathédrale et un monastère royal. L'après-midi sera sans doute trop court.

Aires de service et de stationnement

L'Alfàs del Pi

Camping car Orange Grove
Camí d'Alguers, 65 -
Permanent
Borne artisanale
30 P - 14 €/j.
Services :
Piscine, wifi, électricité 3 €.
GPS : W 0.0841 N 38.5853

Alquerías (est de Murcia)

Camper Park Huerta de Murcia
Calle de Cánovas -
650 53 31 71
Permanent
Borne : 12 €
32 P - illimité - 12 €/j.
Services :
Dans une plantation de citronniers et d'orangers. Wifi.
GPS : W 1.04229 N 38.0052

Calp

Odissea Camper Area
Av. de Bulgaria, s/n -
965 87 53 48
Permanent
Borne AireService : Payant
58 P - 15 €/j.
Services :
Wifi (2 €/j.), douches.
GPS : E 0.06722 N 36.64889

Carcaixent

Área de Carcaixent
Camí de la Font, s/n -
962 45 76 67
Permanent
Borne artisanale : Gratuit
20 P - 48h - Gratuit
Services :
Dans un espace naturel protégé (Hort de Soriano).
GPS : W 0.4088 N 39.0702

El Saler

Area Camping-car La Marina
Camí del Riu, 556 -
696 51 08 97
Permanent
Borne artisanale
70 P - 12 €/j.
Services :
Plage à 150 m, arrêt de bus à 50 m
GPS : W 0.3322 N 39.3872

València/Valence

Parking Valencia
Av. Peris y Valero, 27 -
963 73 65 38
Permanent
Borne artisanale
12 P - 25 €/j.
Services :
Parking surveillé à 2 km du centre. Très bien desservi par les transports en commun.
GPS : W 0.3781 N 39.4561

Campings

Crevillent

Camping Las Palmeras
N 340, km 45 - Partida D'eula, 75 - 965 40 01 88
Permanent - 1 ha (50 empl.)
Tarif : 20 €
Loisirs : , terrain multisports
Services : wifi
GPS : W 0.81233 N 38.24025

El Campello

Camping Costa Blanca
C/ Convento, 142 - N 332, km 120,5 - 965 63 06 70
Permanent - 1 ha (80 empl.)
Tarif : 6 € 6 € 13 € - 1,50 €
borne : 4 €
Loisirs :
Services : wifi
GPS : W 0.2314 N 38.2611

Jávea/Xàbia

Camping Jávea
Camí de la Fontana, 10 - 965 79 10 70
Permanent - 2,5 ha (200 empl.)
Tarif : 6,50 € 15,50 € - 4,64 €
borne : Gratuit
Loisirs : diurne (plage), terrain multisports
Services :
Transports en commun à 1 km.
GPS : E 0.1019 N 38.475

València/Valence

Camping Coll Vert
Parque natural de la Albufera - Ctra del Riu, 486 - 961 83 00 36
De mi-janv. à mi-déc. - 2,4 ha (110 empl.)
Tarif : 6,60 € 6,60 € 8,80 € - 4,95 €
borne : 8 €
Loisirs :
Services : wifi
GPS : E 0.1957 N 39.2347

Les bonnes adresses de Bib

Alacant/Alicante

Piripi
Oscar Esplá, 30 - 965 227 940 - 3/12 €. Bon endroit pour déguster des tapas typiques de la région. Variété et qualité sont au rendez-vous. À l'étage, l'un des meilleurs restaurant de la ville selon les Alicantins *(carte 35/52 €).*

Gandia

Casa Manolo
Pg Marítim, playa Daimús - Grau de Gandia - 962 818 568 - 25/30 €. Connu pour la qualité de ses fruits de mer et de ses poissons, le restaurant jouit d'une vue magnifique sur la mer.

Murcia

Los Arroces del Romea
Pl. Romea - 968 218 499 - 13h30-16h30, 19h30-0h - fermé lun. en été - 18/25 €. Situé sur l'une des plus agréables places de la ville, ce restaurant propose au déjeuner des spécialités de riz (cuits au feu de bois) et, le soir, des viandes à la braise préparées dans la cheminée. Le lieu idéal pour goûter à la spécialité de Murcie, *el arroz al conejo con caracoles* (riz au lapin et aux escargots). Accueil très sympathique.

València/Valence

Horchatería El Siglo
Pl. Santa Catalina, 11 - 963 918 466 - 10h-13h, 16h-0h. Fondé en 1836, El Siglo est l'adresse où se retrouvent les amateurs d'*orxata de xufa*, la grande spécialité valencienne (lait végétal, à base de jus de souchet, servi glacé). On peut aussi y savourer un *chocolate con churros*, ou des glaces maison, dans un superbe décor d'azulejos.

Bar El Pilar
Moro Zeit, 13, au coin de la pl. Tossal - 963 910 497 - tlj sf merc. 12h-0h - 8,50/15,50 €. Fondé en 1917, et appelé parfois « la Pilareta », c'est l'un des bars à tapas historiques de la ville. Arrêtez-vous pour goûter (de préférence au bar parce que le lieu est minuscule) sa spécialité : les *clòtxines* (moules) à la vapeur, dont on jette les coquilles dans des seaux posés sur le sol.

La Pepica
Paseo Neptuno, 6 - 963 710 366 - 27/50 €. Un restaurant de plage historique bondé aux beaux jours. Spécialiste de la paella, le lieu s'honore d'avoir reçu jadis Don Ernesto (Hemingway). Atmosphère populaire et authentiquement valencienne.

Offices de tourisme

Alacant/Alicante
Portugal, 17 - 965 929 802 - www.alicanteturismo.com - lun.-vend. 10h-18h, sam. 10h-14h, fermé dim. ; autres adresses : pl. del Ayuntamiento - 965 149 219, Rambla de Méndez Núñez, 41 - 965 200 000 ; à la gare ferroviaire (av. Salamanca) - 965 125 633.

València/Valence
Bureau principal : pl. de la Reina, 19 - 963 153 931 - www.visitvalencia.com (site très complet, en français) - lun.-sam. 9h-19h, dim. et j. fériés 10h-14h. Autres points info : pl. del Ajuntament (devant la poste) - 963 524 908 - lun.-sam. 9h-19h, dim. et j. fériés 10h-14h ; Estació AVE Joaquín Sorolla, San Vicente Mártir, 171 - 963 803 623 - lun.-sam. 9h-19h, dim. et j. fériés 10h-14h. Tous ferment les 1er, 6 janv. et 25 déc.

Pour téléphoner en Espagne :
00 34 puis le numéro du correspondant à 9 chiffres.

Pour plus d'informations :
Carte Michelin Regional N° 577
Le Guide Vert Espagne côté Est

Splendeurs des terres andalouses

Grenade, Séville, Cordoue… trois villes emblématiques qui justifient déjà un circuit sur les terres andalouses. Mais cet itinéraire vous réserve bien d'autres découvertes entre les sommets enneigés de la Sierra Nevada, des villages tout blancs accrochés en belvédère sur la mer et des étendues arides couvertes d'oliviers… Presque un parfum d'Afrique.

➲ *Départ : Almeria*
➲ *15 jours - 1 200 km*

Jour 1

Adossé à une Sierra aride, **Almería** exhibe sa cathédrale aux allures un peu martiales et l'alcazaba, un château perché sur une colline dominant la ville et la baie. L'après-midi, prenez l'A 92 puis la N 340 afin de visiter l'un des trois parcs d'attractions du **désert de Tarbernas**. Optez pour le Cinéma Studio Fort Bravo où furent tournés de nombreux westerns, avec des animations spectacles. Reprenez l'autoroute qui contourne la Sierra Nevada pour rallier **Grenade** (Granada).

Jours 2 et 3

Grenade : le matin, cathédrale et Chapelle royale ; l'après-midi, palais et jardins de l'Alhambra et du Generalife (réservation indispensable, 15 j. avant ou acheter le forfait Bono Touristico comprenant transports et visites avec horaires imposés). Le lendemain, les bains arabes, les habitations troglodytiques du Sacromonte, l'abbatiale et le quartier de l'Albayzín. À l'ouest de la ville, privilégiez, si vous avez du temps, les églises de San Jerónimo, de San Juan de Dios et la chartreuse.

Jour 4

Si vous êtes randonneur, vous pourrez profiter de la **Sierra Nevada** et de la station de ski de **Pradollano**. Sinon prenez l'autoroute A 44 et la sortie 164 pour aller explorer, *via* **Lanjarón** (station thermale), les villages du flanc sud de la Sierra Nevada, **Pampaneira** et **Capileira,** aux ruelles tortueuses. De retour sur la côte *via* **Motril**, gagnez les charmants villages côtiers de **Salobreña** et **Almuñécar** où vous finirez la journée.

Jours 5 et 6

En route vers Málaga, faites une pause à **Nerja** pour sa plage lovée entre les rochers et sa grotte, puis montez à **Frigiliana** et son quartier maure. **Málaga**, capitale de la Costa del Sol au patrimoine historique très ancien, propose à la visite sa cathédrale, son palais épiscopal et le musée Picasso installé dans le palais de Buenavista… mais aussi les vestiges du castillo de Gibralfaro et la forteresse (alcazaba), éléments du système défensif de la Malaka arabe. Enfin, rejoignez le merveilleux jardin Finca de la Concepcion (7 km au nord).

Jour 7

La route côtière traverse des stations balnéaires très connues, **Benalmádena**, **Fuengirola** et **Marbella** avant de remonter par l'A 397 sur **Ronda** où vous passerez la journée, entre les arènes (les plus belles d'Espagne) et son patrimoine architectural unique mêlant médina musulmane (la ciudad) et églises.

Jour 8

De **Ronda**, il faudra choisir entre faire demi-tour afin de gagner le rocher de **Gibraltar** (par l'A 7), puis rejoindre Cadix par **Vejer de la Frontera**, ou suivre la superbe *ruta de los pueblos blancos* (route des villages blancs) qui conduit à **Grazalema**, **Villaluenga del Rosario**, **Ubrique**, **Benaocaz**, **El Bosque** et jusqu'à **Arcos de la Frontera** qui mettra un beau point final à cette escapade montagnarde (descente sur Cadix par l'A 389).

Jour 9

Cadix (Cádiz), resplendissante sous un ciel limpide, est une agréable ville maritime du 18e s., qui regroupe sur une presqu'île des édifices aux couleurs vives, de belles places et d'intéressants monuments. Il est temps à présent de gagner **Jerez de la Frontera** bien connu pour ses vins, et qui vous retiendra le reste de la journée dans son quartier historique.

Jours 10 et 11

La prochaine étape est **Séville** (Sevilla). Le premier jour, découvrez l'Alcázar et l'hospice des Vénérables, flânez dans le quartier de Santa Cruz, dans le parc de María Luisa, et sur la plaza de España. Le lendemain, admirez la cathédrale, l'hospice de la Charité, baladez-vous le long du Guadalquivir, franchissez le fleuve pour vous perdre dans le quartier de

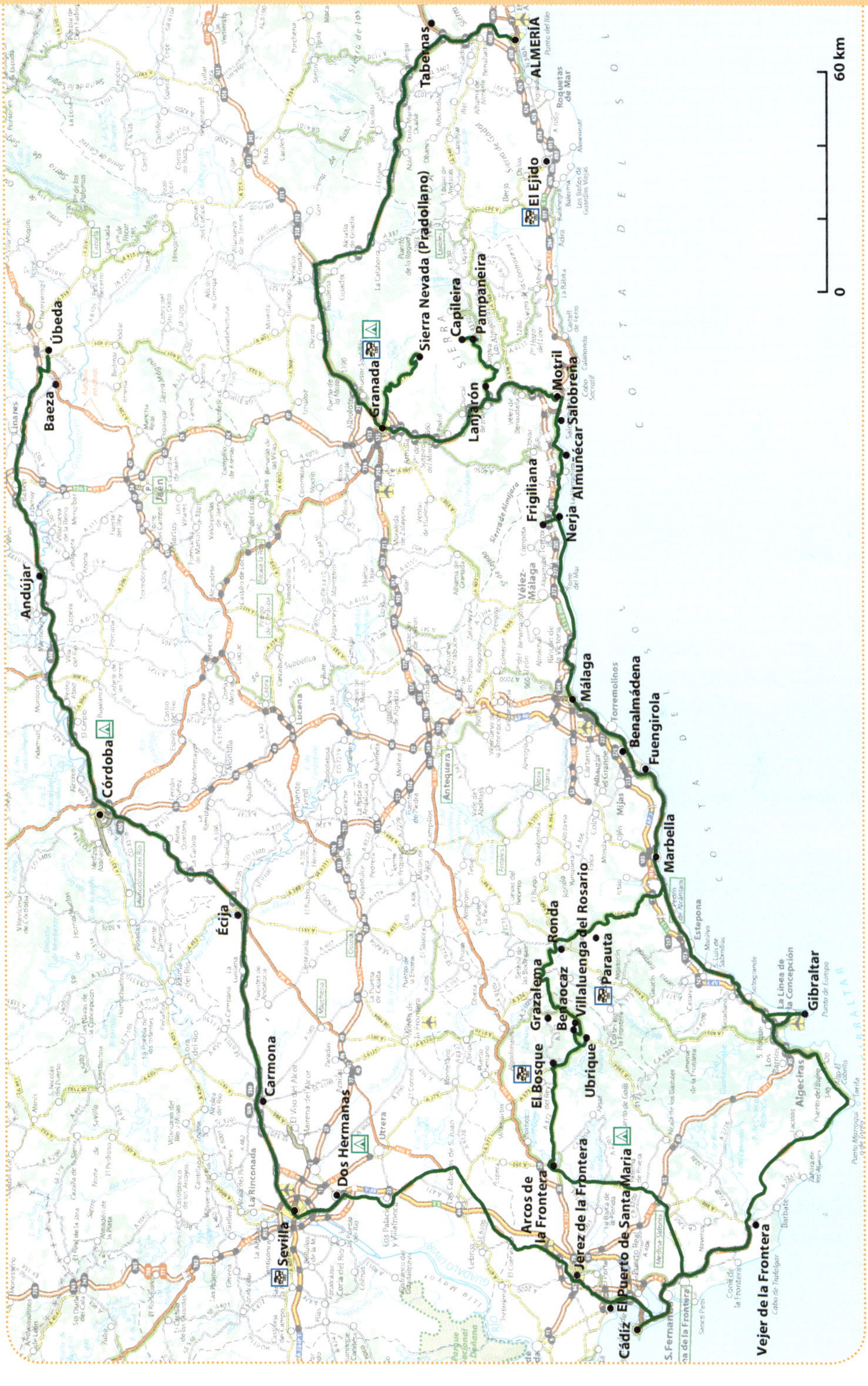
Úbeda
Baeza
Andújar
Córdoba
Écija
Carmona
Sevilla
Dos Hermanas
Arcos de la Frontera
Jerez de la Frontera
El Puerto de Santa María
Cádiz
Vejer de la Frontera
El Bosque
Ubrique
Grazalema
Benaocaz
Villaluenga del Rosario
Parauta
Ronda
Algeciras
Gibraltar
La Línea de la Concepción
Marbella
Fuengirola
Benalmádena
Torremolinos
Málaga
Vélez-Málaga
Nerja
Frigiliana
Almuñécar
Salobreña
Motril
Lanjarón
Granada
Sierra Nevada (Pradollano)
Capileira
Pampaneira
El Ejido
Roquetas de Mar
ALMERÍA
Tabernas
Linares
Jaén
Lucena
Antequera
COSTA DEL SOL
0
60 km

J. Frumm / hemis.fr

L'Alhambra et la Sierra Nevada.

Triana, puis rejoignez le haut de la ville où se dressent l'église de San Luis de los Franceses, ainsi que celle de la Macarena et la Casa de Pilatos.

Jours 12 et 13

Direction Cordoue (Córdoba) par la A 4 avec une pause à **Carmona** riche en palais élégants, en maisons nobles et édifices religieux. **Écija** aussi mérite une halte pour ses tours baroques, ses nombreux couvents, palais et églises. Vous voilà à **Cordoue** (Córdoba) autre ville emblématique d'Andalousie. Elle se visite facilement, la majorité des centres d'intérêt se concentrant autour de la mosquée-cathédrale qui constitue votre premier rendez-vous. Explorez ensuite le quartier de la Judería, la tour de la Calahorra, puis visitez l'alcázar et ses jardins. Le deuxième jour, vous découvrirez le palais Viana et deux églises ferdinandines (ne manquez pas celle de San Lorenzo).

Jours 14 et 15

Deux jours pour apprécier les églises d'**Andújar**, et les merveilles Renaissance de **Baeza** et **Úbeda**… ce n'est vraiment pas trop. Et si l'envie vous prend de grands espaces, sachez que vous êtes aux portes du parc naturel des Sierras de Cazorla, Segura et las Villas, l'un des plus sauvages d'Espagne.

Aires de service et de stationnement

El Bosque

Área de El Bosque
C/ de Juan Ramón Jiménez, s/n - ✆ 956 72 70 72
Permanent
Borne artisanale : Gratuit
Services :
GPS : W 5.51083 N 36.7569

El Ejido

Parking autocaravanas de Almerimar
Puerto deportivo de Almerimar - ✆ 950 60 77 55
Permanent
Borne artisanale
80 P - illimité - 7,95 €/j.
Services :
Parking + eau + électricité : 11,48 €.
GPS : W 2.7942 N 36.6962

Granada/Grenade

Parking Geysepark Nuevo Los Cármenes
Calle Torre Comares, s/n - ✆ 958 81 41 91
Permanent
Borne artisanale : 5 €
100 P - 16 €/j.
Services :
GPS : W 3.59533 N 37.15136

Parauta

Área de Parauta
Conejeras - ✆ 952 181 028
Borne artisanale : Gratuit
GPS : W 5.11816 N 36.67067

Sevilla/Séville

Área de autocaravanas de Sevilla
Av. Sanlúcar de Barrameda - ✆ 619 26 13 25
Permanent
Borne artisanale : Payant
50 P - 12 €/j.
Services :
Électricité 3 €, wifi.
GPS : W 5.99452 N 37.36239

Offices de tourisme

Córdoba/Cordoue
Plaza del Triunfo - ✆ 902 201 774 - www.turismodecordoba.org - 9h-19h30, w.-end et j. fériés 9h30-15h.

Granada/Grenade
Pl. Mariana Pineda, 10 - ✆ 958 247 128 - www.turgranada.es - 9h-20h (hiver 19h), sam. 10h-19h, dim. et j. fériés 10h-15h.

Sevilla/Séville
Plaza de San Francisco 19, Edificio Laredo - ✆ 954 595 288 - www.visitasevilla.es - lun.-vend. 9h-19h30, w.-end 10h-14h ; gare Santa Justa, Avda Kansas City - ✆ 954 782 002 - 9h-19h30, dim. et j. fériés 9h30-15h.

Pour téléphoner en Espagne :
00 34 puis le numéro du correspondant à 9 chiffres.

Pour plus d'informations :
Carte Michelin Regional N° 578
Le Guide Vert Andalousie

Campings

Córdoba/Cordoue

Camping municipal El Brillante
Av. del Brillante, 50 - 957 40 38 36
Permanent - 2,4 ha (110 empl.)
Tarif : 7 € 7 € 9 € - 5,50 €
borne artisanale : Payant
Loisirs :
Services : wifi
Transports en commun pour le centre-ville.
GPS : W 4.8339 N 37.87485

Dos Hermanas (près de Séville)

Camping Villsom
N IV, km 554,8 - 954 72 08 28
De mi-janv. à mi-déc. - 2,3 ha (180 empl.)
Tarif : 5,45 € 5,80 € 8,45 € - 3,75 €
borne : Gratuit
Loisirs :
Services : wifi
GPS : W 5.93651 N 37.2776

El Puerto de Santa María

Camping Playa Las Dunas
Paseo Marítimo Playa La Puntilla - 956 87 22 10
Permanent - 12,2 ha (490 empl.)
Tarif : 5,53 € 4,73 € 6,03 € - 6,30 €
borne : Gratuit
Loisirs : (plage)
Services : wifi
GPS : W 6.1427 N 36.3515

Granada/Grenade

Camping-Motel Sierra Nevada
Av. Juan Pablo II, 23 - 958 15 00 62
Permanent - 2,7 ha (148 empl.)
Tarif : 6 € 6 € 13,80 € - 4,20 €

Loisirs :
Services : wifi
Transports en commun pour le centre de Grenade.
GPS : W 3.6118 N 37.19885

Les bonnes adresses de Bib

Cádiz/Cadix

Marchés
Les petits marchés de produits artisanaux sont courants à Cadix. L'été, rendez-vous au Paseo Marítimo ou, pendant toute l'année, tôt le lundi matin au célèbre marché d'El Piojito, sur l'avenida de la Bahía : on y trouve de tout dans une ambiance populaire.

Córdoba/Cordoue

Meryan
Calleja de las Flores, 2 - www.meryancor.com. Cet atelier, l'un des plus connus de Cordoue, propose de superbes cuirs repoussés, mais les prix restent élevés : panneaux décoratifs (80/400 €), coffrets (80/250 €), beaux coffres (650 à plus de 1 500 €). Maroquinerie de facture classique mais de bonne qualité : sacs (100 à 135 €).

El Olivo
Avda del Doctor Fleming, 25 - 957 201 263 - http://el-olivo.com - 30/40 €. Restaurant fréquenté par les Cordouans avec une belle terrasse, face aux remparts, près de la puerta de la Luna. Deux salles dont une plus intime en sous-sol. Surtout réputé pour ses poissons et fruits de mer.

Grenada/Grenade

Oliver
Pl. de la Pescadería, 12 - 958 262 200 - www.restauranteoliver.com - 11h-0h. Ce restaurant est situé à moins de 100 m de la cathédrale, au cœur de la ville. Vous pourrez y déguster du poisson frais et des fruits de mer de très bonne qualité, le tout accompagné d'un grand choix de vins. Un restaurant typique de la ville fréquenté par la population locale depuis de nombreuses années.

Bodega Castañeda
Almireceros, 1-3 - 958 215 464 - 11h30-16h30, 19h-1h30 (vend.-sam. 19h-2h). Cette taverne typique du 19e s., où l'ambiance bat son plein jusqu'après minuit, est considérée comme l'un des *must* des tapas à Grenade. Difficile de se frayer une place le long du comptoir sous les jambons suspendus ou à l'une des tables de la salle. L'infinie variété de tapas et de *raciones* met l'accent sur les spécialités régionales.

Málaga

El Chinitas
Moreno Monroy, 4-6 - 952 210 972 - www.elchinitas.com - 12h-0h. Un des restaurants les plus typiques de la ville, avec une décoration composée de céramiques, photographies et tableaux de personnages célèbres et d'artistes de Málaga. Le restaurant dispose d'une agréable terrasse dans une rue piétonne et de salles à manger réparties sur trois étages.

Sevilla/Séville

Las Piletas
Calle Marqués de Paradas, 28 - 954 220 404 - www.restaurantelaspiletas.com - menu déj. 13 €. Un grand bar et une charmante salle avec mezzanine, décorée à la sévillane. Bar à tapas et bon restaurant proposant une carte complète d'entrées, de viandes et de poissons.

Mesón de la Infanta
Calle Arfe 32 (face à l'Hospital de la Caridad) - 954 229 689 - 12h-17h, 20h-1h. Une clientèle élégante fréquente ce grand bar en bois. Bon choix de tapas et plats du jour affichés sur des ardoises. Si vous aimez, laissez-vous tenter par les *riñones de cordero* (rognons d'agneau) ou les tripes à la sauce pimentée.

Lo Nuestro
C/ Betis 31A. L'un des rares endroits le long du fleuve qui ne soit pas devenu un bar branché. Presque tous les soirs, un groupe de flamenco vient se produire.

Castilla-La Mancha et Extremadura

Entre Madrid et l'Andalousie s'étend un vaste territoire de plaines et de petites sierras traversées par deux grands fleuves, le Tage et le Guadiana. C'est un peu l'Espagne de Don Quichotte et des conquistadores, des moulins à vent et des plaines dorées, avec en prime quelques cités remarquables inscrites au Patrimoine mondial de l'Unesco comme Mérida, Cáceres et… Tolède.

➲ *Départ : Viso de Marqués*
➲ *7 jours - 880 km*

Jour 1

Venant d'Andalousie par l'A 4 qui relie Cordoue à Madrid, prenez la sortie 231 pour rejoindre le village de **Viso del Marqués**. Celui-ci sert d'écrin à un fastueux palais Renaissance (accès libre) qui abrite de beaux appartements et 8000 m² de fresques. Poursuivez la petite CM 4111 et bifurquez à **Calzada de Calatrava** pour atteindre le château-couvent de Calatrava la Nueva. Cette forteresse, qui inspire encore le respect, fut le siège de l'ordre de Calatrava fondé aux 12e s. par des moines soldats pour défendre la Castille contre les musulmans ; l'ordre s'organisa ensuite en commanderies, à la façon des templiers. Consacrez le reste de la journée à la découverte d'**Almagro**, de ses couvents et de sa magnifique Plaza Mayor, l'une des plus étonnantes de Castille.

Jour 2

Aujourd'hui, une longue route vous attend (250 km) entre Sierra et vastes plaines arrosées par le rio Guadiana, jusqu'à l'Estramadure et la cité de **Mérida** qui fut une capitale de province romaine. À ce titre elle est inscrite au Patrimoine mondial de l'humanité par l'Unesco. L'après-midi sera tout juste suffisant pour voir ses monuments emblématiques : théâtre antique du 1er s. av. J.-C. (le plus beau d'Espagne), amphithéâtre, temple de Diane et arc de Trajan… des visites à compléter par le très riche musée national d'art romain. Finissez la journée sur la plaza de España.

Jour 3

Cap au nord pour **Cáceres**. Si Mérida est romaine, Cáceres s'avère essentiellement de styles médiéval et Renaissance. Le charme de la vieille ville, entourée de tours et remparts arabes, vient de son ensemble de maisons seigneuriales, palais et églises uniques en Espagne par leur homogénéité bien que parfois d'allure sévère. Continuez par **Trujillo**, moins austère que Cáceres, où vous verrez la Plaza Mayor et les vieilles ruelles de la ville fortifiée au-dessus de laquelle planent de nombreuses cigognes.

Jour 4

Suivez la EX 208, puis la EX 102 qui court sur la Sierra de Guadalupe, afin de rejoindre **Guadalupe** et son fantastique monastère, une forteresse perchée à 650 m d'altitude, hérissée de créneaux et de clochetons, très remaniée au fil des siècles. Une visite guidée qui démarre par le superbe cloître permet de découvrir de belles collections (peintures, sculptures, broderies) et des salles d'une richesse inouïe ; elle s'achève par la découverte de la statue de la Vierge de Guadalupe, très vénérée. Reprenez la EX 102 puis la CM 4100 pour rallier **Oropesa** flanqué d'un fier château. Dans le village de **Lagartera**, tout près, chaque maison expose ses célèbres broderies paysannes, et, aux beaux jours, les brodeuses travaillent sur le pas de leur porte. Poursuivez par **Talavera de la Reina** connue pour sa céramique, où vous finirez la journée.

Jours 5 et 6

Tôt le matin, gagnez **Tolède** (Toledo), dont le premier aperçu sur la cité ancienne dominant un méandre fermé du Tage présage d'innombrables beautés. Deux pleines journées sont nécessaires. Commencez par le monument majeur, la cathédrale. Puis promenez-vous dans les rues de la vieille ville en suivant les traces du Greco : église de Santo Tomé, Maison-musée du Greco, couvent de Santo Domingo el Antiguo. Après le déjeuner, explorez l'ancien quartier juif, qui concentre un grand nombre des monuments, dont deux anciennes synagogues (synagogues del Transito et Santa Maria la Blanca) et un monastère, San Juan de los Reyes. Terminez par un témoignage de la troisième religion historique de la cité, la mosquée del Cristo de la Luz. Le lendemain, promenez-vous au musée de la Culture wisigothique et montez sur les tours de l'église de San Ildefonso, qui offrent un superbe panorama sur les toits de la vieille ville. Puis gagnez la plaza de Zocodover, l'épicentre de la

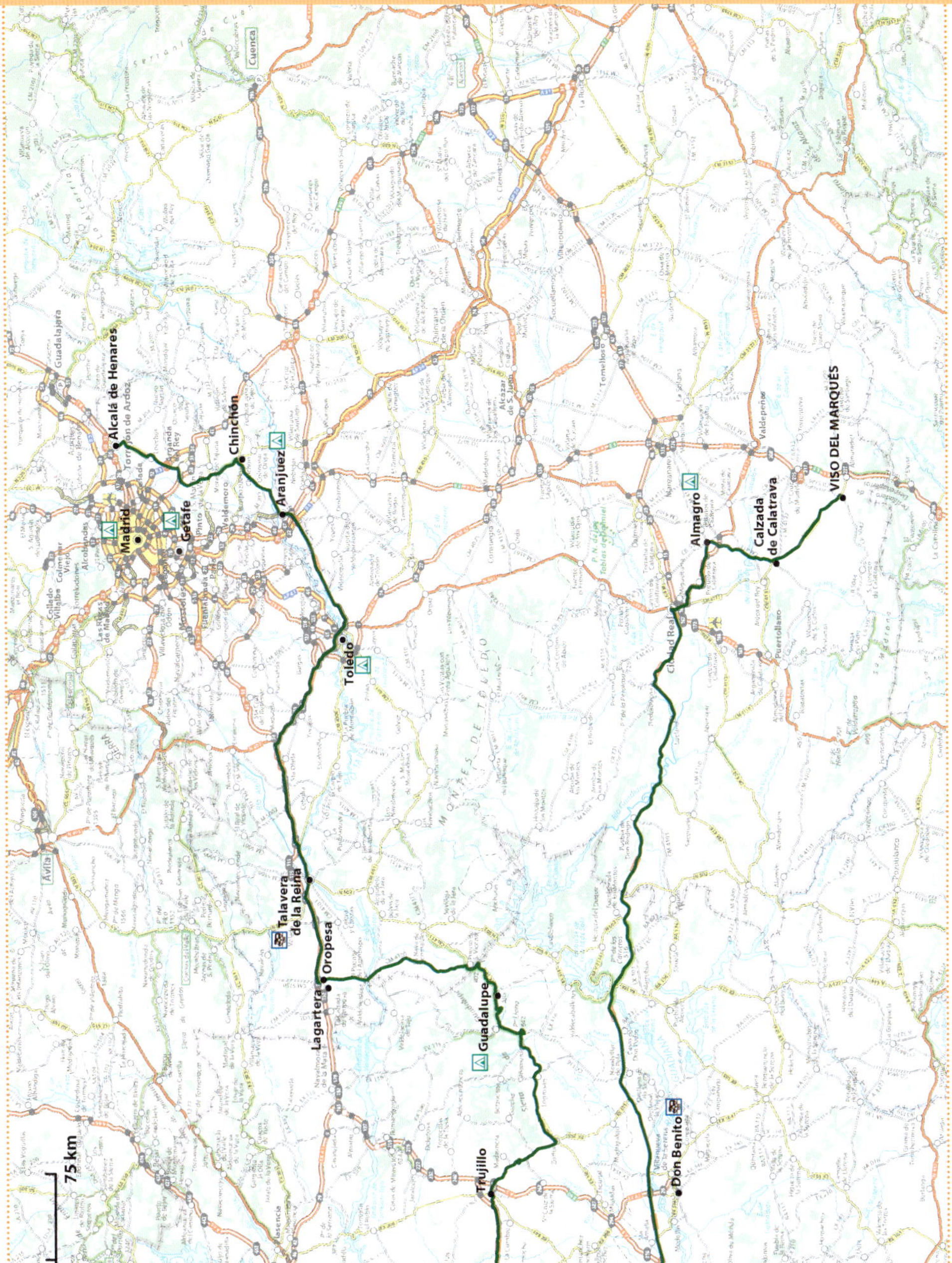

0
75 km
Madrid
Alcalá de Henares
Getafe
Chinchón
Aranjuez
Toledo
Talavera de la Reina
Oropesa
Lagartera
Guadalupe
Trujillo
Cáceres
Mérida
Don Benito
Ciudad Real
Almagro
Calzada de Calatrava
VISO DEL MARQUÉS
Valdepeñas
Puertollano
Tomelloso
Alcázar de S. Juan
Cuenca
Guadalajara
Ávila
Plasencia
Almendralejo

T. Di Girolamo / Tips / Photononstop

Vue sur la ville et l'Alcázar à Tolède.

vie tolédane, où vous pourrez prendre un agréable déjeuner, avant de visiter le musée de Santa Cruz, remarquable pour son architecture comme pour ses tableaux du Greco. Franchissez les fortifications par la porte de Bisagra afin d'aller explorer l'hôpital de Tavera. N'oubliez pas, en fin de journée, de faire le tour des *cigarrales*, vastes oliveraies s'étalant sur la rive sud du Tage, qui offrent de magnifiques panoramas sur la ville dans la lumière du couchant.

Jour 7

Pour cette dernière journée avant d'aborder Madrid, rendez-vous à **Aranjuez** située au cœur d'un verger, au bord du Tage. Après la visite du palais royal, de la Casa del labrador et une promenade dans les magnifiques jardins de la résidence royale, continuez jusqu'à **Chinchón** et sa charmante Plaza Mayor. Découvrez ensuite **Alcalá de Henares**, ville natale de Cervantès (sa maison natale se visite librement), qui abrite le superbe collège de San Ildefonso (ancienne université) et nombre de monuments de grand intérêt (cathédrale, théâtre médiéval, palais épiscopal). Vous voilà aux portes de **Madrid**.

Campings

Almagro

Los Arenales
Permanent - 5 ha
Tarif : 5,50 € 5,50 €
13,20 € - 3,50 €
borne artisanale
Loisirs :
Services :
GPS : W 3.44 N 38.5259

Aranjuez

Camping Internacional Aranjuez
Ctra antigua - N IV, km 46,8 - 918 91 13 95
Permanent - 3 ha (162 empl.)
Tarif : 6,50 € 18 € - 4 €
Loisirs :
Services : wifi
Situé au bord d'une rivière.
GPS : E 3.35576 N 40.02317

Getafe

Voir l'itinéraire suivant.

Guadalupe

Camping Las Villuercas
Crta de Villanueva, s/n - 927 36 71 39
De déb. mars à mi-déc. - 2 ha (50 empl.)
Tarif : 3 € 2,50 €
4 € - 3 €
Loisirs :
Services : wifi
GPS : W 5.1858 N 39.2628

Madrid

Voir l'itinéraire suivant.

Toledo/Tolède

Camping El Greco
Ctra - CM-4000 km 0,7 - 925 22 00 90
Permanent - 2,5 ha (115 empl.)
Tarif : 6,75 € 6,55 €
6,55 € - 4,50 €
borne artisanale
Loisirs :
Services : wifi
Transports en commun pour le centre ville.
GPS : W 4.2482 N 39.51525

Aires de service et de stationnement

Cáceres

Area de Valhondo
Calle Lope de Vega -
Permanent
Borne artisanale : Gratuit
10 P - 24h - Gratuit
Services :
À 10mn du centre historique.
GPS : W 6.36864 N 39.48015

Don Benito

Area de Don Benito
Calle Eusebio Parejo seco -
924 80 80 84
Permanent
Borne artisanale : Gratuit
3 P - Gratuit
Services :
GPS : W 5.863 N 38.9625

Talavera de la Reina

Parking autocaravanas de Talavera de la Reina
Calle de los Alfareros -
Permanent.
Borne artisanale : Gratuit
7 P - 72h
GPS : W 4.81398 N 39.95692

Les bonnes adresses de Bib

Aranjuez

El Rana Verde
Calle de la Reina, 1 - 918 911 325 - www.elranaverde.com - formule déj. 15/25 €, env. 40 €. Sur la place, à la sortie des jardins du Palais royal, en bordure du Tage. Spécialités d'asperges et de « grenouilles vertes » (*rana verde*). Adresse très touristique mais sa situation centrale la rend incontournable.

Cáceres

El Puchero
Plaza Mayor, 9 - 927 232 241 - www.restauranteelpuchero.com. Situé au pied des remparts, cet établissement constitue une halte sympathique. À table, on vous propose de déguster quelques-uns des plats les plus typiques de la région. Bon rapport qualité/prix et menu intéressant.

Toledo/Tolède

El Ludeña
Pl. de Magdalena, 10 - 925 223 384 - fermé merc. - menus 12 € et 14,50 €. Restaurant de quartier et bar à tapas pour déjeuner sans se ruiner. Vous pourrez vous installer dans le petit comedor lambrissé ou dans la cour extérieure, si le temps s'y prête. Goûtez aux *carcamusas*, la spécialité maison, un savoureux ragoût de viande à la tomate.

Spécialité
Tolède est renommée pour ses nombreux objets damasquinés (acier bruni incrusté de fils d'or, d'argent et de cuivre) et pour ses excellentes spécialités culinaires : perdrix en daube et massepain (*mazapán*), une sorte de pâte d'amande que l'on mange surtout à Noël et que l'on trouve dans de nombreuses pâtisseries de la vieille ville.

Trujillo

La Troya
Plaza Mayor, 10 - 927 321 364 - formule 15 €. Cette institution locale occupe une vieille maison toute en longueur. Le service est réputé pour sa rapidité, le menu pour son prix sympathique et ses portions généreuses.

Offices de tourisme

Aranjuez
Plaza de San Antonio, 9 - 918 910 427 - www.aranjuez.es - 9h30-18h.

Cáceres
Plaza Mayor, 3 - 927 010 834 - www.turismo.ayto-caceres.es - 9h20h - fermé 1er janv., 25 déc.

Madrid
Plaza Mayor, 27 - 914 544 410 - www.esmadrid.com - 9h30-20h30 ; plaza de Colón 1 (passage souterrain) - 9h30-20h30. Points d'information touristique – Plaza de Cibeles, plaza del Callao et à l'aéroport T2 et T4.

Mérida
Paseo José Álvarez Sáenz de Buroaga s/n - 924 330 722 - www.turismomerida.org - 9h30-14h, 16h30-19h30.

Toledo/Tolède
Plaza del Consistorio, 1 (face à la cathédrale) - 925 254 030 - www.toledo-turismo.com - 10h-18h. Kiosque d'information de la place Zocodover - 10h-19h.

Pour téléphoner en Espagne :
00 34 puis le numéro du correspondant à 9 chiffres.

Pour plus d'informations :
Carte Michelin Regional N° 576
Le Guide Vert Espagne du Centre

Art et histoire à Madrid, et en Castille et León

Madrid, l'Escurial, Ségovie, Avila, Salamanque… Ce circuit en Castille et León vous invite à découvrir les plus prestigieuses cités et les plus grands musées d'Espagne, et vous ramène jusqu'aux portes du Pays basque et de la cordillère Cantabrique. Si vous le pouvez, prévoyez plus de temps pour apprécier à leur juste mesure ces étapes d'une richesse architecturale incroyable.

➲ *Départ : Madrid*
➲ *10 jours - 590 km*

Jours 1, 2 et 3

Trois jours sont un minimum pour découvrir **Madrid.** Commencez par le Palais royal (et l'armurerie), en prévoyant un arrêt sous les arbres des jardins de Sabatini. Visitez ensuite l'incontournable musée du Prado (écoles flamande, espagnole et italienne), flânez dans le pittoresque quartier de Las Lettras, autour de la plaza Santa Ana, où vous pourrez déjeuner. Remontez par la plaza de la Villa et finissez l'après-midi en prenant l'apéritif autour de la belle Plaza Mayor. Le deuxième jour, commencez par la visite du couvent des Descalzas Reales (extraordinaire collection de tapisseries), puis déjeunez dans la vieille ville. L'après-midi, découvrez le musée Thyssen-Bornemisza (grande école de peinture du 12e s. à nos jours) avant de prendre un bol d'air au parc du Buen Retiro. Terminez la journée et dînez dans les quartiers branchés de Chueca ou Malasaña. Le lendemain, rendez-vous dès le matin au Centro de Arte Reina Sofía, musée d'art contemporain qui abrite le *Guernica* de Pablo Picasso mais aussi des œuvres de Miró et Salvador Dalí. Partagez l'après-midi entre le Musée archéologique et le musée Lázaro Galdiano, en finissant par du shopping dans le quartier de Salamanca.

Jour 4

Sortez de Madrid par le nord-ouest en direction de la Sierra de Guadarrama, pour rallier le **monastère de l'Escurial**, édifice impressionnant dû à Philippe II. Appartements royaux, basilique, panthéon royal avec galerie de peintures et bibliothèque en font une étape incontournable qui vous prendra la matinée. Franchissez ensuite le **col de Navacerrada** pour atteindre le palais de la **Granja de San Ildefonso**, palais de Philippe V petit-fils de Louis XIV, un « petit Versailles » où appartements, salons, jardins et fontaines ravissent les visiteurs.

Jour 5

Gagnez **Ségovie**, perchée à 1 000 m d'altitude sur un éperon rocheux, où vous passerez la journée en commençant par admirer le symbole de la ville, son aqueduc romain reliant ville basse et ville haute. Dans cette dernière, s'égrainent, au long d'un labyrinthe de ruelles étroites, églises romanes (San Millan, San Justo, San Juan de los Caballeros) et nobles demeures. Accordez une attention particulière à la cathédrale et à l'alcazar, résidence royale qui occupe la pointe de l'éperon rocheux telle une proue de bateau.

Jour 6

Étape suivante : la cité médiévale d'**Ávila**, dont les remparts sont les mieux conservés au monde ; intacts sur un périmètre de 2,5 km, ils arborent de solides tours tous les 25 m. Il faut d'abord les découvrir à partir du site des *cuatro postes* (quatre piliers) sur la route de Salamanque, puis parcourir le chemin de ronde qui offre de beaux points de vue sur la cité ancienne avant d'admirer la cathédrale incrustée dans l'enceinte défensive. Hors des remparts, la basilique de San Vincente vaut aussi la visite. Après six jours consacrés au patrimoine et à l'architecture, vous aurez peut-être envie d'une pause nature. Accordez-vous alors une journée de randonnée dans la **Sierra de Gredos** où les balades ne manquent pas autour d'**Arenas de San Pedro** ou du **lac de Burguillo**.

Jours 7 et 8

Deux pleines journées sont nécessaires pour apprécier l'essentiel de **Salamanque.** Tout commence invariablement par la plaza Mayor de style baroque entourée de galeries à arcades. C'est le cœur de la ville, animé par les terrasses de café et les restaurants de jour comme de nuit. Selon vos centres d'intérêt vous aurez bien des monuments à découvrir, romans, gothiques, Renaissance et baroques : la maison aux Coquilles, le patio des Écoles, l'université qui date de 1218, la nouvelle et l'ancienne cathédrale (montez aux tours pour le panorama), les couvents de San Esteban et de las Dueñas… et puis le remarquable musée d'Art nouveau et Art déco.

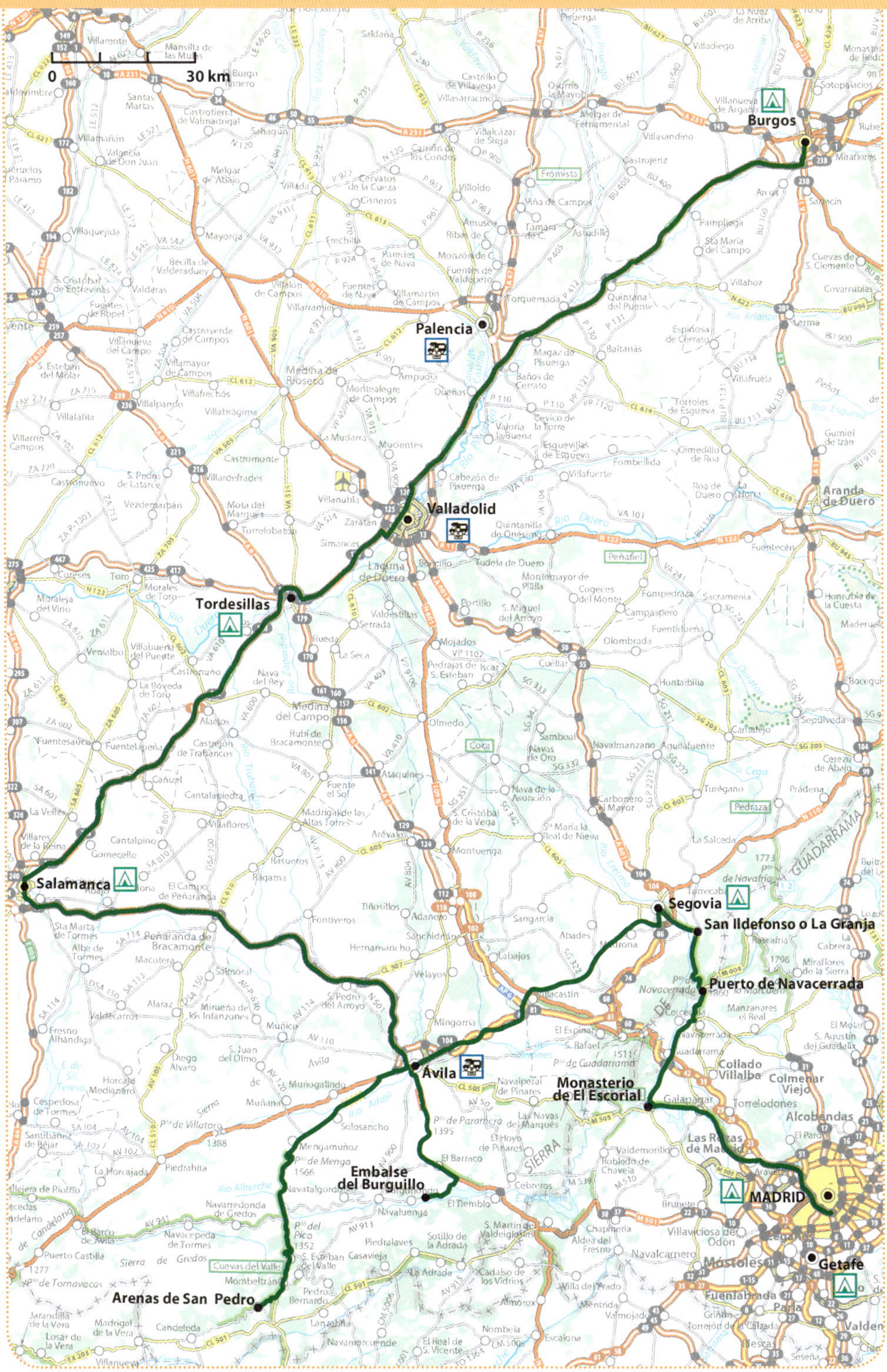
0
30 km
Burgos
Palencia
Valladolid
Tordesillas
Salamanca
Segovia
San Ildefonso o La Granja
Puerto de Navacerrada
Ávila
Monasterio de El Escorial
Embalse del Burguillo
Arenas de San Pedro
MADRID
Getafe

Adresses circuit 8

I. Pompe / hemis.fr

Les arènes de Las Ventas à Madrid.

Jours 9 et 10

La route vers Valladolid traverse **Tordesillas**, où fut signé le célèbre traité qui consacrait le partage du Nouveau Monde entre l'Espagne et le Portugal. À **Valladolid**, où se distinguent de beaux exemples de l'art isabélin, vous visiterez l'exceptionnel musée national de Sculpture abrité dans le collège de San Gregorio, et l'église de San Pablo qui le jouxte. Traversez les vastes champs de céréales qui mènent, après 125 km, à **Burgos**. Si la cathédrale est le joyau incontestable de la ville, la rivière Arlanzón parvient à séduire de nombreux visiteurs : du pont de Santa María à la passerelle de l'Institut, ses rives aménagées en promenades offrent de beaux accès au centre historique, à ses monuments et à ses places colorées couvertes de terrasses de cafés. Pensez à visiter le monastère royal de Las Huelgas (1,5 km à l'ouest) et la chartreuse de Miraflores, située à quelques kilomètres à l'est.

Campings

Burgos

Camping Fuentes Blancas
Ctra de Fuentes Blancas, km 3 - 947 48 60 16
Permanent - 4,6 ha (300 empl.)
Tarif : 14,81 €
Loisirs : , location de vélos
Services : wifi
GPS : W 3.3929 N 42.2028

Getafe

Camping Alpha
Calle de la calidad - 916 95 80 69
Permanent - 48 ha (310 empl.)
Tarif : 7,10 € 7,30 € 7,30 € - 6,10 €
Loisirs :
Services : wifi
À 12 km de Madrid, accès au centre ville par transports en commun.
GPS : W 3.41201 N 40.19174

Madrid

Camping Osuna
Calle Jardines de Aranjuez, 1 - 917 41 05 10
Permanent - 2,3 ha (120 empl.)
Tarif : 7 € 6,50 € 7 € - 5,50 €
Loisirs :
Services : wifi
La meilleure solution pour visiter la ville, transports en commun à partir du camping.
GPS : W 3.60336 N 40.45378

Salamanca/Salamanque

Camping Ruta de la Plata
Camino Alto de Villamayor, s/n - 923 28 95 74
Permanent - 1,3 ha (60 empl.)
Tarif : 4,80 € 4,80 € 4,80 € - 4,20 €
Loisirs :
Services : wifi
À 2,5 km de Salamanque
GPS : W 5.679 N 40.9994

Segovia/Ségovie

Camping El Acueducto
Ctra de la Granja, km 112 - 921 42 50 00
De déb. avr. à mi-oct. - 3 ha (155 empl.)
Tarif : 6 € 6 € 5 € - 5 €
borne artisanale
Loisirs : (petite piscine), location de vélos
Services : wifi
Transports en commun pour le centre ville à 100 m.
GPS : W 4.0532 N 40.5552

Tordesillas

Camping El Astral
Camino de Pollos, 8 - 983 77 09 53
Permanent - 3 ha (155 empl.)
Tarif : 7,25 € 5,95 € 7,25 € - 5 €
borne artisanale : Gratuit
Loisirs : diurne
Services : wifi
GPS : W 5.00522 N 41.4953

Aires de service et de stationnement

Ávila

Àrea de Ávila
Paseo de Santa Maria de la Cabeza - Permanent
10 P - Gratuit
Près des remparts et du poste de police. Pas de borne vidange.
GPS : W 4.70464 N 40.66086

Palencia

Área de Isla dos Aguas
Av. Ponce de Leon 12 - 979 71 81 00 - Permanent
Borne artisanale : Gratuit
23 P - Gratuit
Services :
Agréable et calme
GPS : W 4.5335 N 42.0041

Valladolid

Área de Valladolid
Av. de Ramón Pradera, 6 (face au parc des expositions) - 983 42 61 00 - Permanent
Borne artisanale : Gratuit
15 P - illimité - Payant
Services : WC
Week-end stationnement gratuit. Bruyante.
GPS : W 4.7374 N 41.6558

Les bonnes adresses de Bib

Arenas de San Pedro

El Bodegón de Gredos
Plaza del Condestable Dávalos, 2 - 920 371 379 - Menus 14,50/25 €. Ce vaste restaurant sert une cuisine traditionnelle dans de belles salles en pierre et brique, couvertes de photos, de bouteilles de vin et de jambons.

Burgos

Rincón de España
Nuño Rasura, 11 - 947 205 955 - www.rincondeespana.com - Menus 14.50/27 €. Installé en contrebas de la cathédrale, cet établissement offre deux belles terrasses en été. Plats typiques castillans et spécialités cuites au four à bois.

Pastelería Alonso de Linaje
Plaza Mayor, 34 - 947 201 065. Salon de thé un tantinet démodé où l'on trouve les meilleurs *yemas* de Burgos et *camelitos del Cid*.

Madrid

La Bola
Calle de la Bola, 5 - 915 476 930 - www.labola.es - tlj sf dim. soir 13h30-16h, 20h30-23h30 - menu 27/42 €. Dans une ambiance chaleureuse et animée de taverne traditionnelle, les serveurs s'affairent, très professionnels. Depuis 1870 il a forgé sa réputation sur son cocido madrileño, probablement le plus célèbre de Madrid.

Mercado de San Miguel
Plaza de San Miguel - www.mercadodesanmiguel.es - 10h-0h, jeu.-sam. 10h-2h. Incontournable, cet ancien marché couvert du début du 20e s. est un lieu charmant et très à la mode pour prendre des tapas. Sous la belle structure de fer forgé et la verrière, les anciens étals off rent toutes sortes de tapas et raciones. Inconvénient : c'est toujours plein, surtout le w.-end et le soir.

Casa de Diego
Puerta del Sol, 12 - 915 226 643 - Calle Mesoneros Romanos, 4 - 915 310 23 - www.casadediego.com. Vénérable maison madrilène qui fabrique des éventails depuis 1858, peints de couleurs pastel, ornés de scènes baroques ou exécutés en dentelles délicates. Cher mais réputé.

Salamanca/Salamanque

La Hoja 21
San Pablo, 21 - 923 264 028 - 13h30-16h30, 20h-0h - fermé dim. soir. Ce restaurant accueille ses clients dans un cadre raffiné rouge et noir, égayé par le jeu doré des miroirs. Des tapas aux desserts, la cuisine est soignée et inventive.

Offices de tourisme

Ávila
Avda de Madrid, 39 - 920 354 000, poste 370/371 - www.avilaturismo.com - avr.-oct. : 9h-20h ; nov.-mars : 9h-18h.

Burgos
Calle Nuño Rasura, 7 - 947 288 874 - www.turismoburgos.org - juin-sept. : 9h-20h, dim. 9h-17h ; reste de l'année : 9h30-14h, 16h-19h, dim. 9h30-17h.

Madrid *voir p. 87.*

Salamanca/Salamanque
Pl. Mayor, 32 - 923 218 342 - www.salamanca.es - été : lun.-vend. 9h-14h, 16h30-20h, sam. 10h-20h, dim. et j. fériés 10h-14h ; reste de l'année : lun.-vend. 9h-14h, 16h-18h30, sam. 10h-18h30, dim. et j. fériés 10h-14h.

Pour téléphoner en Espagne :
00 34 puis le numéro du correspondant à 9 chiffres.
Pour plus d'informations :
Carte Michelin Regional N° 575
Le Guide Vert Espagne du Centre

Asturies et Galice, en route pour Compostelle

De vertes vallées, de hautes montagnes, des grottes et un littoral tout en falaises et en criques où se nichent des petits ports… Voilà une Espagne comme bien peu de voyageurs l'imaginent, souvent plus proches de la Bretagne ou de l'Irlande que du reste du pays. Et c'est là que convergent tous les chemins qui mènent à Saint-Jacques-de-Compostelle.

➲ *Départ : Santander*
➲ *11 jours - 1 300 km*

Jour 1

Élégante station balnéaire, **Santander** se visite facilement dans la journée en commençant par la promenade du front de mer (paseo de Pereda) que l'on peut prolonger par la presqu'île de la Magdalena dotée d'un beau jardin public et de points de vue sur la mer. Au-delà, les plages d'el Sardinero s'étirent sur 3 km et sont ponctuées de casinos, de grands hôtels et de maisons de villégiature. Accordez-vous une pause au parc de Mataleñas face à la mer et faites la balade pédestre qui conduit au Cabo Mayor (4,5 km AR) en profitant des panoramas maritimes.

Jour 2

Longeant la côte vers l'ouest, vous croiserez des petites routes en cul-de-sac permettant d'aborder des criques sauvages bordées de pins odorants ou de falaises abruptes. **Santillana del Mar** est une étape obligée. Ses vieilles rues pavées qui conduisent à la collégiale composent un ensemble médiéval tout à fait séduisant. Non loin se situent les fameuses **grottes d'Altamira**, une référence en matière de peintures rupestres (on visite en fait un fac-similé des grottes). Reprenez la route côtière et arrêtez-vous à **Comillas** pour admirer El Capricho, œuvre de l'architecte Antoni Gaudí. Ne vous attardez cependant pas car il ne faudrait pas manquer au sud de **San Vicente de la Barquera** la **grotte de el Soplao.** Elle présente un foisonnement de concrétions fantastiques très bien mises en valeur.

Jour 3

Aujourd'hui, cap sur l'intérieur des terres en montant vers le pic d'Europe qui domine des paysages de haute montagne. Suivez la N 621 qui emprunte le **défilé de la Hermida** et, à **Potes**, bifurquez vers le **Fuente Dé** d'où part une remontée mécanique pour le belvédère del Cable. Retour à Potes d'où vous démarrez le tour du pic d'Europe (N 621 et N 625) *via* le lac de Riaño, avec un petit détour par le mirador de Piedrafitas et celui de Oseja de Sajambre. Le retour vers la côte s'effectue sur une dizaine de kilomètres à travers le remarquable **défilé de los Beyos.** Halte nocturne à Cangas de Onis.

Jour 4

Rejoignez la Costa Verde par le **belvédère del Fito** puis faites une halte au petit port de **Lastres** avant de gagner **Gijón** pour une promenade en front de mer et dans Cimadevilla, le quartier des pêcheurs. Le reste de la journée suffira à la visite de **Oviedo** et sa charmante vieille ville riche en placettes et rues piétonnes encerclant sa cathédrale. Revenez sur la côte à **Cudillero.**

Jours 5 et 6

La matinée permettra de parcourir la côte de caps en plages avec une pause au **cap de Vidio.** À **Ribadeo,** vous entrez en Galice; la côte jusqu'à Ferrol est somptueuse, découpée par des *rias* entourées de forêts de pins et d'eucalyptus. Les roches nues et les hautes falaises laissent une impression de rudesse qui n'est pas sans rappeler l'Irlande, ce qui n'exclut pas quelques pauses balnéaires. Vous passez par les ports de **Viveiro, Porto do Barqueiro,** d'**Ortiguera** (voir le sanctuaire de San Andrès de Teixido), **Cedeira,** pour atteindre enfin **El Ferrol,** grand port militaire doté de belles plages.

Jours 7 et 8

Après avoir parcouru **La Corogne** (A Coruña), sa muraille antique et son avenida da Marina bordée de hautes maisons à galeries de verre, prenez la route en direction de **Saint-Jacques-de-Compostelle** (Santiago de Compostela), où vous ne pourrez résister à l'émotion qui vous envahira, à l'instar des pèlerins, lorsque vous découvrirez son impressionnante cathédrale. Le centre historique se visite facilement car la majorité de ses monuments sont concentrés dans la vieille ville. Commencez bien sûr par la cathédrale qui s'élève sur la praza do Obradoiro avant d'aller jusqu'à la praza da Quintana et

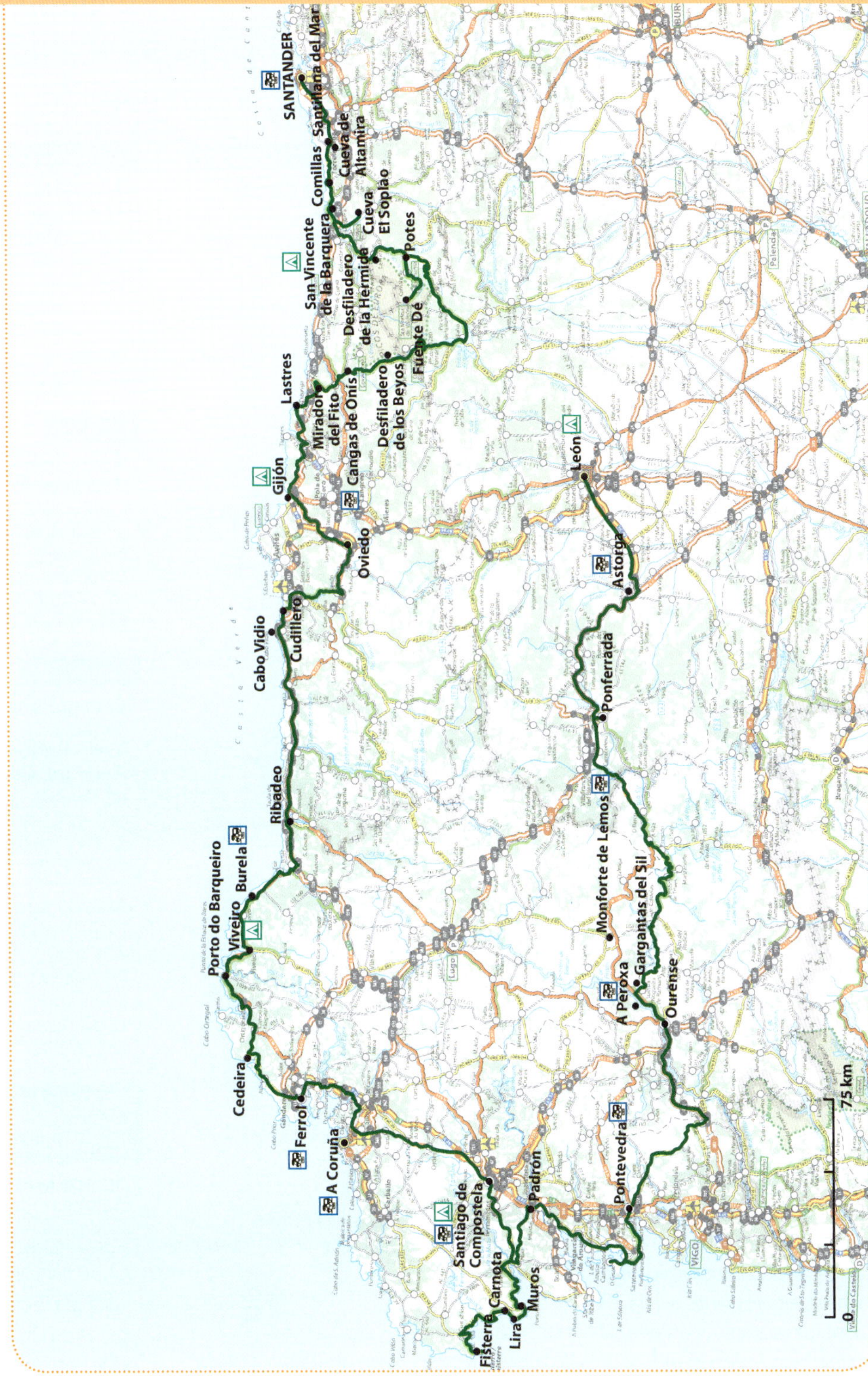
SANTANDER
Santillana del Mar
Cueva de Altamira
Comillas
San Vincente de la Barquera
Cueva El Soplão
Potes
Desfiladero de la Hermida
Fuente Dé
Desfiladero de los Beyos
Lastres
Mirador del Fito
Cangas de Onís
Gijón
Oviedo
León
Astorga
Cabo Vidio
Cudillero
Ponferrada
Ribadeo
Burela
Porto do Barqueiro
Viveiro
Monforte de Lemos
Gargantas del Sil
A Peroxa
Ourense
Cedeira
Ferrol
A Coruña
Santiago de Compostela
Padrón
Pontevedra
Carnota
Muros
Lira
Fisterra
0
75 km

Adresses circuit 9

H. Hughes / hemis.fr

Costa da Muerte, la Pointe de Louro.

au collège de Fonseca. Profitez du beau marché sur la praza de Abastos et visitez le musée des Pèlerinages. Promenez-vous dans le parc de l'Alameda et jusqu'à la collégiale de Santa María del Sar. Puis filez sur la côte en direction de **Muros** puis du port de **Fisterra** qui prend des allures de bout du monde. Certains pèlerins y achèvent symboliquement leur pèlerinage en y faisant brûler leurs godillots et vieilles affaires.

Jour 9

Revenez sur **Carnota**, **Lira** puis **Muros**. En chemin, vous admirerez les greniers à blé (à Carnota), les plages désertes, le sable blanc, les falaises en à-pics. De **Padrón**, longez la côte spectaculaire jusqu'à **Pontevedra**. Son centre historique recèle de beaux édifices et l'on se perd facilement dans son dédale de petites rues pavées et de places.

Jours 10 et 11

Filez aujourd'hui sur **Ourense** (voir son pont romain, ses rues piétonnes et sa cathédrale) puis, *via* les **gorges du Sil** où s'épanouit un vignoble en petite terrasse, sur **Ponferrada**, étape importante du chemin de Saint-Jacques. Votre périple s'achèvera par la visite de la belle ville de **León** où vous ne manquerez sous aucun prétexte la cathédrale et le remarquable musée de San Isidoro près de la basilique.

Aires de service et de stationnement

A Coruña/La Corogne

Área de la Coruña
Puerto de San Pedro de Visma, zona de O Portiño - 981 18 43 44
Permanent
Borne artisanale : Gratuit
12 P - Gratuit
Services :
GPS : W 8.4447 N 43.3716

Astorga

Área de Astorga
Plaza de Toros - 987 61 68 38 - Permanent
Borne artisanale : Gratuit
GPS : W 6.0657 N 42.4514

Burela

Área de Burela
Parque de O Campón - 982 58 60 00
Permanent
Borne artisanale : Gratuit
5 P - Gratuit
Services :
GPS : W 7.35833 N 43.6533

Cangas de Onís

Área de El Llerau
C/ Vega de Contranquil - 985 84 80 05
Permanent
Borne AireService : Gratuit - 4 P - Gratuit
Services :
GPS : W 5.1254 N 43.3528

Ferrol

Área de Ferrol
À Malata - 981 94 40 00
Permanent
Borne artisanale : Gratuit - 15 P - Gratuit
Services :
GPS : W 8.2397 N 43.4933

Monforte de Lemos

Área de Monforte de Lemos
Auditorio Multiusos - 982 40 47 15
Permanent
Borne artisanale : Gratuit - 40 P - Gratuit
Services :
GPS : W 7.5119 N 42.5281

A Peroxa

Área pública municipal de A Peroxa
Campo de la Feria - 988 20 66 14 - Permanent
Borne artisanale : Gratuit - 20 P - Gratuit
GPS : W 7.792 N 42.4416

Pontevedra

Área de Pontevedra
Av. de Marín - 986 80 43 00 - Permanent
Borne artisanale : Gratuit - P - Gratuit
GPS : W 8.6556 N 42.4232

Santander

Área de Santander
Calle César Llamazares - 942 20 05 15
Permanent
Borne artisanale
15 P - Gratuit
GPS : W 3.8377 N 43.443

Santiago de Compostela/Saint-Jacques-de-Compostelle

Área de Santiago (Salgueiriños)
Av. do Cruceiro da Coruña - Salgueiriños - 981 56 82 10 - Permanent
Borne artisanale : 3 €
P - 12 €/j.
GPS : W 8.5317 N 42.856

Campings

Gijón

Camping Deva-Gijón
Camín de la Pasadiella, 85 - 985 13 38 48
Permanent - 7,7 ha (316 empl.)
Tarif : 6,30 € 6,30 € 7,95 € - 4,15 € - borne
Loisirs : , terrain multisport
Services : wifi
GPS : W 7.3559 N 43.4006

León

Ciudad de León
Ctra - N 601 León-Valladolid - 987 26 90 86 - De déb. juin à mi-sept.
Tarif : 4,75 € 4,40 € 4,80 € - 3,70 €
borne artisanale
Loisirs :
Services : wifi
GPS : W 5.5331 N 42.59

San Vicente de la Barquera

Camping Playa de Oyambre
Barrio Los Llaos, s/n - 942 71 14 61
De déb. avr. à fin sept. - 4 ha (128 empl.)
Tarif : 5,95 € 15 € - 5,75 € -
Loisirs : , terrain de sport polyvalent
Services : wifi
GPS : W 4.33877 N 43.38858

Santiago de Compostela/ Saint-Jacques-de-Compostelle

Camping As Cancelas
Rua do 25 Xullo, 35 - 981 58 02 66
Permanent - 2,5 ha (200 empl.)
Tarif : 6,95 € 7,30 € 7,30 € - 5 € -
Loisirs :
Services : wifi
GPS : W 8.3239 N 42.5321

Viveiro

Camping Vivero
Cantarrana, s/n - 982 56 00 04
De déb. juin à fin sept. - 1,6 ha (66 empl.)
Tarif : 5 € 5 € 6 € - 6 € -
Loisirs : (plage)
Services : wifi
GPS : W 7.3559 N 43.4006

Les bonnes adresses de Bib

A Coruña/La Corogne

Mesón del Pulpo
Franja, 9-11 - 981 202 444 - fermé dim. et quelques j. en déc. et juin - 12/20 €. Ambiance très décontractée et clientèle locale abondante dans ce bar à tapas spécialisé en poulpes et fruits de mer.

León

Casa Pozo
Plaza San Marcelo, 15 - 987 223 039. Le plus ancien établissement de la ville n'a cessé de fonctionner depuis son ouverture en 1936 : l'endroit idéal pour goûter aux plats régionaux.

Oviedo

El Pigüeña
Calle Gascona, 2 - 985 210 341 - 20 €. Typique, la première partie du restaurant est une cidrerie animée (attention, le sol est glissant !) avec une arrière-salle et un étage où l'on mange des plats régionaux et copieux : assiettes de jabugo, fruits de mer.

Casa Fermín
San Francisco 8 - 985 216 452 - www.casafermin.com - 35/55 € - réserv. conseillée. Voici l'une des meilleures tables de la ville, héritière d'une gargote fondée en 1924. Cadre sobre et élégant, cuisine moderne mettant remarquablement en valeur les produits régionaux.

Santiago de Compostela/ Saint-Jacques-de-Compostelle

Bierzo Enxebre
Rúa da Troia, 10 - 981 581 909 - www.bierzoenxebre.es - 25 €. Niché dans une ruelle du centre historique, cet établissement comprend un bar et 3 salles au décor rustique et élégant. Il propose des *raciones* de qualité.

Santander

El Diluvio
General Mola, 14 - 942 218 563 - www.eldiluvio.es - fermé le dim. - 15 €. Côté bar, la réputation des tapas et des *pinchos* n'est plus à faire (à partir de 2 €) et les connaisseurs le fréquentent assidûment. Côté restaurant, bonne cuisine régionale.

Santillana del Mar

Gran Duque
Jesús Otero, 7 - 942 840 386 - www.granduque.com - fermé janv., 25 déc., dim. soir et lun. midi (sf l'été) - 19 €. Petit restaurant familial, avec un vivier et une cuisine ouverte. Carte variée et plusieurs choix de menus.

Offices de tourisme

León
Plaza de San Marcelo, 1 - 987 878 327 - www.leon.es - 9h-14h, 17h-19h30.

Oviedo
Plaza de la Constitución, 4 - 984 086 060 - www.turismoviedo.es - juin-sept. : 9h30-19h30 ; oct.-mai : 10h-14h, 16h30-19h.

Santander
Jardines de Pereda - 942 203 000 - www.turismodecantabria.com - mi-juin-mi-sept. : tlj 9h-21h ; reste de l'année : lun.-vend. 9h-19h, sam. 10h-19h, dim. et j. fériés 10h-14h - fermé 1er et 6 janv., 15 sept., 25 déc.

Santiago de Compostela/ Saint-Jacques-de-Compostelle
Rúa do Vilar, 63 - 981 555 129 - www.santiagoturismo.com - juin-sept. et Sem. sainte : 9h-21h ; reste de l'année : lun.-vend. 9h-19h, w.-ends et j. fériés 9h-14h, 16h-19h.

Pour téléphoner en Espagne :
00 34 puis le numéro du correspondant à 9 chiffres.

Pour plus d'informations :
Cartes Michelin Regional N° 571 et 572
Le Guide Vert Espagne du Nord-Ouest

Porto et le nord, de montagnes en vergers

Isolée au nord-est du pays, la Trás-os-Montes demeure la région la plus sauvage du Portugal, couverte d'oliviers et d'amandiers, piquetée de villages qui semblent vivre hors du temps. Mais ce circuit vous entraîne aussi vers de vertes vallées, des pics granitiques et les jolies plages du Minho et de la Costa Verde pour s'achever en beauté à Porto et dans la vallée du Douro.

➲ Départ : Miranda do Douro

➲ 9 jours - 650 km

Jour 1

Entrez au Portugal par **Miranda do Douro**, charmante petite ville arborant des maisons blanchies à la chaux. Tout près, en amont du barrage de Miranda, une croisière fluviale permet d'explorer le haut Douro en navigant dans de spectaculaires gorges abruptes. Remontez ensuite sur les hauts plateaux sauvages afin de gagner **Bragança** dont la superbe cité médiévale, à l'abri derrière ses remparts, domine la ville nouvelle. Il se dégage des ruelles pavées, tranquilles et fleuries, une atmosphère très paisible. Pour les randonneurs, c'est un excellent point de départ pour partir à la découverte du parc naturel de Montesinho, tout proche. Trois kilomètres plus à l'ouest, jetez un coup d'œil à l'ancienne église romane du monastère de **Castro de Avelãs**.

Jour 2

Cap à l'ouest par la N 103, une route qui tournicote dans des paysages sauvages jusqu'à **Chaves**, petite station thermale célèbre pour son donjon et son pont romain autant que pour son jambon fumé « Presunto ». Poursuivant la N 103, faites une pause au **barrage do Alto Rabagão** et plus loin bifurquez par la N 308 vers le **parc national da Peneda-Gerês** (maison du parc à Gerês) où vous irez voir le lac de barrage de Vilarinho das Furnas au milieu de paysages sauvages et rocailleux. Après un petit crochet par l'Espagne, vous retrouvez le Portugal à **Lindoso** : remarquez les typiques Espigueiros (greniers à grain sen granit) au pied du château. Gagnez ensuite **Ponte da Barca** et ses quelques maisons nobles.

Jour 3

Le matin, descendez à **Ponte de Lima** le temps de voir son pont médiéval et ses ruelles bordées de maisons romanes, gothiques, manuélines ou baroques. Puis rejoignez la côte à **Viana do Castelo** où la rivière Lima rencontre l'océan. C'est la plus charmante station balnéaire de la Costa Verde. Sa vieille ville foisonne de belles demeures manuélines ou Renaissance ; ses rues piétonnes et commerçantes convergent sur une grande place entourée de monuments du 16e s. Et n'oubliez pas de vous rendre au belvédère de Santa Luzia, à 4 km au nord de la ville.

Jour 4

En partant plein sud, vous passez par **Barcelos** où se tient chaque jeudi matin un marché de petits producteurs, l'un des plus importants de la région. Admirez aussi les *azulejos* de l'église Nossa Senhora do Terço. Amateurs d'art baroque et religieux, **Braga**, surnommée la « Rome » du Portugal, vous attend pour une demi-journée de découverte, entre sa cathédrale ses églises et ses couvents, très fréquentés durant la Semaine Sainte. Les clochers y tintent en permanence. Dans les environs, à l'est de la ville, ne manquez surtout pas le sanctuaire de **Bom Jesus do Monte** qui s'élève en haut d'un escalier monumental, l'une des plus surprenantes réalisations baroques du pays.

Jour 5

Descendez sur **Guimarães**, première capitale du Portugal et berceau de la nation au 12e s. Son centre historique médiéval dominé par un fier château a été classé au Patrimoine mondial de l'Unesco en 2001. Visitez la vieille ville, montez sur la colline du château et prenez un verre à la terrasse d'un café du largo da Oliveira ou de la praça de São Tiago. Pour une escapade sur le littoral, empruntez la N 206 jusqu'à **Vila do Conde** (49 km), qui a gardé un certain cachet. Au sud, la côte aligne en continu des plages de sable fin jusqu'à Porto.

Jours 6 et 7

Malgré des apparences de ville austère et industrieuse, **Porto** se révèle une cité très attachante avec son vieux quartier médiéval pittoresque, ses quais agréables le long du Douro

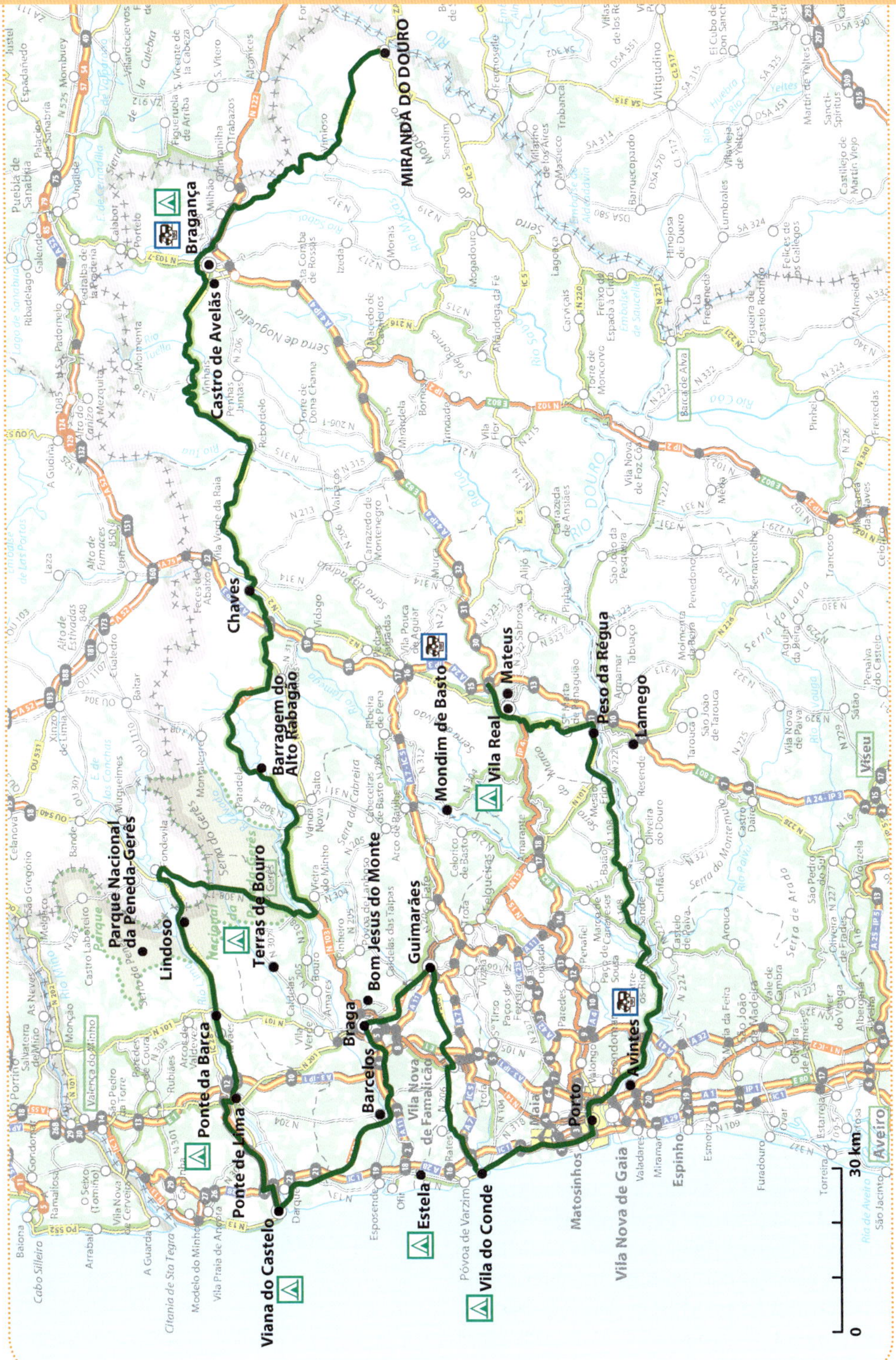

MIRANDA DO DOURO
Bragança
Castro de Avelãs
Chaves
Barragem do Alto Rabagão
Mondim de Basto
Vila Real
Mateus
Peso da Régua
Lamego
Parque Nacional da Peneda-Gerês
Lindoso
Terras de Bouro
Ponte da Barca
Ponte de Lima
Viana do Castelo
Braga
Bom Jesus do Monte
Guimarães
Barcelos
Vila Nova de Famalicão
Estela
Vila do Conde
Porto
Avintes
Matosinhos
Vila Nova de Gaia
Espinho
Viseu
Aveiro
0
30 km

Adresses circuit 10

C. Watson / John Warburton-Lee / Photononstop

Vendanges dans la vallée du Douro.

(une petite croisière sur le fleuve s'avérera bien plaisante). Le quartier de la cathédrale et de la praça de Batalha sont très animés. C'est surtout à pied et durant l'intersaison que la cité révèle le mieux ses charmes, à travers ses ruelles labyrinthiques et ses parcs à l'atmosphère romantique (parc de la fondation de Serralves, jardin du palais de Cristal…). Mais loin de se reposer sur les acquis du passé, Porto multiplie aujourd'hui les succès. Son centre historique, rénové avec goût, a été inscrit au Patrimoine mondial de l'Unesco. La ville s'est enrichie d'un beau musée d'Art contemporain et d'un audacieux complexe dédié à la musique.

Jours 8 et 9

Ces deux dernières journées seront entièrement consacrées à la découverte de la vallée du Douro et de son vignoble où l'on produit vin de Porto et Vinho Verde. Au milieu des vergers et vignobles s'élèvent des « quintas » (maisons de domaine) et des « solares » (manoirs), des couvents et petites églises. Suivez la rive droite du fleuve par la N 108, puis rive gauche jusqu'à **Peso da Régua** (croisière sur le Douro possible), visitez **Lamego**, puis, pour finir, montez vers **Vila Real** pour découvrir à 3,5 km à l'est le manoir de **Mateus**, un bijou de l'architecture baroque entouré de jardins qu'il faut visiter absolument.

Campings

Bragança

Inatel Parque Campismo Bragança
Estrada Nacional 103 -
273 00 10 90
De juin à mi-sept. -
11 ha (500 empl.)
Tarif : 16,80 €
Loisirs :
Services :
GPS : W 6.74704 N 41.84366

Estela

Camping Orbitur Rio Alto
EN 13, km 13 -
Póvoa do Varzim -
252 61 56 99
Permanent - (11 empl.)
Tarif : 24 €
- 2 €/j.
Loisirs : (plage)
Services :
GPS : W 8.77278 N 41.46347

Ponte da Barca

Entre Ambos Os Rios
Parque Nacional do Peneda-Gerês (EN 203) -
258 58 83 61
Permanent -
5 ha (115 empl.)
Tarif : 3,50 € 5 € -
2 €
borne : Payant - -
13 €/j.
Loisirs : (plan d'eau) , barbecue
Services :
GPS : W 8.31802 N 41.82352

Terras de Bouro

Parque de Cerdeira
Rua de Cerdeira -
253 35 10 05
Permanent -
6 ha (200 empl.)
Tarif : 3,70 € 4,20 € -
2,80 €
borne : Payant -
Loisirs : , randonnées, itinéraires cyclistes
Services : wifi
GPS : W 8.1895 N 41.76371

Viana do Castelo

Orbitur Viana do Castelo
Rua Diogo Álvares -
Darque - 258 32 21 67
De mars à nov. -
2,5 ha (240 empl.)
Tarif : 25 €
borne - - 2 €/j.
Loisirs : (plage)
Services : wifi
GPS : W 8.82502 N 41.67746

Vila do Conde

Parque de Campismo Sol de Vila Chã
Rua do Sol 150 -
229 28 31 63
Permanent - 3 ha (50 empl.)
Loisirs :
Services : wifi
GPS : W 8.73289 N 41.2982

Vila Real

Camping de Vila Real
Rua Dr. Manuel Cardona -
259 32 47 24
De mars à mi-nov. -
(150 empl.)
Tarif : 18,50 €
Loisirs : (plan d'eau) , aire de sports, barbecue
Services :
GPS : W 7.73655 N 41.30377

Aires de service et de stationnement

Avintes

ASA Parque Biológico Gaia
Rua da Cunha - Parque Biologico de Gaia
Permanent
Borne
9 P - 24h - 8 €/j.
Services :
GPS : W 8.33213 N 41.05485

Bragança

ASA Bragança
Rua Miguel Torga (à coté du château)
Permanent
Borne : Gratuit
25 P - illimité - Gratuit
Services :
Très belle aire, bus pour le centre-ville.
GPS : W 6.74597 N 41.80405

Mondim de Basto

ASA Mondim de Basto
Largo da Feira (parking de la Foire)
Permanent
Borne : Gratuit
50 P - 72h - Gratuit
Services :
Marché les 2e et 22e jours du mois (accès restreint). 1er week-end d'août Feira da Graça et Senhora da Terra.
GPS : W 7.95261 N 41.41123

Les bonnes adresses de Bib

Braga

Inácio
Campo das Hortas, 4 - 253 613 235 - fermé mar., 10 j. en juin, 2 sem. en sept. et mars, 23-26 déc. - 20-25 €. Savoir-faire et tradition font la réputation et le prestige de ce restaurant typique. Spécialités régionales. Service soigné.

Chaves

Forte de São Francisco
Alto da Pedisquieira - 276 333 700 - wwwfortesaofrancisco.com - 12h30-15h, 20h-22h30 - 20/35 €. Dans la salle du restaurant, ouverte sur le panorama des montagnes, cuisine soignée et raffinée (comme le sanglier au vin).

Porto

Abadia do Porto
R. do Ateneu Comercial, 22-24 - 222 008 757 - www.abadiadoporto.com - 11h45-15h30, 18h30-23h - fermé dim. - 12/18 €. C'est dans une salle couverte d'azulejos et surmontée d'une mezzanine que vous savourerez de la morue braisée, des tripes à la mode de Porto, des poissons ou des viandes grillées.

Viana do Castelo

Casa d'Armas
Largo 5 de Outubro, 30 - 258 824 999 - www.casadarmas.com - service 12h30-15h, 19h30-22h30 - fermé 3 sem. en nov. Ce restaurant installé dans une maison ancienne propose une cuisine régionale savoureuse. Spécialités de viandes, poissons grillés et fruits de mer.

Casa Sandra Bordados de Viana
Largo João Tomás da Costa, 44 - 258 822 155 - 9h30-19h30. Les plus belles broderies de la ville *(bordados de Viana)*, unies ou polychromes, toutes réalisées à la main : nappes, rideaux, châles, dessus-de-lit, vêtements, etc.

Vila Real

Terra de Montanha
R. 31 de Janeiro, 28 (dans la zone piétonnière) - 259 372 075 - terramontanha.wix.com/terrademontanhavreal - tlj sf dim. soir et j. fériés 12h30-15h, 19h30-0h - 16/20 €. Portraits en noir et blanc exposés à l'entrée, tables aménagées à l'intérieur de tonneaux, musique traditionnelle… Les spécialités culinaires du Trás-os-Montes s'invitent en plein centre de Vila Real : beignets de haricots verts, chorizo au vin grillé, ragoût de poulpe, etc. Une cuisine soignée servie dans de la vaisselle noire locale.

Offices de tourisme

Braga
Av. da Liberdade, 1 - 253 262 550 - www.cm-braga.pt - 9h-13h, 14h-18h30 ; w.-ends 9h-13h, 14h-18h - fermé certains j. fériés. Inévitable avec sa façade d'angle Art déco.

Bragança
Av. Cidade de Zamora - 273 381 273 - www.cm-braganca.pt - lun.-vend. 9h-12h30, 14h-17h, sam. 10h-12h30.

Porto
Posto central de turismo (Centro) – R. Clube dos Fenianos, 25 (en haut à gauche de l'av. dos Aliados) - M° Trindade ou Aliados - 223 393 472 - www.portoturismo.pt - 9h-20h (19h en hiver).

Vila Real (vallée du Douro)
Av. Carvalho Araújo, 94 - 259 322 819 - www.cm-vilareal.pt, www.douro-turismo.pt - 9h30-12h30, 14h-18h.

Pour téléphoner au Portugal :
00351 puis le numéro du correspondant à 9 chiffres.

Pour plus d'informations :
Carte Michelin Regional N° 591
Le Guide Vert Portugal

Les Beiras et l'Estremadure

Terre de transition entre le nord et le sud, les Beiras regroupent trois régions bien distinctes dont la diversité n'a rien à envier au reste du Portugal : balnéaire à l'ouest, montagnarde et viticole au nord, aride et solitaire au sud. De quoi varier les plaisirs, sans oublier sa capitale médiévale, Coimbra, et les chefs-d'œuvre de l'art religieux en Estremadure.

➲ *Départ : Viseu*
➲ *7 jours - 750 km*

Jour 1

Venant de la vallée du Douro, **Viseu** vous ouvre la porte des Beiras. Place historique au cachet ancien et centre artisanal encore important, la ville abrite une cathédrale et, juste à côté, le beau musée Grão Vasco, réputé pour ses primitifs portugais et son école de peinture Renaissance. Elle constitue aussi une étape gastronomique avec des spécialités comme le chevreau grillé (*cabrito assado*) ou les délicieuses sucreries locales à base d'œuf qui raviront les gourmets. Filez ensuite par la IP 3 puis la N 230 avec une halte au belvédère de Caramulinho, pour rejoindre **Aveiro** qui prend des petits airs vénitiens avec ses lagunes, ses petits ponts, ses petites maisons colorées et ses barques multicolores, les *Moliceiros*. Son centre-ville concentre quelques beaux édifices (église, couvent) et un musée d'art sacré, le plus important du Portugal.

Jour 2

Dirigez-vous plein sud et passez par **Figueira da Foz** qui a conservé port de pêche et chantiers navals. Pourtant la ville est aujourd'hui avant tout une station balnéaire, pourvue d'une immense plage dont vous profiterez avant de gagner **Coimbra** pour le reste de la journée. Dominée par la tour de sa vieille université, l'ancienne capitale du Portugal s'accroche au versant verdoyant d'une colline. Elle a souvent inspiré les poètes, qui la consacrèrent « cité des Arts et des Lettres ». Bien que Coimbra se soit considérablement étendue, on distingue bien, dans le centre, la ville haute (*a Alta*), quartier universitaire et épiscopal, de la ville basse (*a Baixa*) où abondent les commerces et les espaces verts.

Jour 3

Par la N 17 puis la N 236, gagnez la **Serra de Lousã**. Ses versants boisés mènent au village de **Lousã** adossé à la montagne, au belvédère de Nossa Senhora de Piedade, puis à **Castanheira de Pêra**. Une pause vous permettra de flâner dans son beau parc public avant de filer sur **Castelo Branco**. Ancienne place forte dominée par les ruines d'une forteresse templière, le « Château blanc », la ville a subi maintes invasions, dont celle des troupes napoléoniennes en 1807. La capitale de la Beira Baixa règne sur une vaste plaine où sont produits le fromage, le miel, l'huile d'olive et le liège dont elle tire sa prospérité. Après la cité médiévale, parcourez les beaux jardins de l'ancien palais épiscopal.

Jour 4

Faites un crochet par le joli bourg de **Monsanto** qui s'accroche aux pentes d'une colline de granit déchiquetée, puis revenez sur **Sertã** et **Tomar**. La ville s'étend au pied d'une colline que coiffe un château fort du 12e s. construit par l'ordre des Templiers. Le bâtiment abrite le couvent du Christ, un joyau classé au Patrimoine mondial de l'Unesco. Il figure parmi les plus grands monuments manuélins du pays. Ne délaissez pas pour autant les ruelles médiévales aux maisons basses.

Jour 5

Trente kilomètres plus loin, vous arrivez à **Fátima**, grand sanctuaire catholique du pays et l'un des plus importants au monde. Des milliers de pèlerins s'y rassemblent pour les processions aux flambeaux, les bénédictions de malades et messes solennelles sur l'esplanade. Un peu plus à l'ouest, le monastère de **Batalha** est une étape obligée. Église, cloître royal, chapelles, salle capitulaire… dressent ici un panorama unique de l'art gothique et manuélin, un chef-d'œuvre inscrit au Patrimoine mondial de l'Humanité où foisonnent gâbles, pinacles, contreforts, clochetons et colonnettes.

Jours 6 et 7

Un autre monastère vous attend aujourd'hui, celui de **Alcobaça**, lui aussi inscrit au Patrimoine mondial. Derrière sa façade baroque se cachent des voûtes cisterciennes du 12e s. En

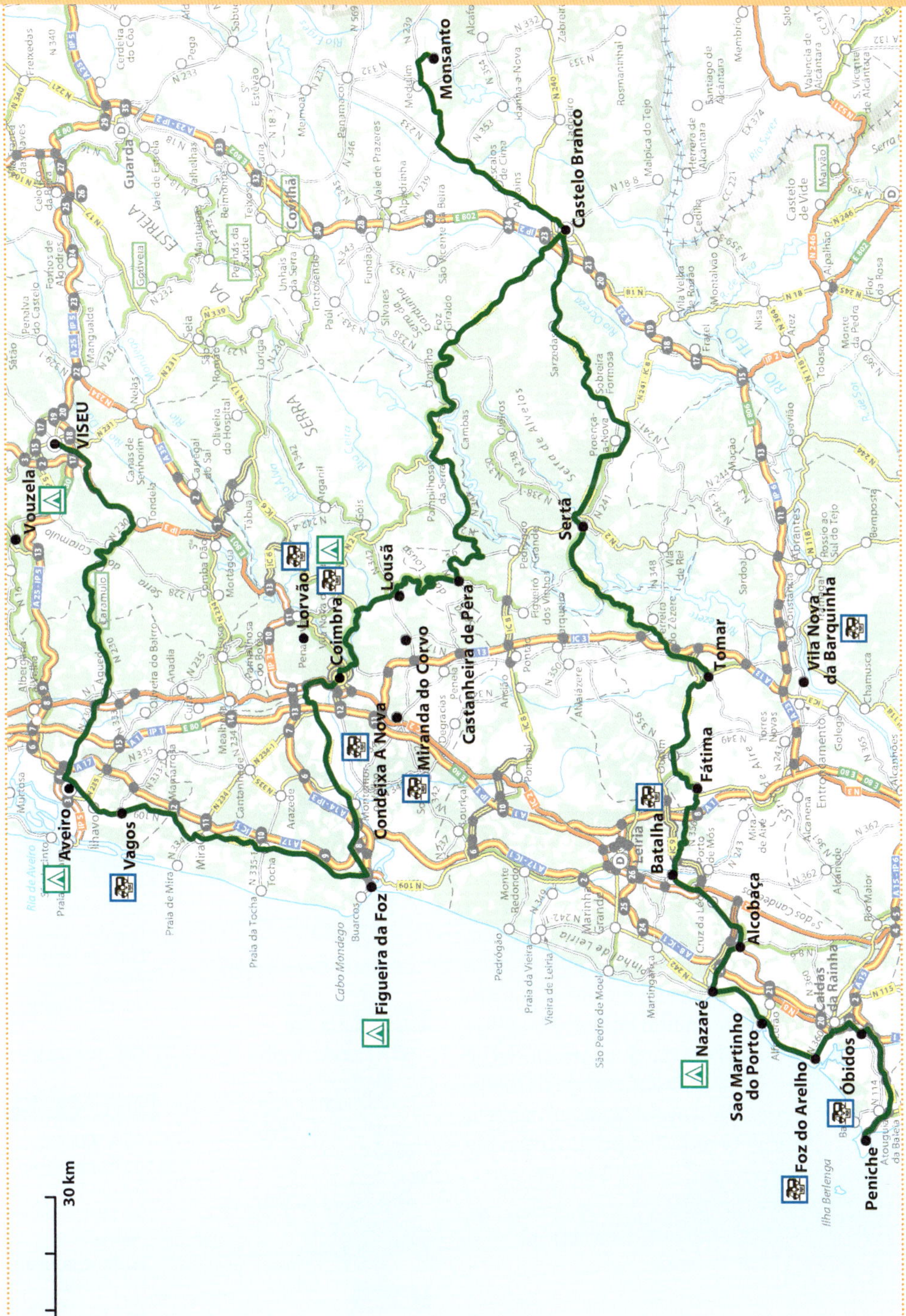
Monsanto
Castelo Branco
Sertã
Tomar
Fátima
Batalha
Alcobaça
Nazaré
Sao Martinho do Porto
Foz do Arelho
Óbidos
Peniche
Caldas da Rainha
Vila Nova da Barquinha
Castanheira de Pêra
Lousã
Miranda do Corvo
Condeixa A Nova
Coimbra
Lorvão
Figueira da Foz
Vagos
Aveiro
Vouzela
VISEU
Guarda
Covilhã
Marvão
0
30 km

Super Stock / age fotostock

Barques de pêcheurs à Nazaré.

outre la petite ville mérite que l'on s'y attarde. Entouré par une campagne fertile, ce centre de commerce agricole (fruits et cultures maraîchères) produit du vin et une liqueur de cerise griotte réputée : la « ginginha ». Cap maintenant sur **Nazaré** (évitez les week-ends), petite ville côtière très pittoresque dont les rues pavées dégringolent jusqu'à la plage entourée de falaises (il faut y monter pour la vue). Prenez le temps de flâner dans le quartier des pêcheurs (marché aux poissons le vendredi) et sur le port souvent très animé. La beauté des plages au sud de la ville vous incitera à vous accorder une pause balnéaire (avant de vous rendre à Lisbonne). Plages très sûres pour les enfants et abritées des courants marins à **São Martinho do Porto** ou plage plus sauvage et immense à **Foz do Arelho**. Mais surtout ne manquez pas de flâner dans le ravissant village d'**Óbidos** blotti derrière ses remparts. Terminez ce circuit au charmant port de pêche de **Peniche**. Le tour de sa presqu'île peut se faire aisément à pied ou en vélo.

Aires de service et de stationnement

Batalha

Aire de Batalha
Rotunda Dom Duarte, derrière le monastère et à coté du terrain de foot
Permanent
Borne eurorelais : Gratuit
16 P - 48h - Gratuit
Services :
GPS : W 8.82425 N 39.6605

Coimbra

ASA Coimbra
Av. Inês de Castro (à coté du Parque Verde do Mondego)
Permanent
Borne : Gratuit
20 P - 24h - Gratuit
Services : WC
Au bord du rio Mondego.
GPS : W 8.42805 N 40.19854

Condeixa a Nova

ASA Condeixa-a-Nova
Rua Santo Antonio
Permanent
21 P - illimité - Gratuit
Services : WC
Partiellement ombragé, très calme.
GPS : W 8.4894 N 40.09907

Foz do Arelho

ASA Foz do Arelho
Lagoa de Obidos
Permanent
Borne : 2 €
P - 2 €/j.
Services : WC
Au bord de la lagune, calme.
GPS : W 9.22251 N 39.42901

Lorvão

Aire de Lorvão
Rua do Rio da Ponte
Permanent
Borne : Gratuit
10 P - illimité - Gratuit
Services : WC
À une trentaine de kilomètres de Coimbra.
GPS : W 8.31526 N 40.25911

Miranda do Corvo

ASA Miranda do Corvo
Parque de estacionamento da Cruz Branca
Permanent
Borne : Gratuit
20 P - Gratuit
GPS : W 8.33233 N 40.08803

Óbidos

Parque de Autocaravanas de Óbidos
Estrada da Capeleira, s/n
Permanent
Borne artisanale : Payant
21 P - 24h - 6 €/j.
Services : WC
GPS : W 9.0925 N 39.2122

Vagos

ASA Vagos
Rua do Governador - Praia da Vagueira
Permanent
15 P - Gratuit
Services : WC
GPS : W 8.76668 N 40.56495

Vila Nova da Barquinha

ASA Vila Nova da Barquinha
Av. dos Plátanos (au parc de Ribeirinho)
Permanent
Borne eurorelais : Gratuit
P - 48h - Gratuit
Services : WC
Vues sur le Tejo.
GPS : W 8.43314 N 39.45727

Campings

Aveiro

Orbitur São Jacinto
EN 327, km 20 - 234 83 82 84
De juin à sept. - 2,5 ha (250 empl.)
Tarif : 19 €
borne - - 2 €/j.
Loisirs : (plan d'eau)
Services :
GPS : W 8.71956 N 40.68045

Coimbra

Coimbra
Rua da Escola, Alto do Areeiro - Santo António dos Olivais - 239 08 69 02
Permanent - 7 ha (750 empl.)
Tarif : 3,45 € 5,80 € - 3,80 €
borne : Payant -
Loisirs : aire de sports, barbecue
Services : wifi
GPS : W 8.39889 N 40.1879

Figueira da Foz

Orbitur Gala
EN 109, km 4 - Gala - 233 43 14 92
Permanent - 6,4 ha (488 empl.)
Tarif : 24 €
borne : Payant - - 5 €/j.
Loisirs : (plage) , beachvolley, cours de plongée, aire de sports - Services : wifi
GPS : W 8.85616 N 40.11851

Nazaré

Vale Paraíso
EN 242 - 262 56 18 00
Permanent - 8,3 ha (500 empl.)
Tarif : 3,50 € 7 € - 3,50 €
borne : Payant - - 7 €/j.
Loisirs : , aire de sports
Services : wifi
GPS : W 9.0581 N 39.62025

Vouzela

Parque de Campismo Municipal
Monte do Castelo - 232 74 00 20
borne artisanale - 10
Loisirs :
Services :
GPS : W 8.09313 N 40.71739

Les bonnes adresses de Bib

Coimbra

Café Santa Cruz
Praça 8 de Maio - 239 833 617 - www.cafesantacruz.com - 8h-0h - fermé dim. (sf déc.) On se doit de faire une halte dans ce café magnifique, véritable institution de Coimbra. Il fait littéralement partie de l'église Santa Cruz puisqu'il occupe une ancienne chapelle : on prend son café sous de superbes voûtes nervurées, installé dans des sièges en cuir patiné et clouté, tandis qu'un vieux ventilateur brasse tranquillement l'air. Soirées jazz et fado.

Nazaré

À Tasquinha
R. Adrião Batalha, 54 262 551 945 - www.atasquinha.comyr.com - fermé lun., janv. - 12/20 €. Touristes de passage et inconditionnels attendent patiemment dans la rue : ce petit restaurant qui ne désemplit jamais sert une bonne cuisine familiale sur de grandes tables rustiques. Surtout des poissons et des fruits de mer.

Tomar

Restaurante Beira-Rio
R. Alexandre Herculano, 1-3 - 249 312 806 - fermé mar. Une vieille adresse fréquentée par les habitants. Cuisine traditionnelle à déguster face à l'îlot verdoyant et à sa roue de moulin tournant sans fin. Soupe de haricots verts, morue à la crème, agneau rôti, poulet au porto et brochette de lotte.

Viseu

Muralha da Sé
Adro da Sé - 232 437 777 - www.muralhadase.pt - 12h30-15h, 19h30-23h, fermé dim. soir et lun. Au pied de l'église da Misericórdia, dans une salle rustique ou sur la terrasse donnant sur un angle de l'adro da Sé, vous dégusterez une cuisine savoureuse et fruitée : viande rouge grillée, poulpe, morue, chevreau braisé, assiette de fromages aux fruits. Assez cher toutefois.

Offices de tourisme

Coimbra
Praça da Porta Férrea (bâtiment de la bibliothèque de l'université)- 939 010 201 - http://turismodecoimbra.pt - de mi-avr. à fin oct. : 10h-13h, 14h-18h ; reste de l'année : tlj sf dim. 9h30-13h, 14h-17h30.

Tomar
Av. Dr Cândido Madureira - 249 329 823 - www.cm-tomar.pt - mai-sept. : 10h-13h, 15h-19h ; reste de l'année : 10h-13h, 14h-18h - fermé 1er janv., dim. de Pâques, 1er Mai, 8 et 25 déc.

Viseu
Casa do Adro - Adro da Sé - 232 420 950 - www.turismodocentro.pt - 9h-13h, 14h-18h, w.-end 9h30-13h30, 14h-17h30 - fermé 1er janv. et 25 déc.

Pour téléphoner au Portugal :
00 351 puis le numéro du correspondant à 9 chiffres.

Pour plus d'informations :
Cartes Michelin Regional N° 591 et 592
Le Guide Vert Portugal

De Lisbonne à l'Alentejo, l'Histoire à ciel ouvert

Déployée sur plusieurs collines dominant le Tage, Lisbonne compte parmi les plus belles et les plus vivantes villes européennes. C'est en la parcourant à pied qu'elle livrera ses secrets et ses charmes avant de découvrir les plaines de l'Alentejo, sa capitale Évora et les plages de sa façade atlantique.

➲ *Départ : Sintra*
➲ *7 jours - 480 km*

Jour 1

Débutant sur la côte nord, la journée sera consacrée en grande partie à **Sintra** (à voir de préférence en semaine pour éviter la foule), véritable havre de paix entre parcs romantiques, exubérants palais perdus dans la Serra et manoirs cossus en lisière de forêts. Parmi les incontournables, vous visiterez le palais National, le domaine de Regaleira, le parc et le palais de Pena. Parcourez ensuite le littoral en passant par le **Cabo da Roca**, **cabo Raso** et la belle station balnéaire de **Cascais**.

Jours 2, 3 et 4

Ville dynamique, créative, méditerranéenne, où se mêlent affaires et culture, **Lisbonne** (prononcez « Lijboa » à la portugaise) mérite un séjour prolongé. Trois jours vous permettront d'aborder les principaux quartiers et monuments. Le premier jour au matin, flânez dans l'Alfama à travers le dédale de ruelles, pendant les marchés de la rua de São Pedro et de la rua dos Remédios ; montez au château de Sao Jorge et visitez le magnifique musée des Arts décoratifs. L'après-midi sera consacré aux quartiers de la Baixa, au plan en quadrilatère, d'où vous prendrez l'ascenseur de Santa Justa pour le panorama et une pause-café, avant de descendre pour une séance shopping dans les artères commerçantes et piétonnes. La balade s'achève par l'incontournable praça do Commercio et la gare maritime. Le deuxième jour vous conduira à la tour de Belém et au somptueux monastère dos Jeronimos (chef-d'œuvre de l'art manuélin), puis à l'église Santa Maria avant d'aborder le musée des arts anciens ou le magnifique musée d'Orient ; fin d'après-midi au palais (et au parc) des marquis de Fronteira et ses somptueux azulejos. La dernière journée débutera au belvédère de Senhora do Monte et celui de la tour Vasco de Gama au bord du Tage (voir le pont Vasco de Gama) ; poursuivez par le parc des Nations qui a vu le jour avec l'Exposition universelle de 1998 et ne manquez pas la très futuriste gare d'Orient. L'après-midi sera dévolu à un ou deux grands musées de la ville, la fondation Calouste-Gulbenkian (art antique, oriental et d'Europe) par exemple, ou le musée national des Azulejos, aménagé dans le couvent de Madre de Deus, ou encore le musée des Carrosses. Et surtout, à un moment ou à un autre, arrangez-vous pour emprunter le fameux et très vieux tram 28 ; ça secoue un peu mais c'est très typique.

Jour 5

Quittez Lisbonne par le pont sur le Tage, et montez à **Almada** au Cristo Rei, réplique du Christ rédempteur de Rio de Janeiro afin de bénéficier d'un beau panorama sur la ville de Lisbonne. Filez ensuite sur **Sesimbra**, agréable station balnéaire (mais très fréquentée le week-end). Vous irez découvrir le Cabo Espichel puis la corniche qui conduit à **Setúbal**. Arpentez l'agréable quartier ancien dont les ruelles étroites contrastent avec les larges avenues de la ville moderne. Cap ensuite vers l'**Alentejo** et sa capitale, **Évora**. En chemin, faites une pause à **Montemor-o-Novo**, petite ville agricole au pied d'une colline que couronnent les ruines d'une cité médiévale fortifiée, cernée de remparts. Organisez votre étape du soir à proximité d'Évora.

Jour 6

Corsetée de murailles médiévales, **Évora** est l'une des plus belles cités du Portugal et classée d'ailleurs au Patrimoine mondial de l'humanité par l'Unesco. Garez-vous de préférence à l'extérieur des remparts sur l'un des nombreux parkings desservis par un boulevard circulaire. La ville livre de précieux témoignages sur la succession des époques romaine, médiévale, Renaissance, mauresque… illustrée par un temple du 2e s., des patios, des palais, cathédrale, églises et couvents. N'oubliez pas de parcourir les remparts. À l'ouest et sud-ouest d'Évora, vous découvrirez de nombreux sites mégalithiques (les amateurs se renseigneront à l'office de tourisme d'Évora). Redescendez

SINTRA
Cabo da Roca
Cabo Raso
Cascais
Lisboa
Almada
Costa da Caparica
Setúbal
Sesimbra
Cabo Espichel
Montemor-o-Novo
Évora
Alcácer do Sal
Santiago do Cacém
Beja
Porto Covo
Vila Nova de Milfontes
Zambujeira do Mar
Santarém
Lagos
Portimão
Faro
Albufeira
Odemira
Monchique
Sines
Cabo de Sines
Serra do Caldeirão
Cabo de São Vicente
Ponta de Sagres
Cabo de Sta. Maria
0
30 km

R. Mattes / hemis.fr

Le palais national de Pena, juché au sommet de la forêt de Sintra.

vers **Beja**, bourg agricole perché sur une colline qui n'a pas gardé grand-chose de son passé si ce n'est le beau couvent de la Conception.

Jour 7

Rejoignez aujourd'hui la côte Atlantique par **Santiago do Cacém** où vous admirerez les remparts du château et quelques vestiges antiques. Protégée dans le cadre d'un parc naturel, la côte, située au sud de Sines, est sauvage et ponctuée de dunes et de pinèdes, de grèves et de hautes falaises accessibles par de petites routes. Perché sur une petite falaise face à la mer, **Porto Covo** est un ancien port de pêche et une agréable petite ville aux maisons basses, jolies places et rues pavées. Vous y trouverez de belles plages au nord et au sud avant de rallier la coquette station balnéaire de **Vila Nova de Milfontes**. Les grandes étendues de sable vous inciteront à multiplier les pauses. Et s'il y a foule en saison, dirigez-vous plus au sud jusqu'à **Zambujeira do Mar** dotée de belles plages mais aussi de superbes sentiers sur les falaises.

Les bonnes adresses de Bib

Beja

A Pipa

R. da Moeda, 8 - 284 327 043 - 12h-15h, 19h-22h - fermé dim. - . Non loin de la praça da República, une taverne typique de la région avec ses murs passés à la chaux et son décor rustique. Sous de larges voûtes en brique, vous dégusterez des grillades qui mettent le porc de l'Alentejo à l'honneur. Atmosphère chaleureuse.

Évora

O Garfo

R. Santa Catarina, 13/15 - 266 709 256 - 12h15-14h30, 19h15-21h30 - fermé dim. Cette adresse intime et calme sert une bonne cuisine régionale à prix raisonnables (soupe du jour, *migas* aux asperges, pot-au-feu à l'alentejane…), accompagnée de bons vins. Des dégustations de vins sont organisées par les propriétaires.

Lisboa/Lisbonne

O Caseiro

R. de Belém, 35 - 213 638 803 - 12h-15h, 19h-22h. Décor hétéroclite dans lequel sont suspendus oignons et gousses d'ail à côté de billets de banque de toute origine. Cuisine portugaise typique.

Pastelaria Suiça

Praça Dom Pedro IV, 96-104 - Rossio - Mº Rossio - 213 214 090 - www.casasuica.pt - 7h-22h. L'un des endroits les plus fréquentés de la Baixa et un bon point de rencontre. Terrasses côté Rossio et côté praça da Figueira, d'où l'on peut admirer le château São Jorge. Petits en-cas, excellents jus de fruits et pâtisseries.

Café No Chiado

Largo do Picadeiro, 10-12 - Mº Baixa-Chiado - 213 46 05 01 - www.cafenochiado.com - 10h-2h. Près du teatro S. Carlos, vous pourrez déguster sur l'agréable terrasse la meilleure mousse de mangue de Lisbonne, faite maison s'il vous plaît.

Adega do Machado

R. do Norte, 91 - 213 422 282 - www.adegamachado.pt - tlj 20h-2h. Bon spectacle folklorique en début de soirée, suivi de fado de Lisbonne ou de Coimbra, dans cette maison fondée en 1937.

Sintra

Bar do Binho

Praça da República, 2 - 219 230 444. Amateurs de porto et de vins portugais, faites une halte dans cette boutique tenue par un œnologue averti. Il vous fournira de précieux conseils. Quelques grands crus, des portos de 50 ans d'âge, mais aussi des vins plus accessibles.

Campings

Alcácer do Sal

Parque de Campismo
Olival do Outeiro - 265 61 23 03
De mi-janv. à mi-déc. -
1,6 ha (32 empl.)
Tarif : 10,80 €
Loisirs :
Services : wifi
GPS : W 8.5158 N 38.38

Beja

Parque de campismo municipal de Beja
Av. Vasco da Gama - 284 31 19 11
Permanent - 1,7 ha (210 empl.)
borne -
Loisirs :
Services : wifi
GPS : W 7.86231 N 38.00842

Cascais

Camping Orbitur Guincho
Lugar de Areia, EN 247-6 -
214 87 04 50
Permanent - 7,7 ha (300 empl.)
Tarif : 25 €
borne -
Loisirs :
Services : wifi
GPS : W 9.46761 N 38.72246

Costa da Caparica

Camping Orbitur de Caparica
Av. Afonso de Albuquerque -
Quinta de St. António -
212 90 13 66
Permanent - 5,7 ha (250 empl.)
Tarif : 25 €
borne -
Loisirs : (plage)
Services : wifi
GPS : W 9.24003 N 38.65746

Évora

Camping Orbitur Évora
Estrada de Alcáçovas -
Herdade Esparragosa -
266 70 51 90
Permanent - 3,3 ha (220 empl.)
Tarif : 23 €
borne : Payant - - 5 €/j.
Loisirs : , aire de sports
Services : wifi
Proche du centre-ville.
GPS : W 7.92627 N 38.55734

Lisboa/Lisbonne

Parque municipal de campismo de Monsanto
Estrada da Circunvalação -
217 62 82 00
Permanent - 38 ha (570 empl.)
Tarif : 32,20 €
borne : 7 € -
Loisirs : , aire de sports, barbecue
Services : wifi
Transports en commun pour le centre ville (forfait).
GPS : W 9.20818 N 38.72561

Porto Covo

Parque de Porto Covo Oliveira Alves
EN 554 - 269 90 51 36
Permanent - 3,3 ha (270 empl.)
borne : Payant
Loisirs : (plage) , jeux pour adultes, aire de sports, barbecue
Services :

Parque de Campismo de Porto Covo
Estrada Municipal 554 -
269 90 51 36
3 ha (220 empl.)
borne
Loisirs :
Services : wifi
GPS : W 8.4717 N 37.511

Vila Nova de Milfontes

Parque Campismo Campiférias
Permanent
Tarif : 2,46 € 3 € - 2,90 €
borne - - 3 €/j.
Loisirs :
Services : wifi
GPS : W 8.78496 N 37.72982

Offices de tourisme

Évora
Praça do Giraldo, 73 - 266 777 071 - www.cm-evora.pt - 9h-19h (18h nov.-mars) - fermé 1er janv., 25 avr., 1er Mai, 25 déc.

Lisboa/Lisbonne
www.visitlisboa.com
Palácio Foz : Praça dos Restauradores - Mº Restauradores - 213 463 314 - 9h-20h - fermé 1er janv. et 25 déc ;
Lisboa Welcome Center : Praça do Comércio - Mº Terreiro do Paço - 210 312 810 - 11h-19h - 1er janv. et 25 déc. 10h-18h

Pour téléphoner au Portugal :
00 351 puis le numéro du correspondant à 9 chiffres.

Pour plus d'informations :
Carte Michelin Regional Nº 593
Le Guide Vert Portugal

L'Algarve et la vallée du Guadiana

Des plages de sable doré, des falaises vertigineuses percées de grottes, des villages et des ports tout blancs qui somnolent sous un soleil omniprésent… tel est l'Algarve, si l'on fait abstraction des excès du tourisme de masse. Il ne tient qu'à vous de privilégier les petites cités en retrait du littoral dont les jardins embaument l'oranger, le figuier et l'amandier.

➲ *Départ : Odeceixe*
➲ *7 jours - 650 km*

Jour 1

Du beau village immaculé d'**Odeceixe**, longez la côte et hasardez-vous de temps à autre sur les petites routes en cul-de-sac qui mènent aux plages ou aux falaises. Vous traverserez ainsi des paysages sauvages et déserts alternant pâturages irlandais et garrigue. Si vous vous baignez, prenez garde aux courants parfois violents. Vous passez par **Aljezur**, **Arrifana** dont le port se niche au pied d'une falaise et **Vila do Bispo**, avant **Sagres** et la **pointe de Sagres** qui marque l'un des plus beaux sites du Portugal. Le cap est occupé par une forteresse qui fut très endommagée par le tremblement de terre de 1755. Elle a été récemment restaurée. Prenez le temps d'y marcher un peu avant d'aller au **Cap Saint-Vincent** (Cabo de São Vicente) un peu plus à l'ouest, un somptueux belvédère sur la falaise où vous pourrez attendre le soleil couchant.

Jour 2

Passez voir le petit port de **Burgau** avant de gagner **Lagos**, une cité tranquille bordée de criques et qui dans son centre déroule un lacis de rues piétonnes, animées de commerces et de restaurants. Explorez le site de Ponta de Piedade avec ses falaises rouges déchiquetées où se nichent des grottes marines. Tout près, **Portimão** est la station balnéaire la plus fréquentée de l'Algarve. Tapi au fond de sa baie naturelle, ce port de pêche et de commerce animé est également une cité industrielle, spécialisée dans la construction navale et la conserverie de thons et de sardines. Victime du succès de sa très belle plage, la ville est défigurée par les constructions modernes. Réservez vos balades au site de **Praia da Rocha** puis montez dans la Serra de **Monchique** qui offre quelques beaux panoramas (montez au Pico da Foia) et un peu de fraîcheur.

Jour 3

De retour vers la côte, arrêtez-vous à **Silves** qui a conservé son authenticité avec ses rues pavées et pentues. Vous visiterez sa cathédrale et son château aux murailles de grès rouges surplombant la ville blanche. Passez par le **cap de Carvoeiro** puis descendez sur **Albufeira.** Le vieux village est loin d'avoir perdu son âme. Prenez les chemins de traverse : non seulement vous éviterez la foule de touristes qui se presse dans les restaurants du centre, mais vous découvrirez les charmantes ruelles, intactes et désertes, de l'ancien village de pêcheurs.

Jour 4

En suivant la côte, vous passez par **São Lourenço** et sa belle église. À quelques pas de là, **Faro** occupe le point le plus méridional du Portugal. Séparée de l'océan par une lagune, la ville semble trop loin des plages pour retenir les touristes. La capitale de l'Algarve, cité étonnamment tranquille, constitue pourtant une halte agréable. Sa vieille ville devient la nuit un véritable décor de théâtre où il fait bon flâner. Dans la journée, vous pourrez choisir entre les plages du cordon littoral, accessibles en bateau, ou les collines de la Serra do Caldeirão. L'arrière-pays ne manque pas de charme avec ses paysages plantés de figuiers, d'amandiers et d'orangers : accordez-vous plusieurs pauses pour découvrir les jardins du palais d'Estói, et les **ruines de Milreu**, ou encore **São Brás de Alportel** habillée de maisons blanches surmontées de leurs cheminées typiques.

Jour 5

Quelques jolis sites et plages ponctuent le littoral jusqu'à **Tavira** dont le patrimoine préservé ravira les touristes à la recherche d'un peu de calme et de beauté. La ville est une invitation à ralentir le pas pour découvrir çà et là les maisons blanches aux portes ornées de moucharabiehs, héritage des Maures, les typiques cheminées de l'Algarve et, surtout, les gracieuses toitures à quatre pans retroussés, dites « de tesouro ». Ne manquez pas le jardin du château (accès libre). Plus loin, **Cacela Velha** offre un beau point de vue sur la lagune où mouillent des petits bateaux de pêcheurs.

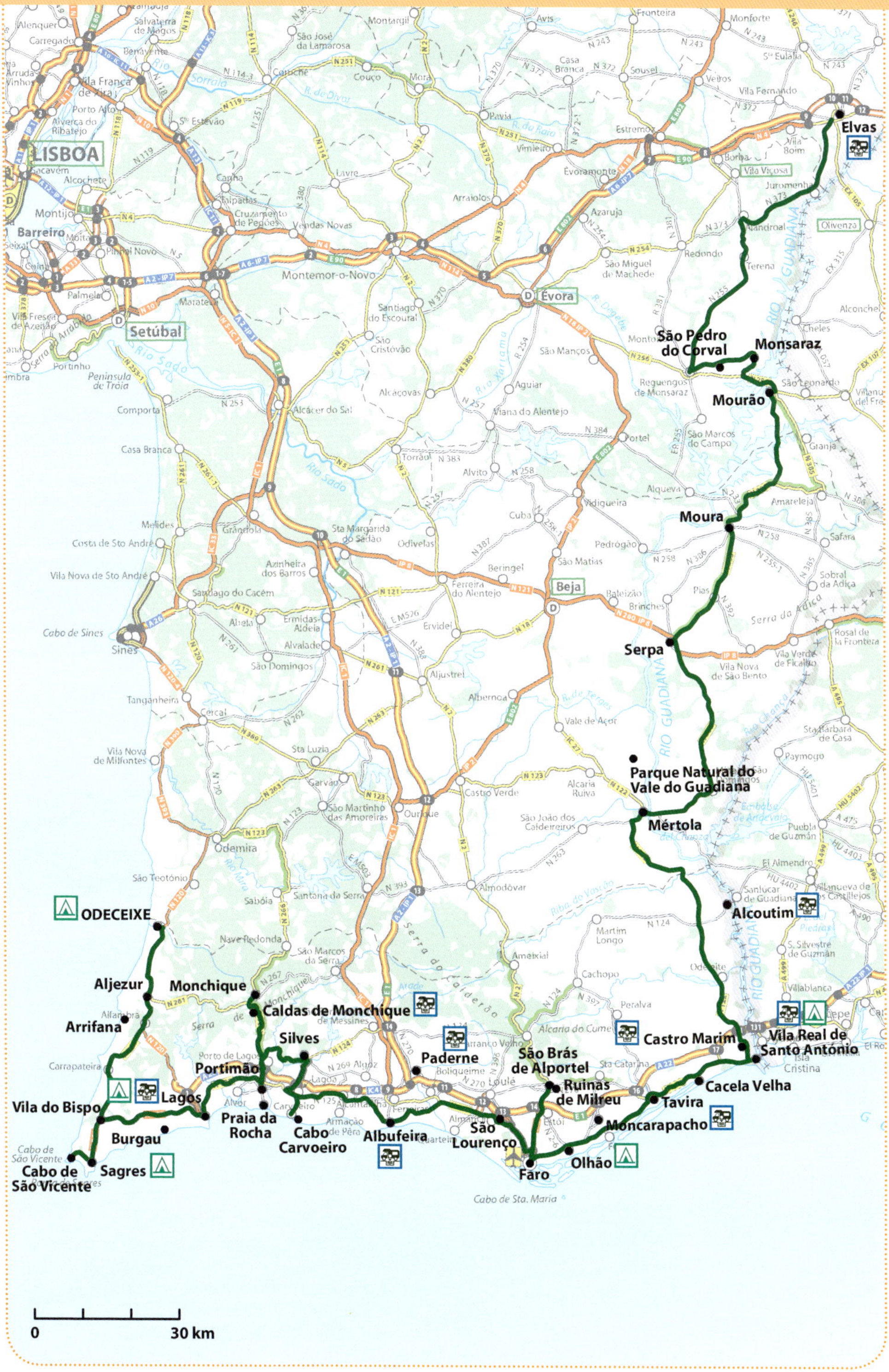

Elvas
São Pedro do Corval
Monsaraz
Mourão
Moura
Serpa
Parque Natural do Vale do Guadiana
Mértola
Alcoutim
Castro Marim
Vila Real de Santo António
Cacela Velha
Tavira
Moncarapacho
Olhão
Ruínas de Milreu
São Brás de Alportel
Faro
São Lourenço
Paderne
Albufeira
Cabo Carvoeiro
Silves
Caldas de Monchique
Monchique
Praia da Rocha
Portimão
Lagos
Burgau
Sagres
Cabo de São Vicente
Vila do Bispo
Arrifana
Aljezur
ODECEIXE
LISBOA
Setúbal
Évora
Beja
0
30 km

Adresses circuit 13

J. Puig / age fotostock

La vieille ville de Faro borde la lagune.

Jours 6 et 7

Parvenu à **Vila Real de Santo António** (la ville mérite une halte), vous allez maintenant découvrir la **vallée du Guadiana**, fleuve frontière avec l'Espagne, en remontant d'abord sur **Mértola**, jolie petite ville s'étageant en amphithéâtre sur une colline où des artisans fabriquent et vendent des couvertures de laine traditionnelles. Plus au nord, vous traversez **Serpa** (flânez dans sa cité intra-muros), **Moura** (voir le portail de son église) et puis **Mourão** d'où vous gagnerez **Monsaraz**, petite cité toute blanche d'une rare beauté. De ce nid perché, vous pourrez assister au coucher et au lever de soleil sur la campagne environnante. À quelques pas, **São Pedro do Corval** perpétue une longue tradition de poteries artisanales. Pour finir, vous rejoindrez la belle ville de **Elvas** encore entourée de remparts qu'il faut parcourir à pied avant de profiter de ses agréables ruelles et de sa place Santa Clara.

Les bonnes adresses de Bib

Albufeira

A Ruina

Cais Herculano - sur la plage des Pescadores - ☏ 289 512 094 - www.restaurante-ruina.com - sais. : 12h30-15h, 19h-23h ; hors sais. : 12h-14h30, 18h30-22h30 - fermé déb. janv. à déb. fev. - 35/45 €. Parmi la cohorte de restaurants touristiques, celui-ci se distingue par sa haute maison de pierre et ses tables disposées sur le sable de la pittoresque plage des Pêcheurs. Le site, enchanteur, se prête à un dîner élégant au soleil couchant (excellents poissons). On paye autant la situation que la qualité de la cuisine.

Elvas

O Lagar

R. da Vendoria, 7 (à côté de l'hôtel S. João de Deus) - ☏ 268 62 62 47 - tlj sf jeu. 12h-15h, 19h-22h - 15/22 €. Situé au sud de la ville, ce restaurant de bonne qualité propose des plats régionaux copieusement servis : lièvre aux haricots blancs, porc aux palourdes…

Tavira

Bica

R. Alm. Cândido dos Reis, 22/26 - ☏ 281 32 38 43 - fermé janv. et 1 j./sem. en hiver - . Si vous recherchez une cuisine locale à petits prix, attablez-vous dans ce restaurant simple mais bon et typique. Sa carte ne vous décevra pas : poulet frit d'Algarve, poulpe frit, anguille grillée. Posté dans une rue parallèle aux quais, il propose aussi une formule plat du jour.

Offices de tourisme

Faro

R. da Misericórdia, 8-12 - ☏ 289 803 604 - www.cm-faro.pt - www.turismodoalgarve.pt - été : tlj 9h30-19h ; reste de l'année : lun.-sam. 9h30-17h30. Autre bureau à l'aéroport.

Lagos

Praça Gil Eanes (Antigos Paços do Concelho) - ☏ 282 763 031 - www.visitalgarve.pt - 9h30-17h30 (19h en été), w.-end. se rens.

Tavira

Praça da República, 5 - ☏ 281 322 511 - www.visitalgarve.pt - horaires, se rens.

Pour téléphoner au Portugal :
00 351 puis le numéro du correspondant à 9 chiffres.

Pour plus d'informations :
Carte Michelin Regional N° 593
Le Guide Vert Portugal

Campings

Lagos

Turiscampo
EN 125 - Espiche (km 17,4) - 282 78 92 65 - Permanent - 7,2 ha (380 empl.)
borne - E
Loisirs : , aire de sports
Services : wifi
GPS : W 8.73402 N 37.1024

Odeceixe

São Miguel
EN 120 - 282 94 71 45
Permanent - 7,5 ha (400 empl.)
Tarif : 4,20 € 5,80 € - 3,50 €
borne - 15 E
Loisirs : - Services : wifi
GPS : W 8.75562 N 37.43843

Olhão

Parque de campismo de Olhão
Apartado 300 - Pinheiros de Marim - 289 70 03 00
Permanent - 10 ha (400 empl.)
Tarif : 2,40 € 2,80 € - 2,10 €
borne - E
Loisirs : diurne , discothèque, jeux pour adultes, aire de sports, barbecue
Services : wifi
GPS : W 8.75557 N 37.4384

Sagres

Orbitur Sagres
Cerro das Moitas - 282 62 43 71
Permanent - 6,7 ha (546 empl.)
borne : Payant
Loisirs : diurne
Services : wifi
GPS : W 8.94583 N 37.02278

Vila Real de Santo António

Parque Municipal de Campismo de Monte Gordo
Monte Gordo - 281 51 09 70/71
Permanent - 13,8 ha (500 empl.)
Tarif : 2,10 € 8,20 € - 2,07 €
borne - E
Loisirs :
Services : wifi
GPS : W 7.41567 N 37.19409

Aires de service et de stationnement

Albufeira

Parque da Galé
Rua do Barranco - Vale de Parra - 962 55 36 66
Permanent
Borne artisanale : 2 €
30 P - Payant
Services :
Très belle aire, mer à 1 km.
GPS : W 8.31191 N 37.0927

Alcoutim

ASA d'Alcoutim
Rte de Timor 5
Borne raclet : Gratuit
P - Gratuit
Services :
GPS : W 7.47472 N 37.47516

Caldas de Monchique

Parque rural Vale da Carrasqueira
Barracão CX190 - 282 91 15 02
Permanent
Borne artisanale
14 P - illimité - Payant
Services : WC
Réservation conseillée. Parle français.
GPS : W 8.54393 N 37.27668

Castro Marim

ASA Castro Marim
Av. Dr José Alonso Gomes (près du stade)
Permanent
Borne eurorelais : 2 €
20 P - Gratuit
Services : WC
GPS : W 7.44447 N 37.21981

Elvas

Parque de Elvas
Avenida de Badajoz
Permanent
50 P - illimité - Gratuit
Au pied de l'aqueduc des Amoreiras.
GPS : W 7.17298 N 38.87866

Lagos

ASA Lagos
Estádio Municipal de Lagos, à côté de l'entrée principale du stade
Permanent
Borne eurorelais : 2 €
20 P - 3 €/j.
Services : WC
GPS : W 8.67889 N 37.11583

Moncarapacho

ASA-Camping Rural ACR Moncarapacho
Caminho Agrícola de Giao-Maragota N 125 - 964 12 91 63
Permanent
Borne : 2 €
P - 5 €/j.
Services : WC
Aire rurale en pleine nature, très calme, douches.
GPS : W 7,76607 N 37.08345

Paderne

Aire de Paderne
Estr EN 1177 - 289 59 95 00
Permanent
Borne : Gratuit
12 P - 48h - Gratuit
Services : WC
GPS : W 8.20884 N 37.16797

Vila Real de Santo António

Parque de autocaravanas de Vila Real de Santo António
Av. Da Republica
Permanent
Borne raclet : Payant
P - Payant
Services : WC
Au bord du fleuve Guadiana et à côté du port.
GPS : W 7.41562 N 37.19941

De la France vers… l'Italie

➲ *Départ : Marseille*
➲ *8 jours - 512 km*

Jour 1

Quittez **Marseille** par la D 4, puis les D 96, D 560, et D 280 vers Nans-les-Pins et enfin la D 80 jusqu'au **St-Pilon** (53 km) d'où vous pourrez jouir d'une vue magnifique jusqu'au mont Ventoux. Reprenez la D 560 vers **St-Maximin-la-Ste-Baume** (34 km). Profitez de la fraîcheur et de la beauté de la basilique du village. Empruntez la N 7 pour Le Luc, puis la D 558 qui traverse la forêt de la Garde-Freinet et vous mènera à **Grimaud** (73 km). Ce village perché est parsemé de maisons provençales, de charmantes placettes, de fontaines et de micocouliers.

Jour 2

Par la D 14 puis la N 98 vous atteignez **Sainte-Maxime** (12 km), dont les plages de sable fin méritent le détour. Un peu plus loin, faites une autre halte baignade à **Saint-Raphaël** (22 km). Ensuite, au choix : le massif de l'Esterel par la DN 7, ou la route de bord de mer (D 1098 puis D 6098) qui passe par le pic du Cap Roux et la pointe de l'Esquillon. À Mandelieu-la-Napoule (30 ou 34 km), suivez la D 109 puis la D 9 pour **Grasse** (19 km), capitale mondiale du parfum, et son musée international de la Parfumerie ; l'occasion d'acquérir un parfum fait sur mesure.

Jour 3

La D 2085 vous mènera à **Nice** (37 km), où vous pourrez, en matinée, profiter du front de mer en vous baladant le long de la promenade des Anglais et sillonner les ruelles du vieux Nice. L'après-midi, visitez le site archéologique de Cimiez, à moins que vous ne préfériez découvrir un des beaux musées de la ville : musée des Beaux-Arts Jules-Chéret, musée Matisse (à combiner avec Cimiez car il se trouve en son sein), musée Marc-Chagall. S'il vous reste du temps, faites le tour du **cap Ferrat**, où de luxueuses résidences sont installées au cœur d'une luxuriante végétation.

Jour 4

Prenez la D 6007 jusqu'à **Menton** (31 km), la cité du citron, ensoleillée toute l'année durant. Perdez-vous dans la vieille ville, lézardez le long de la Promenade du Soleil et attablez-vous à l'une des terrasses de la ville pour déguster une savoureuse cuisine méditerranéenne. De l'autre côté de la frontière, le site de Balzi Rossi, falaise rouge percée de grottes, vous ménage une vue pittoresque sur Menton et abrite un très beau Musée archéologique où vous pourrez observer des traces humaines datant d'il y a 240 000 ans. La SP 1 vous conduira jusqu'à Vallecrosia (14 km) pour la nuit.

Jour 5

En longeant la côte ligure (SP 1, SP 80), arrêtez-vous à **Bordighera** (5 km), station balnéaire toute en fleurs dont la vieille ville aux ruelles tortueuses a gardé ses portes fortifiées du 13e s. Plus loin, vous rejoindrez **San Remo** (12 km), célèbre en Italie pour son festival de variétés, son luxe et son commerce de fleurs. Après avoir parcouru l'élégant Corso Imperatrice, faites un détour par la ville haute (La Pigna). D'aspect médiéval, elle est parcourue par un lacis de ruelles bordées de hautes et étroites maisons. De la piazza Castello, montez au sanctuaire baroque de la Madonna della Costa pour une jolie vue sur la ville et la baie.

Jour 6

La Riviera de Ponant se parcourt par l'antique voie romaine Aurelia qui ménage de multiples points de vue remarquables. Sur la route de Gênes, de nombreux petits bourgs méritent une visite. **Taggia** dispose d'un pont médiéval à 16 arches ainsi que d'un bel ensemble de peintures de Louis Brea exposées dans l'église San Domenico. Une escapade à Triora permet de visiter le musée de la Sorcellerie avant de rejoindre le magnifique village de **Cervo**, étagé sur un promontoire s'avançant dans la mer, dont les jolies ruelles piétonnes ont été préservées. Plus loin, vous rejoindrez **Alassio**, avec son fameux muretto orné d'autographes de personnalités des années 1960. Cette tradition avait été lancée par Ernest Hemingway. Ne manquez pas, enfin, de visiter **Albenga** (56 km à partir de San Remo), qui possède une vieille ville médiévale dont les charmes valent le détour.

Jour 7

Les **grotte di Toirano**, dont les premières cavités furent habitées dès l'époque néolithique (on y voit encore des empreintes humaines), présentent un ensemble

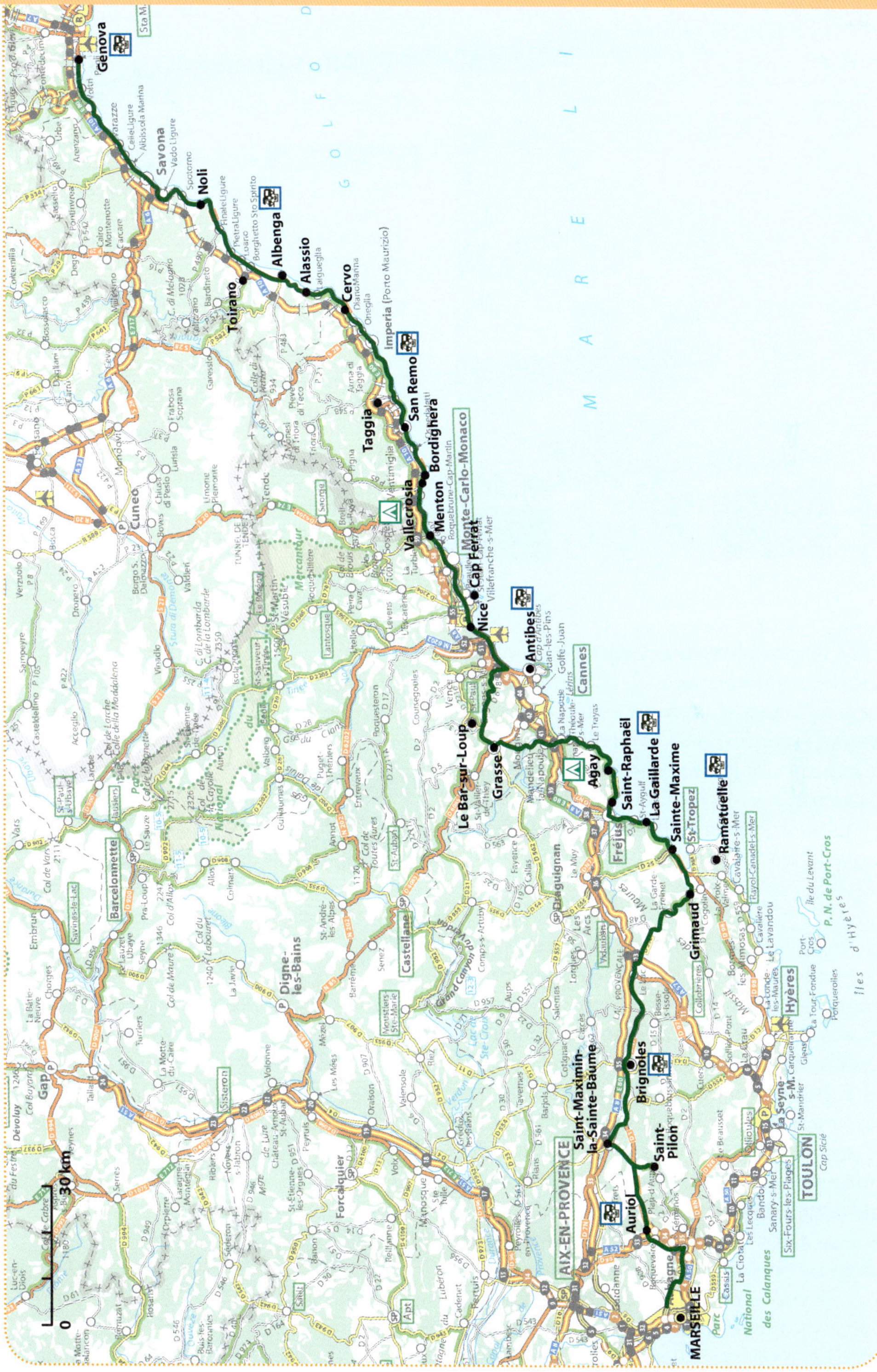
Genova
Savona
Noli
Albenga
Alassio
Toirano
Cervo
Imperia
San Remo
Taggia
Bordighera
Menton
Vallecrosia
Monte-Carlo-Monaco
Cap Ferrat
Nice
Antibes
Cannes
Le Bar-sur-Loup
Grasse
Agay
Saint-Raphaël
La Gaillarde
Sainte-Maxime
Ramatuelle
St-Tropez
Grimaud
Brignoles
Saint-Maximin-la-Sainte-Baume
Saint-Pilon
Auriol
Aubagne
MARSEILLE
AIX-EN-PROVENCE
TOULON
Hyères
Cuneo
Barcelonnette
Digne-les-Bains
Castellane
Gap
Sisteron
Forcalquier
Apt
Draguignan
Fréjus
0
30 km

H. Lenain / hemis.fr

Le vieux Menton au petit matin.

remarquable ; elles se développent ensuite en une belle série de cavernes renfermant des stalactites et des stalagmites qui ne manqueront pas d'impressionner les plus jeunes. En reprenant la SP 1 vous arriverez à **Noli** (28 km), très beau village de pêcheurs qui a conservé des maisons anciennes, des tours du 13e s., et une église romane abritant un Christ en bois. Poursuivez sur la SP 1 pour arriver à Gênes (63 km).

Jour 8

L'ancienne république maritime de **Gênes** (Genova) mérite bien une journée pour l'apprécier. Le port est un lieu fort de la cité mère de Christophe Colomb. Le reste de la ville est également saisissant de contrastes colorés entre splendides demeures et édifices plus modestes. Lors de vos visites, faites la part belle tant à la Genova du siècle d'or qu'à la vieille ville. Pour la première, ne manquez pas de vous rendre via Garibaldi, où les familles les plus illustres de la cité décidèrent de s'établir vers la moitié du 16e s., bâtissant ainsi de somptueux palais dont trois ont été transformés en musées. Pour la seconde, sillonnez les étroites ruelles médiévales, appelées *carruggi*, au charme indéniable. Près du port, l'Aquarium reproduit une série de milieux marins différents, de la mer Rouge à la barrière de corail.

Aires de service et de stationnement

Albenga (Italie)

Capo Lena Camping
Via Michelangelo 7 - 0182 54 07 37
Permanent
Borne
P - 22 €/j.
Services :
Espace verts, pétanque, tables de pique-nique, barbecue.
GPS : E 8.2138 N 44.03841

Antibes (France)

Aire d'Antibes
Sur le parking P1 de Marineland - 0 892 30 06 06
De déb. mars à fin nov.
Borne flot bleu : 3 €
40 P - Payant
Stationnement : 1 €/h avec minimum 10 €.
GPS : E 7.12105 N 43.61493

Auriol (France)

Aire d'Auriol
Supermarché Casino, sortie du village -
Permanent
Borne flot bleu : 2 €
10 P
Services :
GPS : E 5.6414 N 43.36807

Brignoles (France)

Aire de Brignoles
Parking supermarché Casino - 04 94 37 31 00
Borne : 2 €
30 P
Services :
GPS : E 6.06188 N 43.40957

Genova/Gênes (Italie)

Area camper ENI di Genova
Via S. Donà di Piave 4 - 0349 15 11 094
Permanent
Borne
15 P - 25 €/j.
Services :
GPS : E 8.89389 N 44.44639

La Gaillarde (France)

Aire Chez Marcel
Rte Nationale 98 - 06 14 51 33 73
Permanent
Borne : 3 €
P - 15 €/j.
Services :
Commune de Roquebrune-sur-Argens au lieu-dit La Gaillarde.
GPS : E 6.71191 N 43.36579

Ramatuelle (France)

Aire de Ramatuelle
Rte de la Bonne-Terrasse - 04 98 12 66 66
Borne : 2 €
50 P - 7,50 €/j.
Services :
GPS : E 6.66276 N 43.21129

San Remo (Italie)

Area camper località Pian di Poma
Corso Guglielmo Marconi -
Permanent
Borne
100 P - 72h - 15 €/j.
Bus pour le centre.
GPS : E 7.74606 N 43.8031

Campings

Agay (France)

Agay-Soleil
1152 bd de la Plage - 04 94 82 00 79
De fin mars à déb. nov. -
0,7 ha (53 empl.)
Tarif : (Prix 2014) 33,40 €
(6A) - pers. suppl. 5,80 €
borne artisanale
Services :
wifi
GPS : E 6.86822 N 43.43333

Vallecrosia (Italie)

Camping Vallecrosia
Lungomare Marconi, 149 -
0342 79 02 578
De mi-avr. à sept. - 0,4 ha (50 empl.)
Tarif : 8 € 8 € - 3 €
borne : 3 € - - 8 €/j.
Loisirs :
Services : wifi
GPS : E 7.63297 N 43.78466

Offices de tourisme

Genova/Gênes
V. Garibaldi, 12 r - 010 55 72 903 - www.visitgenoa.it - 9h-13h30, 14h-18h20 ; P.za De Ferrari (Teatro Carlo Felice) - 010 86 06 122 ; autres adresses : P.za Caricamento et à l'aéroport.

Nice
5 prom. des Anglais - 0892 707 407 (0,34 €/mn) - www.nicetourisme.com - mi juin-mi sept : lun.-sam. 8h-20h, dim. 9h-19h ; mi sept-mi juin : lun.-sam. 9h-18h - fermé 25 déc. et 1er janv.

Pour téléphoner en Italie :
00 39 puis le numéro du correspondant (avec le 0 pour les téléphones fixes, sans le 0 pour les portables)

Pour plus d'informations :
Cartes Michelin Regional N° 561 et N° 527
Le Guide Vert Côte d'Azur
Le Guide Vert Italie du Nord

Les bonnes adresses de Bib

Albenga (Italie)

Da Puppo
Via Torlaro, 20 - 0182 518 53 - www.dapuppo.it - mar.-sam. 12h15-14h, 18h30-22h (soir seult en été) - env. 20 €. Dans les ruelles piétonnes du centre médiéval. On savoure ici la fameuse farinata mais aussi d'autres spécialités locales de tartes salées, légumes farcis, viande et poisson.

Genova/Gênes (Italie)

Antica Osteria di Vico Palla
Vico Palla, 15 - 010 24 66 575 - www.anticaosteriavicopalla.com - fermé lun. et 15-25 août - env. 30 €. Un restaurant rustique, près du Vieux Port, qui propose de délicieuses spécialités liguriennes.

Sà Pesta
Via Giustiniani, 16 r - 010 24 68 336 - www.sapesta.it - 12h-14h30, 19h-22h sf vend. soir, sam. soir et dim. - 15/20 €. Ambiance authentique : carreaux de faïence blancs et verts, tables en bois et en marbre, service informel et clientèle locale, pour savourer les grands classiques de la cuisine ligurienne, à commencer par la *farinata*.

Grimaud (France)

Auberge La Cousteline
1384 D 14 - 04 94 43 29 47 - www.lacousteline.fr - fermé nov. et janv., mar. et merc. midi de sept. à juin et midi en juil.-août - menu 35 €, 45/70 €. Cette ancienne ferme isolée est délicieusement enfouie sous la verdure. À l'intérieur, vous apprécierez le style « campagne et Provence » et, à la belle saison, la jolie terrasse saura vous séduire. Les préparations sont concoctées en fonction du marché.

Menton (France)

La Cantinella
8 r. Trenca - 04 93 41 34 20 - fermé de mi-janv. à déb. fév., 2 sem. en juin, dim. soir et lun. - 20/40 €. Le patron, sicilien, aime faire plaisir à ses clients et leur mitonne de savoureux plats du sud (entre Nice et Italie) valorisant les produits du marché. Convivialité garantie.

Nice (France)

La Table Alziari
4 r. François-Zanin - 04 93 80 34 03 - fermé dim.-lun., 2 sem. en fév., 1 sem. en juin, 2 sem. en oct., 2 sem. en déc. - 20-30 €. Le charme d'une petite adresse familiale dans une ruelle de la vieille ville : spécialités niçoises et provençales sont suggérées sur l'ardoise du jour et servies dans un cadre sans chichi. La poche de veau (poitrine de veau farcie) compte parmi les classiques de la maison. Menue terrasse.

Noli

Albergo-ristorante Ines
Via Vignolo, 12 - Noli - 019 74 80 86 - www.ristoranteines. com - 12h-14h30, 19h-22h sf lun. - 35/45 €. Dans une ruelle piétonne près de l'église San Pietro. On y cuisine surtout poissons et fruits de mer, dans un cadre tout simple, non dénué d'élégance. Un menu dégustation copieux vous permettra de découvrir les spécialités de Ligurie. Service avenant.

Saint-Maximin-la-Sainte-Baume (France)

L'Imprévu
R. Gabriel-Péri - 04 94 59 82 36 - www.pizzerialimprevu.fr - formule déj. 14 €, 25/40 € - réserv. conseillée. Aménagée dans une grange rustique et chaleureuse, cette pizzeria – « chez Marie » pour les fidèles – possède une grande terrasse, à l'ombre des platanes. Marie vous propose ses spécialités à base de pâtes.

San Remo (Italie)

Maggiorino
Via Roma, 183 - 0184 50 43 38 - fermé sam. soir et dim. - 10 € env. Une adresse populaire pour déjeuner léger et rapide : une *farinata*, une tarte de légumes ou une *foccacia* combleront une petite faim.

Piémont, val d'Aoste et Lombardie

Des villes prestigieuses, Turin et Milan, des vallées sauvages, val de Gressoney et val de Cogne, des lacs parmi les plus beaux d'Europe, lac Majeur, lac de Côme et lac de Garde... avec en toile de fond les sommets alpins parfois enneigés. Comment ne pas être séduit ?

➲ *Départ : Cuneo*
➲ *12 jours - 1 200 km*

Jour 1

Point de départ de ce circuit : **Cuneo**, au carrefour de deux vallées et reliée par de bonnes routes à la Méditerranée. Montez vers le nord et vers **Costigliole Saluzzo**, engagez-vous dans la Valle Varaita jusqu'à **Chianale**. Vous y verrez de remarquables villages, de vieux chalets recouverts de lauzes, tout à fait typiques. De retour dans la plaine, arrêtez-vous dans le centre médiéval de **Saluzzo**, puis, *via* **Savigliano**, montez au château de **Racconigi**. La journée s'achèvera, *via* Rivoli, à la **Sacra di San Michele**, une abbaye bénédictine qui n'est pas sans rappeler la splendeur du mont Saint-Michel.

Jours 2 et 3

Rejoignez **Turin** (Torino). La ville aux rues bordées d'arcades et à l'architecture baroque est élégante. Elle collectionne les belles boutiques et les cafés aux décors 19e s. Son patrimoine et le nombre de musées est impressionnant. À ne pas rater : le musée égyptien, les collections d'art ancien du palais Madama, l'étonnant musée du Cinéma ou encore la pinacothèque Agnelli dans le Lingotto, l'ancienne usine Fiat transformée par Renzo Piano... sans oublier le Duomo et les places très animées, place San Carlo et places Castello et Vitorio Beneto. Le deuxième jour au matin, montez au mont des Capucins, finissez de parcourir le centre et, dans l'après-midi, reprenez votre camping-car pour rejoindre la basilique de Superga et la colline de la Maddalena qui offre de superbes panoramas.

Jour 4

Quittant Turin par le nord, à 10 km, faites une halte à la Regia di Venaria, un complexe destiné aux chasses royales, avant de monter sur **Ivrea** d'où vous prendrez la direction du val d'Aoste. À **Pont-Saint-Martin**, bifurquez pour découvrir dans son intégralité la magnifique **vallée de Gressoney** et ses villages.

Jour 5

Remontant la vallée, visitez le château de **Fenis**. Puis consacrez au moins 3h à la découverte des monuments antiques et religieux d'**Aoste** (remparts, tours, portes prétoriennes, théâtre et basilique Sant-Orso). La **vallée de Cogne** aux portes du parc national du Grand Paradis vous attend ensuite : poursuivez jusqu'à la cascade de Lillaz en prenant le temps de découvrir les dentelles de Cogne.

Jours 6, 7 et 8

Retour à **Ivrea** d'où vous accéderez à **Biella** (voir le baptistère sur la place du Duomo en ville haute). Filez ensuite sur le lac d'Orta, un des plus petits lacs de Lombardie, non sans monter au préalable au Sacro Monte de **Varallo**, ensemble du 15e s. qui recrée tous les sanctuaires de Palestine. Dirigez-vous ensuite vers le **lac Majeur**. Faites halte à Pallenza (**Verbania**) avec une balade sur ses quais, puis à **Stresa** pour deux excursions exceptionnelles : la montée en téléphérique au Mottarone qui offre un panorama unique sur les lacs et les sommets alpins, et une croisière vers les magnifiques îles Borromées. En longeant le lac par le sud, vous rattrapez **Varese** puis **Côme** (Como). Vous visiterez le Duomo et la basilique romane Sant-Abbondio et ferez un tour complet du **lac de Côme** par la rive ouest. Au passage, vous admirerez de nombreux lieux de villégiature, **Cernobbio**, **Tremezzo** et sa villa Carlota, **Menaggio** la plus chic, sans oublier **Bellagio** qui occupe la pointe entre les deux bras du lac.

Jours 9 et 10

Impossible de visiter la Lombardie sans accorder un à deux jours de visite à **Milan** (Milano) dont le centre historique s'inscrit dans un vaste quartier circulaire. Au nombre des incontournables, voir le Duomo et la Galleria Vittorio Emanuele II adjacente, mais aussi le château Sforzesco, les basiliques Sant'Ambrogio et Sant'Eustorgio, les prestigieuses

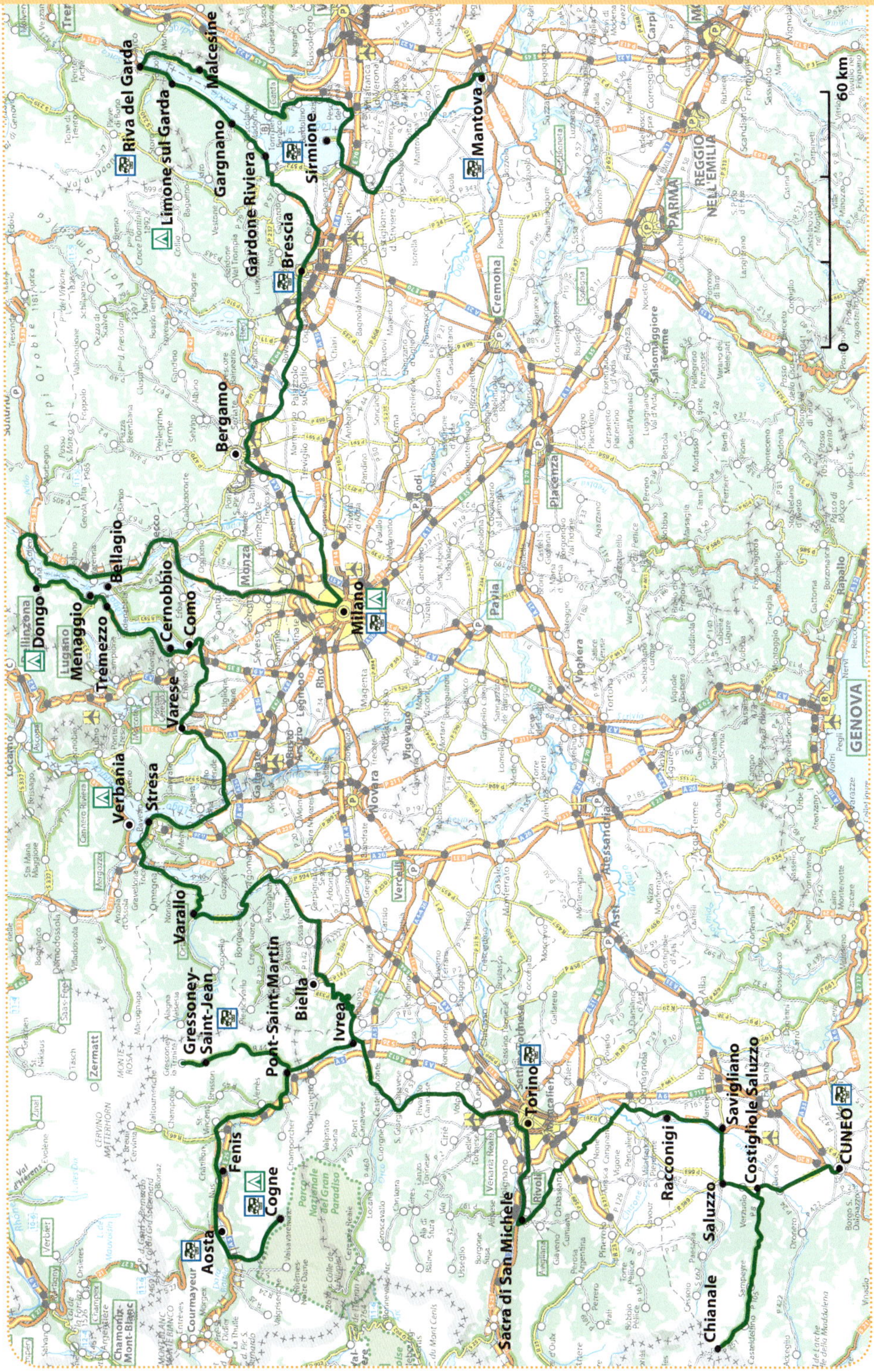
Riva del Garda
Malcesine
Limone sul Garda
Gargnano
Gardone Riviera
Sirmione
Mantova
Brescia
Bergamo
Bellagio
Dongo
Menaggio
Tremezzo
Cernobbio
Como
Milano
Varese
Verbania
Stresa
Varallo
Gressoney-Saint-Jean
Pont-Saint-Martin
Biella
Ivrea
Fenis
Cogne
Aosta
Courmayeur
Torino
Sacra di San Michele
Rivoli
Racconigi
Savigliano
Costigliole Saluzzo
Saluzzo
Chianale
CUNEO
GENOVA
60 km

Adresses circuit 15

M. Borgese / hemis.fr

L'île de San Giulio sur le lac d'Orta.

collections de la pinacothèque Brera. Vous pourrez aussi vous extasier devant la célèbre *Cène* de Léonard de Vinci visible dans l'église Santa Maria delle Grazie, puis parcourir le quartier des Navigli (les canaux dont les abords ont été réhabilités).

Jours 11 et 12

Bergame est aussi une étape obligée pour sa ville haute qui cache, derrière ses murailles, un lacis de ruelles aux riches monuments médiévaux et Renaissance. Faites une pause ensuite à **Brescia**, ville élégante où il est agréable de se promener, et de s'asseoir à une terrasse de café, avant de reprendre la route pour explorer les rives du **lac de Garde**, le plus vaste d'Italie. En longeant le lac par la rive ouest, vous traversez d'agréables villages comme **Gardone Riviera**, **Gargnano**, **Limone sul Garda**, **Riva del Garda.** De **Malcesine**, ne manquez pas de monter par le téléphérique sur le mont Baldo et faites une longue pause à **Sirmione** situé au bout d'une presqu'île où les maisons se pressent autour d'une puissante forteresse. Votre périple en Lombardie s'achèvera à **Mantoue** (Mantova) par la visite du palais Ducal, une vraie merveille. Il est si riche et si vaste que trois circuits de visite sont proposés en fonction du temps dont vous disposez.

Les bonnes adresses de Bib

Aosta/Aoste

Vecchia Aosta
Via Porta Pretoriana, 4 - ✆ 0165 36 11 86 - www.vecchiaosta.it - fermé merc. - réserv. conseillée - 30/40 €. Une très bonne table en ville, installée sur plusieurs salles dans une vieille bâtisse. Spécialité de charcuteries et de pâtes à la *fontina*. Agréable terrasse sur la rue piétonne, service charmant.

Brescia

Al Frate
Via dei Musei, 25 - ✆ 030 37 70 550 - www.alfrate.com - fermé lun. midi - 27/49 €. Dans une partie très animée du centre ville, une adresse historique qui propose les spécialités régionales du Bel Paese, concoctées avec des ingrédients de qualité.

Milano/Milan

Bottiglieria da Pino
Via Cerva, 14 - ✆ 0276 00 05 32 - fermé le soir et dim. - 20/25 €. Bien qu'installée dans un quartier commercial et financier, cette *trattoria* classique a su conserver intact son caractère populaire et sert une cuisine maternelle et généreuse.

Dongiò
Via Corio, 3 - ✆ 0255 11 372 - fermé sam. midi et dim.- réserv. conseillée - 30/35 €. Simple et familiale, cette authentique *trattoria* calabraise sert des pâtes fraîches, viandes et produits typiques de la région.

Torino/Turin

Tre Galline
Via Bellezia, 37 - ✆ 011 43 66 553 - www.3galline.it - fermé à midi (sf sam.) et dim. 40/50 €. Restaurant de tradition où l'on déguste les plats typiques de la cuisine piémontaise. Ne manquez pas les *bolliti* (pot-au-feu) en saison.

Offices de tourisme

Aosta/Aoste
Piazza Porta Praetoria 3 - ✆ 0165 23 66 27.

Milano/Milan
Piazza Castello - ✆ 0277 40 43 43 ; Stazione Centrale (quais 13/14) - ✆ 0277 40 43 18 - www.turismo.milano.it et www.visitamilano.it.

Torino/Turin
Via Garibaldi 45/a, piazza Castello/via Garibaldi, piazza Carlo Felice, Aeroporto internazionale di Caselle - ✆ 011 53 51 81 - www.turismotorino.org.

Pour téléphoner en Italie :
00 39 puis le numéro du correspondant (avec le 0 pour les téléphones fixes, sans le 0 pour les portables)

Pour plus d'informations :
Carte Michelin Regional N° 561
Le Guide Vert Italie du Nord

Aires de service et de stationnement

Aosta/Aoste

Area d'Aoste Camper Park
Via Caduti del Lavoro - Permanent
Borne artisanale : Payant
28 P - 12 €/j.
Services : WC
GPS : E 7.3305 N 45.73623

Brescia

Area di Brescia
Via della Maggia 3 - 030 35 30 735
Permanent
Borne : 3 €
14 P - 10 €/j.
Services : WC
Très belle aire, sécurisée, calme, bus pour centre-ville, ou 20mn à vélo.
GPS : E 10.23631 N 45.51236

Cogne

Area di Cogne
Villagio Cogne - 0328 90 36 422
Permanent
Borne
130 P - 14 €/j.
Services : WC
Très calme, à proximité du village.
GPS : E 7.35774 N 45.60874

Cuneo

Area di Cuneo
Corso Antonio Gramsci - Permanent
P - Gratuit
Place du marché : interdit de stationner mar. et vend. de 5h à 16h.
GPS : E 7.536 N 44.37636

Gressoney-Saint-Jean

Area de Gressoney-Saint-Jean
SR 44 Loc. Bieltshocke - Permanent
Borne
20 P - 10 €/j. - Services : WC
Dans un local technique chauffé.
GPS : E 7.83537 N 45.7602

Mantova/Mantoue

Area de Mantova
Via Legnago - Parcheggio Sparafucile
Permanent
Borne : 5 €
54 P - 15 €/j.
Services : WC
Arrêt de bus pour la ville.
GPS : E 10.81236 N 45.16341

Milano/Milan

Area de Milano c/o Agricampeggio Cascina Gaggioli
Via Selvanesco 25 - Permanent
Borne
4 P - 20 €/j.
Services : WC
Aire à la ferme, calme. Bus pour le centre de Milan. Tarif dégressif.
GPS : E 9.19629 N 45.41794

Riva del Garda

Aera dei Riva del Garda
Via Brione, à 50 m du port de plaisance - 0464 55 17 61
De déc. à oct.
Borne artisanale : Gratuit
41 P - 48h - 30 €/j.
GPS : E 10.8589 N 45.87959

Sirmione

Area di Sirmione
Via Cantarene - Loc. Luguna
De mars à oct.
Borne : 3 €
P - 21 €/j.
Services : WC
Au bord du lac.
GPS : E 10.63361 N 45.46067

Torino/Turin

Area di Torino
Corso Casale - Permanent
Borne : Gratuit
P - Gratuit
Services :
GPS : E 7.72993 N 45.08084

Area di Torino c/o Palazzetto dello Sport
Corso Lione - Permanent
Borne artisanale : Gratuit
P - Gratuit
Services : WC
GPS : E 7.63159 N 45.05668

Campings

Cogne

Camping Lo Stambecco
Frazione Valnontey 6 - 016 57 41 52
De mi-mai à mi-sept. - 2 ha (150 empl.)
Tarif : 7 € 5 € - 2 €
borne : 2 € - E - 7 €/j.
Loisirs : - Services : wifi
Circuits de promenades balisés.
GPS : E 7.35372 N 45.60184

Dongo

Magic Lake
Via statale - 034 48 02 82
De avr. à mi-oct. - 1 ha (50 empl.)
borne - E
Loisirs : , canoë
Services : wifi
GPS : E 9.28898 N 46.13203

Limone sul Garda

Campingpark Garda
Via IV Novembre 10 - 0365 95 45 50
D'avr. à oct. - 2,3 ha (200 empl.)
Tarif : 8,50 € E 16 € - 1 €
borne : 1 € - E - 16 €/j.
Loisirs :
Services : wifi
Au bord d'un lac.
GPS : E 10.78809 N 45.80776

Milano/Milan

Campeggio Città di Milano
Via G. Airaghi 61 - 02 48 20 70 17
Permanent - 5 ha (101 empl.)
Tarif : 9 € 10 € - 3,50 €
borne : 3 € - E - 10 €/j.
Services : wifi
Transports en commun.
GPS : E 9.0817 N 45.47378

Verbania

Camping La Quiete
Via Turati, 72 - 0323 49 60 13
De mi-avr. à fin sept. - 2,8 ha (180 empl.)
Tarif : 25,50 € E
borne : 3 € - E
Loisirs :
Services : wifi
Au bord d'un lac.
GPS : E 8.4773 N 45.9539

Splendeurs de Vénétie et d'Émilie-Romagne

Incontournable Vérone, incontournable Venise… De l'une à l'autre de ces stupéfiantes villes d'art, vous irez respirer l'air de la montagne en parcourant la route des Dolomites, élevant leurs reliefs spectaculaires vers l'Autriche avant de rejoindre l'Émilie-Romagne et les rives dorées de l'Adriatique.

➲ *Départ : Vérone*
➲ *11 jours - 900 km*

Jour 1

Si **Vérone** (Verona), nichée dans un méandre de l'Adige, est par excellence la ville des mélomanes et des amoureux en mal de romantisme, elle est aussi la plus belle ville d'art d'Italie après Venise. Le long de ses rues se fondent des siècles d'histoire où alternent vestiges romains, églises médiévales et palais de style Renaissance. La piazza Bra, reliée au noyau ancien par la pittoresque via Mazzini, en constitue le centre élégant. Son amphithéâtre est l'un des plus grands du monde romain, son église San Zeno Maggiore est un superbe exemple d'art roman, et son Castelvecchio qui se prolonge par le pont Scaligero un remarquable ensemble fortifié du Moyen Âge. La journée ne sera peut-être pas suffisante si vous flânez sur les places accueillantes, comme la piazza delle Erbe où se tient le marché et la piazza dei Signori, entourée de palais.

Jour 2

Partant plein nord par la S 12, vous rattraperez **Rovereto** et un peu plus haut le château de **Beseno** avant d'atteindre **Trente** que domine le château du Buon Consiglio décoré des fresques des mois de l'année. Vous pourrez aussi visiter la place del Duomo entourée par la cathédrale, le palais Pretorio, et des maisons couvertes de fresques. Pour rejoindre Bolzano, vous allez entreprendre le tour du spectaculaire massif de Brenta (S 45b, S 237, puis S 239). Au niveau de **Carisolo**, faites un détour vers la superbe vallée di Genova jusqu'à la cascade di Nardis. Passé la station de **Madonna di Campiglio**, au col, montez (à pied ou en téléphérique) au panorama du Campo Carlo Magno. Plus loin au nord, faites un détour pour découvrir le **lac di Tovel**, un petit bijou. La S 42 vous ramènera sur **Bolzano**.

Jours 3 et 4

Après une visite rapide de Bolzano, suivez la route des Dolomites qui traverse les gorges du Val d'Ega/Eggental. Roulez tranquillement et multipliez les haltes, à Nova Levante, au col de Carezza, à la station de **Canazei**, à Marmolada (par le téléphérique) et au col di Sella peu avant d'atteindre la route du fameux Val Gardena célèbre pour son artisanat du bois que l'on trouve dans les villages de **Selva**, Santa Cristina et **Ortisei**. Revenez sur vos pas et franchissez le col de Pordoi à 2 239 m avant d'atteindre **Cortina d'Ampezzo** au cœur des dolomites. Une multitude de randonnées et de téléphériques vous inviteront à découvrir quelques panoramas grandioses.

Jour 5

Après cette échappée montagnarde, redescendez vers la plaine et arrêtez-vous à **Belluno**, le temps d'admirer sa cathédrale et ses places. Puis filez en direction de Trévise en faisant un crochet par **Maser** pour admirer la remarquable villa Barbaro qui conserve une suite de fresques du 16ᵉ s. signée par le Véronèse. L'artiste a déployé là sa science de la perspective et du trompe-l'œil. Pour la fin de journée, rejoignez la piazza dei Signori à **Trévise**.

Jours 6, 7 et 8

Incontournable **Venise** (Venezia). Il est presque superflu de présenter ses attraits tant s'y promener au hasard est déjà une merveilleuse façon de découvrir la ville, même si l'on s'y perd facilement. Le Grand Canal, pour commencer, offre un premier choc et un vrai dépaysement. Par la suite, la place et la basilique Saint-Marc, le palais des Doges, sans oublier le pont des Soupirs suscitent bien d'autres enchantements. Pour découvrir les trésors artistiques de la Sérénissime et sa prestigieuse école de peinture, rendez-vous à la Galleria dell'Accademia et au musée Correr. Rentrez aussi dans Santa Maria della Salute, promenez-vous dans les rues tranquilles de l'ancien ghetto… Et pour savourer les plaisirs de la plage, passez quelques heures au Lido, à moins que vous ne préféreriez une excursion dans les îles de la lagune (Burano, Murano et Torcello). Vous avez prévu 3 jours… il faudrait la semaine.

Ortisei
Selva
Bolzano
Cortina d'Ampezzo
Canazei
Lago di Tovel
Madonna di Campiglio
Carisolo
Belluno
Trento
Castel Beseno
Rovereto
Maser
Treviso
VERONA
Padova
Venezia
Lido di Venezia
Chioggia
Sottomarina
Abbazia di Pomposa
Bologna
Ravenna
Vicenza
Mantova
FERRARA
MODENA
REGGIO EMILIA
0
30 km

Adresses circuit 16

imagebroker / hemis.fr

La basilique de Santa Maria della Salute, à Venise.

Jour 9

Après Venise, **Padoue** (Padova) vous attend. La chapelle des Scrovegni et les fresques de Giotto, l'un des chefs-d'œuvre de la peinture italienne vous laisseront un souvenir impérissable (attention, il faut réserver plusieurs jours à l'avance). Profitez des charmantes places de la cité, Piazza delle Erbe et Piazza dei Frutti, où se tient chaque jour un marché. Et ne manquez pas la basilique del Santo, haut lieu de pèlerinage.

Jours 10 et 11

Partez vers le sud par la S 516, visitez rapidement **Chioggia** puis suivez la S 309 qui traverse le delta du Po. Passé l'**abbaye di Pomposa** (elle se visite), vous trouverez de nombreuses plages pour la détente et la baignade. **Ravenne** et ses monuments couverts de mosaïques méritent une demi-journée de visite avant d'atteindre votre ultime étape, **Bologne** (Bologna). Là, arcades, portiques et murs de brique confèrent au centre historique un charme particulier; il s'affiche avec force autour de ses deux places, piazza Maggiore et piazza del Nettuno.

Les bonnes adresses de Bib

Bologna/Bologne

Gelateria Gianni
Via Montegrappa, 11; via San Vitale, 2; via d'Azeglio, 77 - www.gelateriagianni.com. Une enseigne incontournable pour qui aime les glaces de qualité.

Padova/Padoue

Antica Osteria dal Capo
Via degli Obizzi, 2 - ✆ 049 66 31 05 - www.osteriadalcapo.it - fermé dim. - 25/35 €. À deux pas de la cathédrale, cette *trattoria* traditionnelle propose des spécialités de Padoue et de la Vénétie.

Venezia/Venise

Ai Promessi Sposi
Calle dell'Oca 4367, Cannaregio - ✆ 041 24 12 747. Cichèti et cuisine locale qui peut être servie dans une petite cour ou dans la salle aux murs couverts de 45 tours d'autrefois.

Algiubagiò
Fondamenta Nuove 5039, Cannaregio - ✆ 041 52 36 084 - www.algiubagio.net. En attendant le *vaporetto* pour les îles, pourquoi ne pas vous régaler d'une des glaces maison ? Vous pouvez aussi déguster des savoureux *panini* ou *tramezzini* au bar ou sur la belle terrasse avec vue sur la lagune.

Verona/Vérone

Il Pandoro
Ce gâteau en forme d'étoile, au sommet enneigé de sucre glace, est la spécialité pâtissière de Vérone et le symbole de Noël.

Offices de tourisme

Bologna/Bologne
P.za Maggiore, 1/e - ✆ 051 23 96 60 - www.bolognawelcome.com

Venezia/Venise
P.za San Marco 71 (face au musée Correr) - ✆ 041 52 98 711 - www.turismovenezia.it.

Verona/Vérone
P.za Bra, via degli Alpini, 9 - ✆ 045 80 68 680; aéroport Villafranca - ✆ 045 86 19 163 - www.tourism.verona.it.

Pour téléphoner en Italie :
00 39 puis le numéro du correspondant (avec le 0 pour les téléphones fixes, sans le 0 pour les portables)

Pour plus d'informations :
Carte Michelin Regional N° 562
Le Guide Vert Italie du Nord

Campings

Bologna/Bologne

Campeggio Città di Bologna
Via Romita 12/4a - 0513 25 016
De mi-janv. à mi-déc. -
6,3 ha (120 empl.)
Tarif : 6,50 € 11 €
borne - - 29 €/j.
Loisirs :
Services : wifi
Transports en commun pour le centre-ville.
GPS : E 11.37455 N 44.52389

Canazei

Campeggio Marmolada
Strèda de Parèda 60 - 0462 60 16 60
Permanent - 3 ha (250 empl.)
Tarif : 9 € 8 € - 2 €
borne : 2 € - - 8 €/j.
Loisirs :
Services : wifi
GPS : E 11.77502 N 46.4738

Fusina (à côté de Venise)

Campeggio Fusina
Via Moranzani 79 - 041 54 70 543
Permanent - 5,5 ha (275 empl.)
Tarif : 9,50 € 14 €
borne - - 14 €/j.
Loisirs : diurne
Services : wifi
Navette fluviale pour centre de Venise
GPS : E 12.2565 N 45.42022

Sottomarina

Camping Grande Italia
Zona Demaniale 10/I - 041 40 56 64
De mi-avr. à fin sept. - 4 ha (192 empl.)
Tarif : 6 € 12 €
borne : Payant - - 12 €/j.
Loisirs : (plage)
Services : wifi
Bord de mer.
GPS : E 12.25649 N 45.42017

Aires de service et de stationnement

Belluno

Area Belluno
Via dei Dendrofori
Permanent
Borne : Gratuit
16 P - Payant
Services : WC
Belle aire, à 2mn du centre-ville.
GPS : E 12.21517 N 46.13659

Bolzano

Area Servizio di Bolzano
Via Masso della Pieve, en face du cimetière - 047 19 97 1 11
Permanent
Borne artisanale : Gratuit
1 P
Stationnement interdit la nuit.
GPS : E 11.3359 N 46.4702

Chioggia

Area di Sosta Zago Park 2 Palme
Via San Felice, loc. Sottomarina -
Permanent
Borne
100 P - 17 €/j.
Services : WC
Bord de mer.
Aire clôturée, gardée, éclairée.
GPS : E 12.29552 N 45.22151

Padova/Padoue

Park Camper Pontevigodarzere
Via Telemaco Signorin (près de la sortie autoroute de Padova Est)
Permanent
Borne : 5 €
P - illimité - 8 €/j.
Services :
Tram pour le centre-ville.
GPS : E 11.8918 N 45.442

Ravenna/Ravenne

Area di Ravenna
Via Enzo Ferrari
Permanent
Borne
P - Gratuit
GPS : E 12.2347 N 44.37864

Rovereto

Area Com.Stadio Quercia
Via Palestrina
Permanent
Borne
14 P - Gratuit
Services : WC
GPS : E 11.03665 N 45.90247

Trento/Trente

Area di Trento
Via Santi Cosma e Damiano 64 - Loc. La Vela - 0461 44 92 89
Permanent
Borne
30 P - 15 €/j.
À 2 km du centre-ville, arrêt bus.
GPS : E 11.11107 N 46.07659

Treviso/Trévise

Aera di Treviso
Via Giovanni Boccaccio -
Permanent
Borne sanistation : Gratuit
P - Gratuit
Services :
À 500 m du centre ville. Arrêt de bus.
GPS : E 12.26566 N 45.66767

Venezia/Venise

Parking Dante Alighieri
Lungomare Dante Alighieri, 26
Permanent
Borne : 2 €
P - 17 €/j.
Services : WC
Proximité ligne ACTV (transport Venise).
GPS : E 12.42121 N 45.44133

Verona/Vérone

Area Sosta Camper Porta Palio
Viale Colonnello Galliano
Permanent
Borne
37 P - Gratuit
À 2 km centre-ville.
Aire sécurisée, ombragée.
GPS : E 10.97906 N 45.43568

Séduisante Toscane et terre d'Ombrie

La Toscane : indissociable de l'art de la Renaissance avec des villes prestigieuses comme Florence et Sienne. Ce nom est aussi synonyme de douceur de vivre, de campagne enchanteresse qui se prolonge en Ombrie par un chapelet de villages et de cités médiévales bien préservées à l'abri de leurs puissantes murailles.

➲ *Départ : Florence*
➲ *11 jours - 750 km*

Jours 1, 2 et 3

Consacrez au moins 3 jours à la visite de **Florence** (Firenze). Prestigieuse cité d'art, la ville est un tourbillon d'émotions et de sensations, un hymne à la Renaissance. Certes, il faut patienter de longues heures avant de contempler la Vénus de Botticelli, la Bataille de San Romano d'Uccello ou le David de Michel-Ange. Certes, il faut s'habituer aux rues étroites qui supportent mal une circulation trépidante. Il n'empêche… Le charme opère car la cité des Médicis est gorgée de chefs-d'œuvre. Ne manquez pas les incontournables : la piazza del Duomo et le cœur médiéval ; le ponte Vecchio ; la Piazza della Signoria avec la fontaine de Neptune ; les marchés autour de San Lorenzo ; la loggia du marché neuf (16e s.) et ses boutiques d'artisanat ; le forte del Belvédère pour le panorama, etc. Tous ces lieux agréables et animés offrent des temps de pause entre deux musées, palais et édifices religieux qui sont innombrables. Retenez : la Galleria degli Uffizi ; le Palazzo vecchio ; les sculptures de Michel-Ange dans la galleria dell'Accademia ; le Museo del Bargello ; San Lorenzo et les tombeaux des Médicis ; la Galleria Palatina au palazzo Pitti ; les œuvres de Fra Angelico au musée de San Marco ; les fresques de Ghirlandaio à Santa Maria Novella… Faites des choix.

Jour 4

De passage à **Prato**, visitez sa cathédrale romane flanquée d'un campanile, puis rejoignez **Pistoia** qui conserve un centre historique médiéval. Changement d'époque avec **Montecatini Terme**, élégante ville thermale dotée d'un très beau parc et d'édifices de la Belle Époque. Vous passez ensuite par **Pescia** pour une courte halte avant d'atteindre **Lucques** (Lucca), véritable petit bijou. Au-delà des remparts, vous découvrirez une ville riche d'un patrimoine architectural exceptionnel : les ruelles animées, les façades d'églises à l'allure de dentelle, les deux tours anciennes se dressant vers le ciel, la jolie place ovale de l'Amphithéâtre aux terrasses accueillantes, donnent envie de s'y attarder.

Jour 5

Accordez-vous une pause pour vous baigner à **Viareggio**. Ses plages et sa promenade en front de mer sont tout à fait agréables (très fréquentés en été). Puis vous prendrez la direction de **Pise** (Pisa) pour une flânerie dans ses ruelles pittoresques, son battistero, et une montée dans sa célèbre tour. Revenez sur la côte où les plages se succèdent jusqu'à **Livourne** (Livorno) – la halte ne se justifie que pour les forteresses du quartier de la Venezia. Au sud, le littoral se montre plutôt accueillant avec des plages et criques ombragées de pinèdes à **Castiglioncello** et **Cecina**.

Jour 6

Cap sur les terres en montant à **Volterra**, petite cité médiévale perchée à 550 m d'altitude. Réputée pour son travail de l'albâtre, elle offre un superbe panorama sur les collines environnantes, et sa place del Priori conserve un palais couvert de fresques. Vous ferez ensuite un détour pour admirer **San Gimignano** figée dans sa splendeur médiévale avec ses tours élancées vers le ciel. Sa piazza della Cisterna est l'un des lieux les plus étonnants d'Italie. Vous finirez la journée à **Monteriggioni**, tout petit village ceinturé de murailles arborant quatorze tours en parfait état.

Jour 7

La journée sera consacrée à **Sienne** (Siena), ville ocre au relief capricieux. Accrochées à trois collines d'argile rougeâtre, ses rues serpentent derrière des remparts d'une ampleur surprenante avant d'aboutir à sa cathédrale, l'une des plus spectaculaires d'Italie, et à la piazza del Campo. Coup de foudre assuré ! Quittez la ville vers l'est (S 73 puis S 438). Vous parvenez ainsi à **Asciano** et plus loin à l'**abbaye di Monte Oliveto Maggiore** dont le cloître s'orne de remarquables fresques.

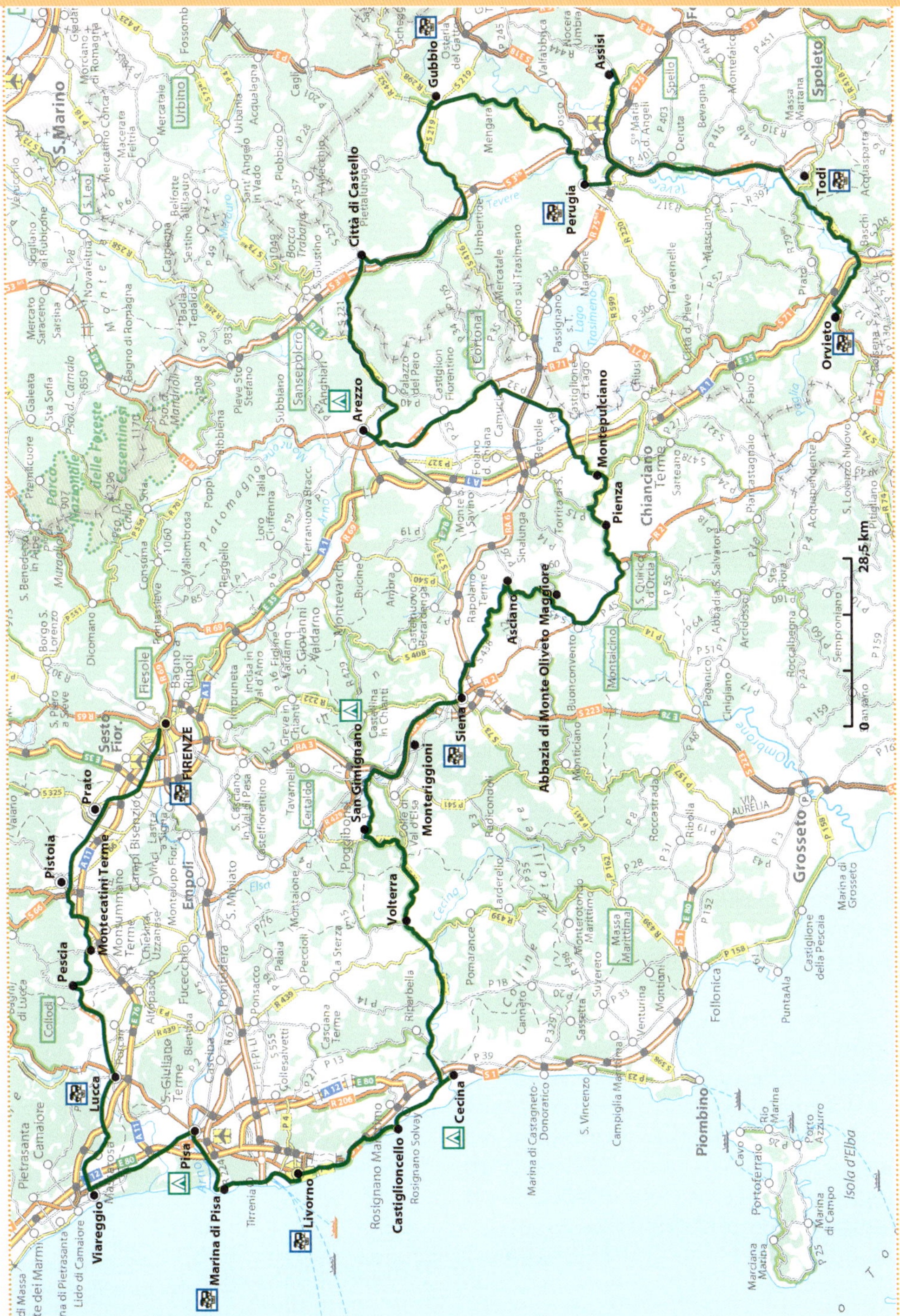
Viareggio
Lucca
Pescia
Montecatini Terme
Pistoia
Prato
FIRENZE
Pisa
Marina di Pisa
Livorno
Castiglioncello
Cecina
Volterra
San Gimignano
Monteriggioni
Siena
Asciano
Abbazia di Monte Oliveto Maggiore
Pienza
Montepulciano
Arezzo
Città di Castello
Gubbio
Perugia
Assisi
Todi
Orvieto
28,5 km

Adresses circuit 17

R. Mattes / hemis.fr

Le dôme de Brunelleschi, le campanile de Giotto et la tour du Palazzo Vecchio, à Florence.

Jours 8 et 9

Poursuivez par **Pienza**, **Montepulciano**, deux cités charmantes qui méritent chacune une halte avant de remonter sur **Arezzo** où les fresques de Piero della Francesca, dans l'église de San Francesco, valent à elles seules le voyage. *Via* **Città di Castello**, vous irez ensuite à **Gubbio** dont les monuments romains et médiévaux s'étageant à flanc de colline en font l'une des plus jolies villes d'Ombrie. Poursuivez par **Pérouse** (Perugia) et sa ville haute édifiée au sommet d'une colline encore ceinte de fortes murailles.

Jours 10 et 11

Assise (Assisi) vous attend le matin. La ville, inscrite au Patrimoine mondial de l'Unesco, n'a guère changé depuis le Moyen Âge et sa basilique aux murs couverts de fresques attire toujours pèlerins et visiteurs. En vous dirigeant vers Rome, vous ferez encore deux haltes importantes dans les cités médiévales perchées de **Todi** et d'**Orvieto** dont la cathédrale serait l'une des plus belles d'Italie.

Les bonnes adresses de Bib

Firenze/Florence

Le Mossacce
V. del Proconsolo 55r (quartier du Duomo) - ✆ 055 294 361 - www.trattorialemossacce.it - fermé w.-end - 20/25 €. Assis à l'une de ces petites tables rapprochées, vous côtoyez autant des employés et des ouvriers, que des magistrats sortant du tribunal tout proche. Cuisine florentine savoureuse, à base de produits naturels : minestrone, ossobucco, ragoût à la florentine…

Orvieto

La Palomba
V. Cipriano Menente 16 - ✆ 0763 34 33 95 - 12h30-14h30, 19h30-22h30 - fermé merc. Deux salles joliment lambrissées pour goûter, aux côtés des nombreux habitués, aux trésors de la cuisine ombrienne. Utilisation exclusive de produits locaux : choisissez les yeux fermés, tout est délicieux !

Pisa/Pise

Osteria del Porton Rosso
V. del Porton Rosso 11 - ✆ 050 580 566 - www.osteriadelportonrosso.com - fermé dim. et 3 sem. en août. Dans les ruelles étroites de l'un des quartiers les plus typiques de Pise, un établissement modeste qui propose une cuisine régionale à base de spécialités du terroir et de la mer.

Gelateria de'Coltelli
Lungarno Pacinotti 23 - ✆ 345 48 11 903 - www.decoltelli.it. Au dire des Pisans, c'est LE glacier de la ville !

Siena/Sienne

Nannini
V. Banchi di Sopra 24 - ✆ 0577 23 60 09. Producteur du *panforte* le plus connu d'Italie, la maison a pris place dans cette coquette pâtisserie, qui fait également salon de thé.

Offices de tourisme

Firenze/Florence
www.firenzeturismo.it - Piazzale delle Cascine 21 - ✆ 055 27 68 806 ; 9h-19h ; V. Cavour 1 r - ✆ 055 290 832 - fermé dim. ; P.za San Giovanni 1 - ✆ 055 28 84 96 - fermé dim. apr.-midi ; P.za Stazione 5 - ✆ 055 212 245 - fermé dim. apr.-midi.

Perugia/Pérouse
Loggia dei Lanari - P.za Matteotti 18 - ✆ 075 57 36 458 - http://turismo.comune.perugia.it - 9h-14h, 15h-19h, dim. 9h-13h.

Siena/Sienne
P.za Duomo 1 - ✆ 0577 28 05 51 - www.terresiena.it.

Pour téléphoner en Italie :
00 39 puis le numéro du correspondant (avec le 0 pour les téléphones fixes, sans le 0 pour les portables)

Pour plus d'informations :
Carte Michelin Regional N° 563
Le Guide Vert Toscane Ombrie

Campings

Arezzo

Villaggio Le Ginestre
Loc. Ruscello 100 - 0575 36 35 66
De mars à déb. nov. - 2,2 ha (40 empl.)
borne : Gratuit - 4 - 29 €/j.
Loisirs :
Services : wifi
Emplacements spécifiques pour camping-cars.
GPS : E 11.79028 N 43.44972

Cecina

Le Tamerici
5 Via della Cecinella, Marina di Cecina - 0586 62 06 29
De mi-avr. à mi-oct. - 8 ha (130 empl.)
Tarif : 23 €
borne - - 7 €/j.
Loisirs :
Services : wifi
GPS : E 10.50996 N 43.29208

Pisa/Pise

Campeggio Torre Pendente
Viale delle Cascine 86 - 050 56 17 04
D'avr. à oct. - 2,5 ha (50 empl.)
Tarif : 37 €
borne -
Loisirs : diurne
Services : wifi
GPS : E 10.3831 N 43.7239

San Gimignano

Campeggio Il Boschetto di Piemma
Loc. Santa Lucia 38C - 0577 90 71 34
D'avr. à oct. - 6,5 ha (95 empl.)
Tarif : (Prix 2014) 9 € 5 €
borne - - 5 €/j.
Loisirs :
Services : wifi
GPS : E 11.05422 N 43.4534

Aires de service et de stationnement

Firenze/Florence

Parcheggio Gelsomino
Via del Gelsomino 11 - 055 36 33 62
Permanent
Borne : Gratuit
40 - 15 €/j.
Services : WC
GPS : E 11.24489 N 43.75251

Area Viale Europa
Viale Europa 219/221 - 055 50 30 22 09 - Permanent
Borne : Gratuit
198 - 30 €/j.
Services : WC
Aire clôturée, bus 23 A pour le centre-ville (15mn)
GPS : E 11.29857 N 43.75708

Gubbio

Area de Gubbio
Via del Bottagnone - Permanent
Borne : Payant
50 - 5 €/j.
Très belle aire, ombragée, clôturée, calme, centre historique à 1,8 km.
GPS : E 12.56472 N 43.35056

Livorno/Livourne

Parcheggio Stazione Marittima
Via Sant-Anna - 058 68 20 204
Permanent
Borne artisanale : Gratuit
10 - 24h - Gratuit
Services : WC
GPS : E 10.3036 N 43.5558

Lucca/Lucques

Aera per camper Il Serchio
Via del Tiro a Segno, 704 - Loc. Santa Anna - Permanent
Borne
70 - 25 €/j.
Services : WC
Aire clôturée et surveillée, à 800 m du centre historique.
GPS : E 10.486 N 43.85011

Aera sosta per Autocaravan
Via Gaetano Luporini - Permanent
Borne : 3 €
60 - 14 €/j. - Services :
GPS : E 10.48796 N 43.84015

Marina di Pisa

Area de Pisa (Marina di Pisa)
Lungarno Gabriele d'Annunzio - D'avr. à oct.
Borne artisanale : 5 €
153 - 12 €/j.
Services : WC
Piste cyclable jusqu'à la mer.
GPS : E 10.27831 N 43.67909

Orvieto

Area di Renzo Battistelli
Strada della Direttissima - 033 86 84 31 53 - Permanent
Borne artisanale
55 - 15 €/j.
Services : WC
À 50 m du funiculaire pour le centre-ville. Bruyante.
GPS : E 12.1274 N 42.72552

Perugia/Pérouse

Area di Perugia
Piazza Del Bové/Via Campo Di Marte - Permanent
Borne artisanale : 5 €
50 - 18 €/j.
Services : WC
Aire bruyante, sans charme, loin du centre historique, bien pour services.
GPS : E 12.38449 N 43.09789

Siena/Sienne

Area di Siena
Via Achille Sclavo - Parcheggio del Palasport - Permanent
Borne
100 - 20 €/j.
À 2 km de la ville, bus n° 4 et 7 pour le centre.
GPS : E 11.3174 N 43.33316

Todi

Area di Todi
Viale di Montesanto - Parking Orvietana - Permanent
Borne
22 - Payant - Services : WC
Parkingcommun aux cars, escalator gratuit pour le centre-ville.
GPS : E 12.40212 N 42.78127

De Rome aux Abruzzes, entre deux mers

Bien sûr Rome vous attend avec ses monuments antiques, ses fontaines et ses places animées à toute heure. Mais ce circuit au centre de l'Italie vous réserve aussi de belles pauses balnéaires, entre Adriatique et mer tyrrhénienne, et des échappées montagnardes vers des sommets magnifiques. Une Italie comme vous ne l'aviez sûrement pas imaginée.

➲ *Départ : Viterbo*
➲ *9 jours - 900 km*

Jour 1

Venant du nord, vous pourrez vous arrêter à **Viterbo** où il faut visiter la place San Lorenzo et son palais des papes, puis le quartier médiéval de San Pellegrino, à l'est de la cathédrale. Filez ensuite plein ouest vers **Tuscania**, vieux bourg médiéval puis vers **Tarquinia**. Sa ville ancienne ne manque pas de charme mais c'est surtout son Musée archéologique, l'un des plus riches d'Italie en objets d'art étrusque, qui justifie l'étape. **Civitavecchia**, important port où font halte les bateaux de croisière, ne présente guère d'intérêt si ce n'est pour les belles plages qui s'étirent au sud de la ville. La journée s'achèvera par un tour complet du **lac de Bracciano**, havre de paix à quelques kilomètres de Rome.

Jours 2, 3 et 4

Qui pourrait prétendre connaître **Rome** sans avoir vu le Colisée ? C'est donc de ce monument que vous partirez à la découverte de la « ville éternelle », en enchaînant par le forum romain et les Forums impériaux où se mêlent temples, colonnes, portiques et arcs de triomphe ; complétez votre visite par les thermes de Caracalla et pourquoi pas par les catacombes vers la via Appia Antica (hors de l'hypercentre). La Rome chrétienne s'illustre par de nombreux édifices religieux auxquels vous ne pourrez qu'associer la visite du Vatican. Comptez au moins une demi-journée pour la place et la basilique Saint-Pierre, et le musée du Vatican qui englobe les chambres de Raphaël et la chapelle Sixtine. Le lendemain, commencez par la place Campo dei Fiori où s'étale un marché authentique, poursuivez par le Panthéon et le quartier de la place Navona avec sa fontaine de Neptune, puis le palais Farnese (ambassade de France, réservation obligatoire). Au nord de la ville, vous découvrirez la place d'Espagne et ses monuments, la fontaine de Trevi et le domaine de la villa Borghese, sorte de poumon vert de la ville. Mais quel que soit votre programme, prévoyez de vous rendre en fin de journée au belvédère du Gianicolo (Janicule), à celui de l'Aventino ou encore à celui du Pincio. Vous bénéficierez alors d'un magnifique panorama sur la ville.

Jour 5

La découverte de Rome se poursuit logiquement par celle d'**Ostie** à l'embouchure du Tibre avec le site d'**Ostia Antica**. Accordez-vous ensuite une pause balnéaire sur les plages au sud avant d'aborder les **monts Albains** (Albani) où l'on produit un excellent vin blanc. Vous y verrez de belles demeures patriciennes et le fameux Castel Gondolfo, la résidence d'été des papes avant de rejoindre au nord la villa Adriana de **Tivoli**, élevée par l'empereur Adrien au 2e s., l'un des plus riches ensembles de l'Antiquité. N'oubliez pas de visiter aussi la Villa d'Este, splendide résidence construite par l'un des princes de l'Église, et dont les somptueux jardins sauront, une fois encore, vous surprendre.

Jour 6

Vous traversez aujourd'hui la chaîne des Apenins, soit par l'autoroute directe pour l'Aquila, soit par les nationales *via* Rieti. Dans les deux cas, **L'Aquila** ne sera qu'une halte rapide car la ville et ses environs fut gravement touchée par le tremblement de terre de 2009. On se consolera en rejoignant **Barisciano** et le superbe village médiéval fortifié de **Santo Stefano di Sessanio**. Poursuivez ensuite la route jusqu'à la S 17B qui grimpe sur le Campo Imperatore, un massif sauvage d'une grande beauté où paissent, en été, troupeaux de chevaux et de moutons. Rejoignez la S 80 pour descendre la belle vallée de Vomano qui plonge dans de magnifiques gorges… Vous passez par **Teramo** (voir sa cathédrale et l'amphithéâtre) pour atteindre la côte adriatique à **Guilianova.**

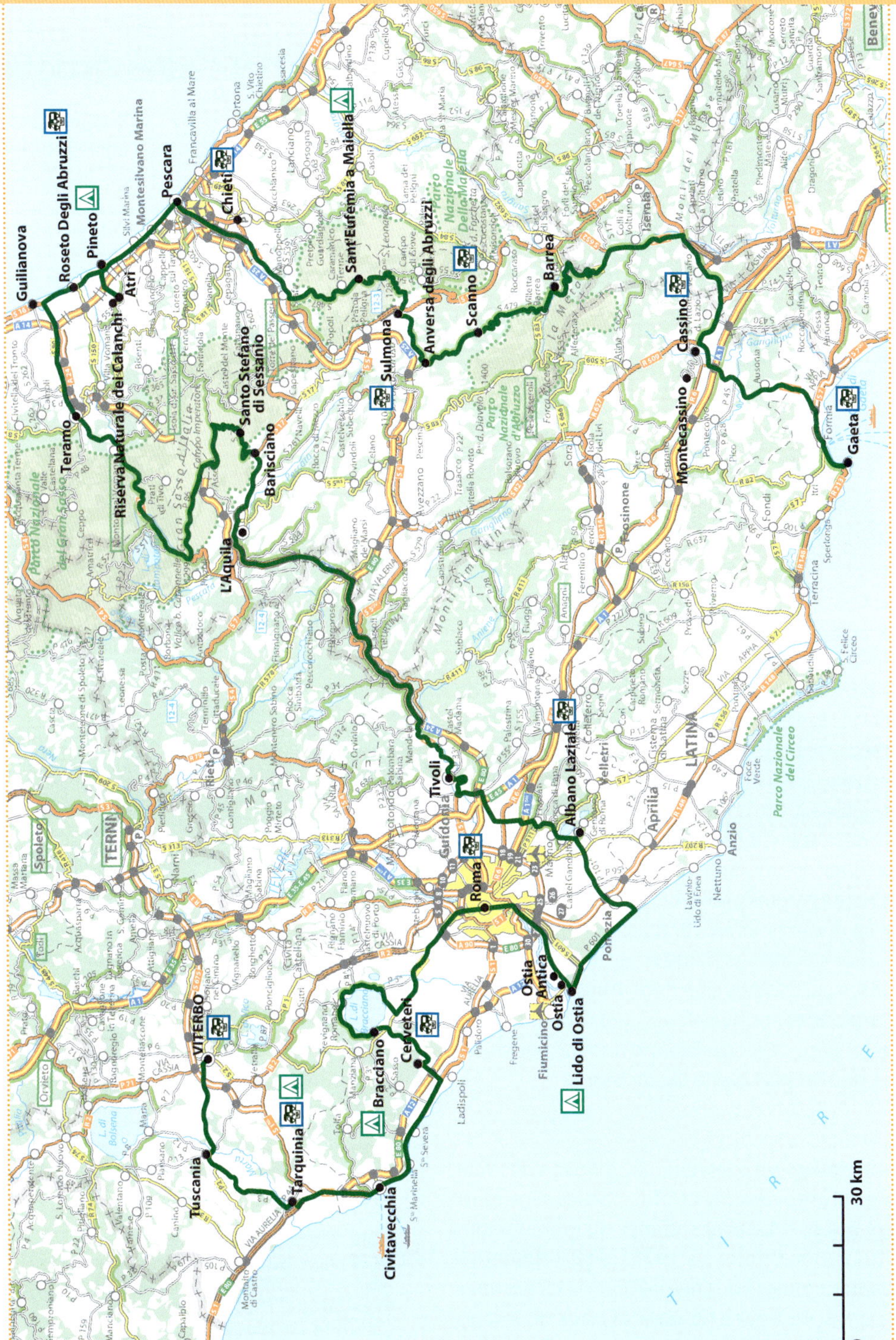
Guilianova
Roseto Degli Abruzzi
Pineto
Montesilvano Marina
Pescara
Chieti
Atri
Riserva Naturale dei Calanchi
Teramo
Sant'Eufemia a Maiella
Santo Stefano di Sessanio
Barisciano
L'Aquila
Sulmona
Anversa degli Abruzzi
Scanno
Barrea
Cassino
Montecassino
Gaeta
Tivoli
Roma
Albano Laziale
Ostia Antica
Lido di Ostia
Cerveteri
Bracciano
Civitavecchia
Tarquinia
Tuscania
VITERBO
Pomezia
Frosinone
LATINA
Aprilia
Anzio
0
30 km

J. Peral/ age fotostock

Garde Suisse, devant la basilique Saint-Pierre à Rome.

Jours 7 et 8

Après ce périple montagnard, profitez pleinement de la côte et des belles plages qui s'étendent de **Guilianova** à **Pescara**, ponctuées de temps à autre par des carrelets typiques (les *trabucchis*). Les curieux feront une petite escapade jusqu'à **Atri** pour découvrir la **réserve naturelle dei Calanchi**. De Pescara, retour vers la montagne en direction de **Sulmona**. Ceux qui n'ont pas peur des petites routes prendront la S 487 et passeront le col par la droite pour arriver à Sulmona, petite ville réputée pour ses ateliers d'orfèvrerie. Poursuivez par la S 479 qui, à partir d'**Anversa degli Abruzzi**, s'engage dans les profondes et sinueuses gorges du Sagittarion, puis vous longerez le **lac de Scanno** dominé par la ville du même nom et plus bas le **lac de Barrea**.

Jour 9

Après avoir traversé le parc national, dirigez-vous vers **Cassino** et **Montecassino** et plus particulièrement à l'abbaye qui se dresse au sommet du mont Cassin. Malgré les destructions de 1944, le site demeure remarquable comme l'annonce la route en lacets qui y mène. Le circuit s'achève à **Gaeta** et sa plage de Serapo qui retiendra les amateurs d'embruns et de sable chaud.

Les bonnes adresses de Bib

Pescara

Taverna 58
Corso Manthonè, 46 - ✆ 085 69 07 24 - www.taverna58.it - fermé vend. midi, sam. midi, dim. Une trattoria au cadre soigné, où la tradition gastronomique des Abruzzes donne vie à des plats goûteux et généreux. Visite des caves avec vestiges antiques.

Roma/Rome

Vecchia Locanda
Vicolo Sinibaldi, 2 - ✆ 06 68 80 28 31 - www.vecchialocanda.eu - tlj sf dim. 19h-23h. Établissement intime et soigné, dans une ruelle typique entre le largo Argentina et le Panthéon. Menu varié proposant notamment des pâtes fraîches maison et des *straccetti* de bœuf. Atmosphère « vieille Rome ». Tables dehors l'été.

Cuoco & Camicia
Via di Monte Polacco 2/4 - ✆ 06 88 92 29 87 - www.cuocoecamicia.it - fermé sam. midi et dim. La cuisine créative et savoureuse du chef Riccardo Loreni fait l'unanimité. Au déjeuner, ambiance bistro avec la proposition du jour présentée sur un grand tableau noir ; au dîner, carte de saison et éclairage aux chandelles. Tonnarelli (pâtes aux œufs) à la tomate et au thym avec crevettes et chapelure, tortellini de carbonara aux courgettes sautées…

Vicolo 88
Via dell'Orso 88 - ✆ 06 45 65 20 75 - www.vicolo88.it - 12h30-15h, 19h30-23h - fermé le midi et dim. - 20/30 €. Une petite salle intimiste et contemporaine, inspirée d'un décor de théâtre avec son grand rideau rouge mettant en scène la cuisine ouverte. Cuisine romaine soignée et généreuse : spaghetti cacio e Pepe (fromage pecorino et poivre), tranches de veau couvertes de jambon et de sauge…

Caffè Capitolino
Piazzale Caffarelli, 4 - ✆ 06 91 90 564 - 9h-19h - fermé lun. Sur la terrasse du palais Caffarelli, le bar des musées du Capitole vous propose des déjeuners, sandwichs, glaces ou simples rafraîchissements… et surtout une vue exceptionnelle sur les alentours.

Office de tourisme

Roma/Rome
✆ 06 06 08 - www.060608.it.
Plusieurs points Infos (TIP) sont répartis dans le centre historique (Castel Sant'Angelo, Minghetti, Fori Imperiali, Navona, Nazionale, Barberini, Tiburtina) et à l'aéroport - 9h30-19h.

Pour téléphoner en Italie :
00 39 puis le numéro du correspondant (avec le 0 pour les téléphones fixes, sans le 0 pour les portables)

Pour plus d'info :
Carte Michelin Regional 563
Le Guide Vert Italie du Sud

Campings

Bracciano

Porticciolo
Via Porticciolo - 06 99 80 30 60
D'avr. à sept. - 3,3 ha (170 empl.)
Tarif : 5 € 5 € - 2 €
borne : 2 € - - 5 €/j.
Loisirs : (plage) - Services :
wifi
GPS : E 12.18706 N 42.10589

Lido di Ostia

Camping Internazionale di Castelfusano
Via Litoranea - 06 56 22 33 04
Permanent - 4,5 ha (240 empl.)
Tarif : 7 € 3 € - 2,50 €
borne : Payant - - 3 €/j.
Loisirs :
Services : wifi
GPS : E 12.34037 N 41.7061

Pineto

Camping International Torre Cerrano
C. da Torre Cerrano - 085 93 06 39
De mai à fin sept. - 1,5 ha (240 empl.)
Tarif : 15 € - 2,50 €
borne : Payant -
Loisirs : - Services :
wifi
GPS : E 14.093 N 42.58138

Tarquinia

Campeggio Tuscia Tirrenica
Via delle Nereidi - 0766 86 42 94
D'avr. à oct. - 10 ha (480 empl.)
Tarif : (Prix 2014) 4 € 6 € - 1 €
borne - - 6 €/j.
Loisirs :
Services : wifi
GPS : E 11.6999 N 42.23058

Sant' Eufemia a Maiella

Agricampeggio Colle dei Lupi
Contrada S.Giacomo - 085 92 03 66
D'avr. à sept. 3,6 ha (40 empl.)
borne -
Loisirs :
Services :
GPS : E 14.02285 N 42.1178

Aires de service et de stationnement

Albano Laziale

Aera dei Albano Laziale
Piazza Guerucci - Permanent
Borne : Gratuit
P - Gratuit
Services : WC
À côté de la poste et des terrains de sport.
GPS : E 12.65244 N 41.73195

Cassino

Area de Cassino
Via Agnone 5 - parking Europa - de la gare FS - 077 62 20 59 - Permanent
Borne : 8 €
20 P - 8 €/j.
Services : WC
Aire bruyante, éclairée, à proximité du centre-ville.
GPS : E 13.83722 N 41.48287

Cerveteri

Area di Cerveteri
Via Furbara-Sasso - SP 1 bis km 4, 100 - 0339 69 87 645 - Permanent
Borne : 2 €
30 P - 10 €/j.
Services : WC
Aire agréable, calme, ombragée.
GPS : E 12.03358 N 42.03109

Chieti

Area Sangro est
A 14 Bologna-Taranto
Permanent
Borne : Gratuit
50 P - Gratuit
GPS : E 14.15551 N 42.34668

Gaeta

Playa Colorada
Via Flacca km 21,657 - 0342 60 27 745 - Permanent
Borne artisanale
30 P - 30 €/j.
Services : WC
Aire gardée, éclairée, plage privée.
GPS : E 13.50282 N 41.22794

Roma/Rome

Area di Roma
Via Casilina 700 - Permanent
Borne
P - 17 €/j.
Services :
Aire agréable, calme et gardée.
GPS : E 12.55555 N 41.87583

Roseto degli Abruzzi

Area del Ristorante Romeo
Via degli Orti 3 - Permanent
Borne
40 P - 20 €/j.
Services : WC
Belle aire sécurisée, plage à 800 m.
GPS : E 13.981 N 42.7229

Scanno

Parcheggio de Scanno
SR 479 - Permanent - 10 P - Gratuit
À 400 m du lac.
GPS : E 13.86573 N 41.924

Sulmona

Area di Sulmona
Via lapasseri
Borne : Payant
P - 5 €/j.
GPS : E 13.9239 N 42.05306

Tarquinia

Parking San Francesco
Via Porta Tarquinia - Permanent
Borne
10 P - illimité - 3 €/j.
Services :
GPS : E 11.7606 N 42.2534

Viterbo

Area di Viterbo
C/o Agricampeggio Paliano - Str. Pian di Tortora - 076 11 89 01 03
Permanent
Borne eurorelais
P - 15 €/j.
Services : WC
À proximité du centre-ville.
GPS : E 12.08602 N 42.39348

Vues sur mer en Sardaigne

Si la Sardaigne est italienne, ses villes ne peuvent rivaliser avec celles qui foisonnent sur le continent. En revanche, son littoral, ses criques, ses plages et ses paysages n'ont rien à lui envier et pourraient même lui faire envie tant ils sont préservés. Si vous suivez notre circuit vous verrez l'essentiel et si vous aimez la nature vous trouverez là un paradis.

➲ *Départ : Olbia*
➲ *12 jours - 1 100 km*

Jour 1

Après une traversée en provenance de Livourne, vous débarquez à **Olbia**, agréable petite ville que vous ne pourrez quitter sans voir sa basilique San Simplicio et le musée Citadino posé sur un îlot où sont exposées des épaves de navires romains. Remontez la côte vers le nord où s'étire la costa Esmeralda, réputée pour ses plages de sables blancs (très fréquentées en été). Vous passez par **Porto Rotondo**, la station la plus huppée de Sardaigne avec **Porto Cervo** et ses criques parsemées de granit rose. Montez ensuite à **San Pantaleo**, célèbre pour son artisanat et ses vues sur le littoral.

Jours 2 et 3

Aux alentours d'**Arzachena**, vous visiterez les « tombes de géants » (accès libre), monuments funéraires datant de 1800-1600 av. J.-C. L'île recèle des centaines de vestiges de ce genre. De **Palau**, consacrez une journée à la découverte de l'**île de la Maddalena** (prenez vos vélos ou louez un scooter sur place ; traversée 15mn environ). Admirez le port de Cala Gavetta et la route en corniche qui offre de superbes panoramas. Sur la côte sarde, granits gris et roses se partagent l'extrême nord où se succèdent criques, caps et plages vers **Santa Teresa Gallura** et le magnifique **Capo Testa**.

Jours 4 et 5

Dirigez-vous au sud vers **Tempio Pausania** aux austères maisons de granit gris, puis montez par une route en lacets au milieu d'une forêt dense parsemée de rochers jusqu'au **Punta Balistreri** culminant à 1 350 m d'altitude : là vous attend un panorama à 360°. Redescendez par **Oschiri** et **Sassari**. Au passage, découvrez les superbes églises romanes de **Sant Antioco di Bisarcio** puis la merveille, la **Santissima Trinità di Saccargia**. **Sassari**, deuxième ville de Sardaigne, mérite que l'on s'y arrête pour son centre médiéval, serré autour de la cathédrale San Nicola. La piazza d'Italia et le corso Vittorio Emanuele II en sont les lieux les plus animés.

Jours 6 et 7

Dirigez-vous vers **Porto Torres** (voir sa basilique San Gavino) et montez jusqu'à **Stintino** où foisonnent les plages dans un décor de rêve. Poursuivez vers le **cap del Falcone** avant de descendre sur **Alghero** en passant par le **cap Caccia** et la grotte de Neptune avec son lac marin. Charmant petit port, Alghero est ceinturé par les oliviers, les eucalyptus et les pins parasols. Ne manquez pas le tour des remparts et sa cathédrale. Direction plein sud par la route côtière qui offre de beaux panoramas jusqu'à **Bosa**, l'une des plus charmantes cités de Sardaigne couronnée d'un château fort. À ses pieds, un enchevêtrement de ruelles, d'arcades et de placettes s'étend à flanc de colline où les femmes perpétuent sur leur pas de porte le travail de la dentelle traditionnelle.

Jours 8 et 9

Plus au sud, vers **Oristano**, visitez la cité punico-romaine de **Tharros** et profitez de la superbe plage de **Punta is Arutas**. Toujours au sud, après **Terralba**, empruntez les petites routes pour découvrir la Costa Verde et la plage de **Piscinas** qui prend des allures de Sahara sarde avec des dunes de 60 m de haut. La vieille ville d'**Iglesias** vous retiendra 2 à 3h avant de rejoindre **Cagliari**, capitale de l'île, une ville d'aspect moderne, dotée d'un port actif. Elle a conservé néanmoins un cœur ancien chaleureux et coloré à l'intérieur de fortifications élevées au 13e s. par les Pisans. Église, couvent, basilique et cathédrale… la ville compte nombre de monuments à découvrir et n'oubliez pas la Terrazza Umberto I, d'où l'on jouit d'une vue admirable sur la ville, le port et le golfe.

Jour 10

La côte sud-est étant peu accessible, vous filez aujourd'hui vers l'intérieur en remontant sur **Monastir** puis **Sanluri** et plus au nord sur **Barumini** où

0
30 km
Bonifacio
Santa Teresa Gallura
Capo Testa
La Maddalena
Arcipelago della Maddalena
Palau
Porto Cervo
Arzachena
San Pantaleo
Porto Rotondo
Isola Asinara
Capo del Falcone
Stintino
Castelsardo
Tempio Pausania
OLBIA
Porto Torres
Punta Balistreri
Capo Coda Cavallo
Sassari
Santissima Trinità di Saccargia
Oschiri
Sant Antioco di Bisarcio
Posada
La Caletta
Capo Caccia
Alghero
Cala Liberotto
Galtelli
Orosei
D E G N A
Bosa
Nuoro
Dorgali
Cala Gonone
Cuglieri
Golfo di Orosei
Parco Nazionale del Golfo Orosei e del Gennargentu
Punta is Arutas
Oristano
Arbatax
Tortolì
Tharros
Lanusei
Gairo Sant'Elena
Ussassai
Barumini
Sanluri
Costa Verde
Piscinas
Buggerru
Monastir
Iglesias
Carbonia
Cagliari
Quartu S. Elena
Golfo di Cagliari
Villasimius

Adresses circuit 19

M. Natale / Fotolia.com

Cagliari : la ville basse, Rione Marina, et la ville fortifiée, Rione Castello.

l'on trouve les vestiges nuragiques (de la période des âges du bronze et du fer) les plus intéressants de Sardaigne. Ce fabuleux site préhistorique est classé au Patrimoine mondial de l'Unesco. Vous reviendrez vers le littoral par Serri d'où la S 198, belle et sinueuse, vous conduira vers de charmants villages comme **Ussassai** et **Gairo Sant'Elena** aux allures brésiliennes. Passé **Lanusei** puis **Tortoli**, vous arrivez au port d'**Arbatax** et ses magnifiques rochers de porphyres rouges.

Jours 11 et 12

Si vous voulez profiter des plages, optez pour celle de **Lotzorai** car, plus au nord, la S 125 prend de l'altitude (nombreux petits cols et belvédères) et longe une zone protégée par le parc national du golfe d'Orosei. Les plages y sont sauvages et superbes mais accessibles seulement par navette depuis **Cala Gonone** (à l'est de **Dorgali**). Poursuivez la côte par **Orosei** et faites un crochet par **Galtelli** pour découvrir l'un des bourgs médiévaux les mieux conservés de l'île. **Cala Liberotto**, **La Caletta** et **Posada**, sont autant de belles plages et jolis villages qui précèdent le **cap Coda Cavallo** et **Olbia** pour un retour sur le continent.

Les bonnes adresses de Bib

Arbatax

Arbatasar
Via Porto Frailis 11 - ✆ 078 265 18 00 - www.arbatasar.it - P - fermé nov.-fév. - 25/35 €. Cuisine traditionnelle de poisson et spécialités méditerranéennes à déguster dans un cadre simple et élégant. Très bonne cave.

Cagliari

Lillicu
V. Sardegna 78 - ✆070 652 970 - 30 €. Toujours plein, bien situé, un établissement typiquement cagliaritain. D'un côté, la mer avec moules et *risotti* du pêcheur, de l'autre la montagne avec de bons fromages sardes.

Caffe Libarium Nostrum
V. Santa Croce 33/35 - ✆ 346 522 02 12 - tlj sf lun. (sf l'été) 7h30-2h. Très fréquenté, élégant et panoramique. Une adresse agréable et une terrasse idéale pour siroter un cocktail en admirant le coucher du soleil.

Olbia

Trattoria Da Sara
V. Tirso 5 - ✆ 078 958 584 - - 20-25 €. Savoureuse cuisine de poisson frais préparée avec simplicité. Mention spéciale à la soupe de poisson et aux fritures.

Zhanto
V. delle Terme 1 - ✆ 078 92 56 74 - tlj sf dim. Dans le centre historique d'Olbia, une adresse d'un bon rapport qualité-prix fréquentée par les habitants du quartier.

Offices de tourisme

Cagliari
Palazzo Comunale - via Roma n. 145 - ✆ 338 64 98 498 ou 070 67 77 397 - www.cagliariturismo.it - 8h-20h.

Olbia
Via A. Nanni 43 - ✆ 078 955 77 32 - www.olbiatempioturismo.it

Alghero
Piazza Porta Terra 9 - ✆ 079 97 90 54 - www.alghero-turismo.it - lun.-sam. 8h-20h, dim. 10h-13h (sf. nov.-mars), j. fériés 10h-13h, 17h-20h.

Pour téléphoner en Italie :
00 39 puis le numéro du correspondant (avec le 0 pour les téléphones fixes, sans le 0 pour les portables)

Pour plus d'informations :
Carte Michelin Local N° 366
Le Guide Vert Sardaigne

Campings

Alghero

Camping La Mariposa
Via Lido 22 - 079 95 04 80
De mi-avr. à mi-oct. - 4 ha (256 empl.)
Loisirs : , excursions organisées animations
Services : wifi
Bord de mer.
Tarifs dégressifs hors saison.
GPS : E 81.844 N 40.3445

Arbatax

Campeggio Telis
Porto Frailis - 0782 66 71 40
Permanent - 3 ha (189 empl.)
Tarif : (Prix 2014) 8 € 9 € - 3 €
borne : Payant - 9 €/j.
Loisirs : nocturne (discothèque) (plage)
Services : wifi
Location de canoës.
GPS : E 9.70687 N 39.92497

Olbia

Villaggio Camping Cugnana
Cugnana - 0789 33 184
De mai à sept. - 5,5 ha (180 empl.)
Tarif : 7 € 4 € - 4 €
borne : 4 € - 4 €/j.
Loisirs : diurne (excursions organisées)
Services : wifi lave-vaisselle
GPS : E 9.50504 N 41.00504

Palau

Camping Acapulco
Località Punta Palau - 0789 70 94 97
De mars à mi-oct. - 17 ha (90 empl.)
borne : Payant - 12 €/j.
Loisirs :
Services : wifi
Bord de mer.
GPS : E 9.37718 N 41.18643

Aires de service et de stationnement

Alghero

Area Paradise Park
SS 127 bis - Le Bombarde - près de la plage - 079 93 60 33
De juin à sept.
Borne
100 P - 22 €/j.
Services :
Sécurisée, ombragée très agréable, plage à 300 m, bus pour la ville.
Tarifs dégressifs hors saison.
GPS : E 8.25557 N 40.59088

Bosa

Area di Bosa
S'Abba Druche Spiagge - SP 49 Alghero-Bosa -
De juin à sept.
Borne artisanale : 5 €
P - 20 €/j.
Services :
Au bord de la plage, rustique.
GPS : E 8.47353 N 40.3165

Buggerru

Area Terrazze
Accès Via Marina, au bout du port -
Permanent
Borne artisanale : 5 €
70 P - 24h - 20 €/j.
Services :
Calme, proche du port, vue exceptionnelle sur la plage et le bassin.
GPS : E 8.40124 N 39.40215

Cagliari

Camper Cagliari Park
Via Stanislao Caboni 13 -
Permanent
Borne : 10 €
150 P - 16 €/j.
Services :
Aire clôturée et gardée, à proximité de la ville (15mn à pied).
GPS : E 9.12785 N 39.21055

Cuglieri

Area sosta di Cuglieri
SS 292 - KM 109 - Loc. Torre del Pozzo - 078 53 80 58
Permanent
Borne
P
Services :
Bord de mer.
GPS : E 8.49444 N 40.07084

Dorgali

Area Palmasera
Via Del Bue Marino - Località Cala Gonone -
De mi-avr. à sept.
Borne artisanale
P - 30 €/j.
Services :
Aire clôturée, sécurisée, ombragée, proximité plage et village.
GPS : E 9.62994 N 40.27952

Oristano

Area Torre Grande
Via Stella Maris 8 - 034 60 83 10 60
Permanent
Borne
P - 20 €/j.
Services :
À 150 m de la mer.
GPS : E 8.51946 N 39.90811

Stintino

Area la Pineta
SP 34 Torres Stintino, km 22 - 0347 08 81 433
Borne artisanale
P - 21 €/j.
Services :
Petite entrée au niveau de la pizzeria Perla del Golfo. L'aire est derrière.
GPS : E 8.23691 N 40.86918

Tortoli

Area Camper Baia Cea
Via delle Rondini - Spiaggia di Cea - 0339 88 48 960
De mai à sept.
Borne : 7 €
P - 25 €/j.
Services :
GPS : E 9.68035 N 39.86874

Trésors de la côte napolitaine et des Pouilles

« Voir Naples et mourir », dit le dicton. Et de fait, la ville née voici 2000 ans, entourée de volcans et de sites archéologiques majeurs face à une baie et des îles magnifiques, compte au nombre des cités les plus authentiques et surprenantes d'Italie. Il faudra pourtant lui tourner le dos pour explorer l'étrange beauté des Pouilles et de la côte adriatique.

➲ Départ : Caserta
➲ 10 jours - 980 km

Jour 1

Avant d'atteindre **Naples** (Napoli), arrêtez-vous à **Caserta** où se trouve le Palazzo Reale, l'un des plus vastes palais baroques d'Italie. Il ne compte pas moins de 1 000 pièces et appartements luxueusement décorés. Poursuivrez par la petite cité médiévale de **Caserta Vecchia** avant de découvrir la basilique de **Sant'Angelo In Formis**, un chef-d'œuvre du Moyen Âge. L'après-midi gagnez la côte pour profiter des plages ou visiter à **Pozzuoli** l'amphithéâtre Flavio. Bien conservé, il accueillait 40 000 spectateurs et ses souterrains sont demeurés intacts. En fin de journée, établissez votre camp de base à **Naples**, soit en terrain de camping, soit sur une aire de stationnement gardée, car la ville ne se visite qu'à pied.

Jours 2 et 3

Bruyant, décrépi et relativement pauvre, le centre historique de **Naples** est à la fois déroutant et fascinant. Le premier jour, marchez longuement dans le quartier Spaccanapoli qui épouse le tracé de la cité antique (entre la place Monteoliveto et la place Dante), regorgeant de ruelles typiques, d'églises et de palais où s'expriment toute la vie et la gouaille napolitaine. Après le déjeuner, vous irez à pied jusqu'au musée Archéologique national, l'un des plus riches du monde, une visite impérative en préambule de la découverte dans les jours suivants des sites d'Herculanum et Pompéi. Le deuxième jour, aventurez-vous avec discrétion dans le quartier de Spagnoli (à éviter le soir) puis montez par le funiculaire au couvent de San Martino. L'après-midi, partez à la découverte du Lungomar. Autrefois tranquille village de pêcheurs, c'est aujourd'hui un des quartiers les plus vivants de la ville, avec une agréable promenade en bord de mer; prolongez votre balade jusqu'au pittoresque port de Santa Lucia et son castel dell'Ovo. Avec une journée supplémentaire, vous pouvez envisager une excursion sur la magnifique **île d'Ischia** surnommée l'île Verte en raison de sa luxuriante végétation (bus ou location de scooter au débarcadère) ou sur la plus modeste mais très authentique **île de Procida**.

Jours 4 et 5

Pour les 2 prochains jours qui s'annoncent très riches en visites, établissez un nouveau camp de base au pied du **Vésuve**. Commencez par une montée au célèbre volcan, toujours actif, et admirez le panorama sur la baie de Naples (des visites organisées permettent d'approcher le cratère de façon plus spectaculaire). Vous consacrerez ensuite 2 à 3h à la découverte d'**Herculanum**. Vu l'ampleur et la richesse du site de **Pompéi**, prévoyez d'y passer une journée entière (dès l'ouverture à 8h30) pour admirer les fresques de la maison des Vettii, la villa des Mystères et les thermes de cette ville somptueuse ensevelie en 79 apr. J.-C. par une éruption du Vésuve. Attention en fonction des périodes de restauration, certaines maisons peuvent être fermées.

Jour 6

Passé **Castellammare di Stabia** (funiculaire pour le panorama du Monte Faito), gagnez **Sorrente** et sa presqu'île. Sur une trentaine de kilomètres, la route sinueuse dégage des vues panoramiques sur la côte Almafitaine et les collines couvertes d'oliviers, d'orangers et de citronniers. Après **Salerno**, longez le littoral bordé de longues plages de sable jusqu'à **Paestum** où vous irez admirer le site antique avec ses temples de Neptune et de Cerere au milieu des cyprès et des lauriers-roses.

Jours 7 et 8

Cap à présent vers la mer Adriatique et les Pouilles via **Potenza**. Halte obligatoire à **Matera** classé au Patrimoine mondial de l'Unesco pour ses églises rupestres et ses « Sassi », l'exemple le mieux préservé d'habitations troglodytiques en Méditerranée. Passant par **Bari**, vous ne manquerez pas de voir la basilique San Nicola avant de profiter

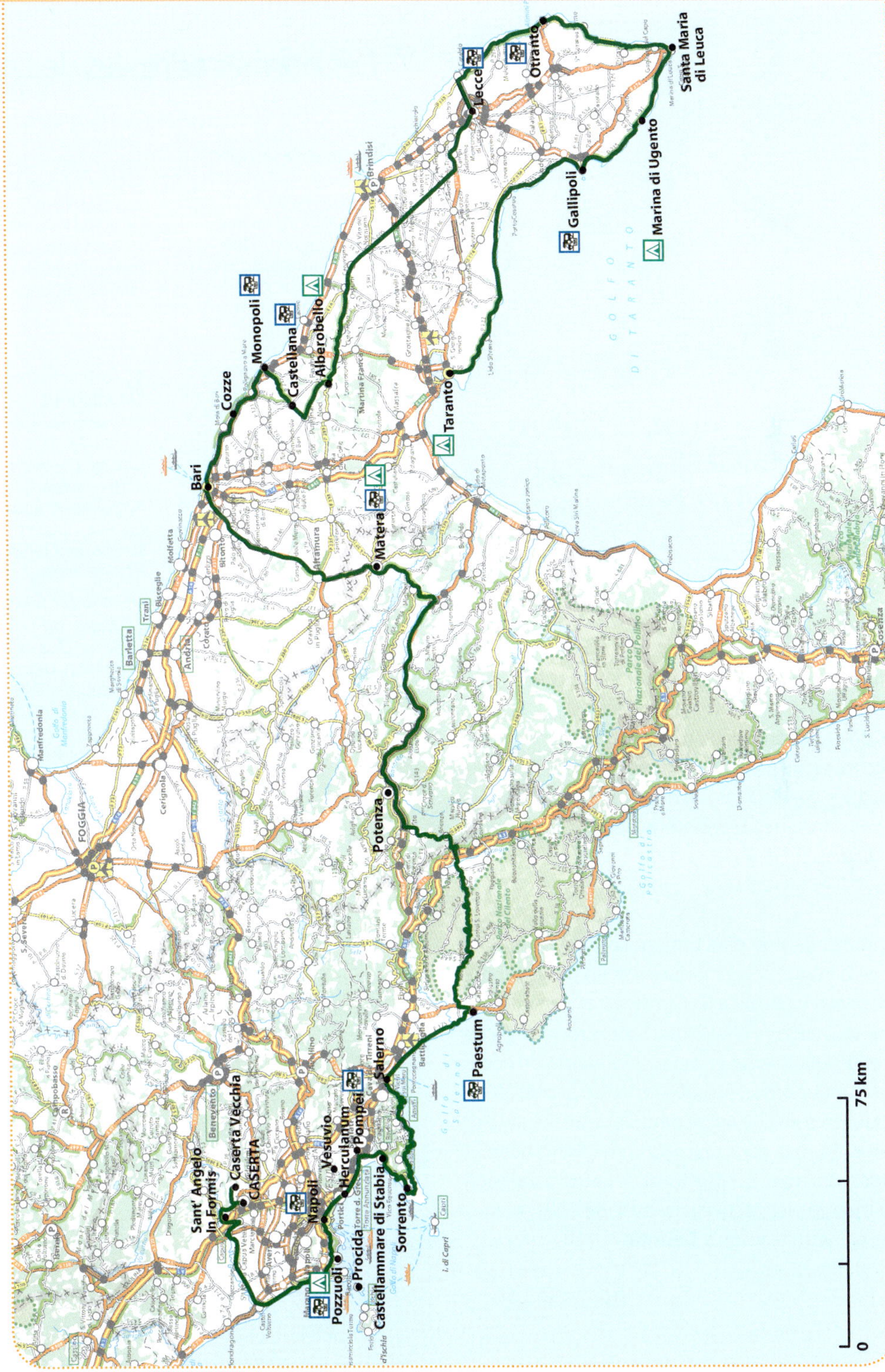
Sant' Angelo In Formis
Caserta Vecchia
CASERTA
Napoli
Vesuvio
Herculanum
Pompei
Pozzuoli
Procida
Castellammare di Stabia
Sorrento
Salerno
Paestum
Potenza
Matera
Bari
Cozze
Monopoli
Castellana
Alberobello
Taranto
Brindisi
Lecce
Otranto
Santa Maria di Leuca
Marina di Ugento
Gallipoli
FOGGIA
Golfo di Taranto
0
75 km

DEA / A. Dagli Orti / age fotostock

Peinture murale dans une maison de Pompéi.

des petites plages qui émaillent la côte sud entre **Cozze** et **Monopoli**. Revenez un peu dans les terres vers **Castellana** pour visiter ses superbes grottes aux concrétions très spectaculaires, puis à **Alberobello** où se dressent les fameuses Trulli, petites maisons aux toits coniques de pierres sèches, caractéristiques des Pouilles. On en compte 1 400 dans le bourg et vous en verrez de nombreuses tout au long de la vallée d'Itria.

Jours 9 et 10

Évitez Brindisi et gagnez directement **Lecce** surnommée la « Florence baroque ». Ses monuments en pierre tendre couleur de miel ont permis à des artistes d'exprimer toute leur fantaisie à l'image de la basilique Santa Croce, du palais Vescovile et du Duomo qui prennent des allures de décor de théâtre. Longez ensuite toute la côte de la presqu'île, par une route en corniche qui se déroule entre **Otranto** et **Santa Maria di Leuca** dans un maquis méditerranéen et des paysages sauvages. La côte ouest de **Leuca** à **Gallipoli** (50 km) se montre plus accueillante avec de belles plages qui s'égrainent ensuite jusqu'à **Taranto.**

Les bonnes adresses de Bib

Lecce

Trattoria Casareccia Le Zie
Via Costadura, 19 - ✆ 0832 24 51 78 - www.lezietrattoria.com. Une *trattoria* d'autrefois, où l'on a l'impression de pénétrer dans la salle à manger d'une connaissance.
La gastronomie, pas spécialement fine, consacre une tradition culinaire de plus de 60 ans (savoureux mélange d'antipasti maison). On ressort de l'établissement le sourire aux lèvres, signe d'une soirée réussie.

Matera

Ristorante Il Terrazzino
Vico San Giuseppe, 7 - ✆ 0835 33 41 19 - www.ilterrazzino.org - 12h-15h, 19h-0h - 16/35 €. Ce restaurant possède une terrasse qui offre une vue superbe sur les Sassi. Goûtez les délicieuses *orecchiette al tegamino* (pâtes fraîches, tomates, mozzarella et boulettes de viande), *foglie d'ulivo* (pâtes fraîches maison en forme de feuille d'olivier) et viandes grillées.

Napoli/Naples

Antica Pizzeria Da Michele
V. Cesare Sersale, 1/3 - ✆ 081 55 39 204 - fermé dim. et 3 sem. en août - 5/10 €. Une adresse populaire et authentique, où les amateurs de pizza se donnent rendez-vous à toute heure.

Gran Caffè Gambrinus
V. Chiaia, 1/2 - ✆ 081 41 75 82. Le plus célèbre café napolitain. Depuis plus de 150 ans, ces salles décorées avec faste sont témoins des principaux événements de l'histoire de Naples.

Offices de tourisme

Lecce
Piazza del Duomo, 2 - ✆ 0832 52 18 77 - www.infolecce.it - 9h30-13h30, 15h30-19h30.

Napoli/Naples
V. San Carlo, 9 - ✆ 081 40 23 94 - www.inaples.it
P.za del Gesù 7 - ✆ 081 55 12 701.
lun.-sam. 9h30-18h30 (18h en hiver), dim. 9h30-13h30 (13h en hiver) - fermé 13h30-14h30 (13h-14h en hiver).

Pompéi
V. Sacra, 1 - ✆ 081 85 07 255 - www.prolocopompei.it.

Pour téléphoner en Italie :
00 39 puis le numéro du correspondant (avec le 0 pour les téléphones fixes, sans le 0 pour les portables)

Pour plus d'informations :
Carte Michelin Regional N° 564
Le Guide Vert Italie du Sud

Campings

Alberobello

Camping Bosco Selva
Via Bosco Selva 27 - 080 43 23 726
Permanent - 1,2 ha (40 empl.)
Tarif : 23 €
Loisirs : - Services :
GPS : E 17.23591 N 40.77888

Marina di Ugento

Riva di Ugento
Litoranea Gallipoli - 0833 93 36 00
De mi-mai à mi-oct. - 33 ha (1000 empl.)
borne - - 21 €/j.
Loisirs : diurne
Services : wifi
Bord de mer.
GPS : E 18.14008 N 39.87555

Matera

Campeggio Azienda Agritur. Masseria del Pantaleone
C. da Chiancalata 27 - 0835 33 52 39
Permanent - 1,5 ha (30 empl.)
borne : Payant - 15 - 10 €/j.
Loisirs : - Services :
GPS : E 16.60776 N 40.65298

Pozzuoli

Campeggio Int. Vulcano Solfatara
Via Solfatara 161 - 081 52 67 413
Permanent - 3 ha (120 empl.)
Loisirs : - Services :
wifi
Bus en face, métro à 800 m.
GPS : E 14.13539 N 40.8277

Taranto

Santomaj
V. le delle Margherite - 099 53 32 275
Permanent - (150 empl.)
Tarif : 18 €
borne
Loisirs :
Services :
GPS : E 17.29007 N 40.38136

Aires de service et de stationnement

Castellana

Area de Castellana Grotte
Via Matarrese - Permanent
Borne
P - 5 €/j.
Sécurisée, calme et ombragée.
GPS : E 17.15145 N 40.87557

Gallipoli

Area de Gallipoli c/o Agricamper Torre Sabea
Litoranea per Santa Maria al Bagno - Permanent
Borne
P - 18 €/j.
Services : WC
GPS : E 18.00661 N 40.07488

Lecce

Oasi Camper Park
Via Adriatica - km 2 - Permanent
Borne : 15 €
P - Gratuit
Services : WC
GPS : E 18.16552 N 40.38647

Matera

Area de Matera - Agriturismo Masseria del Pantaleone
Contrada Chiancalata 27 - Permanent
Borne : 2 €
13 P - 12 €/j.
Services : WC
Ombragée. Bus à 700 m pour le centre-ville.
GPS : E 16.60751 N 40.65268

Monopoli

Area de Monopoli
Lido Millenium - Località Capitolo - De mi-avr. à sept.
Borne
55 P - 20 €/j.
Services : WC
GPS : E 17.35132 N 40.90276

Napoli/Naples

Area Parcheggio Patry
Via Nuove Poggioreale 120 - 081 58 41 437
Permanent
Borne : Gratuit
24 P - illimité - Payant
GPS : E 14.2943 N 40.8678

Area Sosta del Sole
Via antica di chiaiano 1/a
Permanent
Borne artisanale
P - 20 €/j.
Services : WC
Bien située, aire sécurisée, bus à 100 m pour le centre-ville
GPS : E 14.21913 N 40.89938

Otranto

Oasi Park
Via Renis - 083 680 22 26
Permanent
Borne
50 P - 18 €/j.
Services : WC
GPS : E 18.48926 N 40.13783

Paestum

Area della Fattoria del Casaro
Via Nettuno
De mai à oct.
Borne : 3 €
28 P - 12 €/j.
Services : WC
Face à l'entrée de la zone archéologique des temples.
GPS : E 15.00488 N 40.41549

Pompéi

Area di Pompei
Via Plinio 98 - Permanent
Borne
12 P - Gratuit
Services : WC
Bus pour la ville.
GPS : E 14.4874 N 40.74645

Pozzuoli

Area privata per camper- Castagnaro parking
Via Vicinale del castagnaro - 081 526 75 45 - Permanent
Borne : 5 €
30 P - 18 €/j.
GPS : E 40.86982 N 14.12159

Merveilles du Sud : de la Calabre à la Sicile

Connaissez-vous la Calabre ? Son territoire est certes méconnu mais vraiment digne d'intérêts car, entre son haut plateau de Sila et son littoral échancré, il offre des sites remarquables et des paysages à couper le souffle. Un émerveillement qui se poursuivra par un grand tour de Sicile, la plus grande et l'une des plus belles îles de Méditerranée.

➲ *Départ : Cosenza*
➲ *14 jours - 1 300 km*

Jours 1 et 2

Nichée en plein cœur de la Calabre, **Cosenza** est une petite ville dont le centre historique témoigne d'une ancienne prospérité avec son artère principale, le Corso Telezio, qui s'achève par un beau jardin public. Partez ensuite en excursion dans les montagnes vers le plateau de la Sila, véritable joyau aux allures de pays nordique avec des forêts de chênes, de pins, de châtaigniers et de mélèzes. Montez-y par la S 107 et admirez le lac de **Cecita o Mucone**, puis celui d'**Arvo** et enfin le lac de **Ampollino** qu'une route contourne. Au passage, visitez la réserve naturelle des pins géants de Fallistro. Redescendez par **Nicastro** pour rejoindre la côte qu'il faut longer vers le sud. Bordé de montagnes, ce littoral alterne falaises, caps vertigineux, cités dressées sur des promontoires, multipliant les sites remarquables et les stations réputées : **Pizzo** surplombant le golfe Sant'Eufemia ; **Vibo Valentia** aux ruelles étroites bordées d'escaliers et de palais ; **Tropea** entourée de falaises en à-pic ; le **cap Vaticano** et son panorama superbe ; **Palmi** et son port de pêche ; **Scilla** et son faubourg des pêcheurs (chianalea)… Vous arrivez ainsi à **Reggio de Calabre** d'où vous embarquerez pour la **Sicile.**

Jours 3 et 4

Vos premiers pas en Sicile se feront à **Messine** où vous verrez rapidement la piazza Duomo, le Duomo et le Musée régional avec ses œuvres du Caravage. Longez la côte nord par **Milazzo** et sa péninsule (voir la citadelle, le château et le cap très spectaculaire). Poursuivez par les villages côtiers, **Tindari** et ses beaux points de vue, le **cap d'Orlando** et un crochet par le panorama de **Naso**, le belvédère de **San Marco d'Alunzio.** À **Santo Stefano di Camastra**, faites un détour dans les terres par les beaux villages de **Mistretta**, **Nicosia** à 700 m d'altitude, **Enna** dans un site superbe, et le bourg médiéval de **Castelbuono.** Vous gagnez ainsi **Cefalù**, charmante petite ville de pêcheurs installée dans un site incomparable, où se dresse une splendide cathédrale.

Jours 5 et 6

Palerme vous séduira par sa beauté éclectique. Après des décennies d'abandon, le magnifique centre historique reprend vie, les monuments sont patiemment restaurés. Consacrez une journée à la visite de la chapelle Palatine, l'église de la Martorana, le palais Abatellis et le théâtre Massimo. Le deuxième jour, au sud de la ville, allez admirer les magnifiques mosaïques du Duomo, la cathédrale de **Monreale** (mosaïques exceptionnelles). Par **Alcamo**, vous gagnerez le site majestueux de **Ségeste** et son temple dorique, puis **Erice**, spectaculaire nid d'aigle médiéval.

Jours 7 et 8

Gagnez **Trapani** et, après avoir visité la ville et son pittoresque marché aux poissons (le matin), suivez la P 21 bordée par les marais salants jusqu'à **Marsala**. Continuez vers le sud-est pour atteindre **Mazara del Vallo**, petit bout de Maghreb avec son port-chenal grouillant de bateaux et de monde. Par **Castelvetrano**, poursuivez vers l'ancienne cité grecque de **Selinunte** et ses temples qui dominent toujours la mer.

Jours 9 et 10

Prenez la SS 115 par **Sciacca** (voir le port) qui vous conduit à **Agrigente** et la célèbre **vallée des Temples**. Une journée est nécessaire pour parcourir le site archéologique, la ville médiévale et le site de la Scala dei Turchi. Poursuivez sur la SS 115 par **Gela**, puis visitez **Raguse** qui recèle un superbe quartier baroque et médiéval (Ibla). La nationale continue jusqu'à **Ispica**, près de laquelle se trouve la falaise du même nom, une faille de 10 km de long parsemée d'habitations troglodytiques et de nécropoles.

Jours 11 et 12

En poursuivant la SS 115, vous arriverez à **Noto**, un petit joyau baroque accroché à un haut plateau. Sa cathédrale San Nicolo a fait l'objet d'une

Cecita o Mucone
Lorica
Lago Ampollino
Lago Arvo
COSENZA
Nicastro
Vibo Valentia
Pizzo
Tropea
Capo Vaticano
Palmi
Scilla
Messina
Reggio di Calabria
Milazzo
Tindari
Castelmola
Giardini Naxos
Taormina
Zafferana Etnea
Catania
Nicolosi
Siracusa
Noto
Ispica
Ragusa
San Marco d'Alunzio
Naso
Capo dOrlando
Santo Stefano di Camastra
Mistretta
Nicosia
Enna
Castel Di Tusa
Cefalù
Castelbuono
Falconara
Gela
Licata
Isola delle Femmine
Palermo
Monreale
Alcamo
Segesta
Erice
Trapani
Marsala
Mazara del Vallo
Selinunte
Castelvetrano
Sciacca
Agrigento
Valle dei Templi
MARE TIRRENO
MARE MEDITERRANEO
SICILIA
0
75 km

Adresses circuit 21

R. Mattes / hemis.fr

Le théâtre grec de Taormine en Sicile.

rénovation longue de sept ans. Reprenez la route de la côte pour voir ou revoir (comme le dit la chanson...) **Syracuse** (Siracusa). Là, en plus de l'île d'Ortygie qui foisonne de palais, de ruelles et de places charmantes, et du site archéologique de Neapolis, vous pourrez visiter la grotte Oreicchio di Dionisio et effectuer une excursion en bateau sur le fleuve Cyane.

Jours 13 et 14

Catane et son célébrissime volcan, l'**Etna**, vous attendent. Après avoir visité le vieux centre de Catane et son port où les monuments se déclinent en noir et blanc, tentez l'ascension de l'Etna si les conditions volcaniques le permettent. Des sorties organisées en véhicule tout-terrain permettent une approche beaucoup plus intéressante par les versants nord et sud, au départ de **Nicolosi** ou de **Zafferana Etnea**. Longez ensuite la côte jusqu'à **Taormine** qui occupe un plateau rocheux à 200 m d'altitude, superbe balcon sur la mer. Son théâtre grec est une merveille. Montez aussi au village de **Castelmola** pour la vue avant de rejoindre **Messine** afin de regagner le continent.

Les bonnes adresses de Bib

Marsala

Da Pino
Via San Lorenzo 27 - ✆ 0923 71 56 52 - www.trattoriadapino.it - fermé lun. et en nov. - réserv. conseillée - 20 €. Un peu à l'écart du centre historique, une trattoria sans prétention, proposant des antipasti à volonté et de bons poissons frais dans une ambiance sympathique. Bon accueil.

Messina/Messine

Don Nino
V. Europa 39, Isolato 59 - ✆ 090 69 42 95. Merluche, tomates, pommes de terre, olives, câpres, pignons, raisins de Corinthe, oignons, ail, huile, céleri, carottes... Vous pourrez découvrir ici ce festival de saveurs. Un seul mot d'ordre : se régaler !

Palermo/Palerme

Antico Caffè Spinnato
V. Principe di Belmonte 107 - ✆ 091 74 95 104 - www.spinnato.it. Ce café, ouvert en 1860 dans l'une des artères les plus chics de Palerme, est une institution. Une agréable terrasse invite à déguster de délicieuses pâtisseries ainsi que pour un déjeuner léger. Piano bar les soirs d'été.

Siracusa/Syracuse

Don Camillo
V. Maestranza 96 - ✆ 0931 67 133 - www.ristorantedoncamillosiracusa.it - fermé dim. et j. fériés, 15 j. en juin et 15 j. en juil.- 36/60 €. La plus célèbre adresse de la ville, propose les incontournables de la cuisine sicilienne avec quelques créations. Soupe de poisson, carpaccio de thon, *cassata* et *cannoli*, tous de très bonne qualité.

Offices de tourisme

Palermo/Palerme
Via Principe di Belmonte 92 - ✆ 091 58 51 72; autres adresses : au bas de S. Cataldo; via Maqueda 81 ; à l'aéroport - www.provincia.palermo.it ou www.comune.palermo.it

Messina/Messine
Piazza Cairoli 45 - ✆ 090 29 35 292 - www.comune.messina.it.

Siracusa/Syracuse
Via Roma 31 - ✆ 800 05 55 00 - www.siracusaturismo.net; Via Mirabella 2 - ✆ 0931 46 46 57 ou 0931 45 11 11 - www.comune.siracusa.it.

Pour téléphoner en Italie :
00 39 puis le numéro du correspondant (avec le 0 pour les téléphones fixes, sans le 0 pour les portables)

Pour plus d'informations :
Carte Michelin Regional N° 564
et Local N° 365
Le Guide Vert Italie du Sud
Le Guide Vert Sicile

Campings

Capo Vaticano

Camping La Scogliera
Capo Vaticano - 096 366 30 02
Permanent - 3 ha (200 empl.)
Tarif : 4 € 5 € - 3 €
borne : 5 € - 5 €/j.
Loisirs : nocturne
Services : wifi
Bord de mer.
GPS : E 15.82946 N 38.62642

Castel di Tusa

Camping Lo Scoglio
SS 113 km 164 - 092 133 43 45
D'avr. à sept. - 1,5 ha (50 empl.)
Tarif : 5 € 9 € - 4,50 €
borne - 9 €/j.
Loisirs :
Services : wifi
Bord de mer.
GPS : E 14.23295 N 38.01001

Isola delle Femmine

Camping La Playa
Viale Marino 55 - 091 86 77 001
De mi-mars à mi-oct. - 2,2 ha (80 empl.)
Tarif : 6 € 10 €
borne : 10 € - 10 €/j.
Loisirs :
Services : wifi
GPS : E 13.24382 N 38.19687

Falconara

Eurocamping Due Rocche
SS 115 km 241,800 - 093 434 90 06
Permanent - 2,8 ha (200 empl.)
Tarif : 5 € 10 €
borne - 10 €/j.
Loisirs :
Services : wifi
GPS : E 14.03875 N 37.10955

Lorica

Lago Arvo
Loc. Passo della Cornacchia - 09 84 53 70 60 - Permanent
borne artisanale
Loisirs :
Services :
GPS : E 16.52953 N 39.24617

Aires de service et de stationnement

Capo Vaticano

Area Formicoli
S. Domenica di Ricadi - 034 80 10 15 11 - Permanent
Borne
140 P - Payant
Services : WC
Bord de mer.
GPS : E 15.84837 N 38.65807

Giardini-Naxos

Area Lagani Parking
Viale Stracina 22 - Permanent
Borne artisanale
P - 25 €/j.
Services : WC
Clôturée, gardée, proximité mer.
GPS : E 15.26746 N 37.82092

Licata

Area La Sorgente
Contrada Pisciotto - Permanent
Borne
12 P - 20 €/j.
Services : WC
Aire clôturée, gardée, calme et ombragée, accès direct à la mer.
GPS : E 13.85212 N 37.12628

Marsala

Area La Siesta
Contrada Fossrunza - vic. 49 - 034 01 08 03 60 - Permanent
Borne
50 P - 15 €/j.
Services : WC
Bord de mer.
GPS : E 12.47669 N 37.73447

Messina/Messine

Area de Messina
Via Catania 108 - Accès : sous le porche de l'immeuble - 90 69 34 94
Borne artisanale : 12 €
P
GPS : E 15.54564 N 98.17672

Palermo/Palerme

Freesbee Parking, Idea Vacanze
Via Imperator Federico 116, Guiseppe di Piazza - 091 54 25 55
Permanent
Borne artisanale : 3 €
25 P - 15 €/j.
Services : WC
Bus et métro à 150 m.
GPS : E 13.35281 N 38.14745

Area Green Park
11 b via Quarto Dei mille -
Borne
20 P - 20 €/j.
Services :
Aire clôturée, gardée, calme, 5mn du centre-ville.
GPS : E 13.34247 N 38.10977

Ragusa

Area Servizio di Ragusa
Via Avvocato Giovanni Alberto Cartia - 093 267 61 11 - Permanent
Borne : Gratuit
1 P - 10 €/j.
Stationnement interdit la nuit.
GPS : E 14.7064 N 36.9081

Siracusa/Syracuse

Area Il Golfetto
Via Procione 6
Borne : 3 €
20 P - 20 €/j.
Services : WC
Dans le jardin d'un particulier, accès direct mer, calme.
GPS : E 15.22002 N 36.96378

Area Siracusa c/o Agriturismo Terrauzza sul Mare
Via Blanco, 8 - Contrada Terrauzza
Borne
Services : WC
Bord de mer.
GPS : E 15.28739 N 37.0119

Trapani

Area Trapani
Str. Prov. 21 - Permanent
Borne : 5 €
20 P - 20 €/j.
Services : WC
Clôturée, gardée, bien ombragée.
GPS : E 12.53106 N 37.98304

La Slovénie, petite Suisse des Balkans

Si vous aimez la Suisse ou l'Autriche, vous aimerez la Slovénie… avec en prime une certaine qualité d'accueil. Ce tout petit pays mérite d'être découvert tranquillement en défilant un chapelet de cités médiévales et de sites naturels qui vous conduisent à petits pas vers les merveilleuses étapes maritimes de la côte adriatique.

➲ *Départ : Maribor*
➲ *10 jours - 500 km*

Jour 1

Venant d'Autriche, vous entrez en Slovénie par **Maribor** au cœur d'une région viticole et montagneuse. La deuxième ville du pays est aussi l'une des plus charmantes avec ses maisons se reflètant dans les eaux de la Drave. La cathédrale, qui date du 12e s., affiche un style gothique alors que l'hôtel de ville sur la place principale se réfère à la Renaissance. Le château, quant à lui, remonte au Moyen Âge mais abrite une très belle chapelle baroque. Parcourue d'un monument à l'autre, la cité se montre attachante avec ses terrasses de café où vous pourrez déguster les vins du pays.

Jours 2 et 3

Gagnez **Ptuj** au bord de la Drave. La ville mêle avec bonheur les bâtisses médiévales, rococo et néo-gothiques. **Ptujska Gora**, située à 13 km au sud-ouest de Ptuj, vous permettra de découvrir dans son église une des merveilles de la sculpture médiévale slovène. Poursuivez par **Poljčane** et ne manquez pas les ruines romantiques de la chartreuse de **Žiče**. **Celje** mérite aussi une pause, le temps de se promener dans le centre et de monter par une petite route au château des comtes qui surplombe la ville. Un peu plus à l'ouest, entre **Žalec** et **Šempeter**, vous pourrez admirer les tombes monumentales de la nécropole romaine de Rimska. Gagnez ensuite **Kamnik**, petite ville encerclée de sommets alpins et qui conserve un riche patrimoine. Ne manquez pas la chapelle de son Petit Château (Mali grad), perché sur une butte, et l'église Saint-Nicolas insérée dans une enceinte fortifiée flanquée de tours de défense.

Jours 4 et 5

L'élégance de ses bâtiments, son atmosphère aristocratique et ses rues bien dessinées donnent à **Ljubljana**, capitale de la Slovénie, tous les éléments d'une élégante métropole. La courbe de la rivière Ljubljancica a déterminé la configuration de la ville médiévale. Sur l'éperon rocheux qui domine le cours d'eau, se dresse le château des comtes de Carniola, ancienne place forte construite au 12e s. Il offre un beau panorama sur la ville. À ses pieds, l'église Saint-Jacob garde un intérieur richement décoré : autel en marbre, stucages et trompe-l'œil. Bordée d'hôtels particuliers baroques et néoclassiques, la place Mestni Trg constitue le centre de Ljubljana et accueille plusieurs monuments remarquables. La cathédrale de Saint-Nicolas a été érigée en 1701 dans le style baroque. Des peintures murales décorent son intérieur qui abrite de très beaux orgues. Non loin, se trouvent le palais de l'Archevêché et le Seminarium, doté d'un portail baroque, dont la bibliothèque est somptueusement décorée.

Jour 6

Quittez **Ljubljana** pour la région des Alpes juliennes et le parc national du Triglav. Première étape à **Škofja Loka**, ville médiévale la mieux préservée de Slovénie. Le pont des Capucins enjambant la rivière, l'hôtel de ville de style Renaissance et la maison Homan abritant un café et une pâtisserie ne manqueront pas de vous séduire. Montez ensuite à **Kranj**, dressée dans un écrin de montagnes et dont le centre est traversé par le canyon de la rivière Kokra (un circuit pédestre y a été aménagé). Vous flânerez avec plaisir dans la ville sans oublier de visiter ses souterrains datant de la Seconde Guerre mondiale.

Jours 7 et 8

Le matin, arrêtez-vous à **Radovljica** le temps de parcourir la ville fortifiée qui conserve de belles maisons médiévales décorées de fresques et de déguster le miel très réputé que l'on produit ici. Vous monterez ensuite à **Bled** et son lac d'origine glaciaire. Celui-ci est dominé par un château, érigé sur un rocher (ouvert au public).

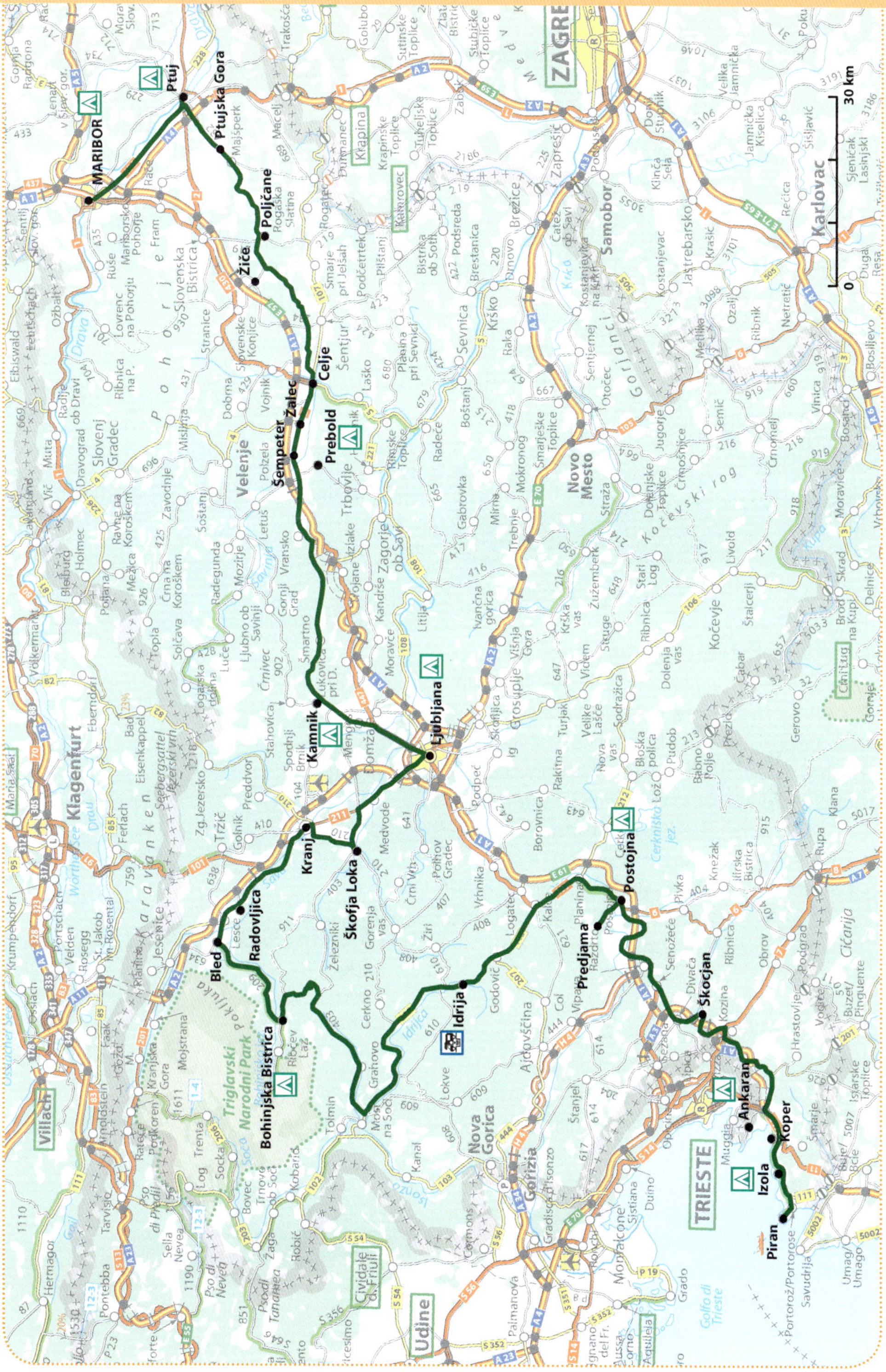
MARIBOR
Ptuj
Ptujska Gora
Poljčane
Žiče
Celje
Žalec
Šempeter
Prebold
Kamnik
Ljubljana
Kranj
Škofja Loka
Radovljica
Bled
Bohinjska Bistrica
Idrija
Predjama
Postojna
Škocjan
Ankaran
Koper
Izola
Piran
TRIESTE
Udine
Villach
Klagenfurt
ZAGREB
Karlovac
Novo Mesto
Velenje
Nova Gorica
Triglavski Narodni Park
0
30 km

Adresses circuit 22

R. Gerth / Bridge / Photononstop

Dans le centre-vile de Ljubljana.

Sur une île, se dressent l'église baroque Sveta Marijana Jezeru (Notre-Dame-du-Lac) et une nécropole slave qui date du 11e s. L'horizon s'ouvre sur de profondes forêts et sur les pics des Alpes. Le lac de **Bohinjska Bistrica** vaut lui aussi un détour avant de descendre, *via* **Idrija,** jusqu'à **Postojna** dont les grottes comptent parmi les formations géologiques les plus intéressantes d'Europe ; leurs cavités ont été creusées par la rivière Pivka. Faites ensuite un crochet par **Predjama** et le château de Predjamski grad construit au 12e s. encastré tel un nid d'aigle dans une cavité à 120 mètres au-dessus d'un gouffre karstique.

Jours 9 et 10

Votre périple vous conduit ensuite vers les grottes de **Škocjan**, inscrites au Patrimoine mondial de l'Unesco. Les ruisseaux souterrains de la Reka ont creusé là une galerie et créé un décor dentelé. Après avoir franchi d'étroites gorges, les eaux écumantes de la rivière finissent par disparaître dans un gouffre. Cap sur le littoral à présent, afin de visiter trois cités à l'architecture médiévale. La première, **Koper**, arbore un centre historique pittoresque. **Izola** (Isola) pour sa part entretient une ancienne tradition de pêche. Quant à **Piran** (Pirano), allongée sur sa presqu'île, elle conserve un patrimoine particulièrement riche… et quelques belles plages.

Les bonnes adresses de Bib

Bled

Vila Bled
26, Cesta Svobode - 04 575 37 10 - www.brdo.si/vila-bled - 30/60 €. Ce splendide restaurant avec terrasse se trouve dans l'ancienne résidence du maréchal Tito, face à un lac. Le chef crée une cuisine gastronomique mêlant influences française et slovène. C'est l'endroit idéal pour un dîner romantique.

Izola/Isola

Gostlina Gušt
Drevored 1, maja 5 - 051 383 666 - http://gostilnica-gust.si - 11h-23h - env. 20 €. Cette petite pizzeria est très conviviale et l'ambiance y est détendue. Les pizzas sont à l'honneur avec une trentaine de variétés et vous pourrez aussi y déguster de solides assiettes de pâtes.

Ljubljana

Gostilna Kovač
Pot k Savi 9 - 01 537 12 44 - www.gostilnakovac.eu - lun.-vend. 12h-22h. Cette auberge mélange plats traditionnels slovènes et internationaux. Joli jardin. Sélection de vins slovènes haut de gamme.

Gostlina Šestica
Slovenska cesta 40 - 01 242 08 55 - www.sestica.si - lun.-vend. 10h-23h, sam. 12h-23h, dim. 12h-17h - 25-49 €. Ce restaurant, ouvert en 1670, se situe sur l'une des artères principales de Ljubljana. Il s'attache à perpétuer les saveurs slovènes typiques, avec notamment un menu dégustation qui satisfera les plus curieux. Certains soirs, vous pourrez assister à des concerts de musique traditionnelle ou vous essayer à des danses folkloriques.

Offices de tourisme

Koper
Titov trg 3 - 05 664 64 03 - www.koper.si

Ljubljana
Adamic Lundrovo nabrezje 2 - 01 306 12 15 - www.visitljubljana.com/fr

Piran/Pirano
Tartinijev trg 2 - 05 673 44 40 - www.portoroz.si

Pour téléphoner en Slovénie :
00 386 puis le numéro du correspondant sans le 0 initial

Pour plus d'informations :
Carte Michelin National N° 736

Aire de service et de stationnement

Idrija

Veri Krajnik
Carl Jakoba ulica 9
Permanent
Borne artisanale
3 P - 5 €/j.
Services : WC
GPS : E 14.0262 N 45.9989

Campings

Ankaran

Adria
Jadranska cesta 25, p.p - 05 663 73 50
De mi-avr. à mi-oct. - 7 ha (400 empl.)
Tarif : 23 € E
borne : Payant - E
Loisirs : (plage)
Services : wifi
GPS : E 13.73401 N 45.578

Bohinjska Bistrica

Danica
Triglavska 60 - 04 572 17 02
4,5 ha (170 empl.)
borne : Payant - E
Loisirs : (plage)
Services : wifi
GPS : E 13.94776 N 46.27434

Izola/Isola

Belvedere
Dobrava 1a - 05 66 05 100
De mi-avr. à sept. - 2 ha (200 empl.)
Tarif : 10,50 € 18 € - 3 €
Loisirs : (plage)
Services :
Transports en commun à proximité du camping.
GPS : E 13.63425 N 45.53108

Kamnik

Resnik Kamnik
Nevlje 1 A - 01 831 73 14
De mai à sept. - 1 ha (100 empl.)
Tarif : 5,50 € 5 € - 3 €
borne : 3 € - E - 2 €/j.
Loisirs :
Services : wifi
GPS : E 14.6191 N 46.22808

Ljubljana

Ljubljana Resort Hotel & Camping
Dunajska 270 - 01 589 01 30
Permanent - 3 ha (177 empl.)
Tarif : 10 € 7 € - 4,50 €
borne - E - 7 €/j.
Loisirs :
Services : wifi
Transports en commun pour le centre historique.
GPS : E 14.51907 N 46.09753

Maribor

Center Kekec
Pohorska ulica 35c - 040 665 32
Permanent - 3 ha (105 empl.)
borne : 3 € - 14 E
Services : wifi
GPS : E 15.60435 N 46.53595

Postojna

Pivka jama
Véliki otok 50 - 05 720 39 93
D'avr. à oct. - 2,5 ha (350 empl.)
Tarif : 28,70 € E
borne - E
Loisirs :
Services :
GPS : E 14.20429 N 45.80495

Prebold

Dolina
Dolenja vas 148 - 03 572 43 78
Permanent - 2,5 ha (50 empl.)
Tarif : 6,25 € 3,33 € - 3,33 €
borne - E
Loisirs :
Services : wifi
GPS : E 15.08765 N 46.24057

Ptuj

Terme Ptu
Pot v Toplice 9 - 02 74 94 580
Permanent - 1,5 ha (110 empl.)
borne - E
Loisirs :
Services : wifi
GPS : E 15.85586 N 46.4211

Arts médiéval et baroque : Zagreb et la Slavonie

Si la Croatie est bien connue pour sa superbe côte adriatique, le nord du pays reste boudé par les touristes trop pressés. Pourtant, entre Zagreb, sa capitale, et les plaines de Slavonie, grenier à blé du pays, vous découvrirez une multitude de villages et de petites cités mettant à l'honneur l'art baroque.

➲ *Départ : Zagreb*
➲ *7 jours - 800 km*

Jour 1

Capitale de la Croatie, **Zagreb** ne bénéficie pas de la même réputation que les capitales des pays voisins ; à tort car, passé la ville nouvelle, son vieux centre se révèle très attachant : trois quartiers distincts, en ville haute et ville basse, vous retiendront une pleine journée. Commencez par la colline de Kaptol, la ville épiscopale qui abrite la cathédrale et le marché de Dolac approvisionné par de petits producteurs ; poursuivez par la colline de Gradec, la ville féodale où il faut monter à la tour Lotrscak près de la belle église Sainte-Catherine, admirer l'église Saint-Marc dont la toiture porte les blasons de la ville, arpenter les rues des Saints-Cyrille-et-Méthode et Opaticka, ou encore la rue Ivan Tkalcica et ses terrasses de café. Vous pourrez passer l'après-midi dans la ville basse, autour du théâtre national, du jardin botanique, et de la place Ban-Josip-Jelačić, le cœur de la cité.

Jour 2

Quittez Zagreb vers le nord et rejoignez **Kumrovec**, petit village où naquit Tito. Sa maison fait aujourd'hui partie de l'écomusée du vieux village, dans lequel granges et habitations racontent la vie rurale au 19e s. Un peu plus au nord, le château de **Veliki Tabor** mérite lui aussi une visite. Puis rejoignez le vieux centre de **Krapina** et l'église Trski Vrh (Notre-Dame-de-Jérusalem) qui conserve un décor baroque époustouflant. Juché sur une colline dominant un plan d'eau, le château de **Trakošćan** vous ouvre ses portes pour le reste de la journée.

Jour 3

De toutes les villes du nord de la Croatie, **Varaždin** est indéniablement l'une des plus séduisantes avec ses clochers à bulbe et ses nobles demeures bordant les rues piétonnes du centre-ville. Commencez par la place du Roi-Tomislav, aménagée à l'italienne. Les palais rococo ne manquent pas avec leurs façades exubérantes. Visitez aussi la cathédrale et montez au château doté de deux tours rondes et d'un donjon (qui abrite aujourd'hui le musée de la ville), avant de prendre un peu de repos dans le parc Vatroslava Jagica.

Jour 4

Koprivnica mérite une halte pour son marché et son vieux centre. Après avoir traversé une campagne riante ponctuée de séchoirs à maïs, vous arrivez au village de **Hlebine** qui serait le berceau de la peinture naïve croate. S'y côtoient maisonnettes bourgeoises et maisons paysannes aux toits de chaume. Il suffit de s'écarter de la rue principale pour dénicher quelques cours de fermes, vielles maisons de torchis et de brique, granges en bois… Par **Đurđevac** vous passez ensuite à **Virovitica**, petite ville industrieuse et sympathique qui mérite un arrêt pour son château et son ensemble monastique. La journée s'achèvera à **Našice** où les amateurs de pêche à la ligne se pressent autour de deux lacs dans l'attente de belles prises. Son parc à l'anglaise invite à la promenade et au repos.

Jour 5

Pour que le charme d'**Osijek** opère, il faut parvenir dans son vieux centre. Vous y admirerez l'architecture austro-hongroise de sa ville haute et le remarquable ensemble baroque de l'ancienne citadelle autrichienne peuplée d'étudiants. Prévoyez au moins une demi-journée pour arpenter sa rue Zupanijska et ses deux parcs, sa citadelle, la place de la Trinité (Trg sv. Trojstva) et la promenade le long de la Drave au bord de laquelle a été aménagée une plage très appréciée en été. Montez ensuite *via* **Bilje** vers le parc naturel de Kopackirit, l'une des plus importantes réserves ornithologiques d'Europe (70 000 oiseaux au plus fort de la migration). Vous pourrez vous balader à bord de petits canots et découvrir des paysages qui évoquent au printemps les bayous de Louisiane.

Jour 6

Au sud-est d'**Osijek**, **Vukovar** est tristement célèbre pour les atrocités qui s'y déroulèrent lors des conflits de 1991. Son vieux centre en porte encore les traces : c'est un lieu de mémoire

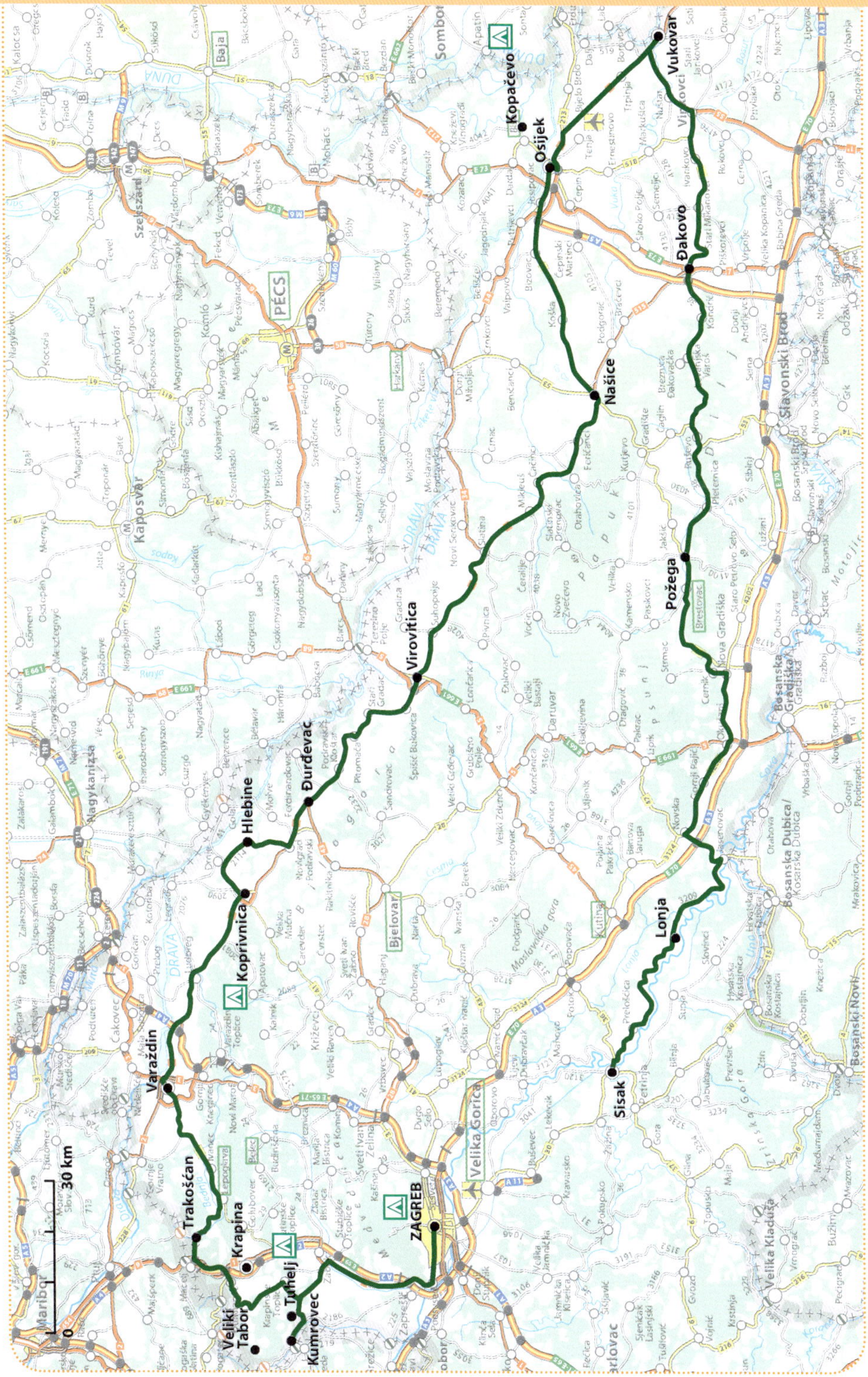

Veliki Tabor
Kumrovec
Tuhelj
Krapina
Trakošćan
ZAGREB
Varaždin
Koprivnica
Hlebine
Đurđevac
Virovitica
Našice
Osijek
Kopačevo
Vukovar
Đakovo
Požega
Lonja
Sisak
0
30 km

Adresses circuit 23

La statue du Ban-Josip-Jelačić, sur la place centrale de Zagreb.

émouvant où foisonnent cimetières, mémoriaux et stèles commémoratives. Quelques kilomètres plus à l'ouest **Đakovo** fut un centre religieux et un évêché où se dressent quelques beaux monuments : cathédrale de style néo-roman et palais épiscopal. Mais la cité est aussi connue pour son haras lipizzans, mondialement réputé pour les courses d'attelage.

Jour 7

Cette dernière journée vous entraînera à **Požega**, petite ville baroque très animée. Vous y découvrirez de belles maisons à arcades badigeonnées de teintes pastel sur la place principale, de belles églises comme celle de la Sainte-Trinité et des rues plaisantes où se succèdent cafés, pâtisseries et commerces ; on aura plaisir à y traîner avant de rejoindre le beau parc naturel de Lonjsko Polje qui s'étire entre **Lonja** et **Sisak** avec deux villages à ne pas manquer, Cigoc et Krapje.

Campings

Kopacevo

Family Kamp odmorište
Ferenca Kiša 7 - 031 75 21 06
D'avr. à oct. - 0,5 ha (19 empl.)
Loisirs :
GPS : E 18.78444 N 45.59889

Koprivnica

Kamp odmorište Cerine
Miroslava Krleže 81 - 048 240 570
0,1 ha (11 empl.)
Loisirs : diurne, aire de sports, beach volley
Services :
GPS : E 16.84278 N 46.15361

Tuhelj

Camping Terme Tuhelj
Ljudevita Gaja 4 - 049 203 750
De déb. avr. à fin oct. - 5,8 ha (30 empl.)
Tarif : 2,10 € - 4 €
Loisirs :
Services :
GPS : E 15.7839 N 46.06601

Zagreb

Autocamp Plitvice
Lucko bb - 01 65 30 444
De déb. mai à fin sept. - 2 ha (150 empl.)
Tarif : 24,50 €
Services : wifi
12 km à l'ouest de la ville, proximité autoroute.
GPS : E 15.87778 N 45.77389

Offices de tourisme

Osijek
Županijska 2 - 031 203 755 - www.tzosijek.hr - tlj sf dim. 8h-20h (hiver 16h), sam. 8h-12h.

Varaždin
Palača Padovec - Ivana Padovca 3 - 042 210 987 - www.tourism-varazdin.hr - avr.-oct. : tlj sf dim. 8h-18h (16h de nov. à mars), sam. 10h-13h.

Zagreb
Kaptol 5 - 01 489 85 55 - www.zagreb-touristinfo.hr

Pour téléphoner en Croatie :
00 385 + indicatif régional sans le 0 initial, puis le numéro du correspondant.

Pour plus d'informations :
Carte Michelin National N° 757
Le Guide Vert Croatie

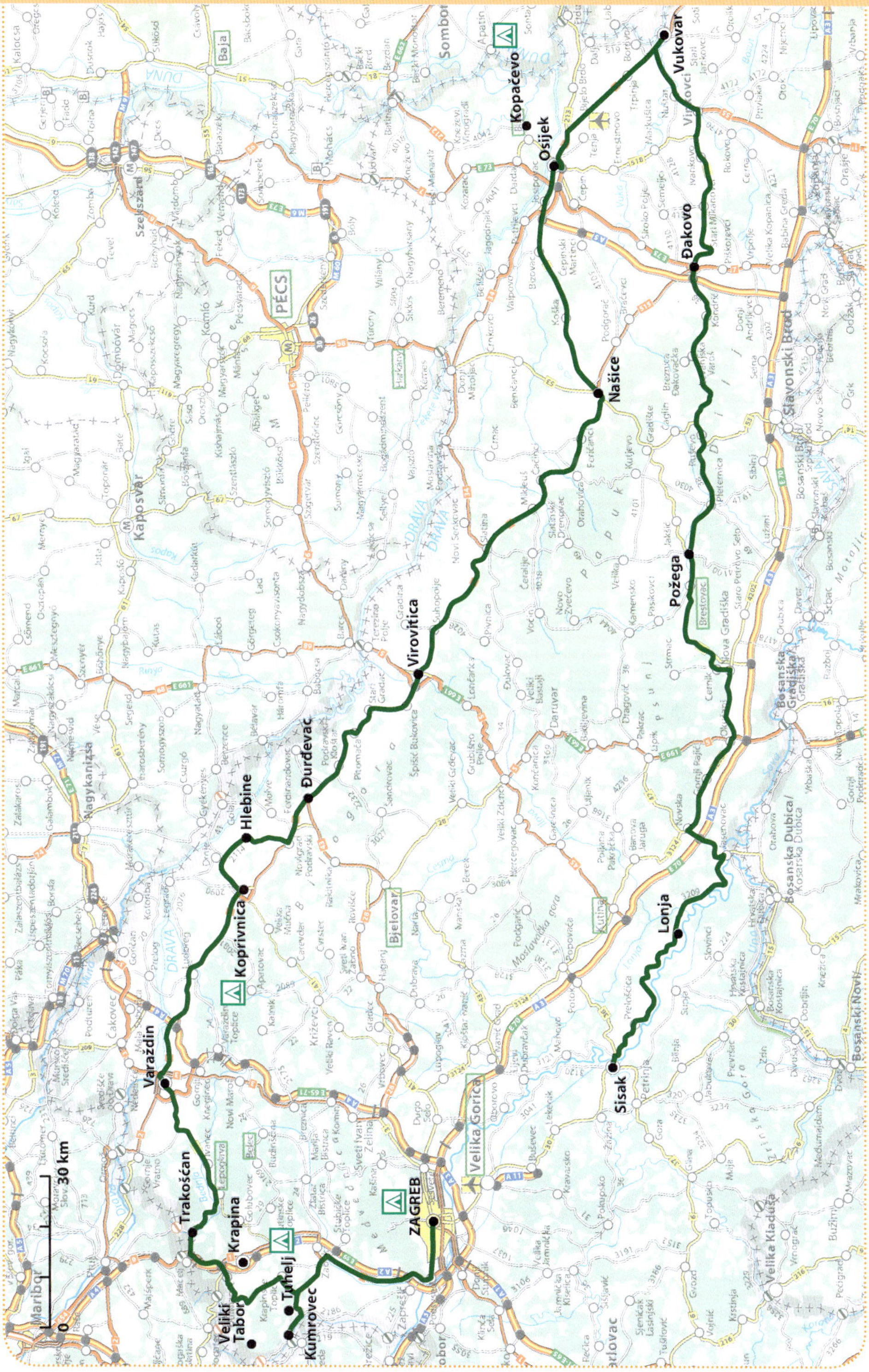

Vukovar
Kopačevo
Osijek
Đakovo
Našice
Požega
Virovitica
Đurđevac
Hlebine
Koprivnica
Varaždin
Trakošćan
Krapina
Tuhelj
Kumrovec
Veliki Tabor
ZAGREB
Sisak
Lonja
0
30 km

J. Frumm / hemis.fr

La statue du Ban-Josip-Jelačić, sur la place centrale de Zagreb.

émouvant où foisonnent cimetières, mémoriaux et stèles commémoratives. Quelques kilomètres plus à l'ouest **Đakovo** fut un centre religieux et un évêché où se dressent quelques beaux monuments : cathédrale de style néo-roman et palais épiscopal. Mais la cité est aussi connue pour son haras lipizzans, mondialement réputé pour les courses d'attelage.

Jour 7

Cette dernière journée vous entraînera à **Požega**, petite ville baroque très animée. Vous y découvrirez de belles maisons à arcades badigeonnées de teintes pastel sur la place principale, de belles églises comme celle de la Sainte-Trinité et des rues plaisantes où se succèdent cafés, pâtisseries et commerces ; on aura plaisir à y traîner avant de rejoindre le beau parc naturel de Lonjsko Polje qui s'étire entre **Lonja** et **Sisak** avec deux villages à ne pas manquer, Cigoc et Krapje.

Campings

Kopacevo

Family Kamp odmorište
Ferenca Kiša 7 - ✆ 031 75 21 06
D'avr. à oct. - 0,5 ha (19 empl.)
Loisirs :
GPS : E 18.78444 N 45.59889

Koprivnica

Kamp odmorište Cerine
Miroslava Krleže 81 - ✆ 048 240 570
0,1 ha (11 empl.)
Loisirs : diurne, aire de sports, beach volley
Services :
GPS : E 16.84278 N 46.15361

Tuhelj

Camping Terme Tuhelj
Ljudevita Gaja 4 - ✆ 049 203 750
De déb. avr. à fin oct. - 5,8 ha (30 empl.)
Tarif : 2,10 € - 4 €
Loisirs :
Services :
GPS : E 15.7839 N 46.06601

Zagreb

Autocamp Plitvice
Lucko bb - ✆ 01 65 30 444
De déb. mai à fin sept. - 2 ha (150 empl.)
Tarif : 24,50 €
Services : wifi
12 km à l'ouest de la ville, proximité autoroute.
GPS : E 15.87778 N 45.77389

Offices de tourisme

Osijek
Županijska 2 - ✆ 031 203 755 - www.tzosijek.hr - tlj sf dim. 8h-20h (hiver 16h), sam. 8h-12h.

Varaždin
Palača Padovec - Ivana Padovca 3 - ✆ 042 210 987 - www.tourism-varazdin.hr - avr.-oct. : tlj sf dim. 8h-18h (16h de nov. à mars), sam. 10h-13h.

Zagreb
Kaptol 5 - ✆ 01 489 85 55 - www.zagreb-touristinfo.hr

Pour téléphoner en Croatie :
00 385 + indicatif régional sans le 0 initial, puis le numéro du correspondant.

Pour plus d'informations :
Carte Michelin National N° 757
Le Guide Vert Croatie

Les bonnes adresses de Bib

Đakovo

Gradski Podrum
Pape Ivana Pavla II 9 - ✆ 031 813 199 - plats 20/65 kn. En sous-sol, dans une confortable salle voûtée. Spécialités slavonnes particulièrement copieuses. Excellentes charcuteries (*kulen* et *pršut*). Bonne carte de vins locaux.

Desinić (à proximité du château de Veliki)

Restoran Grof Ratkay
Trg sv. Jurja 3 - ✆ 049 343 255 - plats 35/70 kn. Au centre du village, à deux pas du château de Veliki Tabor, une maison de village dotée d'un belle véranda. Spécialités locales.

Đurđevac

Pivnica Stari Grad
Dans la forteresse de Đurđevac. Fermé hors saison. De belles salles voûtées pour déguster les spécialités régionales telles que le *Đurđevački odrezak* (poulet à la mode de Đurđevac) ou le *jatagan* dont tant le nom que la présentation sont inspirés du siège turc de 1552.

Koprivnica

Restoran Kraluš
Zrinski trg 10 - Koprivnica - ✆ 048 622 302 - plats 30/60 kn. Sous les arcades de la place principale de Koprivnica, dans une belle salle en sous-sol, on déguste des plats du jour représentatifs de la cuisine locale, très inspirée de la gastronomie magyare.

Našice

Ribnjak 1905
Stjepana Radića 1 - Ribnjak, 1,6 km de Našice - accès par la route d'Osijek puis à gauche dans Jelisavac - ✆ 031 607 006 - 80/100 kn. Au bord d'un grand étang et d'une aire de loisirs, ce restaurant est spécialisé dans les poissons de rivière : carpes grillées et *fiš paprikaš* diverses.

Osijek

Bijelo Plavi
Martina Divalta 8, près du stade et de la piscine - ✆ 031 571 000 - plats 45/70 kn. Restaurant à l'ambiance chaleureuse, très en vogue. Spécialités slavonnes on ne peut plus copieuses : l'assortiment de sept grillades accompagnées d'un ragoût aux haricots devrait rassasier les plus affamés !

Požega

Restoran Evergreen
Sv. Florijana 19 ✆ 03 24 27 17 10 - plats 30/45 kn. Dans la principale rue piétonne de la ville, un restaurant de spécialités locales – *gulaš*, poissons (de rivière) – servies dans un cadre sympathiquement vieillot. Terrasse sous tonnelle pour les beaux jours.

Varaždin

Park
Juraja Habdelića 6 - ✆ 042 211 499 - plats 30/90 kn. Comme son nom l'indique, ce restaurant est largement ouvert sur le parc de la ville. Grillades et spécialités slavonnes. Terrasse l'été.

Zagreb

Mimice
Jurišićeva 21 - ✆ 01 481 45 24 - tlj sf dim. 7h-21h30 (17h sam.) - 40/50 kn. L'ambiance cantine en sous-sol peut dérouter, mais la qualité de ce qu'on y mange à des prix dérisoires et l'ambiance purement locale en font un endroit à ne pas manquer.

Stara Vura
Opatička 20 - ✆ 01 485 13 68 - www.stara-vura.hr - tlj sf dim. 12h-0h - plats 55/100 kn. Dans l'ancien réfectoire du couvent des Clarisses, en sous-sol : poissons selon l'arrivage du jour. Une adresse raffinée.

Vinodol
N. Tesle 10 - ✆ 01 481 14 27 - www.vinodol-zg.hr - 10h-0h - plats 65/110 kn, agneau 220 kn/kg. Au fond d'une agréable cour, sur une terrasse, ce restaurant réputé pour ses spécialités de viande (goûtez à l'agneau ou au veau cuit sous cloche) vous réserve un dîner convivial.

Vincek
Lica 18 - 8h30-23h. Glaces et gâteaux où la *Sacher Torte* voisine avec les spécialités du lieu : *Zagrebačka torta* (crème et chocolat), *Princes Krafne* (énorme chou à la crème fouettée) ou *Vincek torta* (chocolat, noisette). Bondé le samedi !

Marché de Dolac
Lun.-vend. 8h-18h, sam. 8h-15h. Au cœur de la ville, entre Donji Grad et Kaptol, il est constitué de deux marchés superposés : charcuteries, fromages, miel et vins au marché couvert ; fruits et légumes sur la place de Dolac.

L'Istrie et le golfe de Kvarner

Des kilomètres de plages, de criques, de rochers, des ports qui fleurent bon l'Italie voisine, des villages perchés comme des sentinelles… L'Istrie compose un savoureux mélange que prolonge le golfe de Kvarner parsemé d'îles. Elles méritent d'être explorées avant le grand bain de verdure qu'offrent deux parcs nationaux, authentiques sanctuaires de la nature.

➲ *Départ : Rijeka*
➲ *11 jours - 900 km*

Jour 1

Rijeka est le plus grand port de Croatie. Plaque tournante du tourisme adriatique, la ville semble peu attrayante mais il serait dommage de ne pas partir à la découverte de cette cité dynamique qui a conservé quelques vestiges de son passé. Vous parcourrez le Korzo, la principale artère piétonne, et monterez sur la colline de Trsat. Là se dressent l'église Notre-Dame et le château dont le donjon offre un magnifique panorama sur le golfe de Kvarner. À peine est-on sorti de Rijeka que l'on suit un littoral d'autant plus spectaculaire qu'il est doté d'une végétation luxuriante et ponctuée de petites cités colorées où l'on serait tenté de faire une pause : c'est le cas de **Volosko**, un charmant petit port, et d'**Opatija**, la « Nice de l'Adriatique », avec ses villas fin de siècle dont la promenade François-Joseph donne un bon aperçu, ou encore de **Lovran**, coincée entre la mer et la haute barrière du mont Učka dominant un joli petit port.

Jours 2 et 3

À **Brestovac**, prenez le bac pour l'**île de Cres**, longue d'une soixantaine de kilomètres où vous découvrirez des villages au charme fou : **Cres**, petit port plein de charme, **Valun** et ses deux petites plages de galet, **Osor**, sorte de village-musée, **Lubenice**, perché au-dessus de la mer… ou encore **Mali Lošinj**, grand port bordé de maisons d'armateurs et de négociants que l'on rejoint par un petit pont. **Veli Lošinj** avec son port triangulaire est peut-être le plus pittoresque. Difficile de ne pas tomber amoureux de cette île ; il ne tient qu'à vous de prolonger le séjour. De retour sur le continent, vous irez à la découverte de **Labin**, village fortifié et parsemé de palais aux façades colorées avant de rejoindre **Rabac** pour une belle promenade sur le front de mer et le port.

Jour 4

Gagnez ensuite la cité antique de **Pula**. Son amphithéâtre dominant le port à l'extérieur des remparts est un des plus impressionnants du monde romain. Vous verrez ensuite la place du forum bordée de cafés et le temple d'Auguste aux proportions harmonieuses, puis l'arc de triomphe des Sergius. Complétez ces visites par celles de la cathédrale et de la forteresse avec son belvédère qui offre une belle vue sur la ville et les chantiers navals. Vous gagnerez ensuite **Fažana**, afin d'embarquer pour l'archipel des **Brijuni**… ou profiter de la plage.

Jours 5 et 6

Remontant vers le nord, arrêtez-vous à **Vodnjan**, gros bourg sur les hauteurs où courent d'étroites rues pavées bordées de nobles demeures. Vous tomberez sans doute sous le charme de **Rovinj** dont le vieux centre occupe un site extraordinaire, une presqu'île qu'il faut voir depuis le quai du port. Comme sur un chemin de ronde, faites le tour du vieux centre où venelles, escaliers, façades aux teintes chaudes vous chantent un petit air italien ! Après une découverte en bateau du beau fjord de Lim, vous flânerez dans la vieille cité vénitienne de **Poreč**, tout aussi charmante que sa voisine et où vous ne manquerez pas d'admirer les exceptionnelles mosaïques de sa basilique euphrasienne.

Jour 7

Cette journée sera consacrée à la découverte de beaux villages perchés tels que Grožnjan, un véritable enchantement, et **Motovun**, cité médiévale ayant conservé ses remparts ou encore Hum, qui s'enorgueillit d'être la plus petite ville du monde. **Pazin** mérite aussi une halte, pour son marché qui se tient le dimanche matin mais aussi pour son gouffre (Pazinska Jama). Vous terminerez la journée à Beram, en admirant les fresques du 15e s. de l'église Sainte-Marie.

Jour 8

Retour à **Rijeka** d'où vous gagnerez **Kraljevica** et par le pont à péage l'**île de Krk** (prononcé Keurk). La journée sera tout juste suffisante pour

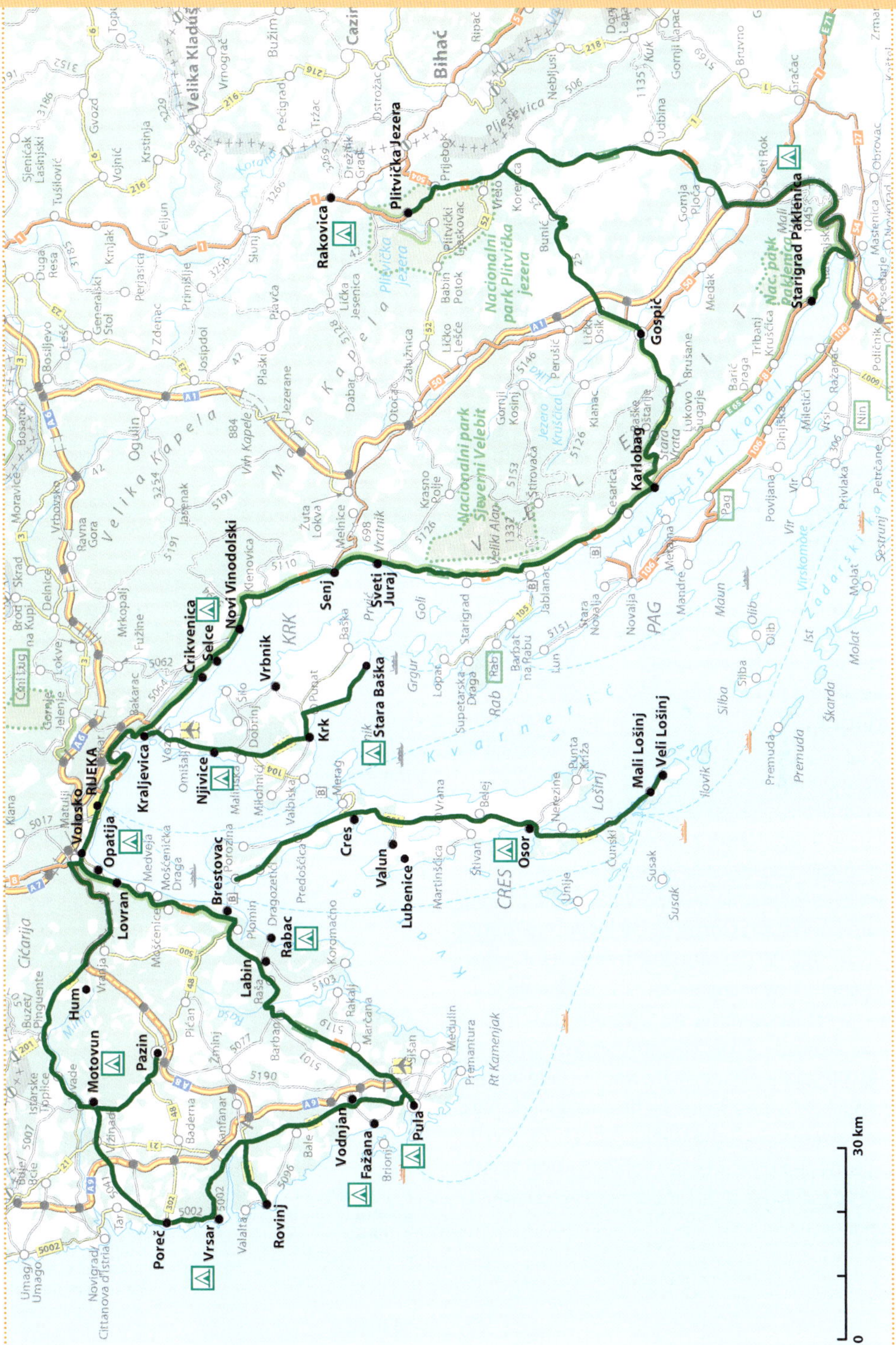

Rakovica
Plitvička Jezera
Nacionalni park Plitvička jezera
Gospić
Karlobag
Starigrad Paklenica
Nac. park Paklenica
Nacionalni park Sjeverni Velebit
Senj
Sveti Juraj
Novi Vinodolski
Crikvenica
Selce
Vrbnik
Krk
Stara Baška
Kraljevica
Njivice
RIJEKA
Volosko
Opatija
Lovran
Brestovac
Cres
Valun
Lubenice
Osor
Mali Lošinj
Veli Lošinj
Rabac
Labin
Hum
Motovun
Pazin
Poreč
Vrsar
Rovinj
Fažana
Vodnjan
Pula
Velika Kladuša
Bihać
Cazin
Kvarnerić
Velebitski kanal
CRES
KRK
PAG
0
30 km

Adresses circuit 24

B. Gardel / hemis.fr

La ville de Rovinj dominée par la cathédrale Sainte-Euphémie.

découvrir ses paysages spectaculaires, quelques-unes des plus grandes plages de l'Adriatique et des villes et villages : **Krk**, **Stara Baška**…

Jours 9, 10 et 11

En route vers la côte sud, les agréables stations balnéaires, se succèdent : **Crikvenica**, **Novi Vinodolski**, **Senj**… À partir de **Sveti Juraj**, la route tracée en corniche remonte et domine la mer avec des vues exceptionnelles. Plus au sud, au niveau de **Karlobag** montez vers **Gospić** et par les petites routes, gagnez le parc national des **lacs de Plitvice** où toute baignade est bannie ! Une journée sera juste suffisante pour admirer les eaux bleues, vertes ou turquoise de ces seize lacs superposés reliés par des cascades et posés dans un paysage de montagnes boisées. De retour sur le littoral, vous ne manquerez pas d'admirer les sites naturels du **parc national de Paklenica**, la grotte Manita Pec et le canyon de Velika, d'accès facile même avec des enfants (30mn à pied). Les amateurs d'escalades et de randonnées auront motifs à prolonger leur séjour.

Les bonnes adresses de Bib

Cres

Gostionica Adria

Zazid 7 - 051 571 520 - plats 40/70 kn. Cachée par un mur couvert de bougainvillées et de lauriers-roses, une courette où l'on dégustera un risotto aux fruits de mer ou une grillade de poissons. Avis aux moins polyglottes : le patron est fier de montrer ses connaissances en français.

Hum

Humska Konoba

À droite de la porte donnant accès à la ville - 052 660 005 - tlj sf lun. - 50/60 kn. Sur une terrasse dominant un beau paysage de montagne (ou, s'il fait frais, dans une salle au décor rustique), on s'y restaure de sandwichs ou, de façon plus élaborée, d'un savoureux petit menu comprenant fromage, *pršut*, saucisse à l'istrienne, ou *fuži al gulaš*. Il s'agit en outre du seul endroit où l'on peut déguster la *grappa* locale, célébrée pour ses vertus médicinales, la *biska*.

Pula

Barbara

Kandlerova 5 - 30/60 kn. Un petit bistrot avec terrasse, au cœur de la ville ancienne. Endroit agréable pour une pause rapide (du moins si les groupes n'envahissent pas la terrasse), devant des calamars ou des sardines grillés.

Poreč

Barilla

Eufrazijeva 26 - 052 452 742 - fermé de déc. à fin janv. - plats 50/90 kn, poisson 250 kn. Ce nom ne doit pas tromper, on y mange autre chose que des pâtes (très bonnes, du reste !). Plats aux truffes : tournedos et gnocchi.

Rijeka

Arca Fiumana

Adamićev gat - 051 319 084 - 50/100 kn. Dans un bateau amarré au port, un restaurant simple et agréable où l'on mange du poisson et des fruits de mer. Un pub en bas.

Rovinj

Konoba Kantinon

Nazora 6 - 30/60 kn. Une vaste cantine sans prétention pour se restaurer à petits prix. Sardines marinées, coquillages à la buzzara, calamars et *škampi*.

Marché

Tous les matins, sur trg Valdibora face à la mer : fruits, légumes, fromages, vin et huile d'olive… Et, un peu à l'écart, la pêche du jour. Compléments à la supérette, sur trg na Lokvu *(à côté de la gare routière)*.

Senj

Konoba Lavlji Dvor

Preradovica 2, une petite rue près de la cathédrale - 053 881 738 - www.lavlji-dvor.hr - poisson 260 kn/kg, plats 40/80 kn. Dans un joli patio aux arcades sculptées, on se régale de poissons et de fruits de mer, mais aussi des plats de viande accompagnés de légumes. Service attentif.

Campings

Fažana

Camping Bi-Village
Dragonja 115 - 052 30 03 00
De mi-avr. à fin oct. - 25 ha (1000 empl.)
Tarif : 43 €
Loisirs : diurne, aire de sports, itinéraire cyclistes - Services : wifi
GPS : E 13.80747 N 44.91653

Motovun

Motovun Camping
Rižanske skupštine 1a - 052 68 15 57
0,2 ha - Tarif : 25 €
12
Loisirs : - Services : wifi
GPS : E 13.82528 N 45.33445

Njivice

Camping Njivice
Primorska Cesta bb - 051 84 61 68
De mi-avr. à déb. nov. - 10 ha (188 empl.)
Tarif : 7,90 € 22 €
38
Loisirs : (plage), beauy centre
Services : wifi
GPS : E 14.5448 N 45.17157

Opatija

Camping Opatija
Liburnijska 46 - 051 70 48 30
D'avr. à oct. - 3 ha (500 empl.)
Tarif : 6,20 € 7,50 € - 4,70 €
Loisirs : diurne
Services :
GPS : E 14.28433 N 45.30954

Osor

Bijar
Osor b.b. - 051 23 71 47
De fin avr. à déb. oct. - 3 ha (250 empl.)
Tarif : 3,66 €
borne : Payant - - 22 €/j.
Loisirs : diurne (plage), aire de sports - Services : wifi
GPS : E 14.39528 N 44.70054

Pula

Stoja
Stoja 37 - 052 387 144
De mi-avr. à fin oct. - 16,7 ha (719 empl.)
Tarif : 33,90 €
borne artisanale : Payant - - 29 €/j.
Loisirs : (plage), terrain de sport polyvalent
Services : wifi
GPS : E 13.81453 N 44.85963

Rabac

Oliva
Rabac b.b. - 052 87 22 58
De fin avr. à déb. oct. - 5,5 ha (500 empl.)
Tarif : 27,80 €
borne artisanale : Payant - - 27 €/j.
Loisirs : diurne (plage) - Services : wifi
GPS : E 14.14943 N 45.07901

Rakovica

Kamp Turist
Grabovac 102 - 047 78 41 92
De déb. avr. à fin oct. - 5 ha (82 empl.)
25
Loisirs :
Services : wifi
GPS : E 15.64801 N 44.97352

Selce

Autocamp Selce
Jasenova 19 - 051 76 40 38
De déb. avr. à mi-oct. - 8 ha (500 empl.)
Tarif : 6,10 € 18 € 18 € - 3,50 € -
Loisirs : (plage), ping-pong,
Services : wifi
GPS : E 14.72489 N 45.15472

Stara Baška

Camp Škrila
Stara Baška/Punat - 051 84 46 78
De mi-avr. à déb. oct. - 3,5 ha (400 empl.)
Tarif : 33,30 € -
Loisirs : (plage), diving centre, ping pong
Services : wifi
GPS : E 14.67389 N 44.96667

Starigrad Paklenica

Camping Paklenica
Dr. Franje Tuđmana 14 - 023 20 90 62 - D'avr. à oct. - 2,5 ha (300 empl.)
Loisirs : (plage), beach volley
Services : wifi
GPS : E 15.44736 N 44.28647

Vrsar

Camping Orsera
Sveti Martin 2/1 - 052 46 50 10
D'avr. à oct. - 9 ha (573 empl.)
borne : Payant -
Loisirs : nocturne (bassin d'eau de mer), port dans le camping, diving centre
Services : wifi
GPS : E 13.60764 N 45.15483

Offices de tourisme

Krk
Obala hrvatske mornarice bb - 051 220 226 - www.tz-krk.hr - juin-sept. : 8h-21h.

Poreč
Zagrebačka 9 - 052 451 293/458 - www.to-porec.com - 8h-21h.

Rijeka
Užarska 14 - 051 315 710 - www.tz-rijeka.hr et www.rijeka.hr - été : 8h-20h, dim. 9h-14h ; hiver : tlj sf dim. 8h-20h, sam. 8h-14h.

Rovinj
Obala Pina Budićina 12 - 052 811 566/813 - www.tzgrovinj.hr - été : 8h-22h ; hiver : 8h-15h.

Pour téléphoner en Croatie :
00 385 + indicatif régional sans le 0 initial, puis le numéro du correspondant.

Pour plus d'informations :
Carte Michelin National N° 757
Le Guide Vert Croatie

La riviera dalmate, de Zadar à Dubrovnik

Fleuron du tourisme croate, la Dalmatie multiplie les passages époustouflants et les cités prestigieuses, Zadar, Šibenik, Trogir, Split et bien sûr Dubrovnik, la perle de l'Adriatique. Revers de la médaille, cette riviera croate draine en été une foule considérable. Privilégiez donc le printemps ou l'automne, vous n'en serez que plus séduit.

➲ *Départ : Zadar*
➲ *12 jours - 850 km*

Jour 1

Zadar est une escale obligée pour les amateurs d'architecture, mais c'est aussi une ville où il fait bon lézarder aux terrasses des cafés. Prenez le temps d'y découvrir sa vieille ville, ceinturée en partie de remparts où se trouvent son grand marché, réputé pour ses primeurs, et quelques monuments historiques : le forum romain, la remarquable cathédrale de style roman, les églises Saint-Donat et Saint-Chrysogone, le musée d'Art sacré d'une richesse exceptionnelle et le très original orgue maritime actionné par les vents et le mouvement des vagues. L'après-midi, filez au nord de la ville sur **Nin**, charmant village médiéval fondé sur un îlot, puis dans les terres à **Novigrad** qui étage ses maisons à flanc de coteaux au bord d'un bras de mer, dominé par une forteresse vénitienne.

Jour 2

Le matin, gagnez **Skradin** et le parc national de Krka pour une parenthèse nature. Vous y admirerez en effet les fameuses cascades de Stradinski Buk qui dévalent la montagne en 17 paliers. Vous pourrez vous baigner et faire de belles excursions en bateau. Rendez-vous ensuite à **Šibenik**. Vous visiterez son centre ancien, sa magnifique cathédrale et explorerez son lacis de ruelles pavées et d'escaliers au charme très italien. N'oubliez pas de monter à la forteresse : vous serez charmé par le panorama.

Jours 3, 4 et 5

Longez la côte vers le sud et rejoignez **Trogir**, une ravissante petite ville insulaire, inscrite au Patrimoine mondial de l'Unesco. Elle abrite une cathédrale romane dotée d'un superbe portail sculpté. Ses ruelles bordées de hautes maisons de pierre blanche et ses quais complètent agréablement cette découverte. Un peu plus vers l'est, arrêtez-vous à **Salone** (Solin) (Salona) où se dressent des remparts romains, une vaste nécropole et un amphithéâtre dont les souterrains menaient directement à la mer. **Split** est une étape incontournable. Commencez par le grand marché qui se tient chaque matin sur le front de mer puis poursuivez dans la vieille ville par le palais de Diocletien dont vous visiterez les remparts, les salles souterraines, le péristyle et les appartements impériaux. La cathédrale Saint-Domnius, intégrée dans l'ancienne enceinte du palais, présente un mobilier somptueux. Après avoir admiré le temple de Jupiter, vous flânerez autour de la place du Peuple (Narodni trg). La visite se poursuit par le quartier des pêcheurs puis une balade sur la colline du Marjan ou au remarquable musée archéologique. Prévoyez 1 ou 2 jours supplémentaires si vous envisagez une excursion (à pied) à **Hvar** (sorte de Saint-Tropez croate) sur l'île du même nom.

Jour 6

Après avoir visité **Split**, faites le détour par la citadelle et la forteresse de **Klis** (8 km au nord) fort bien préservée. Puis longez la côte jusqu'à **Makarska**, station balnéaire très prisée ; vous pourrez ensuite partir à l'assaut du massif du Biokovo, sorte de falaise abrupte en surplomb de l'Adriatique : si vous êtes sujet au vertige, vous ressentirez certainement quelques émotions fortes, mais les panoramas époustouflants en valent la peine ! Nombre de petits ports dans les alentours et de villages perchés valent le coup d'œil : Mimice-Pisak, Bratus, Brela, Baška Voda.

Jours 7 et 8

Si vous n'avez pas visité la ville de **Hvar** à partir de Split, sachez que vous pouvez passer votre véhicule sur l'île par le petit port de **Drvenik**. Prévoyez alors au moins 2 jours pour profiter de ses charmes presque provençaux avec pins, lavandes, maquis… des petites criques tranquilles et des cités attachantes surtout hors saison estivale.

Jours 9 et 10

De retour sur le continent, suivez la route côtière par **Gradac** où s'étend une agréable plage de galets. Passé **Ploče**, vous arrivez dans l'étonnant

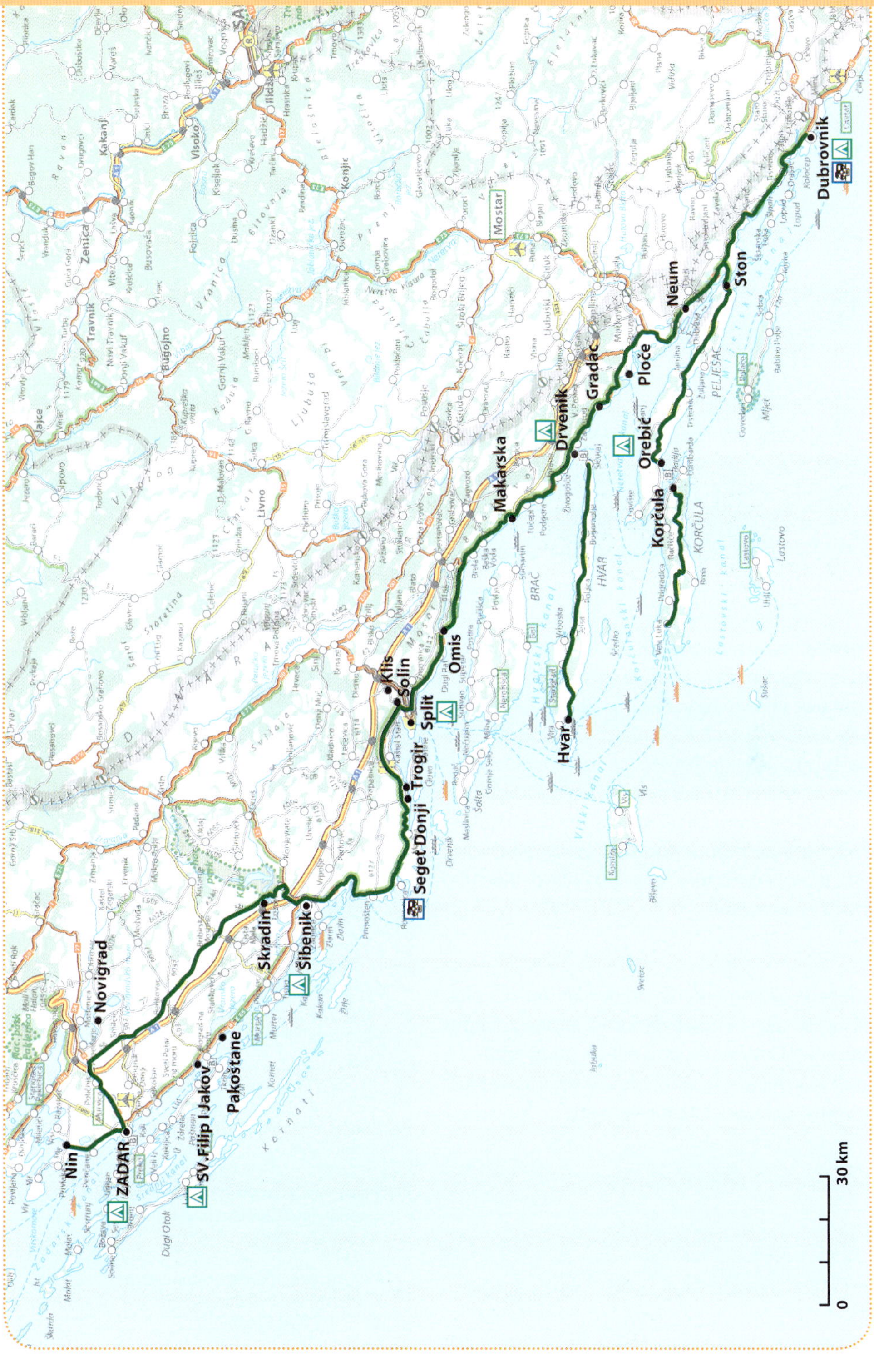
Nin
ZADAR
SV.Filip I Jakov
Pakoštane
Novigrad
Skradin
Šibenik
Seget Donji
Trogir
Split
Solin
Klis
Omis
Makarska
Drvenik
Gradac
Ploče
Orebić
Korčula
Hvar
Neum
Ston
Dubrovnik
Mostar
0
30 km

Adresses circuit 25

H. Johanna / Sime / Photononstop

La riviera de Makarska.

Aires de service et de stationnement

Dubrovnik

Camping Kate
Tupina 1, Mlini - 020 487 006
D'avr. à oct.
Borne
Services :
GPS : E 18.20752 N 42.62441

Seget Donji

Kamp Seget
Hrvatskih žrtava 121 - 021 880 394
De mars à oct.
Borne : 4 €
Services :
Au bord d'une belle plage, calme.
GPS : E 16.17967 N 43.51315

delta de la Neretva, où les amateurs de produits du terroir goûteront les anguilles et cuisses de grenouilles grillées. Vous traverserez ensuite l'enclave bosniaque de **Neum**, occasion de faire provision de denrées à bons prix. Filez ensuite sur la presqu'île de **Pelješac**. À **Ston** et Mali Ston, vous vous promènerez au pied de la forteresse et découvrirez les secrets des salines. Puis vous atteindrez **Orebić**, port d'embarquement pour **Korčula**. Du bateau, vous apercevrez les orgueilleux remparts de la ville de Korčula, un Dubrovnik en miniature.

Jours 11 et 12

Une ville close de hauts murs en bord de mer, une des plus belles cités d'Europe ceinturée de fortifications… Faut-il encore présenter **Dubrovnik**, qui met un point final à ce circuit et mérite au minimum deux jours de visite, voire plus. Attendez-vous à quelques émerveillements.

Offices de tourisme

Dubrovnik

Porte Pile – *Branitelja Dubrovnika 7 - 020 427 591 ou 020 426 253* ; **Gruž** – *Obala S Radića 27 - 020 417 983* ; **Lapad** – *Šetalište kralja Zvonimira 25 www.tzdubrovnik.hr - tlj sf dim. 8h-20h.*

Šibenik

Centre-ville – *Fausta Vrančića 18 - 022 212 075 - www.sibenik-tourism.hr - mai-sept. : lun.-vend. 7h-15h - fermé w.-end.*
Sur la Riva (front de mer) – *Obala Dr Franje Tuđmana 5 - 022 214 411/448 - été : 8h-22h ; juin et sept. : sem. 8h-22h, sam. 8h-14h ; reste de l'année : sem. 8h-15h.*

Split

Péristyle - 021 345 606 - www.visitsplit.com - lun.-sam. 9h-20h, dim. 9h-13h.

Zadar

023 316 166 - www.tzzadar.hr / www.visitzadar.net.
Vieille ville – *Ilije Smiljanića 5 - 023 212 222* ;
Puntamika – *le long de la côte, vers le nord - 023 332 053.*

Pour téléphoner en Croatie :
00 385 + indicatif régional sans le 0 initial, puis le numéro du correspondant.

Pour plus d'informations :
Carte Michelin National N° 757
Le Guide Vert Croatie

Campings

Dubrovnik

Solitudo
Vatroslava Lisinskog 17 - 052 46 50 10
D'avr. à oct. -
5 ha (250 empl.)
borne artisanale : Payant - - 29 €/j.
Loisirs : diurne (plage) , terrain de boules
Services : wifi
Au bord d'un lac, mer à proximité.
GPS : E 18.07035 N 42.6613

Drvenik

Kamp Ciste
D8 - 021 67 99 06
Permanent -
1,2 ha (80 empl.)
borne : Payant -
Loisirs : (bassin d'eau de mer)
Services : wifi
Bord de mer.
GPS : E 17.20881 N 43.16819

Orebić

Kamp Adriatic
Mokalo 6 - 020 71 34 20
D'avr. à oct. -
2,5 ha (40 empl.)
Tarif : 3,60 € - 3,50 €
borne : Payant -
Loisirs : (bassin d'eau de mer) , beach volley, diving centre
Services : wifi
GPS : E 17.22504 N 42.97691

Šibenik

Camping Solaris
D'avr. à oct. -
50 ha (1000 empl.)
Loisirs : (plage) , diving centre
Services : wifi
Bord de mer.
GPS : E 15.87799 N 43.69884

Split

Stobrec - Split
Sv. Lovre 6 -
021 32 54 26
Permanent -
5 ha (380 empl.)
borne : Payant -
Loisirs : (plage) , aire de sports, beachvolley, excursions organisées
Services : wifi
GPS : E 16.52752 N 43.50354

Sveti Filip i Jakov

Autocamping Rio
Put primorja 66 -
023 38 86 71
D'avr. à oct. -
0,7 ha (55 empl.)
borne -
Loisirs : (plage)
Services : wifi
GPS : E 15.4342 N 43.95537

Zadar

Borik
Majstora Radovana 7 -
023 20 65 59
De mai à sept. -
9,6 ha (87 empl.)
borne artisanale : Payant -
Loisirs : (plage) , volleyball de plage
Services : wifi
Bord de mer.
GPS : E 15.21132 N 44.13573

Les bonnes adresses de Bib

Dubrovnik

Konoba Lokanda Peskarija
Na ponti bb - 020 324 750 - www.mea-culpa.hr. Sur le vieux port, côté palais du Recteur, l'adresse à ne pas manquer pour déguster calamars grillés et autres plats de la mer, en portion généreuse et pour un excellent rapport qualité-prix. On ne peut rêver meilleure terrasse.

Buffet Kamenice
Gundulićeva poljana 8 - 020 323 682. Emplacement idéal pour ce restaurant populaire aux prix stables ! La carte simple et polyglotte propose des huîtres à la pièce *(10 kn)*, du risotto *(35/45 kn)*, du poulpe *(59 kn)*, des moules à la *buzzara (48 kn)*, un bon pichet de blanc, le tout sur une magnifique place.

Île de Hvar

Konoba Menego
Dans l'escalier qui monte au-dessus du couvent bénédictin vers la forteresse - 021 742 036 - www.menego.hr. Au choix dans l'ancienne cave ou sur la terrasse, voilà une adresse coup de cœur pour goûter les spécialités de l'île. Tout est produit sur place. Même les importations de Split sont bannies ! Essayez absolument les anchois marinés, le fromage de chèvre frais, *la skota,* avec du miel ou les figues « ivres », fourrées d'amandes et macérées dans l'alcool maison. Plats froids uniquement.

Šibenik

Gradska Vijećnica
Trg Republike Hrvatske 3 - 022 213 605 - 65/120 kn. Face à la cathédrale, c'est la plus belle terrasse de la ville ! Excellente cuisine proposée, dans une salle au décor élégant, avec fruits de mer, poissons, pâtes et grillades.

Split

Šperun
Šperun 3 - 021 346 999. Salle intime et bien décorée : planchers, tissages et murs de pierre. Carte simple de produits frais. Sardines grillées, plats de poissons (45/360 kn) et vins locaux (70 kn).

Zadar

Restauran Kornat
Liburnska obala 6 - 023 254 501 - Plats 70/160 kn. Excellente table face à l'embarcadère des ferries. Cuisine raffinée et décor élégant. Goûtez aux spécialités maison, comme le filet de lotte à la sauce aux truffes accompagné de gnocchi fondants. Large carte des vins.

Restaurant Foša
Foša 2 - 023 314 421 - fermé vac. de Noël - poissons 340 kn/kg, plats 38/80 kn. À gauche de la porte de Terre-Ferme, entre murailles et port de pêche, ce restaurant avec terrasse propose une bonne cuisine de poissons et fruits de mer.

Caffe Kult
Stomorica 6A, dans le Varoš. Cette grande terrasse sous d'immenses tilleuls au cœur du Varoš est fraîche et ses fauteuils confortables. Idéal pour une pause en journée.

De la Croatie vers la Grèce

➲ *Départ : Dubrovnik*
➲ *10 jours - 900 km*

Jour 1

Au départ de **Dubrovnik**, prenez la direction du sud-est (route n° 8). Première pause à **Mlini**, village côtier qui occupe une très jolie baie avec une belle promenade en front de mer ombragée de pins et une succession de plages de galets et de sable. Dix kilomètres plus loin, la station balnéaire de **Cavtat** (prononcer tsavtate) est l'ancienne Épidaure des Grecs, prospère à l'époque romaine. Elle a conservé une atmosphère de doux farniente à l'ombre des palmiers qui bordent les quais. Prenez le temps d'y voir le petit monastère Notre-Dame-des-Neiges puis le vieux centre qui conserve de belles maisons Renaissance formant un ensemble harmonieux. En direction de **Kotor**, vous franchissez la frontière du **Monténégro**. Attention, en été, l'attente à la frontière peut être longue.

Jour 2

Votre premier contact avec le Monténégro se fera avec les fantastiques **Bouches de Kotor**, un fjord inscrit au Patrimoine mondial de l'Unesco, et la première de ses six baies, celle d'**Herceg Novi**. Cette petite cité qui invite à la pause avec ses ruelles et escaliers croulant sous les bougainvilliers, est dominée par la citadelle Kanli Kula (elle se visite). Ne manquez pas de flâner dans le jardin botanique (accès libre) et sur la jolie promenade qui conduit au monastère de Savina. Il abrite un trésor d'une richesse exceptionnelle. Filez ensuite sur **Perast**, l'un des plus beaux villages baroques de la région, sans oublier de visiter l'église Notre-Dame-du-Récif édifiée sur un îlot (accès par bateau).

Jour 3

Vous consacrerez l'essentiel de cette journée à la visite de la cité médiévale de **Kotor** en arrivant tôt, avant que les bus et les vedettes de Dubrovnik ne débarquent leurs flots de touristes. Joyau architectural blotti entre la mer et la falaise, la ville close est un dédale de ruelles et de placettes pavées où vous verrez des palais aristocratiques et de charmantes chapelles. Les remparts méritent d'être explorés tout comme la cathédrale Saint-Tripun mêlant arts roman et baroque, avant de monter à la forteresse Saint-Ivan dominant la ville. Pour finir la journée, suivez sur la route côtière qui offre d'impressionnants panoramas sur Kotor, jusqu'au village de **Prčanj** conservant de jolis palais baroques et une église à dôme.

Jours 4 et 5

Prenez la route en lacets (beaux panoramas) au sud de Kotor. Elle vous conduit à **Cetinje**, ancienne capitale où vous visiterez le centre historique, le monastère de Cetinje et son trésor, ainsi que le palais Biljarda aux allures de forteresse. Dans les alentours, montez dans le **parc national de Lovcen** au sommet duquel trône le mausolée de Njegos avec une vue éblouissante. Retour plein est sur la côte (belle plage à **Miločer**) pour rallier le ravissant village de **Sveti Stefan** qui occupe une presqu'île. Par **Petrovac** (voir le port et le monastère de Gradiste) puis **Stari Bar**, où subsistent les ruines romantiques d'une citadelle, et **Ulcinj**, vieille ville ceinturée de murailles romaines, vous arrivez à petit pas à la frontière avec l'Albanie que vous franchissez après **Sukobin** par une route sinueuse.

Jours 6 et 7

Votre première pause en **Albanie** sera pour **Shkodër** où il faut parcourir le marché approvisionné par des producteurs locaux et monter à la forteresse de Rosafa qui domine la ville. Descendez ensuite sur la côte pour prendre un peu de repos sur les plages de **Shëngjin** que l'on rejoint par **Lezhë**. Piquant plein sud par la NH 1, vous arrivez ensuite à **Tirana**. Malgré la circulation anarchique et l'absence de signalétique, essayez de trouver le vieux centre et son marché central très typique (place Avni Rustemi) ainsi que le cœur battant de la ville, la place Skanderbeg et sa mosquée Ethem bey, l'une des plus belles du pays (elle se visite). La NH 3 au sud de la ville vous conduira à présent (63 km) à **Elbasan** par un parcours aux beaux panoramas montagnards. Le principal intérêt de la ville tient à sa forteresse encore habitée et relativement pittoresque. Une soixantaine de kilomètres plus à l'ouest *via* **Prrenjas**, vous arrivez à la frontière de la **Macédoine**.

Jour 8

Cinq kilomètres avant Struga, arrêtez-vous à **Kalista** pour voir les fresques magnifiques de son église

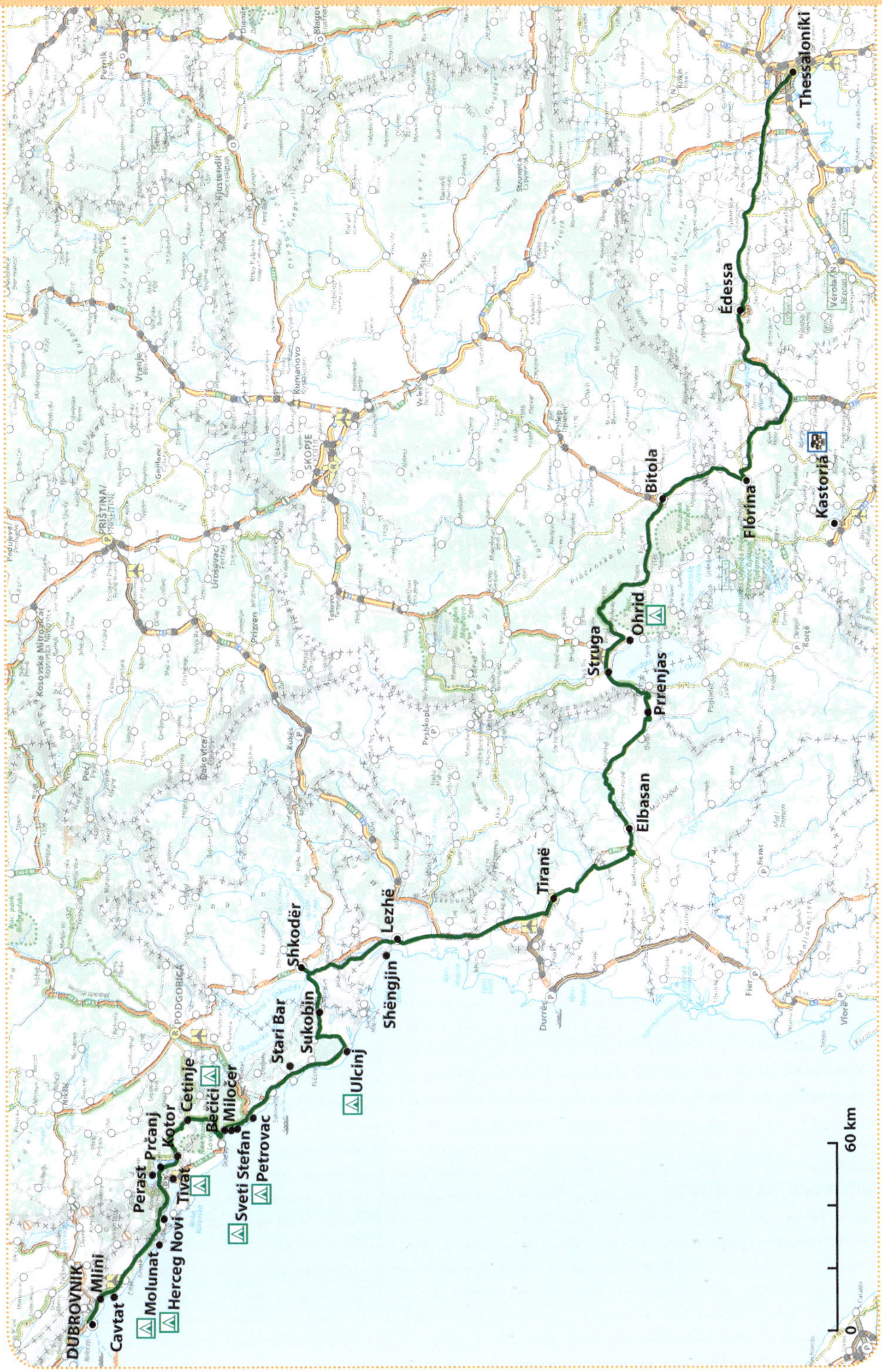
DUBROVNIK
Cavtat
Mlini
Molunat
Herceg Novi
Perast
Prčanj
Kotor
Tivat
Cetinje
Bečići
Miločer
Sveti Stefan
Petrovac
Stari Bar
Sukobin
Ulcinj
Shkodër
Shëngjin
Lezhë
Tiranë
Elbasan
Prrenjas
Struga
Ohrid
Bitola
Flórina
Kastoriá
Édessa
Thessaloníki
PODGORICA
SKOPJE
PRIŠTINA
Durrës
0
60 km

A. Pavan / Sime / Photononstop

L'île Saint-Georges dans les Bouches de Kotor, Monténégro.

troglodytique Saint-Anastase, puis gagnez **Struga** pour une agréable pause dans sa vieille ville ou sur sa plage de sable en centre-ville. **Ohrid**, très fréquentée en été, est une véritable cité-musée qui mérite une visite détaillée, notamment pour son centre historique au bord du lac, entourée d'un mur d'enceinte qui protège basilique, églises et temples antiques. **Bitola** à son tour vous forcera à la halte pour ses maisons de la Belle Époque, de styles néo-Renaissance ou baroque… et surtout son ancien bazar turc.

Jours 9 et 10

De Bitola à **Thessalonique** (Thessaloníki), il vous reste à franchir une frontière, celle de la Grèce, et à parcourir environ 200 km par **Flórina** et **Édessa** (route n° 2). Mais si le temps ne vous est pas trop compté, faites un détour par **Kastoria**, charmante petite ville étendue sur une presqu'île qui s'avance en éperon dans le lac Orestia. Ses églises byzantines et ses nobles maisons à colombage sauront vous séduire, voire vous retenir.

Les bonnes adresses de Bib

Édessa (Grèce)

Onissis Michalis Mipilgiris
20 r. 18 Oktovriou - 15 € env. Une bonne adresse pour déguster poissons, poulpes, viandes, escargots…

Καστοριά/Kastoriá (Grèce)

Krontiri
13 r. Orestiados, près du lac - ✆ 24670 283 58 - 15 € env. Une excellente carte, qui change avec les saisons. Les lieux ménagent une superbe vue sur le lac.

Doltso
2. Tsakali, près de la place Doltso- ✆ 24670 233 77 - 15/20 € env. Un excellent restaurant qui propose des plats cuisinés traditionnels de Macédoine. Large choix de vins rouges et blancs.

Velji Do (près de Cavtat, Croatie)

Konavoski Komin
Jasenice, Velj Do - près de Cavtat, sur la rte littorale, à Zvekovica prendre la direction de Duba/Pridvorje, puis 5 km plus loin prendre à gauche et poursuivre sur 3 km - ✆ 020 479 607 - 12h-2h - plats 50/80 kn. Un belvédère précède de 500 m le hameau de Velji Do qui, entouré d'arbres et de calme, est un havre de paix. Poissons et autres grillades sont à la carte toute l'année, ainsi que les délicieux *pršut* et *paški sir*. Mais il vous faudra commander l'agneau rôti, une des spécialités de la maison.

Offices de tourisme

Édessa (Grèce)
Dans l'un des kiosques du parc des Cascades - ✆ 23810 203 00 - http://edessacity.gr.

Kastoriá (Grèce)
Dans un petit kiosque au bord du lac.

Pour téléphoner en Albanie :
00 355 puis le numéro du correspondant

Pour téléphoner en Croatie :
00 385 + indicatif régional sans le 0 initial, puis le numéro du correspondant.

Pour téléphoner en Grèce :
00 30 puis le numéro du correspondant

Pour téléphoner en Macédoine :
00 389 puis le numéro du correspondant

Pour téléphoner au Monténégro :
00 382 puis le numéro du correspondant sans le 0 initial

Aire de service et de stationnement

Καστοριά/Kastoriá (Grèce)

Parking de Kastoria
Parkoo Olimpiakis Flogas
Permanent
Borne
Au bord du lac.
GPS : E 21.26167 N 40.52032

Campings

Bečići (Monténégro)

Camping Avala
Jadranski put bb, Borete, en bordure de la voie express Budva/Bar -
086 45 39 41
D'avr. à oct.
20
Services :
GPS : E 18.88689 N 42.28696

Herceg Novi (Monténégro)

Autocamp Zelenika
Zelenika 9a -
031 67 86 31
D'avr. à oct. -
0,8 ha (80 empl.)
borne -
Services :
GPS : E 19.21278 N 42.43195

Molunat (Croatie)

Autokamp Monika
Permanent -
1,5 ha (60 empl.)
Tarif : 3,27 € 3,92 €
borne : Payant -
Loisirs : (plage) , diving centre
Services : wifi
Bord de mer.
GPS : E 18.42851 N 42.45268

Ohrid (Macédoine)

Autocamp Gradishte
Ohrid - 46 28 59 45
(400 empl.)
Loisirs : (plan d'eau), ping pong
Services : wifi
GPS : E 20.7994 N 40.99614

Petrovac (Monténégro)

Camping Maslina
Buljarica bb, Petrovac na moru -
033 46 12 15
Permanent - (100 empl.)
Tarif : 3,80 € 7 € - 3 €
Services : wifi
Ombragé, à proximité de la grande plage de Buljarica.
GPS : E 18.96562 N 42.19732

Sveti Stefan (Monténégro)

Camping Sveti Stefan
Permanent
Tarif : 2,50 € 5,50 €
Services :
GPS : E 18.89874 N 42.25248

Tivat (Monténégro)

Autocamp Verige
Jadranska magistrala -
068 520 979
Permanent - (60 empl.)
Loisirs :
Services :
Bord de mer.
GPS : E 18.68308 N 42.45956

Ulcinj (Monténégro)

Tropicana Beach
Velika Plaza bb -
069 03 64 75
D'avr. à oct. - (100 empl.)
borne : Payant -
Loisirs : diurne
Services : wifi
GPS : E 19.28999 N 41.89506

Monts et merveilles de la Grèce continentale

Moins connue et moins courue que le Péloponnèse, la Grèce continentale n'en présente pas moins des régions attachantes, Macédoine, Thessalie et Épire, riches en paysages maritime et montagnard, et en étapes originales qui vous conduisent à petits pas vers Corfou et l'admirable cité antique de Delphes.

➲ *Départ : Thessalonique*
➲ *9 jours - 1 200 km*

Jour 1

Thessalonique (Thessaloníki), deuxième ville et premier port de Grèce, allie modernité et vestiges épars de plus de 2000 ans. Le matin, commencez par la ville basse en flânant d'abord dans le marché central au parfum oriental puis visitez les églises byzantines. Voyez Agia Sofia, puis la Rotonda et sa nef circulaire, et Agios Dimitrios et ses remarquables mosaïques. En début d'après-midi, mettez-vous au frais en découvrant le musée archéologique, l'un des plus riches de Grèce rassemblant des œuvres de Macédoine et de Thrace, puis montez en ville haute pour parcourir les remparts et voir l'église Agii Apostoli pour ses fresques et ses mosaïques.

Jours 2 et 3

Au sud de Thessalonique s'étend la Calchidique et ses trois presqu'îles sauvages qui méritent d'être explorées. Avant de quitter la ville, renseignez-vous auprès de l'office de tourisme sur les conditions de visite du mont Athos (très restrictives). Dans tous les cas, vous pourrez admirer les monastères de l'extérieur si vous êtes bon marcheur ou si vous prenez le bateau d'**Ouranópoli** qui dessert toute la côte ouest. Une route côtière permet de faire le tour (100 km) de la **presqu'île de Sithonía**, alternant paysages sauvages, petites plages et stations balnéaires avec au loin les monastères du mont Athos. Quand à la **presqu'île de Kassándra**, si elle ne manque pas d'intérêt, elle est beaucoup plus urbanisée sur sa côte Est. De retour vers Thessalonique, faites un crochet au niveau de **Néa Kallikráteia** pour explorer la grotte de **Petrálona**.

Jour 4

Vergína, l'antique cité de Aigai, vous retiendra bien 2 à 3h entre son palais et son tumulus royal. Revenez sur le littoral et profitez des plages au sud de **Kateríni** en programmant deux haltes, la première au site de **Dío** (Dion), ville sacrée de la Macédoine antique. L'urbanisme est de l'époque romaine, des sanctuaires sont consacrés aux divinités égyptiennes, une mosaïque réalisée vers 200 apr. J.-C. représente Dionysos. Arrêtez-vous ensuite au château de **Platamónas** construit au début du 13e s. par les croisés. La journée s'achèvera en prenant la route de **Lárissa** (Lárisa) puis **Tríkala** et **Kalampáka** (Kalambaka) nichée au pied des Météores.

Jour 5

Consacrez toute la journée (en démarrant tôt le matin) à la découverte de l'extraordinaire site des **Météores** et de quelques-uns de ses sublimes monastères cénobitiques, juchés sur des pitons aux parois vertigineuses, défiant la pesanteur et le temps… Ce haut lieu du tourisme a été déserté par les moines qui sont allés trouver un refuge plus tranquille au mont Áthos. Cinq monastères et un couvent seulement sont encore occupés. Une tenue correcte est exigée. Trois monastères doivent être visités impérativement, le Grand Météore, celui de Varlaam et Agios Nikolaos Anapafsas.

Jour 6

La prochaine étape, **Metsovo**, prend un petit air de Suisse. Vous y visiterez la maison des Tositsa (musée d'art populaire) et, au terme d'une courte balade, le monastère Agios Nikolaos. Plus à l'ouest, **Ioánnina**, agréable cité au bord d'un lac, ne manquez pas son île et sa citadelle. Aux alentours, la **grotte de Pérama** et le site de **Dodoni** valent vraiment le détour.

Jour 7

Direction **Igoumenítsa** d'où un bac vous emmène, en 2h de traversée environ, à **Corfou** (Kérkyra), superbe cité, mi-italienne, mi grecque. Si vous passez à pied, la journée sera bien entendu consacrée à la vieille ville, à son esplanade et à sa citadelle. Si vous embarquez votre véhicule, prévoyez alors au moins 4 jours supplémentaires pour faire le tour de l'île en profitant de ses panoramas et de ses très belles plages.

THESSALONÍKI
Ierissós
Ouranópoli
Sithonía
Kassándra
Petrálona
Néa Kallikráteia
Epanomí
Platamónas
Vergína
Kateríni
Dío
Lárisa
Metéora
Kalampáka
Tríkala
Metsovo
Ioánnina
Dodonió
Pérama
Árta
Ríza
Kastrosykiá
Párga
Igoumenítsa
Kérkyra
Náfpaktos
Galaxídi
Delfoí
Ósios Loukás
Athína
0
75 km

A. Pidgeon / Photononstop

Monastères de Roussanou (premier plan) et d'Agios Nikolaos Anapafsas, perchés entre ciel et terre dans les Météores.

Jour 8

Descendez à présent la côte ionienne en longeant la mer *via* **Párga**. Après la visite de la ville et de sa rue piétonne, vous ne résisterez pas à une pause farniente sur les plages, plus au sud, celle de Lihnos ou de **Kastrosykiá**. Poursuivez par **Árta** qui conserve un vieux pont en dos d'âne et quelques joyaux de l'art byzantin. Avec son port en demi-cercle, **Náfpaktos** constituera une étape agréable, tout comme **Galaxídi**, doté de belles maisons de pierre et d'une intéressante cathédrale.

Jour 9

Arrivez tôt le matin à **Delphes** (Delfoí) car c'est l'un des sites les plus remarquables et visités de Grèce. L'antique sanctuaire d'Apollon, niché parmi les pins et les cyprès, bénéficie d'un cadre naturel magnifique dominant des oliviers à perte de vue. Temple, théâtre et sanctuaire vous laisseront un grand souvenir. Un conseil : prévoyez de bonnes chaussures et un chapeau. Dans l'après-midi, vous irez visiter le monastère d'**Ósios Loukás** (à 36 km), l'un des plus beaux de Grèce. Édifié dans un cirque montagneux, ce lieu harmonieux est décoré de mosaïques splendides. Vous voilà presque aux portes d'**Athènes** (Athína) et du Péloponnèse.

Les bonnes adresses de Bib

Κέρκυρα/Kérkyra/Corfou

En Plo
Angle Kapodistriou et Arseniou, en contrebas de la promenade qui va du palais royal au vieux port - 26810 818 13 - www.enplocorfu.com - 18 € env. On vient ici pour la cuisine mais aussi pour l'emplacement : la terrasse donne sur des rochers où l'on va volontiers se détendre à la mijournée avant de se baigner.

Αράχοβα/Arachova (près de Delphes)

I Gefira
Juste après le pont, côté vallée - 22670 319 17 - 10/15 €. Une taverne au décor coloré où l'on sert de copieux plats locaux dans une ambiance villageoise. Bon rapport qualité/prix.

Ιωάννινα/Ioánnina

O Gyros tou Kastrou
16 pl. Georgiou, face à l'entrée de la citadelle - 26510 380 44 - 15 € env. Cuisine grecque simple (grillades, rôtisserie), mais de qualité.

Καστράκι/Kastraki (près des Météores)

Taverne Gardenia
En dessous de l'église - 24320 225 04 - 15 € env. Une jolie terrasse pour apprécier une cuisine fraîche et familiale. Accueil sympathique.

Λάρισα/Lárisa/Lárissa

Mageirio tis Giagias
9 odos Apollonos. Sur une placette ombragée, loin du tumulte des voitures, une terrasse agréable pour déguster une cuisine traditionnelle. Bon accueil.

Πάργα/Párga

Outre les navettes pour les **plages** de Sarakiniko *(dép. 11h, retour 17h)* et Lichnos *(dép. ttes les h, de 10h à 14h et retour ttes les h, de 14h à 18h)*, certains bateaux effectuent une excursion à **Paxos** et **Antipaxos** *(dép. 9h30 et retour 16h)*. Vous pouvez aussi opter pour une balade en bateau d'1h à la **grotte d'Aphrodite**.

Θεσσαλονίκη/Thessaloniki/Thessalonique

Ouzeri Tsinari
72 r. Papadopoulou, à l'angle de la r. Kleious - 23102 840 28 - 15 € env. Dans la ville haute, une taverne peinte en bleu avec une jolie terrasse à l'ombre d'un acacia. Une cuisine savoureuse, variée, copieuse et des prix très doux.

Mirovolos Smirni
32 r. Komninon - 23102 741 70 - 15 € env. Dans un passage animé du marché couvert, une taverne qui propose fruits de mer, grillades et brochettes. Clientèle grecque et musique locale animent la taverne le soir.

Sebriko
2 r. Fragon - 2310 557 513 - fermé lun. Ici on mange ou on achete des produits typiques – fromage, charcuterie, pâtes… de toutes les régions de la Grèce – car l'établissement fait à la fois restaurant et épicerie.

Campings

Δελφοί/Delfoí/Delphes

Delphi
4th km Delphi-Itea Road - 22650 82209
D'avr. à oct. - 2,2 ha (100 empl.)
Tarif : 6,70 € 8 € - 4,20 €
borne : Payant
Loisirs : , barbecue
Services : wifi
Belle vue sur la golfe de Corinthe.
GPS : E 22.47444 N 38.47875

Camping Apollon
Permanent -
2,5 ha (120 empl.)
Tarif : 30 €
borne - 23
Loisirs : , terrain de sport polyvalent, circuits pédestres balisés
Services : wifi
Transport gratuit pour Delphes.
GPS : E 22.4755 N 38.4839

Επανομή/Epanomí

Akti Retzika
Beach of Potamos - 23920 44 786
De déb. avr. à fin oct. - (50 empl.)
Tarif : 6 € 8 € - 2,80 €
Loisirs : diurne
Services : wifi
Bord de mer.
GPS : E 22.92679 N 40.38193

Ιερισσός/Ierissós

Delphini
Vasileos Konstantinou - 23770 22 208
De mi-mai à mi-oct. - 0,8 ha (75 empl.)
Tarif : 5 € 10 € - 3 €
Loisirs : , plongée sous-marine - Services :
Bord de mer.
GPS : E 23.89374 N 40.39002

Ηγουμενίτσα/Igoumenítsa

Elena's Beach
Georgios Theodoridis - 26650 71 031
De déb. avr. à fin oct. - 15 ha (80 empl.)
Tarif : 6,50 € 7 € - 4,50 €
Loisirs : , télévision
Services :
Bord de mer.
GPS : E 20.26083 N 39.46028

Ιωάννινα/Ioánnina

Limnopula
10 Kanari - 26510 25 265
De déb. avr. à mi-oct. - 1 ha (60 empl.)
Tarif : 27 €
Loisirs :
Services :
Au bord d'un lac.
GPS : E 20.84257 N 39.67722

Καλαμπάκα/Kalampáka/Kalambaka

Meteora Garden
1st km national road, Kalampaka-Ioannina - 24320 75 566
De déb. janv. à fin oct.
1 ha (120 empl.)
Tarif : 17 €
Loisirs : , aire de sports
Services :
GPS : E 21.60907 N 39.70886

Κέρκυρα/Kérkyra

Karda Beach
Dassia-Kato Korakiana - 26610 93 595
De mi-avr. à mi-oct. - 2,6 ha (130 empl.)
Tarif : 7,20 € 9,20 € - 4,60 €
Loisirs :
Services : wifi
À 100 m de la plage.
GPS : E 19.83841 N 39.68617

Πλαταμώνας/Platamónas

Arion
Paralia Panteleimonos - 23520 41500
De déb. avr. à fin oct. -
1,2 ha (140 empl.)
Tarif : 29 €
Loisirs :
Services :
Bord de mer.
GPS : E 22.58998 N 40.01534

Ρίζα/Riza

Corali Camping
Riza Beach - 26820 56 386
Permanent - 16 ha (100 empl.)
Tarif : 7 € 8 € - 3 €
Loisirs :
Services : wifi
Bord de mer.
GPS : E 20.58527 N 39.13508

Offices de tourisme

Delfoí/Delphes
11 r. Apollonos et 2 r. Pavlou & Friderikis - 22653 513 00.

Kalampáka/Kalambaka (Les Météores)
Place de la mairie - 24323 502 74 - www.visitmeteora.travel/en

Thessaloniki/Thessalonique EOT
136 r. Tsimiski (près de la Tour blanche) - 2310 252 170 - www.thessaloniki.travel

Si vous désirez vous rendre au mont Athos, vous devrez passer par le bureau des pèlerinages (Agioritiki Estia) pour retirer un permis : 109 r. Egnatia, Athènes - 23102 525 78 - tlj sf dim. 9h-14h. À demander plusieurs mois à l'avance !

Pour téléphoner en Grèce :
00 30 puis le numéro du correspondant

Pour plus d'informations :
Carte Michelin N° 737
Le Guide Vert Grèce continentale

Cités antiques d'Athènes et du Péloponnèse

Amateur de vieilles pierres, vous serez comblé par ce circuit qui vous fait passer de l'Acropole d'Athènes au théâtre d'Épidaure et au site d'Olympie. Si vous aimez en outre lézarder sur des plages retirées et flâner dans les villages de montagne, cet itinéraire est décidément fait pour vous.

➲ *Départ : Athènes*
➲ *12 jours - 1 400 km*

Jours 1, 2 et 3

Passez au moins 3 jours à **Athènes** (Athína) et dans l'Attique. Consacrez la première matinée à l'Acropole (temple et Parthénon) et son parc archéologique, puis poursuivez par une promenade dans le pittoresque quartier de Plaka, et finissez par une ascension au mont Lycabette pour le couchant (à pied ou en funiculaire). Le lendemain, arpentez l'ancienne Agora et la colline du Céramique puis visitez l'extraordinaire Musée archéologique national. Au choix, programmez ensuite le musée d'Art byzantin ou le musée d'Art cycladique. Il sera encore temps de filer au sud vers le **cap Soúnio** pour admirer le coucher de soleil sur le temple de Poséidon. La troisième journée se partagera entre la plage, le site archéologique de Brauron (**Vravrona**), et le monastère de **Kessariani**, connu pour ses remarquables fresques.

Jours 4 et 5

En direction de l'**isthme de Corinthe**, gagnez l'**Heraion de Perahora**, un ravissant site antique ombragé de pins. Le spectacle du canal de Corinthe vous retiendra un moment avant de visiter la cité antique (passé la ville moderne) et de reprendre la route par la côte Est du Péloponnèse (belles plages vers **Loutró Elénis**). Le monastère d'**Agnoúntos** et les fresques de son église (accès libre, tenue correcte) sera l'occasion d'une pause avant de rejoindre les plages de **Paléa Epídavros** pour la fin de journée.

Jour 5

La matinée commencera en beauté au site d'**Épidaure** (Epidavros) avec son fameux sanctuaire et son théâtre. Vous passerez ensuite par **Méthana**, agréable station thermale et flânerez dans le village et le petit port de Vathi. En suivant le bord de mer, vous arrivez à **Galatás**, où s'ouvrent de superbes vues sur la rade et l'**île de Póros** séparée par un étroit bras de mer. Les pins, les oliviers, les citronniers, son doux climat et ses côtes bien protégées en font un lieu enchanteur. Poursuivez sur la route côtière en direction d'**Ermióni** puis du minuscule port de **Kósta**.

Jour 6

Cité séduisante, **Nauplie** (Náfplio) vous attend le matin pour la découverte de sa ville basse très charmante et homogène, puis de sa citadelle. Poursuivez votre itinéraire en suivant la côte par **Ástros** (grande plage de sable), petit bourg agricole, puis dirigez-vous vers **Leonídio** et son port de **Pláka**. Un crochet dans les terres *via* **Geráki** (voir ses églises byzantines) permet d'atteindre **Sparte** (Spárti) et la remarquable cité de **Mistra** (Mystrás). Villes haute et basse méritent que l'on s'y attarde. Revenez en direction de **Monemvasía**, dont l'ancienne citadelle domine la charmante ville basse en offrant des panoramas vertigineux.

Jours 7 et 8

Revenez sur vos pas et arrêtez-vous à **Githio** (Gytheio) pour flâner sur ses quais puis faites le tour de la presqu'île du **Magne** (Máni). La pointe sud est superbe et le vieux village de **Vathia** (Vátheia) dresse ses tours face à la mer. Remontez à présent toute la côte ouest jusqu'à **Kalamáta** et **Messíni** d'où vous entreprendrez le tour de la presqu'île de **Methóni**, via **Koróni**, **Methóni** (belle plage et citadelle) et **Pýlos** connue sous le nom de Navarin et dont les tours et remparts offrent de beaux panoramas.

Jours 9 et 10

Cap au nord en direction d'**Olympie**. En route, faites halte au palais de Nestor (**Anáktora Néstoros**) et à **Kyparissía** qui offre une belle vue sur la mer Ionienne. Au niveau de **Tholó**, bifurquez dans les terres pour découvrir le temple de **Vassés** (Vassae) isolé dans son majestueux écrin de montagnes. La route qui conduit vers **Dimitsána** permet de découvrir de beaux villages perchés comme **Andrítsaina** avec ses vieilles échoppes, **Karitaina** au-dessus de belles gorges et **Stemnitsa** riche en églises médiévales, **Dimitsána** et ses maisons cossues. Sur la route d'Olympie, arrêtez-vous à **Langadia** (Lagkádia), célèbre pour son artisanat de cannes, de tapis de laine et de

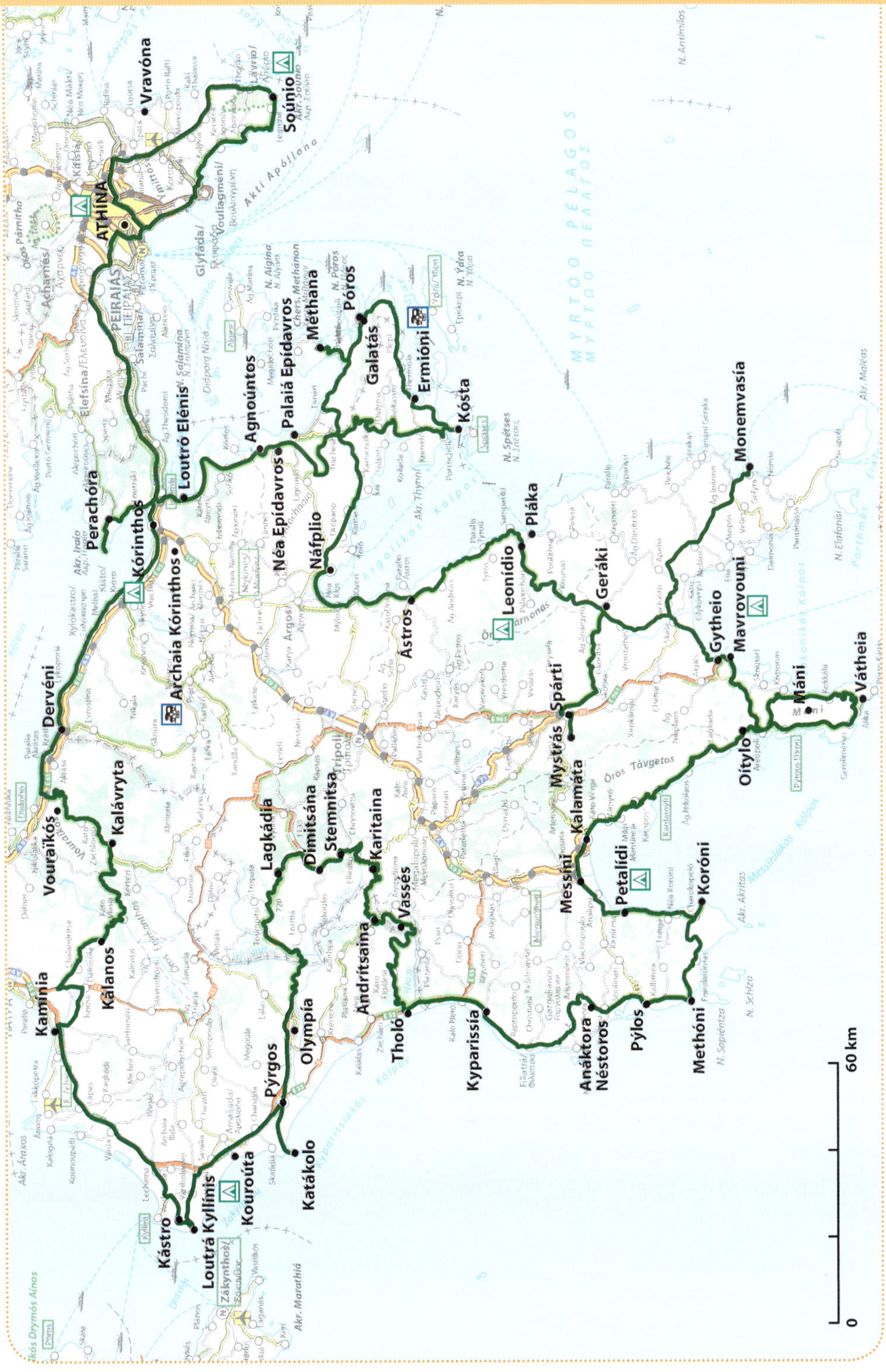
Vravóna
Soúnio
ATHINA
Kifisiá
Voúliagméni
Glyfáda
PEIRAIÁS
Salamína
Elefsína
Méthana
Póros
Galatás
Ermióni
Kósta
Palaiá Epídavros
Agnoúntos
Loutró Elénis
Perachóra
Kórinthos
Néa Epídavros
Náfplio
Árgos
Archaía Kórinthos
Derveni
Ástros
Leonídio
Pláka
Geráki
Monemvasía
Spárti
Mystrás
Gýtheio
Mavrovouni
Máni
Vátheia
Oítylo
Kalamáta
Tripolí
Kalávryta
Vouraïkós
Dimitsána
Stemnitsa
Karítaina
Lagkádia
Vassés
Andrítsaina
Olympía
Pýrgos
Katákolo
Kouroúta
Kyllíni
Loutrá Kyllínis
Kástro
Kamínia
Kálanos
Tholó
Kyparissía
Anáktora Néstoros
Pýlos
Methóni
Koróni
Petalídi
Messíni
Ýdra
Spétses
Aígina
Zákynthos
0
60 km

Adresses circuit 28

SIME / S. Reinhard / Sime / Photononstop

Vue sur l'Acropole, classée au Patrimoine mondial de l'Unesco.

nappes brodées. À **Olympie**, vous apprécierez à leur juste valeur les ruines antiques (stade, temple, etc.), et le Musée archéologique, l'un des plus beaux du pays. Il semble que l'institution des jeux remonte au 8e s. av. J.-C., lorsque le roi de Pisa décida d'organiser des concours sportifs entre les peuples grecs. Les épreuves athlétiques permettaient alors une trêve sacrée d'un mois.

Jours 11 et 12

Le retour vers **Patra** et **Corinthe** (Kórinthos) se fera en longeant la côte ouest où deux plages sont à signaler : celle de **Katákolo** à l'ouest de **Pýrgos**, puis plus au nord celle de **Loutrá Kyllínis** qui s'étire au long d'une large pinède. À proximité, visitez le château de **Kástro** (accès libre) ceinturé de deux enceintes. Patra ne présentant guère d'intérêt bifurquez au niveau de **Kamínia** en direction de **Kálanos** et **Kalávryta** ; c'est l'occasion de parcourir en petit train les **gorges de Vouraïkós**. En route pour Corinthe, accordez-vous une dernière pause à la plage de **Dervéni**.

Campings

Αθηνα/Athína/Athènes

Athens
198 Leofor. Athinon -
210 581 41 14
Permanent -
1,4 ha (66 empl.)
Tarif : 8,50 € 9 € -
4 €
borne artisanale : Payant
Services : wifi
Proche du centre-ville.
GPS : E 23.6724 N 38.00906

Κόρινθος/Kórinthos/Corinthe

Blue Dolphin
De déb. avr. à fin oct. -
(74 empl.)
Tarif : 23 €
Loisirs : (plage)
Services : wifi
GPS : E 22.86554 N 37.935

Κουρούτα/Kouroúta

Camping Kouroúta
Kourouta Amaliada -
26220 229 01
De déb. avr. à fin oct. -
1,9 ha (84 empl.)
Tarif : 27 €
Loisirs :
Services : wifi
Bord de mer.
GPS : E 21.29917 N 37.76639

Λεωνίδιο/Leonídio

Camping Semeli
Plaka
borne - 11 - illimité - 20 €/j.
Services :
GPS : E 22.8919 N 37.1496

Μαυροβούνι/Mavrovouni

Camping Mani-Beach
Perifereiakos Gytheiou -
27330 234 50
Permanent -
3,2 ha (238 empl.)
Tarif : 6 € 7 € - 4 €
Loisirs : diurne
Services : wifi
GPS : E 22.54417 N 36.72552

Πεταλίδι/Petalídi

Camping Petalídi Beach
Petalídi/Messina -
27220 311 54
De déb. avr. à fin sept. -
1,5 ha (68 empl.)
Tarif : 5,70 € 6 € -
3,50 €
Loisirs : , terrain de sport polyvalent, télévision
Services : wifi
Bord de mer.
GPS : E 21.92871 N 36.9819

Σούνιο/Soúnio

Camping Bacchus
Leoforos Souniou -
22920 395 72
Permanent -
1,5 ha (60 empl.)
Tarif : 7,50 € 8 € -
4 €
Loisirs : (plage)
Services : wifi
Dans un bois, bord de mer.
GPS : E 24.04979 N 37.67453

Aires de service et de stationnement

Αρχαία Κόρινθος/ Archaia Kórinthos

Camperstop
Permanent
Borne artisanale : Gratuit
30 - illimité - 10 €/j.
Services :
GPS : E 22.878 N 37.9117

Ερμιόνη/Ermióni

Parking d'Ermioni
Au nord de la ville - Permanent
GPS : E 23.2484 N 37.38922

Offices de tourisme

Athína/Athènes (office national)
18-20 r. Dyonissou-Areopagitou - ✆ 21033 10 392/716/347 - www.thisisathens.org - 8h-20h, w.-end 10h-16h. Peu de brochures sur place mais le personnel – souvent francophone – fourni des des cartes d'Athènes, des renseignements sur la vie culturelle et tous les moyens de transport vers les îles, l'Attique, le Péloponnèse ou le nord de la Grèce.

Kalamáta
6 r. Polyvriou - ✆ 27210 868 68

Náfplio/Nauplie
Mairie – *Pl. Trion Niavarchon - ✆ 27520 244 44. Peu efficace;* **Stavropoulos Tours** – *24 r. Plapouta - ✆ 27520 259 15 - www.stavropoulostours.gr. Informations et propositions d'excursions, location de voiture, etc.*

Pour téléphoner en Grèce :
00 30 puis le numéro du correspondant

Pour plus d'informations :
Carte Michelin N° 737
Le Guide Vert Grèce continentale

Les bonnes adresses de Bib

Αθηνα/Athína/Athènes

Athinaïkon
2 r. Themistokleous - ✆ 21038 384 85 - http://athinaikon.gr - fermé vend. - 20 €. Un *mezedopoleio* renommé pour ses poissons et fruits de mer servis dans une belle salle.

Rodia
44 r. Aristipou - ✆ 21072 298 83 - - le soir seult - fermé dim. - 20 €. Cette petite taverne sert une cuisine simple et savoureuse dans une rue résidentielle au pied du Lycabette.

Scholarhio
14 r. Tripodon - ✆ 21032 476 05 - - 14 €. Sous une pergola, sur le balcon, ou dans une salle aux photos jaunies, on apporte sur un plateau un large assortiment d'appétissants *mezze* qu'il ne reste qu'à choisir.

Kuzina
9 r. Adrianou - ✆ 21034 649 84 - 21032 401 33 - - www.kuzina.gr - 20 €. La cuisine grecque revisitée du chef Aris Tsanaklidis lui vaut, dans le quartier, une solide réputation. Galerie d'art au deuxième étage et terrasse sur le toit avec vue sur l'Acropole.

Γύθειο/Gytheio/Githio

To Nissaki
Sur l'îlot de Kranaï, au milieu des pins - ✆ 27330 238 30. Une des meilleures adresses de Githio : bonnes salades et poissons grillés. Accueil charmant.

Καλαμάτα/Kalamáta

I Psaropoula
14 av. Navarinou - ✆ 721 02 09 85 - 15 € env. Une taverne les pieds dans l'eau, ouvrant sur un petit port de pêche. Excellente cuisine : poissons grillés et *kokoretsi* (brochette d'abats de mouton). Service rapide et souriant.

Ναύπλιο/Náfplio/Nauplie

Taverne Vassilis
Au milieu de la r. Staïkopoulou - ✆ 27520 253 34. Vous aurez le choix entre une longue rangée de tables en pleine rue piétonne et une salle aux murs ocre pour déguster une bonne cuisine grecque, à prix doux.

Ολυμπία/Olympía/Olympie

Ambrosia
Entre la ville et le musée - ✆ 26240 234 14 - 15 €. Un peu à l'écart du centre, l'immense terrasse abritée du restaurant fait le joie de ses clients. La spécialité de la maison, l'agneau et le bœuf (fondant) aux oignons.

Σπάρτη/Spárti/Sparte

Diethnes
105 r. K. Paléologou - ✆ 27310 286 36- 10/15 €. Un agréable restaurant tenu par une patronne souriante et dynamique : en saison, Dina vous proposera de vous attabler dans la vaste cour arborée, dissimulée à l'arrière. Excellent porc (fondant) aux aubergines.

La Crète, de plages en criques

Si l'on en croit Homère, Zeus serait né en Crète, la plus grande des îles grecques. Mais derrière le mythe, l'Histoire commence avec les premières civilisations (vers 2700 av. J.-C.), dont il reste de magnifiques palais à Knossos, Phaestos et Malia. Pourtant, aujourd'hui, si l'île est célèbre pour sa cuisine diététique, elle l'est bien plus encore pour ses rivages et ses plages évoquant parfois de lointains lagons !

➲ *Départ : Héraklion*
➲ *12 jours - 1 250 km*

Jour 1

Après 6h de traversée en provenance du **Pirée**, vous débarquerez à **Héraklion** (Irákleio) où vos premiers pas vous entraîneront au marché (rue 1866), au pittoresque port vénitien et à l'incontournable Musée archéologique ; une visite indispensable en préambule des sites que vous découvrirez ultérieurement. En milieu d'après-midi, quand la foule se fait moins dense, filez sur le site de **Knossos** (Knosós), la plus ancienne cité de Grèce et qui constitue l'un des plus importants témoignages de la civilisation minoenne (comptez 2 à 3h).

Jour 2

Tôt le matin, visitez le site de **Mália**, contemporain de Knossos mais beaucoup moins connu, qui comprend deux quartiers, celui du palais et celui des artisans ; puis profitez de la plage à proximité du site, encore sauvage et très agréable. Un peu plus vers l'est, vous trouvez le village de **Sisi** (très fréquenté en été). Pour plus de calme, dirigez-vous vers **Mílatos** et son petit port tranquille. En fin de journée, rejoignez **Elounda** (Eloúnta), port de pêche aux quais très animés, d'où vous pourrez démarrer une balade sur les sentiers de la **presqu'île de Spinalonga** (Spinalógka), quasiment déserte ; à moins que vous préféreriez le joli port de **Pláka** plus au nord.

Jour 3

Blotties au fond du golfe de Mirambellou, les maisons blanches d'**Ágios Nikólaos** s'enroulent autour d'une baie abritée et d'un petit lac aux eaux profondes alimenté par une source souterraine. À côté de l'office de tourisme, un musée d'Art populaire aménagé dans une maison traditionnelle présente des tissages, broderies et costumes crétois. Dans les alentours, vous visiterez l'église de la **Panagia Kera** et ses belles fresques et, un peu plus loin, le village de **Kritsá** puis celui plus authentique et tranquille de **Kroustas**. Finissez la journée en empruntant la route tortueuse de **Sitia** (Siteía) et faites un crochet par l'accueillant petit port de **Mohlos** (Móchlos).

Jours 4 et 5

La province de **Sitia** est l'une des plus attachantes de Crète avec de belles plages et des villages préservés. C'est autour de **Kato Zákros** et de **Palaíkastro** aux plages à peu près intactes que vous trouverez ce que vous êtes venu chercher, la tranquillité et un accueil légendaire. Les plus belles plages se trouvent à **Váï** (avec palmeraie), à **Itanós**, à **Chiona** et à **Kato Zákros**. Au nord et sud de cette dernière, un sentier littoral invite à la randonnée, notamment vers les gorges de Chochlakiès. Retenez encore la plage de sable blond d'Ambelou au sud-est de **Ziros**.

Jours 6 et 7

Deux jours le long de la côte sud vous permettront de dénicher quelques sites et de remarquables plages entre **Ierápetra** et Timbaki (au prix de quelques détours). Côté plage, profitez de **Mýrtos**, **Tertsa**, **Keratokambos** et **Kastri**. Plus à l'ouest, vous ne manquerez pas les sites archéologiques (à l'est à l'ouest de Mires) de Gortyne la romaine (Gortis) puis de Phaestos la minoenne (Festos), plus authentique que Knossos, et d'où l'on jouit d'un panorama inoubliable. Si les petites routes ne vous font pas peur, allez à **Léntas** pour sa plage, sinon optez pour **Mátala** ou **Kommós**.

Jours 8 et 9

En roulant vers l'ouest, vous découvrirez encore de nouvelles plages : criques enchanteresses vers **Agios Pavlos**, plages oubliées vers le **monastère de Préveli** et vers **Plakiás.** Au port de pêche de **Hora Skafíon**, un beau sentier littoral permet de rejoindre Loutro et les gorges d'Aradena (bonnes chaussures indispensables). Vous monterez ensuite sur **Hania** (Chaniá) qui ne manque pas de charme entre sa vieille ville et son port vénitien où subsiste la mosquée des Janissaires. La place 1866

N. KRÍTI
N. ΚΡΗΤΗ
30 km
Kíssamos
Nopigia
Goniás
Kolimbari
Elafonissi
Palaiochóra
Xylóskalo
Farángi Samariás
Chaniá
Chóra Sfakíon
Réthymno
Plakiás
Préveli
Agios Pavlos
Agia Galini
Kommós
Mátala
Léntas
IRÁKLEIO
Knosós
Goúrnes
Mália
Sísi
Mílatos
Kritsá
Kroustas
Ágios Nikólaos
Eloúnta
Pláka
Spinalógka
Móchlos
Siteía
Itanós
Váï
Palaíkastro
Chiona
Kato Zákros
Ziros
Ierápetra
Mýrtos
Tertsa
Keratokambos
Kastri

V. Leduc / Author's Image / Photononstop

Le propylée ouest reconstitué par sir Arthur Evans à Knossos.

est le cœur de la ville. Consacrez une demi-journée à la presqu'île d'Akrotiri frangée de belles plages à l'ouest et qui abrite, en son centre, le monastère d'Agia Triada que vous pourrez visiter.

Jour 10

Réservez une journée entière à la découverte des **gorges de Samaria** (bonnes chaussures indispensables), le must de l'île, en partant de **Xylóskalo** où se trouve un centre d'information du parc national (de mai à octobre) : comptez 5 à 6h de marche avec un passage spectaculaire ne dépassant pas les 3 m de large et des parois hautes de 300 m. Un retour est possible en bateau, puis en bus.

Jours 11 et 12

À l'ouest de Hania, le monastère de **Goniás** à **Kolimbari** vaut le détour, ne serait-ce que pour sa collection d'icônes, avant de rejoindre **Kíssamos** (Kasteli Kíssamos) puis, 40 km au sud, le superbe site de **Elafonissi** doté de fonds sableux qui rendent l'eau d'une transparence incroyable. L'île en face est accessible à pied. Un autre détour vous permettra de découvrir la paisible cité de **Paleohora** (Palaiochóra), son église et son monastère entouré d'oliviers. Reste à rejoindre **Héraklion** (Irákleio) pour un retour sur le continent, non sans une pause à **Rethymnon** pour vous promener sur son coquet petit port.

Campings

Αγία Γαλήνη/Agía Galíni

Camping Agía Galíni
Agia Galini -
2832 091 386
Permanent -
0,9 ha (45 empl.)
Tarif : 22 €
Loisirs : , télévision
Services : wifi
GPS : E 24.69521 N 35.09994

Γούρνες/Goúrnes

Creta Camping
Aegean Sea -
2897 041 400
Permanent - 2 ha (90 empl.)
Tarif : 7 € 6,50 € -
2,50 €
Loisirs : terrain de sport polyvalent, télévision
Services : wifi
Bord de mer.
GPS : E 25.29196 N 35.33355

Ιεράπετρα/Ierápetra

Camping Koutsounari
Koutsounari Ierapetras -
284 2061 213
Permanent -
1,4 ha (66 empl.)
Tarif : 6,50 € 7,50 € -
4 €
Loisirs : , excursions organisées, télévision
Services : wifi
Bord de mer.
GPS : E 25.82111 N 35.00861

Nopigia

Camping Nopigia
Nopigia - 2822 031 111
www.campingnopigia.gr
De déb. avr. à mi-oct. -
1 ha (60 empl.)
Tarif : 7 € 6,50 € -
3,50 €
Loisirs : , circuits de promenades balisées, télévision
Services : wifi
Bord de mer.
GPS : E 23.71996 N 35.50917

Παλαιοχώρα / Palaiochóra

Camping Grammeno
Paleochora -
2823 042125
Permanent -
1,4 ha (75 empl.)
Loisirs :
Services : wifi
Bord de mer.
GPS : E 23.63626 N 35.23441

Ρέθυμνο/Rethymno

Camping Elisabeth
Ionias 84 Terma -
2831 028 694
Permanent - 2 ha (90 empl.)
Tarif : 7,50 € 8,30 € -
4 €
Loisirs : circuits de promenades balisées, télévision
Services : wifi
Bord de mer.
GPS : E 24.51533 N 35.36882

Sisi

Camping Sisi
De déb. mai à fin oct. -
1,4 ha (40 empl.)
Tarif : 6,50 € 6,50 € -
2,50 €
Loisirs :
Services : wifi
Bord de mer.
GPS : E 25.50782 N 35.30445

Les bonnes adresses de Bib

Ágios Nikólaos

Avli
12 r. Prigipos Georgiou - 2841 082 479 - - 12/15 € - fermé hors saison. Derrière une haie de bougainvilliers, sous la tonnelle ombragée, une adorable maison tout en bleu et blanc, à l'ancienne, avec une courette où sont dispersées quelques tables. Bonne cuisine et aimable service.

Spécialités culinaires Melissa
18 r. Roussou Koundourou. Propose un bel assortiment de produits traditionnels : huiles d'olive, miel, raki, ouzo, loukoums…

Χανιά/Chaniá

Kostas
51 r. Daskalogianni - 2821 050 077. Une petite terrasse ombragée. Sur les tables rustiques, on déguste d'excellents *gyros* au porc, au bœuf ou au poulet, généreusement relevés d'origan. Kostas et sa famille vous serviront avec le sourire. Imbattable rapport qualité-prix.

Thalassino Ageri
35 r. Vivilaki - 2821 051 136 - www.thalasino-ageri.gr. Avec sa vaste terrasse posée au-dessus des eaux d'un petit port où dorment quelques barques, ce restaurant ne désemplit jamais. Poissons frais de premier choix. Calamars et rougets tiennent la vedette, mais on peut préférer les oursins ou la petite friture. À déguster face aux lumières du vieil Hania.

Ηράκλειο/Irákleio/Héraklion

Lychnostatis
8 r. Ioannou Chronaki - 2810 242 117 - - le soir seult. - 20/25 €. Coquette ouzerie rustique, décorée avec goût, où vous trouverez un bon choix de mezze à prix abordables. Porc au céleri, poulet aux poivrons, escargots frits au romarin… Bon choix de vins en pichet.

Notio Selas
13 r. Meramvelou - 2810 240 027 - www.notioselas.gr - - 10/15 €. Un restaurant tout simple avec tables en bois, nappes en papier, salle et terrasse, où les mezze sont fait minute : délicieux tzatsiki, beignets de calamars, de courgettes, salades… Excellent rapport qualité-prix. Raki et dessert offerts avec l'addition. Accueil en grec uniquement.

Ιεράπετρα/Ierápetra

Levante
38 r. Stratigou Samouil - 2842 080 585 - www.levante-taverna.gr - - 20/25 €. Cadre marin et coquette terrasse pour déguster de bons plats de poisson, appréciés des touristes comme des locaux.

Μάταλα/Mátala

Mystical View
Au-dessus de Matala en dir. de Phaestos ; fléché sur la gauche - 2892 045 072- - env. 20 €. Arrivez au coucher du soleil pour profiter de la vue divine depuis la terrasse de ce restaurant familial, situé à l'aplomb de la falaise. Spectacle tout aussi réjouissant dans l'assiette, avec poissons garantis frais du jour et bouillabaisse traditionnelle (*kakavia*) certains jours.

Offices de tourisme

Ágios Nikólaos
21A r. Akti Koundourou, près du pont - 2841 022 357 - www.aghiosnikolaos.gr - 08h30-21h30.

Chaniá
Kriari 40 - Megaro Pantheon - 2821 092 943- ou 53 r. Milonogianni - 28213-41665-6 - www.chania.gr

Irákleio/Héraklion
Xanthoudidou 1 - 2810 203 203/05 - lun.-vend. 9h-15h (horaires variables selon la saison). Peu de mises à jour des informations. Principalement des plans gratuits et les horaires des bus.
www.heraklion.gr – Le site de la mairie (en anglais) recense nombre d'informations utiles : horaires des musées, adresses d'hôtels, adresses des parkings, etc.
www.nowheraklion.gr – site (en anglais) spécialisé dans les événements culturels : spectacles, expositions, cinémas, etc.

Pour téléphoner en Grèce :
00 30 puis le numéro du correspondant.

Pour plus d'informations :
Carte Michelin N° 759
Le Guide Vert Crète

Sur les routes de Cork en Irlande.
P. Zoeller/Design Pics RM/age fotostock

LES ROUTES DU NORD ET DE LA BALTIQUE

À travers le pays breton, la Cornouailles

➲ Départ : Boumemouth
➲ 7 jours - 765 km

Côtes sauvages de la Cornouailles.

SIME / Leimer / Sime / Photononstop

Jour 1

Bournemouth, lieu de séjour estival et hivernal renommé, séduit à la fois par son atmosphère et par le cadre spectaculaire de ses hautes falaises. Poursuivez le long des côtes du sud-ouest de l'Angleterre. Cet itinéraire ouvre sur de superbes paysages côtiers comme celui de la côte jurassique, de **Swanage** à **Exmouth** : ses falaises, d'une extraordinaire richesse géologique, sont inscrites sur la liste du Patrimoine mondial de l'Unesco.

Jour 2

Faites une pause dans l'agréable cité d'**Exeter**. Cette cité médiévale possède une des plus belles cathédrales d'Angleterre. Bien que la vieille ville ait beaucoup souffert des bombardements incessants de 1942, la ville, moderne et animée, conserve du charme notamment dans le quartier des docks. Cheminez ensuite, à partir de **Torquay** (la ville d'Agatha Christie), sur une côte à qui sa végétation quasiment méditerranéenne a valu le surnom de « Riviera anglaise ». Vous apercevrez ensuite **Dartmouth**, posée dans un site extraordinaire à l'embouchure de la Dart, avant de gagner Plymouth, porte d'entrée de la Cornouailles.

Jour 3

De passage à **Plymouth**, ne ratez pas le quartier Barbican sillonné de ruelles pavées que bordent des maisons médiévales et des porches de l'époque de Jacques II. Peut-être aurez-vous envie de visiter le plus grand aquarium britannique qui offre une belle vue de la marina et héberge plus de 200 espèces marines ? Cette terre imprégnée des légendes du roi Arthur et des chevaliers de la Table ronde vous réservera de belles surprises, avec les petits ports de pêche de **Polperro** et de **Fowey**, terre d'une autre reine du suspense, Daphné du Maurier. Plus loin, ce seront les paysages qui vous couperont le souffle, avec ces landes dominant l'horizon infini et ces rochers battus par les gerbes d'écume, comme à **Land's End**, un bout du monde exposé à tous les vents.

Jour 4

Peut-être en profiterez-vous pour effectuer un saut de puce sur les proches îles **Scilly** ? La vue sur les cinq îlots habités, les quarante qui ne le sont pas et le chapelet de quelque 150 rochers regroupés dans les eaux bleu-vert clair de l'océan, est absolument superbe. Retrouvant le continent, vous rallierez **St Ives**, dont le petit port saura vous charmer comme ce fut le cas pour tant d'artistes exposés aujourd'hui à la Tate locale. Vous devrez bien sûr laisser votre camping-car au parking situé en haut du village de St Ives… ce qui suppose une montée assez sévère pour le récupérer.

Jour 5

Poursuivez le long de la côte, en faisant quelques haltes dans d'agréables petites villes côtières comme **Newquay**, **Bude** et **Bideford.**

Jour 6

Vous rejoindrez après **Ilfracombe**, célèbre pour sa « plage à tunnel », la côte du Bristol Channel : vous entrez alors dans la terre mystérieuse

Bristol
Wrington
Taunton
Dunster
Porlock
Lynmouth
Ilfracombe
Barnstaple
Bideford
Bude
Newquay
Saint Ives
Land's end
Penzance
Falmouth
Mevagissey
Fowey
Polperro
Plymouth
Dartmouth
Torquay
Ipplepen
Exeter
Exmouth
Woodbury
Weymouth
Swanage
Poole
BOURNEMOUTH
CARDIFF/
CAERDYDD
Newport/
Casnewydd
Weston-
super-Mare
BRISTOL CHANNEL
Dartmoor National Park
Exmoor National Park
Lyme Bay
ENGLISH
0
30 km

d'Exmoor. Des forêts giboyeuses, superbes en toute saison, et plus encore au printemps lorsque les massifs de rhododendrons sauvages viennent les illuminer de mauve; des landes désolées et des pâtures d'un vert tendre que peuplent moutons, bœufs et poneys en liberté; et enfin la mer, venant interrompre de manière aussi soudaine qu'abrupte ce paysage enchanteur... ainsi se présente le parc national **Exmoor**. Vous découvrirez de nouveaux paysages époustouflants entre **Lynmouth** et **Porlock** avant de vous enfoncer dans les terres vers Tauton, non sans vous être arrêté dans le beau village de **Dunster**, ou vous ne vous lasserez pas de parcourir les ruelles que bordent des maisons colorées au toit de chaume. Le château en grès domine la ville.

Jour 7

Taunton, centre agricole situé à la limite orientale de la belle vallée de Taunton, région de la pomme à cidre. À voir le château et musée du Somerset. De là, dirigez-vous vers **Bristol**, fin de votre périple. Cette ville portuaire et industrielle, dévastée par les bombardements de la Seconde Guerre mondiale, dégage pourtant un vrai charme grâce à ce port omniprésent et à ses entrepôts rénovés (voir la fin du circuit n° 31).

Les bonnes adresses de Bib

Bournemouth

Beau Monde
Lampeter Hotel, Lower Gardens, Exeter Park Road - 01202 311 181 - www.beaumondebistro.co.uk - 10h-22h - 25-30 £. Un café-restaurant dont la terrasse domine le parc. Cadre enchanteur, spécialités de poissons et service impeccable.

Bristol

Bordeaux Quay
V Shed, Canons Way - 0117 943 1200 - www.bordeaux-quay.co.uk. Installé au bord de l'eau, ce vaste lieu accueille sous le même toit une épicerie fine, une boulangerie, une brasserie à l'atmosphère informelle (15 £), et à l'étage un bar à vin et un restaurant élégant (dîner seult, 30 £). Vue sur le port et produits bio et éthiques.

Dartmouth

Rockfish
8 South Embankment - 01803 832 800 - www.rockfishdevon.co.uk - fermé le soir dim.-mer. en hiver - 20-30 £. « Tomorrow's fish are still in the sea » (Le poisson de demain nage encore en mer), voilà la devise de cet établissement aux allures de paillote de plage qui propose poissons et fruits de mer excellents.

Exeter

The Ship Inn
1-3 Martin's Lane - 01392 272 040 - 10h-23h - 10/15 £. Pub historique avec brasserie à l'étage.

Tea on the green
Cathedral Yard - 01392 276 913 - 8h-18h (9h-17h dim.) - www.teaonthegreen.com - 10 £. Un restaurant de cuisine anglaise.

Penzance

Harris's
46 New Street - 01736 364 408 - www.harrissrestaurant.co.uk - 25/40 £. Cet élégant établissement, une institution locale, se dissimule dans le centre-ville. Table traditionnelle à base de cuisine du terroir où figurent quelques plats de poissons.

Plymouth

The Tudor Rose
36 New St. - 01752 255 502 - www.tudorrosetearoom.co.uk - mars-oct. : 9h-19h ; reste de l'année : 10h-17h. Doté d'un petit jardin fleuri, ce lieu sympathique et accueillant sert des repas légers à midi... mais c'est surtout un salon de thé réputé pour ses chutney et marmelades faites maison.

Rivercottage Canteen and Deli
1 Brew House, Royal William Yard - 01752 252 702 - www.rivercottage.net/canteens/plymouth - fermé lun. - 20/35 £. Ce grand restaurant animé, installé sur les anciens docks avec terrasse et vue sur le Plymouth Sound, propose une cuisine préparée à partir de produits bio et locaux. Épicerie.

Swanage

Cauldron Bistro
5 High Street - 01929 422 671 - tlj sf lun. à partir de 18h30. Un petit restaurant *de* cuisine française où l'on vous proposera la pêche du jour dans un cadre intime.

Office de tourisme

Bristol
E Shed, 1 Canons Road, Harbourside - 0906 711 2191 - www.visitbristol.co.uk - 10h-17h.

Pour téléphoner en Grande-Bretagne :
00 44 + indicatif urbain sans le 0 initial, puis le numéro du correspondant.

Pour plus d'informations :
Carte Michelin Regional N° 503
Le Guide Vert Angleterre Pays de Galles

Campings

Bude

Wooda Farm Holiday Park
Poughill - 01288 35 20 69
De fin mars à oct. - 6 ha (210 empl.)
Tarif : 39,37 €
borne : Payant - 83
Loisirs :
Services :
wifi
GPS : W 4.51836 N 50.84341

Ilfracombe

Napps Camping and Caravan Park
Old Coast Road, Berrynarbor - 01271 88 25 57
De déb. mars à fin oct. -10 ha (213 empl.)
Tarif : 45,70 €
borne : Payant - 48
Loisirs : diurne (juin-août) (plage) , jeux pour adultes
Services :
Bord de mer.
GPS : W 4.06076 N 51.21041

Newquay

Trekenning Tourist Park
St. Columb Major - 01637 88 04 62
Permanent - 2,7 ha (75 empl.)
Tarif : 40,63 €
Loisirs : nocturne
Services : wifi
GPS : W 4.9425 N 50.42261

Plymouth

Riverside Caravan Park
Leigham Manor Drive, Marsh Mills - 01752 34 41 22
Permanent - 4,4 ha (168 empl.)
Tarif : 40,63 €
borne : Payant - 54
Loisirs : nocturne (plan d'eau) , jeux pour adultes
Services :
GPS : W 4.08793 N 50.39991

Poole

Sandford Holiday Park
Holton Heath, Poole - 0344 335 3675 - De déb. mars à déb. nov. - 24 ha (354 empl.)
Tarif : 60,95 €
borne : Payant -
Loisirs : , aire de sports, trampoline - Services :
wifi
GPS : W 2.08598 N 50.72003

Saint Ives

Trevalgan Touring Park
Trevalgan - 01736 79 18 92
De fin mai à fin sept. - 2 ha (132 empl.)
Tarif : 55,87 €
borne : Payant -
Loisirs : (plage), aire de sports
Services : wifi
GPS : W 5.51974 N 50.20738

Swanage

Ulwell Cottage Caravan Park
Ulwell Road - 01929 42 28 23
De déb. mars à fin déc. - 5,2 ha (77 empl.)
Tarif : 59,68 €
borne : Payant - 15
Loisirs : diurne (plage) , aire de sports - Services :
wifi
GPS : W 1.97101 N 50.62671

Taunton

Lowtrow Cross Caravan Site
Upton, Wiveliscombe - 01398 37 11 99
De mars à oct. - 1,7 ha (20 empl.)
Tarif : 35,56 €
Loisirs : , randonnées pédestres
Services : wifi
Camping réservé aux adultes.
GPS : W 3.41969 N 51.05336

Woodbury

Webbers Park
Castle Lane - 01395 23 22 76
De mi-mars à déb. nov. - 3 ha (135 empl.)
Tarif : 30,48 €
10
Loisirs : , Aire de sports
Services :
GPS : W 3.39546 N 50.67675

Aires de service et de stationnement

Ipplepen

Sunnyside
Totnes Road (A 381) - 01803 81 37 02
Permanent
Borne artisanale
5 - illimité - 10 €/j.
Services : WC
GPS : W 3.6337 N 50.4859

Mevagissey

Willow Car and Coach park
Valley Road - 01726 84 48 57
Permanent
7 - 24h - 13 €/j.
GPS : W 4.7903 N 50.2715

Weymouth

Causeway Farm
Causeway - Radipole village - 01305 78 57 48
Permanent
Borne artisanale : 3 €
10 - illimité - 12 €/j.
Douche.
GPS : W 2.4788 N 50.6306

Wrington

Stoneswood Farm
Wrington Hill - 07880 93 44 75
Permanent
Borne artisanale
- illimité - 12 €/j.
Services : WC
GPS : W 2.756 N 51.3733

Cathédrales du Sud-Ouest de l'Angleterre

➲ *Départ : Southampton*
➲ *7 jours - 570 km*

Eurasia Press / Photononstop

Le Blenheim Palace.

Jour 1

Ce premier jour sera consacré à la découverte de **Southampton**, son port avec ses beaux voiliers (Marina), ses cargos et ses magnifiques paquebots *Queen Mary* et *Queen Elisabeth* qui font, le temps d'une escale, la fierté du port. Après la visite du musée de la Marine, allez flâner dans la vieille ville.

Jour 2

Une halte dans la proche **Winchester** vous conduira à une cathédrale, en partie romane, abritant une superbe nef de style *Perpendicular* (dernière phase de l'architecture gothique en Grande-Bretagne). Vous vous dirigerez ensuite vers la célèbre ville universitaire d'**Oxford**. Située sur la Tamise, Oxford est l'une des cités du savoir les plus connues dans le monde ; elle symbolise avec sa rivale de toujours, Cambridge, l'excellence de l'éducation anglaise. Les rues, les allées, les cours et les jardins de la ville sont peuplés la majeure partie de l'année par des élèves en toge noire. Pénétrez dans quelques-uns des fameux collèges qui ont fait la réputation de la cité ; ils sont, pour la plupart, ouverts uniquement l'après-midi et certains, fermés au mois de juin durant la période des examens.

Jour 3

Poursuivant vers le nord-est, vous tomberez sous le charme de **Stratford-upon-Avon** et rendrez hommage à William Shakespeare dans les différentes demeures qui sont liées à sa famille, tant dans la ville que dans les environs. Après un détour par **Worcester** et sa cathédrale de grès rouge dominant la Severn, et un arrêt devant l'abbaye de Tewkesbury, vous apprécierez la cité thermale Regency de Cheltenham, avant sa voisine **Gloucester**. Encore une cathédrale, certes, mais aussi, dans les docks rénovés, un remarquable musée consacré à l'histoire des voies navigables d'Angleterre.

Jour 4

La ville sera le point de départ d'une balade dans les campagnes riantes et vallonnées des Cotswolds que parsèment de merveilleux villages. L'un d'eux, **Bourton-on-the-Water**, est doté d'un village modèle, « Birdland », et d'un musée de l'Automobile et du Jouet. Faites une halte à **Burford**, autrefois centre du commerce de la laine et importante étape pour diligences ; ses demeures en calcaire et son charme intemporel en font aujourd'hui un lieu très fréquenté. Passez par **Bibury** qualifié de « plus beau village d'Angleterre » avec son accueillante rivière Coln (réputée pour ses truites), ses ponts en pierre et ses chaumières de tisserands. Après un arrêt à **Cirencester**, vous rejoindrez enfin la superbe cité de **Bath**.

Jour 5

C'est au 18e s. que Bath est devenue une station thermale à la mode où l'on se rendait autant pour se soigner que pour goûter aux plaisirs de la vie mondaine ! Aujourd'hui, on vient dans ce qui est peut-être la plus belle ville d'Angleterre, non pour y faire une cure, mais pour y retrouver l'atmosphère de cette époque-là,

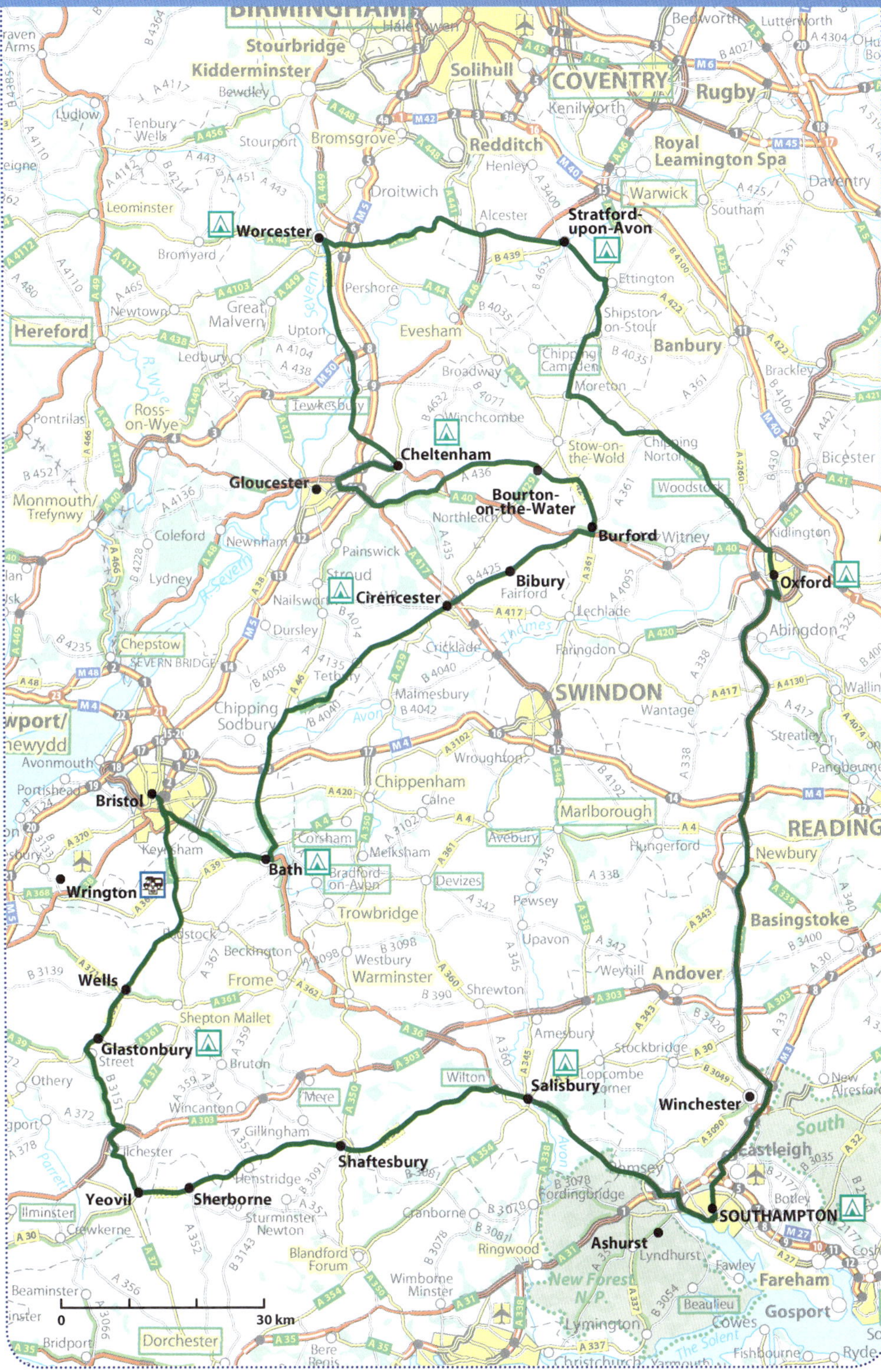
Worcester
Stratford-upon-Avon
Cheltenham
Gloucester
Bourton-on-the-Water
Burford
Bibury
Cirencester
Oxford
Bristol
Bath
Wrington
Wells
Glastonbury
Yeovil
Sherborne
Shaftesbury
Salisbury
Winchester
SOUTHAMPTON
Ashurst
BIRMINGHAM
COVENTRY
SWINDON
READING
Hereford
Stourbridge
Kidderminster
Solihull
Rugby
Redditch
Royal Leamington Spa
Warwick
Evesham
Banbury
Tewkesbury
Chippenham
Marlborough
Newbury
Basingstoke
Andover
Dorchester
Fareham
Gosport
0
30 km

admirer les élégantes demeures, les *terraces* et les *crescents* georgiens, construits dans la pierre locale couleur de miel, qui s'étagent sur les sept collines dominant l'Avon, ou bien encore pour mettre ses pas dans ceux de Jane Austen et de quelques-unes de ses héroïnes… Gagnez Bristol.

Jour 6

Il émane de **Bristol** un certain charme grâce à ce port omniprésent qui incite à rêver aux traversées de jadis à la recherche d'épices et de bois précieux. Rénovés aujourd'hui, comme dans bon nombre d'autres cités britanniques, les entrepôts se sont reconvertis en restaurants, salles de spectacles ou galeries d'art, constituant ainsi un nouveau centre d'animation au cœur de cette cité dont le dynamisme ne s'est jamais démenti. Consacrez un peu de votre temps à la cathédrale et au quartier du port.

Jour 7

De Bristol dirigez-vous vers **Wells** dont la magnifique cathédrale se dresse dans son Enclos médiéval. **Glastonbury** mérite bien un arrêt pour les ruines romantiques de son abbaye, jadis une des plus riches du pays. Poursuivez vers **Sherborne** (encore une remarquable abbatiale, outre le château du célèbre courtisan Walter Raleigh), et **Shaftesbury** avec ses vieilles maisons, vous atteindrez **Salisbury** ; là, vous flânerez longuement dans les rues médiévales avant de découvrir la cathédrale, superbe prouesse architecturale bâtie d'un seul jet entre 1220 et 1258, caractéristique du style *Early English* (primitif anglais).

Campings

Bath

Newton Mill Holiday Park
Newton Road -
Permanent - 16 ha (183 empl.)
Tarif : 25,40 €
borne -
Loisirs :
Services : wifi
GPS : W 2.4092 N 51.38202

Cheltenham

Folly Farm Cotswold Camping
Bourton-on-the-Water -
01451 82 02 85
De mars à oct. - (17 empl.)
Tarif : 38 €

Loisirs : nocturne, randonnées pédestres - Services :
GPS : W 1.82619 N 51.88463

Cirencester

Mayfield Park Touring and Camping
Cheltenham Road, Perrotts Brook -
01285 83 13 01
Permanent - 4 ha (72 empl.)
Tarif : 31,75 €
borne : Payant - 4
Loisirs : , aire de sports,
Services : wifi
GPS : W 1.97143 N 51.74752

Glastonbury

Old Oaks Touring Park
Wick Farm - 01458 83 14 37
Permanent - 6 ha (94 empl.)
Tarif : 44,44 €
borne -
Loisirs :
Services : wifi
Camping très tranquille réservé aux adultes.
GPS : W 2.68168 N 51.1524

Oxford

Diamond Caravan Park
Islip Road, Bletchingdon -
01869 35 09 09
De déb. mars à fin oct. -
1,4 ha (55 empl.)
Tarif : 35,56 €
borne -
Loisirs : , terrain de golf, aire de sports
Services : wifi
GPS : W 1.25526 N 51.8489

Salisbury

Coombe Touring Caravan Park
The Race Plain - 01722 32 84 51
Permanent - 1 ha (50 empl.)
Tarif : 27,94 €
6
Loisirs : , terrain de golf, aire de sports - Services : wifi
GPS : W 1.86084 N 51.05428

Stratford-upon-Avon

Stratford on Avon Racecourse Touring Park
Luddington Road - 01789 20 10 63
De mi-mars à fin oct. - 3 ha (193 empl.)
Tarif : 22,86 €

Loisirs : nocturne
Services : wifi
Au sein de l'hippodrome.
GPS : W 1.72298 N 52.18099

Southampton

Ashurst Campsite
Lyndhurst Road - 02380 29 20 97
De mi-avr. à fin sept. - 10 ha (280 empl.)

Loisirs :
Services : wifi
GPS : W 1.53526 N 50.86563

Worcester

Bromyard Downs Caravan Club Site
Brockhampton, Bringsty -
01885 48 26 07
De mi-mars à mi-oct. - (40 empl.)
Tarif : 20,32 €

Loisirs : , aire de sports
Services :
Pas de sanitaires.
GPS : W 2.46866 N 52.18746

Aire de service et de stationnement

Wrington

Stoneswood Farm
Voir le circuit précédent.

Office de tourisme

Oxford
15-16 Broad St. - ✆ 01865 252200 - www.visitoxfordandoxfordshire.com - 9h30-17h, dim. 10h-15h.

Pour téléphoner en Grande-Bretagne :
00 44 + indicatif urbain sans le 0 initial, puis le numéro du correspondant.

Pour plus d'informations :
Carte Michelin Regional N° 503
Le Guide Vert Angleterre Pays de Galles

Les bonnes adresses de Bib

Bath

The Olive Tree
Queensberry Hotel, Russel St. - ✆ 01225 447 928 - www.olivetreebath.co.uk - tlj sf lun. midi 12h-14h, 19h-22h - 20-50 £. Cet élégant restaurant orné d'œuvres d'art contemporain propose une cuisine moderne aux influences méditerranéennes.

The Hole in the Wall
16 George St. - ✆ 01225 425 242 - www.theholeinthewall.co.uk - 25/30 £ (menu déj. 15 £). À noter pour son emplacement en sous-sol, insolite et plein de charme. Cuisine britannique traditionnelle, carte variée, ambiance détendue ; bon rapport qualité/prix.

Chequers
50 Rivers St - ✆ 01225 360 017 -www.thechequersbath.com - 20-35 £ (menu déj. 10 £). Située dans une rue résidentielle chic bordée de terrasses de style géorgien, cette table propose, dans un bar simplement meublé ou une salle à manger plus formelle, une cuisine sophistiquée à la présentation élaborée ; bon rapport qualité-prix le midi en semaine.

Thermae Bath Spa
Hot Bath St. - ✆ 0844 888 0844 - www.thermaebathspa.com - 9h-22h (dernière entrée 2h av. fermeture) - réserv. pour le spa et les traitements. Ce centre de remise en forme propose toute l'année l'accès à des bassins d'eau thermale (piscine découverte, deux bassins reliés par une cascade, bains à remous, saunas, bains de vapeur) ainsi qu'un éventail complet de soins et un café.

Cheltenham

Bistrot Coco
30 Cambray Pl - ✆ 01242 534 000 - www.bistrotcoco.co.uk - 20/30 £ (menu 10 £). Ce bistrot rustique aménagé dans les sous-sols d'une maison de style Régence dispose d'un comptoir en chêne orné de photos d'artistes issus de la scène parisienne. Cuisine classique de bistrot.

Gloucester

Café René
31 Southgate St. - ✆ 01452 309 340 - www.caferene.co.uk - 12h-21h30 - 20/30 £. Plats du jour servis dans une ambiance sympathique et, pour les romantiques, dîner aux chandelles. Le lieu s'enorgueillit de ses desserts parmi lesquels un excellent soufflé glacé aux amandes et à la pêche blanche.

Oxford

The Vaults & Garden
University Church, High Street - ✆ 01865 279 112 - www.thevaultsandgarden.com - 8h30-18h30 - 15 £. Installé sous des voûtes à l'arrière de l'église Ste-Mary, ce lieu fait l'unanimité des habitants d'Oxford. Quiches, soupes, salades et gâteaux sont préparés avec des produits frais locaux. Très bon rapport qualité/prix.

Magdalen Arms
243 Iffley Rd - ✆ 01865 243 159 - fermé lun., mar. à midi - 15-35 £. Ce pub de couleur gris acier, très fréquenté par les locaux, propose une cuisine savoureuse portée par les saisons et offrant un bon rapport qualité-prix.

Southampton

Platform Tavern
Town Quay - ✆ 02380 337 232 - www.platformtavern.com - 15 £. Le propriétaire a décoré la salle avec des souvenirs du monde entier. Les spécialités du jour sont tout aussi internationales : thaïes, espagnoles… Le dimanche, *Soul roast*, brunch avec ambiance musicale.

Stratford-upon-Avon

Rooftop
Royal Shakespeare Theatre, Waterside - ✆ 01789 403 449 - www.rsc-rooftop-restaurant.co.uk - 20-35 £ (menu déj. 18 £). Agrémenté d'une charmante terrasse, ce spacieux restaurant est installé au dernier étage du Royal Shakespeare Theatre. Cuisine moderne joliment présentée et enrichie d'une touche classique britannique.

Londres, Sussex et Kent

➲ *Départ : Portsmouth*
➲ *7 jours - 440 km*

Tower Bridge

Jour 1

Portsmouth est la première destination balnéaire de Grande-Bretagne. Cette ville possède dans son port bien des trésors. Ce sont huit siècles d'histoires passionnantes qui attendent le voyageur sur les remparts et dans les eaux où dorment de magnifiques vaisseaux du 19e s. Mais la modernité n'est pas pour autant bannie de la cité. La tour Spinnaker, avec son architecture digne du 21e s., domine une ville où fourmillent les attractions, les musées, les restaurants et les bars

Jour 2

Rejoignez **Brighton**, ville cosmopolite, dotée d'une célèbre jetée, de vieux quartiers de pêcheurs, de marchés insolites et d'une élégante architecture victorienne. Quant au Pavillon royal, avec ses dômes bulbeux, il est bien sûr immanquable. Vous longerez la côte sud en direction d'**Eastbourne**. Empruntez le chemin qui mène à Beachy Head et parcourt des vallées de verts pâturages à perte de vue pour offrir un magnifique panorama sur la baie.

Jour 3

Continuez jusqu'à **Hastings**, le temps de monter à bord du West Hill Cliff Railway ; ce funiculaire, le plus raide qui soit, vous emmène en haut de la falaise qui porte les ruines du château de Guillaume le Conquérant. La route côtière se poursuit jusqu'à **Rye**. Égarez-vous dans ses ruelles bordées de maisons à colombage, et pour une pause gourmande, le Mermaid Inn, cet ancien refuge de brigands, fera l'affaire. Les amoureux d'antiquités sauront apprécier les boutiques de meubles anciens. Après la côte, vous entrez dans le **Sussex**. Le meilleur moyen d'en apprécier la beauté est de monter à bord du petit train à vapeur qui traverse un paysage pittoresque. Vous le trouverez à **Tenterden**. Descendez à son terminus, pour vous rendre à Bodiam Castle. Revenu à Tenterden, sillonnez les routes de campagne jusqu'à **Sissinghurst**. Cette demeure, élevée au cœur d'un magnifique jardin, figure parmi les plus somptueuses propriétés du Sussex.

Jour 4

À quelques kilomètres à l'ouest, dans le petit village de **Lamberhurst**, ne manquez pas le jardin de Scotney Castle Garden avec ses arbres luxuriants. Votre parcours s'achève à **Royal Tunbridge Wells**, où vous flânerez au cœur du célèbre quartier du Pantiles puis ralliez **Londres**.

Jours 5 et 6

Tout comme la Seine à Paris, la Tamise est un excellent guide pour découvrir la capitale. Vous embarquerez pour une croisière bucolique en direction de Richmond. Vous visiterez ensuite les incontournables, Buckingham Palace et la Tate Britain. Non loin se trouvent l'abbaye et le palais de Westminster dominé par l'emblématique Big Ben. En passant devant le célèbre 10 Downing Street, vous déboucherez sur Trafalgar Square, puis terminerez votre périple à Picadilly Circus. Le deuxième jour découvrez la City le matin, en rayonnant autour de la monumentale St Paul's Cathedral. Vous emprunterez Millenium Bridge

London
Crystal Palace
Richmond
Croydon
Southend-on-Sea
Gillingham
Chatham
Maidstone
Whitstable
Canterbury
Margate
Broadstairs
Ramsgate
Dover
Folkestone
Ashford
Biddenden
Tenterden
Sissinghurst
Lamberhurst
Royal Tunbridge Wells
Rye
Hastings
Bexhill
Eastbourne
Brighton
Hove
Worthing
Littlehampton
Bognor Regis
Chichester
Havant
Portsmouth
Tunnel sous la Manche
Channel Tunnel
Pas de Calais
Boulogne-s-Mer
0
30 km

et monterez à l'étage panoramique de la Tate Modern. À l'est, Tower Bridge n'attend plus que vous pour la photo souvenir! Pourquoi ne pas déjeuner à Hyde Park? Au nord-ouest du parc, laissez-vous happer par l'ambiance de Notting Hill. La brocante de Portobello Road le samedi est un « must »!

Jour 7

Direction le sud-est, **Canterbury** et sa magnifique cathédrale. La capitale ecclésiastique a conservé tout le charme de l'époque médiévale avec ses maisons de tisserands, ses vieux pubs et ses ruelles pavées qui s'entremêlent derrière ses remparts. Musées, boutiques, salons de thé, tous les ingrédients sont réunis pour une agréable promenade. Après avoir sillonné la ville, embarquez à bord d'un *punt* (barque à fond plat) et laissez-vous porter par les flots le long de la rivière qui traverse la cité. Non loin de Canterbury, l'Isle of Thanet concentre de petites stations balnéaires comme **Whistable**, **Margate**, **Broadstairs**, lieu de villégiature de Charles Dickens, et **Ramsgate**. Joignez **Douvres** (Dover) d'où vous pourrez embarquer pour rejoindre le continent.

Campings

Biddenden

Woodlands Park
Tenterden Road - 01580 29 12 16
Permanent - 3,6 ha (100 empl.)
Tarif : 29,20 €
Loisirs : , terrain de golf, barbecue
Services :
GPS : E 0.66432 N 51.10265

Brighton

Sheepcote Valley Caravan Club
East Brighton Park - 01273 62 65 46
Permanent - 19 ha (269 empl.)
Tarif : 54,60 €
borne artisanale - 110
Loisirs : (plage) , leçons de voile, ski nautique
Services : wifi
GPS : W 0.09814 N 50.82134

Canterbury

Canterbury C. & C. Club Site
Bekesbourne Lane - 01227 46 32 16
Permanent - 8 ha (188 empl.)
Tarif : 45,70 €
borne artisanale : Payant
Loisirs : , terrain de golf
Services : wifi
GPS : E 1.11245 N 51.27722

Chichester

Red House Farm Camping Site
Bookers Lane - 01243 51 29 59
D'avr. à fin oct. - (75 empl.)
Tarif : 34,30 €
Loisirs : (plage) , jeux pour adultes, aire de sports
Services :
GPS : W 0.84842 N 50.77306

Hastings

ShearBarn Holiday Park
Barley Lane - 01424 42 35 83
De mi-mars à fin oct. - 13,6 ha (380 empl.)
Tarif : 49,52 €
130
Loisirs : , aire de sports
Services : wifi
GPS : E 0.61251 N 50.86546

Littlehampton

Littlehampton Caravan Club Site
Mill Lane, Wick - 01903 71 61 76
De mi-mars à fin déc. - 2,8 ha (116 empl.)
Tarif : 48,25 €
borne : Payant -
Loisirs : , aire de sports
Services : wifi
GPS : W 0.54197 N 50.82698

London/Londres

Caravan Club Crystal Palace
Crystal Palace Parade - 020 87 78 71 55
Permanent - 2,4 ha (82 empl.)
Tarif : 54,60 €
borne : Payant -
Services : wifi
Bus fréquents pour Londres.
GPS : W 0.07289 N 51.42481

Ramsgate

Manston Court Caravan Park
Manston Court Road - 01843 82 34 42
De fin mars à fin oct. - 5,5 ha (245 empl.)
Tarif : 39,37 €
borne artisanale : Payant -
Loisirs : , aire de sports, barbecue
Services :
GPS : E 1.36377 N 51.35094

Les bonnes adresses de Bib

Brighton

Ginger Dog
12 College Pl. - ✆ 01273 620 990 - http://thegingerdog.com - 23/35 £. Dans ce pub chaleureux et accueillant au décor shabby-chic les produits frais sont à l'honneur sur la carte, presque exclusivement composée de plats d'origine britannique.

Bill's
The Depot 100 North Road - ✆ 01273 692 894 - www.bills-website.co.uk - 15/30 £. Proposant de grandes tables au cœur d'un marché de primeurs, ce restaurant mise sur la fraîcheur de ses produits. Pour un petit-déjeuner ou une spécialité du jour, n'hésitez pas à vous rendre dans ce lieu incontournable, ne serait-ce que pour le plaisir des yeux.

Chichester

Amelie and Friends
31 North St. - ✆ 01243 771 444 - http://amelieandfriends.com - fermé dim. soir - 18-35 £. L'assortiment de pains sortis du four et de pâtisseries invite à entrer dans ce petit café. Cuisine légère, simple et fraîche à base d'ingrédients de saison.

Hastings

St Clements
3 Mercatoria, St Leonards on Sea - ✆ 01424 200 355 - www.stclementsrestaurant.co.uk - fermé dim. soir, lun. en hiv. - 15 £. Cet agréable restaurant propose une carte étoffée de cuisine européenne moderne, simplement savoureuse et parfois agrémentée d'une touche rustique, qui met à l'honneur le poisson frais de Hastings. Bon rapport qualité-prix pour les formules du déjeuner et en milieu de semaine.

London/Londres

Shepherd's
Marsham Court - Marsham St. - M° Pimlico - ✆ 020 7834 9552 - www.langansrestaurants.co.uk - tlj sf w-end et j. fériés - 25-40 £. Un vrai restaurant anglais, apprécié pour son gibier et ses plats traditionnels.

Rules
35 Maiden Lane - Covent Garden - M° Leicester Square - ✆ 020 7836 5314 - www.rules.co.uk - 35-55 £. Le plus ancien restaurant de Londres (1798), spécialisé dans le gibier et la cuisine traditionnelle : goûtez au bœuf du Yorkshire ou aux *gouses* d'Écosse. La décoration abonde en associations littéraires, dessins anciens, caricatures et tableaux. Réservation souhaitée.

Dickens Inn
St. Katharine's Dock - M° Tower Bridge - ✆ 020 7488 2208 - www.dickensinn.co.uk - lun.-sam. 11h-23h, dim. 12h-22h30 - 15/25 £. Un ancien entrepôt à épices du 18e s., restauré et doté de deux étages de balcons, accueille depuis 1976 ce restaurant. Taverne au rez-de-chaussée, restauration légère au premier étage (Copperfield Snack Bar), restaurants au second, dont Grill on the Dock.

Harrods
87-135 Brompton Road - Mo Knightsbridge - ✆ 020 7730 1234 - www.harrods.com - lun.-sam. 10h-21h, dim. 11h30-18h. Pourquoi ne pas profiter de quelques emplettes dans ce grand magasin renommé pour déguster huîtres ou fruits de mer, voire de la charcuterie, dans les vastes salles du rayon alimentation décorées de carreaux de céramique.

Marchés
Portobello Road : antiquités, brocante, bric-à-brac, sam. **Columbia Road Flower Market** : dim. de 9h à 12h ; l'endroit idéal pour le *brunch* ! **Greenwich Market** (sam.-dim. 9h-17h) et **Camden Market** : antiquités, livres anciens, vêtements et brocante. Dans l'East End, **Brick Lane** : dim. matin. Marché alimentaire de **Borough Market** à Southwark : vend. 12h-18, sam. 9h-16h.

Portsmouth

Brasserie Blanc
1 Gunwharf Quay - ✆ 023 9289 1320 - www.brasserieblanc.com - 20-45 £. Cette brasserie animée sert des classiques de la cuisine française pleins de saveur. Grande terrasse. Bon rapport qualité-prix.

Office de tourisme

London/Londres
1 Regent St. - ✆ 0870 1566366 - www.visitlondon.com - 9h-18h.

Pour téléphoner en Grande-Bretagne :
00 44 + indicatif urbain sans le 0 initial, puis le numéro du correspondant.

Pour plus d'informations :
Carte Michelin Regional N° 503
Le Guide Vert Angleterre Pays de Galles

À la découverte du Pays de Galles

➲ *Départ : Cardiff*
➲ *6 jours - 700 km*

Sime / Photononstop

Llyn Gwynant, au nord de Beddgelert.

Jour 1

La réputation industrielle de la terre galloise n'est pas un vain mot. Cet itinéraire vous propose d'en découvrir les vestiges, tout d'abord au cœur de la capitale galloise, **Cardiff** (Caerdydd) et son port charbonnier, jadis le principal au monde ; il est aujourd'hui devenu, sous le nom de Cardiff Bay, un endroit à la mode, à l'architecture audacieuse. Pour autant ne négligez pas le centre de la cité avec son musée national qui possède une des plus importantes collections de tableaux impressionnistes hors de Paris. Vous pourrez notamment admirer gratuitement (sauf le lundi) des œuvres de Monet, Renoir, Cézanne. En quittant la capitale, arrêtez-vous au musée de la Vie galloise, qui évoque l'habitat rural traditionnel du pays, ainsi que la vie quotidienne des paysans à l'aide de costumes et d'outils. Plus à l'est, Swansea a elle aussi reconverti son quartier maritime en y créant notamment un fabuleux National Waterfront Museum.

Jour 2

Vous aborderez ensuite le **Pembrokeshire**, le pays de Galles des marins, que ce soit à **Tenby**, cité maritime fortifiée dominant un port aux maisons colorées, **Pembroke** ou **St David's**, fière de sa cathédrale. Sur la route, croix celtiques (Nevern), monuments mégalithiques (Pentre Ifan) et fières forteresses (**Carew**, Pembroke, **Cilgerran**) rappellent une histoire millénaire. Après avoir poussé jusqu'à **Cardigan**, vous pénétrerez à l'intérieur des terres en suivant la vallée de la Teifi. À **Drefach-Felindre**, le musée national de l'Industrie lainière (*woolen museum*) fait revivre cette activité vitale pour les habitants des régions rurales.

Jour 3

Regagnez la côte au niveau d'**Aberaeron**. Une belle route côtière conduit alors à **Aberystwyth**, siège de l'université galloise. Bien plus au nord, le château de **Harlech**, dominant le littoral, conserve la mémoire de la lutte d'Owain Dŵr, ce prince qui un temps réalisa l'union des Gallois contre l'occupant anglais. Puis vous rejoindrez la côte. Le changement de décor est complet avec le village coloré de **Portmeirion**, un véritable rêve d'architecte.

Jour 4

Vous vous enfoncerez alors au cœur du massif de **Snowdonia**, dans des paysages montagneux où alternent landes désolées et lacs d'altitude. **Llanberis**, avec son ancienne usine d'ardoise, vous donnera une idée de la dure condition des ouvriers gallois à l'époque victorienne, à moins que vous ne préfériez partir à l'assaut du pic Snowdon à bord du train à vapeur... Puis, revenant en arrière, vous vous poserez dans l'ancienne bastide de **Caernarfon**, qui, située en bordure du détroit, a conservé un superbe château, théâtre de l'intronisation officielle des princes de Galles.

Jour 5

En suivant la côte, vous franchirez le détroit de la Menai afin d'admirer le château et la ville de **Beaumaris**. Revenez sur vos pas pour découvrir le château et la ville fortifiée de **Conwy**.

0
30 km
Southport
Liverpool Bay
Bootle
Wallasey
Liverpool
Hoylake
Birkenhead
Bebington
Ellesmere Port
Chester
Warrington
Great Ormes Head
Llandudno
Colwyn Bay/ Bae Colwyn
Prestatyn
Rhyl
Holyhead/ Caergybi
Beaumaris
Rhosneigr
Isle of Anglesey
Bangor
Conwy
Menai Bridge
Penmaenmawr
Llanfairfechan
Bethesda
Denbigh/ Dinbych
Mold/ Yr Wyddgrug
Caernarfon
Llanberis
Betws-y-Coed
Capel Curig
Beddgelert
Snowdonia
Blaenau Ffestiniog
Wrexham/ Wrecsam
Llangollen
Corwen
Porthmadog
Portmeirion
Penrhyndeudraeth
Nefyn
Pwllheli
Abersoch
Aberdaron
Bala
National Park
Oswestry
Harlech
Dolgellau
Mallwyd
Shrewsbury
Welshpool/ Trallwng
Tywyn
Aberdovey
Machynlleth
Caersws
Newtown/Y Drenewydd
Montgomery
Bishop's Castle
Aberystwyth
Llanidloes
Llangurig
Devil's Bridge
Cardigan Bay
Llanrhystud
Rhayader
Knighton
Presteigne
Aberaeron
New Quay
Synod Inn
Aberporth
Tregaron
Llandrindod Wells
Kington
Builth Wells
Lampeter
Llanwrtyd Wells
Hay-on-Wye
Hereford
CAMBRIAN MOUNTAINS
Cardigan
Nevern
Cilgerran
Drefach
Abergwaun / Fishguard
Newcastle Emlyn
Llandysul
Llandovery
Brecon
Talgarth
Pembrokeshire National
Crymmych
Llandeilo
Sennybridge
Brecon Beacons National Park
Black Mountains
Black Mountain
Saint David's
Haverfordwest/ Hwlffordd
St. Bride's Bay
Carmarthen/ Caerfyrddin
St. Clears
Narberth
Whitland
Crickhowell
Abergavenny
Monmouth/ Trefynwy
Ebbw Vale/ Glyn Ebwy
Merthyr Tydfil
Milford Haven/ Aberdaugleddau
Pembroke Dock
Pembrokeshire Coast National Park
Carew
Pendine
Kidwelly
Cross Hands
Ammanford
Pontardulais
Pontardawe
Aberdare/ Aberdar
Pontypool
Cwmbrân
Pembroke
Tenby
Saundersfoot
Burry Port
Llanelli
Neath/ Castell-nedd
Abertawe/ Swansea
Rhondda
St. Govan's Head
Carmarthen Bay
Rhossili
Worms Head
Port Eynon
The Mumbles
Port Talbot
Maesteg
Pontypridd
Caerphilly/Caerffili
Newport/ Casnewydd
CAERDYDD/ CARDIFF
Porthcawl
Bridgend/ Pen-y-bont
Cowbridge
Penarth
Barry/ Barri
Clevedon
Weston-super-Mare
BRISTOL CHANNEL
Burnham-on-Sea
Lundy
Ilfracombe
Combe Martin
Lynton
Lynmouth
Porlock
Minehead

Arrêtez-vous ensuite dans la station victorienne, remarquablement préservée de **Llandudno**.

Jour 6

Avant de rejoindre **Liverpool**, terme de votre périple vous vous arrêterez dans la belle cité médiévale de **Chester**, la seule ville anglaise ayant conservé intacte une bonne partie de ses murailles. Liverpool, capitale européenne de la culture 2008, vous étonnera, bien loin des clichés d'un passé industriel difficile. La musique des Beatles, omniprésente, côtoie les concerts prestigieux du Royal Philarmonic Orchestra. La Walker Gallery et son exceptionnelle collection des 19e et 20e s. introduit l'Art moderne de la Tate Liverpool, située sur les docks. Le dernier-né des centres de divertissement, le FACT, est un temple interactif du cinéma et des nouvelles technologies. Un patrimoine éclectique et ambitieux, comme la cathédrale du Christ Roi, comblera vos promenades et visites. Enfin, vous prendrez bien un verre à la terrasse animée d'un café branché d'Albert Dock.

Office de tourisme

Caerdydd/Cardiff
The Old Library, The Hayes - ✆ 029 2087 3573 - www.visitcardiff.com - 9h30-17h30, dim. 10h-16h.

Pour téléphoner en Grande-Bretagne :
00 44 + indicatif urbain sans le 0 initial, puis le numéro du correspondant.

Pour plus d'informations :
Carte Michelin Regional N° 503
Le Guide Vert Angleterre Pays de Galles

Les bonnes adresses de Bib

Caernarfon

Oriel Pendeitsh
Castle Ditch, face au château de Caernarfon - ✆ 01286 679 564 - 10h-16h (15h30 en hiver). Plaids, artisanat, spécialités gourmandes…

Caerdydd/Cardiff

Woods Brasserie
The Pilotage Building - Stuart Road - ✆ 029 2049 2400 - http://knifeandforkfood.co.uk/woods - fermé dim. soir oct.-juin - 18/40 £. Plats modernes de brasserie aux influences européennes mitonnés dans une cuisine ouverte. La terrasse du premier offre une belle vue sur la baie.

Achats

Cardiff est dotée de trois centres commerciaux : **Capitol Shopping Centre** *(Queen Street)*, **St David's** *(Mary Ann Street)*et **Queen's Arcade** *(Queen St)*. Les artisans membres de la Makers Guild of Wales vendent leurs réalisations (poterie, verrerie, textile, joaillerie, laine et vannerie) dans la boutique **Craft in the Bay** *(Bute St. à Cardiff Bay, www.makersguildinwales.org.uk)*.

Conwy

Groes Inn
Tyn-y-Groes (4,5 km au sud de Conwy) - ✆ 01492 650545 - www.groesinn.com - 18/45 £. Cette auberge datant en partie du 16e s. a été le premier débit de boissons du Pays de Galles. Dans la salle à manger de style géorgien on déguste une cuisine du terroir.

Harlech

Castle Cottage
Pen Llech (à côté du château) - ✆ 01766 780 479 - www.castlecottageharlech.co.uk - fermé à midi et 3 sem. en nov. - menu 40 £. Dans une salle à manger très cosy, la roborative cuisine galloise est ici mâtinée d'influences continentales. Vous pourrez y déguster la croustade au fromage de chèvre et aux poires ou les brochettes de lotte.

Llandudno

Osborne's Café Grill
17 North Parade - ✆ 01492 860 330 - www.osbornehouse.co.uk - lun.-sam. 10h30-22h, dim. 10h30-21h - 18-40 £. Dans une demeure abritant un des hôtels les plus luxueux de la station, une superbe salle à manger néoclassique avec colonnades, statues, tableaux d'ancêtres au mur et lumière zénithale. Cuisine subtile, belle carte de vin et service soigné.

Portmeirion

Castell Deudraeth Brasserie
✆ 01766 772 400 - www.portmeirion-village.com - 12h-21h30 - 20-35 £. Une étrange forteresse normande, à l'entrée du village, œuvre de William-Ellis qui se sentait l'âme gothique lorsqu'il l'acheta en 1931. À défaut d'y séjourner (prix exorbitant), vous pouvez y déjeuner (fort bien) en admirant la vue sur la baie.

Saint David's

The Refectory
Dans l'ancien réfectoire du monastère - 10h-19h - 8 £. Dotée d'une mezzanine, cette structure moderne de bois clair, enchâssée dans un cadre médiéval, ne manque pas d'allure. Voici un lieu propre à satisfaire une petite faim (plats chauds et tartes), sans perdre trop de temps.

Abertawe/Swansea

Hanson at The Chelsea Restaurant
17 St. Mary's St - ✆ 01792 464 068 - http://hansonatthechelsea.co.uk - fermé dim. soir - 15/30 £. Là où la marina débouche sur la Tawe, un restaurant de poissons très couru.

Tenby

Carringtons Restaurant
Hôtel Atlantic, The Esplanade- ✆ 01834 844 005 - 20/30 £. Belle salle aux tables dressées, menu de poissons (truite du Pembrokeshire, haddock, saumon) et viandes (agneau gallois, suprême de canard aux cerises). Le week-end, il est prudent de réserver…

Campings

Aberaeron

Aeron Coast Caravan Park
North Road - 01545 57 03 49
De mars à oct. - 5,7 ha (100 empl.)
Tarif : 43,17 €
Loisirs : (plage) , aire de sports
Services : wifi
GPS : W 4.25509 N 52.24456

Abergwaun/Fishguard

Fishguard Bay Caravan & Camping Park
Garn Gelli - 01348 81 14 15
De déb. mars à fin oct. - 2,4 ha (50 empl.)
Tarif : 46,98 €
borne artisanale : Payant -
Loisirs : , randonnées pédestres
Services : wifi
Beau panorama sur la mer.
GPS : W 4.93905 N 52.00529

Abertawe/Swansea

Riverside Caravan Park
Ynysforgan Farm, Morriston - 01792 77 55 87
Permanent - (120 empl.)
borne : Payant -
Loisirs : jacuzzi , terrain de golf
Services :
GPS : W 3.91231 N 51.67501

Betws-y-Coed

Rynys Farm Camping Site
Nr Betws-y-Coed - 1690710218
D'avr. à oct. - 3 ha
Tarif : 12,06 € - 6,35 €
Services :
GPS : W 3.76992 N 53.06592

Caerdydd/Cardiff

Cardiff Caravan & Camping Park
Pontcanna Fields - 02920 39 83 62
Permanent - 1,5 ha (63 empl.)
Tarif : 45,70 €
borne : Payant - 20
Loisirs :
Services :
GPS : W 3.19744 N 51.48911

Caernarfon

Bryn Gloch Caravan & Camping Park
Betws Garmon - 01286 65 02 16
Permanent - 6 ha (160 empl.)
Tarif : 46,98 €
borne : Payant - 10
Loisirs : (plan d'eau) , aire de sports, randonnées, barbecue
Services : wifi
Beau panorama sur le mont Snowdon.
GPS : W 4.18827 N 53.0952

Conwy

Conwy Touring Park
Trefriw Road - 01492 59 28 56
De fin mars à fin sept. - 32 ha (130 empl.)
Tarif : 38 €
borne : Payant -
Loisirs : diurne (plage) , aire de sports
Services :
Service de maintenance pour les camping-cars.
GPS : W 3.83679 N 53.26586

Dolgellau

Dolgamedd Caravan, Camping and Touring Park
Bontnewydd - 01341 45 02 21
De déb. avr. à fin oct. - 4,5 ha (65 empl.)
Tarif : 15,24 € - 6,35 €
Loisirs : (plan d'eau) , observation d'oiseaux, barbecue
Services : wifi
GPS : W 3.81549 N 52.76369

Aire de service et de stationnement

Chester

Parking de Chester
Castel Dr
Permanent
P - Payant
En centre-ville.
GPS : W 2.89286 N 53.1845

Prestatyn

Haven Presthaven Sands Holiday Park
Gronant - 01745 85 64 71
De mi-mars à déb. nov. - (500 empl.)
Loisirs : (plage) , bowling, terrain de golf, aire de sports, piste de karting
Services : wifi
GPS : W 3.36874 N 53.34603

Rhosneigr

Ty Hen Holiday Park
Station Road - 01407 81 03 31
De fin mars à fin oct. - (32 empl.)
Loisirs : (plage)
Services : wifi
GPS : W 4.5056 N 53.23378

Douceurs du sud écossais

➲ *Départ : Édimbourg*
➲ *7 jours - 660 km*

Jour 1

Après avoir visité la ville *(voir le début du circuit suivant)*, sortez d'**Édimbourg** (Edinburgh) et longez la côte par la jolie route A 198. Dépassez le port de **North Berwick** pour atteindre **Tantallon Castle**, impressionnante forteresse de grès rouge suspendue aux falaises. Continuez vers **Dunbar** et son port tout en pierre. Prenez la A 1, puis l'agréable route A 1107. De la bourgade de pêcheur de St Abbs, promenez-vous dans la réserve naturelle connue pour ses falaises, ses plages, ses innombrables oiseaux et ses panoramas enchanteurs.

Jour 2

Par les pittoresques petites routes A 6105 et A 6089, rejoignez la demeure classique de **Mellerstain**. Puis à **Kelso**, visitez le vaste Floors Castle, qui servit de décor au film *Greystoke*. L'A 699 vous mène aux vestiges de **Dryburgh Abbey**, puis à **Melrose**. Groupée autour des belles ruines de son abbaye, au milieu des étendues de la Tweed, Melrose s'est développée à l'ombre des triples pics des Eildons. Sur un des escaliers de l'édifice fondé en 1136 par des moines cisterciens est gravée l'inscription suivante « Be Halde to ye hende » (Garde à l'esprit, la fin, ton salut). Cette phrase est devenue la devise de la ville. Cette charmante cité, bien que grouillant de visiteurs en été, constitue un centre idéal pour explorer la campagne environnante.

X. Forés / age fotostock

Tantallon Castle près de New Berwick.

Jour 3

De Melrose, empruntez la A 68 pour rejoindre **Jedburgh**, dominé par son abbaye du 12e s. et quelques autres édifices d'intérêt. Longez la « frontière » anglaise par les typiques routes du Liddesdale. Et suivez les panneaux pour atteindre **Hermitage Castle**, un petit fort médiéval très photogénique, perdu dans la lande. Rejoignez **Langholm** puis **Lockerbie**, qui reste de sinistre mémoire suite à l'attentat du 21 décembre 1988, où un Boeing 747 explosa au-dessus de la ville. Vous pouvez bifurquer vers **Eskdalemuir** et son inattendu temple tibétain. Rejoignez **Dumfries** et faites un aller-retour vers la forteresse de Caerlaverock Castle.

Jour 4

Située sur les bords du Nith, non loin de l'embouchure du fleuve, Dumfries est une ville active qui a longtemps été l'agglomération la plus importante du sud-ouest. Aujourd'hui, ce centre de tourisme dynamique est un bon point de chute pour qui veut explorer les environs. L'agriculture reste sa principale ressource, malgré un effort de diversification dans l'industrie et les activités administratives de certains sièges régionaux. La ville a des liens historiques importants avec le poète national Robert Burns qui y occupa le poste d'officier de douane durant les cinq dernières années de sa vie. Ne pas négliger la visite de Midsteeple, Burns House et aussi du Dumfries Museum d'où l'on a une belle vue sur la ville.

Jour 5

Quittez Dumfries par la A 710 pour atteindre **Sweetheart Abbey** dont subsistent de beaux vestiges en pierre rose. La route continue vers **Dalbeattie** d'où vous rejoindrez les Threave Gardens (fleurs, forêt) si vous aimez la

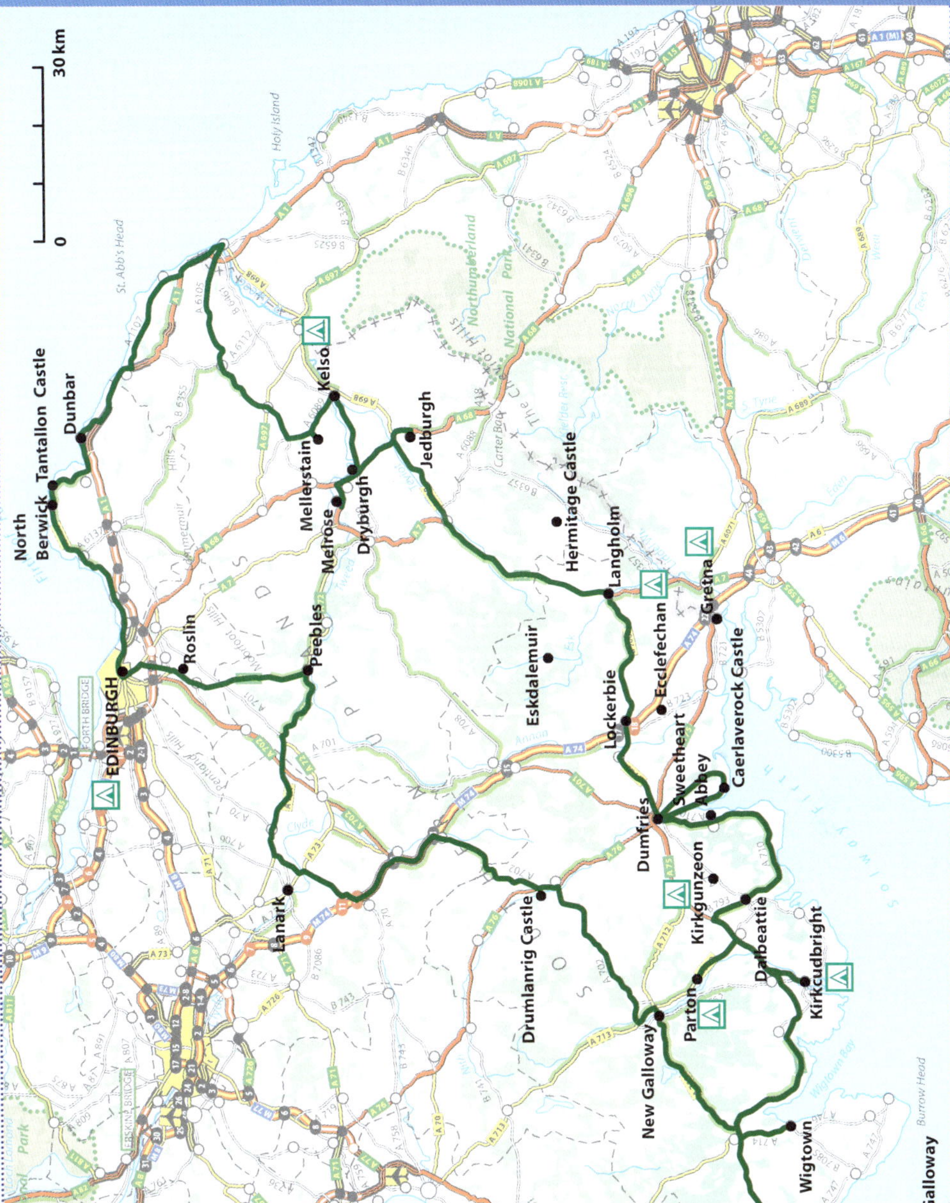
0
30 km
North Berwick
Tantallon Castle
Dunbar
EDINBURGH
Roslin
Peebles
Melrose
Dryburgh
Mellerstain
Kelso
Jedburgh
Hermitage Castle
Langholm
Eskdalemuir
Lockerbie
Ecclefechan
Gretna
Caerlaverock Castle
Sweetheart Abbey
Dumfries
Kirkgunzeon
Dalbeattie
Kirkcudbright
Parton
New Galloway
Drumlanrig Castle
Lanark
Wigtown
Mull of Galloway
Stranraer

nature, ou le château Douglas si vous préférez les vieilles pierres. Arrêtez-vous ensuite dans le petit bourg de **Kirkcudbright**. Niché au fond d'un estuaire, il accueille de nombreux artistes attirés par la douceur de la riviera écossaise. Filez vers **Wigtown**, petite ville connue pour son grand nombre de librairies et surnommée « la cité des livres ».

Jour 6

Selon votre calendrier, deux possibilités (complémentaires) s'offrent à vous. Allez au bout des Rhinns of Galloway pour atteindre les beaux paysages de la pointe de **Mull of Galloway**. Ou partez vers Newton Stuart, porte d'entrée du plus grand parc forestier de Grande-Bretagne, le **Galloway Forest Park**, situé dans l'un des plus beaux sites des Uplands méridionales, où les montagnes et les collines boisées sont parsemées de lacs et de rivières. Le parc propose un large éventail d'activités (escalade, pêche, camping et baignade) et abrite une variété prodigieuse d'animaux sauvages que l'on peut croiser sur les chemins de randonnée et autres pistes cyclables qui sillonnent la région.

Jour 7

De **New Galloway**, gagnez le château forestier de **Drumlanrig** par la A 702. La silhouette spectaculaire de Drumlanrig Castle se profile au cœur d'un site splendide. Poursuivez jusqu'à **New Lanark**, un harmonieux village classé par l'Unesco. Avant de rallier Édimbourg, vous pouvez vous arrêter à **Peebles**, célèbre pour ses environs enchanteurs et la demeure seigneuriale de Traquair House. Et faites un arrêt à la chapelle **Rosslyn**, remarquable pour la richesse et l'abondance de ses sculptures du 15e s., et rendue célèbre par le *Da Vinci Code*.

Office de tourisme

North Berwick
1 Quality St. - 01620-892 197 - www.www.visitscotland.com

Pour téléphoner en Grande-Bretagne :
00 44 + indicatif urbain sans le 0 initial, puis le numéro du correspondant.

Pour plus d'informations :
Carte Michelin Regional N° 503
Le Guide Vert Angleterre
Pays de Galles

Campings

Ecclefechan

Hoddom Castle Caravan Park
Hoddom, Nr Lockerbie - 01576 30 02 51
De déb. avr. à déb. nov. - 11 ha (76 empl.)
Tarif : 31,75 €
borne artisanale - 15
Loisirs : diurne nocturne (en été), jeux pour adultes, terrain de golf, barbecue
Services :
GPS : W 3.32311 N 55.04452

Edinburgh/Édimbourg

Mortonhall Caravan & Camping Park
38 Mortonhall Gate, Frogston Road - 0131 66 41 533
Permanent - 9 ha (250 empl.)
Tarif : 55,87 €
borne : Payant - 17
Loisirs : , terrain de golf, aire de sports
Services : wifi
GPS : W 3.18027 N 55.90303

Gretna

The Braids Caravan Park
Annan Road - 01461 33 74 09
Permanent - 4,5 ha (96 empl.)
Tarif : 33 €
borne artisanale : Payant - 39
Loisirs : (plage) , barbecue
Services :
Bien situé proche du centre-ville.
GPS : W 3.07342 N 54.99625

Kelso

Springwood Caravan Park
Springwood Estate - 01573 22 45 96
De mi-mars à mi-oct. - 4,5 ha (60 empl.)
Loisirs :
Services : wifi
GPS : W 2.45045 N 55.59167

Les bonnes adresses de Bib

Kirkcudbright

Silvercraigs Caravan and Camping Site
Silvercraigs Road -
01782 45 28 482
De déb. avr. à fin oct. - 3 ha (56 empl.)
Tarif : 31,75 €
Loisirs : , cours de golf, aire de sports, barbecue
Services :
GPS : W 4.04342 N 54.837

Kirkgunzeon

Mossband Caravan Park
A 711, Dumfries road -
01387 760505
De déb. mars à fin oct. - (35 empl.)
Tarif : 29,20 €
borne artisanale - 3
Services :
GPS : W 3.763 N 54.98113

Parton

Loch Ken Holiday Park
Castle Douglas -
01644 47 02 82
De déb. mars à mi-nov. - 4 ha (18 empl.)
Tarif : 34,30 €
15
Loisirs : diurne (plan d'eau) , aire de sports, barbecue
Services : wifi
GPS : W 4.05623 N 55.01017

Stranraer

Aird Donald Caravan Park
London Road - 01776 70 20 25
Permanent - 5 ha (75 empl.)
Tarif : 27,94 €
Loisirs : (plage)
Services : wifi
GPS : W 5.00626 N 54.90108

Dumfries

Bruno's Restaurant
3 Balmoral Rd - 01387 255 757 - www.brunosrestaurant.co.uk - fermé le midi et mardi - 15-30 £. Ce restaurant italien a une carte très fournie et propose des menus de deux ou trois plats à des prix intéressants.

Dunbar

Food Hamper
124 High St - 01368 865 152 - www.thefoodhamper.co.uk - tlj sf dim. 9h-17h - 10 £. Épicerie fine servant soupes, salades, quiches et sandwiches.

Creel Restaurant
The Harbour, 25 Lamer St - 01368 863 279 - www.creelrestaurant.co.uk - tlj sf dim. soir, lun. et mar. - 15-30 £. Au Vieux Port, bistrot orienté poisson.

Edinburgh/Édimbourg

(voir aussi p. 201)

Grain Store Restaurant
30 Victoria St, à l'étage - 0131 225 7635 - www.grainstore-restaurant.co.uk - 20/40 £. Ambiance rustique dans les salles aux voûtes de pierres noircies par le temps. Cuisine écossaise proposant des classiques tels le bœuf Angus d'Aberdeen et des entrées plus tournées vers la mer.

Dogs
110 Hanover St - 0131 220 12 08 - www.thedogsonline.co.uk - 15-25 £. Installé au premier étage d'une maison d'époque géorgienne, cet établissement au décor sobre propose une cuisine familiale copieuse, élaborée à partir de produits locaux et de saison. Bon rapport qualité-prix.

Kelso

Under the Sun
45 Roxburgh St - 01573 225 177 - lun.-vend. 9h30-18h, sam. 9h30-17h - 10 £. Boutique de produits bio avec salon/librairie attenant. Soupes, salades composées, plats du jour (certains végétariens), préparés à partir de produits locaux.

Kirkcudbright

Kirkpatrick's
29 St Cuthbert's St - 01557 330 888 - 15-30 £. Un établissement très agréable qui propose une cuisine typiquement écossaise. « Scottish style tapas menu » le mardi soir.

Lanark

Crown Tavern
17 Hope St - 0155 664 639 - www.crown-tavern.com - fermé vend. à midi - 10/15 £. Plus que pour l'originalité des plats, on vient ici pour le cadre (bois verni et moquettes omniprésents), une auberge typique des petits bourgs écossais, située dans la plus belle rue de la ville.

Melrose

The Hoebridge Inn
Gattonside, à 4 km au nord de Melrose - 01896 823 082 - www.thehoebridgeinn.com - fermé dim. soir et lun. - 25/30 £. Cette entreprise familiale propose une cuisine traditionnelle qui met l'accent sur les fruits de mer, ainsi que sur le bœuf et l'agneau écossais.

Peebles

Restaurant at Kailzie Gardens
Kailzie Estate, à 3,5 km à l'est de Peebles - 01721 722 807 - www.kailziegardens.com - fermé soir sf sam., lun. de nov. à mars - 15/30 £. Une petite table rustique logée dans les anciennes étables d'un grand domaine. Gâteaux maison, pâtisseries et goûteuses tartines le midi ; la carte hebdomadaire propose des assiettes classiques et savoureuses, et met à l'honneur viandes et fromages locaux. Réservation conseillée.

L'Écosse en capitale

➲ *Départ : Édimbourg*
➲ *8 jours - 370 km*

Château d'Édimbourg.

Jours 1 et 2

La romantique capitale écossaise, considérée comme la plus belle ville de Grande-Bretagne (devant ou juste après Londres ?), attire de plus en plus de touristes. Vous ne serez donc pas les seuls à débuter votre visite d'**Édimbourg** (Edinburgh) par le célèbre château fort qui domine la cité (panorama impressionnant). Redescendez « sur terre » et entamez votre promenade le long de High Street (ou Royal Mile) et sa perspective, qui tient la vedette dans les cartes postales. Premier arrêt à la cathédrale Saint-Gilles (St Giles' Cathedral) et ses belles voûtes de pierre. Elle est entourée par les imposants bâtiments du Parliament House. Marchez plus à l'est pour atteindre Huntly House et ses salles ornées de boiseries où vous en apprendrez bien plus sur l'histoire locale. Quel contraste avec le très moderne et controversé Scottish Parliament imaginé par Miralles ! Au bout de Royal Mile, vous atteignez le vaste Palace of Holyroodhouse. Par beau temps, grimpez au sommet du Arthur's Seat pour admirer la ville à 360°, château compris. Le lendemain débutez la journée au Grassmarket. Cette belle place est entourée de petites rues anciennes et de boutiques de luxe. Le Museum of Scotland n'est pas loin. Traversez le Royal Mile puis rejoignez la National Gallery et ses toiles de maîtres. Parcourez ensuite le quartier georgien si bien dessiné de New Town. Vous pourrez terminer la journée à **Leith**. Dans ce port où mouille le yacht royal *Britannia*, les entrepôts rénovés sont devenus d'agréables restaurants.

Jour 3

Prenez la M 9 vers **Stirling** sans oublier de faire un petit détour pour admirer la **Falkirk Wheel**, un incroyable ascenseur rotatif pour bateaux. Visitez Stirling, son château perché chargé d'histoire et son monument au héros national Wallace. Un aller-retour vers **Dunblane** vous permettra d'admirer une splendide cathédrale.

Jour 4

Par la A 91, rejoignez **Dollar** et le sombre **Castle Campbell** perdu au milieu des fougères. Belles vues et jolies balades, s'il fait beau. Cette même route permet d'atteindre ensuite **Loch Leven** et ses ruines photogéniques qui se dressent sur une île. La M 90 vous conduit vers **Perth** qui fut capitale écossaise durant trois siècles. Visitez le Scone Palace, site historique majeur, à l'extérieur de la ville.

Jour 5

Prenez la A 9 vers la charmante bourgade de **Dunkeld**, autrefois siège du pouvoir ecclésiastique. Rejoignez ensuite **Kirriemiuir**, la ville du créateur de Peter Pan, puis **Forfar**, ancien fief royal des Pictes, afin de visiter le beau château – hanté – de Glamis.

Jour 6

Dundee, principal centre de production de toile de jute et de confiture (on trouve des recettes de marmelade dès le 16e s.), compte deux intéressants musées : Discovery Point (sur l'expédition antarctique de Scott) et le DCA

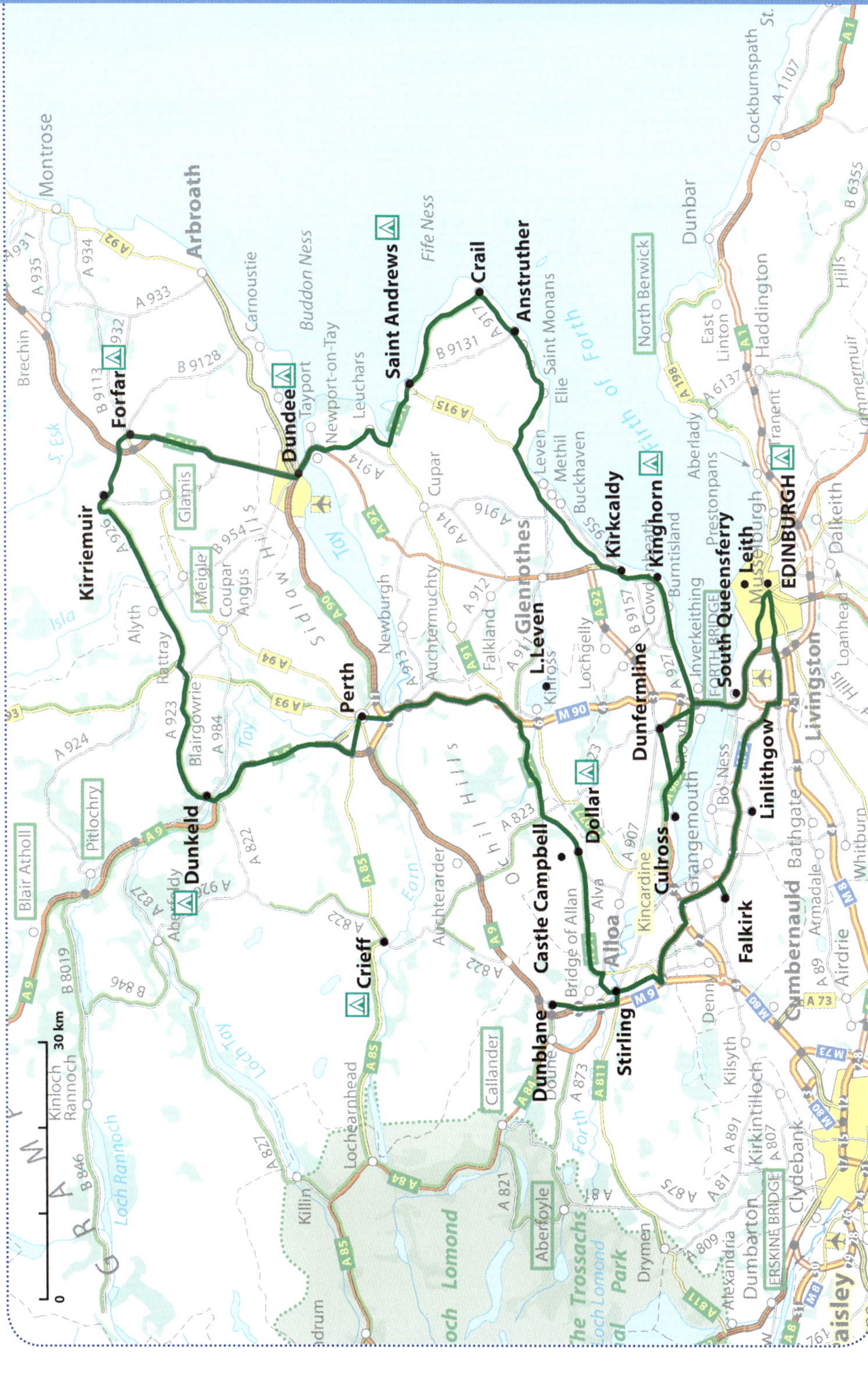
Montrose
Arbroath
Carnoustie
Buddon Ness
Saint Andrews
Fife Ness
Crail
Anstruther
Saint Monans
Elie
Firth of Forth
North Berwick
Dunbar
Cockburnspath
Haddington
East Linton
Brechin
Forfar
Dundee
Tayport
Newport-on-Tay
Leuchars
Cupar
Leven
Methil
Buckhaven
Kirkcaldy
Kinghorn
Burntisland
Aberlady
Prestonpans
Tranent
Musselburgh
Leith
EDINBURGH
Dalkeith
Kirriemuir
Glamis
Meigle
Coupar Angus
Alyth
Rattray
Blairgowrie
Sidlaw Hills
Newburgh
Auchtermuchty
Falkland
Glenrothes
L. Leven
Kinross
Lochgelly
Dunfermline
Inverkeithing
FORTH BRIDGE
South Queensferry
Livingston
Perth
Dunkeld
Pitlochry
Blair Atholl
Aberfeldy
Crieff
Auchterarder
Ochil Hills
Castle Campbell
Dollar
Alva
Alloa
Kincardine
Culross
Grangemouth
Bo'Ness
Linlithgow
Falkirk
Bathgate
Armadale
Whitburn
Cumbernauld
Airdrie
Stirling
Bridge of Allan
Dunblane
Doune
Callander
Lochearnhead
Killin
Kinloch Rannoch
Loch Rannoch
Loch Tay
Aberfoyle
The Trossachs
Loch Lomond
Drymen
Denny
Kilsyth
Kirkintilloch
Clydebank
Dumbarton
Alexandria
ERSKINE BRIDGE
Paisley
0 30 km

(art contemporain). Amusez-vous aussi en découvrant les innombrables statues du centre-ville. En route vers **St Andrews**, siège de la plus ancienne et prestigieuse université du pays, capitale religieuse devenue capitale mondiale du golf. Mer, gazon et vieilles pierres y font très bon ménage. Ambiance reposante.

Jour 7

Longez la côte par la A 917 en vous arrêtant dans les charmants ports de **Crail** et **Anstruther**. Peu à peu, Édimbourg apparaîtra à l'horizon. Prenez la direction de **Kirkcaldy**, capitale du linoléum (!) puis **Dunfermline**, organisée autour d'une superbe abbaye. Après un détour par **Culross**, traversez le Firth of Forth par l'immense pont de Forth Bridge. Si vous avez du temps avant de rejoindre Édimbourg, arrêtez-vous soit dans la jolie ville de **South Queensferry**, soit à **Linlithgow**.

Jour 8

La région dite des West Lothians est un « carrefour » entre Édimbourg, Glasgow et Stirling, une localisation stratégique qui lui a offert un rôle historique et économique majeur. Les rois et seigneurs y ont construit des forts et palais pour mieux la contrôler. Puis les ingénieurs ont imaginé d'audacieuses infrastructures de transports pour la maîtriser. Toutes ces réalisations font aujourd'hui le bonheur des touristes. Vous apprécierez sans aucun doute le palais de Lilingthow, South Queensferry, Hopetoun House et la Falkirk Wheel.

Campings

Crieff

Braidhaugh Holiday Park
South Bridgend - 01764 65 29 51
Permanent - (30 empl.)
Tarif : 48,25 €
borne artisanale : Payant -
Loisirs : , aire de sports
Services :
GPS : W 3.85291 N 56.36626

Dollar

Riverside Caravan Park
Dollarfield - 01259 74 28 96
De mars à janv. - 2,8 ha (70 empl.)
borne artisanale : Payant -
Loisirs :
Services :
GPS : W 3.67238 N 56.15468

Dundee

Tayview Caravan & Camping Park
Marine Drive, Monifieth -
01382 53 28 37
De mi-fév. à fin nov. - (100 empl.)
borne artisanale : Payant - 20
Loisirs : nocturne (plage) , bowling
Services : wifi
GPS : W 2.82011 N 56.47906

Dunkeld

Inver Mill Farm Caravan Park
Inver - 01350 72 74 77
De fin mars à déb. oct. - (65 empl.)
Tarif : 33 €
borne -
Loisirs :
Services :
GPS : W 3.60062 N 56.56082

Edinburgh/Édimbourg

Mortonhall Caravan & Camping Park
Voir l'itinéraire précédent.

Forfar

Drumshademuir Caravan Park
Roundyhill, près de Glamis -
01575 57 32 84
Permanent - (60 empl.)
Tarif : 33 €

Loisirs : , terrain de golf
Services :
GPS : W 3.01598 N 56.64419

Kinghorn

Pettycur Bay Caravan Park
Burntisland Road -
01592 89 22 00
De fin fév. à fin oct. - (50 empl.)
Tarif : 39,37 €
borne : Payant -
Loisirs : diurne nocturne (nightclub) hammam jacuzzi (plage)
Services :
GPS : W 3.19318 N 56.06425

Saint Andrews

Cairnsmill Caravan Park
Largo Road -
01334 47 36 04
De déb. avr. à fin oct. - 4 ha (78 empl.)
Tarif : 38 €
borne artisanale : Payant -
Loisirs : (plage) , squash, bowling, terrain de golf
Services : wifi
GPS : W 2.81484 N 56.32289

Les bonnes adresses de Bib

Dundee

✕ Bon Appetit
22-26 Exchange St. - ✆ 01382 809 000 - www.bonappetit-dundee.com - fermé dim. - 20-30 £. Tenu par un couple originaire de Dundee, parti travailler 20 ans en France, ce petit restaurant sans prétention est une des meilleures tables de la ville.

Edinburgh/Édimbourg

(voir aussi p. 197)

✕ The Elephant House
21 George IV Bridge - ✆ 0131 220 5355 - www.elephanthouse.biz - 8h-22h - 5-15 £. Salon de thé, bons cafés, snacks, quelques plats, et Internet à l'entrée; un lieu prisé par les étudiants. On appréciera particulièrement l'atmosphère et la vue depuis l'arrière-salle sur le parc et le château. C'est ici que J. K. Rowling a écrit le premier *Harry Potter*.

✕ Bon Vivant
55 Thistle St. - ✆ 0131 225 3275 - www.bonvivantedinburgh.co.uk - 30 £. Un restaurant à l'ambiance décontractée, dans une ruelle de la ville. Un grand tableau noir annonce le menu, renouvelé midi et soir. Choisissez 4 petites bouchées à 1 £ puis un appétissant plat principal.

✕ Wedgwood
267 Canongate - ✆ 0131 558 8737 - www.wedgwoodtherestaurant.co.uk - fermé en janv. - 30-50 £ (menu déjeuner 10 £). Situé au bout de Royal Mile et réparti sur deux niveaux, ce bistrot populaire et chaleureux concocte une cuisine de saison bien présentée.

The Royal Edinburgh Repository and Self Aid Society
23a Castle St. - ✆ 0131 220 1187 - www.selfaidsociety.co.uk - 9h30-17h (16h30 vend.-sam.). Boutique dont les bénéfices sont redistribués par cette société caritative créée en 1882. Les marchandises sont fabriquées à la main et le produit de la vente est intégralement restitué aux ouvriers. Vous trouverez lainages, jouets et cadeaux évoquant souvent l'époque de l'ancien empire britannique.

Leith

✕ Fishers Bistro
1 Shore, Leith - ✆ 0131 554 5666 - www.fishersbistros.co.uk - 12h-22h30 (le bar ferme à 1h) - 20-35 £. Restaurant installé dans un ancien moulin, sur les bords du canal de Leith, à proximité des docks. Vous trouverez ici principalement poissons et fruits de mer. Le menu change tous les jours, mis à part quelques classiques comme la soupe de poisson et les plateaux de fruits de mer. Le midi, quand il fait beau, les tables sont dressées dehors le long du canal.

Perth

✕ Deans@Lets Eat Restaurant
77 Kinnoull St. - ✆ 01738 643 377 - www.letseatperth.co.uk - tlj sf dim. et lun.- 20/40 £ (menu 15-20 £). Restaurant convivial jouissant d'une excellente réputation depuis plus de 10 ans. Repris récemment par de nouveaux propriétaires, la cuisine reste de qualité, utilisant toujours principalement des produits locaux.

Stirling

✕ The River House
Castle Business Park, Craigforth, à 4,5 km au nord-ouest de Stirling - ✆ 01786 465 577 - www.riverhouse-restaurant.co.uk - 16/25 £. Situé au pied du château de Stirling, ce restaurant a une réputation qui dépasse largement les employés des entreprises à proximité. Il est recommandé de réserver le soir et le week-end.

✕ The Portcullis
Castle Wind - ✆ 01786 472 290 - www.theportcullishotel.com - 12h-15h30, 17h30-21h - 13/25 £. Steacks Sirloin et poulets des Highlands sont les plats les plus populaires de ce restaurant convivial à proximité du château. Très bon rapport qualité-prix.

Office de tourisme

Edinburgh/Édimbourg
Edinburgh and Scotland Information Centre – 3 Princes St. - ✆ 0131 47 33 868 - www.edinburgh.org - 9h-17h, dim. 10h-17h (19h en été)

Pour téléphoner en Grande-Bretagne :
00 44 + indicatif urbain sans le 0 initial, puis le numéro du correspondant

Pour plus d'informations :
Carte Michelin Regional N° 503
Le Guide Vert Angleterre Pays de Galles

Clichés écossais

➲ *Départ : Glasgow*
➲ *8 jours - 770 km*

Danses lors de Highland Games.

J. Holmes / age fotostock

Jours 1 et 2

Débutez votre première matinée dans cette ville de culture et de shopping par une visite de l'imposante cathédrale du 13e s., la seule qui ait survécu à la Réforme. Ne loupez surtout pas le cimetière contigu. Aménagé sur une colline verdoyante, il offre une vue superbe sur **Glasgow**. Rejoignez George Square, le cœur de la cité, dominé par le très victorien City Chambers. Quelques pas sur Queen Street mènent les amateurs d'art vers la Gallery of Modern Art et les consommateurs effrénés à Princes Square, le plus beau centre commercial (décor Art déco) de la ville. L'heure est venue de vous offrir une pause pittoresque au Horseshoe, un célèbre pub centenaire situé à deux pas de là, ou dans l'un des innombrables pubs du quartier branché et élégant (belles demeures du 18e s.) de Merchant City. Vous pouvez consacrer votre après-midi à découvrir les étonnants bâtiments de Charles Rennie Mackintosh. Commencez par The Lighthouse, musée de design et d'architecture, où le dynamisme de Glasgow dans ce domaine vous est exposé. Les rues piétonnes et perpétuellement animées de Buchanan et Sauchiehall vous guident vers la Willow Tearoom. Vous y prendrez une « cup of tea » bien méritée avant de visiter le chef-d'œuvre de Mackintosh : la Glasgow School of Art. Plusieurs alternatives s'offent à vous le lendemain. La Burrell Collection, un des plus beaux musées d'art du pays, vous attend au sud de la ville. Le West End, charmant quartier étudiant et résidentiel, compte plusieurs musées (dont le très varié Kelvingrove Art Gallery & Museum) répartis autour d'un parc. Vous pouvez encore voguer sur la rivière Clyde et découvrir le quartier futuriste autour du Science Centre (idéal pour les enfants).

Jour 3

Prenez la route A 82 pour longer le célèbre **Loch Lomond**. Arrêts panoramiques au parcours de golf du Scottish Open et à **Luss**, une petite bourgade très agréable. Rejoignez **Fort William** en traversant le formidable et verdoyant Glen Coe. Le site a été rendu tristement célèbre par le massacre qui y eut lieu le 13 février 1692 au cours duquel 38 membres du clan des McDonald furent tués pour avoir refusé de prêter allégeance à Guillaume III d'Angleterre.

Jour 4

À **Fort William**, deux choix possibles. Grimper le Ben Nevis, un des fameux munros ; tous les monts écossais supérieurs à 914 m sont connus comme tels, Sir Hugh Munro ayant été le premier à les répertorier. Ou effectuer l'aller-retour en train à vapeur vers **Mallaig**, dans des paysages époustouflants, maintes fois filmés. Le même trajet en camping-car vous permettra des arrêts multiples : **Glenfinnan**, plages de sables blancs de **Morar**.

Jour 5

Reprenez la A 82 vers **Fort Augustus**, dont les écluses constituent la porte d'entrée du **Loch Ness** (possibilité de croisière). De là, continuez par la A 82

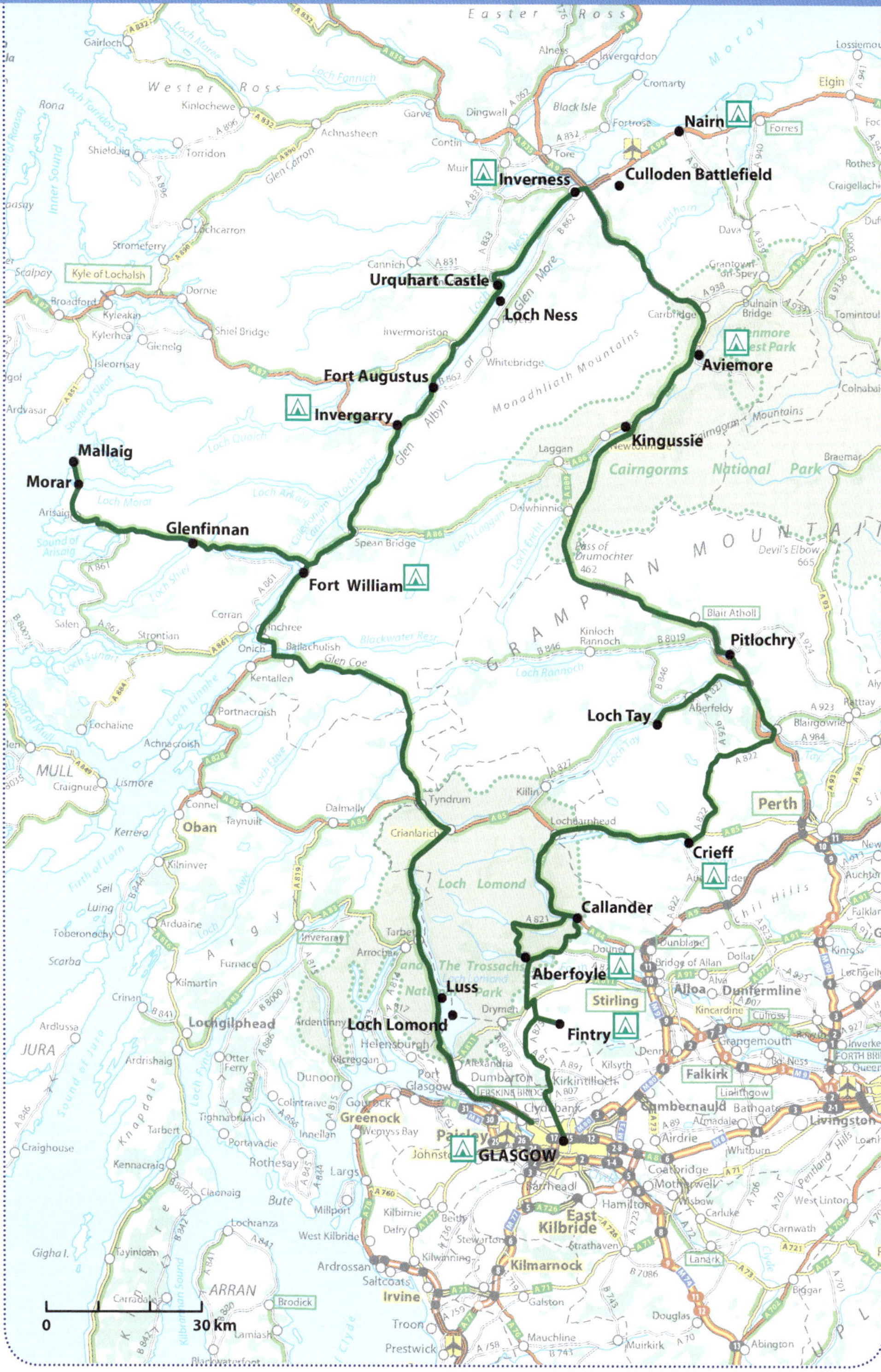
Nairn
Inverness
Culloden Battlefield
Urquhart Castle
Loch Ness
Aviemore
Fort Augustus
Invergarry
Kingussie
Cairngorms National Park
Mallaig
Morar
Glenfinnan
Fort William
Pitlochry
Loch Tay
Perth
Crieff
Callander
Aberfoyle
Luss
Loch Lomond
Fintry
Stirling
GLASGOW
0
30 km

en vous arrêtant à **Urquhart Castle** et Drumnadrochit (expo très – trop – touristique sur le monstre). Ou prenez la B 852, plus sauvage et moins fréquentée. Arrivée le soir à **Inverness.**

Jour 6

Capitale des Highlands, Inverness est une charmante petite cité fondée au bord de la Ness qui collectionne les surnoms. Elle est à la fois pivot, carrefour, porte et capitale des Highlands. Tous ces termes traduisent une situation enviable, au cœur de cette vaste région prisée des touristes. À la population locale se mêle en été une foule de randonneurs qui donne à la ville des allures de camp de base. Personne ne vient vraiment pour les rues calmes du centre-ville mais pour se lancer à la découverte des innombrables curiosités des environs : les longues plages de **Nairn** ou **Dornoch**, les sentiers du Glen Affric ou de Ben Wyvis, ou les charmants villages de la Black Isle. Si vous êtes fortuné, faites-vous tailler un kilt au Kiltmaker Centre. Rendez-vous à **Culloden**, un site de bataille visité par des fantômes. Puis prenez la pittoresque A 9 vers **Kingussie**, capitale du *shinty* (sport gaélique). Le musée folklorique des Highlands ou de celui des Macpherson, vous transportent au pays des clans. Randonnées superbes aux alentours.

Jour 7

Route A 9 vers la région de **Pitlochry.** Dégustez le whisky Blair Atholl (à Pitlochry même). Flânez dans le château de Blair et ses magnifiques jardins. Prenez la A 827 pour taquiner les saumons du **Loch Tay.** Puis faites halte à **Crieff** et à la distillerie Famous Grouse, la plus connue du pays.

Jour 8

Partez à la découverte des **Trossachs** à partir de **Callander** ou **Aberfoyle.** Voguez sur le Loch Katrine et visitez le musée de Rob Roy, héros populaire écossais et hors-la-loi du début du 18e s.

Office de tourisme

Glasgow
11 George Square - 0141 204 4400 - www.seeglasgow.com.

Pour téléphoner en Grande-Bretagne :
00 44 + indicatif urbain sans le 0 initial, puis le numéro du correspondant

Pour plus d'informations :
Carte Michelin Regional N° 503
Le Guide Vert Angleterre
Pays de Galles

Campings

Aberfoyle

Trossachs Holiday Park
By Aberfoyle -
01877 38 26 14
De mars à oct. - 4 ha (45 empl.)
Tarif : 39,37 €
37
Loisirs : , terrain de golf, cours de golf
Services : wifi
Le camping propose plusieurs circuits à vélo.
GPS : W 4.35504 N 56.14004

Aviemore

High Range
Grampian Road - 01479 81 06 36
(70 empl.)
Loisirs : , terrain de golf
Services :
GPS : W 3.8334 N 57.18253

Crieff

Braidhaugh Holiday Park
Voir l'itinéraire précédent.

Fintry

Balgair Castle Holiday Park
Kippen Road - 01360 86 03 99
De mars à oct. - 18 ha (63 empl.)
Tarif : 35,56 €
borne -
Loisirs : , aire de sports
Services : wifi
Idéal pour les familles.
GPS : W 4.24487 N 56.06951

Fort William

Glen Nevis Caravan and Camping Park
Glen Nevis - 01397 70 21 91
De mi-mars à déb. nov. - 1,8 ha (380 empl.)
Tarif : 5,70 € 22,22 € 6,35 €
borne artisanale : Payant
Loisirs : diurne , aire de sports, barbecue

Services : wifi
Le camping propose des randonnées dans la forêt proche.
GPS : W 5.07613 N 56.80466

Glasgow

Craigendmuir Park
Stepps -
01141 77 94 159
Permanent - (45 empl.)
Tarif : 38,73 €
Loisirs :
Services : wifi
GPS : W 4.14032 N 55.88397

Invergarry

Faichemard Farm
Faichemard - 01809 50 13 14
D'avr. à oct. - 4 ha (35 empl.)
Tarif : 24,76 €
Loisirs : barbecue
Services : wifi
Camping réservé aux adultes.
GPS : W 4.82793 N 57.07453

Inverness

Culloden Moor Caravan Club Site
Newlands, Culloden Moor -
01463 79 06 25
De fin mars à déb. janv. - (83 empl.)
Tarif : 10,80 € 13,97 €
Loisirs :
Services :
GPS : W 4.05798 N 57.48632

Nairn

Nairn Lochloy Holiday Park
East Beach -
0844 335 3450
De mi-mars à déb. nov. - (13 empl.)
Loisirs : jacuzzi (plage)
Services : wifi
GPS : W 3.8587 N 57.59092

Les bonnes adresses de Bib

Fort William

Crannog
Town Pier, sur les quais, au niveau de Gordon Sq. - 01397 705 589 - www.crannog.net - 12h-14h30, 18h-21h30 - 25/35 £ (menu déj 13 £). Le propriétaire, ancien pêcheur, a transformé une boutique d'appâts en un restaurant au bord du lac avec vue splendide. Menu à prix intéressant le midi.

Glasgow

Arisaig
1 Merchant Sq. - 0141 553 1010 - www.arisaigrestaurant.co.uk - 17/28 £ (menu déj. 12/14 £). Dans la très animée Merchant Square, un restaurant au décor élégant pour découvrir une cuisine écossaise typique et contemporaine à base de produits de saison.

Babbity Bowster
16-18 Blackfriars St. - 0141 552 5055 - www.babbitybowster.com - 16/26 £ - fermé le dim. Au cœur de Merchant City, ce pub installé dans un superbe bâtiment georgien propose une cuisine écossaise mâtinée d'influences françaises et méditerranéennes.

Two Fat Ladies at the Buttery
652 Argyle St. - 0141 221 8188 - www.twofatladiesrestaurant.com - 32/45 £ (menu déj. 20 £). Ce restaurant, le plus vieux de Glasgow, est une véritable institution fondée en 1856. Si les portions ne sont pas très copieuses, les plats sont raffinés et le service irréprochable.

Stravaigin
28 Gibson St. - 0141 334 2665 - www.stravaigin.co.uk - 18/35 £ (menu. 10-16 £). Ce restaurant bien implanté à l'atmosphère chic et décontractée, propose un bar animé et plusieurs espaces restauration sur trois niveaux. Cuisine soignée et pleine de saveurs, allant des grands classiques à des plats d'inspiration asiatique.

Invergarry

Glengarry Castle
Glengarry Castle Hotel, sur la A 82 - 01809 501 254 - www.glengarry.net - ouv. à midi avr.-oct. 32 £. Atmosphère chaleureuse dans ce château sur les rives du loch Oich. La carte change tous les jours et présente un choix de plats écossais avec produits du terroir.

Inverness

Nico's Seafood & Grill House
Glen Mhor Hotel, 8-15 Ness Bank - 01463 234 308 - www.theinvernessrestaurant.co.uk - 15/30 £. Restaurant aux allures d'auberge victorienne. La carte change régulièrement, mis à part les classiques de la cuisine écossaise.

Contrast Brasserie
Glenmoriston Town House Hotel, 20 Ness Bank - 01463 223 777 - www.glenmoristontownhouse.com - 20/50 £ (menu 10-20 £). Décor zen, tables et chaises recouvertes de fausse peau de serpent pour ce restaurant résolument moderne. Spécialités de poisson et brassage des cuisines du monde.

Pitlochry

The Old Mill Inn
Mill Lane - 01796 474 020 - www.theoldmillpitlochry.co.uk- 10/25 £. Ancien moulin avec jardin et petit canal alimentant une roue à aubes. Côté cuisine, la carte des assiettes de bœuf écossais est particulièrement impressionnante, ainsi que celle des vins (nombreux bordeaux) et des whiskies.

Macnaughtons of Pitlochry
Station Rd - 01796 472 722 - 9h30-17h, dim. 11h-16h. Tartans et vêtements des Highlands dans cette boutique établie en 1835.

Grand tour de l'Irlande

Nous vous proposons une mise en appétit qui ne pourra que vous donner l'envie de revenir explorer l'Irlande en détail...

➲ *Départ : Dublin*
➲ *10 jours - 1 200 km*

Le Temple bar, à Dublin.

J. Arnold / hemis.fr

Jours 1 et 2

À **Dublin**, commencez par le Livre de Kells, joyau de l'art irlandais, au Trinity College. Puis remontez Grafton Street et ses rues latérales afin de profiter des musiciens de rue et de boutiques parmi les plus élégantes de Dublin. Promenez-vous dans les jardins de St Stephen's Green avant de revenir près de la rive nord pour déjeuner. L'après-midi, visitez le National Museum ou la National Gallery, baladez-vous dans Merrion Square et goûtez un aperçu de la vie à l'époque georgienne au n° 29, Number Twenty Nine. Passez la soirée à explorer le quartier de Temple Bar. Le deuxième jour, rendez-vous dans la vieille ville pour admirer les œuvres d'art conservées à la Chester Beatty Library. Vous pouvez suivre la visite guidée du château de Dublin ou entrer dans Christ Church Cathedral ou St Patrick's Cathedral. Après le déjeuner, prenez le bus jusqu'à Kilmainham Gaol pour une leçon d'histoire irlandaise contemporaine ; ensuite, vous goûterez le contraste des styles entre les expositions du Irish Museum of Modern Art et son bâtiment, le Royal Kilmainham Hospital.

Jour 3

Après Dublin, l'itinéraire se poursuit par la visite d'un des plus beaux manoirs irlandais, **Russborough** et s'engage dans les monts Wicklow pour rejoindre, dans une profonde vallée boisée, les vestiges du monastère de **Glendalough**, puis la cité historique de **Kilkenny.** (Cill Chainnigh)

Jour 4

Visitez le château de Kilkenny et son parc, puis allez faire du shopping au Kilkenny Design Centre. Après le déjeuner, descendez dans les profondeurs de la grotte de Dunmore. Suivez vers le sud la vallée de la Nore, pour admirer les superbes ruines de l'abbaye de **Jerpoint** ; continuez jusqu'au charmant village d'**Inistioge**, pour gravir et redescendre Brandon Hill jusqu'à **Graiguenamanagh**, sur la Barrow.

Jour 5

Une journée entière est nécessaire pour s'imprégner de l'atmosphère de « l'acropole irlandaise », le rocher de **Cashel.** Ce piton rocheux, qui s'élève à 60 m, recèle de somptueux vestiges médiévaux. C'est un des hauts lieux du tourisme en Irlande et le trafic dans la ville de Cashel est à la limite du supportable.

Jour 6

Vous voici à **Cork**, la deuxième ville de la République d'Irlande. Explorez English Market et les rues principales, Grand Parade et St Patrick's Street. Admirez l'architecture exubérante de St Fin Barre's Cathedral, œuvre de William Burges. Après déjeuner, traversez la rivière pour actionner le carillon Shandon Bells et voir comment on traitait les prisonniers de la Cork City Gaol.

Enniskillen
Sligo
Strandhill
Castlebar/
Caisleán an Bharraigh
Westport /
Cathair na Mart
Rinvyle
Clifden / An Clochán
Galway /Gaillimh
Rush/An Ros
DUBLIN
Clondalkin
Russborough House
Glendalough
Graiguenamanagh/
Graig na Manach
Inistioge
Jerpoint
Kilkenny/
Cill Chainnigh
Cashel / Caiseal
Adare
Cork / Corcaigh
Blarney
Killarney /
Cill Airne
Ballydavid
Cahersiveen /
Cathair Saidhbhín
0
75 km

Jour 7

Le circuit prend vers l'ouest la direction de **Killarney** (Cill Airne) et son incomparable cadre de lacs et de montagnes. Il ne faut manquer ni l'Anneau du Kerry, circuit traditionnel autour de la péninsule d'Iveragh, ni la péninsule de Dingle, avec ses cabanes anciennes en pierre, ses prés enclos de murets et ses vues sur les rochers des îles Blasket.

Jour 8

Au nord des Burren, **Galway**, une des villes les plus séduisantes d'Irlande, domine une vaste baie. C'est une ville dynamique et vibrante offrant de nombreuses activités : magasins, musique, pubs, restaurants, marché typique le samedi matin, de nombreux festivals tous plus originaux et fameux… La ville a fortement été influencée par les Espagnols ; des constructions telles que le « Spanish Arches » en témoignent. La route de **Clifden** traverse ce que beaucoup disent être le plus irlandais des paysages : tourbières, lacs miroitants et monts arrondis du Connemara.

Jour 9

Cette merveilleuse région accompagne encore la route de **Westport**, près de Croagh Patrick (montagne de saint Patrick). Après Castlebar et le remarquable, et récent, musée de la vie rurale de Turlough, le circuit rejoint la ville la plus active du nord-ouest, **Sligo**.

Jour 10

Continuez votre circuit en rejoignant **Enniskillen** (Inis Ceithleann, en irlandais) pour découvrir l'Irlande du Nord ou rejoignez Dublin par la N 4.

Campings

Adare

Adare Camping and Caravan Park
County Limerick - 061 39 53 76
D'avr. à sept. - 2 ha (30 empl.)
Tarif : 26 €
borne : Payant -
Loisirs : jacuzzi
Services : wifi
GPS : W 8.79248 N 52.53943

Ballydavid

Dingle Camping and Caravan Site
Gallarus, Baile na n'Gall - 086 8191942
D'avr. à sept. - 1,2 ha (42 empl.)
Tarif : 30 €
20
Loisirs : (plage)
Services :
GPS : W 10.37708 N 52.19147

Blarney

Blarney Caravan and Camping Park
Stone View - 021 45 16 519
D'avr. à oct. - 1,6 ha (60 empl.)
borne : Payant -
Loisirs : , pitch and putt
Services : wifi
GPS : W 8.54718 N 51.94759

Castlebar/Caisleán an Bharraigh

Carra Caravan and Camping Park
Belcarra - 094 90 32 054
De janv. à fin nov. - 0,7 ha (20 empl.)
borne : Payant -
Loisirs : , barbecue
Services :
GPS : W 9.21666 N 53.79952

Clondalkin (près de Dublin)

Camac Valley Caravan & Camping Park
Naas Road - 01 46 40 644
Permanent - 6 ha (163 empl.)
Tarif : 25 €
borne artisanale : Payant -
Loisirs :
Services : wifi
GPS : W 6.41573 N 53.30542

Kilkenny/Cill Chainnigh

Treegrove
Danville House, Newross Road - 056 77 70 302
De mars à mi-nov. - 1 ha (30 empl.)
Tarif : 19 €
borne : Payant -
Loisirs :
Services :
GPS : W 7.22915 N 52.64005

Rinvyle

Renvyle Beach Caravan and Camping Park
Renvyle Peninsula, Tullybeg - 095 43 462
D'avr. à sept. - 4,5 ha (78 empl.)
Tarif : 24 €
borne artisanale : Payant - 14
Loisirs : diurne (plage)
Services : wifi
GPS : W 9.98454 N 53.60349

Rush/An Ros

North Beach Caravan & Camping Park
North Beach - 01 84 37 131
D'avr. à sept. - 1,8 ha (64 empl.)
borne artisanale : Payant - 34
Loisirs : (plage)
Services :
GPS : W 6.08605 N 53.52542

Strandhill

Strandhill Caravan & Camping Park
D'avr. à sept. - 6 ha (100 empl.)
borne : Payant - 60
Loisirs : (plage) , randonnées
Services :
GPS : W 8.59543 N 54.26756

Aires de service et de stationnement

Cahersiveen/Cathair Saidhbhín

Mannix Point
Ring of Kerry Coast - ✆ 066 94 72 806
De mi-mars à mi-oct.
Borne : 4 €
42 P - 27 €/j.
Services : WC
Réservation conseillée en été.
GPS : E 10.14679 N 51.56491

Killarney/Cill Airne

Donoghues White Villa Farm
Killarney-Cork Road N22 -
✆ 064 66 20 671
Permanent
Borne : Payant
20 P
Services : WC
GPS : E 9.13019 N 51.93344

Office de tourisme

Dublin
Suffolk St. - ✆ 00353 669 79 20 83 - www.visitdublin.com - 9h-17h30 (19h en été), dim. 10h30-15h.

Pour téléphoner en Irlande (Eire) :
00 353 + indicatif de la ville ou de la circonscription, puis le numéro du correspondant sans le 0 initial.

Pour plus d'informations :
Carte Michelin National N° 712
Le Guide Vert Irlande

Les bonnes adresses de Bib

Clifden/An Clochan

Mannion's Bar
Market St. - ✆ 095 21 780 - 10-20 €. Le plus chaleureux et le moins touristique des pubs de la ville. Musique traditionnelle excellente. Bar food. Excellente musique tous les soirs à 22h en saison et le dim. à 18h. Musique les vend. et sam. après 22h hors saison.

Cork/Corcaigh

Farm Gate Café
English Market (à l'étage), Princes St. - ✆ 021 427 8134 - www.farmgate.ie - fermé le soir et dim. -20-30 € (15 € menu déj. en semaine). Adresse favorite des populations des bureaux du centre-ville à l'heure du déjeuner, ce petit restaurant niché dans le vieux marché et qui le surplombe sert de délicieux repas légers.

Dublin

Fallon & Byrne
First Floor, 11-17 Exchequer St. - ✆ 01 47 21 000 - www.fallonandbyrne.com - 20-40 € - fermé dim. soir. Grand magasin d'alimentation où l'on trouve un bar à vins en sous-sol, un vaste choix de produits frais de qualité au rez-de-chaussée, et au 1er étage, un restaurant élégant qui propose une cuisine savoureuse.

O'Donoghues
15 Merrion Row - ✆ 01 66 07 194 - www.odonoghues.ie. Bien qu'assez touristique, ce pub passe néanmoins chaque soir une authentique et excellente musique traditionnelle irlandaise. Les Dubliners y firent leurs sulfureux débuts en 1962.

The Porter House
16 Parliament St. - ✆ 01 679 8847 - www.porterhousebrewco.com. On y brasse sur place une douzaine de bières maison, toutes plus étonnantes les unes que les autres, mais c'est le seul pub de Dublin où l'on ne sert pas de Guinness. Musique live tous les soirs : blues ou musique traditionnelle.

John Mulligan's
8 Poolbeg St. - ✆ 01 677 5582. Derrière sa façade jaune, voici l'un des plus anciens (1782) et des plus fameux pubs de Dublin, fréquenté par les gens de la presse. John Kennedy y avait ses habitudes lorsqu'il séjournait à Dublin comme journaliste.

Kilkenny Centre
6 Nassau St. - ✆ 01 67 77 066 - www.kilkennyshop.com. Un magasin prestigieux qui propose des modèles intemporels mais aussi les créations de jeunes stylistes qui donnent aux tweeds classiques une allure très couture.

Galway/Gaillmh

Ard Bia at Nimmos
Spanish Arch - ✆ 091 561114 - http://ardbia.com - 20/45 € - réserv. obligatoire le soir. Formidable adresse sous la Spanish Arch. Atmosphère bohème (livres d'art et magazines à feuilleter) pour une cuisine inspirée, aux accents italo-irlandais. Le soir, on dîne rustique-chic à l'étage.

Killarney/Cill Airne

The Laurels
Main Street - ✆ 064 311 49 -www.thelaurelspub.com- tlj - 20/40 €. L'un des meilleurs innombrables pubs de la ville : musiciens, ambiance animée et sens vivant de la tradition. La carte propose tout un choix de spécialités, du ragoût irlandais (*Irish stew*) au hamburger maison.

Quills Woollen Market
High St. - Market Cross - ✆ 064 32 277 -www.irishgiftsandsweaters.com - Entreprise familiale fondée en 1939 qui propose un vaste assortiment d'articles irlandais : tweeds du Donegal, pull en laine d'Aran, linge de maison…

Kilkenny/Cill Chainnigh

Kyteler's Inn
St Kieran's St. - ✆ 056 772 1064 - www.kytelersinn.com - tlj. Ce pub-restaurant aménagé dans une maison médiévale cultive le souvenir d'Alice, la sorcière de Kilkenny. À midi, cuisine de brasserie très abordable et, le soir, la carte propose un méli-mélo de plats copieux de styles très divers.

Odyssée en Ulster

Un circuit presque complet de la vieille province, qui passe en revue les attraits des six comtés situés en Irlande du Nord, et aussi les trois comtés de l'Ulster faisant partie de la République d'Irlande : la campagne paisible du Cavan et du Monaghan et, contraste saisissant, les paysages sauvages de la côte et des monts du Donegal...

➲ *Départ : Belfast*
➲ *9 jours - 845 km*

IIC / DesignPics RM / age fotostock

Vue de Castle Ward.

Jour 1

Belfast (Béal Feirste en irlandais, qui signifie « l'embouchure de la Farset », rivière sur laquelle est bâtie la ville). Promenez-vous dans le centre et le long du front de mer. La ville possède la plus importante cale sèche ; c'est ici que fut construit le Titanic... Essayez de visiter St Malachy's Church et Oval Church avant de déjeuner au Crown Liquor Saloon. L'après-midi, découvrez l'Ulster Museum et faites une balade dans les Botanic Gardens, sans oublier les deux serres. Le centre historique connaît un grand programme de rénovation. Le processus de paix redonne vie au centre-ville : bars, restaurants et clubs de musique se multiplient. Afin d'expliquer leurs luttes, loyalistes et républicains ouvrent leurs musées, organisent des « taxi-tours » et des visites guidées des quartiers populaires. Sortez de la ville vers l'est pour visiter l'Ulster Folk and Transport Museum.

Jour 2

De Belfast, la route qui rejoint la côte mène à la ville ancienne et la station balnéaire de **Bangor**. Après des étapes dans les majestueux domaines et manoirs de **Mountstewart** et **Castle Ward**, l'itinéraire emprunte le ferry qui traverse l'estuaire du Strangford Lough vers la ville de St Patrick, **Downpatrick**, d'où il rejoint en bord de mer **Newcastle**.

Jour 3

Le circuit serpente autour des beaux monts Mourne avant d'atteindre **Armagh**, autre ville sainte, siège des deux archevêchés d'Irlande.

Jour 4

D'Armagh, le voyage se poursuit au sud-ouest, passe en République d'Irlande et traverse les comtés de **Monaghan** et de Cavan, avant de bifurquer vers le nord-ouest en direction de la région des lacs du Fermanagh et sa petite capitale, **Enniskillen**. Connu pour ses lacs peu encombrés – Lower et Upper Lough Erne – le Fermanagh est idéal pour faire du bateau ou pratiquer des sports nautiques. De plus, les lacs qui couvrent un tiers du comté abondent en poissons, ce qui en fait un lieu de prédilection pour la pêche.

Jour 5

Après **Belleek** et sa fameuse fabrique de céramique, on pénètre dans le comté du Donegal. Passée **Donegal**, l'itinéraire conduit vers l'ouest aux spectaculaires falaises du **Slieve League** et au village de **Glencolumb kille**, où souffle toujours l'esprit de saint Columba. Le circuit s'oriente vers l'intérieur des terres jusqu'à la ville du tweed, **Ardara**, puis au nord à travers le

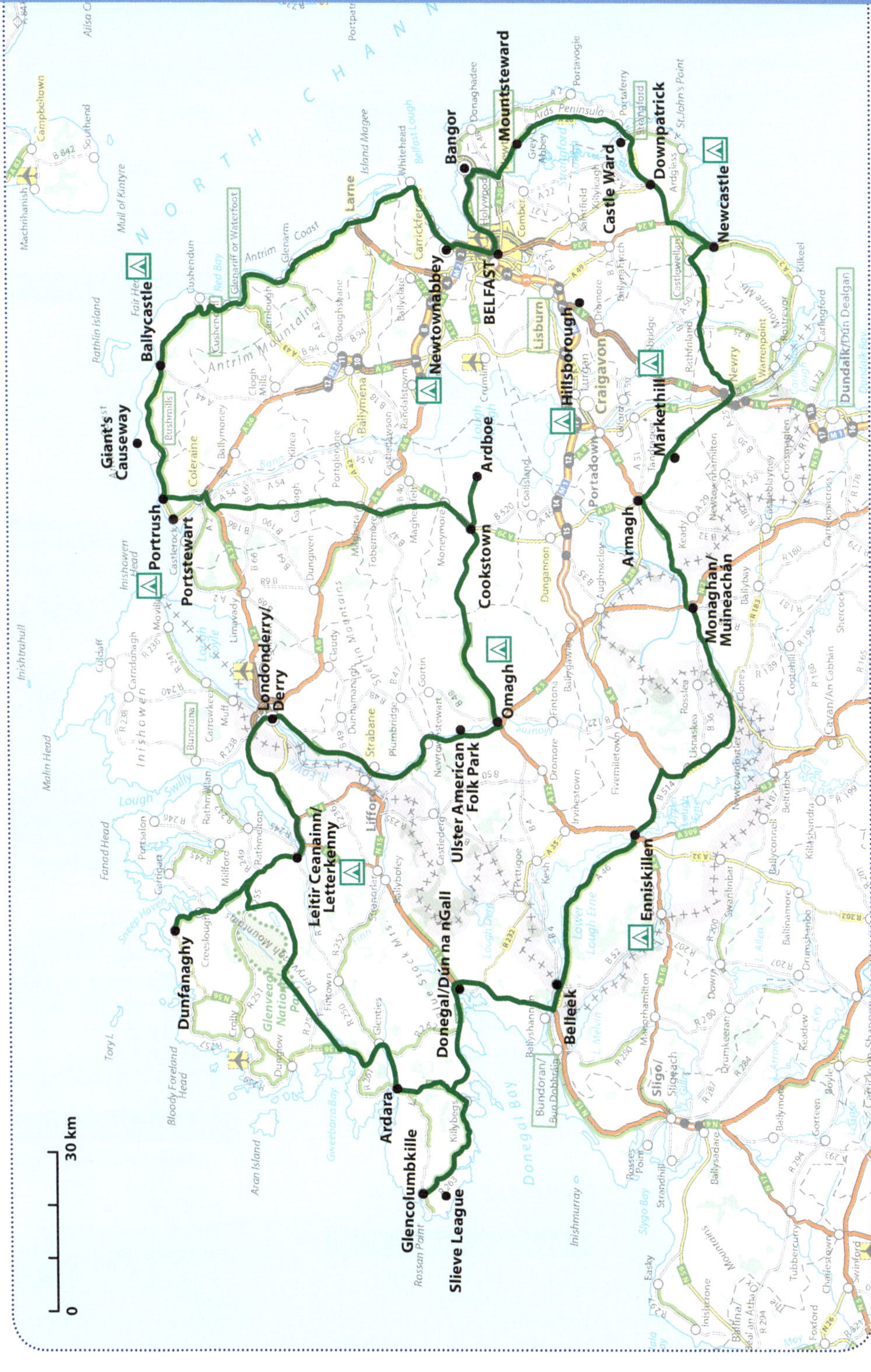

Portrush
Portstewart
Giant's Causeway
Ballycastle
Newtownabbey
BELFAST
Bangor
Mountsteward
Downpatrick
Castle Ward
Newcastle
Hillsborough
Markethill
Armagh
Monaghan/ Muineachán
Enniskillen
Belleek
Donegal/Dún na nGall
Ardara
Glencolumbkille
Slieve League
Dunfanaghy
Leitir Ceanainn/ Letterkenny
Londonderry/ Derry
Omagh
Ulster American Folk Park
Cookstown
Ardboe
0
30 km

parc national de Glenveagh, jusqu'à la petite station tranquille de **Dunfanaghy**, à l'abri du promontoire de Horn Head.

Jour 6

On repart en passant devant le Grianan of Aileach, une très ancienne forteresse, pour rejoindre la célèbre cité fortifiée de **Londonderry**, en Irlande du Nord. Une querelle historique persiste à propos du nom de la ville. La plupart des habitants nationalistes (catholiques) l'appellent **Derry,** nom que la ville a toujours porté. La plupart des habitants unionistes (en général protestants) l'appellent Londonderry. Regagnez une des nombreuses attractions des **monts Sperrin** qu'est l'Ulster American Folk Park.

Jour 7

À l'est des montagnes, on découvre Cookstown, bourg typique de la Plantation ; la célèbre croix celtique d'Ardboe, sur le rivage du plus grand lac du pays, le Lough Neagh ; et la résidence du 17e s. d'un colon à Springhill.

Jour 8

Remontez au nord par la A 29 pour atteindre la **Chaussée des Géants** (Giant's Causeway) et sa côte (Causeway Coast) avec ses stations balnéaires les plus fréquentées du nord que sont **Portrush** et **Portstewart**.

Jour 9

L'itinéraire retourne à Belfast en suivant la route côtière de l'Antrim, traversant les paysages spectaculaires des vallées (*glens*) de l'Antrim, avec une dernière étape au grand château anglo-normand de Carrickfergus.

Campings

Ballycastle (Irlande du Nord)

Causeway Coast Holiday Park
21 Clare Road, Causeway Coast -
028 20 76 25 50
De mars à oct. 28 ha - (100 empl.)
borne artisanale -
Loisirs : nocturne jacuzzi (plage)
Services :
GPS : W 6.24746 N 55.20911

Enniskillen (Irlande du Nord)

Blaney Caravan Park & Camp Site
291 Loughshore Road -
028 68 64 16 34
De mi-mars à mi-oct. - 1 ha (22 empl.)
Tarif : 30,48 €
17
Loisirs :
Services : wifi
GPS : W 7.78042 N 54.43307

Hillsborough (Irlande du Nord)

Lakesideview Caravan & Camp Park
71 Magheraconluce Road -
028 92 68 20 98
De déb. avr. à fin oct. - (30 empl.)
Tarif : 26,67 €
borne : Payant - 10
Loisirs :
Services :
GPS : W 6.02364 N 54.42099

Letterkenny /Leitir Ceanainn (République d'Irlande)

Caseys Caravan Site
Main Street - 074 915 5301
D'avr. à sept. - 8 ha (78 empl.)
Loisirs : (plage)
Services :
GPS : W 7.83768 N 55.19468

Markethill (Irlande du Nord)

Gosford Forest Park
7 Gosford Demesne -
028 37 55 1277
De mars à fin oct. - 1,5 ha (80 empl.)
Tarif : 29,20 €
Loisirs :
Services :
Propositions de circuits à vélo.
GPS : W 6.52288 N 54.30364

Newcastle (Irlande du Nord)

Woodcroft Park
104 Dundrum Road -
028 43 72 22 84
De mi-mars à mi-oct. - (36 empl.)
borne -
Loisirs : (plage)
Services :
GPS : W 5.88278 N 54.22426

Newtownabbey (Irlande du Nord)

Jordanstown Loughshore Caravan Park
Shore Road - 028 90 86 31 33
Permanent - (16 empl.)
Tarif : 36,30 €
6
Loisirs : nocturne (pdt l'été) (plage) , aire de sports
Services : wifi
GPS : W 5.88416 N 54.6812

Omagh (Irlande du Nord)

Sperrin Mountains Camping&Caravan Park
1 Lisnaharney Road -
028 81 66 22 88
D'avr. à fin sept. - (24 empl.)
Tarif : 27,94 €
borne : Payant -
Loisirs : , barbecue
Services :
GPS : W 7.25354 N 54.68454

Portrush (Irlande du Nord)

Bellemont Caravan Park
10 Islandtasserty Road -
028 70 82 38 72
De mars à oct. - (30 empl.)
borne : Payant - 25
Loisirs : , aire de sports
Services :
GPS : W 6.67368 N 55.1716

Office de tourisme

Belfast

47 Donegall Place - ✆ 028 90 24 66 09 - www.gotobelfast.com - 9h-17h30 (19h en été), dim. 11h-16h.

Pour téléphoner en Irlande (Eire) :
00 353 + indicatif de la ville ou de la circonscription sans le 0 initial, puis le numéro du correspondant sans le 0 initial

Pour téléphoner en Irlande (Irlande du Nord) :
00 44 + 28 (sans le 0 initial), puis le numéro du correspondant à 8 chiffres.

Pour plus d'informations :
Carte Michelin National N° 712
Le Guide Vert Irlande

Les bonnes adresses de Bib

Armagh (Irlande du Nord)

The Moody Boar
Palace Demesne Public Park, Palace Stables - ✆ 028 37 52 96 78 - http://themoodyboar.com - fermé lun. soir et mar. soir - 15-30 £. Installé dans le très agréable cadre des Palace Stables, ce restaurant élégant et soigné propose une cuisine attentive aux traditions du terroir. Wine bar.

Bangor (Irlande du Nord)

Coyle's
44 High St. - ✆ 028 91 27 03 62 - http://coylesbistro.co.uk - 15-30 £. Un pub animé et un bistrot au style art déco qui propose une cuisine soignée de saison, mariant harmonieusement classique et moderne.

Belfast (Irlande du Nord)

The Crown Liquor Saloon
46 Great Victoria St. - ✆ 028 90 24 31 87 - www.nicholsonspubs.co.uk. Un monument historique classé et l'un des plus beaux pubs du Royaume-Uni. L'architecture, mêlant superbes boiseries et vitraux colorés, est un bel exemple de style victorien chargé. On y sert une bière maison, la Belfast Crown blonde, fruitée à la saveur de houblon légèrement prononcée. *Pub grub* le midi.

Mourne Seafood Bar
234-36 Bank St. - ✆ 028 90 24 85 44 - www.mourneseafood.com - fermé dim. soir et lun. soir. Réparti sur deux niveaux, ce restaurant de fruits de mer populaire abrite également une petite boutique et une école de cuisine. Vaste choix de plats frais suggérés sur ardoise ; choisissez un plat du jour ou les huîtres de Carlingford tout en savourant une pinte de *stout* (bière brune).

Whites Tavern
2-4 Winecellar Entry - ✆ 028 90 24 30 80 - www.whitestavern.co.uk - à partir de 11h30. Une taverne qui serait la plus ancienne de Belfast et où on trinquerait ici depuis 400 ans… Une peinture murale rappelle que l'ambiance était bien animée au 17e s. Des musiciens traditionnels s'y produisent. Honnête cuisine de pub.

Catherine Shaw
25/27 Queen's Arcade - ✆ 028 90 32 60 53. Une bonne adresse pour acheter de belles copies de bijoux celtiques traditionnels et d'objets réalisés à partir de dessins du grand designer écossais Mackintosh.

St George's Market
12-20 East Bridge St. - vend.-sam. 8h-14h. Vieux de plus d'un siècle, ce marché couvert a été rénové. Le vendredi, jour de marché, l'ambiance y est haute en couleurs et la foule innombrable. Le samedi matin, la halle accueille un petit marché fermier.

Downpatrick (Irlande du Nord)

Denvir's
14-16 English St. - ✆ 028 44 61 20 12 - www.denvirs.com - fermè à midi vend. et sam. 15-30 £. Cette ancienne auberge a jadis accueilli Jonathan Swift et servait au 18e s. de lieu de réunion aux patriotes des United Irishmen. La famille Denvir a émigré aux États-Unis et a donné son nom à la ville de Denver. Bonne cuisine de pub.

Londonderry/Derry (Irlande du Nord)

Badgers
16/18 Orchard St. - ✆ 028 71 36 07 63 - fermé dim. soir. À l'est des remparts, un endroit très agréable au confortable décor de pub. Copieuse cuisine de brasserie d'un très bon rapport qualité-prix.

Portrush (Irlande du Nord)

The Harbour Bar
The Harbour - ✆ 028 70 82 24 30 - 10 £. Pub rustique en bord de quai très fréquenté pour le déjeuner. Il faut passer commande au bar, mais les plats sont apportés à votre table.

De Paris à Dinant

➲ *Départ : Paris*
➲ *3 jours - 417 km*

C. Philippe / ArTerra Picture Library / age fotostock

Panorama de Dinant.

Jour 1

En partant de **Paris**, prenez la direction de **Chantilly** en empruntant la D 317, puis la D 924, qui vous fera traverser la forêt domaniale d'Ermenonville. La visite du château de Chantilly vous fera découvrir une extraordinaire collection d'art ; quant à celle, incontournable, des Grandes Écuries situées aux abords du champ de courses, elle laisse rêveur... S'il vous reste du temps, faites donc un tour dans le parc ou vers les étangs de Commelles, dans la forêt toute proche largement aménagée pour des balades en famille.

En arrivant à **Amiens**, capitale de la Picardie (D 916 et D 1001), vous découvrirez la cathédrale Notre-Dame, inscrite au Patrimoine mondial de l'Unesco, et plus vaste édifice gothique de France (elle pourrait contenir en effet deux fois Notre-Dame-de-Paris). Flânez ensuite dans les rues piétonnes du centre-ville où vous remarquerez entre autres la maison du Sagittaire, le baillage et le beffroi, ou gagnez les Hortillonnages, que vous découvrirez en barque ; une marche le long des canaux permet aussi d'admirer les demeures anciennes qui les bordent. Le soir, appréciez la gastronomie picarde dans un restaurant du cru, ou assistez à une pièce de théâtre à la comédie de Picardie. Ne manquez pas, en saison, les illuminations de la cathédrale.

Jour 2

Avant de rejoindre **Cambrai**, faites un crochet pour la matinée par le château fort des Ducs de Guise (D 1023 puis E 44), dont la construction commença au 11ᵉ s. ; la forteresse fut renforcée par Vauban au 17ᵉ s. Une fois arrivés à **Cambrai** (D 960), déambulez sur la place Aristide-Briand, entièrement reconstruite après la guerre de 1914-1918. Admirez l'hôtel de ville de style Louis XVI.

Jour 3

Pour atteindre **Dinant** (D 962), vous couperez à travers le parc naturel régional de l'Avesnois. À Dinant, ville installée au creux de la vallée de la Meuse, la vue de la ville depuis le château de Crèvecœur, la visite de la citadelle de Dinant, et pour les plus téméraires, la descente dans la grotte La Merveilleuse vous occuperont toute une journée.

Circuit 39

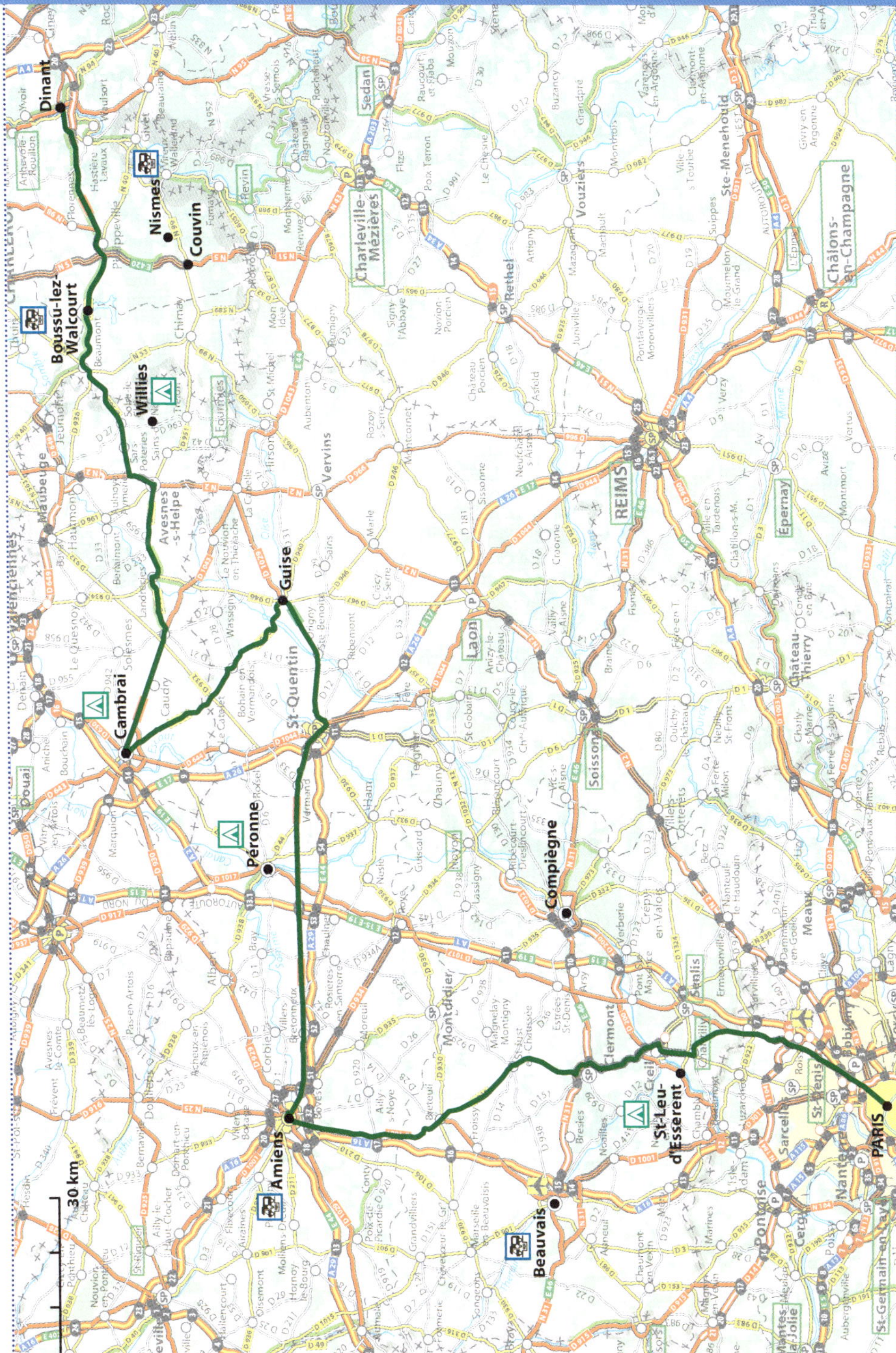

Dinant
Nismes
Couvin
Boussu-lez-Walcourt
Willies
Avesnes-s-Helpe
Guise
Cambrai
St-Quentin
Péronne
Amiens
Beauvais
Compiègne
St-Leu-d'Esserent
PARIS
0
30 km

De la Belgique du sud à Bruxelles

➲ Départ : Liège
➲ 8 jours - 470 km

Mariesacha / Fotolia.com
Musée royal de l'Afrique centrale à Tervuren.

Jour 1

Liège, ville chaleureuse et accueillante, au riche passé historique, possède de magnifiques églises et musées. Vous admirerez les fonts baptismaux de l'église St-Barthélemy, le trésor de la cathédrale St-Paul, les voûtes de l'église St-Jacques. À **Blégny-Trembleur**, visitez l'ancien charbonnage avant de filer vers le village de **Theux**. Ensuite, gagnez **Spa**, la seule ville thermale que compte la Belgique.

Jour 2

Pour prendre un bol d'air, rendez-vous au parc naturel des Hautes Fagnes avant de prendre la direction de **Malmedy** qui formait jadis avec Stavelot une principauté ecclésiastique. Taillé sur mesure pour les amoureux de la nature, le trajet suit la vallée de l'Amblève, puis celle de l'Ourthe pour atteindre **La Roche-en-Ardenne**, haut lieu du tourisme estival. Vous partez ensuite à la découverte du monde mystérieux de la grotte de Han et de la ville de **St-Hubert**, capitale de la chasse. La route descend vers l'Euro Space Center, consacré à la navigation spatiale, puis vers **Florenville.** On arrive à Orval, connue pour ses ruines et sa célèbre bière d'abbaye, puis à **Bouillon**, dominé par son château médiéval.

Jour 3

Gagnez ensuite la petite localité de **Vresse-sur-Semois**, jadis important centre de la culture du tabac. L'itinéraire remonte vers **Dinant** (voir à la fin du circuit 39) où vous visiterez la citadelle. La route longe la Meuse pour atteindre **Namur,** capitale politique de la Wallonie. Faites halte dans cette paisible cité pour visiter la citadelle et l'un des musées de la ville, comme celui consacré à Félicien Rops.

Jour 4

On arrive au cœur du pays des « gueules noires » : **Charleroi**, **Marcinelle** et son ancien charbonnage du Bois du Cazier, **Binche**, la cité du carnaval. La route se dirige vers **La Louvière**, capitale de la région du Centre, et le domaine de Mariemont ; rejoignez ensuite **Soignies**, capitale de la pierre bleue. Faites un petit crochet par **Écaussinnes-Lalaing** et son impressionnant château fort, puis par le château de Seneffe qui présente une belle collection d'argenterie. Regagnez **Tournai** en passant par **Mons,** chef-lieu du Hainaut, dominé par son beffroi d'où vous aurez de superbes vues sur la ville et les environs.

Jour 5

Passez la journée à Tournai, fleuron du patrimoine belge où vous ne manquerez pas de visiter la cathédrale Notre-Dame, le beffroi et le musée des Beaux-Arts, sans oubliez de flâner dans les petites rues du centre historique. Rejoignez **Bruxelles** (Brussel) par la route qui passe par **Ath**, cité des Géants.

Jours 6 et 7

Située au cœur de la Belgique, **Bruxelles** est une ville pleine de contrastes et de paradoxes. Cité flamande à l'origine, elle s'est presque entièrement francisée au cours des siècles passés. En dépit des vagues

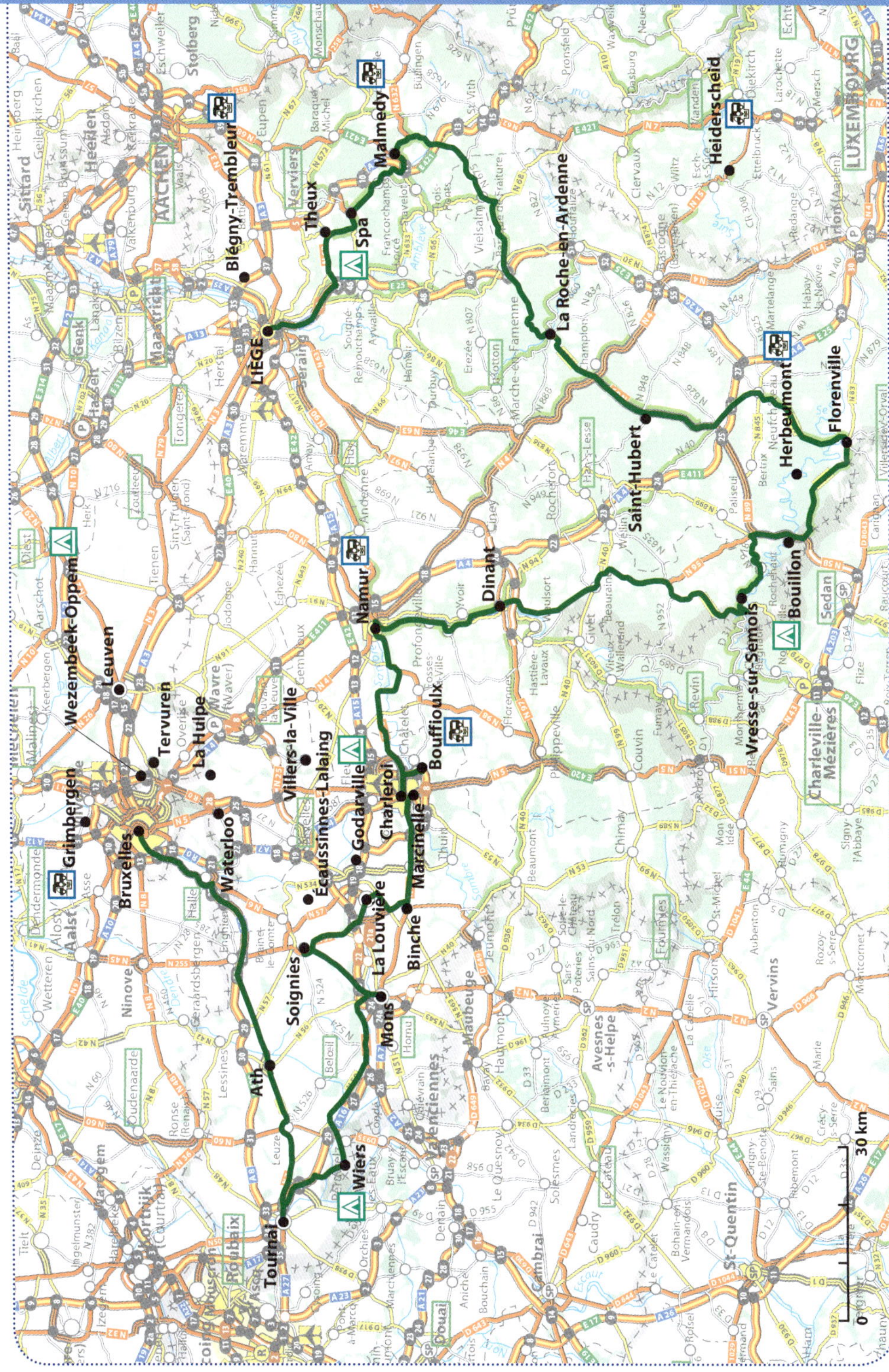
Tournai
Wiers
Ath
Mons
Soignies
La Louvière
Binche
Écaussinnes-Lalaing
Godarville
Marcinelle
Charleroi
Bouffioulx
Villers-la-Ville
Waterloo
La Hulpe
Bruxelles
Grimbergen
Tervuren
Wezembeek-Oppem
Leuven
Namur
Dinant
Vresse-sur-Semois
Bouillon
Herbeumont
Florenville
Saint-Hubert
La Roche-en-Ardenne
Malmedy
Spa
Theux
LIÈGE
Blégny-Trembleur
Heiderscheid
30 km

de démolitions successives, dont elle fut victime, la ville a su conserver son caractère chaleureux et convivial. Capitale de l'Art nouveau par excellence, la cité est riche en monuments et musées. Mais Bruxelles la cosmopolite ne se limite pas au « pentagone ». Les 19 communes dont se compose la région de Bruxelles-Capitale incitent à la découverte : Laeken et son domaine royal, les quartiers animés d'Ixelles, St-Gilles à l'ambiance décontractée, Koekelberg et son imposante basilique, les quartiers chic du sud, etc. Au moins deux journées entières sont nécessaires pour appréhender les principales curiosités de la capitale. Consacrez-les à la découverte de la Grand-Place, des galeries St-Hubert, des serres de Laeken, de la cathédrale des St-Michel-et-Gudule, du musée d'Art ancien, du musée des Instruments de Musique et de l'Atomium, sans oubliez de déambuler dans les petites rues proches de la Grand-Place (comme la rue des Bouchers, la rue de l'Écuyer...). Vous tomberez forcément sur le Manneken Pis.

Jour 8

Après avoir visité le Jardin botanique de **Meise**, vous vous dirigerez sur **Leuven.** Faites étape au musée royal de l'Afrique centrale à **Tervuren** et arrêtez-vous à la Fondation Folon à **La Hulpe**. Qui ne connaît pas **Waterloo** avec sa butte du Lion, son champ de bataille et son musée Wellington ? La fin de l'itinéraire est consacrée à la découverte des ruines de l'abbaye de **Villers-la-Ville**, de la collégiale Ste-Gertrude à Nivelles, de la basilique de Hal, fleuron du gothique brabançon, et, pour terminer, des châteaux de Beersel et de Gaasbeek.

Aires de service et de stationnement

Blégny-Trembleur

Blégny-Mine
R. Lambert Marlet 23 - 04 387 43 33
De janv. à sept.
Borne : 2 €
8 P
Services :
GPS : E 5.72254 N 50.68652

Bouffioulx

Pottenbakkersmuseum
Rue Ernest Solvay - 071 38 19 27
Permanent
Borne eurorelais : Payant
2 P
Services :
GPS : E 4.50542 N 50.39072

Grimbergen

Camping Grimbergen
Veldkantstraat 64 - 0479 76 03 78
D'avr. à oct.
Borne
80 P - 21 €/j.
Services :
GPS : E 4.38114 N 50.93508

Heiderscheid (Luxembourg)

Aire du camping Fuussekaul
Fuussekaul 4 - 26 88 88 - 1
Permanent
Borne artisanale : 15 €
35 P - 24h - 15 €/j.
Services :
Formule Quickstop tout compris (services et stationnement).
GPS : E 5.99339 N 49.87777

Herbeumont

Voormalig Stationsplein
Av. René Demarteau - 061 21 03 30
Permanent
Borne artisanale : Gratuit
25 P - 72h
Services :
GPS : E 5.23712 N 49.77719

Malmedy

Aire de Malmedy
Av. de la Gare - 080 39 82 32
Permanent
Borne artisanale
50 P - 5 €/j.
Services :
GPS : E 6.03183 N 50.42285

Namur

Aire de Namur
Bd de la Meuse
Permanent
P - Gratuit
S'adresser à la Capitainerie du port de plaisance, face au Casino de Namur, sur l'autre rive.
GPS : E 4.86499 N 50.45583

Office de tourisme

Brussel/Bruxelles
Hôtel de Ville - 02 513 89 40 - 9h-18h - fermé 1er janv. et 25 déc. ; r. Royale 2 - 02 513 89 40 - 9h-18h, w.-end 10h-18h - fermé 1er janv. et 25 déc. - www.visitbrussels.be.
Pour toute la Belgique : www.belgique-tourisme.fr.

Pour téléphoner en Belgique :
00 32 puis le numéro du correspondant sans le 0 initial

Pour téléphoner au Luxembourg :
00 352 puis le numéro du correspondant

Pour plus d'informations :
Carte Michelin National N° 716
Le Guide Vert Belgique Luxembourg

Campings

Bouillon

Moulin de la Falize
Vieille route de France, 62 - 061 46 62 00 - De mi-mars à mi-nov. - 10 ha (190 empl.)
10
Loisirs : , bowling, aire de sports - Services :
GPS : E 5.0613 N 49.78336

Godarville

Camping des voies d'eau du Hainaut
R. de Clémenceau 31 - 065 36 04 64
De déb. mars à fin sept. - (270 empl.)
Tarif : 25 € -
Loisirs : (plan d'eau) , aire de sports - Services :
GPS : E 4.28872 N 50.48846

Spa

Parc des Sources
R. de la Sauvenière 141 - 087 77 23 11
De déb. avr. à fin oct. - (140 empl.)
Tarif : 5,50 € 14 € - 3 €
borne : Payant - 13
Loisirs : - Services : wifi
GPS : E 5.88391 N 50.48544

Wezembeek-Oppem

Camping Caravaning Club Brussels
Warandeberg 52 - 027 82 10 09
De fin mars à fin sept. - 2 ha (50 empl.)
Tarif : 6 € 7 € - 5 €
borne : Payant - 15
Loisirs : , aire de sports, barbecue
Services : wifi
GPS : E 4.48248 N 50.8567

Wiers

Château du Biez
R. du Prince d'Espinoy 11 - 069 77 21 26 - Permanent - (121 empl.)
Tarif : 14 € - 2 €
borne : Payant -
Loisirs : diurne , aire de sports
Services :
GPS : E 3.51662 N 50.49825

Les bonnes adresses de Bib

Brussel/Bruxelles

Comme Chez Soi
Pl. Rouppe 23 - 02 512 29 21 - www.commechezsoi.be - fermé dim., lun. et merc. midi - formule 55 € - menus 94-147 €. Cette institution bruxelloise, née en 1926, sert une cuisine classique dans un décor à la Horta. Réservation impérative.

La Brasserie de Bruxelles
Pl. de la Vieille Halle aux Blés 39 - 02 513 98 12 - www.labrasseriedebruxelles.be - fermé lun. - formule 22 € - menu 35 €. Sur une jolie place, on retrouve l'ambiance typique de la ville dans cette brasserie qui propose une cuisine riche en saveurs.

Chocolatier Pierre Marcolini
R. des Minimes 1 (Pl. du Grand-Sablon) - 02 514 1206 - www.marcolini.be - 10h-19h (vend.-sam. 20h). Cet artisan est l'un des derniers à torréfier les fèves de cacao et à fabriquer lui-même son chocolat. Il se démarque par la combinaison originale des saveurs. Tenant du commerce équitable, il réalise également de formidables biscuits et pâtisseries.

Bouillon

Des Ardennes
R. Hate 1, Corbion, à 8 km à l'ouest de Bouillon - 061 25 01 00 -www.hoteldesardennes.be - fermé janv.- mi mars et après 20h30 - formule 25 € - menu 35-60 €. Les années passent et l'attrait de cet établissement ne faiblit pas…Vous le constaterez aisément en savourant sa cuisine de tradition, qui séduit encore davantage associée à un flacon bien choisi – en matière de vins, la maison est experte.

Charleroi

Piccolo Mondo
Grand'Rue 87 - 071 42 00 17 -fermé lun. soir, mar. soir, mer. soir, sam. midi et dim. - formule 21 € - menu 30-45 €. Trattoria sympa repérable à son… scooter Vespa exposé en vitrine ! *Cucina italiana autentica*, pasta façonnée rituellement à la minute, suggestions du jour, terrasse arrière.

Dinant

(voir aussi les adresses du circuit 39)

Maison Jacobs
Rue Grande 147 - 082 22 21 39 - mars-déc. - visite de l'atelier à partir de 8 pers. Ce boulanger est l'un des fabricants de la « couque de Dinant », réputée pour son goût particulier, mais aussi les figures qui la décorent.

Liège

Amon Nanesse
R. du Stalon 1 - 042 50 67 83 - www.maisondupeket.be - menu déj.16-30 €. Les murs en briques et le grand foyer ouvert sont garants d'une ambiance authentique intime et agréable. Les plats typiques de la région figurent à la carte. Prix attrayants et service chaleureux.

Malmedy

À la Truite Argentée
Bellevue 3 (par l'av. Monbijou) - 080 78 61 73 - www.alatruiteargentee.be - fermé mer., jeu. et après 20h30 - menu 35 €. Cette auberge tenue par un couple est LA bonne adresse malmedienne pour se régaler de truites. Des viviers du jardin, elles n'ont qu'un saut à faire pour se coucher dans la poêle ! Généreux menu traditionnel.

Mons

La Petite Provence
Grand-Place 76 - 065 33 70 57 - www.petiteprovence.be - menu 30/35 €. Depuis des années une valeur sûre sur la Grand-Place de Mons. Grillades, fondues et plats typiquement belges. Une bonne adresse pour un déjeuner ou un dîner dans une ambiance décontractée.

Namur

Parfums de cuisine
R. Bailly 10 - 081 22 70 10 - www.parfumsdecuisine.be - fermé dim. et lun. - formule 24 € - menus 35-45 €. Ici, on se délecte d'une cuisine classique de bistrot élaborée par un chef très expérimenté.

La Belgique du nord et sa côte

➲ *Départ : Anvers*
➲ *7 jours - 405 km*

C. Mahaux / Tips / Photononstop
Petit garçon sur la plage de Knokke.

Jours 1 et 2

Cet itinéraire débute à **Anvers**, (Antwerpen) « métropole de la Flandre », ville dynamique et attachante. Berceau des jeunes créateurs belges, ville portuaire de premier ordre, plaque tournante du commerce du diamant, Anvers a su conserver le charme typique des cités flamandes. C'est un véritable plaisir de flâner dans les ruelles et sur les vastes places de la vieille ville. Les nombreux monuments historiques, les théâtres, les boutiques à la mode, les restaurants dernier cri et les galeries d'art lui confèrent un charme incomparable. Après la découverte du vieux centre, de la cathédrale Notre-Dame, de la Grand-Place, des musées (Plantin-Moretus/Cabinet des estampes, royal des Beaux-Arts), dirigez-vous vers **Brasschaat,** aux villas cossues, et la réserve naturelle de **Kalmthout**. Remontez le temps au béguinage de **Hoogstraten** superbement restauré, puis longez la frontière belgo-hollandaise en passant par **Baarle-Nassau**, petite enclave belge aux Pays-Bas. Il est alors temps de faire une halte à **Turnhout,** capitale de la carte à jouer. Pour la suite, deux petites villes agréables au cœur de la Campine anversoise : **Geel** et **Herentals**, puis **Lier**, charmante petite ville connue pour ses délicieuses tartelettes.

Jour 3

Dirigez-vous vers **St-Niklaas**, au centre du pays de Waas en passant par **Temse** (Tamise), qui possède le plus long pont métallique de Belgique, et **Bornem**, couronné par son imposant château. Poursuivez ensuite vers **Gand** (Gent). La visite de la vieille ville ne saura vous laisser indifférent. Citadelle spirituelle de la Flandre, ville universitaire, second port belge, Gand dégage une impression de grande vitalité. La cité natale de Charles Quint, chargée d'histoire et de monuments, offre aussi, entre la cathédrale et le château des Comtes, la poésie discrète de ses vieux quartiers et de ses quais. Les illuminations rendent la promenade nocturne extraordinaire.

Jour 4

Avant de prendre la direction de **Kortrijk** (Courtrai) passez par **Oudenaarde**, renommé pour ses *Verdures* (tapisseries). La Lys parcourt un paysage verdoyant et idyllique, parsemé de petits villages charmants : **Machelen** et son musée Raveel, **Deinze, Ooidonk** avec son château de style hispano-flamand, **Deurle** et **St-Martens-Latem** qui ont inspiré de nombreux artistes.

Jours 5 et 6

De Kortrijk gagnez **Bruges** (Brugge). Son vieux centre a vraiment tout pour vous séduire : monuments historiques (dont son béguinage), musées renommés et canaux romantiques. L'hiver, ou au clair de lune, Bruges paraît véritablement sortie du Moyen Âge, avec ses vieilles demeures aux briques patinées par les siècles, ses nobles édifices, ses églises au clair carillon et ses canaux où évoluent les cygnes. Son centre historique est d'ailleurs inscrit depuis l'an 2000 au Patrimoine mondial de l'Unesco. L'été, ou même le week-end, la ville se métamorphose. Celle qu'on appelle la Venise du Nord est alors bourdonnante d'activité et

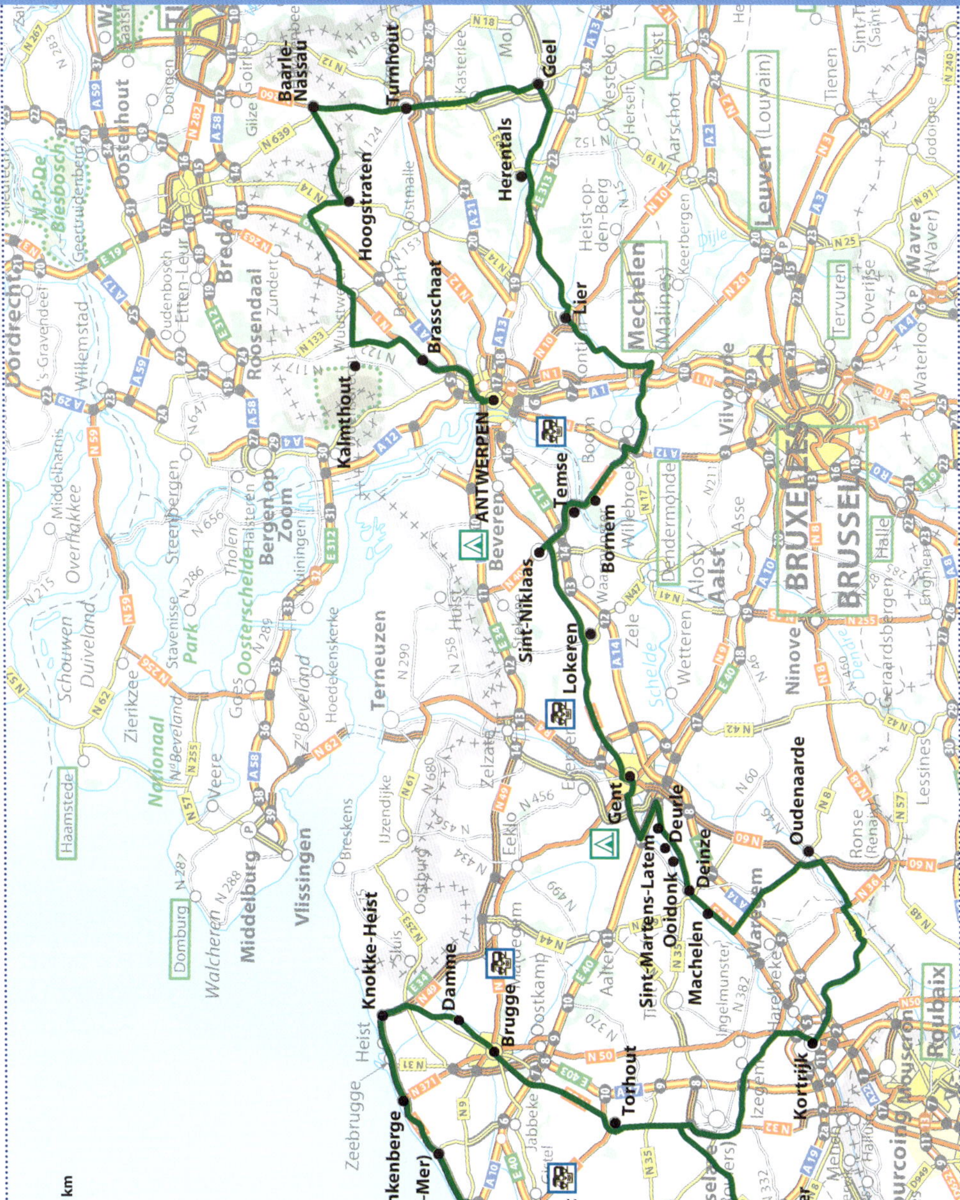

Baarle-Nassau
Turnhout
Geel
Hoogstraten
Herentals
Brasschaat
Kalmthout
Lier
Mechelen
ANTWERPEN
Temse
Bornem
Sint-Niklaas
Lokeren
Gent
Deurle
Sint-Martens-Latem
Ooidonk
Deinze
Machelen
Oudenaarde
Waregem
Kortrijk
Knokke-Heist
Damme
Brugge
Torhout
Blankenberge
De Haan (Le Coq-sur-Mer)
Oostende
Nieuwpoort
Veurne
Ieper
Poperinge
BRUXELLES
BRUSSEL
0
30 km

d'animation. Deux traditions importantes font également sa réputation : d'une part le véritable artisanat d'art qu'est la dentelle au fuseau, et d'autre part les festivités célébrés le jour de l'Ascension avec la procession du Saint-Sang. À faire avant de repartir : la promenade en bateau sur les canaux.

Jour 7

Ne ratez pas la petite ville de **Damme**, cité d'Uylenspiegel, avant d'aborder le littoral. Les inconditionnels de la plage auront l'embarras du choix entre **Knokke-Heist, Blankenberge, Le Coq**, ou encore **Ostende** (Oostende), à la fois station balnéaire très fréquentée et une ville dotée d'un riche passé royal. Les souverains belges, notamment Léopold II, aimaient y séjourner. La station balnéaire s'étend entre le Casino-Kursaal, inauguré en 1953, et le Thermae Palace Hôtel, le long du promenoir qui borde la plage. Tout près se situent les Galeries royales et vénitiennes, où il fait bon flâner. À proximité du chenal du port et de l'avant-port, l'ancien quartier des pêcheurs forme un quadrillage de rues plus étroites, limité au sud par les bassins du port de plaisance. Les célèbres huîtres sont élevées à Ostende dans un bassin de 80 ha, le Spuikom, au sud-est de la ville. La suite de l'itinéraire vous amène à découvrir la région du Westhoek avec **Veurne** et sa superbe Grand-Place, et **Poperinge**, cité du houblon. Faites une halte à **Ieper**, fortement touché par la Grande Guerre, et **Torhout**, dominé par son église St-Pierre.

Aires de service et de stationnement

Brugge/Bruges

Parking
Bargeweg - ✆ 050 44 81 11
Permanent
Borne sanistation : Payant
57 P - Payant
Services :
GPS : E 3.22857 N 51.19898

Lokeren

Verlorenbos
Veerstraat - ✆ 0934 09 474
Permanent
2 P - illimité
GPS : E 3.99528 N 51.10992

Nieuwpoort/Nieuport

Kampeerautoterrein De Zwerver
Brugse steenweg 29 - ✆ 0474 66 95 26
Permanent
Borne : 3 €
28 P - Payant
Services : WC
GPS : E 2.76475 N 51.12992

Temse/Tamise

Alpha Motorhomes
Kapelanielaan 13A - ✆ 03 771 18 35
Permanent
Borne eurorelais
P - Payant
Services :
GPS : E 4.17977 N 51.137

Veurne

Jachthaven Veurne
Lindendreef, face au Kaaiplaatsparking - ✆ 058 33 55 00
De mai à sept.
Borne
6 P
Services : WC
GPS : E 2.66532 N 51.07105

Office de tourisme

Antwerpen/Anvers
Grote Markt 13 - ✆ 03 232 01 03 - http://visit.antwerpen.be - 9h-17h45, dim. 9h-16h30.

Pour téléphoner en Belgique :
00 32 puis le numéro du correspondant sans le 0 initial

Pour plus d'informations :
Carte Michelin National N° 716
Le Guide Vert Belgique Luxembourg

Campings

Antwerpen/Anvers

Stedelijk Kampeerterrein De Molen
Thonetlaan - Jachthavenweg 6 - 03 21 98 179
Permanent - 1,2 ha (70 empl.)
Tarif : 23 €
borne : Payant - 6
Loisirs : (plan d'eau), aire de sports, randonnées, barbecue
Services :
GPS : E 4.39257 N 51.23353

Blankenberge

Camping Bonanza 2
Polderlaan 74 - 050 42 98 59
De mars à mi-nov. - 5 ha (32 empl.)
Tarif : 31 € - 2,50 €
20 - 25 €/j.
Loisirs :
Services :
GPS : E 3.1521 N 51.3135

Gent/Gand

Blaarmeersen
Zuiderlaan 12 - 09 26 68 160
De déb. mars à déb. nov. - 10 ha (250 empl.)
Tarif : 8,30 € 10,50 € - 5,70 €
borne : Payant - 45
Loisirs : (plan d'eau) , aire de sports, beachvolley, barbecue, plongée sous-marine
Services : wifi
Emplacements spécifiques pour camping-cars. Bus pour le centre-ville.
GPS : E 3.68047 N 51.04635

Les bonnes adresses de Bib

Antwerpen/Anvers

Brasserie Appelmans
Papenstraatje 1 - 03 226 20 22 - www.brasserieappelmans.be - 11h30-23h - menus 15/30 €. Brasserie contemporaine pleine d'ambiance à deux pas de la cathédrale. Cuisine belge mais plus largement internationale.

Café Den Engel
Grote Markt 13 - 032/33 12 52 - www.cafedenengel.be - tlj à partir de 10h. Sans doute le café le plus connu d'Anvers, et l'un des plus authentiques, où se retrouvent Anversois pure souche et touristes dans un intérieur orné de lambris de bois et de miroirs. Si, par hasard, il n'y a plus de place, entrez chez son voisin, le *Den Bengel*.

Blankenberge

Oesterput
Wenduinse Steenweg 16 - 050/41 10 35 - www.oesterput.com - tlj sf mar. 12h-14h15, 17h45-21h30 - 35/60 €. Adresse dédiée aux saveurs littorales : bassins à huîtres, viviers à homards, longues rangées de tables recouvertes de nappes en papier, le tout, dans un hangar proche du port de plaisance. Les plateaux de fruits de mer tiennent la vedette.

Brugge/Bruges

Den Gouden Harynck
Groeningue 25 - 050 33 76 37 - www.dengoudenharynck.be - fermé sam. midi, dim. et lun. - lunch 39 €, menus 55/89 €. Le vétéran de la gastronomie flamande régale toujours avec ses recettes sans cesse renouvelées, teintées de nuances orientales.

Des frites !
Au pied du beffroi, du matin jusque tard dans la nuit, les deux friteries les plus réputées de Bruges.

Gent/Gand

Vintage
Onderbergen 35 - 092/23 51 31 - www.vintagewine.be - 12h-14h, 18h30-21h30 (22h30 vend.-sam.), fermé dim. - bar à vin et vente directe lun.-sam. 11h30-15h30, 15h30-jusque tard - menus 17/25 €. On se rend dans ce bar à vin, situé dans une rue peuplée de boutiques et de cafés, non seulement pour un verre, mais aussi pour un lunch ou un dîner. Le plat principal change tous les jours.

Kortrijk/Courtrai

Café Rouge
Sint-Maartenskerkhof 6A - 056/25 86 03 - www.caferouge.be - tlj sf lun. 11h-21h (vend. et sam. 22h) - fermé 1 sem. en avril. Établissement recommandé pour sa terrasse donnant sur une place tranquille en partie ombragée et avec vue sur l'église St-Martin. À la carte, café et succulentes pâtisseries, mais aussi bières régionales, glaces maison, choix de thés et petite restauration.

Oostende/Ostende

Étals à poisson du Vistrap
Visserskaai. Ils furent longtemps l'attraction gastronomique d'Ostende. Aujourd'hui, la dizaine d'échoppes installées le long du quai, qui proposaient crevettes, langoustines et toutes sortes de préparations à base de poisson, ne vendent plus que surimi et fruits de mer proviennant de partout… sauf d'Ostende. Le lieu demeure néanmoins intéressant pour pique-niquer de poisson fumé ou frit, et d'escargots de mer. Sur le Vistrap tout proche, la pêche du jour est mise en vente chaque matin.

Le chemin des fleuves et du delta

➲ *Départ : Breda*
➲ *6 jours - 420 km*

Maastricht sur les rives de la Meuse.

K. Burke / Corbis / Photononstop

Jour 1

Breda était jadis l'une des principales places fortes du pays. Aujourd'hui, c'est une cité dynamique et accueillante aux larges zones piétonnes. Ses environs sont dotés de grands espaces verts comme le Liesbos, à l'ouest, et le Mastbos, au sud. Après la visite de la ville (tombeau en albâtre d'Englebert II de Nassau dans l'église Notre-Dame), le circuit mène à l'ancien marquisat de **Bergen op Zoom**. Prenez le temps de découvrir la Zélande, parsemée de petites villes pittoresques et de villages charmants : l'ancien port de **Goes**, **Middelbourg** et son hôtel de ville, les stations balnéaires de **Westkapelle** et de **Domburg**, **Veere** et ses maisons écossaises.

Jour 2

Par le barrage de l'Escaut oriental, on gagne **Zierikzee** située sur l'île de Schouwen-Duiveland. Par **Brouwersdam** et **Haringvlietdam**, on arrive les pieds dans l'eau à **Schiedam**, ville du genièvre.

Jour 3

Port d'importance mondiale, **Rotterdam** a tout pour séduire les amateurs d'architecture contemporaine. Ancré à 30 km de la mer du Nord, il bénéficie d'une situation privilégiée au débouché des régions industrielles drainées par le Rhin, la Meuse et leurs affluents. Après les bombardements de la Seconde Guerre mondiale, la ville s'est reconstruite ; dynamique et moderne, elle n'en finit pas de renaître, devenant un véritable laboratoire d'architecture. Le trafic fluvial vers l'Europoort, second port du monde après Shanghai, et ses activités commerciales ouvertes sur l'étranger confèrent à la cité son atmosphère particulière.

Jour 4

Visitez ensuite les dix-neuf moulins de **Kinderdijk** avant de gagner **Dordrecht**, dominée par la tour inachevée de sa Grande Église. Si vous souhaitez prendre un bol d'air, rendez-vous alors au parc national De Biesbosch et laissez-vous emporter par la magie au sein du parc d'attractions De Efteling avant de gagner **Tilburg**. Vous pourrez enchaîner par **Bois-le-Duc** ('s-Hertogenbosch), située sur le Binnendieze, et Eindhoven, réputée pour son musée Van Abbe consacré à l'art moderne. Sur le chemin qui conduit à Maastricht, vous admirerez le château **Heeze** et le village blanc de **Thorn** aux confins de la Belgique.

Jour 5

Faites une halte à **Maastricht**, ville au caractère méridional. Au pied de sa « montagne » St-Pierre, la capitale du Limbourg est une cité pittoresque et joyeuse, érigée sur les bords de la Meuse. Les maisons mosanes en pierre, les vestiges de la muraille médiévale et les rues piétonnes où s'alignent les commerces forment un tableau attrayant, entre les vastes places prises d'assaut par les terrasses des cafés. À la confluence de trois pays, Maastricht, symbole de l'Europe politique, cultive son identité plurielle. Le dialecte est toujours de rigueur dans la rue, les habitants portent presque tous un prénom français et d'Artagnan, l'ancien combattant ennemi, mort ici

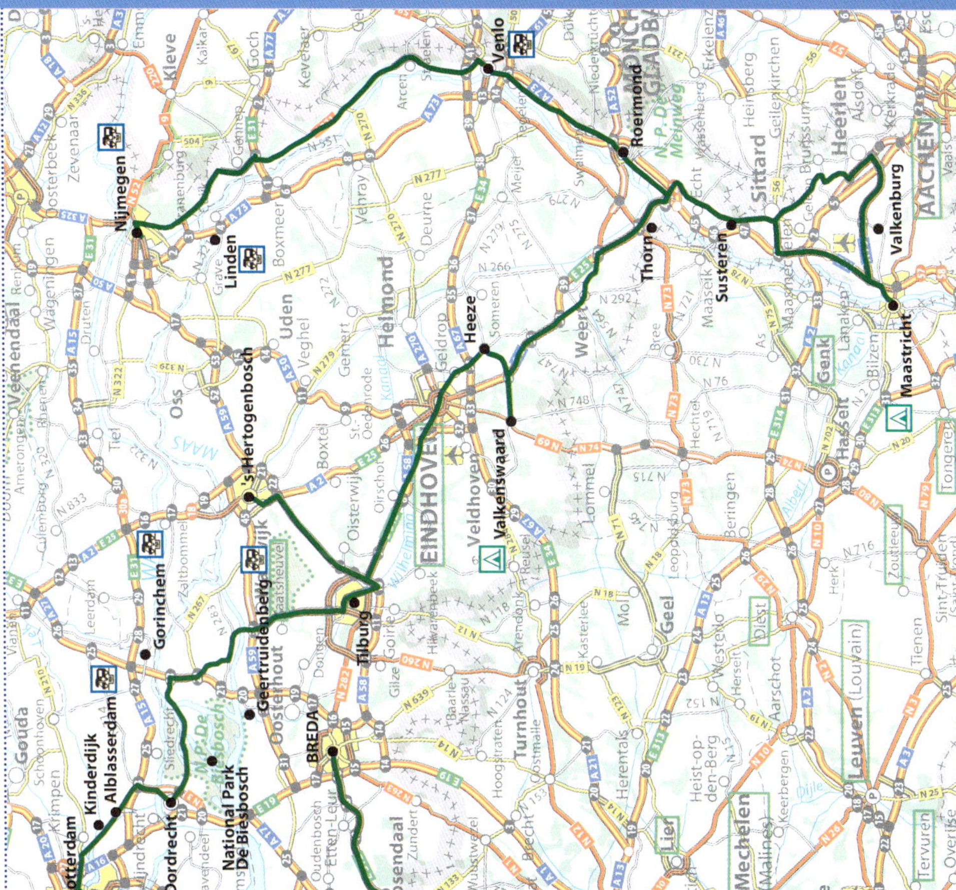
0
30 km
Nijmegen
Linden
Venlo
Roermond
Thorn
Susteren
Sittard
Heerlen
Valkenburg
Maastricht
Heeze
Valkenswaard
Eindhoven
's-Hertogenbosch
Tilburg
Geertruidenberg
BREDA
National Park De Biesbosch
Gorinchem
Dordrecht
Kinderdijk
Alblasserdam
Rotterdam
Schiedam
Haringvlietdam
Brouwersdam
Brouwershaven
Zierikzee
Goes
Roosendaal
Bergen op Zoom
Veere
Wissenkerke
Middelburg
Domburg
Vlissingen
ANTWERPEN (ANVERS)
BRUXELLES BRUSSEL

sur le champ de bataille, est célébré par une statue en bronze. Vous succomberez au charme de son carnaval débordant de gaieté et de son art de vivre où la bonne chaire et les mets régionaux se taillent la part du lion : vins blanc, fromages à pâte molle ou agneaux fondants des vallées voisines.

Jour 6

Vous vous dirigerez ensuite vers **Fauquemont** (Valkenburg), au centre d'une région verte et vallonnée. Après avoir visité l'abbaye de Rolduc et le château Hoensbroek, on atteint **Susteren**, dominée par l'église St-Amelbergakerk, et l'ancienne place forte de Sittard. On remonte au nord en passant par **Roermond** et **Venlo** afin de regagner **Nimègue** (Nijmegen) qui est, avec Maastricht, la ville la plus ancienne des Pays-Bas. Il fait bon flâner le long du Waalkade, point de départ des bateaux d'excursion, comme dans les rues animées du centre-ville. Sur le plan sportif, la ville est connue comme étant le point de départ d'une marche annuelle qui dure quatre jours et attire de nombreux participants.

Aires de service et de stationnement

Alblasserdam

Hafenparkplatz
Kade - 078 692 13 55
Permanent
Borne : Payant
15 P - 24h - 10 €/j.
Services :
GPS : E 4.65852 N 51.8616

Brouwershaven

Camping Den Osse
Blankersweg 4 - 0111 69 15 13
Permanent
Borne : Payant
24 P - Payant
Services :
Aire extérieure au camping
GPS : E 3.88711 N 51.73824

Geertruidenberg

Parking Geertruidenberg
Statenlaan - 0162 51 31 67
Permanent
2 P - 24h - Gratuit
GPS : E 4.86282 N 51.70377

Gorinchem

Parking Buiten de Waterpoort
Buiten de Waterpoort - 0183 63 15 25
Permanent
Borne
8 P - 72h - Payant
Services :
GPS : E 4.97 N 51.82661

Linden

Marina Brasker
Hardweg 15 - 0485 311951
De mi-avr. à mi-nov.
Borne
12 P
Services :
À 500 m du centre-ville.
GPS : E 5.82714 N 51.75289

Nijmegen/Nimègue

Hotel Restaurant Rozenhof
Nijmeegsebaan 114 - 024 323 03 59
Permanent
Borne : 5 €
2 P - 5 €/j.
Services :
GPS : E 5.88236 N 51.81753

Schiedam

Parking Doeleplein
Noordvest 40 - 0104 73 30 00
Permanent
6 P - 72h - Payant
Services :
GPS : E 4.39481 N 51.91969

Venlo

Camperplaats De Boswesels
Weselseweg 43 - 0655 80 32 79
D'avr. à nov.
Borne : Gratuit
16 P - 72h - 10 €/j.
GPS : E 6.1999 N 51.3927

Wissenkerke

Kamperland
Permanent
Borne artisanale
P - 13 €/j.
Face à la piscine.
GPS : E 3.71542 N 51.58894

Office de tourisme

Rotterdam
Coolsingel 195-197 (entrée Binnenwegplein) - 010 790 01 85 - http://fr.rotterdam.info - lun.-dim. 9h30-18h.

Pour téléphoner aux Pays-Bas : 00 31 puis le numéro du correspondant sans le 0 initial

Pour plus d'informations : Carte Michelin Regional N° 715
Le Guide Vert Pays-Bas

Campings

Bergen op Zoom

Uit en Thuis
Heimolen 56 - 0164 23 33 91
D'avr. à oct. - 8 ha (180 empl.)
Tarif : 15 €
borne -
Loisirs : diurne , jeux pour adultes, aire de sports
Services :
wifi
GPS : E 4.32326 N 51.4688

Maastricht

Mooi Bemelen
Gasthuis 3 - Bemelen -
043 407 13 21
Permanent - 11 ha (330 empl.)
Tarif : 6 € 7,50 € - 4,10 €
borne -
Loisirs : diurne ,
piste de danse, aire de sports
Services : wifi
GPS : E 5.7832 N 50.8442

Valkenswaard

Oostappen Vakantiepark Brugse Heide
Maastrichterweg 183 -
040 201 83 04
De mi-avr. à fin oct. - 7 ha (120 empl.)
Tarif : 33,10 €
Loisirs :
, jeux pour adultes, discothèque, aire de sports
Services : wifi
GPS : E 5.46166 N 51.32896

Les bonnes adresses de Bib

Maastricht

Pieke Potloed
Sporenstraat 5 - 043 321 59 68 - www.piekepotloed.nl - tjl sf lun. 11h-22h, dim. 12h-20h - 30 €. Un classique de la gastronomie populaire locale rythmé par de vieilles chansons traditionnelles. Spécialités de plats cuits au chaudron : bœuf à l'étuvée, lapin mariné à la façon de Maastricht, etc.

Middelburg/Middelbourg

Surabaya
Stationsstraat 20-22 - 0118 63 59 14 - www.surabaya.nl - tlj sf lun. (et mar. hors sais.) 17-21h - 15/20 €. Honorable petit restaurant indonésien au décor *made in Singapour*, complété d'une épicerie orientale à l'arrière. Le patron est le fournisseur de la cour.

Nijmegen/Nimègue

Claudius
Bisschop Hamerstraat 12 - 024 322 14 56 - www.restaurantclaudius.nl - le soir seult - fermé lun. et mar. - 40/60 €. Rôtisserie sympathique dont les grillades, saisies à la braise en salle dans la cheminée, régalent les vrais amateurs de viande depuis plus de trente ans. Une verdoyante terrasse d'été garnie de meubles en teck se cache à l'arrière. Référence à Claudius Civilis, l'instigateur de la révolte des Bataves contre les Romains.

Roermond

One
ECI 17 (Maasniel, au NO par Julianlaan) - 0475 60 02 62 - www.restaurantone.nl - juin-août : merc.-dim. le soir, vend. et dim. à midi ; reste de l'année : mar.-sam. le soir, vend. midi - 59-79 €. Jeune adresse tenue par un couple de globe-trotters. Accueil charmant de la propriétaire canadienne, élégant décor aéré et moderne, menu d'un bon rapport-qualité prix.

Rotterdam

Koekela
Nieuwe Binnenweg 97a - 010 436 47 74 - www.koekela.nl - lun.-vend. 8h-18h, sam. 8h30-18h, dim. 9h30-17h30. Si vous êtes pris de fringale dans le quartier, entrez dans cette petite pâtisserie pour goûter de délicieux gâteaux, boire un thé ou un café : les meilleurs scones, muffins, brownies ou *cheesecake* de la ville !

Mooii
Oost Wijnstraat 8-16 - 010 411 22 95 - www.restaurantmooii.nl - lun.-sam. 12h-22h, dim. 16h-22h - 27/48 € (réserver). Par beau temps, terrasse ouverte sur l'Oude Haven, sinon salles intérieures donnant sur la cuisine où l'on prépare des mets raffinés à l'image du cadre à la déco contemporaine.

Binnenrotte
Derrière l'église St-Laurent -mar. et sam. 9h-17h. L'un des plus grands marchés des Pays-Bas.

Tilburg

De Eetkamer
Tilburgseweg 34 - Goirle (à 5 km au sud du centre) - 013 534 49 00 - www.eetkamergoirle.nl - fermé sam. midi et dim. midi - 23/50 €. Une adresse appréciée dans cette petite cité à proximité de Tilburg. Brasserie pour gourmets, atmosphère conviviale, agréable terrasse d'été ouverte sur le jardin, et son mobilier en teck.

Valkenburg/Fauquemont

Gouden Leeuw
Grotestraat Centrum 49 - 043 601 25 79 - www.restaurantgoudenleeuw.nl - lun.-sam. 17h-21h30, dim. et vac. scol. 12h-21h30 - menu 23,75 € - 30 €. Muni d'une terrasse sur la Grand'Rue, le « Lion d'or » propose une cuisine roborative et savoureuse, avec large choix de grillades. Poutres apparentes et briques sombres composent le décor.

Amsterdam et la Hollande du Nord

➲ *Départ : Amsterdam*
➲ *8 jours - 485 km*

H. Hughes / hemis.fr

Ponts de pierre à l'angle des canaux Keizersgracht et Leidsegracht, à Amsterdam.

Jours 1 et 2

L'itinéraire débute à **Amsterdam**, ville à la fois dynamique, tolérante et romantique. Son réseau de canaux en toile d'araignée, ses maisons de briques hautes et étroites aux frontons de formes variées, son port, son intense activité commerciale et culturelle et ses musées donnent à la capitale des Pays-Bas une personnalité marquée, au charme prenant. Pour faire sa connaissance, il est conseillé de partir à pied ou bien de louer une bicyclette. Le touriste flânant le long des pittoresques canaux ne se doute pas de la nature marécageuse du sous-sol d'Amsterdam, raison pour laquelle de nombreuses maisons ont été construites sur pilotis. La présence de maisons flottantes amarrées sur les quais s'explique par le manque parfois chronique de logements neufs dans le centre historique. De même, les anciens docks et les îles artificielles situés à l'est de la ville ont été transformés à partir des années 1990 en quartiers résidentiels, offrant un vaste terrain d'expérimentation aux architectes les plus audacieux. Dans le quartier des musées, admirez quelques grands peintres. Car le 17e s. fut celui des maîtres néerlandais, tels que Rembrandt van Rijn, Johannes Vermeer et Jan Steen. Les 19e et 20e s. ne sont pas moins remarquables avec les artistes d'envergure qu'étaient Vincent van Gogh et Piet Mondriaan.

Jour 3

L'étape suivante est **Haarlem**, la cité du célèbre portraitiste Frans Hals. À proximité, **Zandvoort** est une des stations balnéaires les plus courues des Pays-Bas. Après la visite du **Keukenhof**, la route traverse la magnifique région des champs de fleurs que l'on visitera de préférence au printemps.

Jour 4

Le voyage se poursuit par **Leyde** (Leiden), cité universitaire très animée et riche en musées. Ensuite vous atteindrez **La Haye** (Den Haag), ville à multiple facettes. Siège du gouvernement des Pays-Bas, elle abrite des institutions internationales d'envergure. C'est aussi une ville élégante avec ses parcs, ses jolis canaux bordés de belles demeures. Puis on gagne **Delft**, renommée pour sa faïence, le « bleu de Delft ». Ses vieux canaux aux quais ombragés, ses monuments historiques, ses intéressants musées en font l'une des cités qui ont conservé le plus de caractère. Faites un tour par **Gouda**, où vous admirerez les vitraux magnifiques de l'église St-Jean avant d'atteindre la ville accueillante d'**Utrecht**, où vous pouvez découvrir la maison Rietveld-Schröder, fleuron du patrimoine néerlandais.

Jour 5

Le circuit mène à **Hilversum**, située dans la région verdoyante du Gooi. Puis vous pourrez visiter le château de **Muiden**, entouré de douves.

À quelques kilomètres de la capitale, vous découvrirez **Marken** et **Volendam**, deux bourgs portuaires caractéristiques des Pays-Bas traditionnels. On s'attarde à **Edam**, réputée pour son marché aux fromages qui se déroule en été sur la place appelée Kaasmarkt. N'oubliez pas de faire une halte à **Hoorn**, ville charmante dotée

0
30 km
Waddeneilanden
Schiermonnikoog
Ameland
Terschelling
Vlieland
Texel
Nationaal Park Duinen Van Texel
Leeuwarden
Bolsward
Sneek
Sloten
Heerenveen
Drachten
Den Oever
Den Helder
Medemblik
Enkhuizen
Urk
Schokland
Hoorn
IJsselmeer
Markermeer
Alkmaar
Edam
Volendam
Marken
Lelystad
Dronten
ZWOLLE
Almere
Zuidelijk-Flevoland
Muiden
Haarlem
Zandvoort
AMSTERDAM
Keukenhof
Abbenes
Voorhout
Hilversum
Katwijk aan Zee
Leiden
Amersfoort
Apeldoorn
Deventer
Zutphen
Den Haag
Zoetermeer
Utrecht
Otterlo
Kröller-Müller Museum
Delft
Gouda
Arnhem
ROTTERDAM
NIJMEGEN
Dordrecht
's-Hertogenbosch
TILBURG
Breda
Helmond

de beaux bâtiments historiques avant de gagner **Enkhuizen** et **Medemblik**, toutes les deux situées sur l'IJsselmeer.

Jour 6

En franchissant la digue du Nord, on atteint la Frise et découvre **Bolsward**, **Sneek** et **Sloten**, villes frisonnes pleines de charme. Cap de nouveau au sud vers **Schokland**, site inscrit au Patrimoine mondial de l'Unesco. La route parcourt alors la province de **Flevoland** et rejoint les villes ultramodernes de **Dronten**, **Lelystad** et **Almere**.

Jour 7

Rejoignez **Amersfoort** et visitez le centre-ville où vous pourrez admirer ses « maisons de rempart » La ville natale du peintre Mondrian, avec ses anciennes rues commerçantes, son vaste marché, ses grandes places finira agréablement ce parcours. En poursuivant votre périple, vous traverserez le superbe parc national de la Haute-Veluwe abritant le **musée Kröller-Müller** qui, à lui seul, mérite le voyage. Une petite halte dans la ville d'**Arnhem** puis reprenez la route qui longe le parc national Veluwezoom pour arriver au château de Middachten.

Jour 8

Par **Zutphen**, située au cœur de la région verdoyante de l'Achterhoek, on arrive à **Deventer**, connue pour son délicieux pain d'épice, le deventer koek. Le voyage continue jusqu'à la ville verte d'**Apeldoorn**. Tout près se situe le musée-palais Het Loo témoignant d'un riche passé royal.

Aires de service et de stationnement

Abbenes

Het Groene hart
Kaagweg 50 - 06 53 67 64 29
De mi-mars à oct.
Borne sanistation : 2 €
15 P - 10 €/j.
Services : WC
Location de vélos.
GPS : E 4.61922 N 52.22601

Den Oever

Standplätze am Hafen
Oostercade Haven -
0224 58 15 41
Permanent
Borne
15 P - 10 €/j.
Services : WC
GPS : E 5.03963 N 52.93415

Deventer

Jachthaven Deventer
Rembrandtkade 193 -
0570 61 96 35
D'avr. à oct.
Borne
4 P - 10 €/j.
Services : WC
GPS : E 6.12986 N 52.26557

Gouda

Klein Amerika
Permanent
Borne : Payant
30 P - 72h - 8 €/j.
Services : WC
GPS : E 4.71559 N 52.01226

Hoorn

Grashaven
Visserseiland 221 - 0229 21 52 08
De mi-avr. à sept.
Borne : Payant
15 P - 14 €/j.
Services : WC
GPS : E 5.05716 N 52.6351

Sneek

Yachthaven-Camping de Domp
Domp 4 - 0515 41 25 59
D'avr. à oct.
Borne : Payant
8 P - Payant
Services : WC
Le prix inclut l'eau, l'électricité, le wifi et les douches.
GPS : E 5.67757 N 53.03582

Urk

Aire d'Urk
Sur le port - centre ville -
0527 68 98 68
Permanent
Borne : Payant
24 P - illimité - 13 €/j.
Services : WC
S'adresser à la capitainerie.
GPS : E 5.59882 N 52.65895

Voorhout

Aire de Voorhout
Drechsberg 5 - 0252 22 00 49
Permanent
Borne : Payant
3 P - 24h - 15 €/j.
Services :
GPS : E 4.50886 N 52.23845

Office de tourisme

Amsterdam
Stationsplein 10 (face à la gare centrale) - 020 702 6000 - www.iamsterdam.com.

Pour téléphoner aux Pays-Bas :
00 31 puis le numéro du correspondant sans le 0 initial

Pour plus d'informations :
Carte Michelin Regional N° 715
Le Guide Vert Pays-Bas

Campings

Amsterdam

Gaasper
Loosdrechtdreef 7 - 020 696 73 26
De janv. à oct. - 5,5 ha (350 empl.)
borne : Gratuit -
Loisirs : (étang), jeux pour adultes
Services : wifi
Transports en commun pour le centre-ville.
GPS : E 4.99156 N 52.31264

Zeeburg
Zuider IJdijk 20 - 020 694 44 30
Permanent - 3,8 ha (70 empl.)
borne : Payant -
Loisirs : , soirées disco, jeux pour adultes
Services : wifi
Transports en commun pour le centre-ville, à 15mn.
GPS : E 4.96056 N 52.36483

Otterlo

Beek en Hei
Heideweg 4 - 0318 59 14 83
Permanent - 5 ha (120 empl.)
Tarif : 5,50 € 7,50 € - 3,25 €
borne : Payant -
Loisirs : diurne
Services : wifi
GPS : E 5.77048 N 52.0918

Les bonnes adresses de Bib

Apeldoorn

Voir l'itinéraire suivant.

Amersfoort

In den Kleinen Hap
Langestraat 95 - 033 462 13 65 - www.kruispuntamersfoort.nl - fermé dim. - 30 €. Une adresse traditionnelle et centrale, située au cœur de la Grand-Rue, toujours animée. Cadre rustique à l'intérieur. Cuisine robuste et savoureuse.

Amsterdam

Small World
Binnen Oranjestraat 14 (petite rue qui croise Brouwersgracht) - 020 420 27 74 - www.smallworldcatering.nl - mar.- vend. 10h30-19h, sam. 10h30-18h, dim. 12h-18h - 5/10 €. L'une des meilleures cantines de la ville où les salades, quiches et sandwichs s'accompagnent de cocktails de fruits frais. La queue au comptoir et les bonnes odeurs qui embaument la rue ne trompent pas !

De Kaas Kamer
Runstraat 7 - 020 623 34 83 - www.kaaskamer.nl - fermé dim. mat. et lun. mat. Dans ce superbe magasin de fromages, difficile de faire un choix entre les innombrables sortes de Gouda et d'Edam issus des meilleures fermes du pays. Conseils et dégustation.

Delft

Aardewerkatelier de Candelaer
Kerkstraat 13 - 015 213 18 48 - www.candelaer.nl - tlj sf dim. 9h30-17h. Un fabricant de faïences qui utilise des méthodes traditionnelles. Les initiales du peintres, l'année de réalisation et la marque de l'usine sont inscrites sous le produit.

Enkhuizen

Die Drie Haringhe
Dijk 28 - 0228 31 86 10 - www.diedrieharinghe.nl - merc.-dim. le soir, merc.-vend. à midi sur réserv. - 34/40 €. À l'entrée du vieux port, près de la tour Drommedaris, ancien entrepôt transformé en relais-gourmand auréolé d'une certaine reconnaissance locale. Décor intérieur d'esprit rustique et bonne carte actuelle d'inspiration française basée sur les produits régionaux.

Gouda

Marché aux fromages
De déb. avr. à fin août - jeu. 10h-13h. En dehors du marché, vous trouverez les meilleurs fromages à cette adresse : **'t Kaaswinkeltje** – *Lange Tiendeweg 30 - 0182 51 42 69.*

Den Haag/La Haye

De Basiliek
Korte Houtstraat 4a - 070 360 61 44 - www.debasiliek.nl - lun.-vend. 12h-14h, 18h-22h, sam. 18h-22h - déj. 28/30 €, dîner 37/75 €. En plein centre-ville, une affaire familiale affichant un petit air de bistrot et misant sur une carte actuelle, assez ramassée mais engageante. Tables dressées sur la petite terrasse à l'avant du restaurant par beau temps.

Volendam

Smit-Bokkum
Slobbeland 19 - 0299 36 33 73 - www.smitbokkum.nl - mar.-vend. 10h-23h30, w.-end 10h-0h30 (fermeture de la cuisine à 21h) - 15/25 €. À l'extrémité ouest de la ville, dans la fumerie familiale datant de 1856, le patron propose les spécialités qui font la réputation de Volendam : accompagnés d'une salade et de toasts, les poissons fumés constituent un déjeuner inoubliable. À savourer sur la terrasse donnant sur la marina, si le soleil est au rendez-vous.

De Apeldoorn à Ribe

➲ *Départ : Apeldoorn*
➲ *8 jours - 720 km*

A. Sven-Erik / ArTerra Picture Library / age fotostock

Le port de Husum.

Jour 1

D'**Apeldoorn**, votre ville de départ des Pays-Bas, prenez la N 334, puis la N 350, qui vous conduiront vers **Ootmarsum**, charmant bourg aux rues concentriques. Vous pourrez y admirer de nombreuses façades Renaissance très ouvragées. Le lendemain, vous franchirez la frontière et arriverez en Allemagne.

Jour 2

Brême (Bremen), votre seconde étape *via* la B 213, n'est pas seulement l'une des villes maritimes les plus importantes d'Europe : c'est aussi une cité où il fait bon vivre. Allez le constater au cœur du vieux Brême en vous installant à la terrasse d'un café sur la place du Marché, d'où vous admirerez l'hôtel de ville ainsi que la cathédrale Saint-Pierre. Dès le printemps, vous pourrez voguer sur le fleuve Wesser en barque traditionnelle.

Jour 3

Vous arriverez à **Hambourg** par la B 75. Tout nouveau visiteur y est frappé par l'importance des chantiers de construction navale le long de l'Elbe. L'activité portuaire incessante saute aux yeux, surtout du sommet de la tour de l'église Saint-Michel. Mais ne vous contentez pas des apparences, et prenez le temps de découvrir les jolis canaux, les musées, ainsi que le lac d'Alster au cœur de la ville : Hambourg ne se dévoile qu'aux curieux.

Jour 4

C'est une toute autre ambiance que vous connaîtrez à **Lübeck** (*via* B 434, B 75), sur la côte Baltique. Le centre historique se trouve sur une île, environnée de verdure, au confluent de deux fleuves. Le style gothique y règne en maître. Dans la foulée, prenez la B 75 pour une étape à **Travemünde**, belle station balnéaire, réputée pour sa plage. Elle accueille chaque été une grande régate suivie par une fête populaire haute en couleurs. Partez pour Kiel (*via* la B 75) où vous pourrez faire étape.

Jour 5

C'est à **Kiel** que l'on apprend à connaître et aimer la Baltique. La capitale du Schleswig-Holstein a toujours été liée à la navigation, au commerce fluvial et aux grandes batailles navales de l'Histoire européenne. Vous trouverez difficile de vous détacher du quai Hindenburg, promenade de 4 km le long de la rade, d'où l'on admire le ballet des bateaux d'un côté, et les parcs de l'autre.

Jour 6

Au nord de Kiel, par la B 76, vous trouverez **Schleswig**, une petite ville calme et paisible : qui se douterait qu'elle fut pourtant la ville historique du peuple Viking, réputé guerrier et aventurier ? À Schleswig, vous vous familiariserez avec les mythes nordiques, notamment en visitant le musée régional d'Archéologie.

Jour 7

Toute proche, par la B 201, **Husum** révèle un port intérieur en pleine ville. Elle abrite aussi un château du 16e s. de style Renaissance néerlandaise, remanié dans le style baroque au 18e s. Profitez de son beau parc si vous le visitez au printemps.

Ribe
Tønder
Schleswig
Husum
Kropp
Kiel
Travemünde
Lübeck
Hamburg
Bremen
Ootmarsum
APELDOORN
0
100

Traversez la frontière pour vous rendre à **Tønder** (*via* la B 5), vieux bourg danois à l'ambiance méridionale. Empruntez la route 11 jusqu'à Ribe.

Jour 8

Bienvenue à **Ribe**, la plus célèbre cité médiévale du Danemark. Vous basculerez dans une autre époque dès les premiers instants, dans cette ville à l'architecture unique. Allez voir la cathédrale de style roman, et baladez-vous dans le joli centre-ville qui l'entoure.

Aires de service et de stationnement

Bremen/Brême (Allemagne)

Stellplatz Am Kuhhirten
Kuhhirtenweg - 0173 985 00 92
Permanent
Borne : Payant
27 - 13 €/j.
Services :
Transports en commun pour le centre-ville.
GPS : E 8.81986 N 53.06405

Hamburg/Hambourg (Allemagne)

Wohnmobilhafen Hamburg-Süd
Finkenrieker Hauptdeich 5 - 01577 450 55 14
Permanent
Borne : 2 €
100 - illimité - 12 €/j.
Services :
Transports en commun pour le centre-ville.
GPS : E 10.00056 N 53.47461

Husum (Allemagne)

Husumer Campingplatz am Dockkoog
Dockkoogstrasse 17 - 04841 619 11
De fin mars à fin oct.
Borne : 3 €
30 - 10 €/j.
Services :
GPS : E 9.01139 N 54.47833

Kiel (Allemagne)

Förde und Kanalblick
Mecklenburger Str. 58 (Nordmole) - 0431 38 90 85 15 - Permanent
Borne sanistation : Payant
33 - 13 €/j.
Services :
GPS : E 10.14703 N 54.36363

Kropp (Allemagne)

Rosengarten Restaurant
Rheider Weg 7 - 04624 80 29 43
Permanent
Borne : 5 €
6 - 3 €/j.
Services :
GPS : E 9.50347 N 54.4143

Lübeck (Allemagne)

Sportpark - Sankt Gertrud
An der Hülshorst 11 - 0173 204 00 20 - De janv. à oct.
Borne artisanale
40 - 9 €/j.
Services :
En hiver, emplacements réduits et pas de services.
GPS : E 10.71072 N 53.89509

Schleswig (Allemagne)

Aire de Schleswig
Am Hafen 5 - Stadthafen - 04621 80 14 50 - De mars à oct.
Borne
25 - 14 €/j.
Services :
GPS : E 9.56903 N 54.51184

Travemünde (Allemagne)

Am Fischereihafen
Auf dem Baggersand 15 - 04505 13 00 - Permanent
Borne : 4 €
95 - 12 €/j.
Services :
GPS : E 10.86194 N 53.95528

Offices de tourisme

Bremen/Brême
0421 30 800 10 - www.bremen-tourismus.de - Am Bahnhofsplatz (gare) : 9h-19h, w.-end 9h30-17h - Obernstraße (centre-ville) : 10h-18h30, dim. 10h-16h (sam. 16h de nov. à mars).

Hamburg/Hambourg
Hauptbahnhof, sortie principale côté Kirchenallee - 040 300 51 300 - www.hamburg-tourism.de - tlj 9h-19h ; dim. et j. fériés : 10h-18h.

Lübeck
Holstentorplatz 1 - 0451 88 99 700 - www.luebeck-tourismus.de - lun.-vend. 9h30-19h (18h hors sais.), sam. 10h-16h, dim. et j. fériés 10h-15h - fermé dim. hors sais.

Pour téléphoner aux Pays-Bas :
voir l'itinéraire précédent

en Allemagne :
00 49 + indicatif urbain sans le 0 initial puis le numéro du correspondant

au Danemark :
00 45 puis le numéro du correspondant

Pour plus d'informations :
Carte Michelin National N° 715
Carte Michelin Regional 541
Le Guide Vert : Pays-Bas, Allemagne, Danemark Suède

Campings

Apeldoorn (Pays-Bas)

Camping De Parelhoeve
Zwolseweg 540 - 055 312 13 32
D'avr. à oct. - 2,5 ha (50 empl.)
Tarif : 5 € 5 € - 2,70 €
borne - 10 - 5 €/j.
Services : wifi
GPS : E 5.9535 N 52.25914

Ootmarsum (Pays-Bas)

Camping De Witte Berg
Wittebergweg 9 - 0541 29 16 05
D'avr. à fin oct. - 6,5 ha (45 empl.)
Tarif : 23,20 €
borne - 3
Loisirs : diurne
Services : wifi
GPS : E 6.89316 N 52.42369

Ribe (Danemark)

Ribe Camping
Voir l'itinéraire suivant.

Tønder (Danemark)

Tønder Camping
Sønderport 4 - 74 72 35 00
De déb. janv. à mi-déc. - 2 ha (81 empl.)
Tarif : 29 €
borne -
Loisirs :
Services : wifi
10mn à pied du centre-ville.
GPS : E 8.87907 N 54.93402

Les bonnes adresses de Bib

Apeldoorn (Pays-Bas)

Poppe
Paslaan 7 - 055 522 32 86 - www.poppe-apeldoorn.nl - fermé dim. midi - P - 23/52 €. En centre-ville, derrière la façade bourgeoise d'une ancienne maison de notable, sympathique refuge gourmand maniant un registre culinaire dans le tempo actuel. Sa formule lunch a toutes les chances de vous flatter les papilles sans grever votre budget.

Bremen/Brême (Allemagne)

Katzen-café
Schnoor 38 - 0421 32 66 21 - www.katzen-cafe.de - 20/29 €. Atmosphère chaleureuse et service attentionné dans ce restaurant avec jeu de terrasses sur différents niveaux, et ses nappes en vichy rouge. Carte, internationale pour tous les goûts : schnitzels, merguez, bouillabaisse, spaghetti arrabbiata, steak argentin, coq au vin, grillade de poissons…

Paulaner's
Schlachte 30 - 0421 169 06 91 - www.paulaners.de - réserv. conseillée - 15/28 €. Établissement agréable à la décoration rustique. Service efficace et aimable. L'un des plus beaux *Biergarten* du centre-ville, à proximité directe de la Weser. Nombreux plats bavarois.

Hamburg/Hambourg (Allemagne)

Marché aux poissons
Au sud du quartier St-Pauli, le long de l'Elbe - dim. matin et j. fériés matin 5h30-9h30 (en hiver, à partir de 7h). Ce marché, dont les origines remontent au début du 18e s., est une véritable institution ; la gouaille des vendeurs, la foule des gens de tous âges et les animations musicales de la *Fischauktionhalle* en font un événement vivant du folklore hambourgeois.

Gröninger Haus
Willy-Brandstraße 47 - 040 570 105 100 - www.groeninger-hamburg.de - fermé sam. midi et dim. midi - réserv. conseillée - 14/20 €. Cette maison de la digue intérieure, mentionnée en 1260, est le plus ancien hôtel de la ville. L'actuelle Gröninger Haus comprend la Gröninger Braukeller, l'Anno 1750 et la Brauhaus Hanseat. Plats consistants avec bière brassée sur place.

Kiel (Allemagne)

Alte Mühle
An der Holsatiamühle 8 (sur la rive est de la Kieler Förde, suivre les panneaux indiquant « Schwentinetal ») - 0431 205 90 01 - www.altemuehle-kiel.de - 11h30-22h (23h en hiver) - 9/30 €. Au bord de la rivière Schwentine, dans un ancien moulin du 19e s. Cuisine traditionnelle qui varie selon les saisons. Du lundi au vendredi, formules déjeuner à prix intéressants.

Werkstatt-Café
Dahlmannstr. 11 - 0431 918 65 - www.werkstattcafe-kiel.de - lun.-vend. 10h-20h, sam. 10h-19h - fermé j. fériés - plats 6/9 €. Salon de thé sympathique et familial installé à côté d'un atelier (« Werkstatt ») d'orfèvre. Délicieux gâteaux maison et quelques plats du jour. Le café expose régulièrement les œuvres d'artistes de la région. Jardin magnifique.

Lübeck (Allemagne)

Schiffergesellschaft
Breite Straße 2 - 0451 767 76 - www.schiffergesellschaft.com - 21,50/27,50 €. Rendez-vous des marins, cette auberge de 1535 est une véritable institution. On s'assoit à de longues tables sur de vieux bancs en bois massif.

Schleswig (Allemagne)

Olschewski's
Hafenstr. 40 - 24837 - 04621 2 55 77 - www.hotelolschewski.de.vu - fermé lun., mar., et en janv.-fév. - 12/40 €. Tout près du port. Cuisine internationale. Nombreux plats de poissons. Agréable terrasse.

Le Danemark d'île en île

➲ *Départ : Ribe*
➲ *7 jours - 890 km*

Les dunes blanches près de Skagen.

W. Korall / age fotostock

Jour 1

À partir de **Ribe**, vous longerez la côte occidentale du Jutland en direction du nord jusqu'à **Skagen**, la ville des peintres fameux, à la pointe nord de la péninsule.

Jour 2

Visitez **Ålborg**, principal pôle économique et culturel du Jutland du Nord, puis **Viborg**, l'une des plus anciennes cités danoises, remarquable pour son charmant centre-ville aux ruelles pavées et sa cathédrale. Puis direction **Århus** et son musée des Beaux-Arts ARoS. Plus au sud, un détour s'impose jusqu'à **Billund** qui recèle une des plus célèbres attractions touristiques du Danemark : Legoland Park. Plusieurs millions de cubes ont servi à la création de fidèles reproductions en miniature de monuments célèbres ou de quartiers d'Amsterdam, Bruxelles. Un espace est réservé aux tout-petits. Legoland possède aussi une fantastique collection de jouets.

Jour 3

De **Kolding,** cap à l'ouest sur l'île de Fionie, jusqu'à **Odense** tout imprégnée de l'influence d'Hans Christian Andersen, dont ce fut la ville natale. Dans le quartier Andersen justement, vous arpenterez la Brands Klaedefabrik. Vous visiterez également d'agréables petits ports, tels que **Kerteminde**, **Nyborg** ou **Fåborg**. De **Svendborg**, un pont vous donnera accès à l'île de **Tåsinge**, célèbre pour son château de Valdemar. De style baroque, il se dresse dans un site boisé au bord d'un étang. Vous serez sans nul doute impressionné par son musée des trophées de chasse.

Jour 4

Les belles plages de **Langeland** et son atmosphère paisible attirent de plus en plus de touristes. Peut-être préférerez-vous emprunter un ferry pour rallier **Ærøskøbing** sur l'île de Ærø, que les Danois surnomment l'« authentique ».
Retour à Nyborg d'où vous quittez l'île de Fionie par un pont routier pour aborder le Sjælland. À Slagelse, vous obliquerez vers le sud en direction de Nætved afin de gagner l'île de **Lolland.** Puis partez à la découverte des charmes encore sauvages de **Møn** et ses églises recouvertes des fresques du maître d'Elmelunde.

Jours 5 et 6

Reprenez la route vers le nord jusqu'à Copenhague en passant par **Køge**. Votre visite de **Copenhague** (København) commencera par une longue flânerie qui vous conduira de la place de l'Hôtel-de-Ville à la Nouvelle Place Royale par Strøget, la légendaire artère piétonne et commerçante, épine dorsale de la vieille ville. Perdez-vous dans le Nouveau port, élaboré au 17e s où les bars à matelots sont devenus de petits restaurants chaleureux, tandis que sur le canal, les navires de commerce d'autrefois ont cédé la place à de superbes voiliers. Un rafraîchissement bien mérité sur le quai de Nyhavn précédera la découverte du quartier d'Amalienburg et des quais jusqu'à la Petite Sirène, véritable symbole de la ville. Œuvre d'Edvard Eriksen, la statue de bronze qui honore à la fois Andersen et l'attachement des

Skagen
Sæby
Voerså
Hanstholm
Ålborg
Viborg
Lisbjerg
Århus
Ringkøbing
Billund
Kolding
Odense
Kerteminde
RIBE
Nyborg
Fåborg
Svendborg
Langeland
Ærøskøbing
Lolland
Skælskør
Nykøbing Falster
Væggerløse
Møn
Køge
Roskilde
Rødovre
København
Hillerød
Helsingør
0
75 km

Danois à la mer fut offerte à la ville de Copenhague en 1913 par Carl Jacobsen, fils du fondateur des brasseries Carlsberg. Encore des fourmis dans les jambes ? Empruntez un vélo municipal et partez à la découverte de l'étonnant quartier « hippie » de Christiana. Bien entendu, la partie culturelle ne sera pas absente : entre la Ny Carlsberg Gkyptotek, le Musée national, le musée des Beaux-Arts et le château de Rosenborg, le choix est large ! Mais il serait dommage de limiter votre découverte à la seule capitale.

Jour 7

Pour finir, vous explorerez la plus grande île danoise, le **Sjælland**. Une balade le long de la Riviera danoise précédera la découverte des châteaux d'**Helsingør** et d'**Hillerød**, ainsi que la cathédrale de **Roskilde**. Et vous regagnerez Copenhague au terme d'un périple qui vous aura fait découvrir six îles sans que vous ayez à prendre le bateau…

Office de tourisme

København/Copenhague
Vesterbrogade 4A - 70 22 24 42 - www.visitcopenhagen.com.

Pour téléphoner au Danemark :
00 45 puis le numéro du correspondant

Pour plus d'informations :
Carte Michelin National N° 711
Le Guide Vert Danemark Suède

Campings

Hanstholm

Hanstholm Camping
Hamborgvej 95 - 97 96 51 98
Permanent - 22 ha (400 empl.)
borne - 325
Loisirs : diurne (en été) nocturne jacuzzi (plage), jeux pour adultes, discothèque, salle de bronzage, hydromassage, aire de sports, beachvolley, pétanque, trampoline, barbecue
Services : wifi
Formule Quick stop pour camping-cars.
GPS : E 8.66689 N 57.10921

Hillerød

Hillerød Camping
Blytækkervej 18 - 48 26 48 54
De mi-avr. à fin sept. - 2,2 ha (110 empl.)
Tarif : 32 €
borne artisanale : Payant
Loisirs : diurne (en été) jacuzzi, aire de sports, trampoline, barbecue
Services : wifi
Formule Quick stop pour camping-cars.
GPS : E 12.29572 N 55.92369

Lisbjerg

Aarhus Camping
Randersvej 400 - 86 23 11 33
Permanent - 6,9 ha (200 empl.)
Tarif : 28 €
borne : Payant - 11
Loisirs : , jeux pour adultes, barbecue, trampoline
Services : wifi
Formule Quick stop pour camping-cars.
GPS : E 10.16275 N 56.2267

Ribe

Ribe Camping
Farupvej 2 - 75 41 07 77
De mi-mars à mi-oct. - 9 ha (430 empl.)
Tarif : 11 € 14 € 4,83 € - 4,83 €
borne : Payant
Loisirs : , jeux pour adultes, aire de sports, trampoline, barbecue
Services : wifi lave-vaisselle
Formule Quick stop pour camping-cars.
GPS : E 8.76659 N 55.34101

Ringkøbing

Ringkøbing Camping
Herningvej 105 - 97 32 04 20
De fin mars à fin sept. - 9,5 ha (100 empl.)
Tarif : 30 €
borne : Payant
Loisirs : diurne , aire de sports, trampoline, pétanque, barbecue
Services : wifi
Formule Quick stop pour camping-cars.
GPS : E 8.31717 N 56.08858

Rødovre

DCU-Camping Absalon
Korsdalsvej 132 - 36 41 06 00
Permanent - 12,5 ha (680 empl.)
Tarif : 31 €
borne : Payant - 44
Loisirs : , aire de sports, trampoline, barbecue
Services : wifi
Transports en commun pour le centre-ville.
GPS : E 12.43336 N 55.6712

Væggerløse

Marielyst Camping
Godthåbs Alle 7 - 54 13 53 07
Permanent - 6,5 ha (250 empl.)
Tarif : 31 €
borne : Payant
Loisirs : (plage) , trampoline, plongée sous-marine, planche à voile
Services : wifi
Formule Quick stop pour camping-cars.
GPS : E 11.94395 N 54.67361

Aires de service et de stationnement

Billund

Autocamperplads Gronhojgard Billund
Grenevej 5 - 23 30 24 71
Permanent
Borne : 3 €
10 P - illimité - 16 €/j.
Services : WC
Douches sur place.
Près de Legoland.
GPS : E 9.1238 N 55.7051

København/Copenhague

Copenhagen City Camp
Tømmergravsgade 2 - 21 42 53 84
De fin mai à déb. sept.
Borne artisanale : Payant
P - Payant
Services : WC
Juste à côté du centre commercial Fisketorvet, métro Dybbølsbro.
GPS : E 12.55784 N 55.65907

Skælskør

Skælskør Havn
Havnvej 20 - 58 19 42 04
Permanent
Borne artisanale
10 P - Payant
Services : WC
GPS : E 11.2902 N 55.2518

Sæby

Voerså Lysthådehavn
Havstokken 11 - 98 46 12 44
Permanent
Borne : Payant
40 P - 72h - Payant
Services : WC
GPS : E 10.49403 N 57.20367

Voerså

Voerså Lysthådehavn
Havstokken - 98 85 11 79
Permanent
Borne : Payant
8 P - 16 €/j.
Services : WC
GPS : E 10.49161 N 57.20431

Les bonnes adresses de Bib

Ålborg

Paprika
Sankelmarksgade 9 - 98 10 20 35 - www.paprikaaalborg.dk - tlj sf w.-end 17h-21h - 77 €. Un restaurant viennois qui propose toute une variété de schnitzels (escalopes panées). Assiettes très garnies.

Århus

Raadhuus Kafeen
Sønder Allé 3, près de l'hôtel de ville - 86 12 37 74 - www.raadhuus-kafeen.dk - mar.-sam. 11h30-23h, dim. 12h-22h - 30 €. Dans cette taverne, on vous sert une cuisine locale composée des incontournables tartines, des poissons, des soupes, salades et viandes en sauce. Attention, les plats sont plutôt copieux !

København/Copenhague

Peder Oxe
Gråbrødretorv 11 - 33 11 00 77 - www.pederoxe.dk - 11h30-1h. Une taverne typique à l'accueil chaleureux. Cette belle demeure du 17e s. abrite sur deux étages plusieurs salles à manger et alcôves. L'excellente cuisine est composée de viande argentine, de hamburgers maison et des incontournables smørrebrød.

A.C. Perch's Thehandel
Kronprinsensgade 5 - 33 15 35 62 - www.perchs.dk - lun.-jeu. 9h-17h30, vend. 9h-19h, sam. 10h-16h. Les habitants de Copenhague raffolent de cette échoppe de thés installée ici depuis 1835, et qui a récemment ouvert un salon de thé à l'étage. Du thé, évidemment, et des gâteaux maison à profusion.

Helsingør/Elseneur

Café Hyacinth
Bjergegade - 49 21 69 70 - tlj sf lun. Une adresse familiale réputée pour ses succulents smørrebrød maison. Propose également des fondues en soirée.

Odense

Jensen's Bøfhus
Jernbanegade 4 - 66 14 59 59 - lun.-jeu. 11h-22h, vend.-sam. 11h-23h, dim. 11h-22h - 17 €. Une chaîne de restaurants présente sur l'ensemble du territoire où vous pourrez apprécier de savoureuses grillades, avec salades et pommes de terre au four. Une valeur sûre !

Ribe

Saelhunden
Skibbroen 13 - 75 42 09 46 - www.saelhunden.dk - tlj jusqu'à 21h30 - 20 €. Sur des quais paisibles, le long du canal, cette taverne traditionnelle propose une cuisine locale sans chichis. Les plats de viande ou de poisson sont copieux et à des prix plutôt modérés.

Roskilde

Raadhuskælderen
Fondens Bro 3 - 46 36 01 00 - www.raadhuskaelderen.dk - tlj sf dim. 11h-23h - 40 €. Spécialités danoises et grillades servies dans une belle salle voûtée proche de la cathédrale.

Skagen

Pakhuset
Rødspættevej 6, sur le port - *98 44 20 00 - www.pakhuset-skagen.dk - 11h-2h (21h30 pour les cuisines) - 30 €.* Restaurant spécialisé dans les produits de la mer : café au rdc, pour les petits budgets, et restaurant élégant à l'étage. La cuisine, raffinée et joliment présentée, est essentiellement composée de la pêche du jour. Une des meilleures adresses de la ville !

Viborg

Café Morville
Hjultorvet 4 - dans le centre piéton - 86 60 22 11 - lun.-mar. 10h-22h, merc.-jeu. 10h-23h, vend. 10h-1h, sam. 10h-1h, dim. 11h-17h - 30 €. Un café moderne idéalement situé sur une place piétonne où se tient le marché le samedi : l'intérieur sans charme particulier est envahi par les locaux qui s'y délectent d'un brunch copieux.

Découverte de la Suède

➲ *Départ : Malmö*
➲ *12 jours - 1 790 km*

Stockholm.

Jour 1

Le Danemark et la Suède se disputèrent pendant des siècles le contrôle du détroit de l'Öresund qui donne accès à la mer Baltique. Depuis la construction du pont/tunnel reliant Copenhague à Malmö, ce lieu chargé d'histoire est devenu une région dynamique fière de son patrimoine culturel et naturel : la Scanie. Vous serez saisi par la pureté des lignes de ce pont qui s'enfuit vers l'horizon et les côtes suèdoises souvent enveloppées de brume. La traversée ne durant que 10mn, vous aurez le temps de découvrir **Malmö**. Avant de prendre la route pour Stockholm en longeant la côte est, arrêtez-vous au village viking de **Foteviken** et au musée de l'Ambre.

Jours 2 et 3

Suivez la direction d'**Ystad** en vous arrêtant à Kulturens Östarp, annexe du musée de **Lund**. Lund, deuxième ville universitaire de Suède, est une cité charmante : ses rues étroites vous mèneront à la cathédrale, plus bel exemple d'architecture romane du pays. Ystad, avec les 300 maisons de bois de son centre médiéval, vous ravira. C'est aussi le port d'accès à l'île de Bornholm. Cap sur **Kalmar** et son château surnommé la « clé de la Suède ». En route vous découvrirez d'agréables cités telles **Mörrum** et sa maison du saumon, **Karlsham** et son port, **Ronneby** et ses eaux thermales, **Karlskrona** et ses chantiers navals.

Jours 4 et 5

Le séjour à **Stockholm** démarre par une longue flânerie dans le centre historique qui commence par l'île de Stadsholmen et ses ruelles aux pavés irréguliers où se nichent toutes sortes de boutiques et de cafés plongés dans une sympathique pénombre : vous vous rendrez au Palais royal (Kungliga slottet) et vous pousserez jusqu'à la cathédrale, appelée ici Grande Église (Storkyrkan). Vous poursuivrez votre promenade dans les îles voisines : celle des Chevaliers (Riddarholmen), où le temps semble s'être figé au cours du 17e s, celle du Saint-Esprit (Helgeandsolmen) ou encore celle du Roi (Kungsholmen). Mais le centre moderne (Norrmalm), dynamique et animé, ne manque pas non plus d'intérêt… Bien entendu, vous ne manquerez sous aucun prétexte la visite du musée en plein air de Skansen, ni celle de l'épave du Vasa, ce superbe vaisseau de guerre coulé en 1628 et qui nous est parvenu presque intact… Une balade en bateau à travers l'archipel de Stockholm sur le lac de Mälaren peut précéder la visite de quelques-uns des châteaux de la région dont **Ulriksdal**, mais surtout la superbe résidence royale de **Drottningholm**.

Jour 6

Suivez l'autoroute E 4 vers le nord puis la route 263 vers l'ouest. **Sigtuna** était il y a mille ans la ville la plus importante de Suède ; on y battait monnaie et le roi Erik Segersäll (le Victorieux) la choisit pour y construire une résidence royale (lieu de l'actuel musée de la Ville). Après un détour par le château de **Skokloster**, vous poursuivrez vers le nord jusqu'à **Uppsala** qui supplanta Sigtuna dès le Moyen Âge comme capitale, pour devenir plus tard la première ville universitaire de Suède.

Mora
Siljan
Leksand
Falun
Sala
Uppsala
Skokloster
Västerås
Sigtuna
Ulriksdal
Drottningholm
Karlstad
Kristinehamn
Eskilstuna
Strängnäs
Birka
Stockholm
Mariefred
Nyköping
Läckö
Mariestad
Hunnebostrand
Lidköping
Söderköping
Vänersborg
Göteborg
Varberg
Halmstad
Kalmar
Mörrum
Ronneby
Helsingborg
Karlshamn
Karlskrona
Landskrona
Lund
MALMÖ
KØBENHAVN
Höllviken
Ystad
0
140

Jour 7

Plus à l'ouest, vous visiterez **Västerås** et sa cathédrale avant de longer le lac par la rive sud. Ce circuit vous permettra de voir les châteaux de Strömsholm et Gripsholm, de vous promener dans les charmantes petites villes d'**Eskilstuna**, **Strängnäs** et **Mariefred** et de flâner au bord du lac, sur le site romantique de Sundbyholm.

Jours 8 et 9

Vous gagnerez **Sala** et sa mine d'argent, aujourd'hui désaffectée, puis la Dalécarlie aux fameuses traditions folkloriques. À ne pas manquer : la mine de cuivre et des peintures dalécarliennes à **Falun**, un spectacle à l'amphithéâtre naturel de Dalhalla, les bords du lac **Siljan** avec ses villages traditionnels, le parc aux ours de Grönklitt et les ateliers de fabrication de petits chevaux au nord de **Leksand**.

Jour 10

Une étape un peu longue vous amène au lac Varnern que vous longerez par la rive est en découvrant la ville de **Karlstad**, puis **Mariestad**, le château de **Läckö** et **Lidköping**.

Jours 11 et 12

Une pause à **Göteborg**, à **Varberg** ou **Halmstad** précédera votre entrée dans Malmö; sans oubliez un arrêt à **Landskrona** avec visite de l'île de Ven où vécut l'astronome Tycho Brahe. Dans Malmö, fin de votre périple suédois, de nombreuses rues sont piétonnes, aussi est-il vivement recommandé de laisser son véhicule dans un des parkings des services municipaux, Gatukontoret (stationnement gratuit avec la carte Malmö).

Campings

Göteborg

Lisebergbyn Kärralund
Olbersgatan 9 - 031 84 02 00
Permanent - 40 ha (170 empl.)
Tarif : 51,10 € E
E
Loisirs : ,
séances de cinéma, barbecue
Services :
lave-vaisselle
GPS : E 12.02984 N 57.70362

Karlskrona

First Camp Dragsö-Karlskrona
Dragsövägen 14 - 0455 153 54
De mi-avr. à mi-oct. - 6 ha (285 empl.)
borne : Payant - E - 24 €/j.
Loisirs : diurne (en été) nocturne (plage) ,
trampoline, pétanque, planche à voile, bateaux à pédales, canoës
Services : wifi
lave-vaisselle
GPS : E 15.5676 N 56.17311

Kristinehamn

Kristinehamn Herrgårdscamping & Stugor
Presterudsallén 2 - 0550 102 80
De mi-mai à mi-sept. -
10 ha (100 empl.)
borne : Payant - E
Services : wifi
GPS : E 14.06726 N 59.30773

Mora

Mora Park & Camping
Parkvägen 1 - 0250 276 00
Permanent - 20 ha (500 empl.)
Tarif : 20,70 € E
E
Loisirs : diurne
(plan d'eau) ,
trampoline, pétanque, barbecue, bateaux à pédales, canoës, ski de fond
Services : wifi
GPS : E 14.52149 N 61.00846

Stockholm

Bredäng Camping Stockholm
Stora Sällskapets Väg 60 -
08 97 70 71
D'avr. à sept. - 12 ha (380 empl.)
Tarif : 29,60 € E
borne eurorelais - E
Services : wifi
GPS : E 17.9231 N 59.29562

Västerås

Västerås Camping Ängsö
Ängsöväg - 0171 44 10 43
Permanent - 10 ha (220 empl.)
Tarif : 29,60 € E
borne : Payant - E - 22 €/j.
Loisirs : diurne (plan d'eau) , aire de sports, terrain de golf, barbecue, canots à rames
Services :
GPS : E 16.85885 N 59.56832

Office de tourisme

Stockholm
Kulturhuset, Sergels Torg 5 - 08 508 28 508 - www.visitstockholm.com/fr.

Pour téléphoner en Suède :
00 46 + indicatif urbain (sans le 0 initial), puis le numéro du correspondant.

Pour plus d'informations :
Cartes Michelin National N° 711 et 753
Le Guide Vert Danemark Suède

Aires de service et de stationnement

Höllviken

Kampinge Strandbad
Östra Kanalvägen - 040 45 34 92
Permanent
Borne
50 P - 48h - 14 €/j. - Services :
GPS : E 12.94459 N 55.39948

Hunnebostrand

Aire d'Hunnebostrand
Småbotshamn - 0523 66 55 50
De mai à août
Borne
30 P - 22 €/j. - Services :
GPS : E 11.29052 N 58.43624

Landskrona

Mötesplats Borstahusen
Lill-Olas väg 30 - 0418 108 37
D'avr. à sept.
Borne artisanale
184 P - Payant
Services :
GPS : E 12.80758 N 55.904

Söderköping

Kanalmagasinet
Men - 0121 270 40
Permanent
Borne artisanale : Gratuit
4 P - illimité - 20,20 €/j.
Services :
GPS : E 16.4145 N 58.4791

Vänersborg

Vänerpark Marina
Vänerparken 1 - 0521 657 09
D'avr. à mi-oct.
Borne : Payant
10 P - 16 €/j.
Services :
GPS : E 12.31702 N 58.37606

Ursands Resort & Camping
Djupedalen 520 - 0521/186 66
De mai à mi-sept.
Borne
Services -
GPS : E 12.32307 N 58.41451

Les bonnes adresses de Bib

Göteborg

Kronhuset & Kronhus Bodarna
Postgatan 6-8 - www.kronhusbodarna.com - tlj. Cette grande demeure en briques rouges est la plus ancienne demeure de la ville. Elle abrite aujourd'hui un centre d'artisanat où se regroupent, entre autres, un fabricant de montres, une manufacture de chocolats, un fabricant d'instruments de musique...

Helsingborg

Lagmark
Sundstorget 3 - 042 14 88 30 - www.lagmark.se - rest. : mar.-vend. à midi, merc.-sam. le soir ; bar à tapas : mar. 11h30-22h, jeu.-sam. 11h30-23h - 50 €. Cette adresse très populaire est à la fois un restaurant et un bar à tapas. Vous y trouverez de nombreux plats et tartines typiquement scandinaves. Terrasse sur une place piétonne.

Kalmar

Calmar Hamnkrog
Skeppsbrogatan 30 - 0480 41 10 20 - lun.-vend. 11h30-15h, 17h-22h, sam. 17h-22h - 43-75 €. Probablement le meilleur restaurant de poissons de la ville ! Dans un cadre élégant, vous pourrez apprécier une cuisine raffinée soigneusement servie.

Lund

Mikai Restaurang & Cafe
Stora Södergatan 20 - 046 15 60 80 - www.mikaizen.com - lun.-jeu. 11h-21h, vend.-sam. 11h-22h - 15 €. Un charmant restaurant-traiteur asiatique bon marché, où l'on sert une cuisine de qualité. Quelques tables dressées dans le fond du magasin.

Malmö

Arstiderna
Frans Suellsgatan 3 - 040 23 09 10 - www.arstiderna.se - lun.-vend. 11h30-0h, sam. 17h-0h, fermé dim. et j. fériés - 45/67 €. Une véritable institution ! Cette demeure historique abrite un restaurant traditionnel de grande qualité.

Marché
Place Möllevångstorget. Ce marché aux fruits et aux légumes mérite une visite.

Nyköping

Erik Forsen Bistro & Bar
Forsgränd 14, accès r. Forsgrata - 0155 21 56 00 - www.restaurangforsen.se - mar.-sam. à partir de 17h - 50 €. Cette charmante maison jaune est située sur le canal à moins de 10mn à pied du centre. Vous pourrez apprécier de nombreux plats de viandes grillées sur la terrasse aménagée sur l'eau.

Stockholm

Östermalmshallen
Marché couvert, à l'angle de Nybrogatan et d'Humlegårdsgatan. Assortiment de poissons, de viande, de légumes et de fromages, ainsi qu'une sélection de *Smørgasbord* (sandwich scandinave), de salades et de snacks.

Ulla Winbladh
Rosendalsvägen 8, à 15mn à pied du centre-ville - 08 534 89 701 - www.ullawinbladh.se - lun. 11h30-22h, mar.-vend. 11h30-23h, sam. 12h30-23h, dim. 12h30-22h - menu 20 €, carte 40/80 €. Cette petite maison charmante bâtie au cœur d'un parc accueille un restaurant populaire très fréquenté par les habitants de la capitale. Cuisine typiquement suédoise, à savourer en été sur la grande terrasse fleurie.

Uppsala

Saluhallen
St Eriks Torg 8, à 5mn à pied du centre - www.feskarn.nu/saluhallen - lun.-jeu. 10h-18h, vend. 10h-19h, sam. 10h-16h. Les halles qui longent le canal, dans le quartier de la cathédrale, abritent plusieurs traiteurs et commerçants ainsi que plusieurs restaurants. Chacun y trouvera son plaisir, du restaurant gourmet au café bon marché en passant par la grande terrasse sur le canal.

La Norvège entre fjords et glaciers

➲ *Départ : Oslo*
➲ *10 jours - 2040 km*

Îles du fjord d'Oslo.

Jours 1 et 2

Moins connue que ses homologues nordiques, la capitale norvégienne ne manque pas d'atouts pour un séjour agréable : les amateurs d'art se doivent de rendre hommage à Edvard Munch dans son musée, mais aussi à la belle collection de peintures de la Galerie nationale. Si vous vous intéressez au design, explorez le musée des Arts appliqués ; quant à l'art médiéval, il est représenté au Musée historique. Une balade (en bateau ou en bus) à Bigdøy marquera un temps fort dans votre séjour, ne serait-ce que par la visite du musée du Folklore, un concentré d'architecture et d'ethnologie norvégiennes ! Enfin, si vous vous sentez une âme d'aventurier, le musée de la Marine, celui des Bateaux vikings et ceux consacrés aux prouesses de Roald Admunssen, Fridjof Nansen et Thor Heyerdahl, ne vous laisseront pas indifférent. Mais **Oslo**, c'est aussi une ambiance : vous vous en pénétrerez en flânant sur Karl Johans Gate, en arpentant les quais, ou en prenant un verre à Aker Brygge ou dans le quartier branché de Grünner Lokka.

Jour 3

Quittant Oslo en direction de Trondheim (voir circuit 48), vous longerez le lac Mjøsa jusqu'à **Hamar** où les ruines de l'ancienne cathédrale, recouvertes d'une structure de verre, constituent un spectacle étonnant. Vous poursuivrez jusqu'à **Lillehammer**, bien connue pour avoir organisé les J.O. d'hiver de 1994 : la cité propose à ses visiteurs un musée des Beaux-Arts et, sur les hauteurs, un extraordinaire musée de plein air, Maihaugen.

Jour 4

Poursuivant résolument vers le nord, vous découvrirez l'église en bois debout de **Ringebu** avant de vous engager dans la vallée Peer Gynt, qui doit son nom au personnage d'Ibsen. Vous poursuivrez à travers la région montagneuse de l'Oppland jusqu'à **Otta** avant d'obliquer sur **Vågåmo** : là aussi une *stavkirker* vous attend… c'est-à-dire une église en bois debout (faite de pieux en bois).

Jour 5

En se dirigeant vers Ålesund, les amoureux de paysages seront comblés : voici sans doute une des plus belles balades que vous pourrez faire en Norvège, sur les rives du **Sognefjord** et du **Nordfjord** ! Tour à tour grandioses, austères ou riants, ils vous feront aller de découverte en découverte, au rythme des ferries qui assurent les traversées (quand ce ne sont pas d'interminables tunnels qui vous permettront de franchir les montagnes). Chemin faisant, vous explorerez d'agréables cités, comme **Ålesund** et son remarquable ensemble Art nouveau.

Jours 6 et 7

Les villages posés sur les rives ne manquent pas non plus d'attraits : **Urnes** et son église en bois debout, **Kaupanger**, **Voss** ou **Undredal** pour n'en citer que quelques-uns. Et, pour terminer, un agréable séjour à **Bergen**, dont les charmes vont au-delà du quai de Bryggen, vous permettra d'approfondir votre connaissance de cette Norvège où la mer est partout…

Ålesund
Åndalsnes
Nordfjord
Sandane
Vågåmo
Otta
Ringebu
Urnes
Vangsnes
Kaupanger
Lillehammer
Undredal
Hamar
Voss
Geilo
Brimnes
Bergen
Hardangerfjorden
HARDANGERVIDDA
NASJONALPARK
Røldal
OSLO
Kongsberg
Stavanger
Kristiansand
Mandal
0
100

Jour 8
De superbes paysages vous attendent au sud de Bergen avec, entre autres, le fjord d'**Hardanger** que vous apercevrez après une route ponctuée de traversées en ferry.

Jour 9
Après un arrêt à **Stavanger** (le vieux port et la cathédrale vous charmeront), vous aborderez la côte sud de la Norvège, très ensoleillée, avec ses villes blanches, appréciées des estivants, comme **Mandal** ou **Kristiansand.** Ce dernier port de ferries assure un service régulier avec Hirtshals au Danemark, Göteborg en Suède et Newcastle en Grande-Bretagne. C'est de là que vous obliquerez à nouveau vers le nord, en empruntant l'étroite vallée de Setesdal; une région authentique, connue pour la transhumance des moutons à laquelle de nombreuses fêtes sont liées. Vous retrouverez ensuite un bras du fjord d'Hardanger (le Serfjorden) que vous longerez jusqu'à **Brimnes**, tandis que, sur votre droite, s'étend le vaste plateau sauvage du Hardangervidda, royaume des rennes et des randonneurs émérites. Cet immense plateau parsemé de lacs n'est traversé que par la route 7, entre Geilo et Eidfjord.

Jour 10
Regagnez l'intérieur des terres jusqu'à la station de sports d'hiver de **Geilo**. De là, vous pénètrerez dans la vallée de Numedal; au long d'un paysage riant, chalets, églises en bois debout, et greniers de bois vous mèneront jusqu'à **Kongsberg** avant votre retour sur Oslo.

Campings

Åndalsnes

Åndalsnes Camping og Motell AS
Gryttenveien 1 - 71 22 16 29
De mai à sept. - 6 ha (792 empl.)
Tarif : 21,36 € - 4,88 €
Loisirs : diurne (plan d'eau), terrain de golf, canoës
Services : wifi
GPS : E 7.70417 N 62.55236

Geilo

Geilo Camping og Hytter
Lienvegen 139 - 32 08 70 60
Permanent - 3,5 ha (40 empl.)
Tarif : 30,52 €
borne : Payant -
Loisirs : (plan d'eau), terrain de golf, trampoline, canots à rames, ski de fond, téléski
Services : wifi
GPS : E 8.23634 N 60.54414

Kristiansand

Dvergsnestangen
Dvergsnesveien 571 - 38 04 19 80
Permanent - 10 ha (250 empl.)
borne : Payant -
Loisirs : diurne (mai-sept.) (plage), aire de sports, beachvolley, terrain de golf, trampoline, mur d'escalade, barbecue, plongée sous-marine
Services : wifi
GPS : E 8.06579 N 58.12191

Lillehammer

Lillehammer Camping NAF
Dampsagvn. 47 - 61 25 33 33
Permanent - 2 ha (200 empl.)
borne -
Loisirs : (plan d'eau), jeux pour adultes, salle de bronzage, barbecue
Services : wifi
GPS : E 10.46312 N 61.10231

Røldal

Skysstasjonen AS
Kyrkjevegen 24 - 53 64 73 85
Permanent - 1,4 ha (40 empl.)
borne : Payant -
Loisirs : diurne
Services : wifi
GPS : E 6.82002 N 59.83003

Sandane

Gloppen Camping & Fritidssenter
E39 / RV615 - 57 86 62 14
Permanent - 3,2 ha (200 empl.)
borne -
Loisirs : diurne (plage), aire de sports, terrain de golf, bateaux à pédales, barbecue
Services : wifi
GPS : E 6.19637 N 61.76762

Stavanger

Stavanger Camping Mosvangen
Tjensvoll 1B - 51 53 29 71
De mai à oct. - 2,5 ha (200 empl.)
borne : Payant -
Loisirs :
Services : wifi
GPS : E 5.71615 N 58.95208

Vangsnes

Tveit
RV13 - 57 69 66 00
De mi-mai à mi-sept. - 1 ha (40 empl.)
borne : Payant -
Loisirs : (plage), barbecue, canots à rames, trampoline
Services : wifi
GPS : E 6.62329 N 61.14514

Aires de service et de stationnement

Bergen

Bergen Arstad
Vilhelm Bjerknes'vei 24 - Landås - 55 27 01 80
Permanent
Borne artisanale
Transports en commun pour le centre-ville.
GPS : E 5.35883 N 60.3543

Oslo

Sjølyst Marina Bobilparkering
Drammensveien 164 - 91 39 09 82
De juin à mi-sept.
Borne artisanale : Payant
250 P - Payant
Services :
GPS : E 10.41744 N 59.11191

Office de tourisme

Oslo
Jernbanetorget 1 (près de la gare centrale) - 81 53 05 55 (lun.-vend. 9h-16h) - www.visitoslo.com - mai-sept. : 9h-8h ; oct.-avr. : 9h-16h.

Pour téléphoner en Norvège :
00 47 puis le numéro du correspondant.

Pour plus d'informations :
Cartes Michelin National N° 711 et 752
Le Guide Vert Norvège

Les bonnes adresses de Bib

Bergen

Kafè Usf Bar & Café
Georgernes Verft 12 (maison de la culture) - 55 30 40 80 - 11h-23h - 15/35 €. La maison de la culture est longée par une grande terrasse qui prend ses aises sur le fjord de Bergen. Vous pourrez vous y installer et déguster d'excellents produits de la mer.

Kristiansand

Bølgen & Moi
Sjølystveien 1A - 38 17 83 00 - http://bolgenomoi.no - lun.-vend. 16h-22h, sam. 13h-22h - 50/60 €. Cet établissement en bois peint en rouge est bâti au bord de l'eau, en face de la halle aux poissons. Cuisine savoureuse essentiellement composée de poissons.

Lillehammer

Sensations fortes
Le tremplin olympique, comme la piste de bobsleigh sont ouverts aux visiteurs intrépides qui disposent même d'un simulateur de saut.
Rens. et réserv. au **parc olympique** *- Håkonshall - 61 05 42 02.*

Mandal

Hr. Redaktør
Store Elvegate 23a - 38 27 15 30 - www.red.no - de fin juin à mi-août : lun.-sam. 11h-22h, dim. 13h-22h ; reste de l'année : lun.-vend. 15h-22h, sam. 11h-22h - 25 € à midi, 60 € le soir. Ce restaurant partage l'immeuble du journal local. Les murs sont décorés des photos de personnalités du lieu. Le midi, on y sert une cuisine copieuse, simple et bon marché à base de salades, sandwiches et grillades. Le soir, une carte plus élaborée propose plats en sauce et poissons savoureusement préparés.

Oslo

Kaffistova
Rosenkrantz'gate 8 - 23 21 42 10 - www.kaffistora.com - lun.-vend. 11h-21h, w.-end 11h-19h - 15-25 €. Le restaurant de l'hôtel Bondeheimen sert une authentique cuisine norvégienne de qualité : vous apprécierez les boulettes de viande, comme les poissons frais ou fumés, agrémentés d'un appétissant buffet de salades.

Cafe Sorgenfri
Bryygetorget 4, tout près du port - 21 50 10 90 - mar.-sam. 11h-23h - 50 €. Cette grande brasserie moderne est richement décorée d'objets de brocantes en tout genre. Le plafond est totalement dissimulé sous des instruments de musique, bouées, jouets, etc. Sur la grande terrasse vous pourrez déguster une cuisine de brasserie très correcte. Les prix sont plutôt bon marché par rapport au quartier.

Bagel & Juice
Thorvald Meyers Gate 40 (quartier de Grüner Løkka) - 94 02 32 44 - www.bagelandjuice.no - lun.-vend. 7h-18h, sam. 10h-18h, dim. 11h-17h - bagel 5/12 €, salade 15 €. Pas moins de quatre Bagel & Juice à Oslo. Chacun sert des bagels à petits prix et des salades, à déguster sur place ou à emporter.

Stavanger

Sjøhuset Skagen
Skagenkaien 16 - 51 89 51 80 - http://sjohusetskagen.no - 11h30-23h, dim. 13h-21h30 - 27 €. Le restaurant traditionnel par excellence ! Situé sur les quais, cet établissement est probablement le meilleur de tous les restaurants qui se font concurrence sur cet espace très fréquenté.
On y sert une cuisine scandinave avec quelques plats de poisson remarquables.

Au pays du soleil de minuit

➲ *Départ : Trondheim*
➲ *10 jours - 1 750 km*

Les îles Lofoten.

Ch. Boisvieux / age fotostock

Jours 1 et 2

Une ligne virtuelle ? Sans doute, mais avant tout, une ligne qui parle à notre imaginaire, tel est le cercle polaire que ce circuit vous propose de franchir à deux reprises. Auparavant, vous vous serez attardé dans la belle cité de **Trondheim**, capitale spirituelle de la Norvège, pour sa cathédrale et le quartier de Bakklandet. Mais place aux grands espaces avec la fameuse route 17 ; ici terre et mer ne font qu'une et les paysages grandioses ne cessent de se renouveler. Vous passerez le cercle polaire au nord de **Mo i Rana**.

Jour 3

Gagnez **Bodø** où vous embarquerez pour les **îles Lofoten**. Depuis des générations, ces îles excitent l'imagination des voyageurs qui rêvent d'admirer leurs paysages sauvages et aspirent à retrouver un mode de vie simple et naturel. Soyez certain que vous ne serez pas déçu, surtout si vous faites le voyage de **Bodø**, par ferry. Tandis que le bateau traverse le Vestfjord, la masse sombre du Lofotveggen, ou « mur des Lofoten », se profile au loin puis barre littéralement l'horizon. Austère et déchiquetée, cette merveille de la nature semble surgir de la mer, tandis que l'on distingue peu à peu les minuscules villages entourés de carrés d'herbe et blottis au pied des cimes. C'est à **Stamsund** que vous prendrez pied sur l'archipel des Lofoten. Le port de ce long village bâti en amphithéâtre au-dessus de la mer s'anime chaque soir lorsque l'Express côtier vient y aborder. Puis la route conduit à **Svolvær** que l'on atteint après avoir longé un port de plaisance.

Jour 4

Principale ville des Lofoten, Svolvær s'inscrit dans un paysage tourmenté d'îles et de presqu'îles dominées par des à-pics rocheux. Son port est le principal attrait de cette ville commerçante, dont une partie récemment construite sur pilotis constitue une île artificielle vouée à l'hôtellerie et à la restauration. Pour le reste, mis à part quelques galeries d'art, c'est surtout la vocation commerciale de la cité qui attire les visiteurs. En route faites une halte à **Kabelvåg**. Ce village représentait, au 19e s., le premier port de pêche des Lofoten. Les principaux points d'intérêt sont regroupés à Storvågen, à la sortie du village, où vous prendrez le temps d'arpenter les salles du musée des Lofoten et d'admirer les bassins de l'Aquarium du même nom. En plein air, vous vous amuserez du spectacle des phoques.

Jour 5

Regagnez **Fiskebol** pour emprunter le ferry pour **Melbu**. Plus perceptible en été lors du festival, l'animation de cette cité se concentre sur le port ; en retrait de celui-ci, Frederiksens Allé est bordé d'agréables maisons de bois entourées de jardins et vous entraînera jusqu'au musée local aménagé dans plusieurs bâtiments. Ne manquez pas la visite du Musée des Vesterålen ainsi que le musée norvégien de la Pêche.

Jours 6 et 7

Poursuivez jusqu'à **Stokmarknes** et son musée de l'Express côtier. De là regagnez **Sortland**, puis **Andenes** centre important de pêche situé à

Nordkapp
Skarsvåg
Hammerfest
Alta
Kvaløya
Tromsø
Andenes
Stave
Bleik
Sortland
Stokmarknes
Våtvoll
Melbu
Fiskebøl
Lofoten
Svolvær
Kabelvåg
Stamsund
Bodø
Mo i Rana
Mosjøen
Steinkjer
Vikhammer
TRONDHEIM
ÖSTERSUND
Härnösand
UMEÅ
LULEÅ
OULU
ROVANIEMI
Kokkola
VAASA
Seinäjoki
PORI
0
180 km

l'extrême nord des îles. Vous y découvrirez le centre des aurores boréales, le centre baleinier et le Musée polaire. De Andenes ou de **Bleik**, possibilité de safaris aux baleines, aux phoques et aux oiseaux marins. Faites demi-tour jusqu'à **Trondenes** et son ferry pour le continent.

Jour 8

Antichambre des régions polaires, **Tromsø** incite à la flânerie le long de son détroit qui peut se poursuivre dans l'île voisine de **Kvaløya**. Le cadre dans lequel se situe la cité arctique est unique et exerce un grand attrait sur les visiteurs. Ne manquez pas le Musée polaire et la cathédrale des Glaces.

Jour 9

La fameuse route E 6 vous conduira au cœur des immenses étendues lapones : à **Alta**, partez à la découverte des gravures rupestres, avant de partir à l'assaut d'un lieu mythique, le **Cap Nord** (Nordkapp). En route faites un crochet par **Hammerfest**.

Jour 10

Pour gagner l'île de Magerøya où se trouve le Cap Nord, vous devez emprunter un tunnel d'une longueur de 6,8 km creusé à une profondeur de 212 m au-dessous du niveau de la mer. Il vous faudra acquitter un péage tenant compte de la catégorie du véhicule, auquel il faut ajouter un droit pour chaque passager. Vous voilà enfin arrivé au point le plus septentrional du continent européen. Le plateau est souvent noyé dans le brouillard mais celui-ci peut soudain se lever et dévoiler l'immensité de l'océan, vaste étendue qui s'étire sur 2000 km entre le Cap et le pôle Nord.

Campings

Alta

Alta River
Steinfossveien 5 - 78 43 43 53
Permanent - 1,5 ha (100 empl.)
Tarif : 34,20 €
Loisirs : , randonnées, barbecue - Services : wifi
GPS : E 23.2625 N 69.9296

Bodø

Bodøsjøen Camping
Båtstøveien 1 - 75 56 36 80
Permanent - 2,9 ha (120 empl.)
Loisirs : (plage)
Services :
GPS : E 14.42412 N 67.26954

Kabelvåg

Sandvika Fjord & Sjøhuscamping
Ørsvågveien 45 - 76 07 81 45
Permanent - 12 ha (200 empl.)
borne : Payant -
Loisirs : (plage) , barbecue, canots à rames, cours de kayak
Services : wifi
GPS : E 14.42729 N 68.20448

Mosjøen

Mosjøen Camping
Campingveien 1 - 75 17 79 00
Permanent - 7 ha (190 empl.)
borne : Payant -
Loisirs : , squash, bowling, jeux pour adultes, aire de sports, barbecue
Services : wifi
GPS : E 13.21992 N 65.83418

Skarsvåg

Nordkapp Caravan Camp
Torvelegda 1 - 45 22 19 42
De juin à août - 1,6 ha (40 empl.)
Tarif : 22,80 €
Loisirs : , randonnées - Services :
Vue panoramique sur le cap Nord.
GPS : E 25.82141 N 71.11285

Stave

Stave Camping
De mi-mai à août - 2 ha (200 empl.)
borne : Payant -
Loisirs : diurne (plage) , trampoline, cours de ski nautique et de planche à voile
Services : wifi
GPS : E 15.85772 N 69.2041

Steinkjer

Guldbergaunet
Elvenget 34 - 74 16 20 45
Permanent - 15 ha (100 empl.)
Loisirs : aire de sports, terrain de golf, barbecue - Services : wifi
GPS : E 11.50642 N 64.02227

Tromsø

Tromsø Camping
Tromsdalen - 77 63 80 37
Permanent - 1,6 ha (60 empl.)
borne : Payant -
Loisirs : (plage) , aire de sports, barbecue, randonnées
Services : wifi
GPS : E 19.01624 N 69.64839

Våtvoll

Gullesfjordbotn Camping
E10 - 91 59 75 50
Permanent - 2,3 ha (80 empl.)
borne : Payant -
Loisirs : (plage) , bateaux à pédales - Services : wifi
GPS : E 15.79862 N 68.56854

Vikhammer

Vikhammer Camping
Gamle E6 - 73 97 61 64
Permanent - 8,4 ha (100 empl.)
Tarif : 29,30 €
borne : Payant -
Loisirs : (plage) , barbecue - Services : wifi
GPS : E 10.6372 N 63.4401

Les bonnes adresses de Bib

Andenes

Restaurant Lysthuset
Storgata 51 - ✆ 76 14 14 99 - 11h-23h - 45/60 €. Taverne fréquentée par une clientèle locale : cuisine du pays où vous pourrez déguster une soupe de poissons ou une truite arctique (*ishavsrøye*) à moins que vous n'essayiez le *boknafisk*. Si vous êtes plutôt viande, vous aurez le choix entre un civet de renne (*finnebiff*) et un steak de baleine (*hvalbiff*).

Børsen Spiseri

Gunnar Bergs
Vei 2 (suivre les flèches Svinøya rorbuer) - ✆ 76 06 99 30 - www.svinoya.no - 18h-22h (hiver : fermé lun.-merc.) - 35/48 €. Dans lecadre chic d'un ancien entrepôt de 1828 magnifiquement rénové, des spécialités de poissons inoubliables.

Risøyhamn (Buknesfjord)

Andøy Friluftssenter
Sur la route 82 - ✆ 76 14 88 04 - www.andoy-friluftssenter.no - de fin avr. à déb. oct. : 12h-18h, le soir et fêtes de Noël sur résev. - 17-35 € « Un repas arctique dans un environnement arctique » : telle est la devise de la maison. Menus traditionnels à base de produits du terroir : saumons du fjord en contrebas, baies polaires cueillies dans la montagne…

Tromsø

Arctandria Sjømatrestaurant
Strandtorget 1, près de la gare de l'Express côtier - ✆ 77 60 07 20 - www.skarven.no - à partir de 16h - 30/50 €. Un restaurant fréquenté par les amateurs de cuisine arctique : baleine et phoque au menu.

Trondheim

Vertshuset Grenaderen
Kongsgårdsgata 1, au pied de la Cathédrale - ✆ 73 51 66 80 - 12h-22h, dim. 13h-21h - 30 €. Cette vieille demeure a gardé tout son charme d'antan. Située près de la cathédrale, elle est décorée dans le style rustique et chauffée en hiver par une grande cheminée. Buffet le midi à bon marché et restaurant élégant le soir qui propose une cuisine européenne avec quelques plats scandinaves.

Havfruen
Kjøpmannsgata 7 - ✆ 73 87 40 70 - www.havfruen.no - tlj sf dim. 17h-22h - 35/40 €. Ce bâtiment ancien abrite un restaurant charmant et élégant spécialisé dans les produits de la mer. L'endroit idéal pour un dîner romantique avec vue sur la mer.

Mormors Stue
Nedre Enkeltskillingsveita 2, dans le quartier piéton - ✆ 73 52 20 22 - www.mormor.no - 10h-23h30, dim. 12h-17h - 15/25 €. Cette charmante vieille demeure abrite sur deux étages un café-restaurant très fréquenté et populaire. Restauration rapide à base de sandwichs, salades, pâtes et quelques pâtisseries crémeuses. Un lieu incontournable et excellent rapport qualité/prix.

Julehuset Gåsa
Øvre Baklandet 58. Sur la place du marché, l'occasion de découvrir des décorations originales (ou plus traditionnelles) pour votre arbre de Noël.

Office de tourisme

Trondheim
Nordre gate 11 (place du Marché) - ✆ 73 80 76 60 - www.trondheim.com.

Pour téléphoner en Norvège :
00 47, puis le numéro du correspondant.

Pour plus d'informations :
Cartes Michelin National N° 711 et 752
Le Guide Vert Norvège

De la Norvège à la Finlande

➲ *Départ : Nordkapp*
➲ *13 jours - 2561 km*

Jour 1

En partant de **Nordkapp** (voir fin du circuit 48), la Laponie est la première étape de ce circuit en Finlande (*via* E 6 et route 92). C'est au cœur de ce territoire presque inhabité, superbe et sauvage, que sont installés les Samis, autrefois appelés les Lapons. Les larges étendues, couvertes de prairies et de lacs, forment une nature brute et saisissante. Au milieu de la péninsule scandinave, la ville d'Inari constitue un centre important dans la culture samie. Ne manquez pas son musée, véritable mine d'or pour comprendre la région et les particularités des peuplades du Nord. À une quarantaine de kilomètres d'**Inari** (*via* la route 955), le **parc national de Lemmenjoki** est le plus étendu de Finlande : vous pourrez aisément y randonner ou y louer des barques à moteur.

Jour 2

Arrivé à **Rovaniemi** par les routes 955 puis 79, vous découvrirez la capitale de la Laponie finlandaise. Vous serez frappé par la proximité du centre-ville et de la nature, qui s'illustre, entre autres, par le dessin du plan de la cité qui évoque un bois de renne. Rovaniemi étant quasiment située sur le cercle polaire arctique, vous pourrez y faire établir un certificat de franchissement. N'oubliez pas de mentionner aux plus jeunes que vous êtes dans la ville du Père Noël !

Helsinki et l'église Saint-Jean.

H. Sadura / Tetra Images / Photononstop

Jours 3 et 4

Passez deux journées au **parc national d'Oulanka** (*via* la route 81), étape incontournable pour les amateurs de randonnées et de beaux panoramas. Vous y trouverez plusieurs circuits bien balisés, et les sportifs tenteront la descente des rapides de la rivière Kitkanjoki. L'idéal est de vous installer à Juuma pour camper, car de là vous pourrez rayonner dans le parc, célèbre pour le circuit de l'Ours très fréquenté en été.

Jour 5

Kuusamo, que vous rejoignez par la E 63, se trouve au cœur de l'une des plus belles régions de Finlande. L'intérêt de cette étape n'est pas dans la ville elle-même mais dans les possibilités d'excursions qu'elle offre. Les environs sont splendides : vous y découvrirez de nombreux canyons et ravins, ainsi qu'une faune riche et variée.

Jour 6

Revenez sur vos pas sur la 81, prenez ensuite les 941 et 924 qui vous conduiront à **Tornio**, dans le golfe de Botnie. Tornio est l'une des plus anciennes cités du nord de la Scandinavie, surtout connue pour les impressionnants rapides de Kukkolankosli, qui s'étendent sur une distance de 3,5 km. La visite de la charmante église luthérienne de Tornio (Tornion Kirkko), de la fin du 17e s., vous donnera un bel aperçu de l'art nordique de l'époque.

Jour 7

Au sud de Tornio par la E 75 et la E 8, vous atteignez **Oulu**, la plus grande ville du nord du pays. Profitez surtout de ses îles, toutes prétextes à de petites excursions sur de belles plages. Il est agréable d'y passer une journée, et utile de bien se ravitailler avant une longue étape à travers la nature finlandaise.

0
210 km
NORDKAPP
Vadsø
TROMSØ
Nikel
Inari
Lemmenjoki
BODØ
Kovdor
Rovaniemi
Oulanka kansallispuisto
Juuma
Kuusamo
Tornio
LULEÅ
Oulu
Kostomukša
Kajaani
Kokkola
UMEÅ
VAASA
Seinäjoki
Kuopio
JOENSUU
Härnösand
JYVÄSKYLÄ
Savonlinna
Mikkeli
PORI
Tampere
Lappeenranta
Hämeenlinna
Gävle
Kouvola
Vyborg
Naantali
Turku
Porvoo
Mariehamn
Helsinki

Jour 8

La ville de **Kuopio** (*via* les routes 4, 88 et 5) fut fondée en 1782 sur les bords du lac Kallavesi. Aujourd'hui, c'est une importante ville universitaire, vivante et active, ce qui en fait un lieu d'étape agréable et un centre d'excursion en bateau. Montez au sommet de la tour de Puijo pour avoir le meilleur panorama sur la cité, et visitez l'église orthodoxe.

Jour 9

Savonlinna, que vous gagnez par les routes 5 et 464, est une ville étonnante, bâtie sur un chapelet d'îles reliées par des ponts. Deux choses à savoir : le château d'Olav (Olavinlinna) ayant été le théâtre de nombreux affrontements régionaux depuis le 15e s., sa visite vaut donc le détour ; la ville accueille chaque été un festival international d'Opéra qui attire les foules et engorge la ville pendant plusieurs jours.

Jour 10

De Savonlinna, suivez successivement les routes 14, 13, 616, 610 et 9, toujours en direction de Tampere. C'est une ville agréable, ponctuée de parcs et bordée de deux lacs ; on la parcourt volontiers à pied. **Tampere** vaut également pour ses activités culturelles : elle possède un riche musée d'Art moderne, une cathédrale de style romantique, et accueille de nombreux festivals tout au long de l'année.

Jour 11

Turku (*via* les routes 12 et 41), capitale européenne de la Culture en 2011, est une ville que l'on visite à vélo. Ainsi, vous pourrez facilement vous promener le long des quais, et rallier la belle cathédrale. Les quais concentrent l'essentiel de l'animation de la ville. Cette étape culturelle sera couronnée par la visite du château de Turku, imposante forteresse de granit, et des nombreux petits musées de la ville. Poussez jusqu'à **Naantali**, à 15 km à l'ouest par la route 185. Dans cette agréable station estivale baignée par la mer, vous verrez de nombreuses maisons en bois datant du 18e et 19e s. en vous baladant dans la vieille ville, autour du monastère Sainte-Brigitte.

Jours 12 et 13

En arrivant à **Helsinki** (*via* la route 110), après ce circuit très proche de la nature, vous aurez l'impression de plonger dans une capitale stricte et très urbaine. Mais il suffit de louer un vélo, de sauter dans un bateau pour une croisière autour des îles de l'archipel, ou de se balader dans les parcs, pour se rendre compte qu'Helsinki est à l'image du pays tout entier, une ville en harmonie avec la nature. Consacrez 2 jours à la découverte de la capitale finlandaise, car les musées, les spectacles, et les balades ne manquent pas.

Campings

Helsinki (Finlande)

Camping Rastila
Karavaanikatu 4 - 093 107 8517
Permanent - 9 ha (165 empl.)
Tarif : 5 € 4 € - 6 €
borne : 6 € - 165 - 4 €/j.
Loisirs :
Services :
GPS : E 25.12063 N 60.20676

Inari (Finlande)

Camping Lomakylä Inari
Inarintie 26 - 016 671 108
Permanent - 2 ha (50 empl.)
borne : Payant - 40 - 25 €/j.
Loisirs :
Services :
GPS : E 27.03657 N 68.9024

Juuma (Finlande)

Holiday Village Retki-Etappi
Juumantie 134 - 040 565 3474
De juin à sept.
Loisirs :
Services :
GPS : E 29.40196 N 66.26985

Kuopio (Finlande)

Rauhalahti Holiday Centre
Rauhankatu 3 - 017 473 000
De mai à fin août - 26 ha (537 empl.)
Tarif : 17 € - 6 €
borne : 6 € - 237 - 17 €/j.
Loisirs :
Services :
GPS : E 27.63918 N 62.86402

Naantali (Finlande)

Camping Naantali
Kopenkatu 20 - 02 435 0855
De mai à août - 8 ha (160 empl.)
borne - - 20 €/j.
Loisirs :
Services :
GPS : E 22.01662 N 60.46966

Rovaniemi (Finlande)

Camping Ounaskoski
Jäämerentie 1 - ✆ 016 345 304
De fin mai à fin sept. - 3 ha (100 empl.)
borne : Payant - 100 E - 15 €/j.
Loisirs :
Services : wifi
GPS : E 25.7429 N 66.49686

Savonlinna (Finlande)

Camping Vuohimäki
Vuohimäentie 60 - ✆ 015 537 353
De juin à fin août - 30 ha (250 empl.)
Tarif : 35 €
borne - E
Loisirs :
Services : wifi
GPS : E 28.80702 N 61.86187

Tampere (Finlande)

Tampere Camping Härmälä
Leirintäkatu 8 - ✆ 020 719 9777
De mai à sept. - 8 ha (400 empl.)
Tarif : 31,50 €
borne : Payant - E
Loisirs :
Services : wifi
GPS : E 23.73856 N 61.47205

Tornio (Finlande)

Camping Tornio
Matkailijantie 49 - ✆ 016 445 945
De mai à sept. - 5,5 ha (74 empl.)
Tarif : 26 €
borne : 4 € - 60 E - 14 €/j.
Loisirs :
Services :
GPS : E 24.20194 N 65.83173

Turku (Finlande)

Ruissalo Camping
Ruissalo Saarontie 25 - ✆ 02 262 5100
Permanent - 20 ha (800 empl.)
Tarif : 31 €
borne - E
Loisirs :
Services : wifi
GPS : E 22.0913 N 60.42428

Aire de service et de stationnement

Kuusamo (Finlande)

Kuusamon Portti
Kajaanintie 151 - ✆ 044 566 7685
Permanent
Borne artisanale : Gratuit
20 P - illimité - 20 €/j.
Services :
GPS : E 29.2563 N 65.8325

Offices de tourisme

Helsinki
Pohjoisesplanadi 19 - ✆ 09 3101 3300 - www.visithelsinki.fi/en - lun.-vend. 9h-20h, w.-end 9h-18h.

Rovaniemi
Lordi's Square Maakuntakatu 29-31 - ✆ 016 346 270 - www.visitrovaniemi.fi - de mi-juin à mi-août et de fin nov. à déb. janv. : 9h-18h, w.-end 9h-13h, reste de l'année lun.-vend. 9h-17h.

Tampere
Hämeenkatu - ✆ 03 5656 6800 - www.visittampere.fi - lun.-vend. 10h-17h.

Pour téléphoner en Norvège:
00 47, puis le numéro du correspondant.

en Finlande:
00 358 puis le numéro du correspondant sans le 0 initial.

Pour plus d'informations :
Cartes Michelin National N° 711, 752 et 754
Le Guide Vert Norvège

Les bonnes adresses de Bib

Helsinki (Finlande)

Olo
Pohjoises planadi 5 - ✆ 010 320 6250 - http://olo-ravintola.fi - lun. 11h30-15h, mar.-vend. 11h30-15h €. Dans ce confortable et impeccable restaurant, un personnel de service jeune, agréable et efficace sert une cuisine raffinée, agrémentée de touches modernes ; élégante cave à vins et salons pour dîners privés.

Inari (Finlande)

Restaurant Sarrit
Inarintie 46 (dans le musée Siida) - ✆ 040 700 6485 - juin-mi-sept. : 11h-18h ; reste de l'année : 11h-15h -30 €. Petite restauration dans un cadre sympathique. Vous pouvez aussi – à l'avance et sur commande – vous faire préparer des provisions pour vos excursions.

Kuusamo (Finlande)

Martina
Ouluntaival 3 - ✆ 020 799 4008 - www.martina.fi - 12h-23h, vend.-sam. 11h-0h, dim. 12h-21h - 20/30 €. Une chaîne très présente en Finlande, pratique et correct sur tous les plans. Cuisine italienne.

Naantali (Finlande)

Merisali
Nunnakatu 1 - ✆ 02 435 2451 - avril à fin oct : 9h-1h, vend.-sam. 9h-2h - buffet lun.-sam. 11h-16h : 13,50 €, et 16h-22h : 18 €, dim. 11h-17h : 21 €. Vous ne pourrez pas rater cette enseigne, et notamment sa grande terrasse à l'arrivée au port. Réputé pour ses préparations de poisson, variées et goûteuses.

Rovaniemi (Finlande)

Wingston
Kansankatu 17 - ✆ 016 312 111 - www.wingston - mar.-jeu. 16h-22h, vend. 16h-23h, sam. 14h-23h, dim. 13h-22h - 10/25 €. Bon rapport qualité-prix pour du poulet sous toutes ses formes. Accueil sympathique.

Classiques estoniens

➲ *Départ : Tallinn*
➲ *10 jours - 950 km*

Les deux cathédrales de Tallinn : la luthérienne, à droite, et Alexandre-Nevski l'orthodoxe, au fond.

Jours 1 et 2

À **Tallinn**, vos pas résonnent sur les pavés de la vieille ville. Pour découvrir ses trésors architecturaux protégés par des remparts aux tours pointues, Raekoja plats est un point de départ idéal. Pénétrez dans les belles églises de Saint-Nicolas ou Pühavaimu, recensez les couleurs et ornements des demeures caractéristiques du style hanséatique. En haut de la rue Pikk jalg qui relie le port à la colline Toompea, commence la ville haute : château, immense église russe et celle du Dôme. Dans la soirée, passez derrière les façades anciennes, où se cachent des cafés aux décors futuristes ou des restaurants volontairement rustiques, voire médiévaux.

La vieille ville s'éveille. Le marché aux laines s'anime le long des remparts et les galeries d'art ouvrent une à une. Visitez le musée historique ou celui de la ville. Dans l'après-midi, flânez dans le parc de Kadriorg qui entoure le palais du même nom. Vous y découvrirez deux musées d'art, l'un logé dans un superbe palais baroque (art étranger), l'autre dans une structure futuriste (art d'Estonie). Au pied de l'amphithéâtre en plein air, imaginez comment peuvent se réunir 150 000 chanteurs et spectateurs lors des grands festivals quinquennaux. Profitez-en pour flâner dans le quartier de Pirita, sur la plage et le port olympique. Un bus vous emmène au Musée ethnographique en plein air qui longe la mer à Rocca al Mare : maisons paysannes et moulins vous feront découvrir le paysage traditionnel de l'Estonie rurale.

Jour 3

Partez à la découverte du **parc national de Lahemaa** (80 km à l'est). Ses sentiers sillonnent de superbes paysages forestiers et maritimes. Au-delà du parc, la route 1 vous convie à un voyage dans l'ex-URSS. Les friches industrielles, les villes-dortoirs, la cité modèle de **Sillamäe** sont peuplés de russophones écartelés entre deux nations. Puis vous irez jusqu'à **Narva** dont la fière citadelle défie sa voisine russe.

Jour 4

La route 3 longe les rives du vaste lac Peïpous. À **Mustvee**, **Raja**, **Kasepää** et **Kallaste**, découvrez la communauté des vieux-croyants. Puis bifurquez vers **Tartu**, cité universitaire où naquit l'idée même de l'Estonie. C'est en 1870 que la Société des étudiants estoniens dessine ce qui deviendra le drapeau national. Une promenade loin du centre jusqu'à Supilinn, dans un faubourg de maisons en bois dont les rues portent des noms de légumes, vous dépaysera et vous transportera au début du siècle dernier.

Jour 5

Poursuivez jusqu'à **Võru**, posée sur la rive du lac Tamula, au sud de la cité où un médecin créa de toutes pièces l'épopée nationale des Estoniens (Kalevipoeg). Lacs et forêts giboyeuses abondent autour de **Rõuge** et du **Suur-Munämagi**. Du sommet du château d'eau panoramique, la vue sur les futaies s'étalant à l'infini est sublime. Explorez les sentiers ou partez à la découverte du pays des Sètes autour de **Värska**.

Aires de service et de stationnement

Karklé

Aire de Karklé
Près de 2217 Klapedos Rajonas, Kempingas Ziogelis - ☎ 686 62915
Permanent
Borne artisanale
50 P - 9 €/j.
Services : WC
GPS : E 21.07776 N 55.79855

Kaunas

Aire de Kaunas
51A, Jonavos gatve - ☎ 618 09407
Permanent
Borne artisanale : Gratuit
40 P - illimité - Payant
Services : WC
Arrêt de bus pour le centre-ville.
GPS : E 23.91774 N 54.93396

Office de tourisme

Vilnius
Vilniaus g. 22 - ☎ 5262 9660 - www.vilnius-tourism.lt.

Pour téléphoner en Lituanie :
00 370 puis le numéro du correspondant

Pour plus d'informations :
Cartes Michelin National N° 781 et 784
Le Guide Vert Pays Baltes

Les bonnes adresses de Bib

Kaunas

Bernelių Užeiga
K. Donelaičio g. 11 - ☎ 37 20 88 02 - http://berneliuuzeiga.eu - 11h-22h (jeu. 23h, vend.-sam. 0h) - 10/17 €. Cette maison de bois « chasse pêche et traditions » est une adresse prisée. Les soupes, les spécialités régionales et les desserts aux fruits rouges *(varškės kremas)* sont bien préparés et généreusement servis.

Medžiotojų Užeiga
Rotušės ai. 10 - ☎ 37 32 09 56 - www.medziotojai.lt - 11h-0h - 15/20 €. Dans le cadre cossu d'une ancienne auberge de chasseurs, vous dégustez « tout ce qui bouge » dans les forêts baltes : sanglier, élan, gibier d'eau, tous bien accompagnés.

Klaipėda

Authentic
Žvejų g. 4 - ☎ 46 21 01 13 - hiver : tlj sf dim. 10h-19h ; été : 9h-22h, dim. 10h-22h. Lin, ambre, verres, livres. La manufacture vend de belles pièces d'ambre.

Nida

Kuršis
Naglio g. 29 - Nida - ☎ 612 18868 - 10 €. Un café-restaurant ouvert toute l'année. Plats copieux, servis avec le sourire.

Pastogė
Kuverto g. 2 - Nida - ☎ 469 51149 - www.nidospastoge.com - 10h-0h - 12 €. Au bord de l'eau est servie une copieuse et typique cuisine côtière.

Panevėžys

Nendrė Vėjyte
Respublikos g. 6 - dim.-jeu. 9h-23h30, vend.-sam. 9h-0h - 7 €. Dans cette belle maison, on s'installe confortablement dans des chaises-canapés autour des tables, en attendant des plats locaux copieux et bien cuisinés.

Šiauliai

Kapitonas Morganas
Vilniaus g. 183 - ☎ 41 526477 - 10h-22h, vend.-dim. 10h-0h - 12 €. Ce restaurant affiche souvent complet avec sa carte internationale et sa vue sur Vilniaus g.

Trakai

Senoji Kibininė
Karaimų g. 65 - ☎ 524 32444 - 10h-22h - 12 €. Les *kibinai*, chaussons karaïtes farcis de viandes et sérieuses réponses aux *cepelinai*, sont servis dans une belle maison de bois avec jardin.

Kybynlar
Karaimų g. 29 - ☎ 528 55179 - 11h-21h (vend. 22h). Ce beau restaurant offre un menu karaïte complet dont les plats d'agneau ravissent les Lituaniens.

Vilnius

Ponių Laimė
Stiklių g. 14 - ☎ 526 49580 - www.stikliai.com - 9h-20h, sam. 10h-20h, dim. 11h-19h - 5 €. Agréable et bien situé, ce salon de thé aux volets peints propose de très bonnes pâtisseries, mais aussi des salades, des tartes salées ou de quoi faire un repas plus copieux. Service très aimable.

Skonis ir Kvapas
Trakų g. 8 - ☎ 526 17785 - mar.-vend. 10h-14h30, 15h-19, sam. 10h-15h - 7 €. Dans un passage, un salon de thé et de café très couru. Les chaises et canapés confortables sont répartis sous des voûtes, au milieu d'un décor « historique » chaleureux. Large éventail (au sens propre comme au figuré) de thés et de cafés, à déguster avec des pâtisseries et des salades.

Marché : kalvarijų turgus
Kalvarijų g. 61 - tlj sf lun. 6h30-16h30 - accès : trolley 5 et 6 depuis la cathédrale. Un grand bazar qui comblera les amateurs « d'authentique » et de réalité quotidienne. On y trouve des produits typiques : miel, baies (fraîches, en confiture), biscuits.

Le nord de la Pologne

➲ *Départ : Augustów*
➲ *8 jours - 740 km*

Le Long Quai, une promenade animée qui court le long de la Motlawa, à Gdańsk.

Jour 1

Pour cet itinéraire, partez des territoires les plus extrêmes de la Pologne. Encore peu explorés par les touristes, ils recèlent lacs et forêts profondes autour des villes de **Augustów** et de **Suwałki**. Le canal du même nom offre d'extraordinaires circuits de découverte en canoë.

Jour 2

Les ports de **Mikołajki, Giżycko** et **Węgorzewo** attirent l'été la foule des plaisanciers venus naviguer sur les lacs de Mazurie ; certains sont devenus des réserves naturelles. Les forêts alentour dissimulent aussi des sentiers de randonnée réputés. Plus loin, **Kętrzyn** abrite un château des chevaliers teutoniques ; à proximité se tient le Repaire du Loup, le quartier général d'Hitler d'où il supervisait les opérations militaires sur le front est. Le site n'est plus qu'une ville fortifiée fantôme à la lisière des lacs qui s'étendent à l'Est. Faites route vers l'ouest, en direction de **Reszel**, petit bourg gothique où il fait bon séjourner. Les villes aux alentours ne présentent guère d'intérêt et pourtant, à quelques kilomètres de là, on découvre le sanctuaire baroque de **Święta Lipka**, lieu de l'un des pèlerinages les plus populaires de Pologne.

Jour 3

Ralliez **Olsztyn** entouré par de vastes forêts, qui rendent le séjour dans la capitale de la région Warmie-Mazurie très agréable. La ville est traversée par les pittoresques gorges de la rivière Łyna que domine la silhouette d'une forteresse médiévale. Poursuivez vers l'ouest, *via* **Ostróda** dotée d'un beau château teutonique, et **Elbląg**. Un peu en retrait de la mer Baltique, Elbląg est une belle ville hanséatique qui a été reconstruite à l'ancienne sans toutefois se fermer à l'architecture moderne. On pourra visiter sa galerie d'art contemporain réputée. C'est d'ici que partent les excursions sur le canal d'Elbląg (fermé pour travaux de rénovation jusque fin 2014) dont l'une des curiosités est de voir, sur une portion de son parcours, les bateaux tractés sur la terre ferme et hissés sur des rails.

Jour 4

Réservez une bonne journée de visite au célèbre et gigantesque château de **Malbork** (au Sud-Est de Gdańsk), fleuron de l'architecture des chevaliers teutoniques. Puis, avancez dans l'arrière-pays de Gdańsk où s'étend la Suisse cachoube, ou Suisse de Petite Poméranie. Autour de la ville de **Kartuzy**, l'influence cachoube, empreinte de traditions, est palpable.

Jour 5

Plus au nord, à **Łeba,** considérée par beaucoup comme la station balnéaire où il faut être vu, de belles plages vous attendent. Il peut être amusant d'y passer la nuit afin de découvrir l'ambiance très jet-set du lieu. La côte continue en direction de la frontière allemande. Là, vous pourrez découvrir à bicyclette et à pied le parc naturel de **Słowiński** célèbre pour ses dunes mouvantes qui rongent d'année en année les forêts de pins. Reprenez la route vers l'Est et pénétrez un peu plus vers le littoral en explorant la péninsule de **Hel,** longue bande de terre large de quelques centaines de

Łeba
Słowiński Park Narodowy
Jurata
Hel
Gdynia
Sopot
Gdańsk
Kartuzy
Zawory
Malbork
Elbląg
Ostróda
Olsztyn
Reszel
Święta Lipka
Kętrzyn
Węgorzewo
Giżycko
Mikołajki
Suwałki
AUGUSTÓW
KALININGRAD
0
60 km
Tczew
Pruszcz Gdański
BYDGOSZCZ

mètres où les pinèdes croissent sur un sol sablonneux. Les amateurs de baignade trouveront là-bas leur compte ainsi qu'à Sopot ou encore plus au sud le long des plages qui bordent le delta de la **Vistule**.

Jour 6

Gdynia, ville portuaire construite pour donner un débouché maritime à la Pologne quand le port de Danzig était allemand, affiche son architecture des années 1920-1930. Tenté par une atmosphère plus festive ? Échappez-vous le temps d'une journée à **Sopot**, la cité balnéaire aux airs de Deauville-sur-Baltique où les casinos contribuent à rendre l'atmosphère bien plus frivole.

Jours 7 et 8

En découvrant **Gdańsk,** vous compléterez votre visite de la Triville (Trójmiasto) constituée par les villes de vos trois dernières étapes. S'étendant sur plus de 35 km, cette agglomération est fort bien desservie par les transports en commun. Prenez le temps de flâner dans les rues de **Gdańsk**, l'ancienne Danzig, vénérable cité hanséatique rasée pendant la guerre et magnifiquement reconstruite à l'identique. Son architecture vous rappellera les villes des Flandres. Berceau du mouvement Solidarność enfanté au sein de son chantier naval Gdańsk est loin d'être une ville sans âme.

Campings

Gdańsk

Campick Stogi
Ul. Wydmy 9 - 58 307 39 15
De fin avr. à déb. oct. - 3,5 ha (65 empl.)
Tarif : 3,60 € 4,31 € - 2,63 €
borne -
Services : wifi
À 15mn du centre ville avec le tram n° 8.
GPS : E 18.73003 N 54.36922

Jurata

WZW Jantar
Ul. Wojska Polskiego - 58 675 42 85
De mi-mai à fin sept. - 1,5 ha
Loisirs : (plage) , discothèque, canoë/kayak, aire de sports
Services :
GPS : E 18.71315 N 54.68411

Łeba

Rafael
Ul.Turystyczna 10 - 59 866 19 72
De mai à sept. - 1,6 ha (89 empl.)
Tarif : 4,07 € 8,86 € - 3,11 €
borne -
Services : wifi
GPS : E 17.54289 N 54.75959

Malbork

Malborku Kemping
Ul. Solskiego 10 - 50 140 67 40
D'avr. à oct. - 2,5 ha (75 empl.)
borne -
Services : wifi
En face du château de Malbork.
GPS : E 19.02259 N 54.04489

Olsztyn

Ukiel
Ul. Poranna 6 - 89 522 27 66
De mi-avr. à mi-oct. - 4 ha (100 empl.)
Tarif : 2,87 € 3,59 € - 2,40 €
Loisirs : (plan d'eau) , aire de sports
Services :
Très sauvage, entouré de forêts.
GPS : E 20.40697 N 53.8007

Węgorzewo

Rusalka
Lesna 2 - 87 427 21 91
De mai à sept. - 10 ha (100 empl.)
Tarif : 2,39 € 3,59 € - 2,40 €
Loisirs : (plan d'eau) , aire de sports
Services :
GPS : E 21.77055 N 54.1867

Zawory

Tamowa
Zawory 47A - 58 684 25 35
De mai à sept. - 2 ha (110 empl.)
Tarif : 2,39 € 4,31 € - 2,40 €
borne -
Loisirs : (plan d'eau) , aire de sports, canoë
Services :
GPS : E 18.11704 N 54.31212

Aires de service et de stationnement

Giżycko

Camping Borowo
P.T.H Camping Borowo/Bystry - 87 429 36 59
Permanent
Borne artisanale
P - Payant
Services : WC
GPS : E 21.79113 N 54.04364

Suwałki

Eurocamping Osir Nr 133
Zarzecza 26 - 87 566 72 20
Permanent
Borne artisanale : 3 €
42 P - illimité - 10 €/j.
Services : WC
GPS : E 22.9168 N 54.0942

Office de tourisme

Gdańsk
Ul. Długi Targ 28/29 - 58 301 43 55 - www.gdansk4u.pl - 9h-19h.

Pour téléphoner en Pologne :
00 48 + indicatif urbain puis le numéro du correspondant.

Pour plus d'informations :
Carte Michelin National N° 720
Le Guide Vert Pologne

Les bonnes adresses de Bib

Augustów

Albatros
Ul. Mostowa 3 - 87 643 21 23 - http://albatros.augustow.pl - 15/20 PLN. Cuisine polonaise classique avec des portions copieuses dans un cadre cependant un peu vieillot.

Gdańsk

Bar Mleczny Wiesława « Turystyczny » Zwierzycka
Ul. Szeroka 8/10 - 58 301 60 13 - lun.-vend. 8h-18h, w.-end 9h-16h - 15 PLN. Les Polonais se pressent nombreux dans cet établissement providentiel où manger sans trop bourse délier est possible. Ambiance jaune canari-vert perruche pour cet authentique « bar à lait », reliquat de l'ancien régime communiste, à honorer désormais tel un monument historique.

Restauracja Kresowa
Ul. Ogarna 12 - 58 301 66 53 - www.kresowagdansk.pl - 12h-23h - 65 PLN. Ce « restaurant des confins » est l'endroit à ne pas manquer si vous souhaitez découvrir les plats typiques de Lituanie et d'Ukraine et la gastronomie traditionnelle arménienne, juive et caucasienne. Vous serez accueilli à bras ouverts par la propriétaire russe Tatiana, qui saura vous conseiller et vous faire apprécier ses plats. Réservez en saison.

Restauracja Kubicki
Ul. Wartka 5 - 58 301 00 50 - 12h-23h - 60 PLN. Sur le quai, de fait, le plus vieux restaurant de la ville à l'activité ininterrompue depuis 1918. Ambiance feutrée et temps suspendu dans cette grande salle à dominantes pourpre et or flanquée latéralement de deux plus petites salles de couleur vert pomme. Cuisine traditionnelle sommaire mais aussi moins onéreuse que le cadre raffiné ne le laisserait supposer. Ne vous y présentez pas trop tard (hors saison à 21h30).

Gdynia

Cafe Strych
Plac Kaszubski 7b - 58 620 30 38 - www.cafestrych.pl - 13h-1h. Un café hors du commun, sis dans une ancienne maison de marin au toit escarpé (son nom signifie « grenier »). La décoration est faite de mobilier ancien en bois et métal. Des concerts sont organisés régulièrement. En été, une terrasse se déploie dans le jardin.

Giżycko

Karczma Pod Złotą Rybką
Ul. Olsztyńska 15 - 87 428 55 10 - http://mazury.info.pl/zlota - 35 PLN. Ce petit restaurant qui ne paie pas de mine s'est fait une spécialité du poisson de lac. Soupe de poisson, poisson au poids, frit ou en sauce, et une grosse assiette de 5 poissons de lac avec sandre et anguille.

Malbork

Przystanek D.M. Patrzałkowie
Ul. Kościuszki 25 - 55 272 39 91 - www.patrzalkowie.pl - 10h-22h - 25 PLN. Au tout début de la rue, une salle lumineuse décorée de vieilles photos du Marienburg d'autrefois, où l'on se rassasie de moelleuses pizzas et d'une cuisine Slow food.

Sopot

Bar Przystań
Al. Wojska Polskiego 11 - 58 555 06 61 - www.barprzystan.pl - 11h-23h - 25 PLN. Au sud de la promenade littorale, ce resto-plage est une véritable institution sopotienne. Un long vaisseau échoué sur le sable où l'on vient passer la commande et éventuellement s'installer, doublé d'une large terrasse avec vue sur la mer et les bateaux de pêche. Au menu (en anglais), des spécialités de poisson pour ce « fast-food » de la mer.

Au cœur de la grande Pologne

➲ *Départ : Varsovie*
➲ *6 jours - 500 km*

Juxtaposition de façades très colorées sur le Stary Rynek, à Poznań.

T. Bognar / Premium / age fotostock

Jours 1 et 2

La capitale de la Pologne est en mutation permanente depuis quelques années. Les gratte-ciel côtoient aujourd'hui les immeubles communistes. Tout semble ici aller très vite. Des traces de l'ancien régime survivent toujours dans les atmosphères, les comportements et dans l'architecture, mais le mode de vie occidental prend peu à peu le dessus. La ville recèle aussi des accents d'Orient. L'ensemble donne un mélange des plus... exotiques. Parcourez la Vieille Ville, admirez sa superbe reconstruction effectuée à l'issue de la dernière guerre. Flânez dans les rues entre les maisons des 17e et 18e s. L'endroit, certes touristique, prend un autre visage à la nuit tombée. Visitez le Musée historique et, à partir du château, dirigez-vous vers la Nouvelle Ville par la Voie Royale qui ralliait jadis la résidence d'été des souverains dans le parc Łazienki au sud de la ville. Dans le centre, le palais de la Culture est le symbole de **Varsovie** (Warszawa). Arpentez la place Konstytuczi ornée d'immenses lampadaires et faites un crochet par le Musée national et le musée de l'Armée. Au nord de la ville, on découvre les traces du quartier juif décimé par les nazis. Visitez la synagogue Nożyk, recueillez-vous devant les vestiges du mur du ghetto. Une visite à l'institut historique et au cimetière juif, l'un des plus grands d'Europe, vous relateront l'histoire tragique de cette communauté qui était l'une des plus importantes d'Europe en 1939.

La présence de vastes et paisibles parcs est sans conteste l'un des principaux agréments de Varsovie. Un peu à l'écart, à la sortie ouest de Varsovie, le parc naturel de Kampinos (38 000 ha) est le lieu idéal pour fuir l'agitation de la ville et là où les Varsoviens aiment à se reposer les jours de congé. Il a développé avec succès une politique de réintroduction et de protection d'espèces menacées : castors, lynx, élans... que vous pourrez admirer dans les environs du village de Dziekanów-Lesny.

Jour 3

Toruń est peut-être l'une des villes les plus agréables de Pologne. Petite, préservée, on s'y promène entre des constructions gothiques où domine la brique rouge. Flânez autour du Rynek et de son imposant hôtel de ville, sur les rives de la Vistule. La cité hanséatique se parcourt à pied et si une journée suffit à en faire le tour, vous y passerez une nuit paisible à l'abri de ses remparts.

Jour 4

Consacrez une demi-journée à la visite de **Chełmno**, petite cité prospère au temps de la Hanse et aux fortifications intactes, située à une trentaine de kilomètres sur la route de Gdańsk.

Dirigez-vous ensuite vers le site archéologique de **Biskupin**, surnommée la Pompéi polonaise. Vous apprendrez les rudiments de la vie au Néolithique. Un peu plus loin, **Gniezno** abrite un sanctuaire consacré à saint Adalbert dont la vie est racontée par les bas-reliefs d'une immense porte de bronze. Entre Gniezno et Poznań, la réserve archéologique d'**Ostrów**

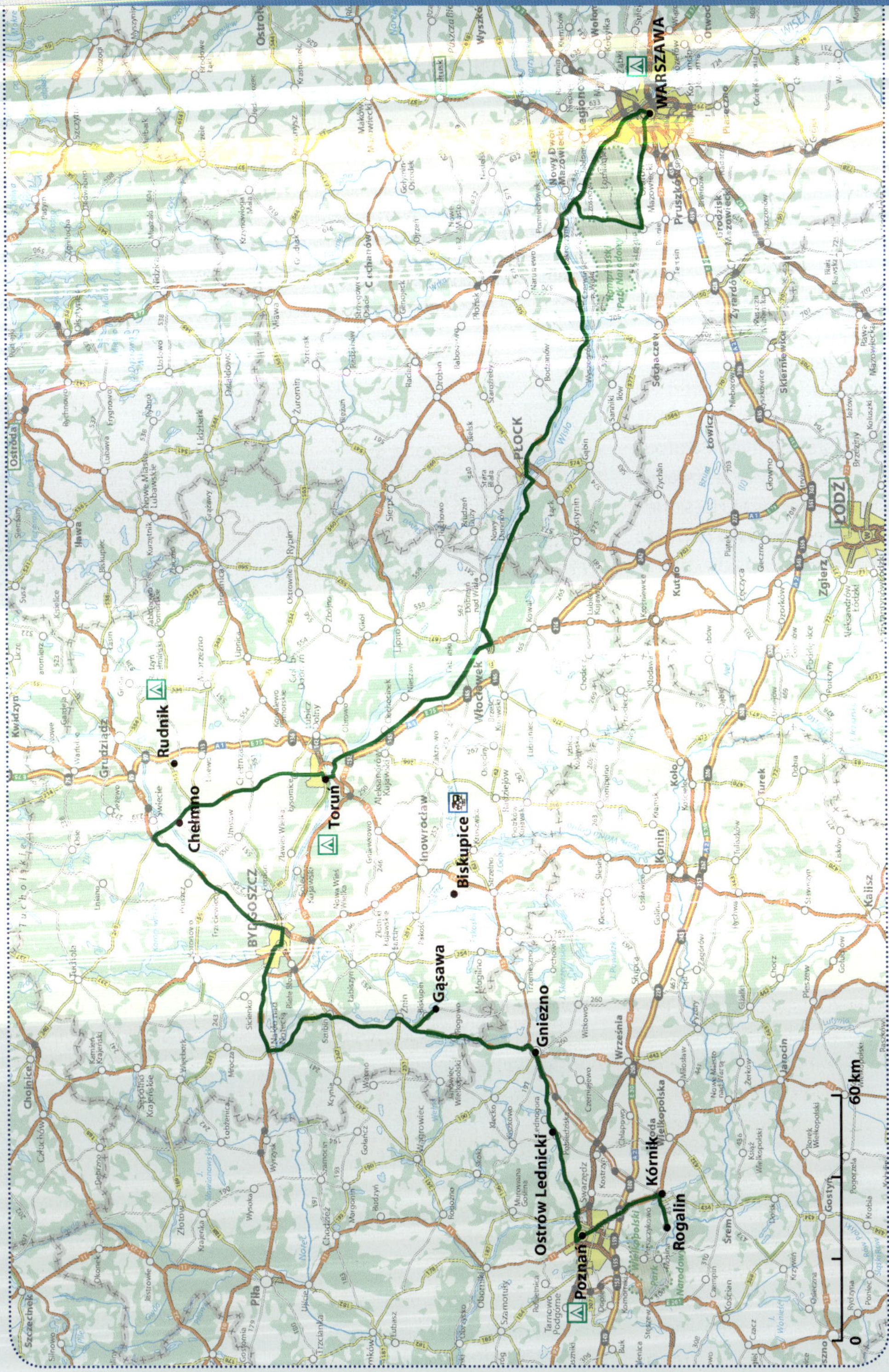
WARSZAWA
PŁOCK
Toruń
Rudnik
Chełmno
BYDGOSZCZ
Inowrocław
Biskupice
Gąsawa
Gniezno
Ostrów Lednicki
Poznań
Kórnik
Rogalin
0
60 km

Lednicki permet de voir les vestiges du palais lacustre du premier souverain polonais. Dirigez-vous ensuite vers **Poznań**.

Jours 5 et 6

Berceau de l'État polonais au 10e s, Poznań est aujourd'hui une ville jeune et animée, célèbre pour ses foires commerciales héritées du Moyen Âge. Ne manquez pas la cérémonie des douze coups de midi au pied de l'hôtel de ville. Promenez-vous dans les ruelles étroites du Rynek. Autour de l'imposant hôtel de ville, les façades des maisons baroques et classiques ont été restaurées après la dernière guerre. Prenez le temps d'explorer ses rues étroites et ses nombreuses églises. Deux jours suffisent pour l'apprécier pleinement. Consacrez une journée à la découverte des châteaux de **Kórnik** et de **Rogalin** tout proches. S'il vous reste un peu de temps, poussez jusqu'à Kalisz, certainement la plus vieille ville de Pologne et rendez une visite au château de Gołuchów blotti au milieu de son parc, et au palais de chasse d'Antonin, situés à proximité.

Campings

Poznań

Malta
Ul. Krańcowa 98 - 61 876 62 03
Permanent - 3 ha (40 empl.)
Tarif : 4,79 € 14,37 €
Loisirs : , aire de sports - Services : wifi
Liaisons pour le centre-ville.
GPS : E 16.98407 N 52.40365

Rudnik

Rudnik-Grudziadz
Ul. Zalesna 1 - 56 462 25 81
De mai à sept. - 2 ha (50 empl.)
borne -
Loisirs : (plan d'eau) , jeux pour adultes, discothèque, aire de sports - Services : wifi
GPS : E 18.75358 N 53.4409

Toruń

Tramp
Ul. Kujawska 14 - 66 635 99 24
Permanent - 3 ha (150 empl.)
Tarif : 2,16 € 3,59 € - 4,31 €
borne - 60
Loisirs : , aire de sports
Services : wifi
GPS : E 18.60591 N 52.99954

Warszawa/Varsovie

WOK
Odrebna 16 - 22 612 79 51
De mi-avr. à mi-sept. - 0,5 ha (30 empl.)
Tarif : 6 € 9,58 € - 3,60 €
borne -
Loisirs : - Services : wifi
Liaisons pour le centre-ville.
GPS : E 21.1471 N 52.17813

Astur
Ul. Bitwy Warszawskiej 1920 r.15/17 - 22 823 37 48
De mai à oct. - 0,7 ha (60 empl.)
borne -
Services :
Liaisons pour le centre-ville.
GPS : E 20.96562 N 52.21476

Aire de service et de stationnement

Biskupice

Boerderij Wojciech Szczepanski
Jankowo 23
Permanent
Borne artisanale
25 - illimité - 20 €/j.
Services : WC
Transports en commun pour Poznan. Douches.
GPS : E 17.1644 N 52.4496

Offices de tourisme

Warszawa/Varsovie
194 31 - www.warsawtour.pl - horaires variables selon les lieux mais au moins 11h-18h. bureaux : aéroport, gare routière, Rynet Starego Miasta 19/21/21a dans la vieille ville, palais de la Culture et des Sciences. Brochures à télécharger.

Poznań
Stary Rynek 59/60 - 61 852 61 56 - www.poznan.pl - mai-15 oct. : lun.-vend. 10h-20h, w.-end 10h-18h ; 16 oct.-avr. : lun.-vend. 10h-18h, w.-end 10h-17h - autres adressses : aéroport, gare routière et Ul. Ratajczaka 44. D'excellent conseil. Brochures, cartes et livres sur Poznań et sa région. Beaucoup de documentation gratuite. Personnel francophone.

Pour téléphoner en Pologne :
00 48 + indicatif urbain puis le numéro du correspondant.

Pour plus d'informations :
Carte Michelin National N° 720
Le Guide Vert Pologne

Les bonnes adresses de Bib

Warszawa/Varsovie

Bazyliszek
Rynek Starego Miasta 1/3 - ✆ 22 831 18 41 - 11h-0h - 50/70 PLN. Ce restaurant de tradition familiale séculaire propose un large choix de spécialités polonaises dans des salles décorées par thème. Réservez plutôt une table avec vue sur la place et faites-vous expliquer la légende du dragon qui figure en enseigne.

Piwna Kompania
Ul. Podwale 25 - ✆ 22 635 63 14 - www.podwale25.pl - lun.-sam. 11h-1h, dim. 12h-0h - 50 PLN. Cette immense taverne populaire affiche de loin le meilleur rapport quantité-prix de la Vieille Ville. Cuisine traditionnelle familiale servie dans de très généreuses proportions. Le soir, éviter la salle du fond, extrêmement bruyante.

U Fukiera
Rynek Starego Miasta 27 - ✆ 22 831 10 13 - www.ufukiera.pl - 12h-0h - 100 PLN. Ce restaurant très renommé, récemment rénové, est installé dans l'hôtel particulier où les Fugger, célèbres banquiers bavarois, faisaient commerce de vin. Il se compose de trois majestueuses salles éclairées aux chandeliers et d'une superbe cour intérieure. Carte sophistiquée et service impeccable.

Chłopskie Jadło
Plac Konstytucji 1 - ✆ 72 510 00 84 - www.chlopskiejadlo.pl - 12h-0h - 50 PLN. Cette « cuisine paysanne » est sans conteste LE restaurant à ne pas manquer. La nourriture est excellentissime et les portions, énormes, sont servies avec de larges miches de pain frais posées à même les grandes tables en bois. Tous les plats sont succulents, les *placki* (galettes de pommes de terre) et le *smalec* (lard, spécialité de la maison) en tête. Le service est rapide et l'atmosphère extrêmement conviviale. Réservation indispensable.

Wedel
Ul. Szpitalna 8 - ✆ 22 827 29 16 - http://wedelpijalnie.pl - 8h-22h, sam. 9h-22h, dim. 9h-21h. Le temple du célèbre chocolatier varsovien sert les meilleurs chocolats chauds de la ville et des petits-déjeuners copieux et succulents, à des prix raisonnables.

Cepelia
Ul. Marszałkowska 99/101 - au coin de Al. Jerozolimskie - lun.-vend. 10h-19h, sam. 10h-14h. Les boutiques Cepelia proposent une large sélection d'objets artisanaux en bois, de céramiques, linge de maison et costumes folkloriques, ainsi que les fameux œufs et petites boîtes en bois peint multicolores.

Poznań

Voir l'itinéraire suivant.

Toruń

Czarna Oberża
Ul. Rabiańska 9 - ✆ 56 622 00 22 - 11h-22h, vend.-sam. 11h-0h, dim. 11h-21h - 20 PLN. Dans une ambiance rustique au mobilier et à la déco de bois, ce self propose une solide cuisine polonaise à des prix défiant toute concurrence. Accueil plus que sympathique et, si la carte est en polonais, on peut toujours choisir ses plats de visu.

Manekin
Staromiejski 16 - ✆ 56 621 05 04 - http://manekin.pl - lun.-jeu. 10h-23h, w.-end 10h-0h - 30 PLN. Un restaurant populaire au succès mérité où les crêpes sont reines. Pas moins de 40 recettes salées et sucrées. Aux beaux jours, une terrasse dressée sur le Rynek permet de manger au cœur de l'animation de la ville. Carte en polonais.

Emporium
Ul. Piekary 28/1 - ✆ 56 657 61 08 - www.emporium.torun.com.pl - 10h-18h, sam. 10h-16h (et dim. 10h-16h en hiver). Pain d'épice et t-shirts à l'effigie de Copernic et de ses théories.

De la Pologne à l'Allemagne

➲ *Départ : Poznań*
➲ *5 jours - 480 km*

Parc et château de Sans-Souci, ancien palais d'été du roi de Prusse Frédéric II, à Potsdam.

Jour 1

Ne quittez pas **Poznań** sans avoir visité les nombreux châteaux de la région, tous à une vingtaine de kilomètres de la ville. Plus inattendu, le Musée apicole de **Swarzedz** que l'on rejoint par la E 30 s'avère tout aussi original et intéressant à voir. À la suite de cette étape, dirigez-vous vers le **parc national de Grande-Pologne (Wielkopolski Park Narodowy)**, à 15 km au sud de Poznań par la route 430. Les amateurs de randonnées seront comblés avec cinq parcours possibles, et les autres apprécieront les six lacs ouverts à la baignade. Enfin, les observateurs se raviront de la présence des cerfs et des nombreuses espèces d'oiseaux.

Jour 2

Vous franchirez la frontière entre la Pologne et l'Allemagne dans la journée, ce qui vous permettra d'admirer les paysages du grand Ouest polonais, le long de la route 32 ; suivez ensuite les routes 97 et 168. Arrivés en Allemagne, installez-vous à **Cottbus**. Ville universitaire agréable, elle vous permettra de rayonner dans la région. Le château de Branitz, à quelques kilomètres, met à l'honneur l'art des jardins anglais. Vingt ans ont été nécessaires pour réaliser son parc de 90 ha. L'intérieur du château, bien préservé, abrite une galerie de peintures. Faites une pause en fin de journée au salon de thé nouvellement installé dans l'ancienne maison des cavaliers.

Jour 3

Rejoignez **Lübbenau**, charmante vieille ville, pour une rapide visite du château, du centre, ainsi que de l'église Saint-Nicolas. Après cette étape citadine, plongez-vous dans la Spreewald, véritable « Venise verte », paradis de silence et de calme : vous pourrez, à partir de Lübbenau, entamer une promenade en chaland ; ne descendez de votre barque que pour faire escale à Lehde, ravissant petit village de la lagune, et admirez les fermes du 19e s. aujourd'hui transformées en musées.

Jour 4

En vous dirigeant vers le nord (*via* les routes 115, 96, 246), vous entrerez bel et bien dans la région du Brandebourg. La visite de l'abbaye de **Lehnin**, ensemble cistercien fondé en 1180, constitue une étape agréable. Dans le musée, tout proche, on se familiarise aisément avec le mode de vie et les préceptes de cet ordre religieux. Autour des lacs de Lehnin, vous apercevrez certainement de nombreux oiseaux migrateurs, ainsi que les grues et les cigognes présentes toute l'année. Poursuivez votre visite de la région avec la ville de **Brandenburg an des Havel** (*via* L 88 et B 102). Érigée au milieu du Havelland, « pays de la Havel », parsemé de lacs, elle présente deux sites intéressants : la cathédrale St-Pierre-et-St-Paul, fondée en 1165, et l'église Ste-Catherine datant du 15e s.

Jour 5

Vous n'êtes alors qu'à 43 km de **Potsdam**, votre point d'arrivée, par la B 1, ville que vous visiterez au moins pendant une journée (voir circuit suivant).

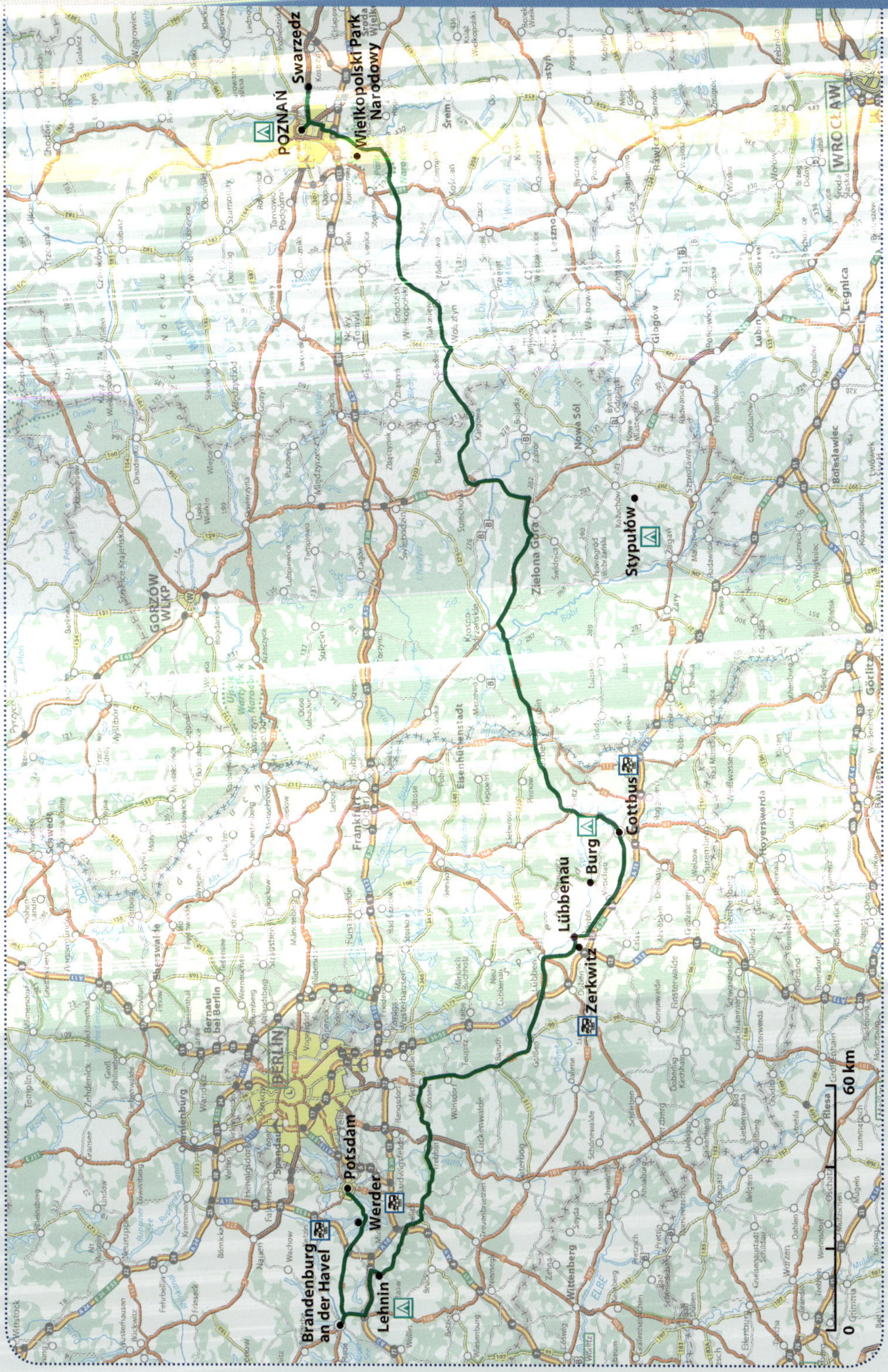
Brandenburg an der Havel
Lehnin
Werder
Potsdam
BERLIN
Zerkwitz
Lübbenau
Burg
Cottbus
Zielona Góra
Stypułów
POZNAŃ
Swarzędz
Wielkopolski Park Narodowy
GORZÓW WLKP
WROCŁAW
0
60 km

Campings

Burg (Allemagne)

Kneipp und Erlebniscamping
Vetschauer Str.1a - 03560 375 09 66
De mars à déc. - 2,3 ha (80 empl.)
Tarif : 7 € 8 €
- 25 €/j.
Services :
Dans la forêt, à côté d'une rivière.
GPS : E 14.13864 N 51.82599

Lehnin (Allemagne)

Camping-Restaurant Klause am See
Zum Trechwitzer Berg 68 -
03382 71 03
De mi-mars à fin nov.
Tarif : 4,50 € 6,50 € - 2 €
borne
Services :
GPS : E 12.71878 N 52.3489

Poznań (Pologne)

Malta
Voir l'itinéraire précédent.

Camping Malta
Poznańskie Ośrodki Sportu i Rekreacji -
61 876 62 03
Permanent - 3 ha (40 empl.)
Loisirs :
Services :
GPS : E 16.9838 N 52.4033

Stypułów (Pologne)

Camping Maly Raj
Stypulow 113 - 66 607 73 86
De mai à sept. - 1,5 ha (40 empl.)
Tarif : 15 €

Loisirs :
Services :
GPS : E 15.54732 N 51.70432

Aires de service et de stationnement

Brandenburg an der Havel (Allemagne)

Aire de Brandenburg
Franz Ziegler Str. 27a -
03381 22 20 18
Permanent
Borne artisanale
20 P - 12 €/j.
Services : WC
GPS : E 12.5488 N 52.40471

Cottbus (Allemagne)

Aire de Cottbus
Kiekebuscher Str. - 03557 54 20
Permanent
Borne artisanale : 6 €
12 P - 12 €/j.
GPS : E 14.35349 N 51.74623

Wohnmobilstellplatz Spreeauenpark
Vorparkstrasse 2 - 0355 754 20
Permanent
Borne
12 P - 12 €/j.
Services : WC
GPS : E 14.35349 N 51.74623

Werder (Allemagne)

Aire du port de plaisance
An der Havel 38 - 03327 78 33 74
Permanent
Borne : 1 €
3 P - 10 €/j.
Services : WC
GPS : E 12.919 N 52.41714

Zerkwitz (Allemagne)

Autocamping Käppler
Chausseestr. 17a - 03542 830 29
De mi-avr. à oct.
Borne artisanale :
Payant
6 P - 14 €/j.
Services : WC
GPS : E 13.93314 N 51.86575

Les bonnes adresses de Bib

Brandenburg an der Havel (Allemagne)

Am Humboldthain
Plauer Str. 1 D - ✆ 03381 33 47 67 - www.am-humboldthain.de - fermé avr.-oct. : lun. ; nov.-mars : lun.-mar. et à midi du merc. au sam. - déj. 15/22 €, menus 31/47 €. Ici, l'hôtel classique du centre-ville a été rénové et aménagé avec goût dans un style raffiné. Cuisine internationale servie dans le restaurant.

Potsdam (Allemagne)

Il Teatro
Schiffbauergasse 12 - ✆ 0331 200 97 291 - www.ilteatro-potsdam.de - 20/41 €. Juste à côté du théâtre Hans-Otto, une agréable adresse tenue par une famille italienne. Cuisine soignée, à déguster, pendant les beaux jours, en terrasse, face à la Havel.

Alexandrowka Haus 1
Russische Kolonie 1 - ✆ 0331 20 06 478 - www.alexandrowka-haus1.de - ⊭ - 18/30 €. De préférence le midi, fermé assez tôt le soir. Réserv. conseillée. Au rez-de-chaussée d'un des adorables petits chalets en bois de la colonie Alexandrowka, spécialités russes (pelmenis savoureux) dans une ambiance douillette et délicieusement kitsch. Accueil sympathique.

Café Heider
Friedrich-Ebert-Str. 29 - ✆ 0331 270 55 96 - www.cafeheider.de. Animé à toute heure, le plus vieil établissement de la ville (1878) propose un vaste choix de cafés, de thés et de chocolats, sur fond de musique entraînante.

Poznań (Pologne)

Ptasie Radio
Ul. Kościuszki 74/3 - ✆ 61 853 64 51 - 8h-0h, w.-end 10h-0h - 20 PLN. Sous le signe des oiseaux, l'endroit évoque une cabane dans les arbres aux couleurs pastel. On y savoure salades et tartes salées ou sucrées et il n'est pas rare qu'on y oublie le temps jusqu'à l'heure du thé.

Cymes
Ul. Woźna 2/3 - ✆ 61 851 66 38 - 13h-22h - 30 PLN. Minuscule restaurant de spécialités juives, simple, généreux et joliment décoré. On sert, sur des tables de bois, hareng, *gefilte fisch* ou encore un delicieux steak hongrois au lard.

Offices de tourisme

Potsdam
Brandenburger Str. 3 - ✆ 0331 27 55 88 99 - www.potsdamtourismus.de - avr.-oct. : 9h30-18h (dim. 16h) ; nov.-mars : 10h-18h, w.-end 10h-16h.

Poznań
Voir p. 276.

Parc national de Grande-Pologne
À 15 km au sud de Poznań par la route 430 - accès en train ou en bus par Mosina et Puszczykowo à l'est du parc et Stęszew à l'ouest. Parking de Mosina en lisière de forêt, proche des sites les plus intéressants (lac Góreckie, vallons les plus pittoresques). Le parc est parcouru par 85 km de sentiers répartis en 5 itinéraires de 10 à 14 km. Une carte détaillée est disponible à l'office du tourisme de Poznań.

Pour téléphoner en Pologne :
00 48 + indicatif urbain puis le numéro du correspondant.

Pour téléphoner en Allemagne :
00 49 + indicatif urbain sans le 0 initial puis le numéro du correspondant

Pour plus d'informations :
Cartes Michelin National N° 718 et 720
Le Guide Vert Pologne
Le Guide Vert Allemagne

Entre Baltique et mer du Nord

➲ *Départ : Potsdam*
➲ *11 jours - 1 364 km*

Falaise sur l'île de Rügen.

C. Doerr / Sime / Photononstop

Jour 1

À 38 km seulement de Berlin, **Potsdam**, cité d'élection des anciens rois prussiens, possède un charme tout provincial, avec ses maisons basses, ses rues piétonnes, et ses deux joyaux rococo que sont le château de Sans-Souci et le Nouveau Palais. Le parc de Sans-Souci couvre près de 300 ha et compte plusieurs centaines d'arbres. Comme Voltaire, vous succomberez au charme de cette cité.

Jours 2 et 3

Ville bouillonnante, **Berlin** séduit par les fastes de sa vie culturelle comme de son animation nocturne. Cette étonnante métropole, l'une des plus étendues et les plus vertes du Vieux Continent, vit aujourd'hui un nouvel âge d'or. On franchira la porte de Brandebourg, symbole de la réunification ; on montera dans la coupole du Reichstag signée par l'architecte sir Norman Foster pour un coup d'œil sur la cité ; on se promènera dans les nouveaux quartiers de la capitale allemande qui mêlent architecture moderne, shopping, divertissement et business. Quant à l'offre muséale, elle est inépuisable : le Kulturforum et l'île des Musées, classée au Patrimoine mondial de l'Unesco, en constituent les deux principaux pôles. Mentionnons juste le superbe musée de Pergame et l'émouvant Musée juif à Kreuzberg. Enfin, la vie nocturne berlinoise est légendaire.

Jour 4

Quittez Berlin pour la région des lacs du Mecklembourg, l'une des plus sauvages et des mieux préservées du pays. Les amoureux de la nature s'en donneront à cœur joie, entre les randonnées, les sports nautiques et la grande variété d'oiseaux. **Waren**, centre touristique important, est baigné par la perle du Mecklenburgische Seenplate, le lac Müritz, deuxième plus grande étendue d'eau d'Allemagne.

Jours 5 et 6

La ville de **Neubrandenbourg**, que l'on rejoint par la B 192, surprend par ses imposants remparts médiévaux, miraculeusement épargnés par la Seconde Guerre mondiale. En seconde partie de journée, prenez la B 96 pour **Greifswald** : son architecture très ancienne trahit une influence scandinave ; à l'embouchure du Ryck, le port de Wiek, village classé dont le pont basculant en bois date de 1887, et les ruines de l'abbaye Eldena ont inspiré Caspar David Friedrich, grand peintre de l'époque romantique.

Jour 7

Rügen, la plus grande île d'Allemagne, abrite de petites mers intérieures, de belles plages de sable et d'impressionnantes falaises calcaires. C'est une destination très prisée des vacanciers auxquels elle propose d'agréables stations balnéaires, climatiques et de thalassothérapie. Retour sur la terre ferme pour longer la côte (B 105) que jalonne un chapelet de villes intéressantes, comme Bad Doberan et Rostock.

Jour 8

Wismar, avec ses édifices en brique rouge, est réputée pour ses pêcheries. Son centre historique a été classé en 2002 au Patrimoine mondial de l'Unesco : vous pourrez y admirer de

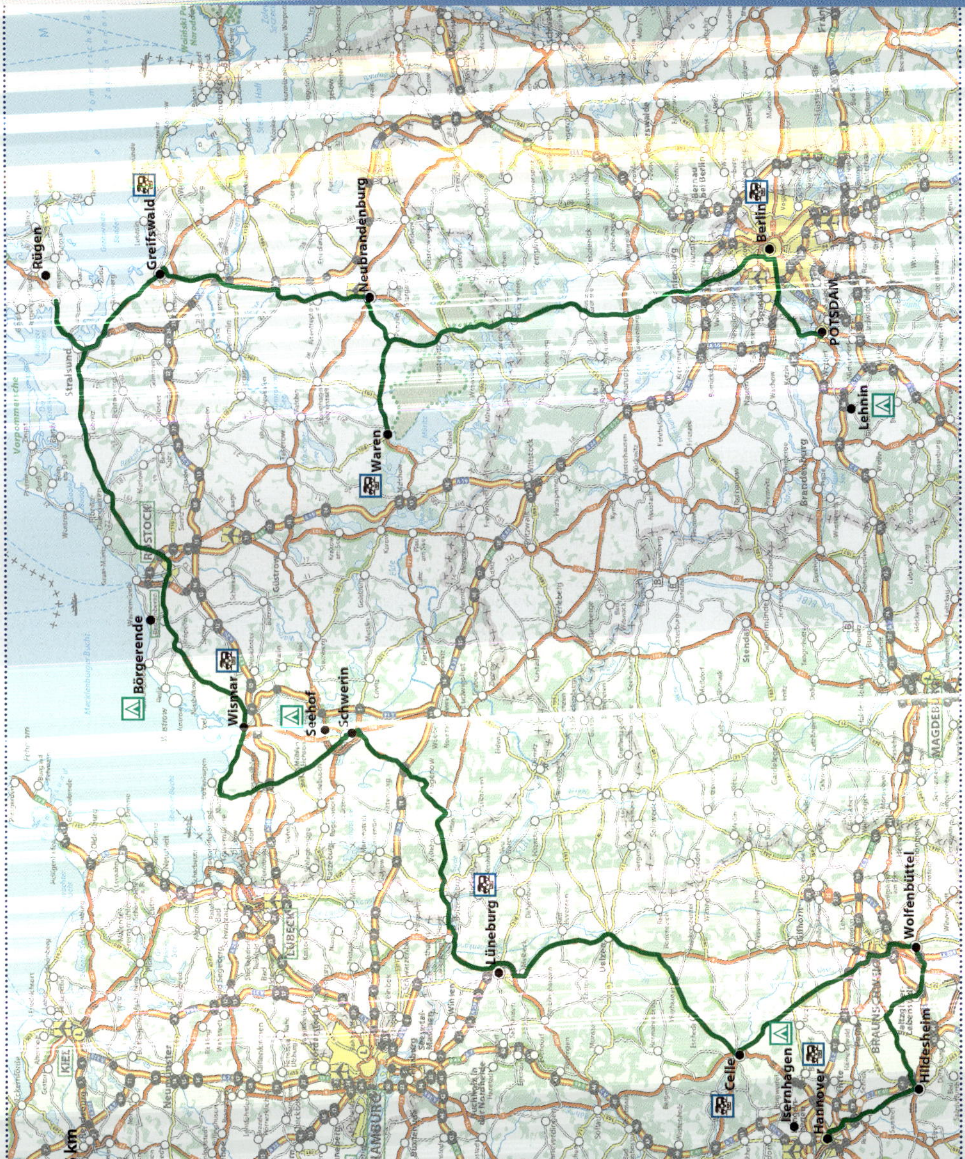
Rügen
Greifswald
Neubrandenburg
Stralsund
Waren
Berlin
POTSDAM
Lehnin
Börgerende
Wismar
Seehof
Schwerin
Lüneburg
Celle
Isernhagen
Hannover
Hildesheim
Wolfenbüttel
HAMBURG
BREMEN
KIEL
LÜBECK
Stendal
Brandenburg
0
75 km

magnifiques maisons anciennes. Par la B 106, vous arriverez à **Schwerin**. Bordée par des lacs et autant de verdure, la ville est assurément l'une des plus agréables de l'Allemagne du Nord. Cette cité de caractère séduit par son architecture raffinée et le charme majestueux de son château qui se dresse sur une île face à la vieille ville.

Jour 9

Lüneburg (*via* B 321 et B 5), qui a longtemps dû sa richesse au sel, constitue la porte d'entrée des vastes étendues de la lande de Lüneburg. Les bosquets de bouleaux, de pins et de genévriers et surtout la floraison des bruyères (de mi-août à mi-septembre) font le charme de ces paysages, parfois austères, de cette steppe en partie conçue par la main de l'homme. Une réserve naturelle de 200 km² a été créée afin de contrer l'avancée de l'agriculture.

Jour 10

Située au sud de la lande de Lüneburg, voici **Celle**, qui a gardé le cachet d'une cité aristocratique : trésors de la ville ancienne, palais ducal magnifiquement restauré… Les passionnés de voiture ne manqueront pas la visite d'Autostadt, vaste complexe automobile aménagé par Volkswagen, à **Wolfsburg** (environ 60 km de Celle).

Jour 11

On s'attardera ensuite volontiers dans la belle cité de **Wolfenbüttel** qui possède un ensemble exceptionnel de maisons Renaissance. Plus à l'ouest, **Hildesheim** est la dernière étape avant **Hanovre** (par la B 6) dont vous apprécierez les plans d'eau et les célèbres jardins de Herrenhausen situés en pleine ville.

Aires de service et de stationnement

Berlin

Internationale Reisemobilstation
Chausseestrasse 82 -
030 46 79 75 49 - Permanent
Borne : Gratuit
45 P - illimité - 22 €/j.
Services : WC
Transports en commun pour le centre-ville.
GPS : E 13.3727 N 52.5383

Reisemobilhafen Berlin
Askanierring 70 -
030 35 50 6074 - Permanent
Borne : 3 €
180 P - illimité - 16 €/j.
Services : WC
Transports en commun pour le centre-ville. Supplément pour l'eau et les douches.
GPS : E 13.1998 N 52.554

Marina Wendenschloss
Wendenschlossstrasse 350-354 -
030 651 34 15
De mai à oct.
Borne : Gratuit
10 P - illimité - 15 €/j.
Services : WC
Transports en commun pour le centre-ville. Départ avant 12h (supplément 8 € après 12h).
GPS : E 13.5852 N 52.4271

Celle

Schützenplatz
Hafenstrasse - 05141 12 12
Permanent
Borne : 5 €
35 P - Gratuit
Services : WC
GPS : E 10.07239 N 52.627

Greifswald

Stellplatz Wöller
Chaussee 12 - 03834 50 04 48
Permanent
Borne sanistation
50 P - 10 €/j.
Services : WC
GPS : E 13.35092 N 54.0744

Caravancamping Museumhafen
Marienstrasse 10-12 -
03834 51 21 01
Permanent
Borne : 2 €
20 P - illimité - 11 €/j.
Services : WC
GPS : E 13.3896 N 54.09846

Hannover/Hanovre

Am Grossen Garten
Am Grossen Garten 3 -
0511 75 06 56
Permanent
30 P - illimité - 12 €/j.
Services :
GPS : E 9.693 N 52.39008

Lüneburg

Wohnmobilstellplatz Sülzwiesen
Parkplatz Sülzwiesen, Am Bargenturm - 04131 699 69 90
Permanent
Borne sanistation : 3 €
37 P - illimité - 8 €/j.
Services : WC
GPS : E 10.39759 N 53.24567

Waren

Campingpark Kamerun
Zur stillen Bucht 3 - 03991 12 24 06
D'avr. à oct.
Borne : Payant
49 P - 14 €/j.
Services : WC
Centre-ville à 2 km par piste cyclable.
GPS : E 12.65098 N 53.51208

Wismar

Wohnmobilpark Westhafen Wismar
Schiffbauerdamm 12 -
03841 70 60 70
Permanent
Borne sanistation : 2 €
65 P - 10 €/j.
Services : WC
GPS : E 11.45151 N 53.89419

Campings

Börgerende (ouest de Rostock)

Ferien-Camp Börgerende
Deichstr. 16 - 038203 811 26
De déb. avr. à fin oct. - 7 ha (250 empl.)
Tarif : (Prix 2014) 38 € (11A) - pers. suppl. 7 €
borne - 60
Loisirs : hammam jacuzzi
Services : wifi
GPS : E 11.89916 N 54.15278

Isernhagen (nord de Hanovre)

Camping Parksee Lohne
Alter Postweg 12 - 05139 88260
De déb. avr. à mi-oct. - 10 ha (100 empl.)
Tarif : 5,20 € 7,20 € - 1,60 €
borne - Services :
GPS : E 9.8547 N 52.45333

Lehnin

Voir l'itinéraire précédent.

Seehof (à côté de Schwerin)

Ferienpark Seehof
Am Zeltplatz 01 - 0385 51 25 40
Permanent - 18 ha (270 empl.)
Tarif : 31 €
borne - 30
Loisirs :
Services :
GPS : E 11.44067 N 53.69854

Les bonnes adresses de Bib

Berlin

Mutter Hoppe
Rathausstraße 21 - 030 241 56 25 - www.prostmahlzeit.de/mutterhoppe - tlj à partir de 11h30 - env. 15 €. Grandes salles en sous-sol, où venir en famille ou entre amis déguster une cuisine allemande. De septembre à juin, les vendredi et samedi, à partir de 19h, concerts dans le style des années 1920 et 1930.

Vapiano
Potsdamer Platz 5 - 030 23 00 50 05 - www.vapiano.de - 10h-1h (dim. 0h) - 12/20 €. Un self-service original où l'on combine soi-même pâtes et sauce, sa propre salade ou sa pizza. Les cuisiniers s'activent devant vous. Basilic, romarin et menthe à disposition.

Diekmann
Meinekestraße 7 - 030 883 33 21 - www.j-diekmann.de - fermé dim. - menu déj. 12,50 €, 36/42 €, menu 12,50 €. Élégante décoration à l'ancienne dans ce restaurant qui propose des formules rapides le midi. Plats variés, qui s'inspirent à la fois des cuisines allemande et française.

Bon à savoir
Grandes marques et centres commerciaux, se concentrent sur Kurfürstendamm. Côté est, la Friedrichstraße est colonisée par les vitrines de luxe. Autres points névralgiques : Friedrichpassagen (avec les Galeries Lafayette), les quartiers de Scheunenviertel, truffé de boutiques branchées, et de Friederichschain, autour de la Simon-Dach Straße. Les boutiques de Prenzlauer Berg sont encore plus pointues.

Celle

Weinkeller Postmeister von Hinüber
Zöllnerstraße 25 - 05141 284 44 - www.weinkellercelle.de - fermé 3 sem. en juil.-août, dim., lun. et midi (sf sam.) - 23/37 €. L'intérieur de cette maison à colombages surprend par son cadre coquet. Cette belle taverne rustique a élu domicile dans une cave en brique.

Hannover/Hanovre

Der Gartensaal
Trammplatz 2 - 0511 16 84 88 88 - www.gartensaal-hannover.de - 11h-18h, de mi-mai à mi-sept. : 11h-22h - - 16/27 €. Ce restaurant de style bistrot est installé dans le hall sud de l'hôtel de ville. De très hautes fenêtres offrent de superbes vues sur un parc et un étang. L'été, vous pouvez profiter de la terrasse.

Potsdam

Voir l'itinéraire précédent.

Île de Rügen

Train à vapeur de Rügen
038 301 88 40 12 - ruegensche-baederbahn.de - tte l'année (fin avril-début octobre : 4 dép. de Putbus le matin à partir de 7h48, 1 dép. l'apr.-midi - entre 1,80 € et 9 € AS, selon la distance. Il relie Putbus à Göhren en 1h15 environ et dessert Binz et les points les plus touristiques de l'île.

Schwerin

Waldschlösschen
Nibelungenstr. 102 D - 0385 96 81 90 - www.waldschloesschen-web.de - fermé lun. - 23/34 €. Ce restaurant vous accueille dans une ambiance rustique et conviviale. Jardin d'hiver et terrasse sur un jardin avec étang. Fait aussi chambre d'hôte.

Offices de tourisme

Hannover/Hanovre
Ernst-August-Platz 8 - 0511 12345 111- www.hannover-tourism.de.

Wismar
Am Markt 11 - 038 41 194 33 - www.wismar.de.

Berlin
00 49 (0) 30 25 00 23 33 - www.visitberlin.de – plusieurs adresses : aéroports, Europa Platz 1, près du Ku'Damm Passage - Kurfürstendamm 21, Pariser Platz (aile sud), Panoramastraße 1a.

Pour téléphoner en Allemagne :
00 49 + indicatif urbain sans le 0 initial puis le numéro du correspondant

Pour plus d'informations :
Cartes Michelin National N° 718 et 720 / Le Guide Vert Allemagne

Haute route alpine du Grossglockner, point culminant des Alpes autrichiennes (3 797 m).
J. Fuste Raga / age fotostock

LES ROUTES D'OUEST EN EST

À la découverte de la vallée du Rhin

➲ *Départ : Cologne*
➲ *6 jours - 195 km*

Le château du Chat (Burg Katz) domine le Rhin.

Jour 1

« Pourquoi est-on si bien sur les rives du Rhin ? », interroge une chanson populaire allemande... Il faut venir à **Cologne** (Köln) sur la place de Tanzbrunnen, esplanade qui offre un panorama sur la ville rhénane, pour trouver la réponse. Mais aussi boire une Kölsch, la bière locale, à la terrasse d'une brasserie au bord du fleuve, flâner dans les ruelles de la vieille ville dominée par les deux flèches de l'incontournable cathédrale, emblème de la ville et du pays, ou encore partir naviguer sur le Rhin... Cologne est également une métropole artistique dotée de plus d'une centaine de galeries, qui s'ajoutent au musée Ludwig connu pour sa collection d'art américain et à sa foire renommée, Art Cologne. Autre événement marquant, le carnaval et les cinq « journées folles » qui précèdent le mercredi des Cendres ; Cologne et ses habitants vous surprendront par leur vitalité et leur joie de vivre.

Jour 2

Passez une journée à **Bonn**, ancienne capitale de la RFA, en arrivant par la L 300. À défaut d'être aujourd'hui une grande capitale européenne, elle offre le charme d'une cité riche en musées, à l'atmosphère calme et accueillante. Les mélomanes seront sensibles à la visite de la maison de Beethoven : le compositeur naquit en effet à Bonn, et la ville lui rend hommage chaque année à l'occasion d'un festival. Ne manquez pas la cathédrale et son beau cloître, probablement l'un des mieux conservés du pays.

Traversez le Rhin, pour suivre la L 193 et atteindre **Königswinter**. La ville est située au pied du massif volcanique des Sept Montagnes (Siebengebirge) jadis couronnées par des châteaux forts. Les vignobles rhénans s'agrippent à ces reliefs qui composent le plus ancien parc naturel allemand. Empruntez le funiculaire montant jusqu'au Drachenfels. Un vaste panorama vous permet d'apercevoir Bonn, Bad Godesberg et Cologne.

Jour 3

La ville de **Coblence** (Koblenz) tire son nom du latin *confluentia* : vous le comprendrez aisément en vous rendant au « coin allemand », pointe de terre encerclée par la Moselle d'un coté, et le Rhin de l'autre. Vous y aurez une belle vue sur la rive droite du Rhin. Au sud de la ville, vous trouverez le château Stolzenfels, dont l'intérieur, récemment rénové, vaut vraiment le détour.

Jour 4

Sur la rive opposée, un peu plus au sud (*via* L 35), se trouve le château de **Marksburg**, le seul de la vallée qui n'ait jamais été détruit. Il occupe un site remarquable. Poursuivez sur la même rive, pour arriver à **Kamp-Bornhofen** ; le nom de la ville est moins connu que le surnom des deux châteaux qui la dominent, les « Frères Ennemis ». En descendant le long de la route 42, et en traversant le fleuve, vous rejoindrez **Sankt Goar** : la ville, blottie au pied du château de Rheinfels, commande le passage de la Lorelei. Du haut de la tour de l'horloge vous découvrirez l'ensemble de la vallée du Rhin, avec, sur l'autre rive, les châteaux du Chat (Burg

KÖLN
Bonn
Königswinter
Bad Godesberg
Vallendar
Koblenz
Kobern
Marksburg
Boppard
Kamp-Bornhofen
St-Goar
St. Goarshausen
Valwig
Oberwesel
Kaub
Bacharach
Elteville am Rhein
Bingen am Rhein
Rüdesheim am Rhein
Mainz
Leverkusen
Berg. Gladbach
Gummersbach
Siegen
Troisdorf
Hennef
Euskirchen
Neuwied
Limburg a. d. Lahn
Bad Kreuznach
Idar-Oberstein
Worms
WIESBAD
0
28,5 km

Katz) et de la Souris (Burg Maus). Vous voici enfin à Lorelei, le rocher légendaire haut de 132 m ; véritable symbole du Rhin romantique, son avancée réduit d'un quart la largeur du fleuve. Bien entendu, un tel lieu est emprunt de mythologie : selon la légende, la Lorelei était une ondine blonde qui captait l'attention des bateliers par ses charmes et ses chants mélodieux, à l'endroit le plus dangereux du fleuve. Toujours en descendant le Rhin le long de la B 42, puis en le traversant, vous trouverez la ville de **Bacharach**, entourée de vignes et de vieilles tours, vestiges de ses fortifications du Moyen Âge.

Jour 5

En moins de 20 km, vous serez à **Rüdesheim am Rhein**, capitale du Rheingau. Rüdesheim jouit d'une situation privilégiée. Véritable Mecque du riesling, la ville regorge de caves proposant des dégustations. L'abbaye d'Eberbach, à environ 15 km à l'est, est la seule fondation directe de Clairvaux en Allemagne. Dans ce lieu étonnant, chargé d'histoire, on perçoit encore parfaitement le silence et l'isolement de la communauté cistercienne qui l'habita.

Jour 6

En suivant la B 42, vous serez très vite à **Mayence** (Mainz). La ville est dotée d'un centre historique qui regorge de petites ruelles aux maisons anciennes abritant parfois des artisans. « Mainz, il faut la vivre ! ». Cette devise se vérifie particulièrement à l'occasion du défilé du Lundi gras, qui attire chaque année des centaines de milliers de visiteurs. Ville natale de Gutenberg, le musée qui lui est consacré ravira les bibliophiles.

Office de tourisme

Köln/Cologne
Kardinal-Höffner-Platz 1 - 0221 221 30400 - www.koelntourismus.de - lun.-sam. 9h-20h, dim. et j. fériés 10h-17h.

Pour téléphoner en Allemagne :
00 49 + lindicatif urbain sans le 0 initial puis le numéro de votre correspondant

Pour plus d'informations :
Carte Michelin Regional N° 543
Le Guide Vert Allemagne

Aires de service et de stationnement

Bingen am Rhein

Wohnmobilpark Bingen
Mainzer Strasse - Gaulsheim -
06721 153 421
Permanent
Borne artisanale : Gratuit
40 P - Payant
Services :
GPS : E 7.89803 N 49.97265

Bonn

Parking
An der Josefshohe -
Permanent
10 P - 48h
GPS : E 7.081 N 50.7529

Eltville am Rhein

Parkplatz P6
Weinhohle -
06123 090 80
Permanent
Borne
20 P - 72h - 5 €/j.
Services :
GPS : E 8.12391 N 50.02986

Kobern

Wohnmóbilstellplatz am Moselufer
Am Kalkofen -
02607 10 55
Permanent
Borne artisanale : Gratuit
25 P - illimité - 5 €/j.
Services :
GPS : E 7.46083 N 50.30583

Köln/Cologne

Reisemobilhafen Köln
An der Schanz -
0178 467 45 91
Permanent
Borne artisanale : Payant
60 P - 10 €/j.
Services :
Transports en commun pour le centre-ville. Réservation uniquement par mail minimum 4 j. avant votre arrivée.
GPS : E 6.98513 N 50.96282

Vallendar

Parkplatz am Rheinufer
B42 - Permanent
Borne : Gratuit
5 P - Gratuit
Services :
Services fermés en hiver.
GPS : E 7.61178 N 50.39808

Valwig

Aire de Valwig
Moselweinstrasse L 98 -
02671 31 16
Permanent
Borne
20 P - 5 €/j.
Services :
Proche du centre-ville.
GPS : E 7.21314 N 50.14286

Campings

Koblenz/Coblence

Knaus Campingpark Rhein-Mosel
De déb. avr. à déb. nov. -
10 ha (198 empl.)
Tarif : 8,50 € 15 € - 4,10 €
borne : Payant - 10
Services : wifi
Au bord du Rhin.
GPS : E 7.60428 N 50.36636

Mainz/Mayence

Maaraue
Maaraustr. 48 - 6134 257 59 22
De déb. avr. à fin oct. - 2 ha (130 empl.)
Tarif : 4,50 € 11 € 8 € -
2,50 €
borne - 60
Loisirs : - Services :
wifi
GPS : E 8.30627 N 49.99945

Oberwesel

Campingplatz Schönburgblick
Am Hafendamm 1 - 06744 71 45 01
De mi-mars à déb. nov. - 1 ha (40 empl.)
Tarif : 4,50 € 8,50 € - 3,60 €
borne : Payant - 10
Services : wifi
Petit camping au bord du Rhin.
GPS : E 7.73646 N 50.10241

Rüdesheim am Rhein

Camping Rüdesheim
Auf der Lach - Kastanienallee 2 -
06722 25 28
De mi-avr. à déb. oct. - (200 empl.)
Tarif : 6 € 15 €
40
Services : wifi
GPS : E 7.94048 N 49.97774

Sankt Goar

Campingplatz Loreleyblick
An der Loreley 49-50 - 06741 20 66
Permanent - 6 ha (200 empl.)
Tarif : 6 € 8 € - 3 €
borne -
Services :
En bordure du Rhin face à la Loreley.
GPS : E 7.72156 N 50.14249

Les bonnes adresses de Bib

Bonn

Zur Lese
Adenauerallee 37 - 0228 22 33 22 - fermé lun. - www.zurlese.de - menus 34/38 €. Restaurant viticole dont le nom ne rappelle pas les vendanges, mais bien la société de lecture et de repos qui avait été fondée en 1787 dans un but rationaliste.

Boppard

Gasthaus Hirsch
Rheinstraße 17 - 06 741 26 01 - www.gasthaus-hirsch.net - 11h-14h, 18h-23h30 - fermé lun.-mar., 2 sem. apr. Pâques et de mi-nov. au 25 nov. - 20,50/32 €. Établissement rustique et de bon goût. Les plats concoctés à partir des produits du marché sont savoureux.

Tannenheim
Bahnhof Buchholz 3 (B 327) - 06 742 22 81 - www.hoteltannenheim.de - fermé jeu., lun.-sam. midi et dim. soir, de Noël à fin janv. et 3 sem. en été - 22/31,50 €. Ce charmant restaurant est dirigé depuis quatre générations par la famille Fuchs. On vous y servira des plats variés et de saison.

Kaub

Zum Turm
Zollstraße 50 - 06 774 922 00 - www.rhein-hotel-turm.com - avr.-oct. et déc. : tlj sf mar. et le midi en sem. ; janv.-mars : vend.-dim. slt - fermé nov. - 25/60 €. Cette maison fondée il y a plus de 300 ans est située près de la vieille tour et abrite depuis plus d'un siècle un petit restaurant familial. Plats préparés avec soin.

Koblenz/Coblence

Wirtshaus Alt Coblenz
Am Plan 13 - 0261 16 06 56 - www.alt-coblenz.de - fermé lun. midi - 16/27 €. On vient ici pour déguster une cuisine traditionnelle allemande ou goûter les vins régionaux.

Weinhaus Hubertus
Florinsmarkt 6 - 0261 311 77 - www.weinhaus-hubertus.de - 18/25 €. Dans la salle lambrissée de bois sombre et décorée de trophées de cette jolie maison à colombages, on savoure une cuisine régionale soignée. Une des meilleures adresses de la vieille ville.

Köln/Cologne

Pfaffen Brauerei
Heumarkt 62 - 0221 257 77 65 - www.max-paeffgen.de - 18/26 €. Une des dernières brasseries de Cologne où l'on brasse la bière sur place. Dans un décor rustique, on vient surtout pour déguster la Kölsch, bière typique de la ville, et des plats régionaux. En été, agréable *Biergarten*, à l'arrière.

Peters Brauhaus
Mühlengasse 1 - 0221 257 39 50 - www.peters-brauhaus.de - 15/22 €. Une brasserie typique de Cologne. Le bois ajoute convivialité et chaleur au cadre rustique et confortable du lieu. Plusieurs espaces avec un coin brasserie et une salle de restaurant

Hase
St.-Apern-Straße 17 - 0221 25 43 75 - www.hase-restaurant.de - fermé dim. - - 25/50 €. Les tables en bois clair de ce restaurant-bistrot ajoutent à la note rustique du lieu. Quelques plats, classiques, sont proposés sur une ardoise.

Café Reichard
Unter Fettenhennen 11 (en face de la cathédrale) - 0221 2 57 85 42 - www.cafe-reichard.de - 8h30-20h. Ce café au décor intérieur classique comporte un jardin d'hiver et une grande terrasse. Si l'on y ajoute la magnifique vue sur la cathédrale, on comprend pourquoi l'établissement est aussi fréquenté. La véranda est sans nul doute le meilleur emplacement pour observer le fourmillement de la ville.

Biergarten im Stadtgarten
Venloer Str. 40 (rue qui part de la station Friesenplatz vers l'ouest) - 0221 95 29 940 - www.stadtgarten.de - avr.-oct. : lun.-jeu. 12h-1h, vend.-sam. 12h-2h, dim. 10h30-1h (fermé par mauvais temps). À quelques encablures du centre-ville vous trouverez cet agréable *Biergarten* à l'entrée du parc public (*Stadtgarten*). À partir de 15h, on y sert de petits en-cas.

À travers le Land de Saxe

➲ *Départ : Erfurt*
➲ *6 jours - 550 km*

Le château de Moritzburg.

imagebroker / hemis.fr

Jour 1

Les noms de **Erfurt**, **Weimar**, **Iéna** (Jena) sont riches de résonances dans la culture et la conscience allemandes. Erfurt attira les plus grands noms de l'humanisme allemand, parmi lesquels Luther, Schiller ainsi que Goethe et Bach, tandis que Weimar est sans conteste la référence du classicisme national : ses bibliothèques renferment les plus grands trésors littéraires du pays ; Bach y fut maître de chapelle ; Liszt y dirigea l'opéra ; Nietzche y termina ses jours… sans oublier Goethe qui y résida pendant plus de vingt ans. Un petit côté provincial émane de ses petites rues bordées de maisons colorées, ses places animées par les marchés et son château à l'orée d'un parc à l'anglaise.

Célèbre pour la victoire remportée par Napoléon sur les Prussiens en 1806, Iéna, ville de grande tradition universitaire, résonne encore des grands noms de la culture allemande et de ceux des inventeurs du microscope (Carl Zeiss et Ernst Abbe). À une trentaine de kilomètres au nord d'Iéna, **Naumburg** est établie dans un paysage de coteaux où s'enchevêtrent vignes et forêts. La cité doit notamment sa renommée à son exceptionnelle cathédrale qui marie roman et gothique.

Jour 2

Vous plongez dans l'Allemagne historique où s'épanouirent, au 18e s. notamment, les lettres et la musique. **Leipzig** est une ville d'art qui peut s'enorgueillir d'un héritage musical exceptionnel ; Bach, Schumann et Mendelssohn-Bartholdy y ont jadis résidé et elle occupe aujourd'hui encore une place de tout premier plan sur la scène musicale allemande. Paradoxalement, elle fut la vitrine de la RDA (par sa foire annuelle, en particulier) mais aussi l'épicentre de la contestation religieuse et politique. En effet, la réunion, à l'initiative de protestants entre 1982 et 1989, tous les lundis à 17h dans l'église St-Nicolas contribua à ébranler le régime est-allemand et prépara la chute du mur de Berlin.

Jour 3

Plus au sud, en se rapprochant de la frontière tchèque, **Annaberg-Buchholz** livre avec l'église Ste-Anne un des exemples les plus accomplis du gothique flamboyant de Saxe. En prenant la direction de Dresde, vous vous arrêterez au château baroque de **Moritzburg** et à **Meissen**, réputée pour ses porcelaines.

Un peu plus au nord, vous trouverez Branitz dans la banlieue de **Cottbus**. Passionné de jardins à l'anglaise, le prince Hermann von Pückler-Muskau y aménagea un château ainsi qu'un remarquable parc.

Jour 4

Les villes de **Görlitz** et **Bautzen** vous donneront l'occasion de faire étape au pays des Sorabes. Cette minorité ethnique d'Allemagne, qui occupe la région de la Lusace, à cheval sur les Länder de Saxe et du Brandebourg, a longtemps fait partie du royaume de Bohême. Outre sa langue, toujours pratiquée, elle a conservé vivantes de nombreuses traditions, telles que la décoration des œufs de Pâques, le port du costume sorabe et des grandes coiffes brodées.

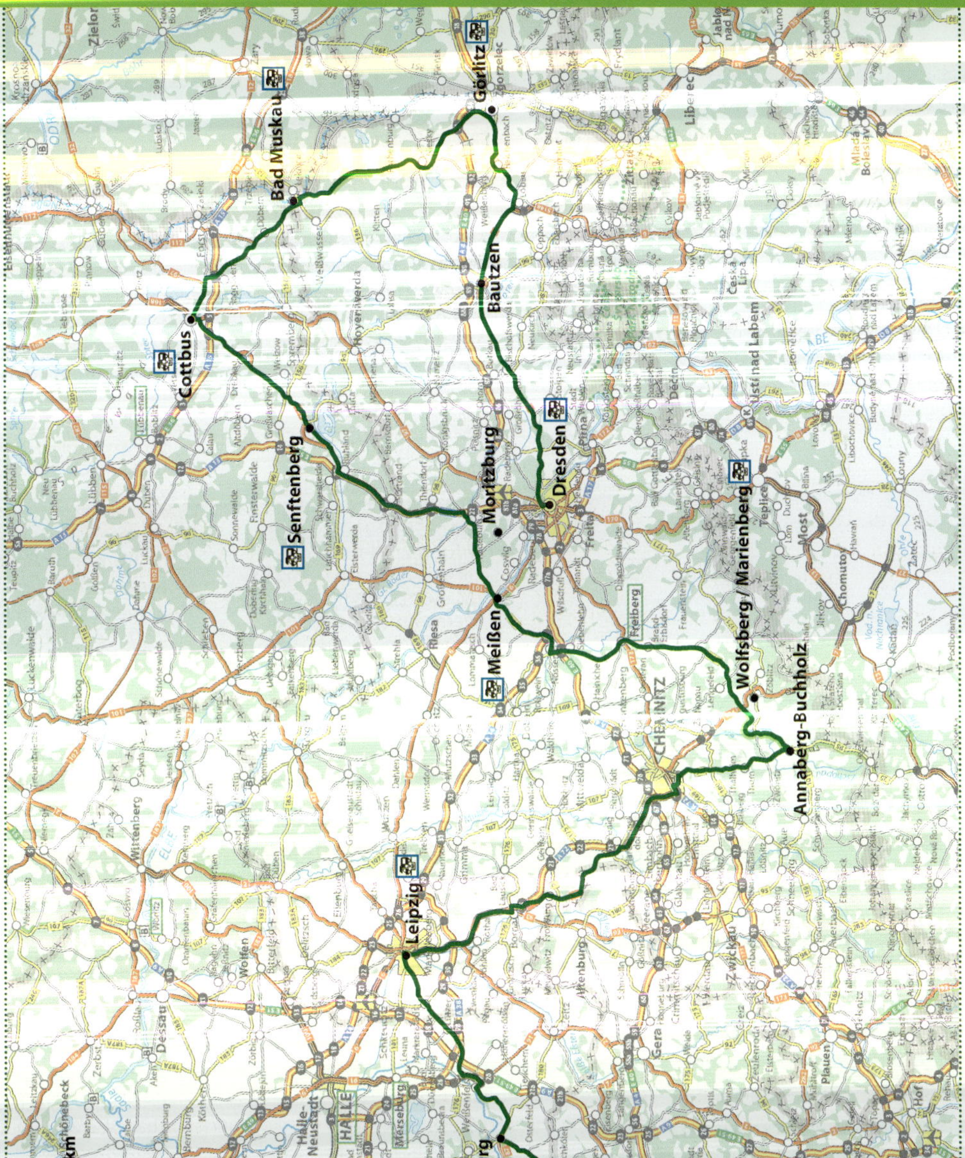
Görlitz
Bad Muskau
Cottbus
Bautzen
Senftenberg
Moritzburg
Dresden
Meißen
Freiberg
Wolfsberg / Marienberg
Annaberg-Buchholz
Leipzig
Naumburg
Jena
Weimar
ERFURT
0
60 km

Jours 5 et 6

Ville d'art et de culture, **Dresde** (Dresden) attire un nombre sans cesse croissant de visiteurs. Un long travail de reconstruction, qui dure encore aujourd'hui, lui a rendu ses joyaux baroques et lui a ainsi permis de redevenir la « Florence de l'Elbe » qu'elle était autrefois. Au sud de Dresde s'étend la Suisse saxonne ; cette région, avec ses impressionnantes parois de grès en forme de tables et ses longues gorges taillées dans la roche, constitue un des sites naturels les plus spectaculaires d'Allemagne.

Office de tourisme

Dresden/Dresde

Neumarkt 2 ✆ 0351 501 501 - www.dresden.de - autre adresse : Hauptbahnhof (gare centrale).

Pour téléphoner en Allemagne : 00 49 + l'indicatif urbain sans le 0 initial puis le numéro de votre correspondant

Pour plus d'informations :
Carte Michelin Regional N° 544
Le Guide Vert Allemagne

Les bonnes adresses de Bib

Dresden/Dresde

Aha Ladencafé
Kreuzstr. 7 - ✆ 0351 496 06 73 - www.ladencafe.de - 10h-0h - 15 €. Face à l'église Sainte-Croix, une plaisante adresse proposant, au milieu d'un décor coloré, une cuisine sud-américaine où chaque pays est représenté par son plat national.

Historisches Fischhaus
Fischerhausstr. 14 (à 5 km au nord-est du centre-ville ; suivre Bautzner Str.) - ✆ 0351 89 91 00 - www.historisches-fischhaus.de - réserv. conseillée - 15/25 €. Maison de tradition au cadre verdoyant, proche de la ville. Parmi les spécialités, on trouve poissons et gibier. En été, profitez du jardin, idyllique.

Erfurt

Köstritzer « Zum güldenen Rade »
Marktstr. 50 - ✆ 0361 561 35 06 - www.zum-gueldenen-rade.de - 15/21 €. Dans la vieille ville, non loin de la mairie ; murs en pierre de taille, bois et tableaux forment un décor agréable. Jardin d'été et terrasse dans la cour intérieure.

Leipzig

Barthels Hof
Hainstr. 1 - ✆ 0341 14 13 10 - www.barthelshof.de - 18/22 €. Un hôtel de foire typique, construit entre 1747 et 1750 pour le marchand Gottlieb Barthel. Depuis plus de cent ans, un restaurant occupe ses murs ; on vous y servira une cuisine simple (spécialités saxonnes).

Zill's Tunnel
Barfußgäßchen 9 - ✆ 0341 960 20 78 - www.zillstunnel.de - 13/21 €. Depuis 1841, cette maison est à la fois une brasserie et une taverne. La carte est entièrement rédigée en saxon (plats régionaux principalement).

Meissen

Romantik Restaurant Vincenz Richter
An der Frauenkirche 12 - ✆ 03 521 45 32 85 - www.vincenz-richter.de - fermé 3 sem. en janv., dim. soir et lun. - 18/27 €. Vous tomberez immédiatement sous le charme de cette maison de drapier de 1523. L'été, agréable terrasse dans la cour intérieure.

Weimar

Sommer's Weinstube Restaurant
Humboldtstr. 2 - ✆ 03 643 40 06 91 - www.wein-sommer.com - fermé midi et dim. - 10/15 €. Dirigé depuis plus de 130 ans par la famille Sommer, ce restaurant a su conserver son charme d'autrefois. On y sert des spécialités de Thuringe, souvent à base de pommes de terre. Grand choix de vins régionaux et internationaux.

Aires de service et de stationnement

Bad Muskau

Stellplatz Bad Muskau
Bautzener Straße 39 -
0162 434 70 39
Permanent
Borne : 4 €
24 P - 8 €/j.
Services :
GPS : E 14.71925 N 51.53378

Cottbus

Aire de Cottbus et Wohnmobilstellplatz Spreeauenpark
Voir le circuit 55 p. 280.

Dresden/Dresde

Stellplatz Wiesentorstrasse
Wiesentorstrasse -
0351 718 76 43
Permanent
Borne sanistation : 7 €
30 P - 20 €/j.
Services :
Transports en commun pour le centre-ville. Piste cyclable. Paiement en espèces au gardien.
GPS : E 13.74329 N 51.05677

Stellplatz Schaffer-mobil
Kötzschenbroder Strasse 125 -
0351 837480
Permanent
Borne : 2 €
100 P - 12 €/j.
Services :
Transports en commun pour le centre-ville.
GPS : E 13.6829 N 51.0857

Erfurt

P+R Urbicher Kreuz
Am Urbicher Kreuz -
0361 664 00
Permanent
Borne artisanale : Gratuit
15 P - 24h - Gratuit
Services :
GPS : E 11.09549 N 50.9498

Görlitz

Stellplatz Rosenhof
Geschwister-Scholl-Strasse 15 -
03581 748 20
Permanent
Borne
70 P - 15 €/j.
Services :
Centre-ville à 1 km.
GPS : E 14.96003 N 51.13573

Leipzig

Kulkwitzer See
Seestrasse 1 -
0341 71 07 70
Permanent
Borne
20 P - illimité - 15 €/j.
Services :
Le tarif inclut l'eau et l'électricité.
GPS : E 12.25487 N 51.31274

Meissen

Landhaus Nassau
Nassauweg 1 -
03521 73 81 60
Permanent -
Borne
20 P - 5 €/j.
Services :
GPS : E 13.51651 N 51.17164

Naumburg

Altstadtparkplatz Vogelwiese
Luisenstrasse -
03445 27 31 12
Permanent
Borne artisanale : 1 €
15 P - 5 €/j.
Services :
GPS : E 11.81359 N 51.14853

Senftenberg

Stellplatz Senftenberg
Seestrand Buchwalde -
D'avr. à oct.
Borne
12 P - > 72h - 18 €/j.
Services :
Centre-ville à 2 km.
GPS : E 14.02457 N 51.51224

Weimar

Caravan Parking
Hermann-Brill-Platz, suivre la pancarte Caravan parking -
36437450
Permanent
Borne artisanale
20 P - 24h - 10 €/j.
Services :
GPS : E 11.31197 N 50.98608

Wolfsberg/Marienberg

Caravanplatz Drei-Brüder-Höhe
Drei-Brüder-Höhe 1 -
03735 60 00
D'avr. à oct.
Borne sanistation : 6 €
12 P - 10 €/j.
Services :
GPS : E 13.12411 N 50.65667

La Pologne du Sud

➲ *Départ : Wroclaw*
➲ *7 jours - 610 km*

La rue Florianska, à Cracovie.

Jours 1 et 2

Wrocław réserve de belles surprises. La capitale de la Basse Silésie vous retiendra bien au moins deux jours. Ils ne seront pas de trop pour arpenter son Rynek bordé de maisons superbement restaurées et flâner dans ses rues animées tout au long de l'année par les nombreux étudiants qui peuplent la ville. Promenez-vous le long des quais de l'Oder, explorez Ostrów Tumski, cette ancienne île où se dressent encore aujourd'hui cathédrale et églises. Parcs et espaces verts vous permettront de souffler un peu tandis que les enfants seront charmés par le zoo, rendu célèbre à travers le pays par une émission de télévision.

Jour 3

Découvrez la région des Karkonosze ; arpentez la ville de **Jelenia Góra** et montez à la station de ski de **Karpacz**. Randonnées et découverte de la nature sont au programme à moins de 100 km de Wrocław. Arrêtez-vous en chemin pour visiter les églises en bois classées par l'Unesco de **Jawor** et de **Świdnica**. Le pays de Kłodzko vous réserve des balades au cœur des monts Tabulaires et de leurs paysages découpés. La grotte de l'Ours et les souterrains de la forteresse de **Kłodzko** vous emmèneront dans les profondeurs de la terre. Continuez votre itinéraire par la ville de **Paczków** que certains considèrent comme le Carcassonne polonais. Avant de vous rendre à Cracovie, faites un crochet par la paisible ville d'**Opole** dans les environs de laquelle se répartissent une dizaine d'églises en bois aux fresques du 14e s. remises au jour. Afin de vous rendre au plus vite à Cracovie, empruntez l'autoroute E40.

Jours 4 et 5

Cracovie (Kraków) est une ville médiévale paisible, l'une des rares en Pologne à être sortie intacte de la guerre. Si vous avez peu de temps, concentrez-vous sur le centre ancien autour du Rynek et de la halle aux Draps, les bâtiments de la fameuse université Jagellonne et la visite du château de Wawel et de sa cathédrale, panthéon des rois polonais. Passez au moins une soirée dans le quartier juif de Kazimierz. Si vous pouvez y séjourner plus longtemps ou si un premier séjour bref vous a donné envie d'en découvrir plus, consacrez plus de temps à l'exploration de ses musées, ses monuments tout en savourant pleinement l'ambiance de ses rues. Cracovie se découvre à pied, surtout la Vieille Ville entourée par les Planty et Kazimierz.

Jour 6

Rendez-vous au sud dans la tentaculaire mine de sel de **Wieliczka**. Son origine remonte au 13e s. Il en reste un vaste réseau de galeries d'une longueur de 300 km dont certaines s'enfoncent jusqu'à 327 m de profondeur. Puis poussez à l'ouest jusqu'au tristement célèbre camp d'**Auschwitz** (Oświęcim), premier camp d'extermination. Plus d'un million de personnes de 28 nationalités différentes, pour la plupart juifs, y ont péri.
Dans la proche banlieue de Cracovie, le site de Zwierzyniec réserve de belles balades dans un cadre champêtre parsemé de tertres anciens. À 10 km à l'est

Jelenia Góra
Miłków
Karpacz
Jawor
Świdnica
WROCŁAW
Kłodzko
Paczków
Nysa
Opole
Góra Świętej Anny
Nakło
Katowice
Ojcowski Park Narodowy
Nowa Huta
Kraków
Wieliczka
Oświęcim
Wadowice
Kalwaria Zebrzydowska
Zakopane
60 km

de la ville, vous pourrez visiter **Nowa Huta**, ville socialiste créée de toutes pièces autour d'un village qui possède toujours son monastère cistercien ainsi qu'une église moderne, l'Arche. À 15 km au nord-ouest, parcourez l'impressionnant **parc naturel d'Ojców** où les roches calcaires créent des paysages tourmentés et encaissés.

Jour 7

Partez pour le sud à la découverte des régions alpestres comme les Tatras autour de **Zakopane**, sans oublier de faire un détour par **Kalwaria Zebrzydowska**, haut lieu de pèlerinage, et par **Wadowice**, ville natale de Karol Wojtyla plus connu sous le nom de Jean-Paul II. Cette région a conservé des traditions fortes qui se déclinent dans l'architecture, le folklore et l'artisanat. Les randonnées, tracées souvent au cœur de Parcs naturels, sont bien balisées et accessibles à tous les niveaux.

Office de tourisme

Wrocław

Rynek 14 - 71 344 31 11 - www.wroclaw-info.pl - 9h-21h.

Pour téléphoner en Pologne :
00 48 + indicatif urbain puis le numéro de votre correspondant

Pour plus d'informations :
Carte Michelin National N° 720
Le Guide Vert Pologne

Campings

Jelenia Góra

Auto Camping Park
Ul. Sudecka 42 -
75 752 45 25
Permanent -
1,3 ha (40 empl.)
Tarif : 2,87 € 4,79 € -
2,87 €
borne -
Loisirs : , aire de sports - Services :
wifi
GPS : E 15.74224 N 50.89631

Katowice

Camping 215
Ul. Trzy Stawy 23 -
32 256 59 39
Permanent -
3 ha (150 empl.)
Tarif : 13,50 € - ,75 €
borne : Payant - 90
Loisirs :
Services : wifi
Transports en commun pour le centre-ville.
GPS : E 18.99784 N 50.12224

Kraków/Cracovie

Krakowianka
Żywiecka Boczna 2 -
12 268 11 35
De mai à sept. - 6 ha
Tarif : 4,80 € 9,58 €
borne -
Loisirs : , aire de sports
Services :
Transports en commun pour le centre-ville.
GPS : E 19.92421 N 50.01559

Clepardia
Ul. Pachonskiego 28a -
12 415 96 72
De mi-avr. à mi-oct. -
1,3 ha (50 empl.)
Tarif : 4,80 € 4,79 € -
2,87 €
Loisirs :
Services :
wifi
Transports en commun pour le centre-ville.
GPS : E 19.94176 N 50.09566

Miłków

Wisniowa Polana
Milków 40A -
69 243 01 35
De mai à sept. -
1,5 ha (80 empl.)
Tarif : 3,35 € 6,94 € -
2,40 €
borne -
Loisirs : (plan d'eau) , aire de sports
Services : wifi
GPS : E 15.76746 N 50.80653

Wrocław

Stadion Olimpijski
Ul. Paderewskiego 35 -
71 348 46 51
De déb. mai à mi-oct. -
2,5 ha (180 empl.)
Tarif : 17,20 €
Loisirs : , aire de sports - Services :
wifi
GPS : E 17.09105 N 51.11708

Zakopane

Harenda
Os. Harenda 51B -
18 201 47 00
Permanent - 1,5 ha (120 empl.)
Tarif : 16,40 €
borne -
Loisirs : , aire de sports - Services :
wifi
GPS : E 19.98558 N 49.32355

Ustup
Ul. Ustup k/5 - 60 595 00 07 - De mai à déb. oct. -
0,8 ha (30 empl.)
Tarif : 16,20 €
borne -
Loisirs : - Services :
GPS : E 19.9855 N 49.3223

Aires de service et de stationnement

Góra Świętej Anny

Parking Najem Pokoi
Ul. Strzelecka 2A - 077/4615406
Permanent
Borne : Gratuit
20 P - 10 €/j.
Services : WC
GPS : E 18.16896 N 50.45791

Nakło

Aire privée
Ul. Strzelecka 91 - 087/644247
Permanent
Borne artisanale
10 P - 10 €/j.
GPS : E 18.1271 N 50.5779

Les bonnes adresses de Bib

Jelenia Góra

Kaligrafia
Plac Ratuszowy 58, dans les caves de l'hôtel de ville – 75 645 00 55 - 12h-0h - 25 PLN. Dans de superbes caves voûtées, une cuisine créative qui fait la part belle aux viandes et aux poissons. Le soir, c'est plutôt l'ambiance d'un pub.

Kurna Chata
Pl. Ratuszowy 23/24 - 75 642 58 50 - www.kurnachata.pl - 35 PLN. Excellente cuisine polonaise très bon marché servie sous les arcades du Rynek.

Quirino
Ul. Plac Piastowski 23 - 60 178 75 98 - 13h-23h - 50 PLN. En plein centre, un restaurant aux airs de bar à vin. Cuisine polonaise fine.

Kłodzko

Restaurant de l'hôtel Pan Tadeusz
Ul. Grottgera 7 - 74 867 02 16 - 40 PLN. Sans aucun doute le meilleur restaurant de la ville. Dans un cadre très cosy, une excellente cuisine, où se côtoient les influences italienne et hongroise, servie avec la plus grande prévenance. Les portions sont gargantuesques et les desserts succulents.

W Ratuszu
Pl. Chrobrego 3 - 74 865 81 45 - www.wratuszu.pl - 10h-21h - 50 PLN. Dans le bâtiment de l'hôtel de ville, une grande salle aux boiseries sombres et aux chaises tendues de velours bleu. La cuisine, raffinée, joue la carte de l'inventivité : porc sauce raisin ou bœuf à la portugaise (brochettes au fromage). Délicieux et fort bien servi.

Opole

Maska
Rynek 4/5/6 - 77 453 92 67 - www.pubmaska.pl - 10h-1h, sam. 10h-2h, dim. 12h-0h - 30 PLN. Une excellente cuisine polonaise inventive servie en terrasse ou dans une adorable salle voûtée dont les murs artistiquement écaillés laissent apparaître des fresques.

Starka
Ul. Ostrówek 19 - 77 453 12 14 - www.restauracjastarka.pl - 40 PLN. Perché au-dessus de l'Oder, ce restaurant, bien fourni en bières et cocktails, propose une cuisine polonaise raffinée. Quelques spécialités à la demande dont le jambonneau et l'oie à la polonaise.

Wrocław

Bistrot Parisien
Ul. Nożownicza 1 D - 71 341 05 65 - www.lebistrotparisien.pl - à partir de 12h - formule 24/29 PLN - 70 PLN. Des bouquins de Balzac, Boris Vian et Malraux s'entassent derrière les vitrines et donnent le ton du lieu. Ce repaire francophone et francophile sert de copieux plats hexagonaux (salades, crêpes).

Kurna Chata
Ul. Odrzańska 17 - 71 341 06 68 - www.kurnachata.pl - lun.-vend. 10h-0h, w.-end 12h-0h - 35 PLN. Dans un décor rustique aux airs de ferme, on sert une solide cuisine traditionnelle des plus abordables. La clientèle est variée et de tous âges.

Stare Jatki
Ul. Stare Jatki. 20 boutiques d'artistes et de créateurs occupent les maisons de la rue des Anciennes-Boucheries et proposent des articles de qualité : papiers, vêtements en lin, verrerie, peinture, poterie, sculpture ou bijouterie fantaisie.

Zakopane

Gazdowo Kuźnia
Ul. Krupówki 1 - 18 201 72 01 - www.gazdowokuznia.pl - 11h-dernier client - 40 PLN. La salle ressemble à un magasin d'antiquités ou à un Skansen ! Côté gastronomie, des traditionnels plats montagnards des plus parfumés et goûteux.

Karcma Zapiecek
Ul. Krupówki 43 - 18 201 56 99 - http://zapiecek.pl - 11h-23h - 40 PLN. Pour ceux qui veulent se plonger dans l'atmosphère d'une « koliba ». Le palais et les oreilles sont alimentés de saveurs et de notes folkloriques.

De la Pologne à la Hongrie

➲ *Départ : Zakopane*
➲ *10 jours - 894 km*

Place centrale de Banská Bystrica.

Jour 1

La route 960, puis 67, de **Zakopane** à **Levoča**, vous conduit dans la région dite du « Paradis slovaque » : randonneurs et passionnés de nature y trouveront leur bonheur. La flore et la faune y sont d'une grande richesse. Levoča est une ravissante cité médiévale, aux remparts très bien préservés ; vous y visiterez surtout l'église Saint-Jacques, qui recèle le plus grand autel à retable du monde, datant du 16e s., ainsi que la place principale. Faites un détour (environ 15 km à l'est), jusqu'au château de Spisske Podhradie, perché sur sa butte à 700 m d'altitude. Immanquable, il est le plus grand château d'Europe centrale, et offre depuis ses remparts une vue sur toute la vallée. En été, vous pourrez assister à de nombreux festivals dans ses ruines.

Jour 2

Vous arrivez à **Košice**, deuxième ville de Slovaquie par la route 18, puis 547. L'ancienne grande cité médiévale a été capitale européenne de la Culture en 2013 : quel chemin parcouru ! Emblématique des siècles passés, la cathédrale Sainte-Elisabeth, de pur style gothique, se dresse sur la place centrale. La modernité de Košice s'incarne dans une vie estudiantine enjouée. Baladez-vous dans la rue Hlavna, qui concentre la majorité des musées et monuments à ne pas rater, ainsi que de nombreux restaurants aux terrasses agréables.

Jour 3

Rožňava (*via* la route 50) vous servira de base pour rayonner dans la journée vers les grottes calcaires du Karst slovaque. À moins de 30 km au sud-ouest (route 587), découvrez notamment la grotte de Domica, l'une des plus belles du monde.

Jour 4

Vous serez frappé, sans aucun doute, en arrivant à **Vlkolínec** (*via* les routes 533 et E 50), par le sentiment d'être hors du temps. Ce village véritablement traditionnel, classé au Patrimoine mondial de l'Unesco depuis 1993, semble s'être figé il y a plusieurs siècles. Admirez ses charmantes maisons aux charpentes de bois et murs d'argile, regroupées autour de leur chapelle. Quittez Vlkolínec pour **Banská Bystrica** par la route 59, puis la E 77.

Jour 5

Banská Bystrica affiche sa prospérité passée (exploitation de mines d'argent et de cuivre) sur les murs ornés des églises gothiques et de nombreuses maisons bourgeoises de la ville. Elle est aujourd'hui un centre culturel et universitaire dynamique, autant qu'une bonne base pour les amateurs de randonnées dans la région.

Jour 6

Banská Štiavnica, que l'on gagne par la R1 et la route 51, est une étape incontournable de tout circuit en Slovaquie : ses ruelles, bordées de belles maisons cossues, d'églises richement ornementées, laissent place à de jolis palais et châteaux. Vous pourrez parcourir toute la ville à pied, profitant de cette fine architecture. Les curieux se raviront du musée des Mines en plein air, véritable machine à remonter le temps.

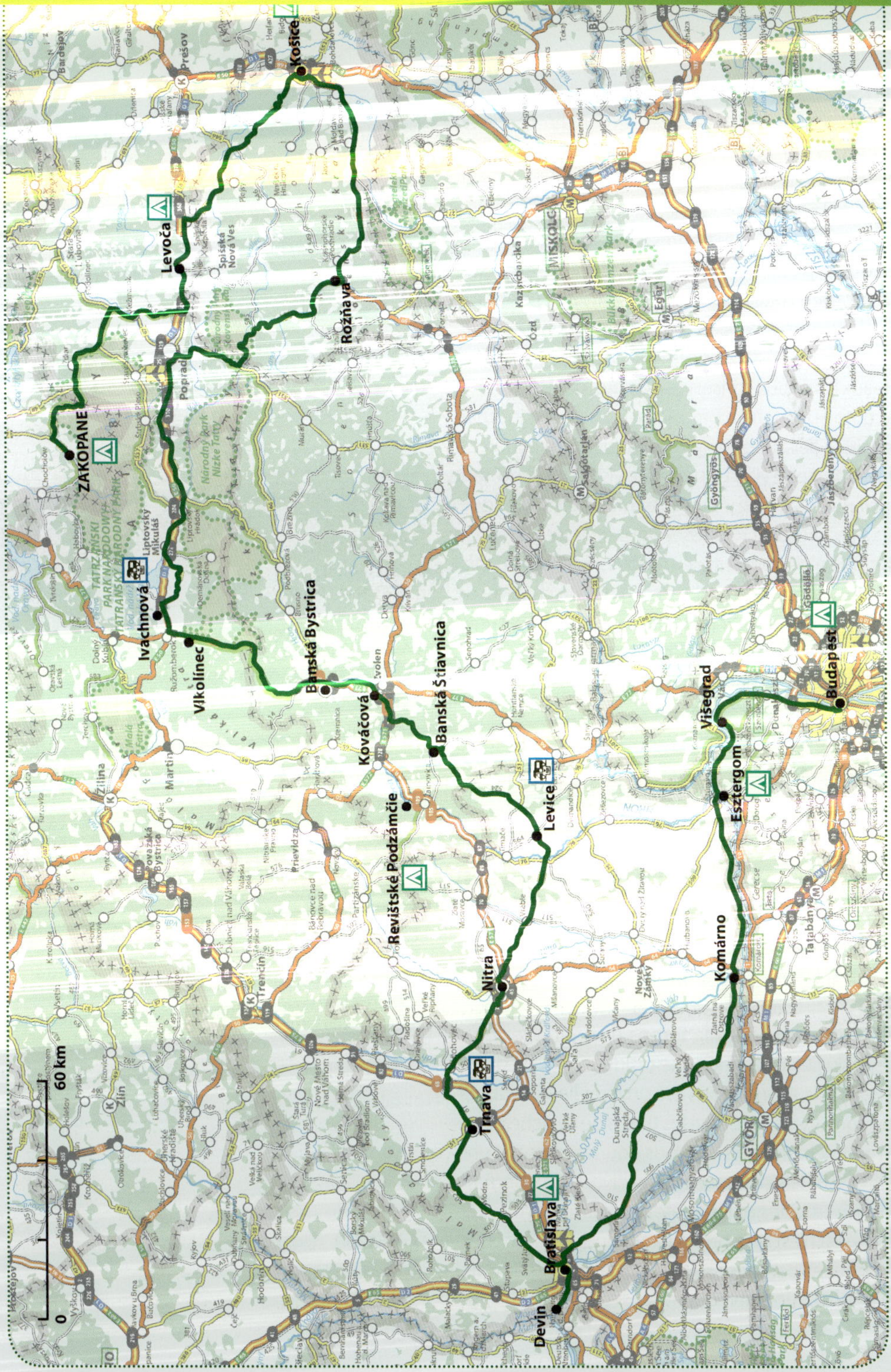
0
60 km
ZAKOPANE
Levoča
Košice
Rožňava
Poprad
Ivachnová
Vlkolínec
Banská Bystrica
Zvolen
Kováčová
Banská Štiavnica
Levice
Nitra
Trnava
Bratislava
Devín
Komárno
Esztergom
Visegrad
Budapest
Revištské Podzámčie
MISKOLC
Eger
Gyöngyös
Žilina
Martin
Trenčín
Prešov
GYŐR
Tatabánya
Liptovský Mikuláš
Ružomberok
TATRZAŃSKI PARK NARODOWY
Nové Zámky
Spišská Nová Ves
Salgótarján

Adresses circuit 60

Jours 7 et 8

Prenez la route 65 jusqu'à **Nitra**, l'une des plus anciennes villes slovaques ; elle abrite la première église chrétienne du pays, bâtie en 830, ainsi qu'un château étonnant, qui domine la ville. À l'intérieur de l'enceinte se dresse la cathédrale Saint-Emmeran. Sur la route 513, prenez la direction de **Trnava** pour une halte de quelques heures ; l'occasion de visiter la cathédrale de style baroque Saint-Jean-Baptiste et l'église Saint-Nicolas. Dans votre descente vers **Bratislava**, une étape importante vous attend : Červený Kameň (suivre la route 504), littéralement « château de la Pierre-Rouge ». C'est l'un des châteaux les mieux conservés du pays, datant du 13e s. De là, la route 502 mène à Bratislava. Passez une journée dans la capitale de la République slovaque. Vous flânerez à pied à travers la vieille ville. La première visite surprend, tant s'entremêlent les styles médiéval, baroque, et soviétique. Amateurs d'architecture, réjouissez-vous : chaque rue révèle une église, un palais, souvent bien rénovés. Sortez de Bratislava pour l'incontournable visite des ruines du château de **Devin**, à 10 km à l'ouest par la Devinska Cesta ; les vestiges du fort, pris par Napoléon en 1809, sont impressionnants, et offrent un très beau panorama.

Jour 9

La route 506 et la route 1 vous emmèneront jusqu'à **Komárno**, ville à cheval sur la Hongrie et la Slovaquie. Cette étape présente surtout l'intérêt de faire une halte agréable le long du Danube. Suivre le cours du fleuve en voiture se fait aisément, laissez-vous porter par son rythme... Une fois franchie la frontière hongroise, arrêtez-vous à **Esztergom** (route 63)

Jour 10

À Esztergom aussi, prenez le temps d'admirer le cours majestueux du Danube. Ancienne résidence royale du 11e et du 13e s., la ville a longtemps été un haut lieu du catholicisme hongrois : elle conserve les traces de ce riche passé dans son architecture raffinée. Vous pourrez passer d'une rive à l'autre en bateau, notamment au niveau de **Višegrad.** Les résidences royales et les châteaux y sont nombreux. De là, **Budapest** n'est qu'à une quarantaine de kilomètres, que vous pouvez parcourir par voie terrestre ou fluviale, grâce au bateau quotidien qui relie Esztergom, Višegrad et la capitale.

Campings

Bratislava (Slovaquie)

Autocamp Zlaté piesky
Senecká cesta 2 -
02 44 25 73 73
De mai à mi-oct. - (300 empl.)
Tarif : 5 € 5,50 € - 3,50 €
Loisirs :
Services :
GPS : E 17.22491 N 48.19308

Budapest (Hongrie)

Zugligeti Niche Camping
Római
Haller
Voir le circuit 61 p. 306.

Esztergom (Hongrie)

Gran Camping
Nagy-Duna s -
06/33-402 513
De mai à sept. - (130 empl.)
borne : Payant -
Loisirs :
Services : wifi
GPS : E 18.73302 N 47.79382

Košice (Slovaquie)

Camping Salaš Barca
Alejová 24 -
055 623 33 97
De mi-mai à mi-oct.
Tarif : 8 € 3,32 € - 3,32 €
borne - - 23,50 €/j.
Loisirs :
Services : wifi
GPS : E 21.2567 N 48.6879

Levoča (Slovaquie)

Camping Levoca Dolina
Dolina 5333 -
053 451 27 05
Permanent - 3 ha (70 empl.)
Tarif : 4,50 € 4,30 € - 3,90 €
borne : Payant -
Loisirs : jacuzzi
Services : wifi
GPS : E 20.58682 N 49.05039

Revistské Podzámcie (Slovaquie)

Drevenica Reviste - Autocamp
Revištské Podzámčie III / 83 -
0917 40 99 13
Permanent - 2,5 ha (78 empl.)
Loisirs : jacuzzi
Services : wifi
GPS : E 18.72687 N 48.52059

Zakopane (Pologne)

Harenda
Ustup
Voir l'itinéraire précédent.

Aires de service et de stationnement

Ivachnová (Slovaquie)

Parking de la Penzion na Majeri
Liptovské Sliače -
0908 96 52 95
P - Payant
Services :
GPS : E 19.4146 N 49.09491

Levice (Slovaquie)

Aire communale
Piazza Municipio -
0173 83 31 13
Permanent
Borne artisanale : Gratuit
30 P - 48h - Gratuit
GPS : E 8.157 N 44.5378

Trnava (Slovaquie)

Parking de Trnava
Accès par Rybnikova -
Permanent
P - Gratuit
Services :
GPS : E 17.58617 N 48.38246

Les bonnes adresses de Bib

Banská Bystrica (Slovaquie)

Restauracia Plzenska
SNP nam 20 - 048 415 37 86 - http://pilsnerrestaurant.sk - dim.-merc. 10h-23h - jeu.-sam. 10h-0h. Cuisine traditionnelle et simple, terrasse pour les beaux jours, ou cave rénovée à l'intérieur.

Budapest (Hongrie)

Voir les itinéraires 61 et 66.

Trnava (Slovaquie)

Restaurant de l'hôtel Barbakan
Stefanikova 11 - 090 528 53 29 - www.hotelbarbakan.sk - 9h-22h - 15 €. Restaurant de l'hôtel avec une terrasse calme et ombragée.

Zakopane (Pologne)

Voir l'itinéraire précédent.

Offices de tourisme

Banská Štiavnica
Sv. Trojiče nám. 6 - 045 694 96 53 - www.banskastiavnica.sk - mai-sept. : 9h-18h ; hors saison : 8h-16h.

Bratislava
Klobučnicka 2 - 025 441 94 10 - www.visitbratislava.eu - été : 9h-19h ; hiver : 9h-18h. Dispose de la liste des campings du pays.

Košice
Hlavná 59 - 055 625 88 88 - www.Kosice.sk - lun.-vend. 9h-18h, sam.-dim. 10h-15h.

Levoča
Majstra Pavla nam. 58 (en haut de la place centrale) - 053 451 37 63 - www.levoca.sk - mai-sept. : tlj sf dim. 9h-16h ; oct.-avr. : tlj.sf w.-end 9h-16h.

Trnava
Trojičné nám. 1 - 033 323 64 40 - www.vitajtevtrnave.sk - mai-sept. : tlj sf dim. 9h30-18h ; hors saison : tlj sf w.-end 10h-17h.

Pour téléphoner en Hongrie :
00 36 + indicatif de la ville puis le numéro de votre correspondant (sans le 06 initial)

en Pologne :
00 48 + indicatif urbain puis le numéro de votre correspondant

en Slovaquie :
00 421 + le numéro de votre correspondant sans le 0 initial

Pour plus d'informations :
Cartes Michelin National N° 720, 731 et 732
Le Guide Vert Pologne

Budapest, entre l'orient et la « puszta »

➲ *Départ : Budapest*
➲ *6 jours - 632 km*

Statue d'Eugène de Savoie dressée devant le Palais royal, à Budapest.

I. Pompe / hemis.fr

Jours 1 et 2

Budapest s'avère un creuset dans lequel se fondent diverses cultures dont les empreintes toujours vivantes font partie du patrimoine national. Ville originale où se mêlent les parfums de l'Orient et de l'Occident, elle est bien sûr la ville des bains, réminiscences de l'époque romaine et de l'occupation turque. Budapest incarne aussi une des vitrines de l'Art nouveau, dont le style Sécession, qui connut son âge d'or au tournant du 19e s. La danse et la musique y sont reines, que ce soient les compositions classiques avec Liszt, Kodály, Bartók, l'opérette portée par Lehár, ou la musique tzigane, sans oublier le jazz et le rock. Il faut savourer l'atmosphère des légendaires pâtisseries-salons de thé (à **Pest**, Gerbeaud, Múvész ; à **Buda**, Ruszwurm, Angelika) ou des anciens cafés littéraires. Consacrez le premier jour à la visite de Buda : Budavári palota (le Palais royal) et le Magyar Nemzeti Galéria, musée dédié à l'art hongrois ; la visite du vieux quartier autour du château (Várnegyed) vous ravira ; arrêtez-vous devant l'église Mathias (Mátyás templom) et n'oubliez pas de déambuler dans les rues aux façades colorées (Táncsis Mihály utca, Fortuna utca, Úri utca). Le lendemain, rendez vous à Pest pour faire un tour au Musée national hongrois (Magyar Nemzeti Múzeumaa) puis vous perdre dans les ruelles animées de ce quartier. La promenade est très agréable entre le pont Margit Hid et le pont Ersébet Hid.

Jour 3

Direction **Eger** en passant par le massif des Mátra, un des lieux d'excursion les plus prisés de Hongrie : cures thermales, tourisme et chasse sont les activités dominantes de la région. Une belle ville, séduisante, installée au creux des très beaux massifs montagneux qui la protègent des vents du nord et lui offrent un climat qui plaît à la vigne, telle se présente Eger. La réputation du vin qui rend fort, l'*egri bikavér* ou « sang de taureau », n'est plus à faire. Le 18e s. sera le siècle de la renaissance d'Eger qui prendra alors son visage actuel de ville baroque, qui charme tous ses visiteurs.

Jour 4

Partez pour **Miskolc** en contournant le massif des Mátra par Ózd et la frontière slovaque, région sauvage et un peu hors du temps. De Miskolc, un petit train conduit à **Lillafüred**. Il traverse l'ouest de la ville et serpente dans la forêt où vous découvrirez les charbonniers qui fabriquent le charbon de bois. Lillafüred est un endroit curieux situé au confluent de deux vallées, la Szinva et la Garadna. Pensez à vous rendre à **Miskolctapolca**, une des seules stations thermales où les bains sont aménagés dans une grotte.

Jour 5

Encore plus à l'est, rejoignez **Tokaj**, petit bourg modeste dont le vin doit sa réputation à une qualité exceptionnelle. Le crû le plus connu de ce vignoble est aujourd'hui le *tokaji aszú* auquel une préparation

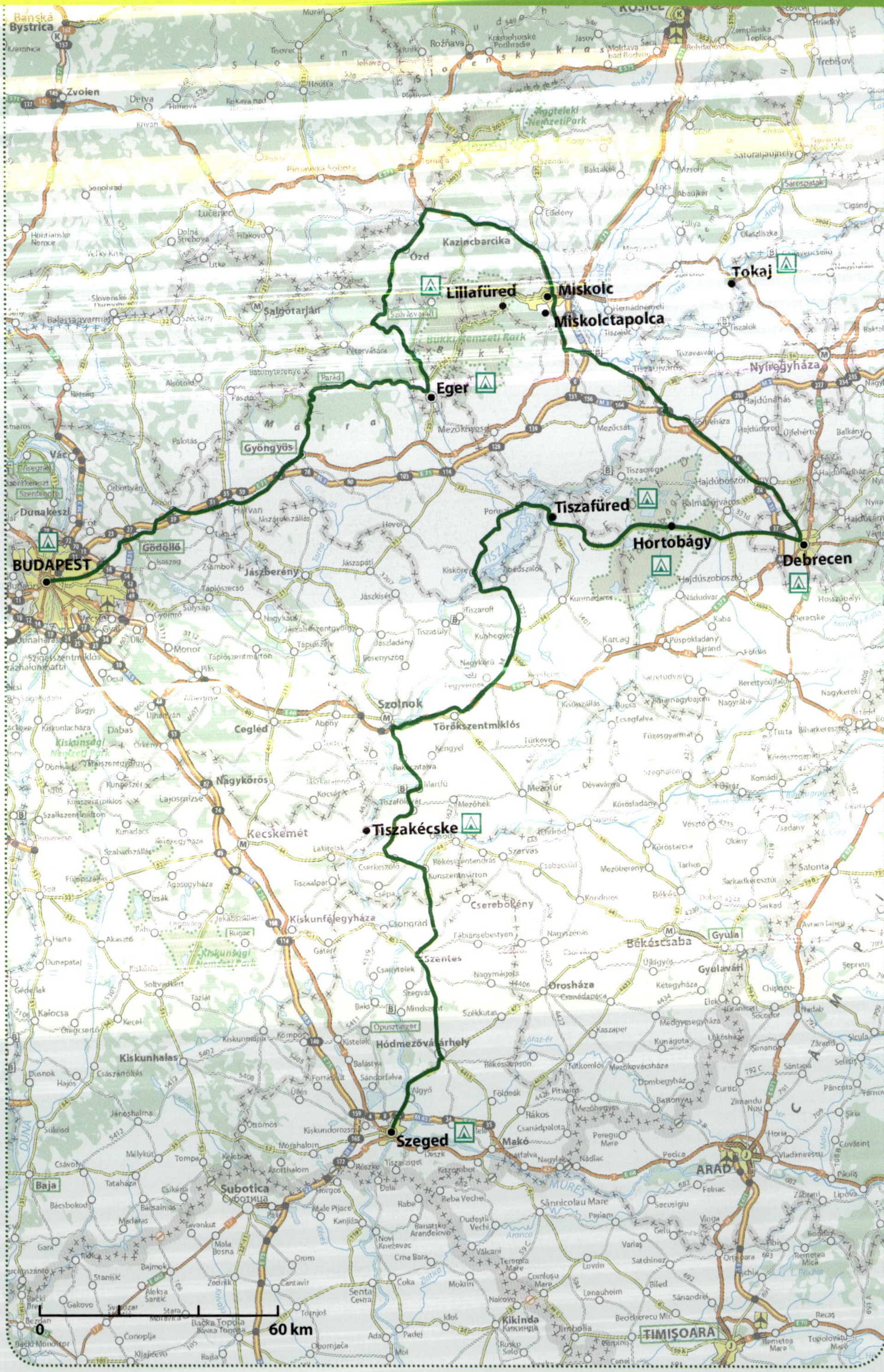
BUDAPEST
Eger
Lillafüred
Miskolc
Miskolctapolca
Tokaj
Debrecen
Hortobágy
Tiszafüred
Szolnok
Tiszakécske
Szeged
0
60 km

spéciale confère un goût particulier. Poursuivez votre périple en rejoignant **Debrecen** et la « puszta » où se situe le parc national d'**Hortobágy**, plus vaste steppe d'Europe centrale, puis rendez vous à **Tiszafüred** pour ses eaux thermales.

Jour 6

En empruntant la vallée de la Tisza, regagnez au sud **Szeged**, ville frontière où se rejoignent trois pays, la Hongrie, la Roumanie et la Serbie. Szeged est une belle et agréable ville arrosée par la Tisza, un petit Paris qui déroule boulevards et avenues, étale places, squares, parcs et jardins…

Office de tourisme

Budapest

Tourinform List-Ferenc tér - Andrássy út 47 - 438 8080 (800 36 00 00 00 de France) - http://tourinform.hu - 12h-20h.

Pour téléphoner en Hongrie :
00 36 + indicatif de la ville puis le numéro de votre correspondant (sans le 06 initial)

Pour plus d'informations :
Carte Michelin National N° 732
Guide Vert Week-end Budapest

Campings

Budapest

Zugligeti Niche Camping
Zugligeti ut 101 - Pest - 06/1-200 8346
Permanent - 2 ha (90 empl.)
Tarif : 24 €
borne : Payant - 40
Loisirs : diurne, mur d'escalade
Services : wifi
Accès difficile pour les camping-cars. Télésiège devant accueil pour survoler la ville.
GPS : E 18.975 N 47.51646

Római
Szentendrei utca 189 - 06/1-388 7167
Permanent - 7,2 ha (250 empl.)
Tarif : 27,50 €
- 24 €/j.
Loisirs : beachvolley, barbecue
Services : wifi
GPS : E 19.05207 N 47.57412

Haller
Haller utca 27 - 06/20-367 4274
De déb. mai à sept. - 1,5 ha (120 empl.)
Tarif : 23 €
borne : Payant -
Services : wifi
Dans le centre-ville.
GPS : E 19.08382 N 47.47702

Debrecen

Dorcas et
Lyra Beach Camping
Voir le circuit 65 p. 322.

Eger

Tulipan Camping
Szépasszonyvölgy 71 - 07/03851160
De mi-mars à mi-oct. 10 ha (140 empl.)
Tarif : 16,30 €
borne : Payant - 50
Services : wifi
Accès difficile pour les camping-cars.
GPS : E 20.35914 N 47.89404

Hortobágy

Puszta
Petőfi tér 103 - 06/52-369300
De mai à sept. - 1,8 ha (80 empl.)
Tarif : 7,02 € 5,22 € - 2,61 €
borne : Payant -
Loisirs : , aire de sports
Services :
GPS : E 21.15103 N 47.58265

Lillafüred

Lillafüred Kemping
Erzsébet Sétàny 39 - 06/46-333146
De mai à sept. - 2 ha (40 empl.)
Tarif : 18 €
Services : wifi
GPS : E 20.62118 N 48.09631

Szeged

Sziksósfürdö Kemping
Széksósi - 06/62-551920
De mi-mai à mi-sept. - 3 ha (250 empl.)
Tarif : 17 €
borne : Payant -
Loisirs : , jeux pour adultes, aire de sports, barbecue, bateaux à pédales, canoës, trampoline
Services : wifi
GPS : E 20.02194 N 46.27195

Tiszafüred

Thermal Camping Tiszafüred
Húszöles u. 2. - 06/59-352911

D'avr. à oct. - 1,5 ha (140 empl.)
Tarif : 19,70 €
borne : Payant -
Loisirs : , aire de sports, beachvolley, barbecue
Services : wifi
GPS : E 20.74782 N 47.62032

Tiszakécske

Hongarije Poesta Mini Camping
Sarhalom dulo 107 - 06/76-719714
Permanent - 0,6 ha (14 empl.)
Tarif : 15 €
borne - 8 - 12,50 €/j.
Services : wifi
GPS : E 20.0281 N 46.9877

Tokaj

Tiszavirág
Horgasz utca 11/A - 07/09344176
D'avr. à mi-oct. - 1,4 ha (60 empl.)
borne : Payant -
Loisirs :
Services :
GPS : E 21.42078 N 48.12385

Les bonnes adresses de Bib

Budapest

Voir également l'itinéraire 66.

Fatâl
Pest V., Váci utca, 67 - 06/1-266 2607 - www.fatalrestaurant.com - 12h-0h - 4 200 Ft. On y fait la queue sans doute pour son cadre et son originalité. Côté décor, une cave voûtée en longueur, grandes tablées communes, ambiance rustique et conviviale. Côté cuisine, les plats (copieux et consistants) sont servis sur des planches en bois (*fatál* en hongrois) ou directement dans des poêles. Une adresse qui joue la carte de portions gargantuesques.

Bagolyvár
Allatkertí ut, 2 - 06/1-468 3110 - www.bagolyvar.com - tlj sf dim. 12h-23h - 4 200 Ft. Une annexe du Gundel voisin, mais à des prix nettement plus abordables. Belle salle au plafond en bois. Cuisine traditionnelle avec une recherche certaine dans l'élaboration des plats. Exclusivement tenu par des femmes, en salle comme aux fourneaux. Le soir, un joueur de cymbalum bercera votre dîner.

Gellért
Kelenhegyi u., 4 - 06/1-466 6166 - 6h-20h - bains mixtes - 4 900/5 300 Ft. Bien que le besoin d'une nouvelle rénovation se fasse sentir, voici l'un des établissements les plus spectaculaires avec ses décors Art nouveau. Il comprend une partie « balnéaire » (piscine à vagues, solariums, sauna, bar, restauration, magnifique piscine intérieure) et une partie thermale, la plus intéressante architecturalement (2 piscines à 36 et 38 °C, piscine froide, saunas, hammam). Masseurs à disposition. Les eaux thermales légèrement acides et radioactives conviennent tout particulièrement aux rhumatismes et à l'arthrose.

Gerbeaud
Pest V., Vörösmarty tér 7/8 - 06/1-429 9000 - www.gerbeaud.hu - 9h-21h. Le plus célèbre salon de thé, acheté en 1884 par Émile Gerbeaud, confiseur suisse renommé. Très fréquenté par les touristes du monde entier. Une institution. Terrasse en été.

Herend Porcelain Manufactory
József Nádor tér, 11 - 06/1-317 2622 - lun.-vend. 10h-18h, sam. 10h-14h. Vitrine budapestoise de la fameuse manufacture de porcelaine de Herend : les pièces que vous y découvrirez sont autant d'idées de cadeau dont la qualité honore le savoir-faire hongrois.

Muvész Kávéház
Buda VI., Andrássy út 29 - 06/1-333 2116 - http://flaska.hu - lun.-sam. 9h-22h, dim. et j. fériés 10h-22h. Café situé face à l'Opéra sur les « Champs-Élysées budapestois ». Colonnes en marbre, miroirs, lustres… Vous dégusterez de goûteuses pâtisseries typiques dans un charmant décor « rétro ».

Debrecen

Flaska Söröző
Miklós u., 4 - 06/52-414 582 - http://flaska.hu - 11h30-23h, dim. 11h30-22h. Dans une cave voûtée, un petit restaurant de quartier, fréquenté principalement par les « locaux ». Très bon marché. Peut-être la meilleure adresse.

Eger

Ködmön Csárda
Szépasszony-völgy - 06/36-413 172 - 10h-23h - 4 000 Ft. Dans la « vallée de la Belle Femme », qui regroupe de nombreux restaurants et caves à vins, grande auberge traditionnelle proposant de nombreux plats et vins hongrois. Musique et danses folkloriques. Très touristique l'été.

Miskolc

Alabárdos étterem
Kisavas Elsősor 15 - 06/30-958 7521 - http://alabardos-miskolc.hu - 4 000 Ft. L'un des plus vieux restaurants de la ville. Plusieurs ambiances : une salle au décor médiéval (lances, lustres en fer et cheminée centrale) à l'étage, et au sous-sol, de longues caves plus populaires avec tables et bancs en bois. Un coup de cœur !

Le grand Ouest de la Roumanie

➲ *Départ : Timişoara*
➲ *8 jours - 1 055 km*

Oradea vue des rives du Crişul Repede.

Wilmar / IQ Images / age fotostock

Jour 1

Célèbre pour avoir joué un rôle décisif au cours de la révolution de 1989, **Timişoara**, la « Petite Vienne », est une cité dynamique en plein essor économique, à la fois universitaire et cosmopolite. Aussi nommée la « ville des roses » pour ses nombreux jardins, elle s'emploie à mettre en valeur son superbe centre historique, dont les immeubles baroques et Sécession occupent le territoire de la forteresse impériale, construite par les Autrichiens au 18e s.

Jour 2

Rejoignez ensuite **Oradea** *via* **Arad** par les routes 69 et 79. Arrêtez-vous en chemin pour profiter des bains chauds de la station thermale de **Băile Felix**. Cité multi-ethnique, Oradea offre à vos yeux des édifices baroques et d'innombrables façades nées de l'imagination florissante des architectes des années 1900. La vaste place de l'Union constitue l'un des plus beaux ensembles architecturaux du pays. Deux monuments en particulier attirent l'attention : la baroque église de la Lune et le palais de l'Aigle noir, immense ensemble Art nouveau au décor polychrome et aux ondulations audacieuses.

Jours 3 et 4

Dirigez-vous ensuite vers **Beiuş** qui accueille des foires locales. Aux alentours de cette ville, des églises en bois se dressent dans chaque hameau. Pour la plupart construites par des charpentiers locaux au 18e s., elles furent souvent décorées par un peintre itinérant originaire de Valachie, David Zugravul. Un détour par le plateau de Padiş, paradis des spéléologues, permet d'admirer de spectaculaires formations karstiques. À Pietroasa, la route s'arrête pour laisser la place à un sentier forestier. Difficilement praticable en voiture, il remonte la vallée d'un torrent, affluent du Criş Noir. Il faut être un marcheur expérimenté – et mieux vaut partir accompagné – pour découvrir les environs. Gouffres, avens, canyons et grottes, telle la citadelle de Ponor où se dissimule une rivière souterraine, composent un paysage tourmenté, rendu plus inquiétant par d'épaisses forêts. Ainsi s'explique pourquoi les Apucènes se sont révélés des refuges inexpugnables pour les révoltés qui y luttèrent jadis. Arrêtez-vous ensuite au musée de Lupşa, bonne introduction à la région d'élevage que vous allez traverser. Des fermes isolées égaient un superbe paysage de montagnes.

Jour 5

Faites la route vers **Cluj-Napoca**, phare économique, universitaire et culturel, favorisé par Matei Corvin, roi de Hongrie, puis par les Habsbourg. Malgré un premier moment de consternation provoqué par le bruit et la circulation, Cluj se révèle sous son véritable visage : celui d'une ville animée dont le centre historique recèle nombre de trésors. Parmi eux, la cathédrale Saint-Michel, symbole et cœur de la cité où fut baptisé Matei Corvin. Église-halle, c'est-à-dire dont les trois nefs sont de même hauteur, ce sanctuaire donne une impression de grandeur à laquelle contribue l'austérité du décor intérieur.

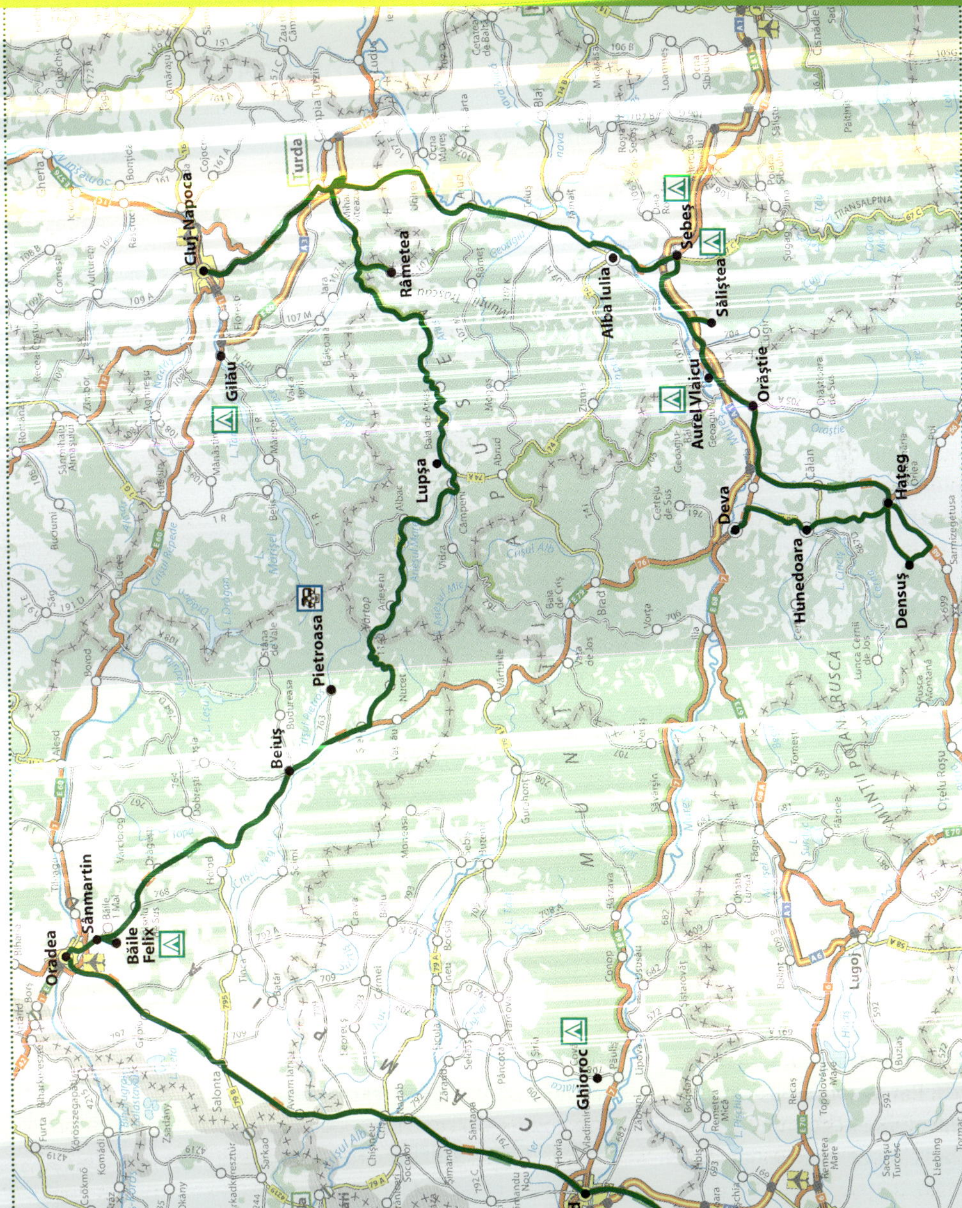
0
30 km
Oradea
Sânmartin
Băile Felix
Beiuş
Pietroasa
Lupşa
Râmeţea
Cluj Napoca
Gilău
Turda
Alba Iulia
Sebeş
Sălişţea
Aurel Vlaicu
Orăştie
Deva
Hunedoara
Haţeg
Densuş
Arad
Ghioroc
TIMIŞOARA
Lugoj
Gyula
Békéscsaba
Orosháza

Jour 6

Par la suite, vous rejoignez la vallée bucolique de **Rimetea** (Râmetea) et les gorges de Vălişoara. Vous admirerez les petites routes de l'est des Apuseni, qui traversent de charmants villages et paysages : Ighiu, Teiuş, monastère de Râmeţ, Aiud.

Jour 7

La journée s'achève à **Alba Iulia**, qui occupe une place particulière dans le cœur des Roumains : ici fut proclamée l'unification du pays, le 1er décembre 1918. La route 7 mène vers **Sebeş**, petite cité saxonne dont l'église évangélique abrite un retable du 16e s. Il faut ensuite prendre le temps de quitter la route pour apprécier les plus beaux vestiges du royaume des Daces, au sud d'**Orăştie**. Avant d'entamer cette balade, sachez que ces sites, aujourd'hui classés au Patrimoine mondial de l'Unesco, sont difficiles d'accès. Les plus courageux peuvent gagner à pied Sarmizegetusa Regia (4h30 de marche environ). Fondée au 1er s. av. J.-C., cette cité nichée à 1 200 m d'altitude fut la capitale de Decebal.

Jour 8

Poursuivez votre chemin par la route 7, empruntez la 66, vers **Haţeg**, qui traverse une campagne souriante et vallonnée, puis continuez jusqu'à l'originale petite église de **Densuş**, construite avec les pierres de la cité romaine voisine. Vous rejoignez ensuite **Hunedoara**, où se dresse un spectaculaire château. Avant de franchir le pont de bois au-dessus de la Cerna, en direction de la porte percée dans une tour massive, détaillez la façade de l'édifice et, notamment, la superbe série de poivrières. Par la route 68B vous atteignez **Deva** et sa citadelle. Celle-ci culmine à 371 m sur une colline aujourd'hui classée réserve naturelle.

Campings

Aurel Vlaicu

Aurel Vlaicu
Str. Principala 155 - 0254 245 541
De mi-avr. à fin oct. - 0,7 ha (40 empl.)
Tarif : 4,50 € 3,50 € - 2,50 €
borne -
Loisirs :
Services : wifi
Transports en commun à proximité du camping.
GPS : E 23.27583 N 45.90276

Băile Felix

Apollo
Bihor district - 0745 911 143
Permanent - 1 ha (30 empl.)
Tarif : 3,40 € 2,27 € - 1,14 €
borne -
Loisirs :
Services : wifi
GPS : E 21.98056 N 46.99608

Ghioroc

Camping Route Roemenië
Minis 298 - 0742 540 620
D'avr. à sept. - 0,5 ha (30 empl.)
Tarif : 16 €
Loisirs : (plan d'eau)
Services : wifi
GPS : E 21.59842 N 46.13315

Gilău

Eldorado
DN1 - E60 - 0745 930 945
De mi-avr. à mi-oct. - 3,8 ha (50 empl.)
Tarif : 3,50 € 4 € - 2,50 €
borne - - 4 €/j.
Loisirs : , promenades guidées en juil. et août.
Services : wifi
GPS : E 23.95319 N 45.77961

Timişoara

International
Aleea Calea Dorobantilor 63 - 0256 208 925
De mai à sept. - 4,5 ha (300 empl.)
Tarif : 17,50 €
borne - 50
Loisirs : , tennis de table
Services : wifi
lave-vaisselle
Transports en commun à proximité du camping.
GPS : E 21.26628 N 45.76931

Săliştea

Salisteanca
Strada Baii 13 - 0269 553 121
D'avr. à oct. - 0,1 ha (15 empl.)
Tarif : 2,27 €
Loisirs : , excursions organisées 2 fois par semaine de juin à sept.
Services : wifi
GPS : E 23.89027 N 45.79441

Sebeş

Poarta Oilor
Str. M. Eminescu 573 - Garbova - 0258 748 001
De mai à sept. - 2,1 ha (15 empl.)
Tarif : 15,60 €
borne -
Loisirs : , trampoline
Services : wifi
GPS : E 23.72848 N 45.86671

Aire de service et de stationnement

Pietroasa

Parking de Pietroasa
Parking du site touristique
P - Payant
Services :
Près des grottes Ursilor.
GPS : E 22.56993 N 46.55541

Office de tourisme

Timişoara
Str. Alba Iulia nr. 2 - 0256 437 973 - www.timisoara-info.ro - mai-sept. : lun.-vend. 9h-19h, sam. 9h-16h ; oct.-avr. : lun.-vend. 9h-18h, sam. 10h-15h.

Pour téléphoner en Roumanie :
00 40 + indicatif du département sans le 0 initial, puis le numéro de votre correspondant.

Pour plus d'informations :
Carte Michelin National N° 738
Le Guide Vert Roumanie

Les bonnes adresses de Bib

Cluj-Napoca

Casa Ardeleană
B-dul 21 Decembrie 1989 nr. 5 (à l'entrée du centre commercial Sora en sous-sol) - 0264 439 451 - www.casaardeleana.com - 12h-0h - 30/40 lei. Installée dans un sous-sol au décor plus rustique que nature et à l'agréable mobilier peint, la « Maison Transylvaine » propose des plats traditionnels, mijotés au four à bois. Une sympathique adresse, à deux pas du centre.

Agape
Str. Iuliu Maniu nr. 6 - 0264 406 523 - 10h-22h - 40 lei. Au rez-de-chaussée de l'hôtel, sous une verrière Art nouveau, un self-service propose des spécialités hongroises. À l'étage, pas moins de quatre salles décorées avec goût vous accueillent pour y déguster des spécialités transylvaines, à moins que vous ne préfériez la cuisine magyare, dans le superbe salonul Mátyas Király – musique traditionnelle en prime.

Oradea

Taverna
Str. Mihai Eminescu nr. 2/A - 0359 800 232 - http://tavernaoradea.ro - 12h-0h - 40 lei. En sous-sol, plats traditionnels hongrois et roumains. Menu du jour au déjeuner.

Timişoara

The Tunnel
Str. Mărăşeşti nr. 12 - 0356 175 939 - 9h-1h, sam. 10h-2h, dim. 11h-1h - formule 18 lei - 40 lei. Grande taverne dans une cave voûtée. Spécialités roumaines et menu du jour.

Stradivarius
P-ţa Unirii, 9 - 0356 452 158 - 9h-23h - menu 19 lei - env. 30 lei. Petite restauration et plats du jour dans une ambiance jeune et animée.

Karadorde
Str. Gheorge Lazăr nr. 2 - 0250 430 712 - 12h-23h - 45 lei. Près de l'église serbe, en sous-sol, un restaurant serbe où vous pourrez déguster les emblématiques *čevapčici*, rouleaux de viande hachée passés au grill. Des spécialités plus raffinées sont disponibles sur commande (4h).

LLoyd
P-ţa Victoriei nr. 2 - 0256 294 949 - www.restaurantllyod.ro - 60 lei. Cette brasserie a investi une vaste salle au décor Art nouveau (vitraux, lustres, miroirs) à dominante verte, au pied du palais du même nom. Cuisine italo-magyaro-roumaine et service professionnel.

Au cœur des Carpates

➲ *Départ : Râmnicu Vâlcea*
➲ *7 jours - 740 km*

Sighişoara.

G. Hellier / Robert Harding Picture Library / age fotostock

Jour 1

Râmnicu Vâlcea est l'une des principales agglomérations de l'Olténie des piémonts. La ville en elle-même ne mérite pas que l'on y séjourne, mais elle vous permettra d'être plongé au cœur d'une région regorgeant de monastères valant tous le détour. Arrêtez-vous par exemple dans les monastères de Bistriţa et d'Horezu, tous deux à moins d'une heure de route, au nord de Râmnicu Vâlcea. Maintenez le cap au nord et prenez la route 7 pour Sibiu.

Jour 2

Une journée permet de découvrir tranquillement **Sibiu** la Saxonne, ses places charmantes, ses musées Brukenthal et Dumbrava. La cité a la réputation d'être la plus belle du pays, un titre qui n'est certes pas usurpé. Une ville haute et une basse enchevêtrées avec bonheur, des ruelles bordées de vieilles façades aux teintes pastel, des toits de tuiles rouges percés de lucarnes délicatement ourlées, une atmosphère particulière... Tout contribue à la séduction qu'exerce Sibiu sur le visiteur.

Jour 3

La jolie route 14 qui traverse les collines de Sibiu à Sighişoara invite à de multiples étapes et détours. Vous pouvez vous arrêter à l'église de **Slimnic,** dans la belle cité de **Mediaş** et dans les citadelles de **Moşna**, **Băgaciu** et **Boian**. Ensuite, vous gagnerez le superbe village de **Biertan** largement ouvert au tourisme. Juchée sur une colline et entourée d'une double enceinte, l'église-halle (1493-1522) fut la dernière de ce type construite en Roumanie, avec ses trois nefs de hauteurs identiques. À l'intérieur, vous remarquerez la chaire en pierre sculptée, les fines nervures des voûtes et, surtout, le retable peint (1524).

Jour 4

Rejoignez ensuite la cité médiévale de **Sighişoara**. La citadelle historique, d'allure très allemande, est sans conteste l'un des joyaux de la Transylvanie. L'unité architecturale à taille humaine et l'atmosphère paisible conjuguent leurs atouts pour vous retenir. Vous prendrez plaisir à flâner dans ces ruelles calmes. Zigzaguez ensuite entre Odorheiu Secuiesc, la magyarophone, l'église fortifiée de **Viscri** et la citadelle de Prejmer. À **Braşov,** le vieux quartier coloré qui s'étend autour de la Piaţa Sfatului et de l'église Noire mérite bien quelques heures.

Jour 5

Prenez la route n° 1 jusqu'à **Buşteni.** Désormais vous rencontrerez surtout des randonneurs et des skieurs. Ils affluent tout au long de l'année pour profiter des spectaculaires reliefs et des forêts. Ne vous hasardez pas au plus profond de celles-ci car vous pourriez croiser ours, loups ou lynx. Ainsi, à **Buşteni** le téléphérique fait prendre de la hauteur et transporte ses voyageurs jusqu'à la cabane Babele, point de départ d'un long circuit pédestre. Continuez sur la route n° 1 en direction de la vallée de la Prahova qui serpente entre les monts Bucegi, à l'ouest, et Baiului, à l'est. Elle pourrait être nommée

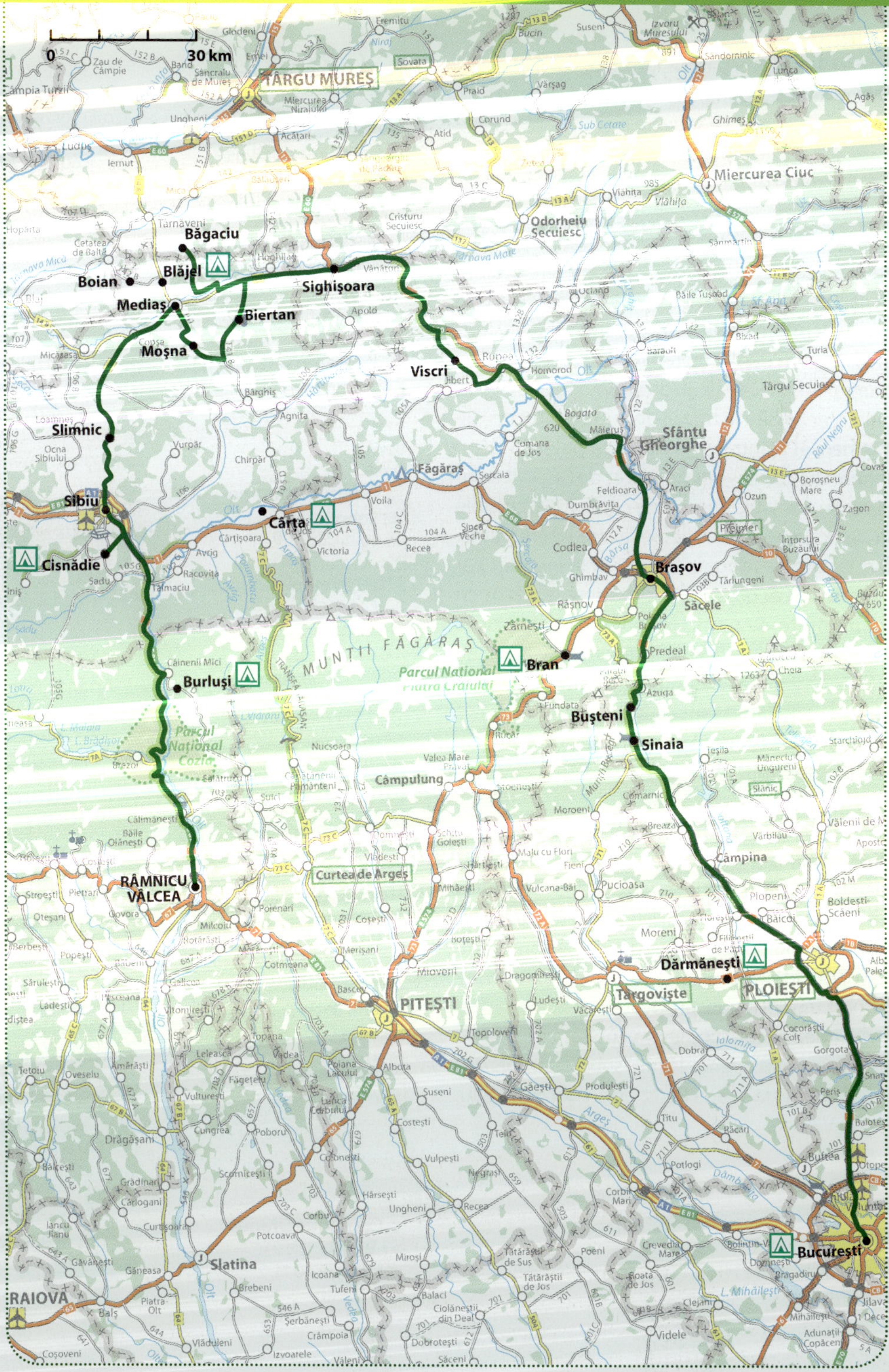
0
30 km
TÂRGU MUREŞ
Miercurea Ciuc
Odorheiu Secuiesc
Băgaciu
Blăjel
Boian
Mediaş
Sighişoara
Biertan
Moşna
Viscri
Slimnic
Sibiu
Cisnădie
Cârţa
Făgăraş
Sfântu Gheorghe
Braşov
Săcele
Bran
MUNŢII FĂGĂRAŞ
Parcul Naţional Piatra Craiului
Burluşi
Parcul Naţional Cozia
Buşteni
Sinaia
Câmpulung
Curtea de Argeş
RÂMNICU VÂLCEA
PITEŞTI
Târgovişte
Dărmăneşti
PLOIEŞTI
Câmpina
Slatina
Bucureşti
RAIOVA

« vallée royale », car le roi Carol Ier y résida, dans le formidable château de Peleş à **Sinaia**, bâti tout de pierre, de bois et de matériaux précieux. Le souverain entraîna à sa suite la haute société locale. Vous arrivez ensuite à Bucarest, toujours par la route n° 1.

Jour 6

À **Bucarest** (Bucureşti) commencez par la visite de l'immense palais du Parlement, symbole gênant, devenu attraction. Pour apprécier la démesure des dimensions de l'ex-Maison du Peuple, restée inachevée, il faut en faire le tour à pied. Élevée sur un promontoire entre 1984 et 1989, elle a nécessité le travail de 400 architectes, de 20 000 ouvriers et a entraîné la ruine du pays. En dépit des commentaires blasés des guides et de l'aspect lacunaire de la visite, car seule une infime partie est accessible au public, la découverte des lieux s'avère intéressante. Du balcon, évaluez les dégâts causés sur le quartier par cette construction et glissez-vous derrière le décor en visitant le monastère Antim. Un tour par la cour princière, au Hanul lui Manuc (caravansérail du 19e s.) et au musée d'Histoire vous fera remonter le temps. Puis, dans le quartier Lipscani, flânez sans craindre les voitures. Les façades délabrées ou rénovées cachent quelques trésors comme l'église Stavropoleos.

Jour 7

Après une promenade dans le parc Cişmigiu, entamez la remontée de la Calea Victoriei bordée de belles bâtisses. Puis, les collections roumaines du musée d'Art vous occuperont un bon moment, avant de poursuivre plus au nord. Au-delà du palais Cantacuzino, l'avenue débouche sur une place disproportionnée. De l'autre côté, ne manquez surtout pas le passionnant musée du Paysan roumain. Enfin, prenez le frais sous les arbres des rues chics autour de la strada Paris, ou au bord de l'eau, au musée du Village.

Campings

Blăjel

Camping de Blăjel
Str. Tudorvladimirescu 87/89 - 0269 851 079
D'avr. à oct. - 0,5 ha (15 empl.)
Tarif : 4 € 5 € - 3 € 15 - 5 €/j.
Loisirs : (petite piscine)
Services : wifi
Transports en commun à proximité du camping.
GPS : E 24.32476 N 46.21038

Bran

Vampirecamping
Str. Sohodol 77C - 0625 083 909
D'avr. à oct. - 3 ha (200 empl.)
Tarif : 4 € 6 € - 3,50 €
borne - - 6 €/j.
Loisirs : , excursions organisées (de juil. à mi-août)
Services : wifi
GPS : E 25.37169 N 45.52836

Bucureşti/Bucarest

Casa Alba
Aleea Privghetorilor 103/ Padurea B - 0213 617 730
De janv. à déb. déc. - 2 ha (40 empl.)
Tarif : 17,90 €
Services : wifi
Transports en commun pour le centre-ville. Tout proche de la forêt de Baneasa.
GPS : E 26.09277 N 44.51754

Burluşi

Comarnic Dragos
Sat. Burlusi, DN 73C - 0248 747 044
De mi-mars à déc. - (30 empl.)
Tarif : 5,60 €
Services :
GPS : E 24.51977 N 45.11121

Cârţa

De Oude Wilg
Str. Prundului 311 - 0269 521 347
D'avr. à sept. - 1 ha (30 empl.)
Tarif : 3,50 € 4 € - 2,50 €
borne : Payant - - 4 €/j.
Loisirs : , canoës
Services : wifi
Transports en commun à 300 m.
GPS : E 24.56648 N 45.78344

Cisnădie

Ananas
Pinului - 0269 566 066
De mi-avr. à mi-oct. - 1 ha (30 empl.)
Tarif : 6 € - 2 €
borne : 2 € - 25 - 6 €/j.
Loisirs :
Services : wifi
Transports en commun à proximité du camping.
GPS : E 24.10528 N 45.70722

Dărmăneşti

Trotus Valley
Calea Trotusului 272 - 0234 374 705
De mi-avr. à mi-oct. - 1 ha (40 empl.)
Tarif : 14,50 €
Loisirs : barbecue collectif
Services : wifi
GPS : E 26.48111 N 46.40088

Les bonnes adresses de Bib

Braşov

Taverna Sarbului
Str. Republicii nr. 55 (au fond de la cour) - ✆ 0268 410 222 - www.tavernasarbului.ro - 9h-0h - menu 35/45 lei. Cette taverne serbe animée par les célèbres fanfares de Goran Bregović propose des spécialités roumaines, serbes et hongroises dans une atmosphère chaleureuse. Vous pourrez y déguster notamment de délicieuses saucisses paysannes aux haricots blancs ou un fromage très épicé. Vin en carafe.

Bucureşti/Bucarest

Burebista
Calea Moşilor nr. 195 - ✆ 021 210 9704 - 12h-0h - 50 lei. Le décor en bois et les peaux de bêtes annoncent la couleur : ici vous êtes en territoire carnivore. Les classiques plats roumains et le gibier sont bien préparés et servis en portions généreuses.

Caru'cu Bere
Str. Stavropoleos nr. 5 - ✆ 021 313 7560 - www.carucubere.ro - lun.-jeu. et dim. 8h-0h, vend.-sam. 8h-2h - formules 10/22,50 lei - 50 lei. Le décor vaut à lui seul les nombreux essais qu'il faut en général tenter avant d'obtenir une table libre. Sous les boiseries et les vitraux néogothiques de ce lieu historique, vous dégusterez une bonne cuisine roumaine à des « tarifs démocratiques ». Le menu du jour et les excellents *papanaşi* sont particulièrement intéressants.

Mesogios
Str. J.-L. Calderon nr. 49 - ✆ 021 317 1355 - www.mesogios.ro - 12h-0h - 60 lei. Dans un cadre très agréable, où parquet, poutres et couleurs se combinent de belle façon, on déguste les meilleurs plats de poissons et de fruits de mer de la ville.

Artisanat
Il est plus intéressant de faire ses achats auprès des artisans lors du périple à travers le pays. À Bucarest, les meilleures boutiques sont au musée du Village *(Şos. Kiseleff nr. 28-30 - ✆ 021 317 9103 - 9h-17h)* et au musée du Paysan roumain *(Şos. Kiseleff nr. 3 - ✆ 021 317 9661 - lun. 12h-20h, mar.-vend. 10h-21h, sam.-dim. 10h-20h).* Grand choix de livres, de vêtements, d'objets en bois, d'icônes et de céramiques à des prix très élevés.

Ateliers-verreries
La rue « des selliers » abrite divers magasins d'artisanat du verre.

Marché
Piaţa Obor – *Quartier Obor (M° : Obor). En général ouv. tlj.* Cet immense marché-bazar, en travaux pour quelques années, est le plus grand de la ville. Une visite de ce labyrinthe de vêtements *made in China*, de quincaillerie, de fruits et légumes odorants, est une vraie plongée dans le Bucarest populaire. Dans le même genre, voyez les petits marchés de quartier : Piaţa Traian (Calea Călăraşilor/Str. Traian), Piaţa HaralambieBotescu (Str. Berzei).

Sinaia

Bucegi
B-dul Caril I nr. 22 - ✆ 0244 312 217. Une adresse sans prétention pour déguster des classiques locaux.

Smart
Str. Theodor Aman nr. 16 - ✆ 0344 113 216 - 8h-22h30 - 50 lei. Dans un décor moderne-folklorique réussi, on vous sert une cuisine roumaine correcte.

Office de tourisme

Bucarest
Voir circuit 65.

Pour téléphoner en Roumanie :
00 40 + indicatif du département sans le 0 initial, puis le numéro de votre correspondant

Pour plus d'informations :
Carte Michelin National N° 738
Le Guide Vert Roumanie

La Roumanie, entre plaine et mer

Départ : Constanța
9 jours - 495 km

J. Coombe / age fotostock

Constanța.

Jour 1

Le petit centre historique de **Constanța** donne sur les flots et le port depuis sa péninsule surélevée. Populaire, tellement méditerranéen, un peu oriental, il se parcourt avec nonchalance. Ruines antiques, mosquées et façades du 19e s. s'enchaînent. Au musée national d'Histoire et d'Archéologie, vous pourrez admirer, entre autres, de belles pièces grecques et romaines, ainsi que Glycon, sculpté au 3e s., divinité protectrice énigmatique, aujourd'hui symbole de la ville.

Jour 2

Mangalia, l'autre ville du littoral, est aussi le deuxième port roumain. Dans son centre animé, on retrouve quelques vestiges de son ancêtre, Callatis. Fondée par les Grecs au 6e s. av. J.-C., cette cité prospéra grâce aux échanges commerciaux en temps de paix, puis déclina au fil des conflits, au point de disparaître au 7e s. Elle connut un nouvel essor au 16e s. sous le nom de Mangalia. Dans les années 1950, la ville était prisée des curistes qui venaient pour la thalassothérapie et les eaux sulfureuses.

Jour 3

Quittez la côte et reprenez la route pour partir à la découverte d'une région oubliée. À **Adamclisi**, un monument et un musée rappellent le passage de Trajan. Plus loin, l'église blanche du monastère **Sf. Andrei** (St-André) apparaît au milieu d'une clairière, qui abrite également une grotte, considérée comme le premier lieu de culte de Roumanie. Elle aurait servi de retraite au saint apôtre André. Après la visite, prenez la belle route 223 en direction de **Cernavodă**. Elle longe sporadiquement le Danube à travers les collines, les vignobles et des bourgs très modestes comme Dunăreni et Aliman. Revenez vers **Constanța** par la route 22 C.

Jour 4

La E 87 vous mène à **Histria**, la plus ancienne cité antique du pays et la mieux conservée. Un affichage en anglais et en roumain décrit les différentes ruines : thermes et place dallée de l'époque romaine, mur grec, magasins. *Via* Sinoie 28 et Baia, vous parvenez au village de pêcheurs lipovènes de **Jurilovca**, au bord du lac Razim. Les collines nues et la citadelle d'Enisala dominent de grandes étendues de roseaux annonçant le delta. Après un écart par **Babadag** la musulmane (à voir musée et mosquée), ralliez Murighiol ou Dunavățu de Jos pour passer la nuit au sein de ces paysages de tourbière.

Jour 5

Laissez votre camping-car à **Murighiol** pour explorer le bras sud du Danube à Sf. Gheorghe, en ralliant cette localité du bout du monde en ferry ou en sillonnant les environs en barque. La bourgade de 1 000 habitants est isolée entre le débouché du Danube dans la mer Noire et une interminable plage. De jolies maisons aux porches byzantins s'organisent autour de rues sableuses. Pas d'édifice remarquable mais la vie à observer : pêcheurs, vaches errantes, cigognes attentives. Vous dégusterez chez l'habitant de délicieux plats de poisson.

0
30 km
GALAȚI
Brăila
Tulcea
Murighiol
Babadag
Jurilovca
Histria
Năvodari
CONSTANȚA
Cernavodă
Adamclisi
Sf. Andrei
Mangalia
Măcin
Isaccea
Parcul Național Munții Măcinului
DELTA DUNĂRII
REZERVAȚIA BIOSFERE
L. Razim
Medgidia
Dobrič
Izmaïl

Adresses circuit 64

Jour 6

Gagnez **Tulcea**, porte d'entrée du delta. Musées, agences, commerces et restaurants, tout est là pour aider à la découverte des lieux. Si le centre-ville aligne ses blocs sans originalité, les collines alentour comptent de vastes bourgs, noyés dans la verdure. Le Danube, dont la ville épouse les courbes, prend ici un dernier élan avant de s'éparpiller en éventail dans sa course vers la mer. Les berges ont été aménagées en large quai-promenade (Str. Portului ou Faleza Dunării) où il fait bon suivre le ballet des embarcations en tout genre.

Jours 7 et 8

Vous pourrez prévoir deux jours pour naviguer sur le bras de **Sulina.** Devant vos yeux, l'agglomération oubliée déroule ses maisons urbaines et traditionnelles, ses usines, sa vaste église et ses grues rouillées. Le vent soulève la poussière et balaye quelques jolies façades, souvenirs d'un passé plus glorieux. Un kilomètre de piste mène à la mer, à travers une étendue de sable où affleure une herbe drue et salée que broutent les vaches et les chevaux.

Jour 9

De retour à Tulcea, suivez la route 22 où collines en terrasses, petits monastères et vestiges antiques se succèdent. Franchissez le Danube en bac à Smârdan, pour rejoindre **Brăila**, la cité de Panaït Istrați. Son opulence passée s'affiche sur les façades des belles demeures qui bordent ses rues endormies. Au 19e s., les négociants de toute l'Europe se croisaient ici, s'enrichissaient grâce aux céréales de la plaine de Munténie et exploitaient des esclaves rom. Les axes pavés, mi-urbains, mi-ruraux, autour de la piața Traian et de la strada Eminescu réservent des surprises aux promeneurs. Sur la place, une horloge bleue voisine avec l'église des Saints-Archanges, aménagée dans une ancienne mosquée.

Campings

Brăila

Donaris
DN 21 Vizirului -
0239 626 919
De mi-mai à fin sept. -
1,2 ha (50 empl.)
Tarif : 2,27 €
Services :
GPS : E 27.92249 N 45.21574

Mangalia

Popas Zodiac
Gala Galaction 49 - Statiuna Jupiter - 0341 566 240
De mi-avr. à oct. -
2 ha (400 empl.)
Tarif : 5,45 € 4,54 €
borne -
Loisirs : (plage)
Services : wifi
GPS : E 28.59891 N 43.85884

Murighiol

Camping Lac Murighiol
Rte de Tulcea -
0788 412 106/78
D'avr. à oct. -
0,3 ha (40 empl.)
Tarif : 3,50 € 3,50 € -
3 €
borne -
Loisirs : visite du delta en bateau
Services : wifi
Découverte du delta en bateau avec Octavian, maître des lieux.
GPS : E 29.15618 N 45.04113

Năvodari

Popas Hanul Piratilor
Mamaia - Sat -
0241 831 702
Permanent -
5 ha (2000 empl.)
Tarif : 3,40 € 4,54 €
borne -
Loisirs : (plage)
Services :
GPS : E 28.61465 N 44.28868

GPM Holidays
Bulevardul Mamaia Nord -
0241 831 002
De mai à sept. -
5 ha (600 empl.)
Tarif : 4,09 € 2,04 €
borne -
Loisirs : (plage)
Services : wifi
GPS : E 28.64429 N 44.21148

Les bonnes adresses de Bib

Brăila

Casa Bolta Rece
Str. Rece nr. 10 - ✆ 0232 212 255 - www.casaboltarece.ro - 8h-0h - 35 lei. La maison est belle (style traditionnel) et le jardin agréable. Vous y savourerez peut-être d'excellents *sarmale* ou *papanaşi*, mais le service peut s'avérer en dessous de tout.

Constanţa

Q's Inn
B-dul Ferdinand nr. 7 - ✆ 0755 808 808 - http://constanta.qsinn.ro - lun.-vend. 8h-19h, sam. 8h-18h - 15 lei. Tout est là pour composer un excellent repas à emporter, de l'entrée au dessert. Vaste choix (cuisine locale de qualité), serviettes et couverts fournis.

Amster's
B-dul Tomis nr. 55 - ✆ 0241 511 499 - www.amsters.ro - 10h-0h - 25/35 lei. Vous choisissez parmi des préparations de poulet et de pâtes, dans une ambiance et un décor de pub.

On plonge
Portul Tomis - ✆ 0241 601 905 - www.onplonge.ro - 10h-23h30 - 48-55 lei. Derrière des vitres bleues qui évoquent un aquarium, on contemple le port tout en dégustant des plats de poissons corrects.

Achats

La strada Ştefan cel Mare est le grand axe commercial de Constanţa. Le Tomis Mall y rassemble les enseignes connues. En continuant, vous trouverez un grand supermarché (Mega Image), et, à l'écart, le marché et son ambiance bien plus pittoresque.

Tulcea

Delta du Danube
Les pensions du delta proposent le gîte et le couvert (souvent d'excellente qualité) et acceptent le stationnement des camping-cars. Il faut compter avec eux car il existe peu de restaurants. À Tulcea, ravitaillez-vous dans les supermarchés, marchés ou au Simigeria Petru *(Str. Babadag - près de Trident)* où l'on fait la queue pour acheter les *covrigi*, *plăcinte* et *börek* sortant du four.

Office de tourisme

Constanţa
Mamaia Branch - ✆ 0241 831 321 - www.romenianriviera.ro - lun.-vend. 8h-17h.

Pour téléphoner en Roumanie :
00 40 + indicatif du département sans le 0 initial, puis le numéro de votre correspondant.

Pour plus d'informations :
Carte Michelin National N° 738
Le Guide Vert Roumanie

De la Roumanie à la Hongrie

➲ *Départ : Bucarest*
➲ *11 jours - 1 408 km*

L'église épiscopale de Curtea de Argeş.

Jour 1

En quittant **Bucarest** (Bucureşti), prenez la route 7 puis 71. À **Târgovişte**, vous passerez une demi-journée agréable en vous baladant dans le centre-ville, et surtout en allant voir la Cour princière : tant le parc que le palais valent le détour. Une soixantaine de kilomètres vous séparent de **Câmpulung Muscel**, capitale de la Valachie au 14e s. On s'y arrête surtout pour son folklore réputé, visible notamment sur le marché du samedi. Faites des provisions au départ de la capitale roumaine, les distances sont longues et les aires de services rares.

Jours 2 et 3

Le paysage le long de la route 73C pour **Curtea de Argeş** est plaisant à regarder, en dépit de la mauvaise qualité du bitume. La ville abrite deux splendides églises : l'église épiscopale tout d'abord, fondée au 16e s., richement décorée, dont les tours torsadées sont très surprenantes ; l'église princière Saint-Nicolas ensuite, à la structure byzantine intacte. Prenez la route 7C, et préparez-vous à faire l'une des plus belles traversées des Carpates. La route de Transfăgărăşan est superbe, suit des gorges profondes spectaculaires, et vous offre un paysage mystérieux. Avant d'arriver à **Sibiu**, bifurquez sur la route 1 puis les routes 105D et 106 en direction de Sighișoara. Après cette longue étape, prenez une journée entière pour flâner à **Sighișoara**, constituée d'une ville basse résidentielle, organisée autour de la strada 1 Decembrie, où il est judicieux de se garer ; il vaut ensuite mieux s'y balader à pied. Deux visites incontournables : la Citadelle, d'où l'on découvre l'horloge dotée d'automates sculptés, et l'église de la colline. Il fait bon déambuler dans les ruelles colorées de Sighișoara, et se poser pour finir à une terrasse de la place de la Citadelle.

Jour 4

Départ pour **Târgu Mureş** par la route 13. Après avoir gagné le centre de la ville, garez-vous près de la place de la Victoire, et faites le reste à pied, notamment une balade sur la place des Roses. Târgu Mures est une ville charmante, et ceux qui connaissent la Hongrie y trouveront de grandes ressemblances. Soyez curieux du folklore sicule, si particulier.

Jour 5

Remontez vers le nord jusqu'à **Bistriţa** (*via* les routes 15, 15A et 17), en faisant étape, si nécessaire, à Reghin, ville spécialisée dans la fabrication de violons. Bistriţa est une petite cité très douce, grâce aux murs pastel des maisonnettes, où il est sympathique de faire une halte avant de se diriger vers les monastères de Bucovine, par la route 17.

Jours 6 et 7

Choisissez l'ordre de vos visites, mais ne ratez pas les trois plus beaux monastères de la Bucovine : le monastère de Humor, au centre du joli village de **Mănăstirea Humorului**, aux murs rouges, date du 15e s. ; celui de **Voroneţ** est connu pour ses peintures bleues obtenues à partir du lapis-lazuli ; enfin, le monastère de **Moldoviţa** fondé au 16e s.

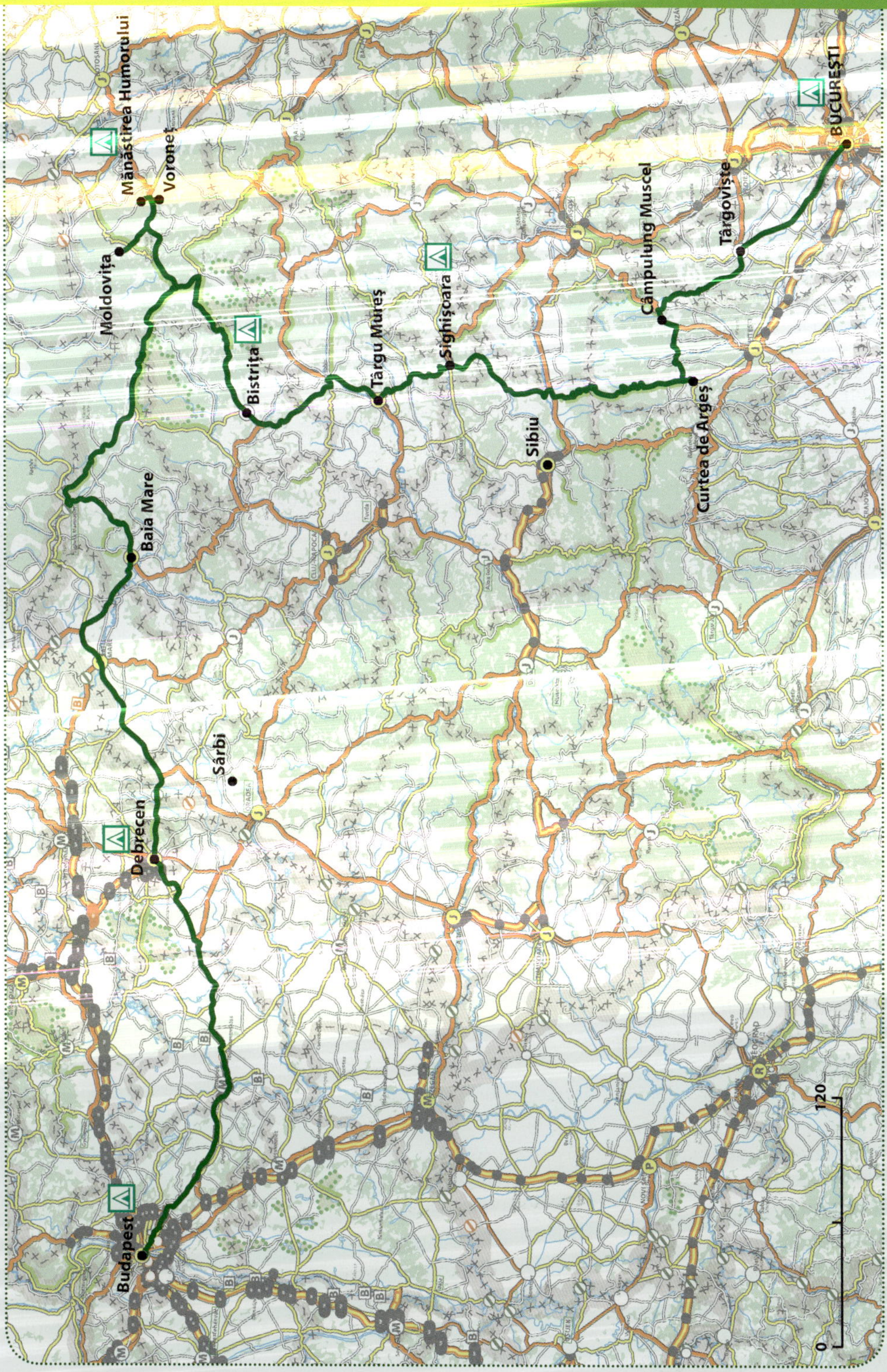
Budapest
Debrecen
Sârbi
Baia Mare
Moldovița
Mănăstirea Humorului
Voroneț
Bistrița
Târgu Mureș
Sighișoara
Sibiu
Curtea de Argeș
Câmpulung Muscel
Târgoviște
BUCUREȘTI
0
120

Jour 8

Si vous repartez de Mănăstirea Humorului, prenez la route 18 en direction de **Baia Mare**, capitale de la région du Maramures. La ville doit son expansion à l'exploitation minière, mais ce passé industriel n'a pas empêché Baia Mare de préserver son joli centre-ville doté d'intéressants musées. D'ici, vous pourrez organiser des excursions dans les vallées du Maramures, et notamment vous rendre (*via* les routes 1C et 193) à **Sârbi**, un ravissant village, où les maisons traditionnelles bien entretenues résistent aux nouvelles constructions.

Jour 9

De Sârbi, il vous faudra à peine trois heures pour vous rendre en Hongrie (*via* routes 1C, 19, 19C, et 48 à partir de la frontière). Peu de temps après être passé en Hongrie, vous découvrirez **Debrecen**, deuxième plus grande ville du pays. On y est surtout frappé par la forte présence universitaire – 30 000 étudiants par an tout de même – ainsi que par l'héritage du protestantisme hongrois. On prend la mesure de l'importance de cette religion en visitant l'église calviniste de style néoclassique, particulièrement grande. Fin août, la cité se livre à une agitation sans bornes, à l'occasion du grand Carnaval des fleurs.

Jours 10 et 11

La dernière étape de ce circuit vous conduit naturellement à **Budapest**, capitale de la Hongrie, à laquelle vous pourrez consacrer au moins deux journées entières de visite (voir l'itinéraire 61).

Campings

Bistrița (Roumanie)

Camping Mustang
Câmpu Cetății Nr.16/A - 0265 347 044
D'avr. à sept. - 0,8 ha (40 empl.)
Tarif : 2,50 € 4 € - 2,50 €
borne - - 4 €/j.
Services : wifi
GPS : E 25.0018 N 46.66697

București/Bucarest (Roumanie)

Casa Alba
Voir le circuit 63 p. 314.

Budapest (Hongrie)

Zugligeti Niche Camping
Római
Haller
Voir le circuit 61 p. 306.

Debrecen (Hongrie)

Dorcas
Erdöspuszta - 06/52-441119
Permanent - 5,4 ha (80 empl.)
Tarif : 18,70 €
Loisirs : aire de sports, bateaux à pédales, barbecue
Services : wifi
GPS : E 21.69006 N 47.44898

Lyra Beach Camping
Lomnicz utca 1-3 - 06/20-2193066
Permanent - (120 empl.)
Tarif : 18,30 €
Loisirs :
Services : wifi
Sauna, bain thermal.
GPS : E 21.63774 N 47.50856

Mănăstirea Humorului (Roumanie)

Camping Cristiana
Stefan cel Mare 223 - 0230 572 789
Permanent - 1 ha (10 empl.)
Tarif : 9,50 €
Services :
GPS : E 25.85255 N 47.60265

Sighișoara (Roumanie)

Vila-Franka
Str dealu garii - 0265 771 515
D'avr. à mi-nov. - 5 ha (35 empl.)
Tarif : 2 € 2,72 €
Services :
GPS : E 24.79462 N 46.21842

Les bonnes adresses de Bib

Baia Mare (Roumanie)

Restaurant Millenium
Strada Crişan - ✆ 0751 188 212 - lun.-merc. 9h-0h, jeu. 9h-2h, vend.-sam. 10h-2h, dim. 10h-0h - 45 lei. À la fois un restaurant, une cave à vin, une pâtisserie et un pub, avec une grande terrasse. Spécialités roumaines revisitées.

Bistrița (Roumanie)

Crama Veche
Str. Albert Berger nr. 10 (à l'arrière du Centre culturel, à l'orée du parc) - ✆ 0730 011 812 - www.crama-veche.ro - 12h-0h - 35 lei. Une grande salle rustique où le personnel en costume traditionnel, fort seyant, sert une solide cuisine transylvaine.

Bucureşti/Bucarest (Roumanie)

Voir le circuit 63 p. 315.

Budapest (Hongrie)

Voir les itinéraires 61 et 66.

Curtea de Argeş (Roumanie)

Camino
Str. Negru Voda nr. 5 - ✆ 034 844 2184 - http://hotelcamino.ro - 7h30-22h30 - 33 lei. Le bâtiment n'est pas beau, mais la cuisine roumaine attire tous les mariages de la ville.

Région de la Bucovine (Roumanie)

Restaurant Orso Bruno
Str. Putnei nr. 1, Rădăuți - ✆ 0230 561 807 - www.orsobruno.ro - 9h-23h30 - 25/30 lei. Derrière le marché, pizzas et plats internationaux.

Restaurant Latino
Str. Curtea Domnească nr. 9, Suceava - ✆ 0230 523 627 - http://restaurant-latino.ro - 8h-23h - 50 lei. Une salle agréable et une bonne cuisine italienne. Goûtez aux très fondants légumes au four.

Sighişoara (Roumanie)

Bulevards
Str. 1 Decembrie nr. 58 - ✆ 0265 770 700 - http://hotelbulevardsighisoara.ro - 7h-0h - env. 30 lei. Tables en bois, brique et pierre apparente, photos anciennes sur les murs, clientèle locale et cuisine roumaine et internationale.

Burg Hostel
Str. Bastionului nr. 4-6 - ✆ 0265 778 489 - www.burghostel.ro - 8h-0h - 30 lei. Plats végétariens, spaghettis transylvains inattendus et les habituels *sarmale* et goulash au poulet *(papricás de pui)*, servis dans la cour aux beaux jours. Appétit d'oiseau s'abstenir !

Casa de pe Stancă
P-ța Cetății nr. 8 - ✆ 0365 730 334. La « House on the Rock » réunit un centre culturel, un café, une bibliothèque de langue anglaise et une boutique d'artisanat. Une grande terrasse donne sur la place.

Târgovişte (Roumanie)

Belvedere
Str. Al. I. Cuza - ✆ 0731 742 642 - 11h-23h, dim. 12h-23h - 35 lei. Outre le décor chaleureux, on apprécie ici la qualité du service, les portions généreuses et le menu varié : spécialités roumaines ou internationales, pizzas, salades, belle carte de desserts et de vins, à des tarifs très abordables. La salle à l'étage est souvent bondée. Dommage que la musique soit si forte.

Offices de tourisme

Bucureşti/Bucarest
Str. Sevastopol nr. 24 - ✆ 021 318 3767 - http://ampt.ro - lun.-vend. 10h-16h.

Târgu Mureş
Str. George Enescu nr. 2 (palais de la Culture) - ✆ 0365 404 934 - www.cjmures.ro/turism.

Sighişoara
Str. Octavian Goga nr. 8 - ✆ 0265 770 415 - www.infosighisoara.ro.

Sibiu
Str. S. Brukenthal nr. 2 - ✆ 0269 208 913 - www.turism.sibiu.ro - lun.-vend. 9h-20h, sam.-dim. 10h-16h.

Pour téléphoner en Hongrie : 00 36 + indicatif de la ville puis le numéro de votre correspondant (sans le 06 initial)

Pour téléphoner en Roumanie : 00 40 + indicatif du département sans le 0 initial, puis le numéro de votre correspondant.

Pour plus d'informations :
Cartes Michelin National N° 738 et 732
Le Guide Vert Roumanie

La Hongrie occidentale et le lac Balaton

➲ *Départ : Budapest*
➲ *8 jours - 835 km*

Maison de bois sur le lac Balaton.

Jours 1 et 2

Départ de **Budapest**, la « perle du Danube », et cap au sud pour Pécs, *via* **Kalocsa**, capitale du paprika doux dont la culture s'étend sur plus de 3 000 ha autour de la ville. Faut-il y voir l'origine du goût des femmes de Kalocsa pour l'ornementation florale qui s'exprime dans les peintures murales et les broderies que vous aurez plaisir à contempler… et peut-être à acheter ? Vous aurez l'occasion d'apprécier la qualité et la finesse de leur travail notamment à la Maison d'art populaire régional. Poursuivez jusqu'à **Baja** qui réunit dans une parfaite harmonie différentes ethnies. Populations d'origine serbe, croate, allemande, tzigane, et hongroise bien sûr, cohabitent sans problème.

Jour 3

Vous voila arrivé à **Pécs.** Comme un parfum d'Orient, la ville vous offre une ambiance méditerranéenne. Ancienne cité turque, la mosquée devenue basilique en est le fleuron. Les fondations datent du 11e s. et son aspect actuel du 19e s. Un peu plus loin, rue du Chanoine, vous pourrez apprécier les œuvres de deux peintres natifs de la ville auxquels les musées rendent hommage ; Vasarely, l'inventeur du « op'art » (optical art) et Mihály Tivadar Kosztka dont Picasso aurait dit en découvrant son œuvre : « *je ne savais pas qu'avec moi, il y avait un autre grand peintre dans ce siècle* ». Les coteaux qui bordent la ville ont favorisé la culture de la vigne et la production de vins réputés ; le vin pétillant de la région est affiné dans les caves qui se superposent sur cinq niveaux sous le centre-ville. À partir du début du mois de septembre, Pécs est en fête en hommage à Bacchus.

Jours 4 et 5

Deux jours ne seront pas de trop pour découvrir le **lac Balaton**, le plus grand lac d'Europe. Il s'étire sur une longueur de 77 km et sa largeur varie de 1,5 km, à hauteur de la presqu'île de Tihany, à 14 km dans sa partie la plus ouverte. La surface exposée au soleil explique en partie la température relativement élevée de l'eau proche de 25 °C. La rive nord et la rive sud sont très différentes. La région du Balaton, qui a joué un rôle essentiel dans le développement du tourisme en Hongrie, en reste un des moteurs essentiels ; après Budapest, c'est la zone la plus visitée du pays. Sous le régime communiste, le lac permettait aux familles allemandes de l'Ouest et de l'Est de se retrouver facilement. Aujourd'hui les vacanciers qui souhaitent se reposer, se relaxer, faire du sport… c'est-à-dire, profiter de leur temps libre, y trouvent près de 130 plages et des services de toute nature à des prix variés. De plus, le lac n'est pas le seul centre d'intérêt de la région, l'arrière-pays est agréable et pittoresque.

Jour 6

Entre Budapest et le lac Balaton, le **lac de Velence** (Velencei-tó) et, à l'extrémité ouest de la mer intérieure, le Kis-Balaton (Petit Balaton) s'avèrent deux paradis pour les écologistes et les amis de la nature. Ne quittez pas la région sans faire une halte à **Hévíz** et profitez du bien être de ces eaux thermales (à découvrir impérativement).

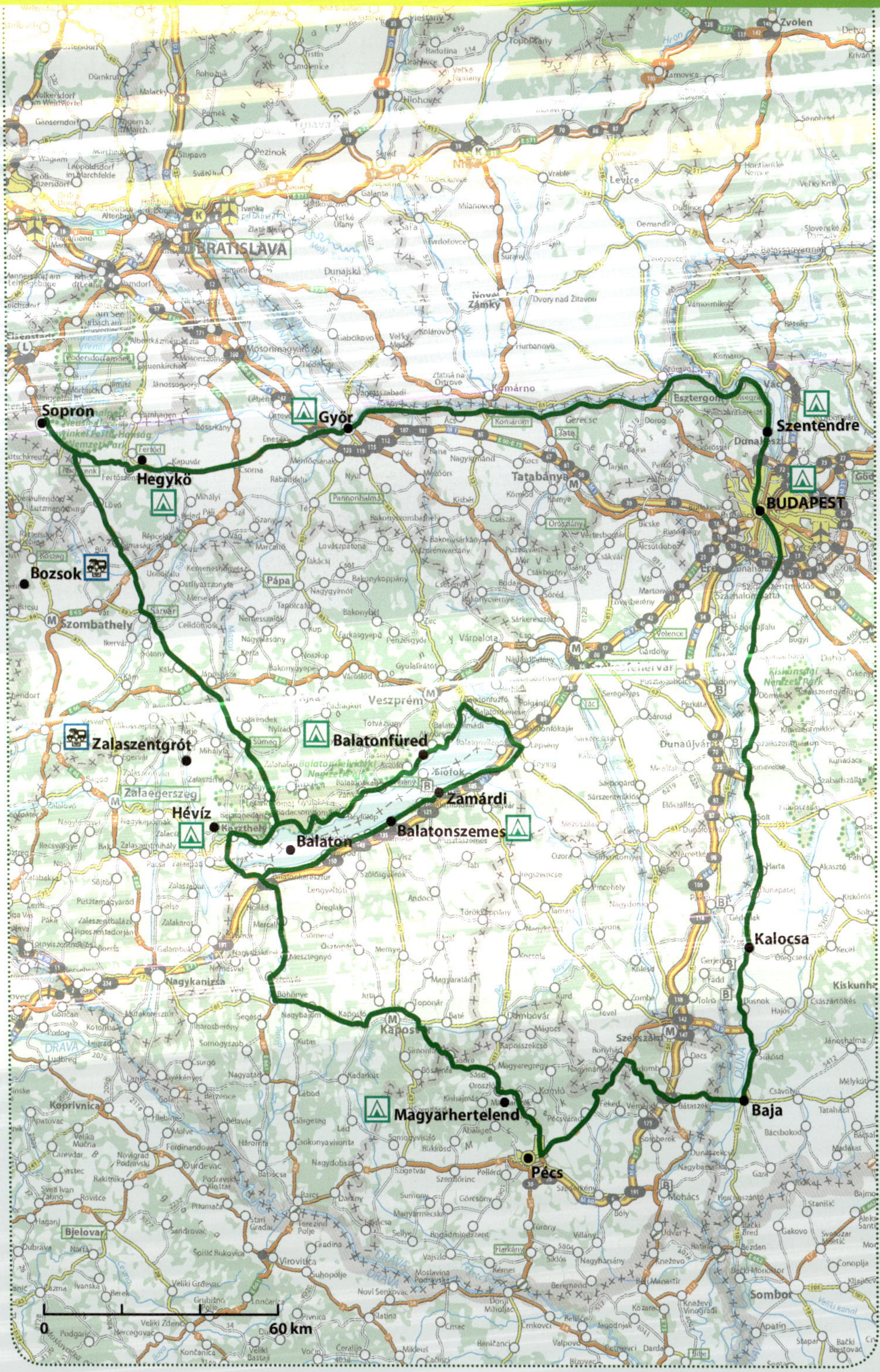
Sopron
Hegykö
Győr
Szentendre
BUDAPEST
Bozsok
Zalaszentgrót
Balatonfüred
Hévíz
Zamárdi
Balatonszemes
Balaton
Kalocsa
Baja
Pécs
Magyarhertelend
BRATISLAVA
0
60 km

Jour 7

Direction le nord et la ville de **Sopron**, appelée aussi la petite Prague, dont presque toutes les curiosités sont situées au centre, à l'intérieur de la partie appelée « vieille ville ». Elle a gardé presque tous les bâtiments de son histoire. Ceux qui ont été endommagés pendant la Seconde Guerre mondiale ont été restaurés grâce à un homme, Endre Gatsk, qui travailla un demi-siècle à la remise en état du patrimoine architectural de Sopron et à sa conservation. Ici, l'architecture médiévale se mêle au baroque, et des proportions que l'on dirait réduites lui confèrent un charme particulier. N'oubliez pas de déguster un des vins produits dans la région de Sopron. Pour vous faire une idée, goûtez un soproni cabernet sauvignon.

Jour 8

Retour vers Budapest en longeant le Danube que vous rejoindrez à **Győr**, la ville des trois rivières ; elle est située au confluent du Mosoni-Duna (un bras du Danube) et des rivières Rába et Rábca. Ces eaux vivantes ne sont pas étrangères à son charme, d'autant qu'elles baignent les parties basses de la vieille ville, le véritable centre d'intérêt. Juste avant Budapest, arrêtez-vous à **Szentendre** à l'allure de village romantique, véritable Barbizon hongrois. Szentendre est aussi un lieu de détente et de loisirs, où l'on vient pour se reposer au bord du Danube, s'adonner à la pratique du canoë ou profiter de la plage aménagée.

Office de tourisme

Budapest

Deák Ferenc tér, 1052 Budapest, Sütő u. 2 - ✆ 438 8080 - www.budapestinfo.hu - 8h-20h.

Pour téléphoner en Hongrie : 00 36 + indicatif de la ville puis le numéro de votre correspondant (sans le 06 initial)

Pour plus d'informations :
Carte Michelin Michelin N° 732
Guide Vert Week-end Budapest

Les bonnes adresses de Bib

Budapest

Voir également l'itinéraire 61.

Paris-Texas Kávéház
Ráday u., 22 - ✆ 06/1-218 0570 - www.paristexas kavehaz.hu - 12h-3h. Une adresse sympathique pour déjeuner à petits prix. Plats végétariens et italiens sont servis dans un décor « rétro » de bistrot 1900. En été installez-vous en terrasse sur la rue, l'une des plus vivantes de la ville.

Széchenyi
Allatkerti Körut, 11 - ✆ 06/1-363 3210 - bains thermaux : lun.-sam. 6h-19h. Piscine : dim. 6h-17h - 2 950/3 650 Ft. Au cœur du Városliget : à l'extérieur, bassin à remous, piscine olympique (bonnet de bain obligatoire), bain chaud (38 °C), solarium et restaurant. À l'intérieur, plusieurs bains, du froid au très chaud. Soins et massages sont prodigués en cabine.

Ē Borkonyha
Sas Utca 3 - U Deák Ferenc tér - ✆ 06/1-266 0835 - www. borkonyha.hu - 12h-16h, 18h-3h - fermé dim. et j. fériés. Cet élégant bistrot proche de la basilique, aéré et moderne, marie les vins hongrois (plus de 200 références, dont beaucoup servies au verre !) à une cuisine élaborée qui revisite le terroir : joues de porc, chou au safran, foie de canard à la cannelle ou encore truite du nord de la Hongrie.

Hévíz

Magyar Csárda
Tavirózsa u. 2-4 - ✆ 06/83-343 271 - www.magyarcsarda. hu - 11h-23h. Dans une petite rue où se succèdent une demi-douzaine de restaurants (vous avez donc le choix), auberge à la réputation établie. La cuisine est cependant moyenne. Spécialités hongroises.

Pécs

Cellarium Étterem
Hunyadi út 2 - ✆ 06/72-314 596 - diacell.hu - fermé le lun. 11h-22h. À côté de la mosquée, restaurant installé dans une grande cave joliment décorée datant de la période turque. Spécialités hongroises et belle carte des vins.

Szentendre

Aranysárkány Vendéglo
Alkotmány u., 1 - ✆ 06/26-301 479 - www.aranysarkany.hu - 12h-22h - 5 000 Ft. Dans une ruelle montante. Les plats sont délicieux, les prix raisonnables. Le cerf aux myrtilles, le foie gras grillé, l'agneau à l'estragon sont un régal !

Zamárdi

Kocsi Csárda
Siófoki u. - ✆ 06/30-947 8091 ou 06/30-228 2821 - www. kocsicsarda.hu. Sur la route 7, grande auberge traditionnelle avec plats hongrois et musique folklorique.

Aires de service et de stationnement

Bozsok

Parking de Bozsok
Rakoczi Ferénc utca 104 - 06/94-361 066
Permanent
Borne artisanale : Gratuit
3 - illimité - 5 €/j.
Services :
GPS : E 16.4916 N 47.3248

Zalaszentgrót

Aire de Csáford
Csáford utca 70 - Csáford - 06/171-2785 635
Permanent
Borne artisanale : 2 €
5 - 5 €/j.
GPS : E 17.0486 N 46.936

Campings

Balatonfüred

Füred
Széchenyi u. 24 - 06/87-580 241
De fin avr. à fin oct. - 24 ha (944 empl.)
borne : Payant
Loisirs : diurne (en été) (plan d'eau) , jeux pour adultes, aire de sports, bateaux, canoës, cours de planche à voile et de ski nautique
Services : wifi
GPS : E 17.88179 N 46.94902

Balatonszemes

Balatontourist Campsite Lido
Ady E. u. 8 - 06/84-360 112
De déb. mai à déb. sept. - 2 ha (180 empl.)
borne : Payant -
Loisirs : diurne (plan d'eau) , jeux pour adultes, barbecue
Services : wifi
GPS : E 17.77202 N 46.81311

Budapest

Zugligeti Niche Camping
Római
Haller
Voir le circuit 61 p. 306.

Győr

Pihenö
Dunasor 1 - 06/96-523 008
De mai à sept. - 1,2 ha (40 empl.)
Tarif : 4,24 € 2,78 € - 2,61 €
borne : Payant
Loisirs : jacuzzi , jeux pour adultes, aire de sports, beachvolley, barbecue, séances de cinéma
Services :
GPS : E 17.70575 N 47.72358

Hegykő

Termál Kemping
Fürdő út 1 - 06/99-376 818
D'avr. à mi-oct. - 0,7 ha (40 empl.)
Tarif : 12,70 €
Loisirs :
Services :
Bain thermal sur place.
GPS : E 16.7846 N 47.6209

Hévíz

Castrum
Topart - 06/83-343 198
De mars à nov. - 3 ha (243 empl.)
borne : Payant - - 25 €/j.
Loisirs : diurne
Services : wifi
GPS : E 17.18439 N 46.79059

Magyarhertelend

Forrás
Bokreta u. 105 - 06/72-521 110
De mai à sept. - 2 ha (80 empl.)
Tarif : 3,92 € 3,92 € - 2,45 €
borne : Payant -
Loisirs : , beachvolley, barbecue
Services : wifi
GPS : E 18.14175 N 46.19082

Szentendre

Papsziget
Papsziget 1 - 06/26-310 697
De mi-avr. à mi-oct. - 3,5 ha (122 empl.)
borne : Payant - - 24 €/j.
Loisirs : diurne , jeux pour adultes, aire de sports, mur d'escalade, barbecue
Services : wifi
Idéal pour une balade à vélo au bord du fleuve.
GPS : E 19.08271 N 47.68185

Au fil du Danube

➲ *Départ : Vienne*
➲ *6 jours - 325 km*

G. Rossenbach / age fotostock

La ville de Passau vue depuis le Danube.

Jour 1

Vienne (Wien) enchantera les amateurs de musées et d'urbanisme. En quelques heures, faites le tour de la vieille ville (cathédrale, Graben, le quartier juif), puis traversez la Hofburg jusqu'au MuseumsQuartier. L'après-midi, dirigez-vous vers l'Opéra, puis vers la place Charles pour admirer les bâtiments Sécession. De là, parcourez le Ring jusqu'à l'hôtel de ville, en faisant une pause (le boulevard est long !) dans un café. Revenez dans le centre en passant par la Freyung. Le lendemain, visitez le château de Schönbrunn le matin, puis un musée l'après-midi (le musée des Beaux-Arts, le musée d'Art moderne, le MAK…).

Jour 2

Direction **Klosterneuburg** pour la visite de son abbaye, puis **Tulln**. Sur la section du Danube séparant les villes de Krems et de Melk s'étend la Wachau. Cette région extrêmement pittoresque et fertile mêle divers paysages, vignobles en terrasses, églises, châteaux, villes. La région est célèbre pour ses cultures d'abricots, qui portent ici le nom de « Marillen ». À la fin de l'été, les arboriculteurs en vendent le long des routes. Porte orientale de ce territoire, **Krems an der Donau** s'étend en terrasses sur la rive gauche du Danube au pied de collines couvertes de vignobles. Au-delà du fleuve, peu avant Mautern, on aperçoit couronnant une colline, l'imposante abbaye de Göttweig. Vous arrivez sur **Weissenkirchen**, localité viticole nichée entre le Danube et les collines de l'arrière-pays. Faites un tour au musée de la Wachau aménagé dans la Teisenhoferhof, ferme fortifiée du 16e s. Enfin, rejoignez **Spitz**. Caché derrière un rideau d'arbres fruitiers, ce petit bourg a conservé des maisons et des rues anciennes.

Jour 3

Commencez votre troisième journée par la visite des ruines de la forteresse d'**Aggstein**. Sa situation exceptionnelle et ses dimensions imposantes font de la forteresse bâtie au 12e s. une des plus belles d'Autriche. Une route abrupte relie le hameau d'Aggstein à la tour d'entrée (2h à pied AR). Le château de **Schönbühel**, que l'on aperçoit de la grande route de la Wachau, a été construit au début du 19e s. sur les fondations d'une forteresse médiévale. À Grimsing s'étendent encore quelques vignobles. À **Pöchlarn**, sur la rive droite du fleuve, se sont installés au 10e s. les Babenberg. Ce sont eux qui ont fondé, tout près de là, l'abbaye de **Melk** dont la belle façade baroque apparaît à partir d'Ebersdorf.

Jour 4

Avant tout, prenez la direction du Château-musée d'**Artstetten**. Le fleuve, enserrant des îles couvertes de saules, s'étale bientôt en un magnifique plan d'eau retenu par le barrage hydroélectrique d'Ybbs-Persenbeug. Puis, de **Ybbs** à **Grein**, admirez les paysages du Strudengau, où le fleuve s'encaisse entre de hautes falaises boisées qui le dominent de 400 m. Dressées sur la rive gauche, les ruines du château de Sarmingstein, accrochées au rocher, puis celles du château de Struden, attirent le regard. L'arrivée à Grein est très belle et la ville mérite une

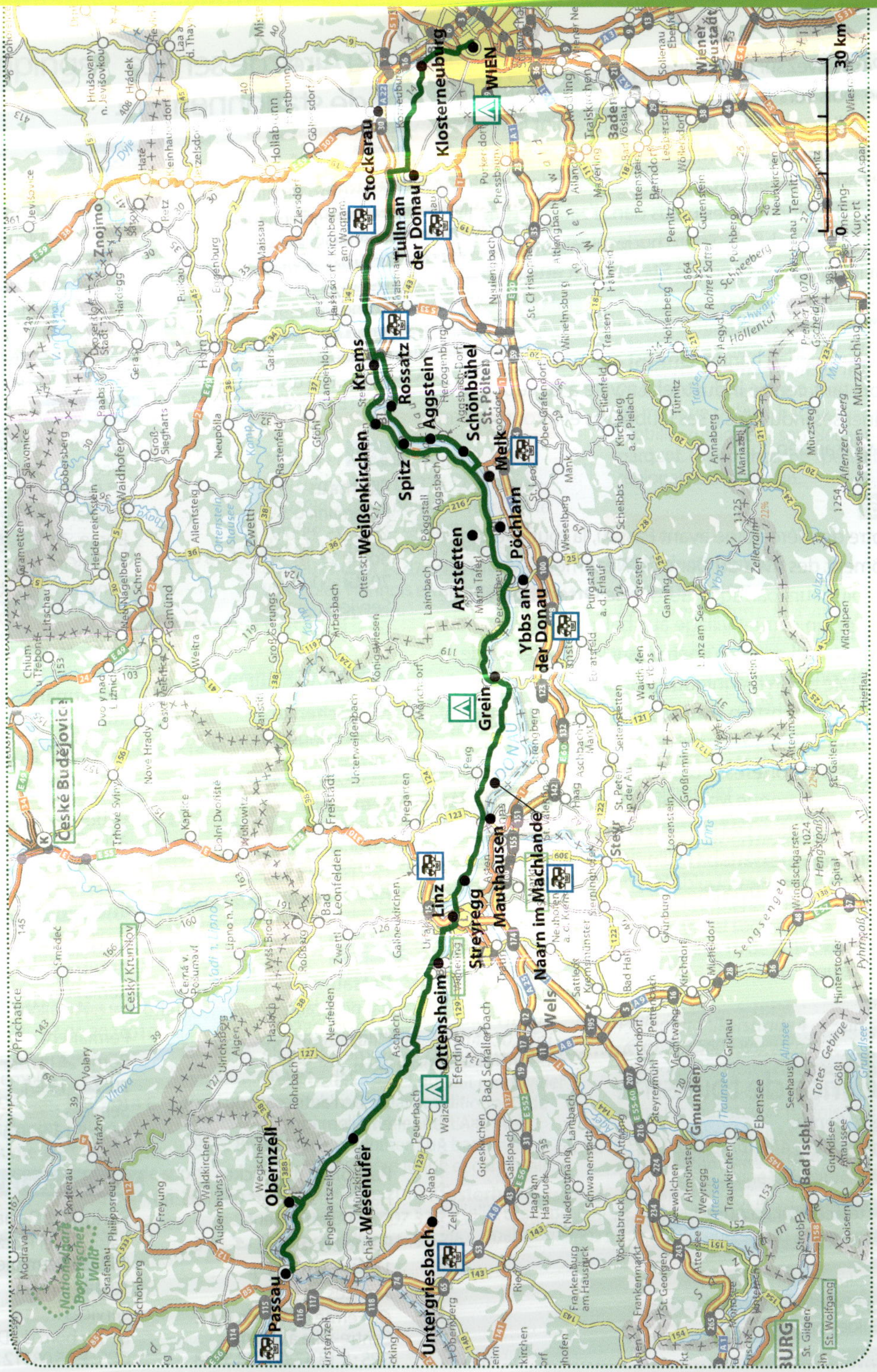
Passau
Obernzell
Wesenufer
Untergriesbach
Ottensheim
Linz
Steyregg
Mauthausen
Naarn im Machlande
Grein
Ybbs an der Donau
Artstetten
Pöchlarn
Melk
Schönbühel
Aggstein
Spitz
Weißenkirchen
Rossatz
Krems
Tulln an der Donau
Stockerau
Klosterneuburg
WIEN
0
30 km

Prague et la Bohême du sud

➲ *Départ : Cesky Krumlov*
➲ *11 jours - 585 km*

La succession des ponts à Prague.

Jour 1

Cesky Krumlov marque votre première étape dans cette escapade en République tchèque. Enserrée dans un méandre de la Vltava, cette exquise ville médiévale est dominée par le château des Schwarzenberg, deuxième en taille après le Hradcany de Prague. Arpentez les pittoresques rues et ruelles pavées.

Jour 2

České Budějovice, capitale de la Bohême du sud, fut l'une des villes les plus élaborées de la Bohême médiévale. Son cœur historique dessine toujours un damier de rues desservant une spacieuse place centrale. De la grande Tour noire, de la fin du 16e s., on a un aperçu de la ville et de ses environs. À 10 km au nord, visitez le château de **Hluboká**.

Jour 3

Une petite heure de route et vous ferez étape à **Třeboň** cité médiévale miniature. Poursuivez jusqu'à **Tábor**, sa vieille ville avec son labyrinthe de rues et de ruelles très bien préservées. Continuez votre route en vous rendant à **Konopiště**, originellement forteresse gothique du début du 14e s. ; le château doit son aspect actuel à son tout dernier propriétaire, l'archiduc François-Ferdinand de Habsbourg.

À l'apogée de sa gloire, **Kutná Hora**, ville minière où l'on frappait la monnaie à la fin du Moyen Âge, était plus grande que Londres. Juchée sur une colline, elle recèle bien des curiosités : la cathédrale Ste-Barbara, le musée minier du Hrádek, la fontaine de pierre de l'époque médiévale et de magnifiques résidences.

Jours 4 à 7

Miraculeusement épargnée par la guerre et le développement industriel, **Prague** (Praha) possède un héritage architectural d'une extraordinaire richesse couvrant toutes les périodes de sa longue histoire et s'harmonisant parfaitement avec un décor naturel de toute beauté, large fleuve et hauteurs boisées protégeant la ville. Prague fut d'abord la forteresse slave de Hradcany dominant un méandre de la rivière Vltava. À ce premier noyau de la cité, s'ajouteront ensuite trois quartiers historiques : la Malá Strana (Ville basse) située au pied du château sur la rive gauche de la rivière, reliée à la Staré Mèsto (Vieille Ville) par le magnifique pont Charles de style gothique et au 14e s. à la Nové Mèsto (Nouvelle Ville) installée plus loin sur la rive droite de la rivière. La Prague médiévale fut largement reconstruite aux 17e et 18e s., mais derrière des façades de style baroque ou rococo, on en distingue encore les vieilles structures. Caractéristiques de Prague, de superbes monuments d'architecture témoignent de l'apparition de nouvelles écoles artistiques liées à l'Art nouveau. On y trouve également des édifices très austères, uniques dans le pays, signatures du cubisme tchèque. Le cœur historique de la ville peut être visité à pied, mais les transports publics sont modernes et parfaitement intégrés.

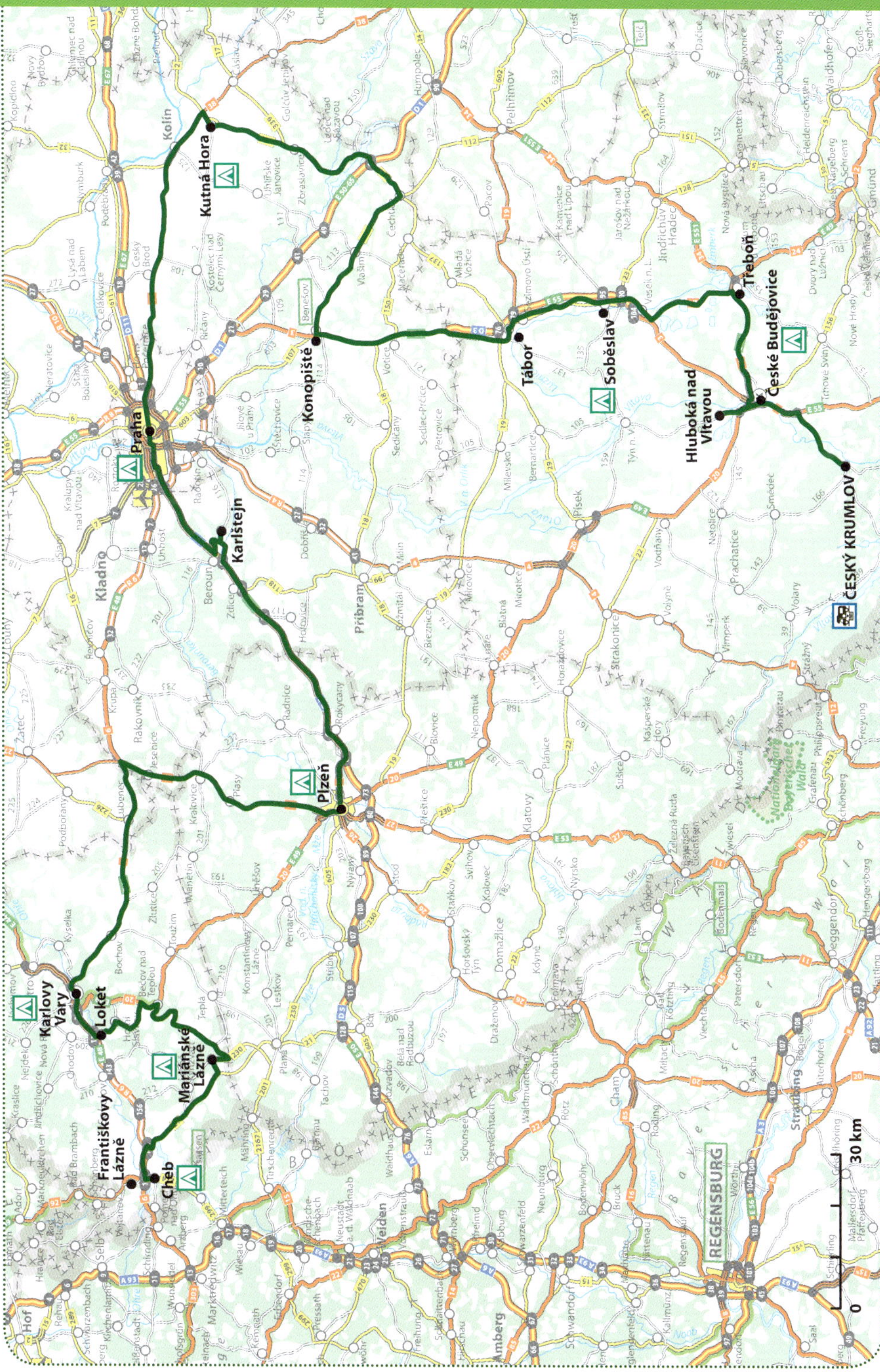
Kutná Hora
Praha
Konopiště
Tábor
Soběslav
Třeboň
České Budějovice
Hluboká nad Vltavou
Český Krumlov
Karlštejn
Plzeň
Mariánské Lázně
Loket
Karlovy Vary
Františkovy Lázně
Cheb
30 km

Adresses circuit 68

Jour 8

Quittez Prague : visitez rapidement le château **Karištejn** situé dans la vallée sinueuse de la Berounka, tout proche de Prague. Puis, faites un crochet par **Plzeň** (Pilsen), point central de la Bohême occidentale. Aujourd'hui ville industrielle, elle a conservé la disposition en damier que lui imprimèrent ses fondateurs de l'époque médiévale. Sur la spacieuse place Námostí Republiky se dresse le plus grand clocher (103 m) de tout le pays, de même qu'un splendide hôtel de ville de style Renaissance décoré de sgraffites. Il faut voir la Měštanský pivovar, la plus grande brasserie de Plzeň, et le musée de la Bière, boisson à laquelle la ville doit sa renommée.

Jour 9

Karlovy Vary ne tient pas seulement sa réputation de ses sources d'eau chaude et sulfureuse, mais aussi de son cadre exceptionnel. Dans cette profonde vallée boisée où scintillent les méandres de la rivière Teplá, l'image splendide renvoyée par la ville distille encore l'atmosphère du début du siècle. La vie de la station est centrée autour de l'imposante colonnade classique de la fin du 19e s., la Mlýnská kólonadá, où l'on prend une eau puisée à quatre sources.

Jour 10

Sur la route pour vous rendre à **Mariánské Lázně** faites une halte pour découvrir la petite ville-forteresse de **Loket**, autrefois considérée comme la « clé du royaume de Bohême ». Puis vous découvrirez à Mariánské Lázně une superbe galerie qui recouvre des sources thermales.

Jour 11

Vous gagnez enfin la ville médiévale de **Cheb** qui garde encore un caractère germanique avec ses maisons aux toitures de bois sculpté. Rendez-vous à **Františkovy Lázně**, la plus petite des trois grandes stations thermales de Bohême et ses quelques 24 sources d'eau fraîche.

Les bonnes adresses de Bib

Konopiště

Stará Myslivna
Konopiště 2 - ✆ 317 700 280 - wwww.staramyslivna.com - 11h-22h - 200/300 czk. Niché dans une petite allée boisée entre le château et le parking, ce restaurant met à l'honneur le gibier et la venaison : salade de faisan, terrine de gibier aux airelles, steak de daim et même une « brochette de Ferdinand », en l'honneur de František Ferdinand d'Este, célèbre occupant du château et grand amateur de chasse.

Kutná Hora

Restaurant Kometa
Barbórska 29 - ✆ 327 515 515 - 9h-23h - 300/400 Kč. Ce restaurant propose de bonnes spécialités tchèques, servies sur une agréable terrasse face au collège des Jésuites.

Praha/Prague

Kavárna Obecní dům – Maison municipale
Náměstí Republiky 5 - ✆ 222 002 763 - www.kavarnaod.cz - 7h30-23h. Le cadre à lui seul mérite le détour : c'est l'une des superbes salles Art nouveau de la Maison municipale. S'y rencontrent Tchèques et touristes. Beau choix de gâteaux et possibilité de manger sur le pouce ou de prendre le petit-déjeuner. Belle terrasse.

U Modré kachničky
Nebovidská 6 - ✆ 257 320 308 - www.umodrekachnicky.cz - 12h-16h, 18h30-0h. Caché dans une petite rue tranquille à deux pas de la place de Malte, ce restaurant réputé offre l'une des meilleures cuisines tchèques de la ville : les classiques mais aussi des inventions maison. Autre adresse dans la Vieille Ville : Michalská 1.

Pivovarský dům
Ječna/Lípová 15 - ✆ 296 216 666 - www.pivovarskydum.com - 11h-23h30 - 155/300 czk. Une brasserie typique à deux pas de la place Charles où l'on vous servira quelques-uns des grands classiques de la cuisine tchèque. La cuisine est tout à fait honnête, les portions sont très généreuses, et le service est agréable (demandez le menu en anglais). Le tout est à accompagner d'une délicieuse bière brassée maison.

Manufaktura
Melantrichova 17 - ✆ 230 234 376 - www.manufaktura.cz - 10h-19h - plusieurs autres adresses à Prague. L'une des plus grandes boutiques à Prague de cette enseigne qui propose artisanat et souvenirs de qualité. Sur plusieurs étages : marionnettes en bois, céramiques, papier artisanal ou encore cosmétiques et savons. Autre adresse dans la Vieille Ville : Karlova 26.

Granát Turnov
Dlouhá 28 - ✆ 222 315 612 - www.granat.eu - lun.-vend. 10h-18h, sam.10h-13h. Pendentifs, bagues, bracelets et colliers en grenat de Bohême, en provenance directe de la coopérative artisanale de Turnov.

Aire de service et de stationnement

Český Krumlov

Český Krumlov
Chvalvinska - Parking P7 -
380 704 621
Permanent
P - illimité - 10 €/j.
Services : WC
Proche du centre-ville à pied.
GPS : E 14.30375 N 48.81601

Office de tourisme

Praha/Prague
Staroměstske náměstí 1, Praha 1, Staré Město - 221 714 444 - www.praguewelcome.cz - 9h-19h.

Pour téléphoner en République tchèque :
00 420 + le numéro de votre correspondant.

Pour plus d'informations :
Carte Michelin National N° 755
Guide Vert Week-end Prague

Campings

České Budějovice

Autocamp Dlouha Louka
Stromovka 8 - 378 203 601
De déb. avr. à fin oct. - 4 ha (80 empl.)
Tarif : 18 € E
50 E
Services : wifi
GPS : E 14.46016 N 48.96764

Cheb

Vaclav
Vseborska 51 - 354 435 653
De fin avr. à mi-sept. - 5 ha (150 empl.)
Tarif : 26 € E
borne - 20 E
Loisirs : (plan d'eau) , pédalos, canots
Services : wifi
Au bord d'un lac.
GPS : E 12.41177 N 50.05128

Karlovy Vary

Sasanka
Sadov 7 - 353 590 130
De déb. avr. à fin oct. - 3,1 ha (240 empl.)
Tarif : 17 € E
borne - E
Loisirs :
Services : wifi
GPS : E 12.8982 N 50.26746

Kutná Hora

Transit
K Malínskému Mostu 35 - 322 320 634 - De déb. avr. à fin sept. - 0,5 ha (40 empl.)
Tarif : 3,30 € 4 € - 3,10 €
Services : wifi
GPS : E 15.30617 N 49.96536

Mariánské Lázně

Luxor
Plzeňská ul, Velká Hleďsebe - 732 346 692
De mi-mai à fin sept. - 4 ha (120 empl.)
Loisirs :
Services : wifi
GPS : E 12.66908 N 49.95244

Plzeň

Ostende
U Velkého rybníka 1 - 739 604 603
De déb. mai à fin sept. - 3 ha (160 empl.)
Loisirs : (plan d'eau)
Services : wifi
GPS : E 13.39031 N 49.77717

Praha/Prague

Sokol Praha
Narodnich hrdinu 290 - Praha 9 - 777 553 543
De fin mars à fin oct. - 2,5 ha (40 empl.)
Tarif : 30 € E
borne - E
Loisirs : - Services : wifi
Transports en commun pour le centre-ville.
GPS : E 14.58311 N 50.08858

Fremunt
Trojska 374 - Praha 7 - 734 215 205
Permanent - 0,6 ha (16 empl.)
Tarif : 4 € 10 € - 3,50 €
borne - 4 E
Services : wifi
Transports en commun pour le centre-ville.
GPS : E 14.42754 N 50.11714

Camping-caravaning Praha
Cisarska louka 162 - Praha 5 - Smichov - 257 317 555
Permanent - 1,2 ha (80 empl.)
Tarif : 24 € E
Services :
Transports en commun pour le centre-ville.
GPS : E 14.41364 N 50.05594

Soběslav

Karvánky
Na Švadlačkách 460/4 - 603 242 157
De fin juin à fin août - 10 ha (100 empl.)
Tarif : 1 € 5 € - 4 € -
Loisirs : (plan d'eau) , beachvolley
Services :
Transports en commun à 200 m du camping.
GPS : E 14.71983 N 49.2299

Nuremberg et Franconie

➲ *Départ : Bayreuth*
➲ *7 jours - 500 km*

Zoom sur la fontaine, dans la cour d'honneur du palais de la Résidence, à Wurtzbourg.

Jour 1

Commencez par la visite de **Bayreuth**. Connue mondialement pour son festival wagnérien, Bayreuth porte l'empreinte d'une princesse du 18e s. hors du commun qui en fit un pôle culturel européen et la vitrine d'un rococo original parfaitement représenté par le Château Neuf. En 1945, la ville a payé cher le rôle que Bayreuth et Wagner ont joué dans l'idéologie d'Adolf Hitler, qui était, avec son entourage, un visiteur régulier du festival. Pendant les dernières semaines de la guerre, la ville a été lourdement bombardée. Aujourd'hui il n'en paraît rien. Du 25 juillet au 28 août, la ville vit à nouveau au rythme de Wagner. Les 60 000 places disponibles sont réservées jusqu'à sept ans à l'avance… mais quelques tickets retournés sont vendus le jour de la représentation, au tarif d'une place d'opéra classique. (La queue commence à 6h le matin). Le chef-lieu de la Haute-Franconie est également devenu une importante ville universitaire et un centre économique de pointe en matière de haute technologie. La proximité de la Suisse franconienne en fait aussi un point de départ idéal pour des randonnées à pied ou à vélo.

Jour 2

La suite de ce parcours bavarois vient flirter avec la région de Thuringe et passe par **Cobourg** non sans recommander une étape à la **basilique des Quatorze-Saints** (Vierzehnheiligen). Ce sanctuaire de pèlerinage est une merveille du baroque qui surprendra même les moins convaincus par ce style. Son ordonnance intérieure révèle la hardiesse de l'architecte Balthasar Neumann, et la décoration captive les yeux par sa richesse.

Jour 3

Direction **Bamberg**, ville à laquelle, selon les résultats d'un sondage, les Allemands se sentent le plus intimement liés. Inscrite également au Patrimoine mondial de l'Unesco, cette ville construite sur sept collines est née au Moyen Âge. Transformée aux 17e et 18e s. en cité baroque par les princes-évêques et épargnée par les bombardements, elle compte aujourd'hui près de 2 300 monuments historiques classés. Les églises médiévales côtoient des maisons bourgeoises de style baroque et des édifices monumentaux. Sur l'une des collines, vous découvrirez la ville haute, le centre ancien avec ses petites rues bordées d'antiquaires et sa cathédrale impériale aux quatre clochers qui constitue encore le cœur de la cité et le plus important chef-d'œuvre architectural de la région.

Jour 4

Une fois à **Wurtzbourg** (Würzburg), de la rive est du Main, en haut de la forteresse Marienberg, la vue sur la ville, son vieux pont et ses clochers est telle que l'on peine à imaginer qu'une grande partie de la ville fut détruite à la fin de la Seconde Guerre mondiale. Sa grandeur passée, liée à trois princes-évêques de la famille de Schönborn, se retrouve dans les églises baroques et le splendide palais de la Résidence, classé au Patrimoine mondial de l'Unesco. Ville du sculpteur Riemenschneider, dont on peut

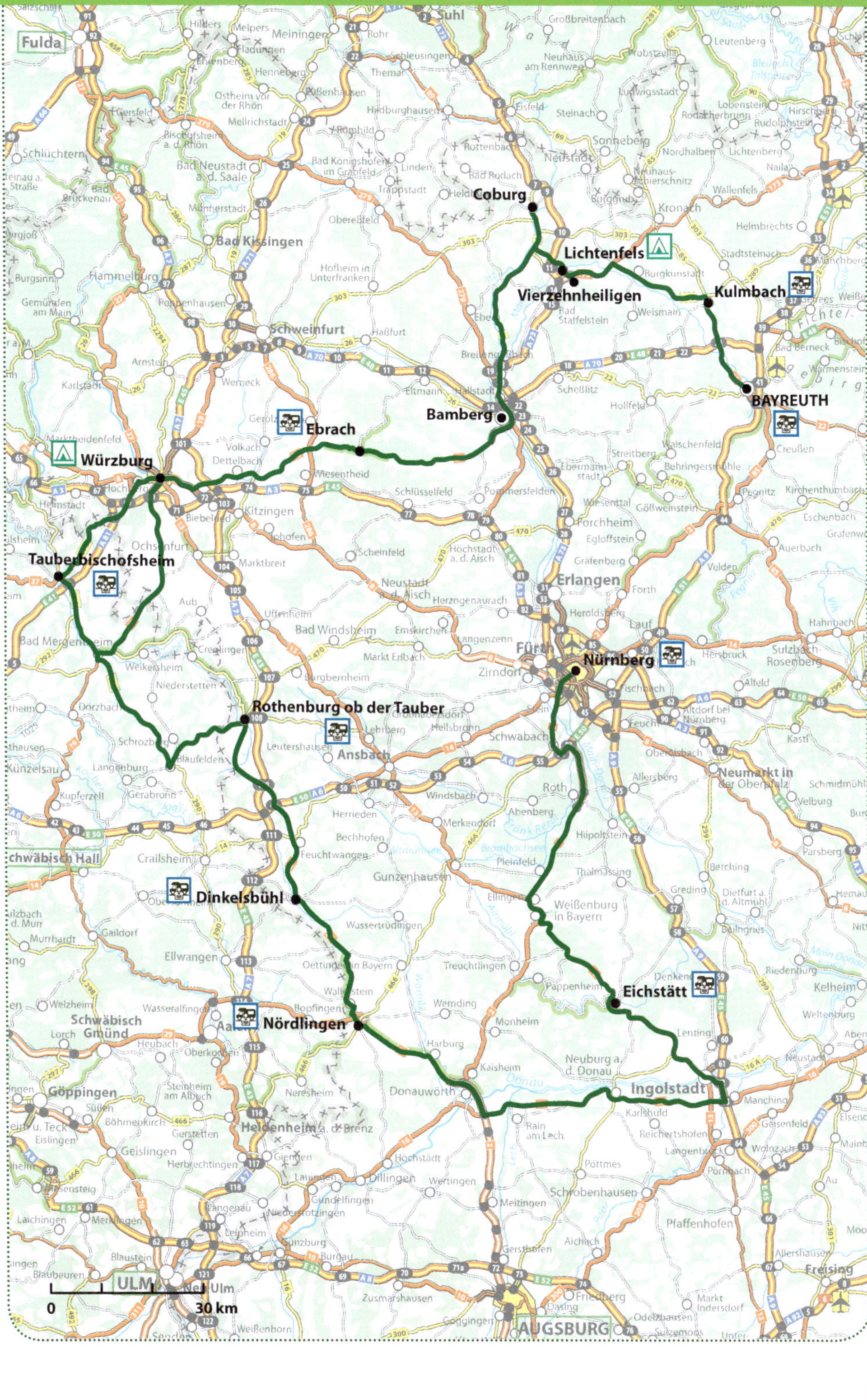
Coburg
Lichtenfels
Vierzehnheiligen
Kulmbach
BAYREUTH
Bamberg
Ebrach
Würzburg
Tauberbischofsheim
Bad Mergentheim
Rothenburg ob der Tauber
Dinkelsbühl
Nördlingen
Nürnberg
Eichstätt
Ingolstadt
Weißenburg in Bayern
0
30 km

admirer de nombreuses œuvres, mais aussi du physicien Wilhelm Conrad Röntgen qui découvrit les rayons X en 1895, Wurtzbourg allie parfaitement modernité, art et histoire.

Jour 5

Plus au nord, à l'abri de ses remparts, **Rothenbourg** domine le cours sinueux de la Tauber. Particulièrement bien préservée, elle concentre un nombre impressionnant de bâtisses médiévales sur un site spectaculaire en bordure de falaise. Dans ce véritable musée du Moyen Âge à ciel ouvert, il fait bon se promener, en empruntant des ruelles étroites aux maisons à pignons pointus, jalonnées de fontaines et édifices à colombages.

Jour 6

Au long de vallées fluviales ou de collines fertiles, l'itinéraire vers Eichstätt et Nuremberg nous fait revivre à chacune de ses étapes des aspects du passé qui n'appartiennent qu'à l'histoire allemande; tour à tour sont évoquées les grandes heures des vieilles cités médiévales comme **Dinkelsbühl** et **Nördlingen. Eichstätt** est quant à elle devenue « La Mecque » de l'architecture moderne sans compromis, comme le montrent le nouveau bâtiment de la Pädagogische Hochschule et celui de la résidence d'été de l'université.

Jour 7

Nuremberg (Nürnberg), ville traditionnelle des fondeurs de bronze et des batteurs d'or, fut l'une des plus belles cités médiévales d'Allemagne. On pense à Dürer en découvrant ses remparts et ses portes, les maisons bourgeoises à colombages et à pignons. Son centre médiéval et son caractère typiquement germanique lui valurent d'être choisie comme théâtre des grands rassemblements du parti national-socialiste. Reconstruite avec énergie, Nuremberg est aujourd'hui l'un des principaux centres industriels d'Allemagne du Sud et une capitale culturelle grâce à son exceptionnel Musée national.

Aires de service et de stationnement

Bayreuth

Parkplatz Bayreuth - Seulbitz
Thermenallee - Lohengrin Therme - Kurpromenade, 5 - 49921792400
Borne artisanale : 3 €
20 P - 8 €/j.
Services : WC
GPS : E 11.63437 N 49.9411

Dinkelsbühl

DCC Campingpark Romantische Strasse
Kobeltsmühle 6 - 09851 78 17
Borne
14 P - 12 €/j.
Services :
GPS : E 10.33437 N 49.08115

Eichstätt

Stellplatz Schottenwiese
Pirkheimerstrasse/ Schottenau - 08421 908 147
Permanent
Borne sanistation : 1 €
70 P - 8 €/j.
Services : WC
GPS : E 11.1975 N 48.88455

Ebrach

Parkplatz am Naturbad
Schwimmbadweg - 09553 922 00
Permanent
Borne : 1 €
5 P - Gratuit
Services :
GPS : E 10.48385 N 49.84681

Kulmbach

Festplatz Schwedensteg
Schwedensteg - 09221 958 80
Permanent
Borne artisanale : 2 €
25 P - 72h - 3 €/j.
Services : WC
GPS : E 11.45666 N 50.11033

Nördlingen

Wohnmobilstellplatz
Kaiserwiese - 09081 841 16
Permanent
Borne : 3 €
30 P - Gratuit
Services : WC
GPS : E 10.48529 N 48.85531

Nürnberg/Nuremberg

Wöhrder Sees
Gustav-Heinemann-Strasse - 0911 233 60
Permanent
8 P - 72h - Gratuit
Services :
GPS : E 11.1131 N 49.4597

Rothenburg ob der Tauber

Parking lot P2
Nördlinger Strasse - 09861 404 800
Permanent
Borne artisanale : 2 €
50 P - 24h - 10 €/j.
Services : WC
GPS : E 10.18586 N 49.37942

Tauberbischofsheim

Parkplatz am Freibad
Vitryallee - 09341 803 13
Permanent
Borne
3 P - Gratuit
Services : WC
GPS : E 9.66616 N 49.62164

Campings

Lichtenfels

Main-camping
Krösswehrstrasse 52 -
09571 717 29
De déb. avr. à mi-oct. - 1 ha (85 empl.)
borne artisanale : Payant - 18
Loisirs :
Services :
GPS : E 11.0865 N 50.15623

Würzburg/Wurtzbourg

Kalte Quelle
Winterhäuser Strasse 160 -
0931 655 98
Permanent
Tarif : 5,50 € 5 € - 3,50 €
borne : Payant - 20
Loisirs :
Services :
GPS : E 9.98457 N 49.74449

Office de tourisme

Nürnberg/Nuremberg
Hauptmarkt 18 - 0911 23 360 - www.tourismus.nuernberg.de - lun.-sam. 9h-18h (mai à oct. dim. 10h-16h), pendant le marché de Noël : lun.-sam. 9h-19h, dim. 10h-19h.

Pour téléphoner en Allemagne :
00 49 + indicatif urbain sans le 0 initial puis le numéro du correspondant

Pour plus d'informations :
Carte Michelin Regional N° 546
Le Guide Vert Allemagne

Les bonnes adresses de Bib

Bamberg

Historischer Brauereiausschank Schlenkerla
Dominikanerstraße 6 - 0951 560 60 - www.schlenkerla.de - 9h30-23h30 - - autour de 15 €. Dans ce beau bâtiment à colombages, spécialités franconiennes et bière fumée (*Rauchbier*), brassée sur place.

Gasthaus Zum Sternla
Lange Straße 46 - 0951 287 50 - www.sternla.de - 10h-23h - - autour de 10 €. Une des plus anciennes auberges typiques de Bamberg, avec petit jardin en plein cœur de la ville. Spécialités franconiennes.

Bayreuth

Oskar - Das Wirtshaus am Markt
Maximilianstr. 33 - 0921 516 05 53 - www.oskar-bayreuth.de - 8h-1h (dim. 9h) - 15/19 €. Dans l'ancienne mairie. Joli jardin d'hiver et terrasse. Spécialités typiques de la Bavière.

Zur Sudpfanne
Oberkonnersreuther Straße 6 - 95448 Bayreuth-Oberkonnersreuth - 3 km au sud-est par la Nürnberger Straße - 0921 528 83 - www.sudpfanne.de - 20/32 €. Excellente cuisine régionale et internationale.

Nürnberg/Nuremberg

Bon à savoir
La spécialité culinaire de la ville est la saucisse grillée (*Nürnberger Rostbratwürste*), que l'on peut déguster dans les échoppes du centre-ville (souvent selon la formule *Drei im Weckla* : trois saucisses dans un petit pain), mais aussi dans la plupart des restaurants qui servent une cuisine traditionnelle.

Historische Bratwurstküche Zum Gulden Stern
Zirkelschmiedsgasse 26 - 0911 205 92 88 - www.bratwurstkueche.de - 11/17 €. Cette maison historique de 1419 est la plus vieille *Bratwurstküche*. Bois et décor champêtre confèrent au lieu son caractère. Dégustez la saucisse de Nuremberg, grillée au bois de hêtre, avec une délicieuse choucroute ou une salade de pommes de terre traditionnelle.

La cour des artisans (Handwerkerhof)
Königstor (face à la gare centrale ; près de Frauentorturm) - 0911 988 33 590 - www.handwerkerhof.de - de mi-mars à fin déc. - boutiques : lun.-vend. 10h-18h30, sam. 10h-16h ; restaurant : lun.-sam. 10h30-22h - 20 €. Cour pittoresque entourée de remparts comportant à la fois petites boutiques d'artisanat et restaurants traditionnels.

Rothenburg ob der Tauber

Baumeisterhaus
Obere Schmiedgasse 3 - 09861 947 00 - www.baumeisterhaus-rothenburg.de - fermé 2 sem. fin janv. - 18/30 €. Joyau de la Renaissance construit en 1596 face à l'hôtel de ville. Peintures murales anciennes et cour entourée de galeries à colombages. Bonne cuisine, grand choix de gâteaux maison.

Les « Schneeballen »
Il s'agit d'une pâtisserie traditionnelle de la région faite à base de pâte brisée. À l'origine, les *Schneeballen* (boules de neige) étaient uniquement couvertes de sucre glace ou de cannelle, mais aujourd'hui elles se présentent sous d'autres formes, couvertes ou fourrées de chocolat par exemple. Vous trouverez leur version traditionnelle chez Bäckerei Striffler, Untere Schmiedgasse 1 ou Kappellenplatz, ou chez Uhl.

Würzburg/Wurtzbourg

Bürgerspital
Theaterstr. 19 - 0931 35 28 80 - www.burgerspital-weinstuben.de - 16/27 €. Taverne du vignoble de Bürgerspital parmi les plus importantes d'Allemagne. Dans un cadre historique, sous une belle voûte d'arêtes, découvrez vins de la région et cuisine franconienne.

Découverte de la légendaire Forêt-Noire

➲ *Départ : Baden-Baden*
➲ *6 jours - 310 km*

Les ruelles enneigées de Fribourg-en-Brisgau.

B. Merz/ Look/Photononstop

Jour 1

Les palaces et les villas édifiés au bord de la rivière Oos composent toujours la vitrine de **Baden-Baden**, cité thermale réputée. Lieu de villégiature prisée à la Belle Époque, elle attire encore aujourd'hui une clientèle aisée. Peu importe que vous ne soyez pas nouveaux riches, les vertus relaxantes des thermes agiront sur vous aussi… Suivez ensuite les panneaux Schwarzwald-Hochstrasse/ B500, au fur et à mesure que la route s'élève. Vous traverserez de tranquilles stations climatiques, comme **Bühlerhöhe** à 750 m d'altitude. Au Ruhestein, quitter la route des Crêtes pour plonger vers la combe d'Allerheiligen puis remonter, à partir d'**Oppenau**, vers Zuflucht en grimpant au flanc de versants très raides. À **Allerheiligen**, un sentier conduit le long du torrent jusqu'au pied des **chutes d'Allerheiligen** (*Wasserfälle*). Compter 3/4 h à pied pour découvrir sept belles cascades.

Jour 2

Poursuivre sur la Hochstrasse en direction de Freudenstadt. Au croisement de plusieurs routes touristiques, **Freudenstadt,** bâtie à partir de 1599 suivant un plan quadrillé organisé autour de la Marktplatz, fut brûlée en 1945, puis s'est relevée. La suite de l'itinéraire suit le fond des vallées de la Kinzig et de l'Elz, traversant de petites localités actives (**Alpirsbach**, Schiltach, Triberg et St-Peter), avant d'atteindre, au **mont Kandel**, la Haute Forêt-Noire. Avec pour décor la vallée de la Gutach, le musée de plein air de la Forêt-Noire, à **Gutach** témoigne de l'habileté des habitants de cette région en matière de construction rurale, d'artisanat et d'agriculture. Continuez ensuite en direction de Triberg. Le passage du col de Landwassereck offre de jolies vues sur les paysages de la Forêt-Noire centrale. En amont d'Oberprechtal, la route longe les petites chutes de l'**Elz**.

Jour 3

Centre d'industrie horlogère, **Triberg** est également une station climatique réputée. À voir, la promenade des Cascades et le musée de la Forêt-Noire (Schwarzwaldmuseum). De passage à **Furtwangen** vous pourrez visiter le musée allemand de l'Horlogerie (Deutsches Uhrenmuseum), qui abrite la plus grande collection d'horloges de la Forêt-Noire au monde. De Furtwangen, on peut se rendre à la source de la Breg (direction « Katzensteig-Martinskapelle », puis « Donauquelle ») qui alimente un ruisselet, le Danube, lequel finit sa course 2900 km plus loin en se jetant dans la mer Noire.
La table d'orientation du **mont Kandel** offre un panorama magnifique sur les Vosges, le massif isolé du Kaiserstuhl, le Feldberg et le Belchen.

Jours 4 et 5

Difficile de rester insensible à la douceur de vivre qui caractérise **Fribourg-en-Brisgau** (Freiburg im Breisgau), vieille ville universitaire dont les ruelles pavées sont une invitation à la promenade. Les guerres successives ont laissé intacte l'admirable cathédrale. La suite du parcours, à caractère montagnard dans sa première partie, passe par les trois principaux

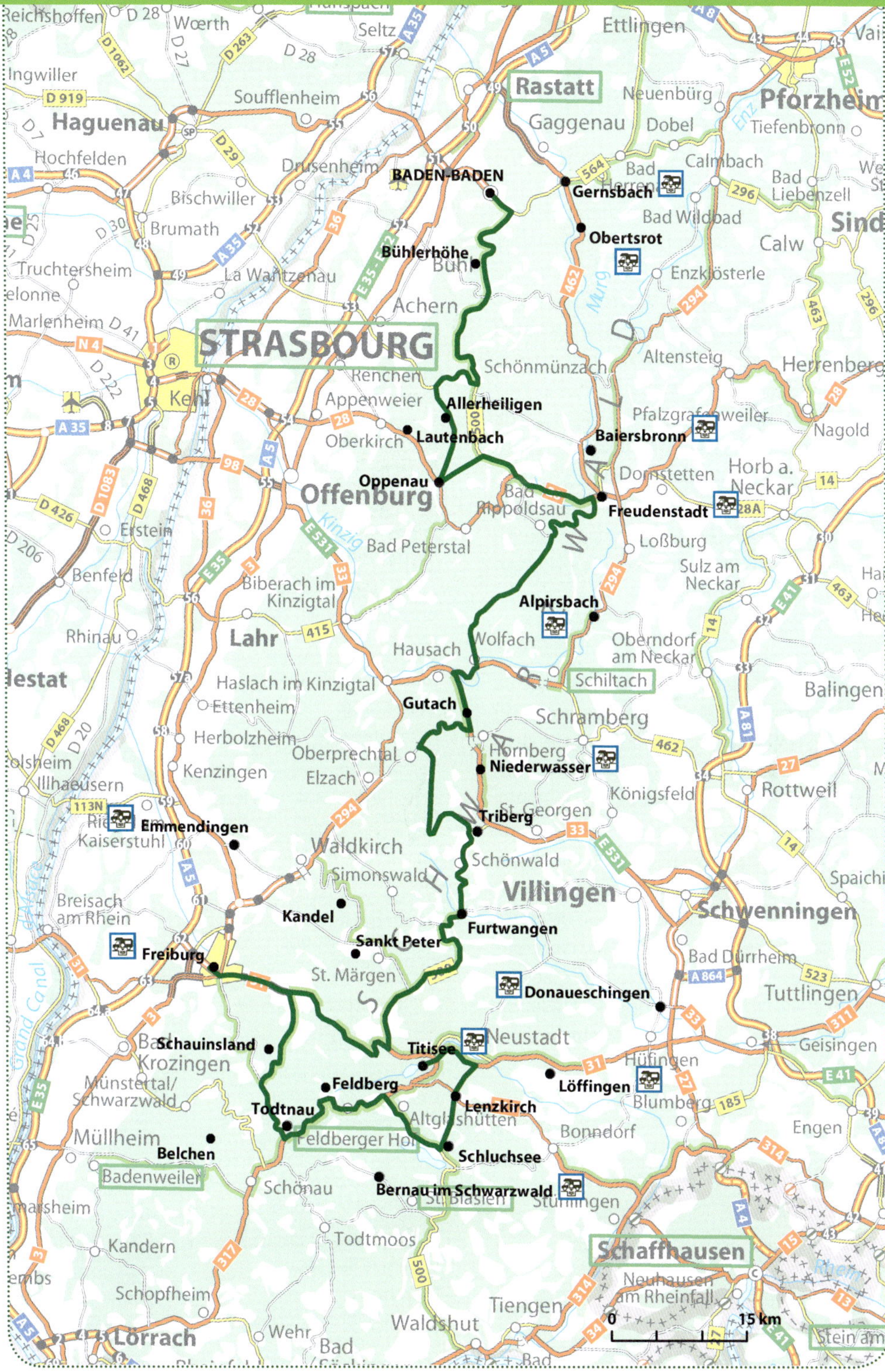
BADEN-BADEN
Gernsbach
Obertsrot
Bühlerhöhe
Allerheiligen
Lautenbach
Oppenau
Baiersbronn
Freudenstadt
Alpirsbach
Gutach
Niederwasser
Triberg
Furtwangen
Kandel
Sankt Peter
Emmendingen
Freiburg
Donaueschingen
Schauinsland
Titisee
Feldberg
Lenzkirch
Löffingen
Todtnau
Schluchsee
Belchen
Bernau im Schwarzwald
STRASBOURG
Offenburg
Villingen
Schwenningen
Pforzheim
Rastatt
Schaffhausen
0
15 km

sommets de la région (Schauinsland, Belchen et Feldberg), puis par les deux lacs les plus connus du massif (**Schluchsee** et **Titisee**). La région étant en grande partie un parc naturel, les sentiers permettent souvent de rencontrer des espèces rares de fleurs sauvages, et parfois des chamois. La route conduit à la station supérieure du téléphérique du **Schauinsland**. Du parking, gagner la tour-belvédère. La vue se déploie au-delà des pâturages, sur le Feldberg. Poursuivre la route vers Stohren, puis Münstertal. La route déroule ses lacets au milieu des prairies avant de pénétrer dans la forêt. À Wiedener Eck, tourner à droite vers le **mont Belchen** et sa table d'orientation. Par bonnes conditions de visibilité, il constitue un magnifique observatoire sur la plaine du Rhin, les ballons des hautes Vosges, et les Alpes, du Säntis (Alpes suisses d'Appenzel) au mont Blanc. À 1,5 km de **Todtnau,** en remontant une combe boisée, un sentier (1h AR) conduit aux chutes (*Wasserfall*) qui dévalent sur 97 m de hauteur.

Jour 6

En route pour le massif du **Feldberg**. Un télésiège (le Feldbergbahn) aboutit au mont Seebuck (1 448 m) avec une vue sur la vasque parfaite du **Feldsee**, petit lac au creux d'un cirque glaciaire. On peut se rendre au sommet déboisé du Feldberg, à 1 493 m (1h30 AR), pour jouir d'un vaste panorama s'étendant jusqu'aux Alpes. Poursuivez votre périple jusqu'au Schluchsee. Ce lac, modeste à l'origine, est devenu, grâce à l'édification d'un barrage, le plus vaste plan d'eau de Forêt-Noire. Gagner le **Titisee** par **Lenzkirch**. Au carrefour de plusieurs routes touristiques, ce joli lac glaciaire est devenu un centre touristique important, à la fois station climatique – Titisee-Neustadt et Hinterzarten – point de départ de nombreuses excursions.

Les bonnes adresses de Bib

Baden-Baden

Das Olivenhaus
Kreuzstr. 3 (passage) - ✆ 07221 27 18 10 - www.olivenhaus-baden-baden.de - fermé dim., lun. et le soir - 10/17 €. Quelques tableaux, des murs pâtinés et des tables robustes pour donner le ton. Olivia cuisine devant nous, une cuisine fraîche et pleine de saveurs. Service convivial dans ce restaurant de poche (20 couverts).

Rive Gauche
Lichtentaler Allee 8 - ✆ 07221 90 09 900- www.la8.de - tlj sf lun. - fermé 2 sem. en janv. - 16,50/32 €. Restaurant engageant avec ses chaises originales et ses pots de fleurs. À table, les recettes de saison cohabitent avec des plats créatifs aux touches méditerranéennes.

Café König
Lichtentaler Str. 12 - ✆ 07 221 23 573 - 8h30-18h30. Établissement incontournable de la ville, fréquenté tant par les locaux que par les touristes. Ce café, qui sert aussi des en cas chauds à midi, doit surtout son succès à ses succulentes pâtisseries maison, dont le fameux Apfelstrudel et sa crème vanille…

Freiburg im Breisgau/ Fribourg-en-Brisgau

Hausbrauerei Feierling
Gerberau 46 - ✆ 0761 24 34 80 - www.feierling.de - 11h-0h (sam. 1h), Biergarten 11h-23h. Cette microbrasserie fabrique sa bière à partir de produits bio. Pour l'accompagner, une cuisine régionale, est servie en salle et dans le Biergarten.

Marché
Münsterplatz (autour de la cathédrale) - tlj sf dim. et j. fériés. Il faut venir ici, de bon matin, manger une saucisse (*rote Wurst*) dans un petit pain, de bon matin avec les Fribourgeois en train de faire leur marché.

Markthalle
Kaiser-Joseph-Str. 237 - www.markthalle-freiburg.de - lun.-jeu. 8h-20h, vend.-sam. 9h-24h, fermé dim. et j. fériés - 5/15 €. Une adresse attachante. Il s'agit du marché couvert où se mêlent voix, odeurs et saveurs du monde.

St. Peter

Zur Sonne
Zähringerstraße 2 (dans le village, à deux pas de l'église) - ✆ 07660 940 10 - www.sonne-schwarzwald.de - fermé 2 sem. en mars et 2 sem. en nov. Cette table renommée en Forêt-Noire sait mettre en valeur les produits régionaux (par ailleurs biologiques). Le chef connaît ses classiques, qu'il harmonise au goût du jour.

Lauterbach

Gasthof Gedächtnishaus
Fohrenbühl 12 - ✆ 07 422 44 61 - www.king-gastro.de - - fermé merc., jeu. et 6 sem. après 6 janv. - 20 €. Dans ce gîte idéalement situé en haut d'un ballon, le restaurant rustique est décoré de bois sombre.

Lenzkirch

Löffelschmiede
Löffelschmiede 1 - ✆ 07 653 279 - www.sbo.de/loeffelschmiede - tlj sf mer. 12h-22h - fermé mar. soir, merc. et de nov. à mi-déc. - 15 €. Restaurant familial et soigné est situé dans une petite vallée, à l'extérieur de la commune de Lenzkirch. Truites et plats bourgeois régionaux.

Aires de service et de stationnement

Alpirsbach

Camping Alpirsbach
Grenzenbühler Weg 18 -
07444 63 13
Permanent
Borne : Payant
3 P - 24h - 10 €/j.
Services :
GPS : E 8.41186 N 48.35673

Baiersbronn

Reisemobilplatz Baiersbronn P5
Neumühleweg/Lochweg -
07442 841 40
Permanent
Borne artisanale : 2 €
12 P - 6 €/j.
Services :
GPS : E 8.37294 N 48.51036

Bernau im Schwarzwald

Wohnmobilstellplatz und Wintercamping Am Spitzenberg
Sportplatzstrasse - 07675 160 030
De mi-avr. à sept.
Borne : Payant
15 P - 6 €/j.
Services :
Pas d'électricité en été.
Réservation obligatoire en hiver.
GPS : E 8.0307 N 47.80739

Donaueschingen

Stellplatz beim Sportzentrum
Prinz-Fritzi-Allee, derrière le stade, suivre le fléchage - 0771 857 221
Permanent
Borne artisanale
10 P - 48h - Gratuit
Services :
GPS : E 8.51222 N 47.94722

Emmendingen

Wohnmobilstellplatz am Freibad
Am Sportfeld - 07641 194 33
Permanent
Borne eurorelais : Gratuit
20 P - Gratuit
Services :
GPS : E 7.84085 N 48.11826

Freiburg im Breisgau/Fribourg-en-Brisgau

Reisemobilplatz am Eschholzpark
Bissierstrasse - 0761 202 51 39
Permanent
Borne : 1 €
50 P - 10 €/j.
Services :
Transports en commun pour le centre ville.
GPS : E 7.8256 N 47.9997

Parkplatz von Südcaravan
Hanferstrasse 30 - 0761 152 400
Permanent
Borne artisanale : Gratuit
10 P - Gratuit
Services :
Transports en commun pour le centre-ville.
GPS : E 7.81601 N 48.0417

Freudenstadt

Hotel Langenwaldsee
Stassburger Strasse 99 -
0744/18 89 30 - Permanent -
Borne
5 P - Services :
Centre-ville à 2 km. Tarifs libres.
GPS : E 8.39118 N 48.45102

Gernsbach

Parkplatz Murginsel
Klingelstr./ Schlossstr. - 07224 12 39
Permanent
Borne artisanale : 2 €
7 P - 5 €/j.
Services :
GPS : E 8.33886 N 48.75937

Löffingen

Parkplatz Waldbad Löffingen
am Walbad - 07652 1206 / 8350
De mi-mai à sept.
Borne artisanale
10 P - 10 €/j.
Services :
Centre-ville à 1,5 km. Services inclus dans prix du stationnement.
GPS : E 8.33314 N 47.89978

Niederwasser

Hotel Schöne Aussicht
Schöne Aussicht - 07833 936 90
Permanent
Borne
3 P - 8 €/j.
Services :
GPS : E 8.18502 N 48.19464

Obertsrot

Stellplatz am Schwimmbad Obertsrot
Am Schwimmbad 1, devant la piscine - 07224 12 39
Permanent
Borne
5 P - > 72h - Gratuit
Services :
GPS : E 8.34166 N 48.74157

Titisee

Campingplatz Bankenhof
Bruderhalde 31a, avant la barrière à l'entrée du parc sur la Bankenhof -
07652 13 51
Permanent
Borne artisanale
8 P - 13 €/j.
Services :
GPS : E 8.13037 N 47.88649

Office de tourisme

Baden-Baden
Schwarzwaldstraße 52 (sur la B500) - 07221 275200 - www.baden-baden.de/fr - lun.-sam. 10h-18h, dim. et j. fériés 9h-13h.

Pour téléphoner en Allemagne :
00 49 + indicatif urbain sans le 0 initial puis le numéro du correspondant

Pour plus d'informations :
Carte Michelin Regional N° 545 / Le Guide Vert Allemagne

Route allemande des Alpes

➲ *Départ : Lindau*
➲ *9 jours - 550 km*

Château de Hohenschwangau.

Jour 1

Lindau est une île-cité au charme unique. Jadis prospère et commerçante, il suffit de s'aventurer dans une arrière-cour ou de flâner entre le port et la Maximilianstrasse, pour apprécier la douceur de vivre un peu rétro de cette petite ville souabe au caractère méridional. De Lindau se diriger vers **Lindenberg im Allgäu** par la B308 puis **Hindelang**. Avec sa voisine Bad Oberdorf, Hindelang constitue un centre de villégiature et de cure thermale agrémenté en hiver par la pratique du ski sur les pentes de l'Oberjoch. La route descend par la vallée de la Wertach, longe le Grüntensee avant d'atteindre **Füssen**.

Jour 2

Consacrez la matinée à la visite de deux des châteaux de Louis II de Bavière : Hohenschwangau et Neuschwanstein. Rejoindre **Steingaden** où l'ancienne abbaye des Prémontrés (Welfenmünster), fondée au 12ᵉ s., possède encore sa remarquable abbatiale. Quitter la B17 en direction de l'église de Wies et poursuivre vers **Oberammergau**. Enserrée dans les contreforts boisés de l'Ammergau, cette petite ville d'artisans sculpteurs sur bois, parsemée de chalets et de superbes maisons historiques (18ᵉ s.) aux façades peintes, doit sa renommée aux représentations du mystère de la Passion qui ont lieu, l'été, tous les dix ans (les prochaines en 2020).

Jour 3

À la sortie d'Oberammergau, une route mène au château de Linderhof. L'après-midi, direction Ettal et son abbaye. Poursuivre jusqu'à **Garmisch-Partenkirchen**.

Jour 4

Garmisch-Partenkirchen, première station de sports d'hiver d'Allemagne, est aussi très prisée en été. Après avoir découvert le centre du bourg, vous irez explorer les gorges de la Partnach (Partnachklamm) puis visiter Bad Wiessee en empruntant la haute vallée de l'Isar : de Garmisch-Partenkirchen, prendre la E 533 vers **Mittenwald** et **Krün** ; à la sortie de Wallgau, dans un virage, prendre à droite la route qui s'engage dans la haute vallée de l'Isar ; puis la route 307 longe le lac du barrage de Sylvenstein et le traverse, avant de franchir l'Achenpass et de plonger vers le Tegernsee et **Bad Wiessee**, centre de cure thermale bien situé entre le lac de Tegernsee et l'arrière-pays semi-alpin.

Jour 5

Poursuivre sur la 307. À Neuhaus, une route monte au Spitzingsee (10 km AR). Avant d'atteindre ce lac de montagne, un belvédère routier offre une vue d'ensemble sur le bassin de Fischhausen-Neuhaus et le **Schliersee**. De retour sur la 307, avant Bayrischzell, on atteint la station inférieure d'un téléphérique menant au sommet du Wendelstein dont le panorama embrasse, d'est en ouest, les monts du Chiemsee et les Alpes de **Berchtesgaden**, les Loferer et les Leoganger Steinberge, les Kaisergebirge et leurs dentelles de pierre, les crêtes glaciaires des Hautes Tauern. Après un parcours sinueux qui passe à proximité de la **cascade du Tatzelwurm** (10mn à pied), l'itinéraire descend dans la

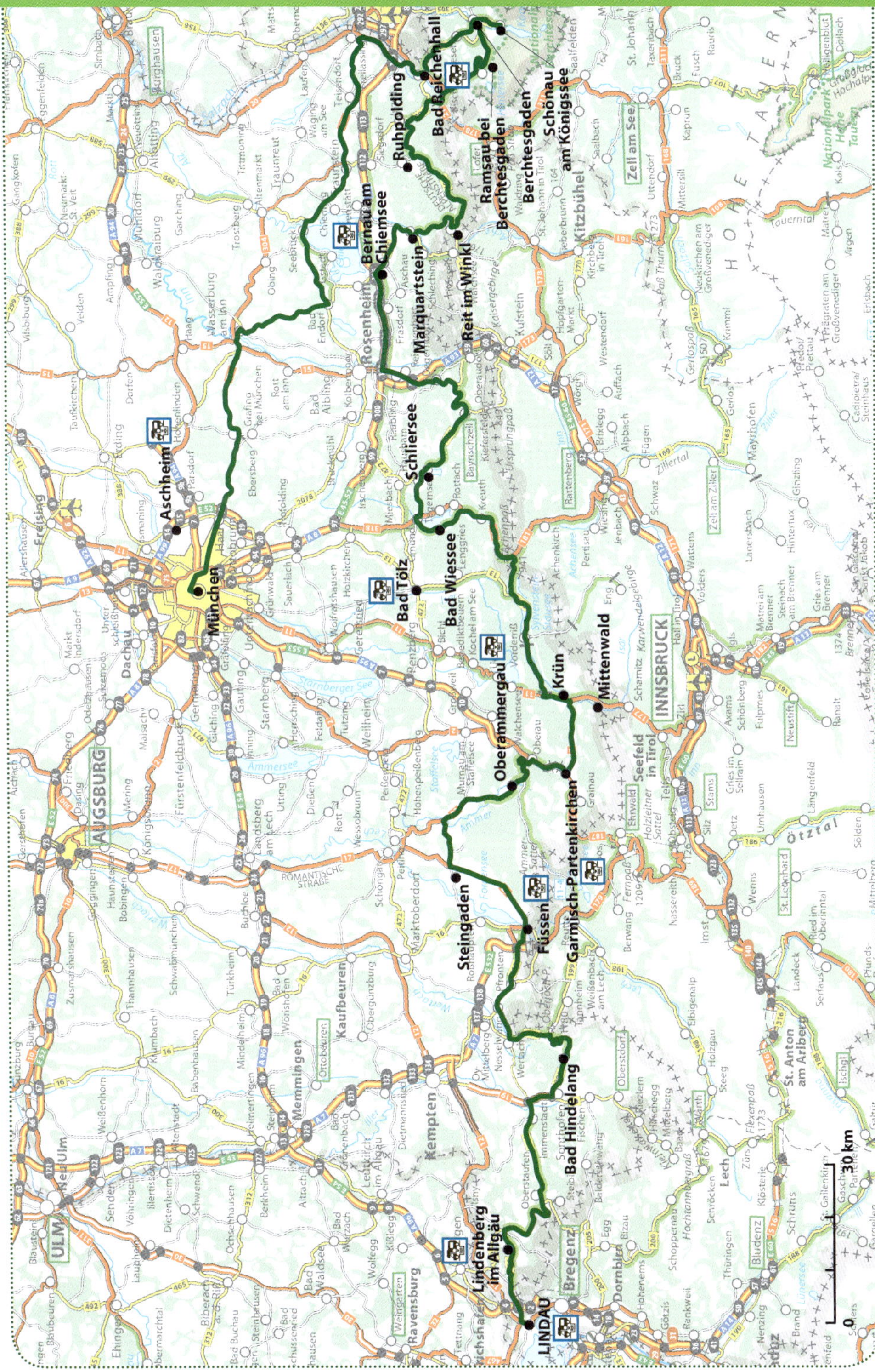
LINDAU
Lindenberg im Allgäu
Bad Hindelang
Füssen
Steingaden
Garmisch-Partenkirchen
Oberammergau
Krün
Mittenwald
Bad Wiessee
Bad Tölz
Schliersee
München
Aschheim
Rosenheim
Marquartstein
Bernau am Chiemsee
Reit im Winkl
Ruhpolding
Bad Reichenhall
Ramsau bei Berchtesgaden
Berchtesgaden
Schönau am Königssee
0
30 km

vallée de l'Inn et rejoint l'autoroute Munich-Salzbourg. Sortir à **Bernau am Chiemsee**, et suivre alors la route 305. À partir de **Marquartstein**, on traverse une succession de vallons tortueux, aux parois abruptes, pour déboucher au-dessus du vaste bassin de Reit, au pied du Zahmer Kaiser. Faites étape à Ruhpolding.

Jour 6

Ruhpolding, localité très fréquentée par les villégiateurs, est restée un centre de traditions populaires. Le passage du col de Schwarzbachwacht (868 m) fait apparaître un vif contraste entre le sévère vallon boisé du Schwarzbach et les pâturages dégagés du versant de Ramsau. La descente sur **Ramsau** donne l'occasion, en plusieurs endroits, d'apprécier le panorama sur les dents du Hochkalter. La route des Alpes finit à **Berchtesgaden** avec la visite des mines de sel et la découverte du **Königssee**.

Jour 7

Quittez **Berchtesgaden** et rejoignez Munich *via* le Chiemsee qui peut être une étape agréable avec baignade, balade en bateau ou randonnée vélo.

Jours 8 et 9

Munich (München), capitale de la Bavière, ne bénéficie pas d'une aussi bonne image que celle de Berlin, aux yeux des Français. Cette métropole, qui a vue sur les Alpes depuis les tours de son impressionnante cathédrale gothique, la Frauenkirche, vibre toute l'année, et pas seulement durant la Fête de la bière. Aller prendre un casse-croûte entre amis dans l'un des vastes Biergarten (littéralement « jardin de bière ») est l'un des rituels de l'été à ne pas manquer. L'architecture de ce « village d'un million d'habitants » en partie dessiné par les rois de Bavière est passionnante à découvrir. Point d'orgue d'une escapade culturelle, les pinacothèques abritent des collections d'art qui figurent parmi les plus importantes au monde.

Aires de service et de stationnement

Aschheim

Hotel-Gasthof zur Post
Ismaninger Str. 11 - 089 90 04 800 - Permanent
Borne
15 P - 8 €/j.
Services :
Réservation conseillée.
GPS : E 11.71536 N 48.17347

Bad Reichenhall

Wohnmobilpark Rupertus Therme
Hammerschmiedweg - 08651 762 20
Permanent
Borne sanistation
: 1 €
Services :
GPS : E 12.87572 N 47.73436

Bad Tölz

Wohnmobilstation an der Isarpromenade
Königsdorfer Str. - 08041 786 70 - Permanent
Borne : 2 €
40 P - 8 €/j.
Services :
GPS : E 11.54977 N 47.76324

Bernau am Chiemsee

Tenniszentrum Bernau
Buchenstr. 17 - 049 80 51 88 22 - Permanent
Borne artisanale
: ,50 €
10 P - 12 €/j.
Services :
Douches aux tennis.
GPS : E 12.3819 N 47.809

Füssen

Wohnmobilplatz Füssen
Abt-Hafner-Str. 9 - 08362 940 104
Permanent
Borne artisanale
: Payant
85 P - 13 €/j.
Services :
Idéal pour la visite des châteaux de Hohenschwangau et Neuschwanstein.
GPS : E 10.70089 N 47.5824

Garmisch-Partenkirchen

Alpencamp am Wank
Wankbahnstr. 2 - 170 90 71747 - Permanent
Borne sanistation
: Gratuit
110 P - 11 €/j.
Services :
GPS : E 11.10649 N 47.50396

Lindau

Parkplatz Blauwiese P1
Reutlinger Str. - 08382 260 030 - Permanent
Borne sanistation
: Payant
35 P - 20 €/j.
Services :
Navette gratuite pour le centre-ville.
GPS : E 9.70082 N 47.5587

Lindenberg im Allgäu

Parkplatz Austrasse
Austrasse - Permanent
Borne
8 P - 24h - Gratuit
Services :
Proche des pistes de ski de fond. Centre-ville à 500 m.
GPS : E 9.87499 N 47.60088

Oberammergau

Campingpark Oberammergau
Ettaler Str. 56 - 08822 941 05 - Permanent
Borne artisanale
: Payant
30 P - Payant
Services :
GPS : E 11.07065 N 47.58994

Les bonnes adresses de Bib

Bad Wiessee

Freihaus Brenner
Freihaus 4 - 080 22 86 560 - www.freihaus-brenner.de - fermé mar. 19/38 €. Restaurant de montagne offrant une jolie vue sur le lac de Tegernsee. Salles confortables avec poutres apparentes et petites fenêtres aux jolis rideaux.

Berchtesgaden

Goldener Bär
Weihnachtsschützenplatz 4 - 08 652 25 90 - www.gasthof-goldener-baer.de - - 15/24 €. Cuisine bavaroise, simple et savoureuse, servie en terrasse au centre de Berchtesgaden. Vente à emporter.

Rupertus Therme
Freidrich-Ebert-Allee 21 - 01 805 606 706 - www.rupertustherme.de - 9h-22h - 18 € (4h). Sources salées et bassins extérieurs avec vue sur les montagnes.

Füssen

Promenades en bateau (Forggensee Schifffahrt)
08 362 92 13 63 - 1er juin-15 oct. : 10h-17h - 8 € (enfants 4 €), 50mn - 11 € (enfants 6 €), 2h. Départ du Bootshafen de Füssen. Le Forggensee, un lac de retenue situé aux portes de Füssen, se prête à la promenade et à la baignade.

Zum Schwanen
Brotmarkt 4 - 08 362 61 74 - www.schwanen-fuessen.de - fermé lun. - 15 €. Restaurant installé dans une maison de la vieille ville. On y déguste des spécialités de l'Allgäu.

Bad Hindelang

Obere Mühle
Ostrachstr. 40 - 08 324 28 57 - www.obere-muehle.de - fermé 1 sem. en nov., mar. et à midi - - 20/42 €. Cet agréable restaurant est installé dans les bâtiments d'un ancien moulin de 1433. Dans un cadre propret, cuisine régionale et plats cuits au feu de bois. Fromagerie de démonstration accolée au restaurant. Piscine, sauna, solarium.

Lindau

Alte Post
Fischergasse 3 - 08 382 934 60 - www.alte-post-lindau.de - 12h-14h30, 17h30-21h30 - fermé nov., de fin déc. à fin mars - 15/28 €. Une cuisine traditionnelle servie avec le souci du détail sur une jolie terrasse d'été, dans le centre-ville de Lindau.

München/Munich

Bon à savoir
Authentique et tellement local, le **Biergarten** (littéralement « jardin de bière ») est un passage obligé lors d'un séjour à Munich. Disséminés partout dans la ville, ils perpétuent la tradition des brasseries, au nombre de six dans la capitale bavaroise (Spaten-Franziskaner, Löwenbräu, Augustiner, Hofbräu, Paulaner et Hacker-Pschorr). Ils ouvrent tous les jours d'avril à octobre de 10h à 23h. Par ailleurs, la vieille ville, Schwabing, Lehel et Haidhausen réunissent les adresses les plus recherchées, celles qui allient qualité, finesse et créativité.

Augustiner Gaststätten
Neuhauser Straße 27 - 089 231832 57 - www.augustiner-restaurant.com - tlj - 25 €. Cette brasserie, sans doute la plus connue de Munich, est célèbre pour son excellente bière, et la vénérable institution a su rester authentique, depuis son ouverture en 1885. Dans la cour intérieure, un des plus beaux Biergarten de la ville. Comme souvent dans les tavernes, le service se fait en tenue traditionnelle.
Schweinswurst (saucisse de porc) et sa choucroute (*Sauerkraut*), goulasch, *Wiener Schnitzel* (escalope à la viennoise), *Schweinshaxe* (jarret de porc). Le tout accompagné d'un *Maßkrug* (chope d'1 litre) d'Augustiner.

Hofbräuhaus
Platzl 9 - 089 290136 10 - www.hofbraeuhaus.de. Malgré sa fréquentation touristique, ce haut lieu de la bière continue d'accueillir des habitués : plusieurs institutions disposent chacune d'une table qui leur est réservée. Près de 1 000 membres ont même l'immense privilège d'avoir leur chope personnelle conservée dans l'un des casiers métalliques. Avec 10000 litres de bière consommés par jour et 3500 places assises, la Hofbräuhaus pulvérise tous les records !

Wirtshaus Ayingers
Platzl 1A - 089 23 703 666 - www.ayingers.de - tlj - 25 €. En face de la célèbre Hofbräuhaus, ce restaurant traditionnel est on ne peut mieux placé, avec terrasse aux beaux jours sur la place pavée. La taverne se réclame du village d'Aying, situé au sud de Munich, où est brassée la bière du même nom. Typiquement bavarois, le menu propose le fameux *Schweinbraten* (rôti de porc) accompagné de *Knödel* (boulettes de pâte bouillie composée de pain, de pomme de terre ou de semoule), ainsi que la *Weißwurst* (saucisse de veau) avec son bretzel. Assiettes de qualité.

Office de tourisme

München/Munich
Marienplatz 2 - 089 233 965 00 - www.muenchen.de - lun.-vend. 10h-19h, sam. 10h-17h, dim. 10h-14h.

Pour téléphoner en Allemagne :
00 49 + indicatif urbain sans le 0 initial puis le numéro du correspondant

Pour plus d'informations :
Cartes Michelin Regional N° 545 et N° 546
Le Guide Vert Allemagne

Flâneries au Tyrol et au Voralberg

➲ *Départ : Salzbourg*
➲ *8 jours - 520 km*

imagebroker / hemis.fr

Dans les Alpes autrichiennes.

Jours 1 et 2

Patrie de Mozart, **Salzbourg** accueille tous les ans un festival international réputé de musique classique. La ville a beau, toute l'année, être très touristique, très chère et très chic, elle n'en conserve pas moins beaucoup d'attrait. Consacrez une bonne demi-journée à visiter son beau centre-ville. Ne manquez pas la rue commerçante, la Getreidegasse et ses vieilles enseignes, le cimetière et l'abbatiale bénédictine. Grimpez l'après-midi au Hohensalzburg pour visiter le château. Le lendemain, vous pourrez apprécier l'une des excellentes expositions temporaires d'art contemporain du Museum der Moderne, puis, l'après-midi, traversez la rivière pour découvrir l'autre centre historique où se trouve un musée Mozart (Tanzmeisterhaus) et le château et les jardins de Mirabell. Si vous avez encore le temps, visitez aussi l'intéressant petit musée consacré à l'art baroque, dans les jardins du château.

Jour 3

Si ce Land est célèbre pour sa capitale, il l'est également pour le Salzkammergut, région de montagnes et de lacs offrant des paysages époustouflants, propices à de nombreuses randonnées, ainsi qu'à des baignades, à la pêche, et à divers sports nautiques. Le Salzkammergut, qui se partage entre Haute-Autriche, Land de Salzbourg et Styrie, se distingue par ses paysages de lacs et de montagnes extraordinaires, propices à de nombreuses activités de randonnées et de baignade, surtout en été. Direction Gmunden en faisant halte à **St. Wolfgang** sur les bords du Wolfgangsee. Villégiature du Salzkammergut appréciée des artistes et des poètes romantiques ou Biedermeier, **Gmunden** est une petite ville colorée, dotée d'une des plages de lac les mieux aménagées d'Autriche. Spécialité de la localité depuis le 15e s., la céramique d'art.

Jour 4

Piquez au sud en longeant le Traunsee pour vous diriger sur **Bad Ischl** qui fut la ville d'eaux d'Autriche la plus marquée par les fastes du règne de François-Joseph. Soixante-dix ans durant, elle fut l'un des foyers de vie mondaine les plus brillants d'Europe. De ces années glorieuses, la petite ville conserve des installations thermales, quelques superbes villas, et une atmosphère désuète pleine de charme.

Bon à savoir

➲ La route entre Lend et Zell am See présente des difficultés : nombreux virages, croisements difficiles, tunnels et pentes importantes. À noter : 2 km après Lend, deux tunnels sur la B 167 ; 11 km après Obervellach, sur la B 106, descente dangereuse sur 300 m ; 26 km après Winkler, la B 107 est fermée périodiquement. Au km 37, Hochtortunnel puis Mittertörltunnel au km 40. Péage à hauteur de Grossglockner (à 51 km de Winklen, env. 35 €).

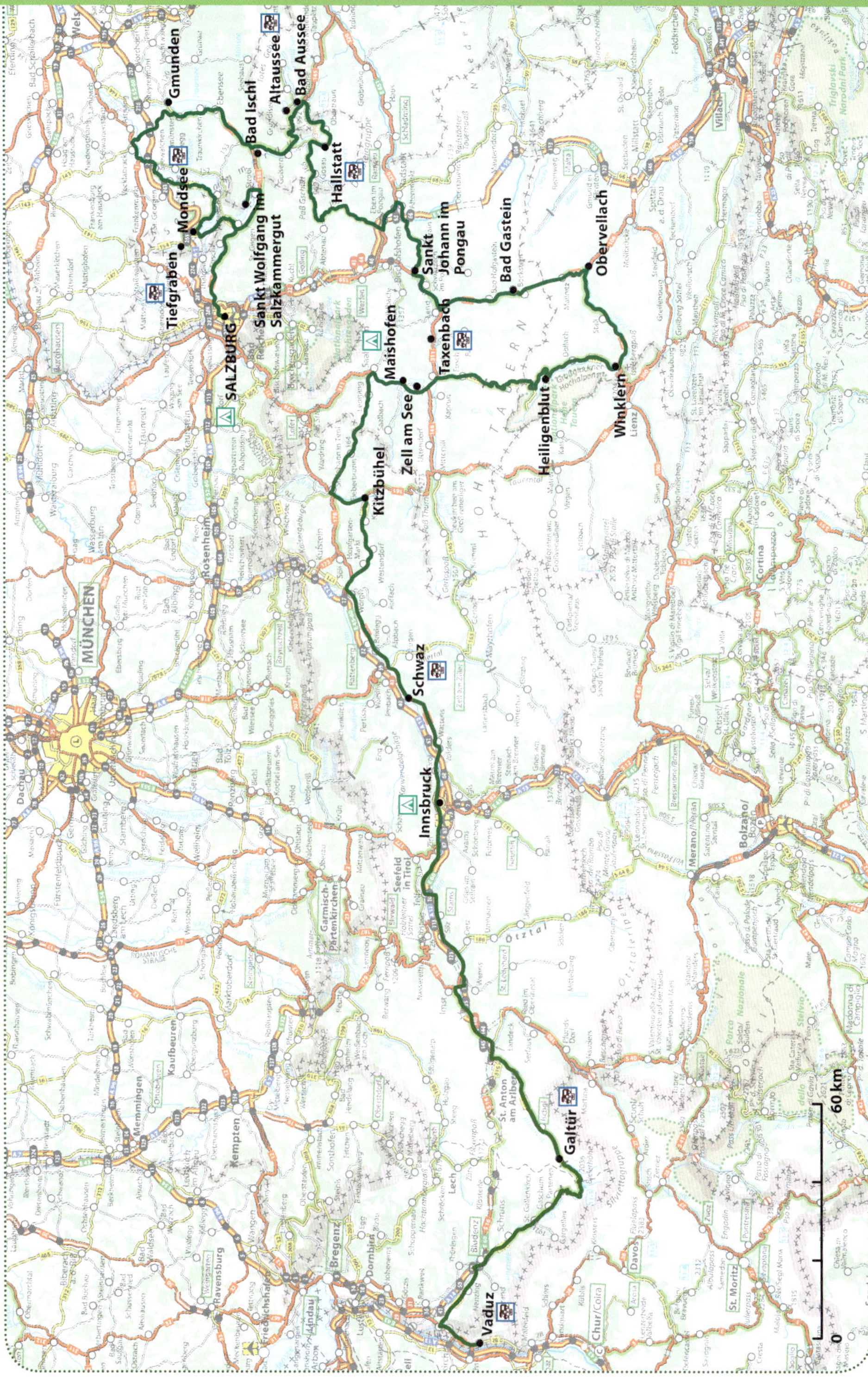
Vaduz
Galtür
Innsbruck
Schwaz
Kitzbühel
Zell am See
Maishofen
Taxenbach
Sankt Johann im Pongau
Bad Gastein
Obervellach
Winklern
Heiligenblut
SALZBURG
Tiefgraben
Mondsee
Sankt Wolfgang im Salzkammergut
Bad Ischl
Altaussee
Bad Aussee
Hallstatt
Gmunden
MÜNCHEN
0
60 km

Jour 5

Ne manquez pas **Bad Aussee** et **Hallstatt**, villages pittoresques et romantiques, qui peuvent aussi constituer de bons points de départ pour visiter la région.

Jour 6

Plus au sud, le Land de Salzbourg prend du relief et se prête particulièrement bien aux sports d'hiver, mettant à la disposition des skieurs quelques-unes des meilleures stations de ski d'Autriche. Enfin, *via* **Bad Gastein, Obervellach, Winklern** et **Helligenblut**, empruntez la route du Grossglockner, l'une des plus anciennes routes alpines, qui permet de traverser le plus haut massif d'Autriche et le parc national des Hohe Tauern. Vous êtes enfin arrivé à **Zell am See**. Prochaines étapes **Kitzbühel** et bien sûr **Innsbruck** au cœur du Tyrol.

Jour 7

Cité de taille humaine, Innsbruck invite à la flânerie dans les ruelles de son vieux centre auquel vous pourrez consacrer une demi-journée. Ne manquez pas le Petit Toit d'or. L'après-midi, visitez la Hofkirche pour découvrir le magnifique tombeau Renaissance de Maximilien Ier et le musée des Arts et Traditions populaires, qui est l'un des plus beaux d'Autriche, ou empruntez le téléphérique vers le Hungerburg, ou encore la navette vers Bergisel où se trouve le tremplin moderne érigé il y a peu par l'architecte Zaha Hadid.

Jour 8

Dirigez-vous ensuite vers **Vaduz** capitale de la petite principauté du Liechtenstein, où vous pourrez faire étape.

Office de tourisme

Salzburg/Salzbourg

Mozartplatz 5 - 0662 88 98 73 30; Hauptbahnhof (gare) - 0662 88 98 73 40 - www.salzburg.info/fr.

Pour téléphoner en Autriche : 00 43 + indicatif de la ville sans le 0 initial, puis le numéro de votre correspondant.

Pour plus d'informations :
Carte Michelin National N° 730
Le Guide Vert Autriche

Aires de service et de stationnement

Altaussee

Wohnmobilstellplatz Altaussee - Bauernhof Temel
Puchen 39 -
03622 71968
De mai à sept.
Borne
12 P - 21 €/j.
Services :
GPS : E 13.76508 N 47.63255

Galtür

Camping Zeinissee
Family Adolf Lorenz -
0544 38562
De juin à déb. oct.
Borne artisanale
20 P - illimité - 23 €/j.
Services :
Départ balades pleine montagne, VTT, au bord du lac.
GPS : E 10.12684 N 46.97873

Hallstatt

Camping Klausner-Höll
Lahn 201 - 0613 48322
De mi-avr. à mi-oct.
Borne : 3 €
Services :
GPS : E 13.64786 N 47.55296

Mondsee

Austria Camping
Achort 60 - 0623 22927
De mi-mai à mi-sept.
Borne : Payant
Services :
Entouré par les montagnes du Salzkammergut.
GPS : E 13.36532 N 47.83011

Schwaz

Wohnmobilstellplatz Königfeld
Königfeldweg/ Swarovskistrasse, Sortie 49 de l'autoroute A 12 -
05242 62340
Permanent
Borne : 1 €
7 P - 4 €/j.
Services :
GPS : E 11.70359 N 47.34623

Taxenbach

Oberhasenberghof
Taxberg 56 -
6648669104
De déb. mai à fin oct.
Borne artisanale
15 P - 24h - 20 €/j.
Services :
GPS : E 12.94396 N 47.30147

Tiefgraben

Friedlbauer Schweighofer
Schwand 10 -
06234 8447
Permanent
Borne
10 P - 12 €/j.
Services :
GPS : E 13.31178 N 47.88238

Vaduz (Liechtenstein)

Aire de Vaduz
Rheinstrasse, parking du Rheinpark Stadion -
0423 2396315
Permanent
Borne
2 P - 24h - Payant
Services :
GPS : E 9.51025 N 47.14054

Campings

Innsbruck

Innsbruck Kranebitterhof
Kranebitter Allee 214 - 0512 279558
Permanent - 1,5 ha (70 empl.)
Tarif : 30 €
borne : Payant - - 10 €/j.
Loisirs : , aire de sports
Services : wifi
Bus à 100 m pour le centre-ville.
GPS : E 11.32748 N 47.26384

Maishofen

Neunbrunnen am Waldsee
Neunbrunnen 60 - 06542 68548
Permanent
Tarif : 5,50 € 5,50 € - 2,90 €
borne : Payant -
Loisirs :
Services : wifi
Au bord d'un lac, possibilité de pêche.
GPS : E 12.79538 N 47.37749

Salzburg/Salzbourg

Nord-Sam
Samstrasse 22A - 0662 660494
De déb. avr. à fin déc. - 1,3 ha (100 empl.)
Tarif : 10,50 € 13 € - 4 €
borne : Payant -
Loisirs : , aire de sports
Services : wifi
Bus devant le camping pour le centre-ville situé à 3 km.
GPS : E 13.06257 N 47.82748

Les bonnes adresses de Bib

Bad Ischl

Zur Griechin
Leharkai 12 - 068 89 76 31 61 - tlj 11h-23h - 7/20 €. Dans une jolie bâtisse, peuplée de trophées de chasse, cette ancienne adresse traditionnelle est devenue un bon restaurant grec. En été, très agréable terrasse dans le jardin.

Eurothermen Resorts
Voglhuberstr. 10 - 061 32 204 2700 - www.eurothermen.at - 9h-0h. Cet établissement d'eau, l'un des plus grands de la ville, propose de nombreux services : thermes, sauna, massages, soins esthétiques… Il fait aussi hôtel et restaurant.

Gmunden

Traunseeschiffahrt
Rathausplatz - 076 12 66 700 - www.traunseeschiffahrt.at - tlj de mi-mai à déb. oct. - traversée de 3 à 10 €, selon la durée et le nombre d'arrêts, (-15 ans 2/6,50 €). À la belle saison, traversées en bateaux à aube, dont le Gisela, qui circule sur le Traunsee depuis 1872, de Gmunden vers Traunkirchen et Ebensee *(de 6 à 19 €, -15 ans 5 à 12 €).*

Hallstatt

Gasthof Bräuhaus
Seestr. 120 - 06134 20 673 - www. brauhauslobisser. com - avr.-oct. - 6/17 €. Les lampions colorés de la terrasse au bord du lac apportent une atmosphère conviviale à la cuisine régionale.

Innsbruck

Ottoburg
Herzog-Friedrich-Str. 1 - 0512 58 43 38 - www.ottoburg.at - 11h-14h30, 18h-22h30 - 15/30 €. Restaurant situé dans l'un des bâtiments les plus anciens de la ville. Jolies salles lambrissées et meubles anciens ; très belle terrasse en été. Côté cuisine, des plats traditionnels.

Lichtblick
Maria-Theresien-Str. 18 (Rathaus-passage, 7e ét., entrer dans la galerie et prendre l'ascenseur) - 0512 56 65 50 - www.restaurant-lichtblick.at - lun.-vend. 10h-1h, sam. 10h-18h - 32/44 €. Ce restaurant situé au dernier étage d'une galerie offre une vue époustouflante sur Innsbruck. Carte inventive et raffinée variant selon les saisons.

Konditorei-Café Munding
Kiebachgasse 16 - 512 584118- www.munding.at - 8h-20h. C'est l'une des meilleures pâtisseries de la ville (délicieux *Sachertorte* et *Apfelstrudel*). Terrasse accueillante en été. Vente à emporter.

Salzburg/Salzbourg

Krimpelstätter
Müllner Hauptstr. 31 - 06 62 43 22 74 - www.krimpelstaetter.at - mar.-sam. 11h-0h (tlj pdt le Festival) - 8/12 €. Une auberge traditionnelle très fréquentée, par des habitués de tout âge, et un Biergarten. Cuisine du terroir très correcte.

Zum fidelen Affen
Priesterhausgasse 8 - 06 62 87 73 61 - 17h-0h - fermé dim. et le midi - 10/15 €. Bar à vins et à bières volontiers fréquenté par les Salzbourgeois. Décor rustique de boiseries, ambiance chaleureuse et cuisine régionale. Pour espérer une place, mieux vaut arriver assez tôt.

Café Bazar
Schwarzstr. 3 - www.cafe-bazar.at - 0662 43 45 35 - tlj 7h30-23h en été (19h30 en hiver, dim. et j. fériés 18h). L'un des grands cafés de la ville, un peu excentré mais moins touristique que le Tomaselli. Délicieux brunch ; superbe terrasse sur la Salzach et bel intérieur cosy.

m32
Mönchsberg 32 (Museum der Moderne Mönchberg) - 0662 84 10 00 - http://m32.at - mar.-sam. 9h-1h, tlj pdt le Festival). Café offrant une très belle vue sur Salzbourg. Cadre design conçu par Matteo Thurn. Excellents petits-déjeuners et délicieuses pâtisseries. Restaurant de qualité.

Du Valais au Tessin par les grands cols

➲ *Départ : Davos*
➲ *7 jours - 530 km*

Le sanctuaire de la Madonna del Sasso à Locarno.

Jour 1

Davos, « la plus haute ville d'Europe », est à apprécier hiver comme été. À 1 560 m d'altitude, au cœur des montagnes des Grisons, entre vallée du Rhin et Engadine, Davos dispose de nombreux équipements et services dont vous pourrez profiter à toutes les saisons : patinoire d'été, golf, lac, centre nautique. **Saint-Moritz**, quant à lui, ne semble pas le meilleur lieu de vacances pour qui n'est pas joueur de polo ou fin dégustateur de cigare. Pourtant, des touristes venus du monde entier, débarqués du Glacier Express, viennent vérifier la réputation du lieu. Heureusement, il reste encore ici des plaisirs gratuits comme une randonnée dans une vallée discrète ou un plongeon revigorant dans le lac.

Jour 2

Bellinzone, c'est d'abord une silhouette : une muraille crénelée et trois châteaux visibles de loin, de jour comme de nuit, qui veillent au milieu de la vallée. Cet exemple exceptionnel d'une place forte de la fin du Moyen Âge est inscrit depuis 2000 au Patrimoine mondial de l'humanité. Mais contrairement aux apparences, la cité lombarde n'a rien d'austère. Pour s'en convaincre, il suffit de flâner un samedi matin, jour de marché, dans le centre historique. Le rendez-vous est animé et authentique ; les charcuteries et les fromages sur les étals sont alléchants. Nulle part ailleurs que dans la capitale administrative du canton, on ne sent aussi bien l'esprit tessinois.

Jour 3

En route vers **Lugano**, qui a donné son nom au lac qui la borde et que l'on appelle aussi Ceresio. Une baie encadrée par deux sommets, Monte Brè et Monte San Salvatore, sentinelles boisées de la tête au pied qui plongent sans retenue dans des eaux sombres et calmes. Revenez sur vos pas.
La plus belle salle de cinéma au monde se trouve à… **Locarno**, quand l'écran géant du Festival international du film se dresse sur la sublime Piazza Grande. Tout le reste de l'année – jeudi, jour de marché compris – le pouls de la ville bat sur cette place lombarde chauffée par le soleil.

Jour 4

Andermatt se trouve à la jonction des routes du Gothard, de la Furka et de l'Oberalp ; c'est, par excellence, le carrefour des Alpes suisses. Poursuivez au sud-ouest vers le cœur du Valais alémanique, à la rencontre des routes du Simplon et de la Furka et découvrez **Brigue**. Cette petite ville-relais animée dispose d'un agréable centre piéton, aux larges rues pavées. Mais c'est bien le château Stockalper qui constitue l'essentiel de son charme.

Jour 5

Saas-Fee est quant à elle une station sans voitures, et vous ne trouverez de parkings qu'à l'entrée du village. Cela permet de s'y balader tranquillement. Perchée à 1 800 m d'altitude, entourée de 13 sommets de plus de 4 000 m, de glaciers et de roches, celle qu'on surnomme la « perle des Alpes » se blottit au pied de la chaîne des Mischabel. De là vous n'êtes plus qu'à 39 km de Zermatt.

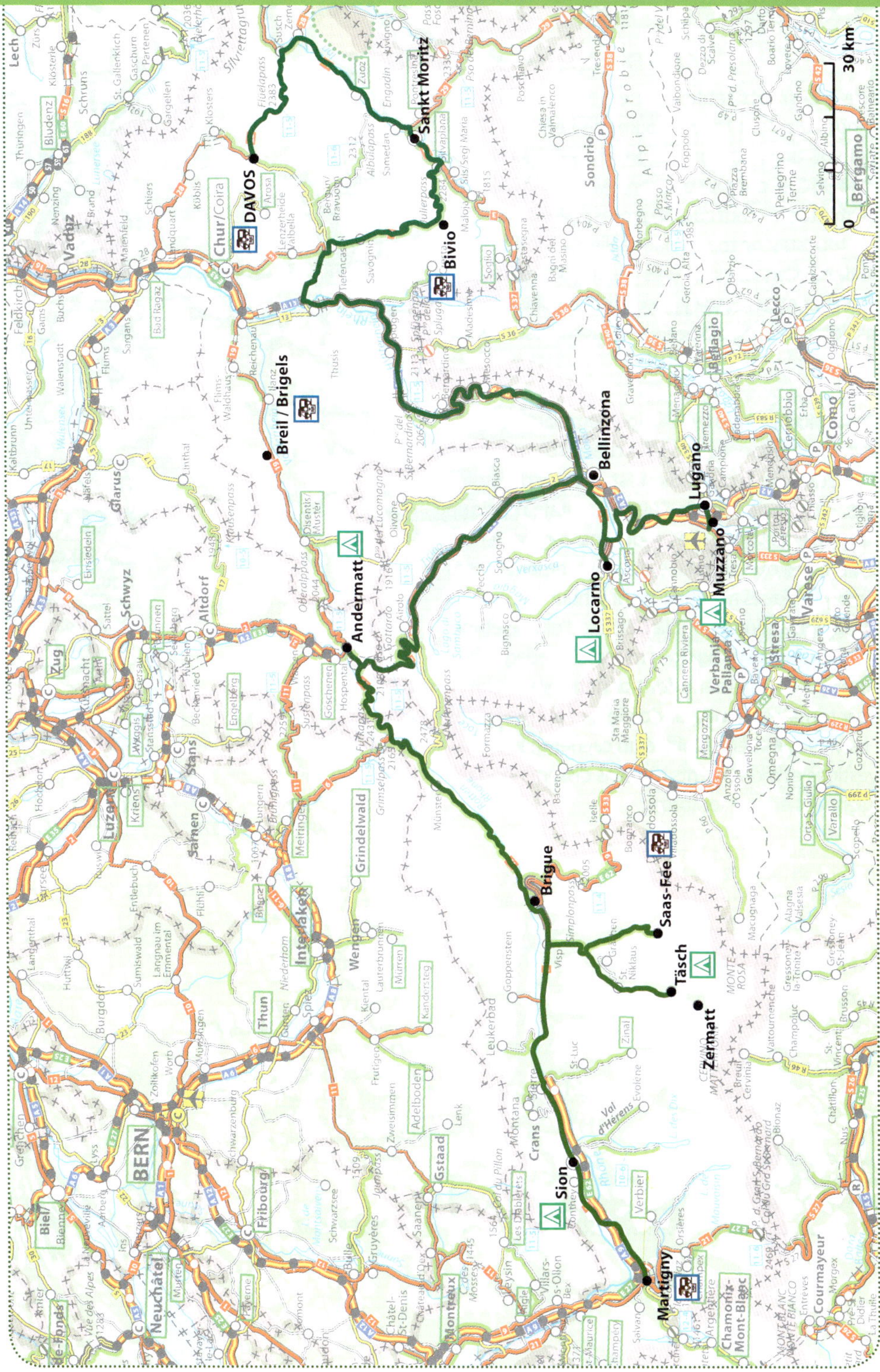
Martigny
Sion
Brigue
Saas-Fee
Täsch
Zermatt
Andermatt
Locarno
Muzzano
Lugano
Bellinzona
Breil / Brigels
Bivio
Sankt Moritz
DAVOS
0
30 km

Suisse romande

➲ *Départ : Genève*
➲ *7 jours - 355 km*

Tourisme Neuchâtelois

Vieille Ville, collégiale et château de Neuchâtel.

Jours 1 et 2

Organisez votre séjour à **Genève** en tenant compte de la météo. S'il fait beau le matin, allez vous promener assez tôt le long de la rive gauche du lac, quand il n'y a pas encore trop de monde. Vous y verrez de très près le fameux jet d'eau, et surtout, tout au bout du quai, deux beaux parcs paysagers en pente douce. Revenez par le quartier populaire des Eaux-Vives, et jetez un coup d'œil aux grandes rues commerçantes, autour de la place du Molard. De là, grimpez dans la Vieille Ville, passez par la place du Bourg-de-Four, avant de vous rendre à la cathédrale et de monter tout en haut de sa tour pour une vue imprenable sur Genève. En redescendant, visitez l'un des très nombreux musées de la ville. Si vous êtes passionné(e) d'histoire, choisissez celui consacré à la Réforme, et si vous aimez l'art primitif, le musée Barbier-Mueller. Pour dîner ou boire un verre, la Vieille Ville reste le quartier idéal, à moins que vous ne passiez dans la commune voisine de Carouge qui regorge de bons restaurants. Le lendemain, empruntez les transports en commun pour vous rendre en un clin d'œil au quartier international. Si vous avez le temps, voyez à la fois le Palais des Nations et le musée international de la Croix-Rouge. Vous pouvez revenir à pied en traversant le très beau jardin botanique et les parcs de la rive droite. Les passionnés de littérature pourront remplacer une de ces visites par une escapade à **Cologny** (accessible par les transports en commun), pour découvrir la fabuleuse Fondation Bodmer.

Jour 3

Si vous avez envie de varier les plaisirs, la rive suisse du Léman s'offre à vous. Vous pouvez choisir de consacrer l'essentiel de votre temps à la visite des grandes villes riveraines (**Lausanne**, **Montreux-Vevey**), ou préférer flâner le long du lac et découvrir des cités-étapes plus petites, comme **Nyon** ou **Morges**. Le parcours est jalonné de châteaux, à **Coppet**, Nyon, **Prangins** et **Chillon**, où se trouve le plus célèbre d'entre eux. N'hésitez pas à quitter de temps en temps la côte pour grimper à l'assaut des vignobles et découvrir notamment les terrasses de **Lavaux**. Enfin, ne vous privez pas du plaisir le plus évident : une mini-croisière sur le lac…

Jour 4

Centre viticole et industriel au confluent de la vallée du Rhône et de celle des Ormonts, **Aigle** est une avenante petite ville de plaine entourée de montagnes et de vignes. Cap au nord. Chef-lieu du pays d'Enhaut, **Château-d'Oex** présente une succession de chalets et d'hôtels au pied des derniers contreforts boisés de la Gummfluh et des Vanils. C'est la villégiature familiale type des Alpes vaudoises, réputée pour les sports d'hiver comme pour ses nombreuses activités nautiques. Au pied du Moléson et de la dent de Broc, la capitale des comtes de **Gruyères**, nichée au cœur de la région qui a donné son nom au célèbre fromage, fait partie des cités-musées du pays. Dans la longue rue pavée qui monte au château, on ne croise guère que des touristes. Mais le site verdoyant de cette petite ville vaut le détour, tout comme les villages

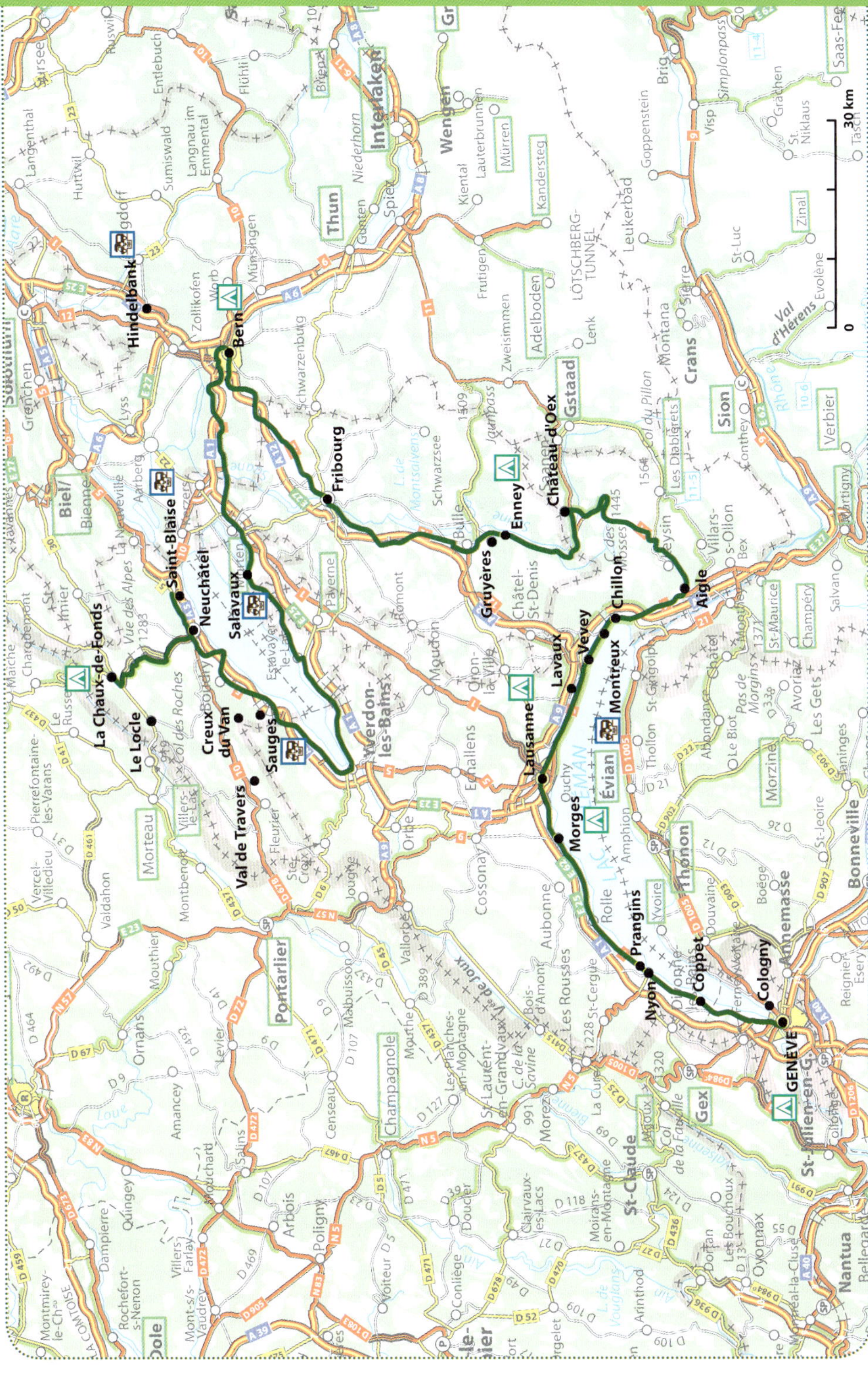

Bern
Fribourg
Gruyères
Enney
Château-d'Oex
Aigle
Chillon
Montreux
Vevey
Lavaux
Lausanne
Morges
Prangins
Nyon
Coppet
Cologny
GENÈVE
Évian
Salavaux
Saint-Blaise
Neuchâtel
La Chaux-de-Fonds
Le Locle
Creux du Van
Sauges
Val de Travers
Hindelbank
Yverdon-les-Bains
0
30 km

environnants, qui ont su garder leur authenticité. Si vous aimez le Moyen Âge, ne manquez surtout pas **Fribourg**. Perchée sur un promontoire rocheux qui domine la rivière de la Sarine, la ville a gardé de cette époque une partie de ses remparts, des ponts, des églises, des fontaines sculptées et de nombreuses maisons gothiques : c'est l'un des plus beaux ensembles d'architecture médiévale en Europe.

Jour 5

Gagnez **Berne**, classée au Patrimoine culturel mondial de l'Unesco pour ses richesses médiévales, et qui détient par ailleurs la plus grande collection de tableaux de Paul Klee.

Jour 6

Rejoignez la charmante petite ville de **Neuchâtel,** dominée par son château et sa collégiale du 12e s., et ne manquez ni son littoral – au cœur de la région « des Trois Lacs » – ni son musée d'Art et d'Histoire réputé.

Jour 7

Poursuivez dans les montagnes jusqu'à **La Chaux-de-Fonds**, entièrement détruite par un incendie à la fin du 18e s. et reconstruite selon un étonnant plan en damier. Son musée international d'horlogerie est un des joyaux de la *Watch Valley*. Vous y verrez également plusieurs villas de Le Corbusier. Rendez-vous ensuite dans la petite ville du **Locle**, autre capitale de l'horlogerie, d'où vous pourrez rejoindre par d'agréables petites routes le **Val de Travers**, véritable paradis pour les randonneurs. Si vous ne deviez faire qu'une sortie, grimpez au **Creux du Van**, un cirque naturel aux falaises hautes de plus de 100 m et qui domine la vallée. **Neuchâtel**, n'est qu'à une vingtaine de kilomètres.

Office de tourisme

Genève

R. du Mont-Blanc 18 - 022 909 70 00 - www.geneve-tourisme.ch - lun. 10h-18h, mar.-sam. 9h-18h, dim. et j. fériés 10h-16h.

Pour téléphoner en Suisse :
00 41 + indicatif régional sans le 0 initial, puis le numéro de votre correspondant.

Pour plus d'informations :
Carte Michelin National N° 729
Le Guide Vert Suisse

Campings

Bern/Berne

Bern-Eymatt
Wohlenstrasse 62c - Hinterkappelen - 031 901 10 07
Permanent - 3,5 ha (230 empl.)
Tarif : 9,10 € 19,82 €
borne : Gratuit -
Loisirs : nocturne (plan d'eau)
Services : wifi
GPS : E 7.38391 N 46.96506

Eichholz
Strandweg 49 - Wabern - 031 961 26 02
De mi-avr. à fin sept. - 2 ha (250 empl.)
Tarif : 8 € 11,56 € - 2,90 €
borne : Payant - 50
Loisirs : diurne (plan d'eau) , aire de sports
Services : wifi
GPS : E 7.45536 N 46.93299

Enney

Haute Gruyère
Chemin du Camping 18 - 026 921 22 60
Permanent - 1,5 ha (80 empl.)
Tarif : 7,68 € 16,93 € - 3,72 €
borne : Payant -
Loisirs : (plan d'eau)
Services : wifi
GPS : E 7.08349 N 46.55607

Genève

Pointe à la Bise
Chemin de la Bise - 022 752 12 96
De déb. avr. à déb. oct. - 3,2 ha (220 empl.)
Tarif : 11,27 € 18,17 €
borne : Payant - 10
Loisirs : (plan d'eau)
Services : wifi
Au bord du lac. Liaisons pour le centre (15mn).
GPS : E 6.1942 N 46.24533

La Chaux-de-Fonds

Bois du Couvent
Bois du Couvent 108 - 032 913 25 55
De mai à sept. - 1,4 ha (80 empl.)
borne : Payant - 8
Loisirs :
Services :
À l'extérieur du camping.
GPS : E 6.83546 N 47.09413

Lausanne

Camping de Vidy
Chemin du Camping 3 - 021 622 50 00
Permanent - 4,5 ha (260 empl.)
Tarif : 8,67 € 19,08 € 12,40 € - 2,48 €
borne eurorelais : Payant - 15
Loisirs : (plan d'eau) , aire de sports - Services :
Sécurisé. À l'extérieur du camping.
GPS : E 6.59781 N 46.51737

Morges

Le Petit Bois
Promenade du Petit-Bois 15 - 021/8011270
D'avr. à sept. - 3,2 ha (170 empl.)
Tarif : 10,32 € 18,17 €
borne : Gratuit
Loisirs : (plan d'eau) , aire de sports
Services : wifi
Au bord du lac.
GPS : E 6.48899 N 46.50458

Aires de service et de stationnement

Hindelbank

Parkplatz Bantam
Kirchbergstrasse 18 - ✆ 03 44119090
Permanent
Borne eurorelais : Gratuit
15 P - Gratuit - Services :
GPS : E 7.54957 N 47.05154

Montreux

Aire Municipale Salle Omnisport du Pierrier
Chemin du Pierrier - ✆ 8 48 86 84 84
Permanent
Borne : Gratuit
4 P - Services :
GPS : E 6.8904 N 46.44021

Aire de Montreux
Rue du Torrent - ✆ 0848 868484
Permanent
Borne eurorelais : Gratuit
P - 5 €/j. - Services : WC
GPS : E 6.89034 N 46.44021

Saint-Blaise

Port de St-Blaise
Ch. des Pêcheurs - ✆ 079 287 57 48
Permanent
Borne : Gratuit
12 P - 24h - Payant
Services : WC
GPS : E 6.98647 N 47.01077

Salavaux

Parc Relais - Hep Vacances
8 route des Savoies - ✆ 026 677 44 44
Permanent
Borne eurorelais : Payant
5 P - 8 €/j. - Services : WC
GPS : E 7.02343 N 46.91458

Sauges

Aire de la Capitainerie
Port de plaisance - ✆ 079 240 69 69
Permanent
Borne : Gratuit
10 P - illimité - 13 €/j.
Services : WC
GPS : E 6.77459 N 46.89171

Les bonnes adresses de Bib

Bern/Berne

Klötzlikeller
Gerechtigkeitsgasse 62 - ✆ 031 311 74 56 - www.klotzlikeller.ch - tlj sf dim. (et lun. en été) 17h-0h - 35/60 CHF. Ce sympathique caveau abrite le plus vieux bar à vin de Berne, tel qu'il en existait plus de 230 dans la ville en 1635 ! Sous les sombres lambris de l'entresol ou la grande voûte de la cave, goûtez l'émincé de veau au rösti ou les plats à base de champignons frais (toute l'année). Ambiance chaleureuse, bon rapport qualité-prix.

Fribourg

Auberge de La Cigogne
24 r. d'Or - ✆ 026 321 18 30 - www.aubergedelacigogne.ch - tlj sf dim.-lun. 10h-14h30, 18h30-0h - menu déj. en sem. 25 CHF - menus 58-105 CHF. Cuisine sophistiquée, à deux pas du pont de Berne. Terrasse couverte très agréable aux beaux jours.

Genève

Brasserie des Halles de l'Île
1 pl. de l'Île - ✆ 022 311 08 88 - www.brasseriedeshallesdelile.ch - lun.-merc. 10h30-1h, jeu.-sam. 10h30-2h, dim. 10h30-0h - formule déj. 18 CHF, menu dégustation 39 CHF - brunch buffet à volonté w.-end 10h30-15h30 - spectacles en soirée. Sur l'île qui s'étire au milieu du Rhône, un restaurant doté d'une salle à manger panoramique très agréable qui s'ouvre sur le fleuve. On y mange bien. Carte traditionnelle, poissons. Dîners jazz certains w.-end.

Chez ma Cousine
6 pl. du Bourg-de-Four - ✆ 022 310 96 96 - www.chezmacousine.ch - 11h30-23h30 - 18 CHF. Tout près de la cathédrale, restaurant au cadre gai et coloré. Du poulet, sous toutes ses formes.

La Favola
15 r. Jean-Calvin - ✆ 022 311 74 37 - tlj sf sam. midi et dim. 12h-14h30, 19h-22h - réserv. conseillée - menu déj. 35 CHF - 90 CHF. Derrière la façade en bois d'une maison du 17e s. se cache un petit restaurant sur deux étages, souvent bondé. Cuisine tessinoise inventive, savoureuse et bien présentée.

La Buvette des Bains des Pâquis
30 quai du Mont-Blanc - ✆ 022 738 16 16 - www.buvettedesbains.ch - 7h-22h - 20/25 CHF. Un endroit à ne pas manquer : l'un des lieux les plus populaires de Genève, au bout de la jetée des Pâquis. En quelques secondes, on se retrouve au calme, tout au bord de l'eau. Idéal le matin, pour prendre son café.

Gruyères

Le Chalet
R. de Bourg ✆ 026 921 21 54 - www.chalet-gruyeres.ch - 8h-22h30, cuisine non-stop 12h-21h30 - 35 CHF. Spécialités gruériennes dans cette auberge rustique située au cœur du bourg. Fondues, raclettes, meringues et crème de gruyère.

Lausanne

Café Romand
2 pl. St-François - ✆ 021 312 63 75 - www.caferomand.com - tlj sf dim. et j. fériés 11h-23h - 35/50 CHF. Restaurant typique, tenu par la même famille depuis 1951 et fréquenté par les Lausannois. Carte brasserie classique mais aussi spécialités suisses.

Montreux

Caveau des Vignerons
30 bis r. Industrielle - ✆ 021 963 25 70 - www.caveaudesvignerons.ch - menu du jour 22 CHF - menus 39/49 CHF. Restaurant au décor inspiré des métiers du vignoble. Viandes sur ardoise, fondues, raclettes et vins locaux.

Neuchâtel

Brasserie Le Cardinal
9 r. du Seyon - ✆ 032 725 12 86 - www.lecardinal-brasserie.ch - tlj sf dim. - menu 18,50 CHF - 35/60 CHF. L'intérieur de cette brasserie, orné de carreaux de faïence colorés, est classé au patrimoine architectural. La cuisine, à la fois sans prétention, délicieuse et peu coûteuse, est à la hauteur du décor.

De lacs en lacs

➲ *Départ : Thoune*
➲ *9 jours - 495 km*

Château d'Oberhofen, sur le lac de Thoune.

Bildagentur RM / Tips / Photononston

Jours 1 et 2

Partez à la découverte du toit de l'Europe… À partir de **Thoune** (Thun), qui fait face aux sommets enneigés des Alpes bernoises, gagnez la charmante petite ville de **Spiez**, nichée entre lac et montagnes dans un décor digne d'un livre d'images. Rejoignez **Interlaken** pour une échappée d'une journée en train : le circuit ferroviaire du Jungfraujoch vous mène en 3h à 3454 m d'altitude. Là, vous pourrez admirer les célèbres montagnes de la Jungfrau, du Mönch et de l'Eiger, ainsi que le glacier d'Aletsch. L'ensemble du site est classé Patrimoine naturel mondial de l'Unesco. Et pour randonner dans de fabuleux paysages de haute montagne, rendez-vous à **Grindelwald**.

Jour 3

Posée au bord du lac de même nom, face aux chutes du Giessbach, **Brienz** est l'une des stations estivales de l'Oberland bernois qui a le mieux conservé son cachet rural traditionnel. Capitale suisse de la sculpture sur bois depuis le début du 19e s., le bourg possède une école professionnelle (Schule für Holzbildhauerei), la seule du pays, qui pérennise cette tradition ainsi qu'une école de lutherie (Geigenschule). Plusieurs ateliers ouvrent leurs portes au public. Les plantigrades de toutes tailles, aux postures variées, vendus comme souvenirs à Berne, Interlaken ou Lucerne sortent, en majeure partie, des ateliers de Brienz.

Au cœur de la Suisse centrale, **Lucerne** (Luzern) est un lieu de rêve pour un court séjour. Vous serez immédiatement séduit par son incroyable panorama alpin, le lac des Quatre-Cantons qui la borde, sa vieille ville entièrement piétonne et ses ponts de bois illuminés la nuit. Ses alentours sont tout aussi séduisants. Parmi les incontournables, l'ascension du Mont-Pilate en téléphérique. Le lac des Quatre-Cantons, aux paysages extrêmement variés, offre de nombreuses possibilités de croisières en bateaux à vapeur ; on peut rejoindre notamment la mythique prairie du Rütli, où fut fondée la Confédération helvétique. Le lac prend à cet endroit des allures de fjord…

Jour 4

Gagnez **Zürich** et son lac en faisant un détour par **Ensielden**, lieu de pèlerinage le plus célèbre de Suisse. Puis faites une petite halte à **Rapperswil** qui occupe un joli site sur une courte presqu'île de la rive nord du lac. Regagnez **Zürich** ou ses environs pour y faire étape.

Jours 5 et 6

À quoi ressemble une ville réputée pour avoir l'une des meilleures qualités de vie au niveau mondial ? Pour le savoir, allez faire un petit tour à Zürich qui, en dehors de ce « label », a bien d'autres attraits. Commencez votre séjour en vous plongeant dans l'ambiance de la ville, sur la rive gauche du fleuve de la Limmat. Avec ses innombrables boutiques, la Bahnhofstrasse est la rue la plus animée de la cité. Pour vous repérer, grimpez sur l'esplanade Lindenhof, d'où vous découvrirez la ville ancienne qui s'étage sur la rive d'en face. À deux pas de l'esplanade, le quartier de la Schipfe et ses ruelles médiévales vous en donnent déjà un avant-goût. Principaux musées à voir

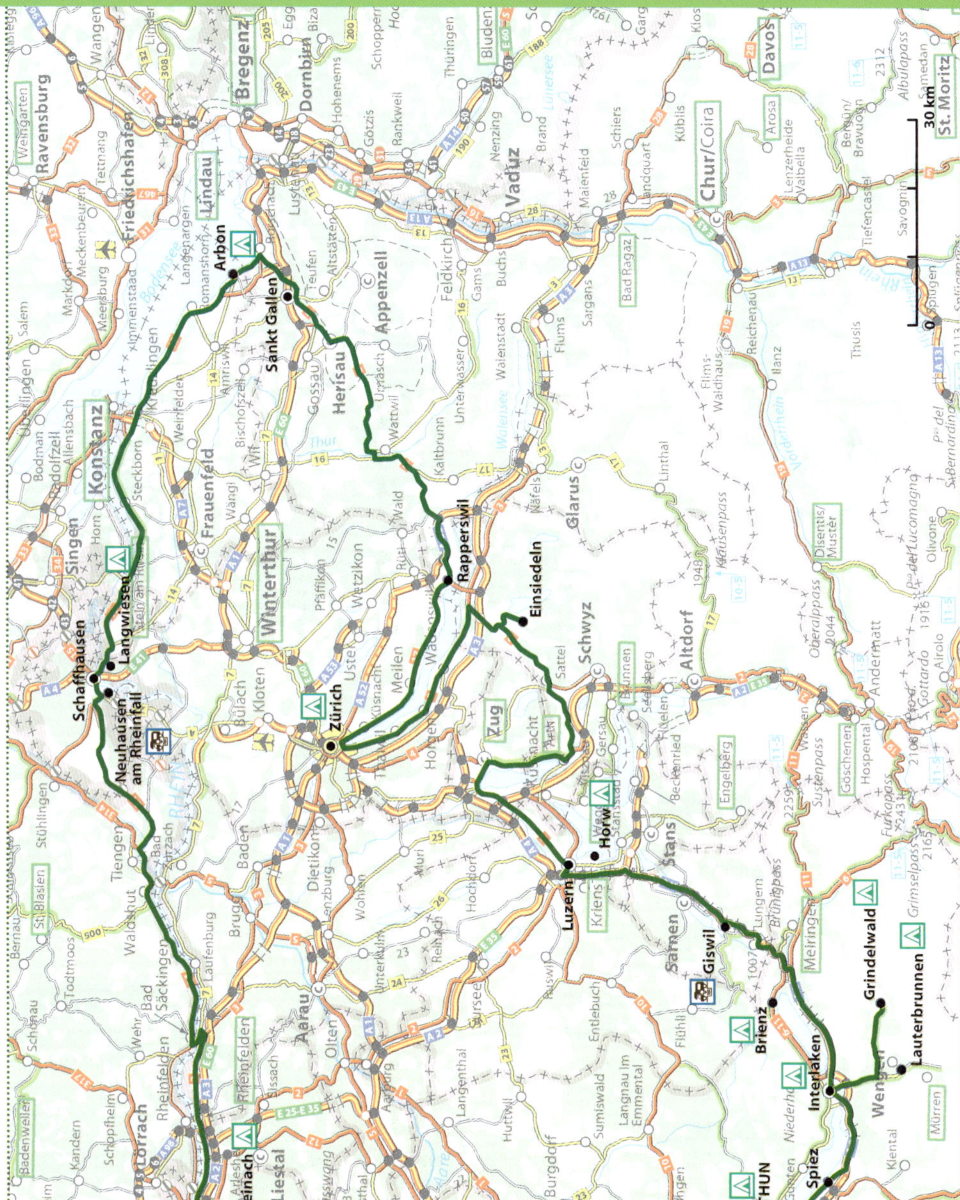
Basel
Reinach
Liestal
Lörrach
Rheinfelden
Schaffhausen
Langwiesen
Neuhausen am Rheinfall
Konstanz
Arbon
Sankt Gallen
Herisau
Appenzell
Bregenz
Dornbirn
Lindau
Friedrichshafen
Ravensburg
Frauenfeld
Winterthur
Zürich
Rapperswil
Einsiedeln
Schwyz
Zug
Luzern
Horw
Stans
Sarnen
Giswil
Brienz
Interlaken
Grindelwald
Lauterbrunnen
Spiez
THUN
BERN
Solothurn
Delémont
Aarau
Olten
Altdorf
Glarus
Vaduz
Chur/Coira
Davos
St. Moritz
MULHOUSE
Fribourg
Biel/Bienne
Altkirch
30 km

sur la rive gauche, le Musée national suisse et le musée Rietberg. Traversez la Limmat pour parcourir la Spiegelgasse, petite ruelle chargée d'histoire : Lénine y prépara la Révolution et son cabaret Voltaire, aujourd'hui un café branché, fut le berceau du dadaïsme. D'autres richesses vous attendent : la cathédrale, le musée des Beaux-Arts (collection unique d'œuvres de Giacometti), et les belles rues pavées du quartier d'Oberdorf, dont vous apprécierez le calme. Et si vous aimez la vie nocturne, ne manquez pas le quartier « tendance » de Zurich West. Le lendemain, rendez-vous à la Fondation-collection E. G. Bührle (acces en tramway), l'un des plus importants musées d'art privés de Suisse.

Jour 7

Consacrez cette journée à rejoindre Bâle en n'oubliant pas de faire étape à **Schaffhausen** pour ses impressionnantes chutes du Rhin (**Rheinfelden**).

Jours 8 et 9

Si vous aimez l'art et l'architecture, **Bâle** (Basel) va vous combler avec sa vieille ville, l'une des mieux conservées d'Europe, et ses constructions ultra-modernes conçues par des architectes mondialement connus (Mario Botta, Herzog & de Meuron, Diener & Diener...). Commencez par l'hôtel de ville et la cathédrale, puis promenez-vous autour de la très animée Barfüsserplatz, et empruntez les belles ruelles pavées de la ville. Bâle compte 33 musées, à vous de choisir combien vous pouvez en visiter en deux jours ! Mais ne manquez pas le musée des Beaux-Arts (à l'extérieur du Vieux Bâle). Pour une pause, choisissez les bancs de la fontaine Tinguely ou encore le beau jardin botanique de l'université.

Office de tourisme

Zürich
Im Hauptbahnhos (gare centrale de Zürich) - 044 215 40 00 - www.zuerich.com - lun.-sam. 8h30-19h (mai-oct. : 8h-20h30), dim. 9h-18h (mai-oct. : 8h30-18h30).

Pour téléphoner en Suisse :
00 41 + indicatif régional sans le 0 initial, puis le numéro de votre correspondant.

Pour plus d'informations :
Carte Michelin National N° 729
Le Guide Vert Suisse

Campings

Arbon

Buchhorn
Philosophenweg 17 - 071 446 65 45 - D'avr. à déb. oct. - 2,5 ha (160 empl.)
Tarif : 7 € 13 € 16 € - 3 € - borne - 60 - 72h - 13 €/j.
Loisirs : (plan d'eau) , aire de sports, barbecue - Services : wifi
GPS : E 9.42051 N 47.52451

Brienz

Aaregg
Seestrasse 22 - 033 951 18 43 - D'avr. à oct. - 4 ha (240 empl.)
Tarif : 10 € 16,50 € - 4 €
borne : Payant -
Loisirs : diurne (plan d'eau) , aire de sports, ski nautique, excursions en bateau Services : wifi
GPS : E 8.04923 N 46.74875

Grindelwald

Eigernordwand
Bodenstrasse 4 - 033 853 12 42 - De fin mai à mi-avr. - 1,2 ha (200 empl.)
Tarif : 8 € 18 € - 5 €
borne : Payant - - 18 €/j.
Loisirs : , barbecue, ski de fond, téléski - Services :
GPS : E 8.01662 N 46.62229

Horw

Steinibachried
Seefeldstraße - 041 340 35 58 - D'avr. à sept. - 2 ha (120 empl.)
borne : Payant
Loisirs : diurne (plan d'eau) , aire de sports, excursions en bateau
Services : wifi
GPS : E 8.31009 N 47.01216

Interlaken

Alpenblick
Seestrasse 130 - 033 822 77 57 - Permanent - 2 ha (100 empl.)
Tarif : 6,60 € 18,17 € - 3,72 € - borne : Payant
Loisirs : (plan d'eau) , aire de sports, ski nautique
Services : wifi
GPS : E 7.81719 N 46.68013

Langwiesen

Rheinwiese
Hauptstrasse 96 - 052 659 33 00 - D'avr. à oct. - 4,3 ha (140 empl.)
borne : Payant
Loisirs : diurne (plan d'eau) , jeux pour adultes, aire de sports, barbecue - Services : wifi
GPS : E 8.65484 N 47.68907

Lauterbrunnen

Jungfrau AG
Weid 406 - 033 856 20 10 Permanent - 4,5 ha (260 empl.)
Tarif : 8,18 € 18,17 € - 3,72 € - borne : Payant
Loisirs : diurne , jeux pour adultes, ski de fond, téléski
Services : wifi lave-vaisselle
GPS : E 7.90866 N 46.58882

Reinach

Waldhort
Heideweg 16 - 061

711 64 29 - De mars à oct. - 3,3 ha (200 empl.)
borne : Payant
Loisirs : , barbecue
Services :
GPS : E 7.60287 N 47.49987

Thun/Thoune

Thunersee
Gwattstrasse 103 - 033 336 40 67
D'avr. à déb. oct. - 1,5 ha (150 empl.)
Tarif : 10,74 € 21,48 €
borne : Payant
Loisirs : diurne (juil.-août) nocturne (juil.-août) (plan d'eau) , squash, aire de sports, ski nautique, excursions en bateau
Services : wifi
GPS : E 7.62766 N 46.72783

Zürich

Seebucht
Seestrasse 559 - 044 480 13 40
Permanent - 20 ha (300 empl.)
Tarif : 6 € 11,15 €
Loisirs : (plan d'eau) , barbecue, ski nautique
Services :
GPS : E 8.5412 N 47.33595

Aires de service et de stationnement

Giswil

Aire de Giswil
Panoramastrasse - 04 16 75 17 60
Permanent
Borne
3 P - 24h - Gratuit
Services : WC
Borne service située à 200 m du parking, dans la rue Oberriedstrasse.
GPS : E 8.17888 N 46.8323

Neuhausen am Rheinfall

Aire de Neuhausen
Nohlstrasse - 05 26 25 51
Permanent
Borne artisanale
50 P - 24h - 18 €/j.
Services : WC
GPS : E 8.6086 N 47.6733

Les bonnes adresses de Bib

Basel/Bâle

Rosario's
Spalenberg 53 - 061 261 03 76 - tlj sf dim. et lun. 8h30-23h30 - menu déj. env. 25 CHF - 30/35 CHF. Joli décor Art nouveau dans ce bistrot à vins du vieux Bâle. Le patron sicilien veille à ce que la cuisine de son pays soit bien représentée : vins italiens et bons petits plats méditerranéens. À partir de 16h, la salle se remplit de Bâlois qui viennent se mettre à l'heure italienne après le travail.

Interlaken

Goldener Anker
Marktgasse 57 - 033 822 16 72 - www.anker.ch - 16h-1h, service : 18h-23h - 30/50 CHF. Cuisine simple mais variée (curry, tortillas, entrecôte, gigot) dans ce bar-restaurant légèrement excentré. Ses prix, plus raisonnables qu'en ville, attirent les budgets moyens. Atmosphère jeune et détendue, concerts le soir en saison.

Sankt Gallen/Saint-Gall

Marktplatz
Neugasse 2 - 071 222 36 41 - www.restaurant-marktplatz.ch - lun.-jeu. 8h30-0h, vend.-sam. 8h30-1h, dim. 10h-0h - menu env. 20/40 CHF. Pas besoin de se ruiner pour bien manger à St-Gall ! Cette brasserie moderne, avec ses murs clairs, ses briques et ses écrans de télé, sert une cuisine variée à prix modérés : *flammeküeche*, burgers, salades, röstis, *spätzles*, grillades… Plats proposés en petite portion pour les petites faims. Dernier atout, l'ouverture le dimanche, assez rare à St-Gall pour être signalée.

Schaffhausen/Schaffhouse

Croisières sur le Rhin
Schiffahrtgesellschaft Untersee und Rhein - 052 634 08 88 - www.urh.ch - horaires et tarifs sur Internet. En saison *(avr.-oct.)*, dép. quotidiens de Schaffhouse (embarcadère Schifflände) ou Stein am Rhein vers Constance (et inversement). La portion Schaffhouse/Stein am Rhein traverse de magnifiques paysages verdoyants et reste la plus spectaculaire. Possibilité de rejoindre Schaffhouse en train. Le « River Ticket » à 46 CHF permet de prendre tous les bateaux pendant une journée.

Thun/Thoune

Waisenhaus
Bälliz 61 - 033 223 31 33 - www.bindella.ch - 9h-0h30, dim. 10h-23h30 - 35/60 CHF. Cette ancienne soierie sise au bord de l'Aare, transformée en orphelinat au 19e s., s'est brillamment reconvertie en *ristorante* semi-gastronomique. Saveurs italiennes dans les assiettes, salles feutrées et vue splendide sur le vieux Thoune. En été, tables en terrasse et bon prix à midi.

Zürich

Zunfthaus zur Zimmerleuten
Limmatquai 40 (1er ét.) - 044 250 53 63 - www.zunfthaus-zimmerleuten.ch - 11h30-14h, 18h-23h30 - 50/70 CHF. Deux salles à manger aux styles très différents : une pièce rustique plutôt cossue avec des poutres (*Küferstube*), une autre charmante, claire et intime, qui offre la possibilité de souper avec vue sur la Limmat. Dans les deux cas, la cuisine ne déçoit pas et le personnel est attentionné.

Sprüngli
Bahnhofstrasse 21, sur Paradeplatz - 044 224 46 46 - www.spruengli.ch - 7h30-18h30, sam. 8h-18h, dim. 9h30-17h30. Cette célèbre confiserie est une institution zurichoise. Elle propose toutes sortes de truffes et de chocolats dont une spécialité locale, les *Luxemburgerli*.

INDEX

Albanie AL, Allemagne D, Andorre AND, Autriche A, Belgique B, Bosnie Herzégovine BIH, Croatie HR, Danemark DK, Espagne E, Estonie EST, France F, Finlande FIN, Grande-Bretagne GB, Grèce GR, Hongrie H, Irlande IRL, Italie I, Lettonie LV, Liechtenstein FL, Lituanie LT, Macédoine MK, Montenegro ME, Norvège N, Pays-Bas NL, Pologne PL, Portugal P, République Tchèque CS, Roumanie RO, Slovaquie SK, Slovénie SLO, Suède S, Suisse CH

A

D

E

H

I

J

K

L

M

T

INDEX

U

V

W

X

Y

Z

Michelin Travel Partner

Société par actions simplifiées au capital de 11 288 880 EUR

27 cours de l'Île-Seguin - 92100 Boulogne-Billancourt (France)

R.C.S. Nanterre 433 677 721

Dépôt légal : février 2015
Compogravure : Nord Compo, Villeneuve-d'Ascq
Imprimeur : Printer Trento, Italie
Imprimé en Italie : février 2015
Usine certifiée 14001
Sur du papier issu de forêts gérées durablement (100 % PEFC)